国家出版基金项目
NATIONAL PUBLICATION FOUNDATION

中国社会科学院近代史研究所中华民国史研究室

总编 李 新

中华民国史

人物传

第三卷

李 新 孙思白 朱信泉 赵利栋

严如平 宗志文 熊尚厚 娄献阁 主编

中华书局

第三卷目录

H

J

K

L

胡　风

马蹄疾

胡风，原名张名桢，又名张光莹、张光人，笔名胡风、古因、谷音、谷非、张果、谷风、顾风、胡丰、孟林、秋明、陈乔、马荒、高荒、顾纷等，别名古斐、张因，化名中川。1902年11月1日（清光绪二十八年十月初二）生于湖北蕲春赤东乡中窑村。父张翊泰，母胡氏，家境贫寒，父母长年做豆腐以维持生计。胡风从五六岁起就帮助家里牧牛、砍柴、拾草、捡粪、看护庄稼。苦难的童年，虽然未能得到及时启蒙，学习文化知识，却目睹了旧中国农村黑暗悲惨的生活，饱尝了贫困儿童遭遇到的种种苦难，在幼小的心灵中埋下了反抗和斗争的火种，养成了刚毅和倔犟的性格。胡风的母亲是一位勤劳俭朴、善良贤惠的农家妇女，给胡风以深远的影响，后来为了继承和发扬母亲崇高而圣洁的风范，他起笔名胡风。

胡风十一岁时才上学，他的学习成绩十分出色，受到老师和同族长辈的称赞，父兄很希望胡风成为一个读书人，以振兴家族的声誉，决定让胡风继续升学。1919年，在五四运动的影响下，胡风在村塾读了六年古文之后，考入了县城公立小学。1921年高小未毕业，跳级考入省城武昌启黄中学。这时五四运动的浪潮已席卷到武汉，《新青年》和《晨报副刊》给胡风影响很大。中学时代的胡风就开始新诗和小说的创作。1922年暑期，胡风和南京东南大学附中的胡绳三通过互相通信联系，发起成立"新蕲春学会"，编辑出版年刊《新蕲春》，揭露黑暗，抨击时弊，出至第三期（1925年）被以"宣传赤化"的罪名查禁。

1923年，胡风转学到东南大学附属中学，因此有了更多的机会接触新文学作品。鲁迅开创的现实主义传统对胡风文艺思想的形成和发展产生了重大的影响；胡适的新诗集《尝试集》、湖畔诗社的《湖畔诗集》和《春之歌集》中潘漠华、冯雪峰和应修人的诗作，也给他许多启迪和教益。

在新思潮的推动下，胡风投入了轰轰烈烈的学生运动，1924年在校加入中国社会主义青年团。五卅运动中，胡风奔走于街头和工厂之间，积极参加学生和工人运动。1925年夏，胡风考入北京大学预科，翌年春转入英语系，秋季又转入清华大学英语系，数月即退学，应同学方翰之邀请回到处于北伐胜利浪潮中的故乡——蕲春，出任国共合作的国民党蕲春县党部常委兼宣传部长，参加家乡打土豪、分田地的斗争。不久，国共分裂，白色恐怖笼罩蕲春，胡风无以立足，由武汉中学校长刘树仁介绍，去武昌省立第二女子中学任教，未果。后经友人介绍到武昌任国民党湖北省党部宣传干事，参加《武汉评论》编辑工作，由于刊物倾向进步，仅出两期即被禁停刊。是年秋天，胡风去南昌，入国民革命军第三十一军金汉鼎部，任政治部宣传科长，因被怀疑为共产党，上任二十八天即遭撤职。随后，胡风到国民党江西省党部的《民国日报》编辑副刊《野火》和《长天》。因在刊物上经常发表反帝、反封建的文章，被怀疑为共产党而两次拘捕审查，幸得第三十一军政治部主任周璧光保释，免遭厄难。这一期间，胡风创作了不少抒情诗，后收入他的第一本诗集《野花与箭》里。在一切理想濒于破灭之际，胡风决定东渡日本留学，开辟新的途径。

1929年9月，胡风到达日本东京，先入东亚日语学校学习日语三个月，翌年1月改入奥平定世私立补习学校的"日语补习班"继续进修。为维持生活，同时在该校的"支那语补习班"任汉语教师。其间边学日语，边从日语转译苏联小说。1931年春，他考入东京庆应大学英文系，所学虽然是英文学科，但主要精力却放在学习马克思主义文艺理论和参加实际的革命活动，加入了普罗文化联盟领导下的普罗科学研究所新艺术学研究会，结识了日本著名普罗作家江口涣、小林多喜二等。是年秋,加入日本反战同盟和日本共产党《赤旗报》读者小组。后《赤旗报》读者小组被日本共产党组织批准为日共党员小组,胡风集体加入日本共产党。不久,又和谢冰莹等一起加入中国"左联"东京支盟。1932年3月,在日共《赤旗报》读者小组和国内"左联"的双重领导下,胡风与中国留日学生方翰、聂绀弩、王承志、邢桐华等发起组织新兴文化研究会,下设社会科学研究会和文学研究会。胡风主持文学研究会工作,编辑出版《新兴文化》。1933年3月,因在聂绀弩住处被警察搜查出日本《赤旗报》追悼小林多喜二专号,胡风连累被捕,经过严刑拷打,不屈不供,因警察当局得不到确凿的罪证,关押三个月后被宣布驱逐出境,勒令退学回国。

1933年夏,胡风由日本到上海,在鲁迅的领导下,投入"左联"的工作。8月接任"左联"宣传部长,领导成立了理论研究会、诗歌研究会和小说研究会,创办"左联"内部油印刊物《文学生活》。10月,任"左联"行政书记。在这同时,胡风为了维持生活,通过中国民权保障同盟盟员陈彬龢的关系,到孙科主办的中山文化教育馆任《时事类编》编译,每月翻译日文新闻资料两三篇,得月薪一百元。1934年10月,由于韩侍桁的告密,暴露了"左联"领导人的身份,胡风被迫同时辞去中山文化教育馆编译和"左联"行政书记职务,专业从事创作和评论,并应吴奚如邀请,担任中共中央特科和鲁迅之间联系工作的交通员。其间,他为鲁迅转递了鲁迅捐助军委的经费,为鲁迅转递了中共高级将领方志敏在狱中给党中央的信等密件。1936年,在鲁迅的创议和支持下,胡风与萧军、聂绀弩、吴奚如等创办地下刊物《海燕》,仅出两期被禁停刊。同年5月,他和鲁迅、冯雪峰共同分析和讨论了文艺运动的形势,根据中国共产党的抗日民族统一战线政策,共同提出"民族革命战争的大众文学"这一左翼作家的创作口号,以补救"国防文学"口号在政治上的不明了性和理论上的不科学性。同年10月鲁迅逝世,胡风为鲁迅治丧委员会委员之一,参加值班守灵,负责接待记者采访等工作,并为扶柩起灵、抬棺入穴的几名青年作家之一。

1937年抗日战争全面爆发,胡风全力投入抗日洪流,创办《七月》旬刊,以诗人的激情写下了《为祖国而歌》、《血誓》等鼓动抗战的爱国诗篇。在上海沦陷前,他撤退到武汉,将《七月》旬刊改为半月刊,继续出版。1938年初,胡风在武汉参加发起中华全国文艺界抗敌协会,为二十一人组成的筹委之一。"文协"成立后,胡风被推选为常务理事,任"文协"下属研究股副主任、主任职务,多次主持召开小说座谈会、戏剧座谈会和诗歌座谈会,讨论和评述抗战期间的文学作品,推动抗战文艺创作。在抗战八年中,胡风辗转于武汉、重庆、香港、桂林之间,除主编《七月》外,后又创刊《希望》,成立南天出版社,编辑出版《七月文丛》、《七月诗丛》。他在颠沛流离的艰难环境下,以披荆斩棘的精神,为革命队伍和文学战线扶植培育出一批又一批的新人,为民族革命战争的大众文学的发展开拓疆域。后来成为文坛骁将的小说家张天翼、欧阳山、艾芜、端木蕻良、丘东平、罗烽,诗人艾青、田间,木刻家曹白、黄新波等,都是胡风独具慧眼加以扶植和奖掖的青年作家。抗战八年所出版的三十五期《七月》中,胡风先后发表了三十九位诗人的作品,其中十之七八是第一次与读者见面的作者。《七月》不仅团结了如萧军、萧红、田间、艾青、端木蕻良、欧阳山、吴组缃等一大批已在30年代中期成名的作家,而且扶植和培养了如贺敬之、邹荻帆、鲁藜、陈垄、绿原、冀汸、路翎、方然、天蓝等一群崛起于40年代的七月流派的作家。许多"新人"是来自共产党所领导的部队和地区,形成一条与时代洪流同一方向的潮流,冲破了文坛过去的陈腐浮嚣习气,向着开拓"新生的时代"的目标迈进。

1949年1月,胡风得到上海中共地下党组织的通知,与周建人、许广平等一大批在上海的进步文化界人士,陆续北上,经大连、沈阳、天津、石家庄,到达河北平山县李家庄。北平和平解放后,胡风进入北平。7月,出席在北平召开的第一次文代会,9月,出席第一届中国人民政治协商会议。这时的胡风,充满无限的欢乐,写了长诗《时间开始了》五个乐篇。1950年,胡风列席第一次全国战斗英雄和劳动模范大会,采访各条战线的许多英雄模范人物,写成特写、报告文学

集《和新人物在一起》。

自 1936 年胡风的第一个评论集《文艺笔谈》问世以后，到解放前夕，胡风先后出版了《文学与生活》、《密云期风习小记》、《民族战争与文艺性格》（即《剑·文艺·人民》）、《论民族形式问题》、《在混乱里面》、《逆流的日子》、《为了明天》、《现实主义的路》等共九个评论集，为文艺理论建设、推动文艺创作、培养作家，作出了不可磨灭的贡献。

1954 年 3 月至 7 月，胡风就我国文艺战线理论和实践中存在的一些问题和看法，写成《关于解放以来的文艺实践情况的报告》（即《三十万言书》），内容包括四个部分：（一）几年来的经过简况；（二）关于几个理论性问题的说明材料；（三）事实举例和关于党性；（四）作为参考的建议，就现实主义，作家的思想改造和与工农兵相结合，艺术典型的塑造，创作方法和创作题材，民族形式等理论问题，以及文艺组织领导，文学运动，话剧和电影管理等实际工作，提出了自己的看法和建议。这个报告于 7 月通过正常组织手续程序，面交国务院文教委员会主任习仲勋转呈中共中央政治局，被错误地定为对党和政府的反革命的猖狂进攻，在全国开展了错误的批判。1955 年 7 月，胡风以"反革命"罪，被撤去全国政协委员、全国文联主席团委员、中国作协书记处书记和《人民文学》编委等职务，开除中国作协会籍；8 月被批捕审理，1965 年始由最高人民法院判处有期徒刑十四年，后又于 1970 年被四川省革命委员会改判为无期徒刑。他的案件影响甚大，牵累了许多人。

中共十一届三中全会后，胡风一案得以平反，1979 年 1 月 15 日胡风获得了自由。在与世隔绝的二十五年中，胡风在极其困难的生活环境下，如同他在《我的小传》中所云："精神世界经过了身外的天崩地陷，也经过了身内的火烧冰冻，但总是在被对党的原则的信心引导下的感情劳动拯救了过来。"他仍坚持写作，二十五年中写出了很多诗歌和回忆录。

1980 年，胡风由四川成都迁回北京定居，先后被选为全国政协常委、中国文联第四届全国委员会委员，并担任中国作家协会和中国艺术

研究院顾问。1985 年 6 月 8 日因病在北京逝世。

主要参考资料

胡风:《我的小传》,《新文学史料》1981 年第 1 期。

鲍光前:《胡风传略》,《晋阳学刊》1985 年第 3 期。

石丹:《胡风文艺思想研究资料索引》,《文教资料简报》(江苏)1985
年第 6 期。

绿原:《悼念为艺术真理而献身的胡风同志》,《人民文学》1985 年
第 2 期。

路翎:《哀悼胡风同志》,《文汇月刊》1985 年第 9 期。

胡　汉　民

周天度

胡汉民，原名衍鸿，字展堂。原籍江西庐陵延福乡青山村，1879 年 12 月 9 日（清光绪五年十月二十六日）出生于广东番禺（今广州）。父胡文照，做过几处州县幕僚，主管刑名。胡汉民幼年从师学习，读了不少经史书籍。后来，父母相继去世，开始借教书维持生活。二十一岁参加乡试，中了举人。

1903 年，胡汉民与吴稚晖、钮永键等人东渡日本，入东京弘文学院师范科学习。不久，吴因保送私费陆军学生事与清公使蔡钧闹翻，被日本警察驱逐出境。胡汉民亦愤而退学回国，先任广州《岭海报》总编辑，随后在广西梧州中学教书，兼梧州师范讲习所所长。1904 年冬，他再次赴日本留学，到东京后，入法政大学速成法政科学习。

1905 年秋，同盟会成立不久，胡汉民和廖仲恺同时入盟。在入盟前夕，他因对平均地权的口号表示怀疑，认为不宜在这个时候提出，曾与孙中山辩论了一个晚上，经孙中山为他详加剖析，他才勉强同意加入①。入盟后，初任评议部议员，后任书记部书记。11 月，《民报》创刊，被推为编辑。他在《民报》上发表过一些政论文章，宣传同盟会的革命纲领，与保皇派的《新民丛报》展开论战，起过积极的作用。但也有很大的软弱性，特别表现在其对待帝国主义的态度上。1906 年 4 月他写

---

①　何香凝：《我的回忆》，中国人民政治协商会议全国委员会文史资料研究委员会编《辛亥革命回忆录》（一），中华书局 1961 年版，第 17 页。

的《民报之六大主义》一文,在阐述同盟会的政纲时,宣称革命"不可有妨害外国之举动",主张革命后成立的新政府,应当承认帝国主义和清王朝签订的不平等条约,"于各国之债权,亦断许其无损害"①。

1907年春,孙中山被日本政府驱逐出境。胡汉民随同孙中山到河内设立革命机关,策动两广起义。其后,孙中山和黄兴在粤、桂、滇边境地区发动多次武装起义,胡往返于河内、香港之间,任筹饷运械等工作。这些起义失败后,1909年5月,孙中山赴欧洲,委托胡汉民负责南洋党务。同年10月,同盟会南方支部在香港成立,他任支部长,与黄兴、赵声、倪映典等策划在广州新军中发动起义。1910年春,新军起义失败后,11月,孙中山召集黄兴、赵声、胡汉民等在南洋槟榔屿召开会议,决定募集巨款,集中全党人力,在广州再发动一次大规模的武装起义。随后,胡汉民往南洋各地筹款。1911年1月,黄兴、赵声到香港设立领导起义的总机关统筹部,他任秘书课课长。4月27日(旧历三月二十九日),黄兴在广州发动起义,胡汉民和赵声、宋教仁等次晨由香港赶到广州,起义已失败。他返回香港,后往南洋、西贡等地活动。

武昌起义爆发,11月9日广东宣布独立,胡汉民被推为都督。1912年1月中华民国南京临时政府成立,孙中山就任临时大总统,他任总统府秘书长。在孙中山让权于袁世凯后,胡汉民于4月回广州,复任广东都督。8月,宋教仁将同盟会改组为国民党,他任广东支部长。

1913年3月,袁世凯派人刺杀了宋教仁,接着,又向五国银行团大借款,准备用武力消灭国民党在南方几省的实力。胡汉民是反袁的,但主张法律解决,小心翼翼地避免和袁世凯公开对抗。孙中山电促广东独立,他"以时机未至拒之"②。6月14日,袁世凯撤免他广东都督职

①　《民报》第3期。
②　黄远庸:《远生遗著》第3卷,商务印书馆1926年版,第121页。

务,调为西藏宣抚使,他复电遵令解职。随即将权力交与袁世凯任命的粤督陈炯明,悄然离广州去香港,后到上海。国民党发动的"二次革命"失败后,他和孙中山从上海乘船到台湾,转去日本。

1914年7月,孙中山在东京成立中华革命党,继续举起反袁革命斗争旗帜,胡汉民任政治部长,主编《民国》杂志。1916年4月,他化名陈同荣从日本回到上海,协助陈其美筹划反袁活动。袁世凯死后,与廖仲恺往来于京沪间,代表孙中山与黎元洪、段祺瑞进行政治谈判,并进行扩充北方党务及联络原国民党籍国会议员的工作。1917年9月,孙中山在广州成立护法军政府,为大元帅,任胡汉民为交通部长。不久,孙中山为桂系、滇系军阀和政学系政客所排斥,于1918年5月辞去大元帅,胡汉民随孙中山离广东到上海。

五四运动后,新文化运动广泛开展。1919年8月,在孙中山直接领导下,胡汉民和廖仲恺、朱执信、戴季陶等在上海创办了《星期评论》和《建设》杂志。他写的文章表示同情和支持学生爱国运动与新文化运动,并对马克思的学说进行了一定的介绍。1921年5月,孙中山在广州就任非常大总统,胡汉民任总参议,随同孙中山在两广进行活动。

五四运动和1921年中国共产党的成立,标志中国革命进入一个新的历史时期,开始了新民主主义革命阶段。在新的革命形势面前,国民党逐渐分化为左、中、右三派。胡汉民的右派面目很快暴露,随着革命日益深入发展而越来越显著。

1924年1月,孙中山在广州召开有共产党人参加的中国国民党第一次全国代表大会,确定了"联俄、联共、扶助农工"三大政策,发表宣言,把旧三民主义发展为新三民主义。胡汉民本来是反对国共合作的,后来也参加了这次代表大会,并被选为中央执行委员会委员。大会闭幕后不久,他即向孙中山提议建立民族国际来对抗共产党和共产国际。同年9月初,孙中山决定出师北伐,率领北伐军到韶关,由胡汉民留守广州,代行大元帅职权,兼广东省长。10月初,广州发生商团反革命叛乱,危及广东革命政府,革命派要求坚决镇压,他主张"委曲迁就",发还扣留商团的一部分枪械,谋取妥协解决①。10月9日,孙中山为处理商团事变,成立革命委员会时,指出胡汉民"长于调和,不长于彻底解决",并且说:"今日革命非学俄国不可。而汉民已失去此信仰,当然不应加入,于事乃有济。"②随后,胡汉民为形势所迫,不得不同意举兵镇压,但叛乱平定不久,即向商团反革命头目陈廉伯表示认错,请陈"释前怨"③,暴露了他的妥协立场。

1925年3月,孙中山在北京逝世。以胡汉民为首的右派官僚政客认为他们的反共活动从此可以无所顾忌了,六七月间,胡汉民经常约集孙科、邓泽如、邹鲁、林直勉、胡毅生(胡汉民堂弟)、伍朝枢、吴铁城等在家中聚会,商量反共对策,攻击坚决同中国共产党合作的国民党左派领袖廖仲恺④。他和邹鲁等与在上海的国民党右派谢持、戴季陶等取得联系,认定国民党非清党(清除共产党)不可,并秘密商定清党的步骤。8月10日,他们在一次国民党中央会议上提出于9月15日召开一届四中全会来解决清党问题⑤,并分头通知右派分子齐集于广州。与此同时,胡毅生、朱卓文等结合粤军首领许崇智的部属梁鸿楷、魏邦平等人,与英帝国主义相勾结,接受了香港政府赠送的二百万元,阴谋发动反共政变⑥。8月20日,廖仲恺被暗杀,主谋者朱卓文、胡毅生、林直勉等人的阴谋被揭露,胡汉民因与廖案有重大嫌疑,一度被拘留,后被释放,在汪精卫的支持下,9月间,以"出使苏俄"为名前往苏联。

1926年4月末,胡汉民从苏联回到广州。这时的广州充满着革命

---

① 蔡和森:《广州反革命之再起》,《向导》第87期;《答国民党中央执行委员会》,《向导》第92期。

② 毛思诚辑:《民国十五年以前之蒋介石先生》第8册,1937年版,第7—8页。

③ 《申报》1925年5月4日。

④ 林直勉:《共产党入寇国民党后借词诬陷同志之概述》,《三民主义月刊》第2卷第6期。另见何香凝:《我的回忆》,《辛亥革命回忆录》(一),第51页。

⑤ 佚名:《清党实录》,第1—2页。

⑥ 邓中夏:《中国职工运动简史》,人民出版社1953年版,第267页。

气氛,他提出"党外无党,党内无派"的口号,企图抵制和对抗革命。由于遭到共产党人和国民党左派的反对,胡汉民在广州待不下去,于5月中旬避往香港,后到上海。1927年春,当北伐战争取得伟大胜利,全国工农运动猛烈发展的时刻,蒋介石在帝国主义支持下,发动了"四一二"政变。蟪屈了一年的胡汉民,看到东山再起的时机已到,赶忙由上海到南京,同蒋介石结合在一起,反共清党,绞杀革命。4月18日,蒋介石在南京成立与武汉革命政府公开对抗的反对革命的"国民政府",胡汉民任"国民政府"主席。他上台后制订的第一号命令,就是通缉共产党,并开列了一百九十余人的名单,多是中共的重要领导人和著名活动家。5月5日,他在国民党中央常委会上提出组织中央清党委员会,着手清党。6月20日,他参加了蒋介石和冯玉祥合作的徐州会议。他还担任南京国民党中央政治会议主席,中央执行委员会常务委员兼宣传部长,中央军事委员会常务委员等要职。从"宁汉分裂"到"宁汉合作",他是南京国民党反革命活动的主要策划者之一。他发表了许多反共、反苏、反对工农运动的文章和演说,打着宣传三民主义的旗号,实际是对孙中山三大革命政策的新三民主义的彻底背叛。

　　1928年1月,胡汉民和孙科、伍朝枢到欧洲考察政治。9月回国后,他提出了旨在确立国民党一党专政制度,使蒋的南京政府合法化的《训政大纲》及《国民政府组织法》,10月经由国民党中央常会讨论通过公布。《训政纲领》(通过后改名)规定"由中国国民党全国代表大会,代表国民大会,领导国民行使政权。中国国民党全国代表大会闭会时,以政权付托中国国民党中央执行委员会执行之"①,把国民党中央作为"中华民国"的最高权力机关。《国民政府组织法》规定实行五院制。蒋介石于同年10月间"依法"当上了"国民政府"主席,胡汉民任立法院院长。1929年到1930年,他坐镇南京,帮助蒋介石出谋划策,先后打败了桂系、冯玉祥、唐生智、阎锡山等敌对的地方实力派,完成了"统一"。

---

①　杨幼炯:《近代中国立法史》,商务印书馆1936年版,第354页。

但是胡汉民和蒋介石的结合,并不能消除他们之间的权力冲突。蒋介石为了加强他个人的独裁统治,1929年建立了陈果夫、陈立夫为首的CC集团,以控制国民党中央和地方各级党部;同时提高黄埔系军官的地位,以控制军队,胡汉民被摆在"尊"而无权的地位,并逐渐被排挤。胡汉民则以国民党元老自居,高唱"党权高于一切",鼓吹"以党治国"、"以党治军"。对蒋、陈侵犯他的权力发牢骚说:"其实什么机关都可以不要,只存一个海陆空军司令部便可以了。"①蒋、胡间的权势之争,由于制定《训政时期约法》问题而公开化。1930年,蒋介石决定召开"国民会议",制定所谓《训政时期约法》,以便集权于一身,当选为五院院长之上的总统。胡汉民强调召开国民会议"必须完全遵依总理遗教"②,声称"我追随总理数十年,总理之重要著作,我亦曾参加若干意见,从未闻总理提及'国民会议应讨论约法'一语"③,坚决不同意制定"约法"。其目的是反对在五院之上有一个集权的大总统,以保持党权高于政府权的形式,使自己的权位不致受到削弱。蒋、胡的激烈冲突,加上当时省市代表推举中,支持胡汉民的占了多数,蒋不能容忍,便于1931年2月28日将胡扣留,软禁于南京汤山。

胡汉民被软禁后,由胡派核心人物古应芬、邓泽如、林森、萧佛成等以国民党中央监委名义,于4月末发表通电,指责蒋介石非法扣留胡汉民,对蒋提出弹劾。接着两广实力派陈济棠、李宗仁、白崇禧等分别通电响应,汪精卫、孙科也从香港回到广州,开展了联合反蒋运动。5月27日,他们在广州组成国民党中央执行委员会非常会议,同时成立"国民政府",和南京的蒋介石政权相对抗,形成宁、粤分裂的局面。不久,"九一八"事变爆发,全国抗日运动高涨,蒋介石处境

---

① 胡汉民:《革命过程中之几件史实》,《三民主义月刊》第2卷第6期。

② 胡汉民:《遵依总理遗教开国民会议》,《革命理论与革命工作》第2册,民智书局1932年版,第758页。

③ 《中央日报》1931年2月25日。

不利。在"团结御侮"的压力下,宁、粤双方被迫举行和谈。由于广州方面提出以恢复胡汉民的自由作为宁粤议和的先决条件,蒋介石不得不于10月14日将胡汉民释放。接着宁粤双方在上海召开和平统一会议。此后,胡汉民回到广州,结合两广地方势力,与蒋介石南京政府形成长期对立的局面。

1933年2月,胡汉民在香港创办了《三民主义月刊》作为自己的喉舌,连续发表文章,宣传他的政见。他在失意之余,也骂蒋介石,认为北伐的结果,"只是以暴易暴,完成了军阀治权之转移";蒋是继承了北洋军阀余绪的"新兴军阀"①,"南京统治,只是反动的军阀统治"②。他忘了为虎作伥,帮助蒋介石建立新军阀统治的,正是他自己。

"九一八"事变和上海"一二八"抗战爆发后,中日矛盾上升,胡汉民要求对日抗战,对蒋介石的对日不抵抗政策表示不满。但在反共上面,他和蒋仍然是一致的,甚至认为蒋对共产党"始终剿办不力,遂使匪祸蔓延,至于此极"③。胡汉民鼓吹抗日"剿共""并行不悖,以北方的军队抗日,以南方的军队剿共"④。他依托两广军阀势力,在所谓"收复失地"和"抗日剿共并重"的欺骗口号之下,和蒋介石对立。胡汉民把他所标榜的抗日、反蒋、反共和三民主义连在一起,称之为三民主义的连环性。1934年4月,他在用宋庆龄等人名义公布的《中国人民对日作战的基本纲领》上签了名。

1935年6月,胡汉民往德、意等国考察。12月,南京召开国民党第五次全国代表大会,在蒋介石的示意下,他仍被选为中央执行委员。接着国民党五届一中全会又推他为中央常务委员会主席。次年1月,他

①　胡汉民:《党权与军权之消长及今后的补救》,《三民主义与中国革命》,正中书局1946年版,第33页。

②　胡汉民:《辟谬——法西斯蒂与立宪政治之检讨》,《三民主义月刊》第2卷第2期。

③　胡汉民:《为蒋日妥协正告友邦人士》,《三民主义月刊》第1卷第6期。

④　胡汉民:《什么是我们的生路》,《三民主义月刊》第1卷第3期。

回到广州。这时日本开始入侵华北,全国民众和国民党内要求抗日的呼声高涨,蒋介石为了对付日益严重的民族危机,邀胡汉民到南京重新合作。他也正准备进京打算再次和蒋共事①,未及成行,5 月 12 日在广州因脑溢血病故。

---

　　① 周一志:《"非常会议"前后》,中国人民政治协商会议全国委员会文史资料研究委员会编《文史资料选辑》第 9 辑,中华书局 1960 年版。

胡 景 伊

吴嘉陵

胡景伊,字文澜,四川巴县人,1878年(清光绪四年)生。父亲在县城经营盐业。1901年胡景伊作为近代四川首批官费留学生赴日本学习军事,先入东京成城中学,两年后升入陆军士官学校,与蔡锷、蒋方震等为该校步兵科第三期学生。1903年日俄战争前夕,他同蓝天蔚、龚光明等在日本组织拒俄"学生军",后参加"军国民教育会"。

胡景伊在日本留学四年,于1904年回国,被川督锡良任命为四川陆军武备学堂管堂委员兼教习,为四川新军培训中下级军官。他办事认真,受到学堂总办沈炳堃、会办陈宧的器重。胡景伊从第一期学员中选拔尹昌衡、刘存厚、周骏等十人赴日本学习军事,是为民国初年四川形成武备系之由来。1907年锡良调任云贵总督,胡景伊随往筹办新军,任督练处参议官和云南陆军小学、云南讲武堂总办等职。次年锡良请奖胡景伊为陆军正参领衔。1909年沈炳堃升任广西巡抚,又调胡景伊到广西任新军协统。因广西新军只有一协(旅),胡景伊乃成为广西全省军事长官。

1911年秋,广西新军中的同盟会员响应武昌起义,拟援湖北推举新军协统黎元洪为都督的先例,举资历较深的胡景伊任广西都督。胡景伊惧怕革命,又怕成为清王朝叛逆,便逃往上海观望形势,后返回四川。清王朝覆灭,胡景伊后悔自己不该离开广西。其时,南北对立,熊克武等秉承孙中山之命筹组蜀军于上海准备北伐。胡景伊通过其弟胡南宾(同盟会员)与熊克武等周旋,欲取得蜀军领导权,未能如愿。1912年2月，滇军李鸿祥、谢汝翼两梯团进据泸州、自贡一带，与大汉四川军政府的军队对峙于资中、内江，形势紧张。蜀军政府为调停局势，共同北伐，乃电邀与滇军将领有旧谊的胡景伊到重庆，委任为"联络北伐全权代表"，以刘声元为副代表，一同前往自流井，与滇军商订联合北伐条约。2月10日，胡景伊不顾刘声元反对和蜀军政府认可与否，就签约同意犒赠三十万元（银元）与滇军，作为出川北伐的条件。签约后，胡景伊应四川军政府都督尹昌衡之邀，径赴成都，成为都督府的上宾。尹昌衡倚重胡景伊之资望以巩固自己的权位，并排斥孙中山一派的势力，故于2月27日特任胡景伊为全川陆军军团长，并通电全国，使其声望陡涨。随即胡景伊至成都，改原川军四镇为四个师，将驻渝的熊克武部改编为川军第五师，遇事多加挑剔指责，成渝两地遂成水火。其时，西藏藏军攻占巴塘、里塘等地，川西告警。6月14日，袁世凯令川督尹昌衡率兵入藏平乱，胡景伊力加怂恿。北京政府于7月12日应尹昌衡之请，以胡景伊为护理四川都督；以原副都督、同盟会员张培爵为四川民政长。胡景伊遣亲信胡忠亮携巨资赴京，走陈宦的门路，向袁世凯输诚效忠，并贿赂诸要员，竭力迎合袁世凯亟欲剪除革命势力的阴谋。9月，北京政府以"询边防民事"为由，调张培爵至北京，解除民政长职务，授胡景伊为陆军中将加上将衔，兼摄民政长。胡景伊网罗一批旧军僚属、政客组织共和党四川支部，让其党羽控制政府重要部门；又发行借以搜刮民财的军用券，强迫民间通用。胡景伊独揽军民两政，倚川军武备系的第一师师长周骏、第四师师长刘存厚为嫡系，竟拒绝得胜返川的尹昌衡回任其职，并拒不与尹昌衡见面。

袁世凯选中胡景伊为统治四川的暂时代理人，于1913年6月13日正式任命他为四川都督，改任尹昌衡为川边经略使。成都部分同盟会员偕各界刊布传单，声讨胡景伊"卖官殃民，蹂躏议会"等十大罪状，发起拥尹逐胡运动，但在胡景伊的分化与镇压下，运动遭到失败。后来尹昌衡亦被胡景伊勾结袁世凯诱到北京监禁。

胡景伊得到袁世凯的宠信,更加积极策应袁世凯向国民党革命势力的全面进攻。1913年5月,他唆使部下发表通电,竭力替袁世凯向五国银行大借款的丧权辱国行为和暗杀宋教仁的罪恶行径进行粉饰和辩护,污蔑民众的抗议言论是"狂吠",辱骂孙中山等是"奸徒"。他还在另一电文中,攻击李烈钧等国民党三都督反袁通电是违反"对中央政府有服从之义务"。同年8月"二次革命"起,熊克武等在重庆兴师讨袁,通电斥责胡景伊为袁世凯镇压人民的鹰犬。胡景伊迅速调周骏、刘存厚等部,与各路讨袁军激战于泸州、绵阳等地。9月,讨袁起义军在黔、鄂、陕、川、滇五省军队围攻下失败,遭到胡景伊的血腥镇压。熊克武、杨庶堪等千余名反袁人士,均被胡列名报袁世凯呈请抄家或处以极刑,全川阴云密布。10月15日,袁世凯特授胡景伊勋章。胡景伊仰承袁世凯鼻息,11月13日通电请宣布国民党为"乱党",凡国民党员在两院者,悉勒令解职。他认为川军第二师彭光烈、第三师孙兆鸾有通熊克武之嫌疑,编散和撤销这两个师的部队。他的这些作为,更得袁世凯的赏识。

1914年6月30日,胡景伊被特任为威武将军,督理四川军务。然而他毕竟不是袁的心腹或北洋系统的将领,袁世凯并不放心将四川交他主持。1915年2月,袁世凯派参谋部代总长陈宦为会办四川军务,率北洋军三个混成旅入川。胡景伊明白陈宦的背景,对陈十分恭顺,办移交时把将军署三年节余的三十余万元经费一律交给陈宦,未敢私吞。但这并不能改变其交权出川的命运。6月22日,袁世凯改任陈宦为四川督军,调胡景伊入京给以毅威将军、参政院参政的空衔。

胡景伊寓居北京,不甘寂寞,在后来直、奉、皖诸系军阀混战期间,曾与在川的旧部勾结,返川争权,但未能得逞。此后长期闲居重庆。

抗日战争期间,胡景伊被国民政府作为地方名流遴选为国民参政会第一届参政员。他曾受孔祥熙之托,到成都调查西康宁属矿产资源。

1950年,胡景伊病逝于重庆。

主要参考资料

《四川学报》第 2 期。

向楚:《杨庶堪传》,隗瀛涛、赵清主编:《四川辛亥革命史料》(下),四川人民出版社 1982 年版。

周开庆编著:《民国川事纪要》,台湾四川文献研究社 1974 年 12 月印行。

四川省文史研究馆编:《四川军阀史料》第 1 辑,四川人民出版社1982 年版。

胡 景 翼

徐辉琪

胡景翼,字励生,又作笠僧、立生,早年号中山,陕西富平庄里镇人。1892年6月20日(清光绪十八年五月二十六日)生①。祖父胡得鼎,1867年9月在家乡因阻击捻军身亡。父亲胡彦麟,初经商当学徒,后渐次升任"领本"(经理)。胡景翼七岁入塾,十三岁就学于三原举人赵如笃处。课暇喜读兵书及名人列传,并拜师学习武艺。

1908年,胡景翼考入西安健本学堂。该校为同盟会员创办,是当时陕西革命党人的一个秘密活动据点。他由此结识了井勿幕、焦子静等人,受到资产阶级民主革命思想影响。1910年春,经井勿幕、宋元恺介绍加入同盟会。

胡景翼入会后,积极赞助井勿幕联络会党、刀客共同反清的主张,自愿担任与新军中会党联络的任务。他为此参加了哥老会,与崔俊杰、雷贵、刘俊海等会党重要分子多次密谋于小雁塔寺。还利用假日到同州(今大荔县)、蒲城、华阴、华县、临潼等地运动刀客。胡景翼联络会党成绩显著,在陕西革命党人中很快崭露头角,成为一个重要骨干成员。是年7月9日,胡景翼与井勿幕、钱鼎等,和会党首领张云山、万炳南等三十余人在西安南郊大雁塔"歃血为盟,共图大举",实现了同盟会、哥老会与新军的全面联合。

---

① 关于胡景翼生年,向无明确记载。据《胡景翼将军生平事迹》称,胡生于1892年6月20日(清光绪十八年五月二十六日),今采其说。

1911年6月,胡景翼于健本学堂毕业。为适应革命斗争需要,他决定"以奔走革命为职志",不再继续求学①,随后来往于耀州(今耀县)、西安之间,进行广泛联络。随着革命形势高涨,同盟会陕西支部计划由井勿幕、胡景翼率刀客在渭北发难,钱鼎等人策动新军在西安响应。井、胡遂以耀州庙湾为基地,加紧准备。武昌起义爆发后,清陕西当局颇为惊慌,密谋将新军第二标调离省城,并逮捕军中的革命党人。新军乃提前于10月22日举义。胡景翼得知消息,立即招集各方豪杰志士和刀客两千余人在药王山首先响应。不久,井勿幕在三原就任陕西北路安抚招讨使,他应召前往,被委为第一标统带。西路战事告急时,又奉命率部赶往支援,在三水张户原(今旬邑张洪原)大败清吏升允所率之甘军。

1912年3月,袁世凯窃权上台后,陕西都督张凤翙投靠北洋政府,打击革命派势力。秋天,胡景翼被迫离陕去日本,入成城学校读书。12月,外蒙古封建主在沙俄政府策动下宣布"独立",留日学界群情激愤,公举胡景翼为代表,归国组织"征蒙军"。但袁世凯无视全国人民的反对,一味与沙俄妥协,胡景翼的使命未能实现。不久"二次革命"爆发,他便在上海投入了反袁斗争。期间,孙中山、黄兴曾派人约张凤翙举兵响应,张凤翙拒绝,胡景翼愤怒指斥这是"苟安一时,助长袁氏帝制自为之心"②。

1914年1月,胡景翼亡命日本,入革命党人创办的浩然学社学习军事。数月后毕业,决定回国直接从事反袁斗争。离日前,曾由于右任引荐会见了孙中山。孙以"努力革命"相勉励,他毅然回答说:"俟破京后再迎先生!"③

<hr>

　　①　王儒卿等编:《陕西乡贤事略·胡景翼事略》,陕西教育厅编审室1935年版,第166页。

　　②　《陕西乡贤事略·胡景翼事略》,第169页。

　　③　于右任:《胡公笠僧墓志铭》,陕西革命先烈褒恤委员会编《西北革命史征稿》下卷,1949年版,第102页。

胡景翼回陕后,经师子敬、侯笃等人斡旋,到陈树藩第三混成旅教导营军官连学习。不久相继升为差官连连长、备补连连长、游击营营长。与此同时,他与刘守中、岳维峻等人在三原开设大有公司,作为秘密革命机关,又与续西峰、续范亭、孙岳、邓宝珊等人相聚于华山下,密谋讨袁计划。

1915年12月讨袁护国战争爆发,次年3月,郭坚、耿直等在渭北举事响应。陕西将军陆建章为镇压起义军,一面任命陈树藩署陕北镇守使兼渭北"剿匪"总司令,一面派其子陕西第一混成旅旅长陆承武率精锐一团到渭北一带巡防。胡景翼此时驻防富平,他看到陕西反袁逐陆斗争日益高涨,认为时机成熟,于是将陆承武佯迎入富平县署,于5月7日晚发动兵变。经一昼夜激战,全歼陆部一团人,并生擒陆承武。事变后,武钧、刘守中、张义安等人要求乘时宣布独立,围攻西安,胡景翼却以"有旅长在"为理由,加以拒绝,将陆承武交给了陈树藩。陈见有利可图,遂于9日宣布独立,自称陕西护国军总司令,并以陆承武为人质,与陆建章讨价还价,6月取得了陕西督军职位。

护国战争结束后,胡景翼部被编为陕西第一旅混成第二团,驻防陕南龙驹寨(今丹凤)。由于陈树藩对他并不十分倚重,且怀有猜忌之心,胡景翼这时将其所部编为十个连,致力于练兵活动。

1917年9月,孙中山在广州揭起护法旗帜。陕西党人高峻、耿直、郭坚等人纷起响应。这时,胡景翼经一年多时间的练兵,有了一支战斗力较强的队伍,但他却没有立即响应,而且还奉陈树藩之命直接加入了对高峻、耿直等起义军的围攻。胡景翼对人说:他攻打郭、耿、高是想把他们"剿灭掉","自己起来再干"①。因此,当耿直退守岐山派人与他联系,以至质问他"还革命不革命"时,他仍与耿军"激战八昼夜";直到有了重大伤亡,才感到这是陈树藩施用"以毒攻毒"之计,遂与耿密约:耿

---

① 叶雨田:《靖国军末期高陵事变见闻》,中国人民政治协商会议陕西省委员会文史资料研究委员会编《陕西文史资料选集》第3辑,1963年版,第242页。

部退出岐山,他以"夺城之功"向陈索取更多枪械,然后响应起义。但不料事为陈树藩探悉,不仅没有取得饷械,反而引起陈更大的猜疑。此后,胡景翼便以"追击"起义军为名,把部队开赴渭北蒲城、富平、三原等处,并派人与驻防耀州的曹世英取得联系。与此同时,陈树藩也一面调其亲信曾继贤、严锡龙率部进驻三原,一面委任胡景翼为"击匪司令",命他继续东去攻打郭坚、高峻起义军。胡、陈矛盾自此日趋激化。

1918年1月25日,胡部补充营营长张义安愤于陈树藩步步紧逼,在三原宣布独立。27日,胡景翼与曹世英分别由富平、耀州赶到三原,共同组成陕西靖国军,胡景翼任右翼总司令,曹世英任左翼总司令。2月2日发布讨陈檄文,宣言靖国军"志在上以靖国,下以救民",以达"政治清明,共和巩固,奸雄无觊觎之心,政府有依归之望"①。随后,从东、西两路进兵西安。2月中旬,靖国军在各阶层人民群众的支援下,兵临西安城下。陈树藩为挽救其败亡命运,在据城固守的同时,不惜以陕西省长为条件,与河南镇嵩军统领刘镇华加紧勾结。刘镇华率部入陕后,俨然以"调停人"的身份,诱迫靖国军退兵。胡景翼鉴于西安城屡攻不下,为"保存实力",遂不顾前方将领张义安、邓宝珊、弓富魁等人反对,连函张等撤军。结果,陈树藩与刘镇华镇嵩军乘机反扑,张义安在组织反击时中弹阵亡。从此,靖国军被迫转入节节退守的困境。

此后,胡景翼与曹世英电请唐继尧"派劲旅,由川援助",并推戴唐为"滇川黔陕靖国联军总司令"②,同时派代表赴上海请于右任回陕"主持西北革命大计"。8月9日,于右任经孙中山同意回到三原,被举为陕西靖国军总司令,胡景翼改任第四路司令。靖国军改组后,对陈树藩再度发动攻势。但不久,胡景翼到渭南固市劝说姜宏模所部投归靖国

---

① 《胡景翼、曹世英讨陈檄文》,见邓宝珊等撰《张义安三原起义》,载中国人民政治协商会议陕西省委员会文史资料研究委员会编《陕西文史资料选集》第2辑,1961年版,第50页。

② 《唐继尧致李根源电》、《李根源致唐继尧电》,存云南省档案馆。

军,为姜扣留,旋被陈树藩软禁于西安。期间,陈树藩百般笼络,并屡次逼写劝降信,均遭到拒绝。

1920年7月直皖战争爆发,陈树藩为缓和人心,同时慑于靖国军以焚烧教堂相要挟,将胡景翼释放。胡景翼回到三原,即就任陕西靖国军副司令兼总指挥,宣布继续讨陈,并通电全国称:陕事"决由陕人自行收束,以纾民祸"①。为此,他在着手整饬军队的同时,还注意从事地方建设和振兴教育。在地方建设方面,曾聘请著名水利专家李仪祉,查勘泾阳吊儿咀水利工程。在振兴教育方面,除继续维持原有学校外,陆续创办了三原渭北中学、三原女子中学和富平庄里立诚中学。胡景翼这种精神受到了孙中山的赞赏,孙中山称誉他"所历弥苦,所志弥坚,诚可为晚近军人之励",并勉励他说:"陕西险据中原,为南军入北之冲要,幸善守之,以俟时局之变化。"②

1921年5月直军阎相文、冯玉祥等部入陕取代陈树藩,同时对靖国军大加分化拉拢。在此情况下,胡景翼为了保存实力,竟不顾于右任的反对,于9月21日宣布取消靖国军名义,接受直军改编。10月,被北京政府任命为暂编陕西陆军第一师师长。胡景翼在接受改编中,虽一再表白说是为了"通权达变",是"依人"非"降人",但靖国军多数将领对此是不满的,有的斥责这是"断送靖国军前途"③。孙中山也致函责备:"以堂堂护法之师,受伪廷督军之改编,不特败坏纪纲,为西南各省所不容,即于其个人节操,亦有大亏。"④

1922年4月第一次直奉战争爆发,胡景翼率部随冯玉祥开赴河

---

① 《胡景翼痛南北纷争不已并发表政见之通电》,存云南省档案馆。

② 《孙中山全集》第5卷,中华书局1985年版,第383页。

③ 张钫:《关于陕西靖国军的回忆》,《陕西文史资料选集》第2辑,第65页;孙蔚如:《杨虎城在武功继续坚持靖国军旗帜》,《陕西文史资料选集》第2辑,第85页;叶雨田:《靖国军末期高陵事变见闻》,《陕西文史资料选集》第3辑,第243页。

④ 陕西靖国军时期孙中山给邓宝珊的一封信,见《陕西文史资料选集》第2辑扉页。

南,在郑州、开封、彰德等地与豫督赵倜军作战。战后,所部被编为陆军第二十四师,驻防京汉铁路北段顺德、彰德、正定一带。期间,胡景翼去北京,经人介绍结识了李大钊。自后"每遇辄洽谈竟日",给其思想以重要影响。

胡景翼依附直系原是借此谋求更大发展,但直奉战争后吴佩孚不仅从服装、枪械到饷需多方加以限制,并时刻企图收编其部队,这使他对直系日益产生了不满。1923年曹锟贿选总统,遭到全国同声反对,胡景翼于是感到"有再度革命之必要","欲有所举动"①。随后,他派李仲三、刘允臣、张璧等与冯玉祥密谋,同时积极与孙岳取得联系。经频频密商,冯玉祥、胡景翼、孙岳遂结成反直联盟。1924年10月23日,冯玉祥利用吴佩孚在山海关与张作霖作战之机,在胡景翼、孙岳的密切配合下,回师北京囚禁了曹锟,通电主和。25日,宣布组成国民军,冯任总司令兼第一军军长,胡任副司令兼第二军军长,并电邀孙中山北上主持大计。

北京政变发生后,吴佩孚率残部退至洛阳组织反扑。11月7日,北京政府免去张福来河南军务督理职,特派胡景翼前往河南办理军务、收束事宜。24日胡景翼率国民第二军南下,与吴军战于彰德、道口、清化间。12月6日胡景翼被特任为河南军务督办,12日进抵开封,宣布正式就职。接着,与镇嵩军憨玉琨部连续作战,至次年3月取得最后胜利。

胡景翼就任河南督办后,广为延揽人才,希图"以豫省为始基","期成清明之政治",然后"推行主义于全国"。于是,国民党人李根源、李烈钧、柏文蔚等数十人纷纷前往,共产党人李大钊、王若飞等和苏联代表团、军事顾问,也曾先后应邀赴汴。但为时不久,胡景翼即于1925年4月10日病逝。

胡景翼病危之际,曾口授遗嘱谈及"胸中素蕴",说:"余对世界观

---

① 　高兴亚:《国民军革命史初稿》(上),桂林三户图书社1940年版,第155页。

念,以人类互相亲善,永久和平,期臻大同郅治之隆为指归。而欲达此目的,非打倒世界强权不为功。"①

主要参考资料

陕西革命先烈褒恤委员会编:《西北革命史征稿》,1949 年版。

《胡景翼将军生平事迹》,未刊稿。

笔者访问胡景翼三弟胡景铨笔记。

---

① 《胡景翼遗嘱》,黄季陆主编:《革命人物志》第 3 集,台北"中央文物供应社"1969 年版,第 300 页。

胡 筠

汪仁泽

胡筠,字笔江,1881年4月27日(清光绪七年三月二十九日)生于江苏江都县,祖籍江苏镇江。父亲是当地钱庄店员。胡筠少年时就读私塾,学习勤奋,练得一手颜体好字。十七岁时,在江苏泰县姜堰镇一家小钱庄当学徒,三年满师后,到扬州仙女庙义善源银号当店员。1910年到北京公益银号任职员。不久,经人介绍进北京交通银行任行员。

1912年5月,身任袁世凯总统府秘书长的梁士诒,兼任交通银行总理。胡筠由于工作干练,处事敏捷,善于应变,逐渐博得梁的赏识,不到两年便被逐级提升为总行稽核、分行副经理、经理之职。

1916年3月,袁世凯被迫取消帝制后,仍然继续筹措军饷,通过梁士诒控制的中国、交通两银行滥发纸币,引起京津挤兑风潮。5月12日段祺瑞内阁悍然下令停止中、交两行纸币兑现,更引起慌乱。上海等地中国银行拒不奉行,照旧兑现付存。在此期间,胡筠消息灵通,曾与财政当局以及银号经理人等相互勾结,利用市面上兑换率的时高时低,从中获取暴利,使中小工商业者和广大市民受害匪浅。京、津金融界纷加指责,胡筠难以存身,遂辞去交通银行职务,挟资南下。

胡筠到上海后,经史量才、黄炎培介绍,结识了印度尼西亚归国华侨富商黄奕住。当时,黄奕住旅外多年,备受当地殖民主义者的歧视,因此怀着振兴祖国实业的宏愿,拟在上海开办银行,经与胡筠晤谈十分投机，遂全权委托他代为筹组。黄奕住初拟出资一千万元独资经营，胡筠告以国内商业银行一般资金皆在五百万元以内，且以股份有限公司责任有限为宜，黄奕住欣然同意，遂定资本额为五百万元。黄奕住认股三百五十万元，余股由胡筠招募，史量才等也参加投资。不久，向北京政府登记注册，因系中国金融、工商界人士与南洋华侨合营，故定名为"中南银行"。胡筠以华侨回国兴办实业为辞，经多方疏通，使中南银行获得钞票发行权。1921 年 6 月正式开业，总行设上海。黄奕住、胡筠、史量才等七人组成董事会，黄奕住任董事长，胡筠任总经理，掌握全行经营业务。翌年，增设天津分行及北京办事处，由胡筠在北京交通银行时的亲信旧友分任经理。为了吸收南洋一带华侨汇款及侨眷存款，中南银行又增设厦门、泉州、鼓浪屿分、支行，每年的盈利额竟超过了京、沪各行。胡筠又以高薪聘请法、德等外籍顾问，与外国银行建立关系，开办对外汇兑业务，盈利颇丰。此后中南银行在胡筠的筹划下，分别在汉口、广州、南京、杭州、苏州、无锡、重庆、香港等地增设分、支行。由于中南银行资力雄厚，且发行纸币，在胡筠的积极经营下，资金运用灵活，营业扶摇直上，声誉在私营商业银行中列于前茅。

　　胡筠经营行务，特别注重信用。为使中南银行扩大社会信誉，于1921 年冬与金城、盐业、大陆三银行组成联营机构"四行联合营业事务所"①。在第一次联营会议上，胡筠提出："中南银行为慎重政府赋予发行权及维持社会上钞票流通之信用起见，兹拟将中南钞票规定为十足准备。"②次年又成立"四行联合准备库"，共同承担以中南名义发行钞票的兑现责任，因有华侨股东为后盾，中南发行的钞票深具社会信用。

---

① 中南、金城、盐业、大陆四家银行联营后，因属于北方金融集团，故被称为"北四行"。

② 刘效白：《侨商中南银行》，中国人民政治协商会议上海市委员会文史资料工作委员会编《上海文史资料选辑》第 60 辑，上海人民出版社 1988 年版，第 178 页。

1923年,胡筠又发起中南、金城、盐业、大陆各投资二十五万元组成"四行储蓄会",总会设上海,京、津等地设分会,以"保付利息"和"存储者得分红利"相号召,招揽储户存款,吸收社会游资,扩大业务。在四行联营机构中,由四行总经理胡筠、吴鼎昌、周作民、谈荔孙四人任执行董事,逐年轮值主持会务。为取信社会,四行准备库设特大水泥库房,存储每箱五千枚银元的大量现洋,供人参观,以示储备充足。后来还出资五百万元在上海市中心建造二十四层楼的国际饭店,为远东当时最高的大厦,很受国内外人士的瞩目。

1927年,中南银行天津分行因贷给协和贸易公司的巨额贷款220万元发生倒账,原领总行的全部资金150万元亏赔尚不足数,谣诼随之而起,几濒于危。胡筠得讯后,急命沪、厦两行筹款接济,稳定了危局。但中南银行经此打击,一时声誉大落,沪总行及各地分、支行业务随之衰退。胡筠遂商请黄奕住增资250万元,并对外声称华侨股东尚有资金1250万元备用,董事会连续六年决定不发股息,从而使中南重振信誉,业务逐步得到恢复。

1927年春,蒋介石在上海发动"四一二"政变,胡筠曾参加江浙资产阶级一伙予蒋以财政支持。国民政府在南京成立后,胡筠设法结交党政大员,每遇财政要员来沪,即殷勤招待,盛情迎送。后经钱永铭等人介绍,与宋子文、孔祥熙等人结识,凭其善于应酬、手腕灵活,关系渐趋密切。1931年,胡筠特意提拔与湖北省政府主席何成濬交谊甚笃的该行职员张质夫为汉口分行副经理,受到省方照顾,分行存款激增。1933年交通银行总行改组,胡筠得到宋子文的支持,兼任该行董事长。1936年4月,交通银行股东大会改订章程,将原章程规定总经理"商承董事长,综理全行行务"改为"秉承董事长,综理全行行务"。一字之易,总经理权力削弱,董事长权力大为加强。从此,胡筠成为交通银行的当权人物。

此后,胡筠在金融界的地位日益显赫。1935年国民政府改革币制,收回私营银行的纸币发行权,胡筠在收回中南银行所发行的钞票时,串通财政大员,上下其手,获取厚利①。1936年宋子文系官僚资本的中国建设银公司,联合中国、交通、金城、上海等银行投资成立"中国棉业公司",分支机构遍及全国各地,控制花纱布的产销及储运。宋子文自任董事长,胡筠等人分任常务董事。此时他还兼任新华、金城、江苏典业等银行董事。

抗日战争爆发后,上海战事激烈,胡筠曾随财政部先赴汉口,后于1937年10月离汉去香港。1938年8月,胡筠接重庆国民政府财政部电邀出席有关会议,24日与浙江兴业银行总经理徐新六由港乘飞机赴重庆。胡、徐所乘客机被日方误为孙科座机,起飞不久即在广东上空遭遇日本军用飞机截击,机坠人亡。

---

① 1935年11月国民党政府规定除中央、中国、交通三银行外,其他银行已发行或已印未发行的钞票,统由财政部限期以中央银行钞票换回,停止流通;并饬各行将法定准备金按现金六成、公债券(或房地产)四成的比例上缴。由于后者系照市价计,胡筠在作价时买通财政当局大员,获取大笔钱财。

胡琏

徐乃杰　黄中岩

胡琏，原名从禄，又名俊儒，字伯玉，1907年11月16日(清光绪三十三年十月十一日)生于陕西华县会同坊北会村农家。幼年入塾读书，十二岁入华县城读高等小学，1924年毕业。因家境无力升中学，乃与族人胡云龙同去河南投军，在国民二军冯子明旅任连文书。其后接到表兄高尚杰从广州来信，得知黄埔军校招生，经人介绍前往该校设在开封的秘密招生处报名，改名胡琏，经考试录取后于1925年秋入广州黄埔军校第四期步科第七连学习。不久，加入国民党和孙文主义学会。

1926年10月，胡琏黄埔军校毕业，随后投入北伐作战。1927年任国民革命军第二十师上尉连长。1928年秋，陈诚任国民党陆军第十一师副师长兼代三十一旅旅长，调关麟徵任该师第六十一团团长，胡琏随关前往第六十一团任连长。1930年中原大战时，陈诚率部在河南商丘阻击冯玉祥部，遭到冯军的猛烈攻击，第十一师官兵伤亡甚众，纷纷溃逃，唯有胡琏指挥的连队仍坚守阵地，因而受到陈诚的赏识。是役结束，胡琏升任营长。

1931年至1934年，胡琏追随陈诚参加国民党军对红军的第三、四、五次"围剿"。1932年，胡琏任第十八军特务营营长，翌年升任该军特务团团长，同年又调任第十一师第六十六团团长。1935年，该部开赴浙西南，继续进攻红军。

1937年"七七"事变爆发，8月保卫上海的淞沪会战开始，罗卓英率第十八军参加此役，胡琏奉命率第六十六团在沪北罗店地区阻击日本侵略军,一昼夜打退敌军十几次进攻,战况激烈,敌我双方皆伤亡惨重。由于我军英勇抗击,使日军在罗店地区的进攻受挫。9月初,日军不得不改从东北方的吴淞、宝山一带进攻上海市区。这年10月,胡琏升任第六十七师第一一九旅旅长。

1938年初,第六十七师开赴皖北休整。不久该师奉命进入苏南,扰乱敌人后方。胡琏率部在苏南开展游击战,屡创日军,该旅第四○一团曾袭击宜兴、溧阳之敌,使南京、上海间的敌军铁路运输受到严重威胁。同年初夏,武汉会战开始,我军为了阻遏敌军利用长江水道进行军运,第六十七师奉命开赴皖南长江沿岸配合我国海军特种部队在长江水面布雷,以封锁江面,阻挠敌舰艇西进。胡琏率所部开赴皖南南陵、青阳一带执行此项任务。中国海军特种部队在陆军的配合下,1938年炸沉日军舰艇和船只六十余艘,打击了敌人的军运,为我军保卫武汉起了牵制和阻滞敌人前进的作用。

1939年,胡琏部开赴湖南参加了第一次湘北会战等战役,同年升任第十八军第十一师副师长。1940年枣宜会战,日军进攻鄂西重镇宜昌,第十一师奉命由长沙驰援宜昌北面的门户当阳。是役胡琏主张坚守当阳,并协助师长方靖指挥所部击退敌人的进攻,使由川东驰援的第十八军先敌进入宜昌,为保卫宜昌赢得了时间。1941年胡琏调福建,升任第七十军预备第九师师长。1942年,方靖升任第十八军副军长,胡琏奉调回第十一师任师长。

1943年,胡琏率部参加鄂西石牌保卫战。这年5月,日军发动鄂西攻势,分两路进攻鄂西,矛头指向石牌。石牌位于长江南岸,处于宜昌南津关与莲沱之间,是当时中国军队扼守长江的第一道关口。胡琏奉命务必不惜一切代价坚守石牌要塞。27日,胡琏率第三十一团尹钟岳部把来攻的日军吸引到要塞东南群山环抱的北斗冲谷地,将敌军包围并歼其大部,残敌逃遁,从而打退了敌人首次进攻。其后,胡琏采用攻守结合的战法顽强地坚守阵地,一再打退敌人的进攻。胡琏能临危不惧顽强作战坚守阵地,受到上级的嘉许。随后第七十九军、第六十六军等援军赶到,在宜都、聂家河、长阳一带猛烈击敌,进攻石牌要塞的日军虑及后路被切断,乃于31日全线撤退,我军则跟踪追击,石牌要塞解围。鄂西之役获胜后,胡琏因功获"青天白日勋章"并升任第十八军副军长。1944年初,胡琏带职调往重庆"委员长侍从室"任参谋,以示蒋介石对胡琏的亲近并对他进行考察了解。这年8月,胡琏升任第十八军军长。

1945年四五月间,在保卫湘西雪峰山的作战中,胡琏奉命率第十八军驰援湘西,协助王耀武的第四方面军抗击日军。该军截断敌人进攻湘西的大动脉湘黔公路,会同第四方面军包围敌军,然后穿插攻击,将敌击溃。是役结束,胡琏因功授陆军少将军衔。

同年8月,抗日战争胜利,胡琏所部归王耀武指挥,主持长沙、岳阳地区的日军投降。9月,第十八军奉调开往武汉地区驻防。10月,胡琏获"忠勤勋章"和四等"宝鼎勋章"。

1946年初,第十八军整编为第十一师,胡琏改任师长。6月26日,国民党军进攻中原解放区,挑起全面内战,胡琏也紧跟蒋介石、陈诚投入反人民的战争。在第三次国内革命战争时期,胡琏在战场上一再败北。同年9月,胡琏所部整编第十一师、邱清泉第五军进攻鲁西解放区。第五军被阻于龙堌集不能前进,整编第十一师则在张凤集被晋冀鲁豫野战军歼灭一个团。是年冬,胡琏整编第十一师及戴之奇整编第六十九师进攻苏北解放区。12月17日,第六十九师被中原野战军包围于苏北宿迁县以北的仁和圩、嶂山镇一带,胡琏见势不妙,迅速龟缩宿迁地区固守。

1947年春,胡琏率部参加国民党军队重点进攻山东解放区。5月3日,整编第十一师被华东野战军包围于新泰地区。尔后,蒋军第三兵团赶来增援,华东野战军乃撤围而去,这样胡琏才逃脱被歼灭的命运。7月,整编第十一师在鲁中的临朐、南麻一带与华东野战军第二、三、七、九纵队进行了激烈的战斗,胡琏因此曾获国民党一级"宝鼎勋章"。这年夏秋,胡琏奉命率部由华东转赴华中,驻兵平汉路南段,并进攻鄂豫皖解放区。是年冬,蒋介石任命胡琏为整编第十八军军长并委以重任,经常要他指挥几个整编师联合作战,被称为"胡琏兵团"。蒋介石对胡琏所部寄予厚望,在内战爆发的两年间先后写了约十封亲笔信给胡琏,希望他能在战场上改观战局,创造"奇迹"。

1948 年上半年,人民解放军发动了第一次解放洛阳战役、宛东战役和豫东战役,胡琏所部虽作战频繁,也未能挽回蒋军在这些战役中的失败。同年 9 月,整编第十八军番号被撤销,胡琏所率部队并入国民党第十二兵团,黄维任该兵团司令,胡琏任兵团副司令。南京国防部授予胡琏陆军中将衔。10 月底,胡琏因患牙病以及其父病危离队去武汉。11 月 25 日,第十二兵团被中原野战军包围于皖北双堆集,胡琏曾两次由南京飞入重围,传达蒋介石的"指示",为部队打气。12 月 15 日第十二兵团突围时被解放军全歼,胡琏因乘战车侥幸突出重围,逃回南京。

1949 年 2 月,胡琏被南京国防部任命为第二编练司令部司令,招集国民党在长江北岸的溃散官兵及在江南补充新兵。4 月,人民解放军渡江战役开始后,蒋军第二编练司令部改为第十二兵团,胡琏任兵团司令,他率兵团南窜,9 月初撤至广东潮汕地区,尔后又由海上撤往金门。10 月末,胡琏第十二兵团及李良荣第二十二兵团在金门岛西北古宁头村阻挠人民解放军登陆金门。12 月,他又兼任"福建省主席"。1950 年初,台湾当局将第十二兵团改为"金门防卫军",胡琏任"金门防卫军司令"。1951 年,他又兼"福建反共救国军总指挥"。

1954 年夏,胡琏调往台北改任蒋军"第一军团司令"。1957 年,他去金门再次出任"金门防卫军司令"。1958 年 8 月 23 日,人民解放军炮击金门,次日金门蒋军向福建大磴岛轰击,此次金门炮战持续 46 天。在人民解放军猛烈炮火轰击下,胡琏所部伤亡惨重。同年冬,胡琏被调往台北,任蒋军"陆军副总司令"。1964 年至 1972 年台湾当局派胡琏为"驻越南大使"。1972 年 12 月,胡琏返回台北,任"总统府"战略顾问。1974 年秋,他进入台湾大学历史研究所专攻宋史和中国现代史。尔后,因患病曾赴日本、美国疗养和旅游。晚年爱好文史,喜读古书,著有《古宁头作战经过》、《泛述古宁头之战》、《金门忆旧》和《越南见闻》等书。1977 年 6 月 22 日,胡琏因患心脏病在台北病故。

主要参考资料

王禹廷:《胡琏评传》,台北传记文学出版社 1987 年版。

刘毅夫:《我所知道的胡琏》,《传记文学》第 31 卷第 2 期,1977 年。

徐友春等:《民国人物大辞典》,河北人民出版社 1991 年版。

胡 若 愚

荆德新

　　胡若愚,又名学礼,字子嘉,云南罗平人,1894年(清光绪二十年)出生于地主家庭。幼年时先入私塾就读,后转入罗平州两等小学堂毕业。

　　1910年7月,胡若愚考入云南陆军小学堂第四期。次年,云南同盟会组织新军等在昆明发动重九起义,他参加了此次起义。1912年初,胡若愚离滇前往江西,任江西都督府警卫连连长。"二次革命"前,因奔父丧回滇。1914年1月,胡若愚入云南陆军讲武学校将校班(后称该校第六期)。结业后曾任补充队中队长、营长。护国运动中,广东督军龙济光在袁世凯的指挥下,派兵经桂犯滇,一度占领个旧。胡若愚参加迎战,克复个旧,被擢升为步兵第十一团团长。

　　护国运动后,滞留四川境内的滇、黔军与川军矛盾重重。1917年,唐继尧借护法之名增兵四川,胡若愚团奉令入川增援,终于打败了川军刘存厚。1918年,胡若愚升任旅长。

　　1920年,滇、黔客军被川军熊克武等部战败,滇军在顾品珍指挥下离川回滇。1921年2月,顾品珍等起兵倒唐。驻扎云南大关县的胡若愚率兵援唐,军至昭通,为守备司令蒋光亮等部所阻。胡若愚乃乘机响应孙中山北伐定桂的号召经黔入桂,广东政府派他为先遣军司令,令所部往击在桂林的沈鸿英。胡部获胜,占领桂林。在桂林,胡若愚与出走至香港的唐继尧取得了联系。

　　1922年春,唐继尧率在桂滇军回滇逐顾,胡若愚任第二路司令兼前敌副总指挥。不久升前敌总指挥,率张汝骥、龙云两个梯团。经唐事先收买了土匪,里应外合,遂将顾品珍击毙在陆良境内。唐继尧再次督滇,胡若愚调任滇中镇守使兼戒严司令,驻昆明,后改镇滇南,移防蒙自。1923年,川军发生内战,唐继尧支持熊克武一方,派胡若愚率部经黔东入川,配合川军占领重庆。同年12月,另一方的杨森等由涪陵反攻,川、滇军失败,同退贵州,胡若愚部西移毕节。

　　1925年初,唐继尧与广东的陈炯明并与驻广州的杨希闵、刘震寰等相勾结,派出南北两路滇军向桂、粤出动,企图搞垮广州政府。南路滇军龙云于2月底占领南宁,旋为桂军黄绍竑和驻粤滇军范石生部所围困。胡若愚奉命解围,兼程由毕节赶至南宁。杨希闵等人的叛乱很快被平定,桂军向南聚集。7月,胡若愚等不得不放弃南宁回云南。

　　由于唐继尧排斥胡若愚等非嫡系势力,广西战败后又以裁军为名削弱他们的实力。1926年秋,在国民革命军胜利北伐的形势下,时任蒙自镇守使的胡若愚,与昭通镇守使张汝骥、昆明镇守使龙云、大理镇守使李选廷达成了反唐协议。1927年2月6日,胡若愚等四镇守使在蒙自发出讨唐通电,并齐集宜良,准备进兵昆明,唐继尧被迫下台。3月8日,胡若愚就任云南省政府省务委员会主席。

　　“二六”政变后,胡若愚接受广州国民政府的任命,为国民革命军第三十九军军长,但拒绝广州国民政府派人到云南任职。唐继尧倒台后,四镇守使因权力之争矛盾十分尖锐。胡、张等联合,于同年6月14日夜突向驻昆龙云部发起攻击,龙部不敌,辗转退至下关。龙云在住所受困,被缴械囚禁。7月23日,龙部卢汉等师反攻获胜,胡若愚只得弃城挟龙云退出昆明。行至昆明以东二十公里的大板桥,胡若愚为了摆脱龙部的追击,与龙云签订了《板桥协定》[①],将龙云释放回昆明。

---

　　①　据曾在胡部任职多年的彭稚如(秘书长)说,《板桥协定》的主要内容为:(1)胡若愚放弃云南政权,由龙云接管;(2)胡、张二部出师北伐;(3)龙云接济胡、张外出部队的饷弹和补充兵员;(4)龙部不得派兵追击胡、张二部。

　　但是，双方并不打算实行这个协定。胡若愚率部退到昭通，急欲卷土重来，乃通过与四川的刘文辉和贵州的周西成签订的《金沙密约》①，共同组成滇川黔讨龙军。10月，胡、张两部与周西成派出的中路黔军在陆良会合。12月，龙云在打败并收编了唐继尧余部后，迎击并将胡、张部和周西成部黔军围困在曲靖城中。1928年1月，胡若愚等突围，溃不成军。黔军左路也失败于陆良马街，川军一旅进至寻甸中途退回。胡、张在云南不能立足，胡若愚前往川南依附刘文辉，张汝骥东至贵州投靠周西成。

　　1929年春，蒋、桂战争发生。为了夹击桂系，蒋介石通过刘文辉、刘湘，劝说胡若愚、张汝骥与龙云化除前嫌，入黔合击附桂的周西成，并委胡为国民革命军新编第十二师师长，张为第十三师师长。但胡、张却在川南会合了戍守昭通且已叛龙的师长孟坤，以胡为靖滇军司令进攻昆明。7月，靖滇军与龙部在昆明西郊的碧鸡关发生大战，双方伤亡各在数千人以上。胡若愚等失败，西撤至滇、康结合部一带。

　　1930年初，胡若愚率部分文武官员经康定到成都，随刘文辉积极响应阎（锡山）、冯（玉祥）、李（宗仁）的讨蒋行动。刘文辉给胡若愚一个旅的编制，以其所带军官为基础招兵成军。9月，反蒋活动失败，胡若愚被通缉，乃潜往上海租界。他托人向蒋介石疏通，获准出国。蒋要胡至京晤面。胡恐自投罗网，思虑再三，终不敢前往。

　　1931年，粤、桂等各方借蒋介石囚禁胡汉民为由，在广州另立国民政府通电反蒋。胡若愚取道香港至穗，参与反蒋。李宗仁令胡恢复国民革命军第三十九军的番号，驻防百色。1932年，龙云多次借口胡部在百色对云南有威胁，要求将他调走，否则云南大烟将不经广西出口。李宗仁乃改胡部为独立师，移防梧州。不久，胡师并入桂军，胡若愚接

――――――――――

　　①　据胡若愚一方参与签订《金沙密约》的谭善洋说，该密约订于1926年夏，主要内容有"互相援助，各自夺取本省政权"等。上述内容载《谭友佛诗文集·稿存·云南内部情形》，未刊。友佛为谭善洋的字。

受李宗仁所给出国费,于 1933 年赴德学习军事。云南人杨杰率领的国民党政府军事代表团到欧洲,经杨杰请准,胡若愚以随员身份去过法、苏等国。

1936 年夏,胡若愚经日本回国,在香港编写出版过《大军统帅》、《现代陆军的编制》等书。1937 年在国民党军事委员会总参谋部任中将参谋。

抗日战争爆发后,胡若愚被派往李宗仁的第五战区代理参谋长。1938 年 1 月,调任孙桐萱的第三集团军总司令部参谋长,在鲁南参加过对日作战。此后,在程潜的第一战区任过高参。1939 年后,改任参谋部所属军训部部附、军委会校阅委员会第二组组长。1942 年,出任兰州军官学校校长。

抗战胜利后,胡若愚退役。1948 年 4 月,他作为罗平县的国民大会代表,极力在云南代表中奔走活动,为李宗仁竞选副总统争取选票。

辽沈、淮海、平津三大战役后,国民党的精锐部队被消灭殆尽,仍不断拼凑新兵团。1949 年 2 月,第五十八军军长鲁道源升为第十一兵团司令,归华中"剿总"白崇禧指挥,鲁荐胡若愚为该兵团副司令。5 月,人民解放军解放武汉,鲁兵团南逃衡阳。9 月,白崇禧的桂系主力在衡宝战役中被歼,鲁兵团奉令改为左右两个纵队向广西撤退,鲁道源为右纵队司令,领兵三个师,继任第五十八军军长;鲁元为左纵队司令,领兵六个师。后鲁元患病住院,胡若愚接任其职。10 月中,广州解放,人民解放军疾速西进,围歼国民党军残部,桂系余部纷纷夺路南窜。11 月下旬,胡若愚率部逃至桂东南的岑溪、容县一带,26 日被人民解放军歼灭,胡若愚中弹身亡。

胡　　适

耿云志

胡适是中国近现代史上最有影响的资产阶级学者之一。原名洪骍，字适之，安徽绩溪人。1891年12月17日（清光绪十七年十一月十七日）生于上海。他的父亲胡传曾做过淞沪厘卡总巡和台湾台东直隶州知州。

胡适四岁丧父，由母亲送他入乡塾读书。约在八岁时，偶然读到《水浒传》，从此对白话小说特别着迷。这给了他最初的白话文学的熏陶。

1904年，胡适离开绩溪到上海入梅溪学堂，次年转入澄衷学堂。他在这里开始接触到西方思想。严复译的《天演论》，梁启超的《新民丛报》成了他最喜欢的读物。而梁启超的论著尤其令他倾倒。

胡适在澄衷学堂就读一年半，于1906年暑期考入中国公学。这个学校是上年留日学生为抗议日本文部省的所谓"取缔规则"愤而归国自办的学校。学生中有一个组织叫做"竞业学会"，骨干分子多是革命党人。会长钟文恢恰与胡适同住一室。在他的邀请下，胡适为该会办的《竞业旬报》担任撰稿，从第二十四期起又接任编辑。因而使他得到早期的文字训练。

1908年夏秋间，中国公学为修改校章事发生激烈风潮，有数百名学生集体退学另外创办起中国新公学。胡适在新公学里担任低年级的英文课。1909年秋冬，在各方调停之下，新公学复与旧公学合并，胡适不屑回旧公学去，开始自谋职业。

1910年夏天，胡适到北京考取了"庚款奖学金"留美。8月16日，他与同被录取的学生共七十人从上海登轮赴美。9 月,进入美国绮色佳(今译依萨卡)城的康奈尔大学读农科。1912 年初改学文科。从此,胡适对文、史、哲诸科均极用功,复以余力积极参加校内外各项运动,讲演尤为所好。他经常给当地报纸写稿,曾在一次征文中获奖,受到当地舆论赞扬。其风头之健,可见一斑。

1914 年夏,胡适在康奈尔大学毕业,得文学士学位,继续留校研读。次年 9 月始离开康奈尔前往纽约哥伦比亚大学研究院跟杜威学哲学。杜威是当时美国最著名的实用主义哲学家。胡适受其影响最大的是对哲学方法的高度重视。杜威对于有系统的思想过程的分析,使胡适对中国古典史学的考证方法有了崭新的理解。此外,杜威的和平改革的政治哲学也成了对胡适有终生影响的一个方面。但在哥大期间,胡适最为热衷的,为其一生事业奠定基础的,是文学革命的尝试。

由于早年受过白话文学的熏陶,到美国之后又受到西方写实主义文学的影响,胡适对中国文学史逐渐形成了一种新的看法。他认为,中国历史上凡属优秀的文学作品,大多是白话的,或近于白话的。而那些古奥晦涩的作品却大多是徒具文辞而缺乏真实的内容。由此他提出,古文是"半死的文字",白话才是活文字。他主张,写诗作文都应尽量用白话,使人明白易懂。在他看来,这正是文学革命的起手功夫。他的这些见解没有获得同学诸友的赞同,其中有个梅光迪更是激烈反对。但朋友们的反对没有使胡适泄气,相反,却加速引发了他文学革命的自觉心,并逐渐形成有系统的主张。

当胡适在美国与朋友们辩论文学革命问题的时候,他的同乡陈独秀正在国内主编《青年》杂志,在更广泛的意义上向旧文化发起挑战。陈独秀曾多次托人向胡适邀稿。1916 年 8 月 21 日,胡适写信给陈独秀,提出他关于文学革命的八项主张。陈独秀复信希望他"切实作一改良文学论文"寄登《青年》杂志。于是,胡适便以八项主张为纲,逐条发挥,作成《文学改良刍议》一文,于 1917 年 1 月发表在《新青年》(《青年》自二卷起改名《新青年》)上。其八项主张是:(一)须言之有物;(二)不

模仿古人;(三)须讲方法;(四)不作无病之呻吟;(五)务去烂调套语;
(六)不用典;(七)不讲对仗;(八)不避俗字俗语。文章发表后,引起强
烈反响。陈独秀趁热打铁,紧接着发表《文学革命论》,把胡适的温和的
学理式的主张变成激烈的革命宣言。于是震动全国的文学革命运动就
此揭幕。

1917年5月,胡适交上他的博士论文《中国古代哲学方法之进化
史》并进行了答辩。因主考导师们多对汉语、汉学很隔膜,致使论文未
获圆满通过。胡适期之数年的博士学位未能到手,但由他"首举义旗"
的文学革命运动,这时在国内已如春潮澎湃。胡适感到,他的事业,他
的未来,已经在向他招手,遂决计束装回国。

7月,胡适回到国内,当即受到北京大学的聘请,在家小住月余便
北上就任北京大学教授。从此便与《新青年》主编、北大文科学长陈独
秀共事,并很快结识了北京的一派新人物,年高德劭的北大校长蔡元培
是他们共同拥戴的长者。是年12月,回里与江冬秀女士完婚,实践了
悬隔十四年的婚约,既安慰了寡母,又邀得社会舆论的普遍赞誉。

1918年初,《新青年》改组为同人刊物。胡适与陈独秀、李大钊、钱
玄同、高一涵、沈尹默六人轮流编辑。他们以此为阵地,复以北京大学
为大本营,将新文化运动迅速推向全国。胡适成了与陈独秀齐名的领
袖人物。

在文学革命运动中,斗争最集中、最激烈、最牵动社会注意力的是
白话与文言之争。白话文因其适应社会发展的需要,在广大的社会阶
层中受到衷心的欢迎。反对文学革命的人,无力与白话文相匹敌。遂
杜撰出一个堂皇的"理由",声称,文学革命只应革其内容,不当革其形
式。胡适回答他们说,文学形式的变革正是为文学内容的变革创造条
件。"只有文字体裁的大解放,方才可以用来做新思想新精神的运输
品。"①胡适看到,要真正解决白话文学代替文言文学这个问题,必须成

---

①　胡适:《尝试集·自序》,《胡适文存》卷1,亚东图书馆1931年版,第279页。

功地创造出有价值的白话文学作品来。1918 年 4 月,他发表《建设的文学革命论》,鲜明地标出"国语的文学,文学的国语"的口号,并系统地论述了创造国语的新文学的方法。此文被郑振铎诩之为"文学革命最堂皇的宣言"①。

胡适还大力提倡短篇小说和戏剧改革,并自己创作了一篇新式独幕剧《终身大事》。但胡适对新文学的创造贡献最大的是新诗的尝试。1919 年 10 月,他发表《谈新诗》,文中提出关于新诗音韵的崭新见解,打破了传统成见,为新诗的成立提出了可靠的理论根据。著名新诗人朱自清说,胡适的《谈新诗》"差不多成了新诗的创造与批评的金科玉律了"②。1920 年 3 月,胡适的白话新诗集,也是中国有史以来的第一部白话新诗集《尝试集》出版。文学史家陈炳堃评论说:"《尝试集》的真价值,不在于建立新诗的轨范,不在与人以陶醉于其欣赏里的快感;而在与人以放胆创造的勇气。"③《尝试集》受到了包括从梁启超到鲁迅,知识界绝大多数稍具新思想的人们的欢迎,但却遭到学衡派的激烈攻击。反对派的攻击没有阻止新诗的发展。《尝试集》不久即再版,而且跟着有一大批年轻的新诗人出现。胡适热情撰文向世人评介他们的作品,孤独的"尝试者"有了战友和伙伴。

胡适在文学革命的问题上,主要的缺点是"提倡有心,创造无力",后来他竟认为中国当时还不具备创造新文学的条件。他过分低估了中国文学的价值,低估了新文学发展的巨大潜力。

在新文化运动中,最使广大青年知识分子为之激动的是个性解放与思想自由。1918 年 6 月,胡适发表《易卜生主义》一文,极力宣扬解

---

① 郑振铎:《中国新文学大系·文学论争集导言》,上海良友图书印刷公司1935 年版,第 4 页。

② 朱自清:《中国新文学大系·诗集导言》,上海良友图书印刷公司 1935 年版,第 2 页。

③ 陈炳堃(子展):《最近三十年中国文学史》,太平洋书店 1930 年版,第 227页。

放个性,发展个人才能的主张。1920年8月,他同北大教授蒋梦麟、李大钊、高一涵等联名发表《争自由的宣言》,要求北洋军阀政府彻底废除一切破坏人民言论、出版、集会、结社、迁徙及人身等项自由权的法律命令,切实保障人民基本的自由权。这些要求虽不能实现,终不失为一种正义的抗争。胡适在《新思潮的意义》一文里所鼓吹的"重新评定一切价值"的口号,是"五四"时期在思想原则上所表现的真正激进的态度。从这种态度出发,可以打破一切教条,可以根本改变人们对传统道德、礼俗乃至政治、教育制度等等的看法。胡适对"孝"的传统观念的否定,对女子贞操问题的异议,以及关于女子解放、节制生育的鼓吹等等,都有推动思想解放运动的意义。

胡适还积极致力于教育改革。他就任北大教授的头一年就创办了哲学研究所,开创大学的研究风气。他提议组织各科教授会管理教学,树立教授治校的新风范。他倡议实行选科制,鼓励青年学子的主动精神。他还参与创办其他研究机构,鼓励、赞助出版学术刊物,支持学生自办文化学术团体等等。这些对于改造旧北大官僚子弟沿袭下来的恶劣风气,推动青年学生的思想进取,奠定新式高等教育的基础,都有不容抹杀的意义。此外,他对于全国包括小学、中学、大学在内的新学制的确立,也起了重要作用。

1919年2月,胡适撰写的《中国哲学史大纲》(上)出版。这本书以其观点和方法的新颖而引起学界的极大注意。他以哲学方法为中心线索,阐述中国古代哲学思想的演进。蔡元培指出此书有四大优点,即:证明的方法;扼要的手段;平等的眼光;系统的研究①。此书出版两个月即再版,以后又多次重版,足见它是深受欢迎的。它为胡适在学术上奠立了不拔之基。

胡适在学术上取得成功的另一个领域是对于中国几部古典小说的

---

① 蔡元培:《中国古代哲学史大纲序》,胡适著《中国哲学史大纲》(卷上),商务印书馆1919年版,第2—3页。

研究。他的《〈水浒传〉考证》(1920 年 7 月)启发了年轻的历史学家顾颉刚,以追迹古史传说演变的方法,提出"层累地造成的古史"说,开创了新史学的一个流派。胡适的另一篇《〈红楼梦〉考证》(1921 年 11 月)则第一次打破清末以来的种种附会的索隐派的迷雾,把《红楼梦》的研究引导到正当的学术范围内。在以后的七八年里,胡适又相继写了十几篇古小说考证的文字。经他考证和介绍的几种小说,颇有跃登龙门之概,一时都成了畅销书。而这些书的畅销也有力地推动了白话文运动的发展。

胡适对小说考证的兴趣是同他更大的工作目标相联系的,这个目标就是整理国故。胡适认为,整理国故是创造新文化的一种必要工作。所谓国故,就是"一切过去的文化历史"。整理国故"就是从乱七八糟里面寻出一个条理脉络来;从无头无脑里面寻出一个前因后果来;从胡说谬解里面寻出一个真意义来;从武断迷信里面寻出一个真价值来"①。

胡适在倡导整理国故时,提出疑古的口号。他鼓励青年学者们以怀疑的态度去辩证古史。他主张"宁疑古而失之;不可信古而失之"②。他这种怀疑与批判地对待历史遗产的态度受到了复古派与国粹派的攻击。

自从梁启超欧游归国发表《欧游心影录》以后,守旧派又有抬头之势。1921 年,梁漱溟发表《东西文化及其哲学》,1923 年,张君劢在清华发表《人生观》的讲演,两者在一定程度上都表现出对西方文化的戒惧心理。胡适发表《评梁漱溟先生的〈东西文化及其哲学〉》,对梁氏的主观主义与非历史的态度提出了严厉的批评。他指出,东西文化的差别,最基本的是历史发展程度的不同,中国将来也终必要走上"科学化与民

---

①　胡适:《新思潮的意义》,《胡适文存》卷 4,第 162 页。

②　胡适:《自述古史观书》,顾颉刚编《古史辨》第 1 册,北京朴社 1926 年初版,上海古籍出版社 1982 年影印本,第 23 页。

治化"的路。胡适又为《科学与人生观》一书写长篇序言,批评梁启超与张君劢,认为他们的言论是在思想文化领域中开倒车。他的文章所采用的是实验主义的理论与方法,难免有其局限性,但对于抵制思想界的复古逆流是起了重要作用的。

胡适是实验主义(亦即实用主义)的忠实信徒。他自己从不讳言,他做学问、谈政治,乃至做人做事,都是实行实验主义。1919年春,胡适发表长篇论文介绍和发挥实验主义,以后又多次在各地发表演讲,加以鼓吹。在五四时期,实验主义的客观影响是比较复杂的。它的怀疑的倾向、大胆尝试的精神、重视逻辑的思想方法等等,在当时是颇有积极意义的。但它否认客观实在、否认真理的客观性这种主观唯心主义倾向则无疑地会发生某些负面影响。

胡适刚回国的时候,曾暗下决心,二十年不谈政治,力图"在思想文艺上替中国政治建筑一个革新的基础"[1]。但五四运动把尖锐的政治问题提到每个人的面前。胡适看到李大钊等大力宣传马克思主义,为革命制造舆论;一大批青年愤激于军阀专制,国家昏暗而醉心无政府主义。他"看不过了,忍不住了",于1919年7月发表了他的"政论的导言":《多研究些问题,少谈些主义》,主张中国的问题只能一个一个地解决,不可能凭借某种主义一下子"根本解决"。李大钊发表《再论问题与主义》,批评胡适,指出,问题与主义不能截然分开;而用主义来团结群众向一个总目标做去,是改造国家的正确途径。这场问题与主义之争是实用主义与马克思主义、和平改革与暴力革命两种根本对立的思想派别的初次交锋。

1921年6月,胡适同其好友丁文江、蒋梦麟等组织了一个叫"努力会"的小团体。次年5月办起《努力周报》。1922年5月13日,胡适发表《我们的政治主张》,由蔡元培、李大钊等十六位大学教授署名,提出以"好政府"作为政治改革的起首目标,曾引起广泛的讨论。10月,胡

---

[1]　胡适:《我的歧路》,《胡适文存》二集卷3,第96页。

适又发表《国际的中国》,指责中国共产党的反帝纲领,声称,中国此刻没有帝国主义侵略的威胁,"只须向民主主义的一个简单目标上做去,不必在这个时候牵涉到什么帝国主义的问题"①。

在《努力周报》上,胡适针对时局提出过许多改革的主张,对北洋政府的举措也有一些很激烈的批评,但所有这些都是毫无效果的。1923年10月,《努力周报》停刊。

1925年1月,胡适出席段祺瑞的"善后会议",遭到进步舆论的激烈批评。五卅运动爆发后,他曾与罗文幹联名致信当时的外交总长沈瑞麟,提出两步交涉的主张:第一步,先解决惨案本身,即惩凶、道歉、赔偿等。第二步,修改八十年来一切不平等的条约。他的意见没有引起当局的重视,而他反对罢课的言论则受到进步学生的激烈批评。

1926年7月,胡适赴英国参加中英庚款咨询委员会的会议。途经莫斯科时,参观访问了三天,对苏俄产生颇为积极的印象。在英国停留半年,年底离英去美国。在那里,他补领了被拖十年的博士学位,于1927年4月乘轮回国,并卜居上海。这年6月,他被推任中美教育文化基金董事会(管理美国退还庚款的机构,由中美双方派员组成,简称中基会)的董事。从此,除短暂的间断之外,胡适一直在这个董事会任职,这使他在教育学术文化界得以发挥很大的影响。8月,胡适受聘为私立光华大学教授。次年4月,受任中国公学校长。

胡适在欧期间,曾在伦敦大英博物馆和巴黎法国国家图书馆查阅敦煌卷子,得到一些禅宗史的材料,回国后便陆续整理研究,相继写成几篇禅宗史的论文,并于1930年出版了《神会和尚遗集》。

胡适由美回国时,恰逢蒋介石发动"四一二"政变。尽管胡适路过日本时作了拥蒋的表示,但回国后,国民党当局并不很信任他。1929年春,因国民党三全大会上有人准备提出所谓"严厉处置反革命分子案"的问题,胡适以其严重蔑视法律与人权,遂接连写了《人权与约法》、

---

① 《胡适文存》二集卷3,第128页。

《知难行亦不易》、《我们什么时候才可以有宪法》、《新文化运动与国民党》等文章，批评国民党当局的专制。文中直接牵及孙中山与蒋介石，这引起当局的大不满，特饬教育部对胡适发出警告；又组织国民党人写文章回击，出版专辑《评胡适反党义近著》；并在报刊上发表消息、宣言之类，大攻胡适。最后且下令查禁胡适的文章。

其实，胡适并不想与国民党当局作对，用他自己的话说，他对国民党"只有善意的期望与善意的批评"，"批评的目的是希望它自身改善"①。

1930 年 11 月下旬，胡适携眷北上，重返北大任教，后来并担任北大文学院长。

1931 年"九一八"事变的爆发，促成了胡适与国民党当局之间的谅解与结合。那时，蒋介石集团的对日不抵抗政策正引起全国人民的不满，政治上很被动。而在这个问题上，却得到了胡适的充分理解与支持。1932 年 5 月，胡适邀集友人丁文江、傅斯年、翁文灏、蒋廷黻等创办《独立评论》（周刊），积极配合蒋介石的内外方针，宣扬对日妥协、对内"统一"。所以，《独立评论》的创刊，是胡适在思想政治上与蒋介石集团靠近的一个重要标志。次年 2 月，胡适与民权保障同盟的决裂，使他们的关系更加密切起来。

原来，1932 年底，宋庆龄、蔡元培等在上海发起成立带有反蒋性质的民权保障同盟。胡适亦加入，并于 1933 年初创立北平分会，自任主席。2 月初，著名记者史沫特莱得同盟总部同意，发表了一份揭露北平反省院酷刑虐待的材料。胡适认为这个材料是伪造的，要求总部负责更正。总部当然不能同意。于是，胡适发表《民权的保障》一文，公开反对总部"释放一切政治犯"的要求。接着又对《字林西报》发表谈话，继续批评同盟总部的宗旨。宋庆龄不得不发电给胡适，请其"自由出会"。此事过后仅一个月，汪精卫就致信专诚邀请胡适出任教育部长。经过

---

① 《我们对于政治的主张》（据手稿）。

数日踌躇之后,胡适回答说:"我细细想过,我终自信我在政府外边能为国家效力之处,似比参加政府为更多。"并表示愿"为国家做一个诤臣,为政府做一个诤友"①。

1933年6月,胡适赴加拿大参加太平洋国际学会第五届常会。10月回国,11月间,发生反蒋的"福建事变"。胡适发表文章批评事变领导人李济深、陈铭枢等"有危害国家的嫌疑"。

1935年12月9日,北平爆发学生爱国运动,影响迅速推及全国。胡适表示有限度地同情学生的爱国行动,但反对罢课。他手拟《告北平各大学同学书》,指责学生罢课荒废学业,滋生事端,是"青年人自放弃其本身责任,自破坏国家将来之干城"。

1936年6月,李宗仁、白崇禧发动两广事变,提出反蒋抗日的口号。胡适致电李、白,指责他们是"掀动内战,危害国家"。

这年7月,胡适再度出国赴美参加太平洋国际学会第六届常会,12月初回到国内。12日,西安事变爆发,胡适本其一贯拥蒋的立场,打电报给张学良说:"陕中之变,举国震惊。介公(指蒋介石——引者)负国家之重,若遭危害,国家事业至少要倒退二十年。足下应念国难家仇,悬崖勒马,护送介公出险,束身待罪,或可自赎于国人。若执迷不悟,名为抗敌,实则自坏长城,正为敌人所深快。足下将为国家民族之罪人矣。"②随后,又发表《张学良的叛国》一文,成为国民党当局的主要宣传品。

1937年7月7日,卢沟桥事变爆发,日本开始大举进攻中国。次日,胡适南下赴庐山参加蒋介石、汪精卫主持的谈话会。会间曾与蒋、汪面谈多次,仍主张做"最大的和平努力"。9月,受蒋介石之托,胡适以非官方身份赴欧美活动。

从 1932 年到 1937 年，胡适除在北大任教，主要精力用于编辑《独立评论》。在这个刊物上，他共发表论文一百一十八篇（不包括《编辑后记》及游记等文字），其主要内容一是宣扬对日妥协，二是主张效法英美政制。此外还发表了几篇讨论中西文化的文章。1935 年 1 月，王新命、陶希圣等十教授发表《中国本位的文化建设宣言》。3 月，胡适发表《试评所谓中国本位的文化建设》，认为十教授的《宣言》"是今日一般反动空气的一种时髦的表现"，是以折中论反对西化论。他主张中西文化应"自由接触，自由切磋琢磨"。这显然又同他宣布赞成的陈序经的"全盘西化"有矛盾。所以，不久他又发表《充分世界化与全盘西化》一文，宣布放弃"全盘西化"的提法，而以"充分世界化"代替之。自然，这个提法仍不够精准。

1936 年 11 月间，《独立评论》以文字触犯宋哲元被勒令停刊。时胡适尚在国外。回国后，经一番活动并正式向宋哲元道歉后，于 1937 年 4 月复刊，至"七七"事变停刊。

由于办刊物和参与政治活动，这些年胡适的学术成绩不佳。长篇著述完全没有，稍可足述者只有几篇论文。1934 年 5 月写成的《说儒》一文可算是这一时期胡适治学的代表作。文中对孔子及初期儒家的历史地位做了较高的评价，受到郭沫若、江绍原等人的批评。

胡适于 1937 年 9 月到美国，1938 年 7 月离美赴欧洲。不久，在蒋介石敦促下，决定出任驻美大使。9 月离欧，10 月初到华盛顿赴任，开始了他的外交生涯。他任大使四年，至 1942 年 9 月 8 日卸任。以后继续留居美国，曾断续地在大学和图书馆担任过工作。

1945 年 9 月，抗战结束，国民党政府聘胡适为北京大学校长，次年胡适回国就任。1946 年 11 月，胡适到南京参加国民党召集的国民代表大会。12 月 24 日夜，北大女生沈崇被美国兵强奸，引起师生及各界极大愤慨。学生罢课示威，抗议美兵暴行，要求美军撤出中国。12 月 30 日，胡适赶回北平，在接见记者时，一方面表示理解学生、教授们的愤慨,同时却强调"此次不幸事件为一法律问题",力图掩盖美国对华侵略的政治问题①。

1947年初,蒋介石托傅斯年转达,拟请胡适出任国府委员兼考试院长。2月6日,胡适写信给傅斯年说,他"愿意帮国家政府的忙,所以不愿意加入政府"。因为只有处于在野的地位,才容易帮政府的忙,"替他说公平话"来支持他。若加入政府,便"完全不能有所作为"了②。

5月间,胡适邀同北大、清华等校一些教授组织"独立时论社",针对国内外重大问题各人撰写文章交全国各地有关系的报纸发表。陆续入社的有四十多人,建立联系的报纸有三十八家。胡适以此在舆论上帮蒋介石的忙。8月下旬,胡适到南京筹备中研院第一届院士选举,曾面见蒋介石,向他提出发展教育的十年计划。11月,胡适被推为久大盐业股份有限公司的董事长。12月中旬,为出席中基会的会议再到南京。蒋介石托王世杰劝他"改行"从政。胡适与王世杰长谈多次,终于婉辞。

1948年3月下旬,胡适到南京出席中研院评议会会议,当选为第一届院士。接着出席"国民大会",选举所谓"行宪"后的第一任"总统"。其时,蒋介石为应付政治困境,曾敦劝胡适参加竞选总统。胡曾略为所动,但国民党内一些有影响的人持反对意见,事遂寝。

人民解放战争胜利向前发展,国民党的统治面临彻底崩溃。胡适在北平电台发表反共讲演,然后又到武汉、杭州等地讲演。他回到北平不久,人民解放军就包围了这座城市。12月15日,蒋介石派专机将胡适接到南京。

1949年4月,胡适受蒋介石之托,启程赴美活动"美援"。在海轮上,他写了两篇文章,一篇是为拟议创刊的《自由中国》杂志写的《〈自由中国〉的宗旨》,一篇是为将要出版的陈独秀晚年论文与书信写的序言。

①《申报》1946年12月31日。
②《胡适来往书信选》(下),第173页。

1949年4月21日,胡适到达美国旧金山。两天后,南京解放,国民党在大陆的统治宣告垮台。一年后他在给沈怡的信里写道:"这十几年中,只有国际共产党大致知道他们的目的与步骤;只有他们比较地明白他们所谓战略与策略。此外,所谓大国领袖,所谓大政治家,都不免古人所谓'盲人骑瞎马,夜半临深池'。"①他认为杜鲁门、蒋介石们没有想清楚他们要做什么和该怎样做,糊里糊涂地输给了共产党。

1952年12月,胡适应邀回台湾讲学,次年1月17日离台去美。1954年2月,为参加所谓"国民代表大会",胡适再度回台,4月5日复去美国。1955年12月,胡适着手撰写《丁文江的传记》,这是胡适一生所写的四十多篇传记性文字中最长的一篇。

1957年11月,胡适被任为中研院院长。次年4月,回台就任。1959年,又出任"国家长期发展科学委员会"主席。是年7月,他前往夏威夷大学参加第三次"东西方哲学会议",发表《中国哲学里的科学精神与方法》的讲演。会后,他接受该大学颁赠的人文学名誉博士学位。这是他得到的第三十五个,也是最后一个名誉博士学位。

1960年7月,为参加"中美学术合作会议"赴美。在这次会议上,胡适发表《中国传统与将来》的讲演。大意说,中国文化传统的核心是"人本主义与理智主义"。这个核心是永不会消失的。他并宣称,社会主义与共产主义同这个核心是不能相容的。

1961年11月6日,在"东亚区科学教育会议"的开幕式上,胡适讲演《科学发展所需要的社会改革》,对传统文化又有激烈的批评,引起不少人的反对。不久,以心脏病复发入台大医院治疗。1962年1月10日,胡适出院休养,但在2月24日中研院欢迎新院士的酒会上,心脏病再次猝发,不及救治而死。

---

①　胡颂平:《胡适先生年谱长编初稿》,第2139页。

胡 嗣 瑗

张学继

胡嗣瑗，字晴初（亦作琴初），又字愔仲。贵州贵阳人。1869年（清同治八年）生。1903年（清光绪二十九年）癸卯科进士，授翰林院编修。后以候补道员身份出任天津北洋法政学堂总办。

1912年中华民国成立后，胡嗣瑗以清朝遗老自居，他寓居天津租界，与陈宝琛、杨寿枏、陈曾寿、郭则沄等遗老组织"须社"，诗酒唱和，排遣时日的同时，也是以此等待复辟机会的到来。

1912年9月，冯国璋出任直隶都督。冯国璋虽然是袁世凯手下"北洋三杰"之一，但他依恋故主，具有强烈的复辟情结。他出任直隶都督，成为坐镇一方的诸侯后，先后将清朝遗老胡嗣瑗与保皇党骨干麦孟华、潘若海等延揽到自己幕府中，为他奔走四方，策划复辟活动。康有为后来写信给冯国璋说："公自克汉阳，而功不得竟，乃心皇室，日谋复辟。吾门人麦孺博（孟华）、潘若海入公幕府以来，偕胡愔仲所日夕与公谋划者，复辟也。"[1]

1913年春，盘踞山东兖州的辫子军统帅张勋在宗社党及清朝遗老的策动下，准备发动复辟行动。张勋在发动复辟前，曾派遗老温肃前往天津联络冯国璋。温肃到达天津后，胡嗣瑗介绍温肃晋见冯国璋，向冯传达宗社党首领、前恭亲王溥伟的意见以及张勋的行动计划，冯"允为

① 康文佩（同璧）：《南海康先生年谱续编》，沈云龙主编《近代中国史料丛刊正编》第76辑，台北文海出版社1972年版，第130页。

赞助"①。但张勋的行动计划很快被人告发,袁世凯立即采取措施制止了这次复辟行动,冯国璋在袁世凯施压下,也未敢公开表示响应。

1913年12月,冯国璋出任江苏都督(次年改为江苏将军)后,聘请胡嗣瑗为都督府咨议厅长,"冯事无大小,倚他如左右手"②。

袁世凯在帝制自为的过程中,最放心不下的是张勋与冯国璋。其时,张勋以定武上将军、长江巡阅使名义坐镇徐州,拥兵数万;而冯国璋则以宣武上将军督理江苏军务,开府南京。徐州与南京同属江苏,两地相距不远,且张、冯两人宗旨相同,加之宗社党、保皇党、遗老的从中拉拢联络,形成张、冯联手反对洪宪帝制以及随时准备让宣统复辟的局面。

胡嗣瑗在南京整天唆使冯国璋拥护清朝复辟,一心想帝制自为的袁世凯对他恨之入骨,但袁世凯又不能对胡采取任何措施。最后想出了一个调虎离山的计策,于1915年3月任命胡嗣瑗为江苏金陵道尹,其目的是想将胡从冯国璋身边调开。但是,冯国璋离不开胡嗣瑗,对袁世凯的调令一直拒绝执行。袁世凯万般无奈之下,只好派阮忠枢南下"驱胡"。阮到南京后对冯国璋说:"胡嗣瑗既然已经调了金陵道尹,那么,你为什么不可以下个手令,开去他的本缺(指咨议厅长)呢?"冯国璋对此笑而不答。胡嗣瑗在阮忠枢来了以后,既不去就金陵道尹,也不再在江苏将军府露面。这时,冯国璋的副官长何绍贤对胡嗣瑗说:"总统调你做道尹,你不就,可是又不辞。现在阮内史长又来了,你要是再不走的话,如果有人加害于你,我们可保护不了你。"在何绍贤的威胁下,胡嗣瑗只好暂时潜往上海躲避一下。阮忠枢见驱胡目的达到,也就回北京复命去了。阮忠枢的这次"驱胡"闹剧反而坚定了冯国璋反"洪宪"的决心。

陈冷汰在《丁巳复辟记》中对胡嗣瑗在洪宪帝制中的作为有如下的

①　温肃:《温文节公年谱》,1947年版,第5页。

②　陆丹林:《革命史谭》,独立出版社1945年版,第67页。

记载："辛亥国变以后，遗老旧臣，志图兴复者，有升公允(字吉甫)、刘公廷琛(字幼云)、沈公曾植(字子培)、王公乃徵(字病山)、胡君思敬(字漱唐)、陈君毅(字贻重)、温君肃(字毅夫)及伯兄曾寿(字仁先)等。六年以来，奔走筹划，未尝一日懈其志，而诸将中可与谋者，唯张勋一人。……当袁氏盛时，力足控制一切，诸人虽怀兴复之志，苦于无隙可乘。及称帝议起，其腹心爪牙颇有携贰，复辟之机，遂动于此矣。刘公幼云等既常往来于徐州，而胡君晴初在冯国璋幕，亦时以微辞动之，冯意颇为之移，其贰于袁氏，胡君盖有力焉。事为袁氏所闻，欲加害于胡君，胡遂出冯幕，迁居于沪，然犹时往冯住所也。袁氏既建号'洪宪'，又为内外所逼，下令取消，威信全堕。胡君乘机以实行复辟，进言于冯，遂有劝袁退位之电。电中有顾全名义云云，实寓复辟之意。又亲笔致书于张勋及段祺瑞谋之。"①

　　在袁世凯被迫宣布取消洪宪帝制后，胡嗣瑗奉冯国璋之命前往徐州，与张勋及其周围的复辟分子商讨宣统复辟大计。然而，冯国璋在受到日本顾问青木宣纯关于复辟时机不成熟的警告后，立即放弃拥戴宣统复辟的念头，于4月17日与江苏巡按使齐耀琳联名发表通电，提出调停时局大纲八条，主张袁世凯在取消帝制后继续担任大总统。冯国璋态度急变，让正热衷于清室复辟的胡嗣瑗感到突兀，于4月22日给冯国璋写了一封长信，要求冯不要失信。信中说："前在宁披沥愚忠，谬陈大计，承公毅然决议，促即往联徐州，郭汾阳、李西平再造王室之功，将于公复见之。……窃维今日情势，袁断不能复保地位，我公亦岂能与革党相合？革党本无实力，又岂能复盛以祸中国？如非复辟，安有救亡上策？此举既合天理人心之正，亦为天时人事所趋，早经洞鉴。瑗追随已久，窃闻高论，凤仰忠诚至矣。数年积愤，今日甫有获申之望，行将拨云雾而见青天，若以青木一言，即隳成谋，绝非我公本意。……鄙意事经议决,理无中止,且吉帅(升允字吉甫)款已到手,待公定议而后行,事关重大,务肯坚持前议办理。"①4月26日,胡嗣瑗再次给冯国璋写信,要求他速联络张作霖与张勋等图谋复辟。

6月6日,袁世凯暴毙。复辟派兴奋异常,再次倾巢而出,游说手握重兵的张勋、冯国璋出来拥戴宣统复辟。胡思敬、商衍鎏等一批复辟分子纷纷相继来到南京,与冯国璋商讨复辟计划,冯欣然表示全力支持复辟。袁死后控制北京政府的段祺瑞在得到张、冯图谋复辟的情报后,立即派新任长江巡阅使倪嗣冲携带巨款至徐州、南京贿买张勋、冯国璋的部属,致使被复辟分子视为大好机会的丙辰复辟计划再度被挫败。

袁世凯死后,总统黎元洪与掌握北京政府实权的总理段祺瑞因为争权夺利产生严重冲突,时人称为"府院之争"。段祺瑞唆使北洋系各省督军组成督军团向黎元洪施加压力,忍无可忍的黎元洪孤注一掷,于1917年5月23日断然下令免去段的国务院总理职务,段随即出走天津策划以武力驱逐黎元洪,双方矛盾空前激化,复辟派决定利用这一政治危机再次推行复辟计划。张勋为了探询冯国璋对复辟的态度,写信说为了抵制西南,巩固北洋团体,不能不另筹解决时局的对策。胡嗣瑗看到这封信后,冒用冯国璋的名义给张勋写了一封回信,极力附和,请张勋大力主持,他愿追随其后。张勋得到冯的保证信后,认为冯再也不会反对复辟,这就更加坚定了复辟的决心。

5月28日,胡嗣瑗、刘廷琛来到徐州,与辫子军统帅张勋商谈复辟计划,张勋告诉他们:"此事必须入都举办,拟借调停之名而入。已示意于黎(元洪),若得一命令相召,尤便。然无令余亦决行也。"②不出张勋所料,走投无路的黎元洪不得不于6月1日下令请求张勋前往北京调停他与段祺瑞之间的矛盾。6月7日,张勋率领辫子军四千三百余人北上,先至天津,在压迫黎元洪强行解散国会后,于6月14日入京。6

---

① 《胡嗣瑗致冯国璋函》,《近代史资料》总第18号,第118—119页。
② 冷汰:《丁巳复辟记》,《近代史资料》总第18号,第111页。

月28日,康有为等复辟派分子也来到北京。康有为与张勋一文一武两个复辟派头子聚首北京,召集复辟分子开会后决定立即动手实施复辟计划。7月1日凌晨,溥仪在张勋、康有为、刘廷琛、张镇芳、万绳栻、胡嗣瑗等人的拥戴下宣布复辟,于宣统九年五月十三日(1917年7月1日)临朝听政,收回大权,与民更始。并且大封功臣,胡嗣瑗因为奔走策划复辟有功,与万绳栻一起被授为内阁阁丞(相当于秘书长)。

然而,张勋复辟仅昙花一现,辫子军被段祺瑞的讨逆军击败,张勋狼狈逃往荷兰使馆,辫子军全部缴械,其他复辟派分子作鸟兽散。胡嗣瑗与陈曾寿等一批复辟分子逃回上海租界,他们仍不死心,幻想由张勋与桂系军阀两广巡阅使陆荣廷南北会师重振复辟大业,但以无果而终。

1924年4月,复辟分子金梁向废帝溥仪推举将来复辟时可以借重的四类"贤才"共计三十人,其中对胡嗣瑗的评语是:"血诚爱国,慷慨激昂,丁巳后寄食杭州,去秋一病几死,今始渐愈。"①1931年"九一八"事变以后,胡嗣瑗随溥仪进入日本占领下的东北,1932年至1933年任伪满洲国执政府秘书处处长,1933年3月至1939年4月任伪满洲国参议府参议,1945年病死。

---

① 《金梁列举贤才折》,《申报》1925年8月9日。

胡 文 虎

陈 民

胡文虎，原籍福建永定县，1882年1月16日（清光绪七年十一月二十七日）[1]生于缅甸仰光。父亲胡子钦是侨居缅甸的中医，在仰光开设永安堂中药铺。胡文虎兄弟三人，长兄名文龙，早年夭折，幼弟名文豹。1892年，胡文虎被送回福建老家，接受传统教育，胡文豹则留在缅甸接受英国教育。四年后，胡文虎重返仰光，随父学中医，并协助料理药铺店务。1908年，其父病故，胡氏兄弟继承父业，同心协力，永安堂业务日趋发达。1909年，胡文虎周游了祖国以及日本、暹罗（即今泰国）等地，考察中西药业。第二年回仰光，扩充为永安堂虎豹行，聘请医师、药剂师多人，吸收中国传统膏丹丸散的优点，制成万金油、八卦丹、头痛粉、止痛散、清快水等成药。不久，虎标万金油等畅销缅甸、印度、新加坡、马来亚各地，胡氏兄弟由此发家致富。

1914年，由于业务发展，胡文虎将永安堂总行迁到新加坡，留胡文豹主持仰光业务。他在新加坡兴建新药厂，并先后在新加坡、马来亚、香港各地广设分行。1932年，他又把总行从新加坡迁到香港，并在广州、汕头建制药厂，在厦门、福州、上海、天津、桂林、梧州以及澳门、台

---

[1]　胡文虎的出生说法不一。[美]包德华主编：《民国名人传记辞典》说是"1893年1月16日"（第二卷第177页）；C. M. Turnbull：《新加坡史》也说是1893年（第131页）；Max Peyleberg：《现代中国名人录》记为"1883年"（1954年版，第94页）；香港《星岛日报》1954年9月16日刊登《胡文虎先生生平事略》一文中说是"1882年1月"。"事略"是胡文虎治丧期间发表的，故依此说。

湾、菲律宾、越南、荷属东印度（即今印度尼西亚）等地设立分行。从此，虎标万金油等成药成为中国和东南亚各地老少皆知的药品，胡家兄弟也成为东南亚华侨中著名的百万富翁，号称"万金油大王"。

胡文虎自称对政治无兴趣，热心于文化教育和医药慈善事业。他除在新加坡捐建十几所义务学校和中小学外，在国内先后捐助过上海大夏大学、广东中山大学、岭南大学、福建学院以及广州仲恺工业学校、上海两江女子体育专门学校、汕头第一中学、回澜小学、海口琼崖中学、福建大同中学等院校。在上述院校中，建有诸如"虎豹堂"、"虎豹楼"，"虎豹图书馆"以及"虎豹亭"之类建筑物。抗日战争前夕，胡文虎还捐款 350 万港币，准备在中国兴建一千所小学。后因战争爆发，学校只建了一部分，但他仍将建校余款 200 万元港币存入香港中国银行，指定为战后建校之用。他所捐建的医院，以南京的中央医院最为著名。他在国内外独资创办或捐助的医院、养老院、孤儿院有四十多所。香港大学也于 1951 年初设立"胡文虎妇产科病系奖学金"。他晚年在香港做寿时，常常施舍食品、日用品或赠送现金，济助穷苦老人和孤儿。

早在 20 世纪初，胡文虎便开始他的办报活动。1908 年，他在仰光集股合办《仰光日报》。他独资兴办的第一家报纸，是 1929 年 1 月在新加坡发刊的《星洲日报》。两年之后，他又在广东汕头创办《星华日报》。1935 年初，他的第三家报纸《星光日报》在厦门出版。同年底，他在新加坡的中文晚报《星中晚报》也正式发行。他还筹备在广州创办一份大型报纸《星粤日报》，并开始修建印刷厂，后因局势动乱，计划拖延了下来。1938 年 8 月 1 日，他在香港的《星岛日报》正式出版，聘请金仲华为总编辑。报纸编排新颖，内容充实，是胡文虎"星系"报业中办得最成功的一份。1941 年底太平洋战争爆发前夕，他在马来亚槟榔屿的《星槟日报》出版，但在缅甸的《星仰日报》和在荷属东印度的《星巴日报》，则因战争爆发半途而废。1945 年抗战胜利后，他在福州创刊《星闽日报》，在上海筹办《星沪日报》。1949 年 3 月在香港创办英文《虎报》（TIGER STANDARD）。第二年，又在泰国创办《星暹日报》，在新加坡也增刊英文《虎报》。这样，星系报业便成为华侨界独一无二的托拉斯,在舆论上具有较大的影响。胡文虎认为办报与建立学校、创办医院,都是直接服务于社会的重要事业。他自称以商业立场办报,为民众作喉舌,自称"除热忱爱护国家,希望祖国富强,华侨地位提高外,对政党政治,素不参加"①。

抗日战争期间,胡文虎曾任国民参政会华侨代表。1941 年秋,他到重庆出席参政会议,受到蒋介石的接见。返回香港时,正值太平洋战争爆发。日军占领香港后,胡文虎被软禁了三天,获释后仍留在香港。1943 年,胡文虎以港商身份,多次去上海会见南京伪政府的汪精卫;还曾去日本拜会日本首相东条,扬言是向东条陈说日本港督及其财务部长对华侨商人的暴敛②。1944 年,胡文虎被推选为日本统治下的"香港华人协会"主席。

第二次世界大战结束后,胡文虎开始全面恢复他的商业活动,但主要精力还是集中在恢复和扩充他的报业托拉斯,战前所办各报大多先后恢复出版。他还计划在北平、汉口、沈阳和台湾设立报馆,并打算恢复战时被日军拆毁的广州印刷厂,但都未能实现。

广州解放后,1950 年当地人民政府接管了胡文虎在广州的产业。次年 7 月他发表谈话,对人民政府拒绝虎标药品在国内行销表示"费解"。星系报纸,尤其是香港的《星岛日报》开始激烈反共③。1953 年,胡文虎访问台湾,表示对国民党蒋介石的支持。

1954 年 8 月,胡文虎因胃病去美国动手术。他在波士顿接见美国《环球报》记者时说:"对共产党决难妥协,非征服他们,就被他们征服。"④回香港时途经檀香山,因心脏病发作,于 9 月 4 日去世。

---

①　《星洲日报》1950 年 4 月 10 日。

②　《胡先生近年言论录》,《星岛日报》1954 年 9 月 6 日。

③　当时金仲华等已辞职,《星岛日报》为反共分子所把持。美联社曾发电文说:"胡氏所有之报纸其尚未被共党所封闭者,在东南亚实为反共最有力的报纸。"见《星岛日报》1954 年 8 月 11 日。

④　《星岛日报》1954 年 9 月 6 日。

胡　毅　生

周兴樑

胡毅生，名毅，字毅生，号隋斋，广东番禺人，1883 年 11 月 17 日（清光绪九年十月十八日）生于广东电白，与胡汉民是堂兄弟。

胡毅生生性聪颖，七岁就外傅，九岁起从读于商殿臣及堂兄胡青瑞、胡汉民，十七岁考入广州广雅书院西学堂。1901 年，他考取两广大学堂，次年因与学友梁孝肃一起倡言革命反清，被校方开除。1903 年春赴日本东京留学。

1903 年 4 月，沙俄违背中俄《东三省交收条约》，拒绝从金州、牛庄等撤走侵略军，企图永霸东北。消息传出，东京中国留学生掀起拒俄运动，成立拒俄义勇队；后改组为"军国民教育会"，由拒俄御侮转而进行反清革命，胡毅生参加了"军国民教育会"的活动。是年 8 月，他获悉孙中山已回横滨活动，乃偕伍嘉杰前往谒见，表示愿从驱驰。随后，他在中国留学生中广为结交同志，并随孙中山往访日人犬养毅等，协助孙中山筹办东京青山军事训练班。军事训练班成立时，他与黎勇锡、李自重等十四人宣誓入班受训，并一度兼任数学教员①。青山军训班解散后，胡毅生于 1904 年受聘到横滨华侨学校任教习，加入当地的洪门会社；旋又返回东京法政大学速成部求学。1905 年 7 月，孙中山到日本东京筹建同盟会，胡毅生向广东籍的官费法政速成留学生介绍孙中山之言

---

① 陈锡祺主编：《孙中山年谱长编》上册，中华书局 1991 年版，第 291—292 页；冯自由：《革命逸史》第 5 集，中华书局 1981 年重印本，第 36—37 页。

行事迹,并积极协助孙中山开展筹组同盟会的活动。随后,他与黄兴、宋教仁、冯自由等人分头通知留学生及少数日本志士参加同盟会筹备大会,并在会上宣誓加入同盟会,成为首批会员之一。8月20日,同盟会正式成立后,他担任第一任广东省同盟会主盟人。不久,他考入大阪高等工业学校肄业。

1905年秋,胡毅生奉孙中山之命返上海,随孙中山一同赴越南西贡堤岸,协助组建堤岸同盟分会。其后,胡毅生又奉孙中山命归国,陪同法国军官布加卑(Paul Boucabeille)先后调查考察南京、九江、南昌,抵达广东。次年春再由粤启程,赴广西桂林联络郭人漳部和蔡锷部,后至贵阳、重庆、武汉考察与联络。他们沿途除与各军中同志会晤外,尤密查清廷军事实力及其布置。布加卑考察团通过考察活动,对孙中山领导的反清革命运动留下很好的印象,主张法国政府应同情中国革命,但法殖民部和外交部对布氏的建议不予支持。

孙中山与同盟会本部从1907年开始,着力在南部地区多次发动反清武装起义,胡毅生积极参加了这些斗争。1907年他与朱执信大力开展了联络和游说陆军速成学堂、讲武堂及学兵营的工作,并亲自参加钦廉、镇南关两次起义。镇南关起义军占领炮台后,他随同孙中山、胡汉民等一同赴阵地慰勉义军。起义失败后他退居越南。1908年他由越南潜回广东,深入乡镇设立会社,密切联络和结交各地民军首领以壮大革命势力。

1909年,胡毅生至广东陆军小学任教习,秘密开展革命活动。后因被人告发,被迫避居香港,仍不时化装往来省港间,与赵声、倪映典、朱执信等合力策动新军反正,约期发难。1910年广州新军起义前,他专任"农村会党联络工作",并与朱执信负责届时"联络番禺、南海、顺德之民军为响应"①,后新军因与巡警冲突仓促起事而告失败,顺德乐从

---

① 参见广东省政协文史资料委员会编:《广东辛亥革命史料》,广东人民出版社1981年版,第23页;丘权政、杜春和选编:《辛亥革命史料选辑》上,湖南人民出版社1981版,第191页。

圩等地的民军来不及起义响应。

同盟会发动的多次武装起义,推动了国内革命形势的迅猛发展。孙中山于1910年11月在槟榔屿召集同盟会骨干会议,胡毅生与黄兴、胡汉民、赵声等参加,决定筹集巨款,以党人及新军为骨干在广州起义。事后,胡毅生至暹罗筹办华侨中学,兼筹集革命经费。1911年初,他抵香港,协助黄兴建立统筹部于跑马地二十五号,并担任该部储备课课长,负责购买枪械,并深入广州近郊乡村联络民军。4月中下旬统筹部召开发难会议,确定胡毅生担任第十路(后改为第四路)起义的队长之一,率部坚守大南门。不料4月27日下午黄兴发动起义时,他与姚雨平、陈炯明借口临时改变起义日期而未按计划参加起义,致使黄兴一路百余人孤军奋战,迅告失败。事后,黄兴和其他党人对他多有指责。胡毅生亡命香港,协助胡汉民等做了些抚慰伤亡的善后工作。

1911年10月武昌起义后,各省次第响应,广东各属民军也纷纷发动起义。当时,胡毅生与朱执信在顺德乐从圩发动民军起义,威逼广州。11月9日广东光复后,组成了以胡汉民为都督的粤省军政府,胡毅生先后担任军政府枢密院枢密员、军务处长和海军司司长,统辖巡防营水师和民军。他指挥水师绥靖东江、北江与西江水道,使水上交通畅通。1912年3月,王和顺所部惠军因反对军政府裁遣民军而与代都督陈炯明所部循军发生流血冲突时,胡以海军司司长名义委托明字顺军统领黄明堂居中调解,劝陆梅等部服从政府;尔后他又令民军协助循军击溃败退虎门的王和顺残部。

1913年“二次革命”失败后,胡毅生亡命日本,次年加入中华革命党。后随中华革命军广东司令官朱执信潜赴香港,协助朱执信发动番禺、南海、三水等地民军起义,讨伐袁世凯及其在广东的爪牙龙济光。1916年初,胡毅生由香港去上海,代表朱执信接洽讨袁讨龙饷械事宜。袁世凯于6月死去后,他留沪协助孙中山办理党务。

1917年7月,孙中山率程璧光海军第一舰队南下广州进行护法斗争,胡毅生追随抵达广州。9月1日,孙中山被广州非常国会举为中华民国军政府大元帅,在广州河南士敏土厂设立大元帅府,胡毅生任士敏土厂总办,负责拱卫大元帅府。1920 年粤军分三路由闽南西征回粤之际,胡毅生策动魏邦平、李福林等部在广州宣布独立,举兵驱桂。

1921 年 12 月,孙中山在桂林设立北伐大本营督师北伐,胡毅生被委为大本营参军。翌年,被孙中山派为北伐大本营粮食处处长,担负饷糈粮草供应重责。1922 年 6 月陈炯明发动叛变,胡毅生由小北江昼夜赶到广州,旋登永丰舰谒见孙中山。不久,因病赴香港就医。

1923 年春,孙中山在广州加快了改组国民党的步伐,次年 1 月在广州召开了有共产党人参加的中国国民党第一次全国代表大会,确定"联俄、容共、扶助农工"三大政策,建立了国共革命联合战线。国民党内部的右翼势力对此极为不满,胡毅生也是其中之一。他于是年 8 月参加广州民选市长竞选,因舞弊案发未达目的,逐步沦为失意的政客,与朱卓文沆瀣一气,靠包揽捐务、沙田等自肥以供平日挥霍,并对国共联合战线进行中伤污蔑。1925 年 3 月孙中山在北京病逝后,胡毅生与赵公璧、李秉硕等创办《国民新闻日报》于广州,宣传反共,并以"共产主义不适宜于中国论"为题,悬奖征文;他又纠合一些人组织一个俱乐部叫文华堂,从事破坏国民政府的活动①。8 月 20 日,国民党右派收买凶手刺杀了坚持三大政策的国民党左派领袖廖仲恺。胡毅生是"廖案"的主谋者之一,于案发后潜逃出广州,后被国民政府下令通缉。他藏匿半年多,旋亡命至香港蛰居。

1926 年,胡毅生由政治失意进而颓唐厌世,皈依中国佛教流派之一的密宗,以摆脱心灰意冷与烦闷不安之心境。他从岭东居士王宏愿、阿阇黎学习密宗多年,希冀靠"三密"即语密(口念真言)、身密(手结契印)、意密(心作观想)来脱出俗缘红尘,求得心灵上的暂时平静与满足。

抗日战争时期,胡毅生于 1939 年 9 月由广东赴重庆,任国民政府

---

①　中国第二历史档案馆编:《中华民国史档案资料汇编》第四辑(上),江苏古籍出版社 1986 年版,第 281 页。

委员,1940 年 2 月任国民政府国史馆筹备委员,1943 年 10 月再任国民政府委员。

抗日战争胜利后,胡毅生回到广东。1946 年 11 月他当选为国民大会代表,1947 年 4 月他任国民政府顾问,1948 年任总统府顾问。后赴香港治病。

1949 年底,蒋介石退守台湾,胡毅生于 1951 年由香港去台湾,旋任"总统府国策顾问"闲职。1957 年 11 月 26 日,胡毅生患脑溢血症在台北病逝①。

---

① 黄季陆主编:《革命人物志》第 3 集,台北"中央文物供应社"1969 年版,第 313 页。

胡　瑛

齐　霁

胡瑛,原名宗琬,字经武,1884年(清光绪十年)生。原籍浙江绍兴,其父以知县候补湖南,胡瑛随父兄至湘。幼年时,父兄先后去世,家境贫寒,靠母亲雷氏女红、浣洗为生;并依其兄之友鲁竹岩居桃源,故多称其为湖南桃源人。戊戌变法前夕,胡瑛去省垣读书,接触到维新思想。不久变法失败,他目睹民族危机严重的现实,产生了救亡图存的爱国思想。

1903年夏,黄兴从日本留学归国,在长沙明德、经正学堂执教,"课余之暇,时向学生灌输革命学说"①。胡瑛以优异成绩考入经正学堂,受黄兴革命思想影响,亦常在校进行革命宣传。是年11月4日,黄兴邀集归国留日学生和进步知识分子胡瑛、刘揆一、陈天华、宋教仁等十余人以设筵祝三十岁寿为名,召开华兴会的准备会议。黄兴在会上提出"吾人发难,只宜采取雄据一省与各省纷起之法",并建议"诸同志对于本省外省各界与有机缘者,分途运动,俟有成效,再议发难与应援之策"②。胡瑛等人均表赞同。1904年2月15日,华兴会正式成立于长沙,黄兴被公推为会长,胡瑛是华兴会最早最年轻的骨干分子。

同年3月,胡瑛持黄兴介绍信去武昌吴禄贞处,组织华兴会鄂支

---

① 龙绂瑞:《武溪杂忆录》,中国史学会主编《中国近代史资料丛刊·辛亥革命》(一),上海人民出版社1957年版,第512页。

② 欧阳瑞骅:《武昌科学补习所革命运动大事记》,见《辛亥革命》(一)。

部,胡任总理,负责结纳同志,运动武阳夏三镇新军。他结识了湖北革命志士刘静庵、曹亚伯、吕大森、张难先等,并与他们共商革命方略,一致主张"革命非运动军队不可;运动军队,非亲身加入行伍不可"①。于是胡瑛与张难先同入工程营当兵,在士兵中秘密散发《猛回头》、《革命军》、《孙逸仙》、《黄帝魂》等进步书籍,还通过饭后聚集在操场上讲历史故事的形式,激发士兵们的爱国思想和革命觉悟。"瑛年少英挺,善词说,闻者莫不感动。"②5月,胡瑛与同营的朱子龙、陈从新、雷天壮等以及学界的吕大森、曹亚伯、欧阳瑞骅等,在武昌斗级营同庆酒楼集会,商议组织革命团体。7月3日,科学补习所在武昌多宝寺街成立,胡瑛因运动军队有功,又是科学补习所的发起人和组织者,被选为总干事。

科学补习所成立不久,黄兴由沪抵鄂,告以湖南拟于阴历十月初十(阳历十一月十六日)慈禧70岁生辰日起义。补习所会员一致表示赞成,当即约定由湖南发难,湖北响应。胡瑛等对响应长沙起义一事做了周密的部署,把华兴会分给湖北的枪支弹药从湖口运回武昌。不料长沙起义事泄,科学补习所受到牵连。幸亏事先得到黄兴密电,胡瑛与王汉及时把枪械转藏于汉阳鹦鹉洲,刘静庵销毁文件册据,张难先则通知其他同志远走避祸。但该所被封,同志星散,胡瑛与王汉则迁居鹦鹉洲。嗣后他们看到此案已经了结,又重新在暗中恢复活动,胡瑛任汉口《大江报》及《夏报》主笔。

1905年初,清户部侍郎铁良南下搜括东南各省财赋,历经苏、浙、皖、赣而抵鄂,胡瑛、王汉等愤而密谋杀之,先拟在汉口大智门车站狙击,待他们赶到时火车已开走,又追至河南彰德,王汉用手枪连击数发不中,卫兵搜捕急,王汉耻于就刑清廷,毅然投井自殉。胡瑛伪装行商,设法收其尸殡葬。然后胡瑛又尾随追至北京,因铁良随从戒备森严无

---

① 　刘揆一:《黄兴传记》,中国史学会主编《中国近代史资料丛刊·辛亥革命》(四),第277页。

② 　张难先:《湖北革命知之录》,上海商务印书馆1946年版,第55页。

从下手,遂返回武汉。是年春,胡瑛东渡日本留学,先就读于东京士官学校,后转入早稻田大学政治经济系。在日本,胡瑛积极进行革命活动,被选为学生联合会会长。8月,同盟会在日本东京成立,胡瑛加盟,当选为评议员。《民报》创刊后,胡瑛常为之撰稿,并协助张继负责编辑工作。胡瑛与同乡宋教仁、覃振有名于当时,被誉为"桃源三杰"。11月2日,日本文部省颁布《取缔清韩留日学生规则》,遭到中国留日学生的强烈反对。胡瑛与陈天华、秋瑾等人曾提出全体留学生罢学归国的主张。后经辩论,为在日本进行革命活动之便,继续留日学习。

1906年12月,萍浏醴起义爆发后,经孙中山选派胡瑛与梁钟汉、朱子龙等人回国,同日知会领导人刘静庵等在武汉谋议响应。但事为留日学生郭尧阶向巡警道冯启钧告密,胡瑛等八人于1907年1月8日被捕。胡瑛被捕后,宋教仁得信告知孙中山设法营救,于1月23日以留学生总会和湘、鄂两省名义致电湖广总督张之洞,要求释放胡瑛。

胡瑛是湖北革命机关的中坚分子,被捕后官方亟谋杀害他,但又苦于没有证据,虽严刑逼供亦无济于事。奸人密报胡瑛与张难先关系极其密切,清吏乃对张施以毒刑,逼他吐露胡瑛的活动消息。张只承认自己是革命党,对胡瑛半字不提。胡瑛在狱中坚毅不屈,曾做绝命诗云:"昆仑紫气郁青苍,种祸无端竞白黄。仗剑十年悲祖国,横刀一笑即仙乡。河山寂寂人何在,岁月悠悠恨更长。我自乘风归去也,众生前途苦茫茫。"[①]此案一直拖到1909年夏才宣判,胡瑛被判永远监禁之刑。张难先于1907年5月因病保释出狱后,常到狱中探望胡瑛,饮酒画梅共抒情志。事后胡瑛曾赠张难先一诗,以志这一段同患难的历史:"吾道消沉久,多君独苦行。穷交肝胆在,高义死生轻。忧患逢知己,艰难见

---

①　张难先:《为五十六年前的一笔历史账答客问》,中国人民政治协商会议全国委员会文史资料研究委员会编《辛亥革命回忆录》(六),中华书局1961年版,第48页。

世情。十年家国泪,今日共心倾。"①

　　胡瑛虽然被羁押在狱中,但有在北京的吴禄贞、程家柽的照应,在海外的黄兴、杨毓麟的关心,在武昌的詹大悲替他料理一切事务,所以还不算十分痛苦。典狱员谈国华看他一表人才,善言词、能诗文,就把自己的女儿许给他,对他特别优待。因此胡瑛在狱中,行动也比较自由,常与狱外的革命同志会晤交谈。1911 年 1 月,蒋翊武等人在武昌组织文学社,胡瑛亦自狱中参加。文学社长蒋翊武和评议部长刘尧澂常到狱中同胡瑛商量大事,胡瑛成为文学社暗中的指导者。2 月,谭人凤受黄兴委托到武汉联络革命力量,与文学社领导人蒋翊武、李长龄、罗良骏等人在武昌府狱胡瑛处聚会。初见面时,谭人凤看到蒋像田舍翁,李像老学究,罗像贵公子,心里不高兴。胡瑛解释道:"子勿误,湖北党人具有百折不回志气,本社尤埋头苦干,不以外观夸耀者也。"②谭人凤才改变了态度。后来在文学社与共进会的联合过程中,胡瑛极力促进,当选为政治筹备员。

　　10 月 10 日,武昌起义爆发,翌日胡瑛被迎出狱,12 日被推为湖北军政府外交部长。14 日,汉口军政分府成立,詹大悲受命为主任兼管军事处,邀请胡瑛渡江办理外交事务。胡瑛常与詹分访各国领事,并亲临前线指挥革命军抗击清军。12 月中旬,胡瑛作为南北议和的特派代表去上海同唐绍仪等谈判,旋又以各省都督府代表联合会湖北代表的身份到南京参加各省代表会议,商讨组织临时政府。

　　1912 年 1 月 1 日,孙中山在南京就任临时大总统,宣告中华民国临时政府成立。11 日,胡瑛被任命为山东都督,于 2 月在烟台就职。但这时山东实权仍操在清巡抚张广建手中,不承认胡为都督,文电中只称"胡经武先生"或"胡经翁"。张广建为挤走胡瑛,向袁世凯建议:"胡

　　① 张难先:《为五十六年前的一笔历史账答客问》,《辛亥革命回忆录》(六),第50 页。

　　② 李廉方:《辛亥武昌首义记》,湖北通志馆 1927 年版,第 14 页。

瑛才气有名于时,与黄为至戚,其占据烟台,本以掣直、东之大势;只以共和宣布,不得显逞其雄图,其心恐有所未甘。如或优礼胡瑛,调京界以要差,俾就钧座范围,则东省可纾,大局可定。"①袁世凯采纳了这个建议,免去了胡瑛的都督职务,调他至北京,任新疆青海屯垦使。

是年8月,同盟会改组为国民党,胡瑛为二十九名参议之一。12月至翌年初的第一届国会选举中,国民党在参、众两院获得了压倒多数的席位,胡瑛当选为湖南参议员。"宋案"发生后,袁世凯加紧准备用武力讨伐国民党。胡瑛原是南京临时政府内阁简任名单上的议和参赞,又是国民党在北京的要人,为了避祸他只身潜往上海,与黄兴一起进行"二次革命"。失败后,随黄再次逃亡日本。

1914年7月,第一次世界大战爆发,8月,胡瑛、李根源、李烈钧等人在东京成立"欧事研究会",主张在欧战的形势下,暂时停止革命活动,以免妨害袁政府之对日外交,实行举国一致御侮。是年年底,胡瑛回到北京。其时袁世凯正加紧筹谋复辟帝制,召集总统府及参议院中的亲信商讨改变国体进行程序。杨度等献策,"谓宜贿买当今失意穷困之老革命党员,使之上书劝进,以表示举国人一致拥戴之公意"②。袁深表赞同。1915年8月,杨度拉胡瑛及孙毓筠、严复、刘师培、李燮和等人成立筹安会,为袁登基制造舆论。1916年7月14日,总统黎元洪发表惩办帝制祸首命令,胡瑛因被认为对辛亥革命有功,未在帝制祸首之列。

袁世凯死后,胡瑛恍然有悟,重新走上资产阶级革命道路。1917年7月,孙中山从上海到广州,揭起护法的旗帜,各地护法势力纷纷响应。胡瑛与张学济等在湘西成立护法军政分府,胡任护法军湘西招抚使。后湘西护法军与唐继尧联系改称靖国军,胡任第三军军长。1919年8月,胡瑛去广州军政府运动军费,被任命为军政府顾问。1924年

---

① 《张广建电稿》,《近代史资料》1958年第4期。
② 冯自由:《革命逸史》第2集,中华书局1981年版,第218页。

第二次直奉战争前夕，孙中山派胡瑛北上，联络直系将领胡景翼、冯玉祥。不久冯玉祥与胡景翼、孙岳等部协同发动北京政变，使直系曹锟、吴佩孚的统治迅速瓦解。1925年1月胡景翼督豫，胡瑛到开封任总参议。北伐战争前夕，胡瑛被蒋介石任命为广东国民政府驻山西代表。北伐军推进到河南后，胡瑛请阎锡山响应北伐，截奉军后路。

后来在蒋、冯、阎、桂四派混战时，阎锡山曾任命胡瑛为第十路总指挥，去上海运动蒋系第五师师长刘世钧倒戈反蒋。蒋介石发觉后，下令通缉胡瑛，胡遂逃往汉口。1931年夏长江大水，胡之寓所为水浸，迁居楼上数月，患水肿病。"九一八"事变后，覃振等向蒋介石建议取消对胡瑛的通缉，让他去日本游说在野党和反战人士，设法阻遏日本政府扩大侵华步骤。蒋认为胡可以利用，遂令其至南京。胡瑛拟病愈后再东渡日本，住进南京中央医院。但因手术不良，疮口溃烂，于1932年11月病故于医院。

胡 愈 之

胡序文

胡愈之,原名学愚,浙江上虞人,1896 年 9 月 9 日(清光绪二十二年八月初三)出生于一个世代书香之家。其父为清末秀才,赞翊维新,热心创办新学,民国后曾任县教育会长和首届县参议会议长。在父亲影响下,他自幼就读了谭嗣同的《仁学》等书,关心时事,认真阅读新书报。父亲和家庭的关怀使胡愈之自幼受到良好的传统文化教育,从而打下了爱国主义、民主主义的思想基础。1910 年,胡愈之从县高等小学堂毕业,次年越级考入绍兴府中学堂实科二年级,时鲁迅先生在校任学监,因而结下师生之谊。但下半年因患伤寒至 1912 年大病始愈,他不愿降级回绍兴府中学堂,改入杭州英语专科学校,为考清华和留学欧美做准备。半年后学校因学生太少而停办,这时家境衰落,父亲要他学好中文,准备就业,于是跟随绍兴名宿薛朗轩学习中文,薛老师为人和治学都给胡愈之很大影响。1914 年 10 月,胡愈之考入商务印书馆编译所当练习生,是年十八岁。

练习生的工作十分艰苦,编排校印各种杂务都得干,胡愈之正是从什么都干中熟悉了出版工作的全过程。第二年,胡愈之专门从事《东方杂志》的编辑工作。当时的《东方杂志》还是一个资料性刊物,主要由编辑选译一些国外的政治、经济、学术、科技等资料,投稿很少。工作的需要,使胡愈之走上了刻苦自学的道路,他进夜校学习英语和世界语,并挤时间到商务的东方图书馆读书。1915 年开始,他就用英语和世界语翻译资料,到 1920 年仅在《东方杂志》就发表了他著译的文章三百余篇,内容包括政治、经济、哲学、文学、科技等多方面,这表明他结合工作自学,学识有极大的提高。他在1920年3月发表的《相对性原理和四度空间》一文,证明他是最早把"相对论"介绍到中国的学人之一。他的翻译能力,曾得到胡适的赞赏。20年代初,胡愈之已是一个出色的编辑、记者和著译者,成为商务印书馆《东方杂志》的主要编辑。

胡愈之还积极参加社会活动。他是世界语运动的积极推动者,1915年他在报上发表第一篇文章:《世界语在学术上之地位》,就是宣传世界语的。他与许多国家世界语者建立了通讯联系,并担任了环球世界语会的上海代理员。他和上海的世界语者重建了上海世界语学会,并任学会的领导,还与学会同人共同创办世界语函授学校和世界语刊物《绿光》。五四运动中,胡愈之作为商务编译所的职工代表,参加上海工人的罢工斗争。在五四前后,他还高举民主、科学的旗帜,成为新文化运动的积极推动者,他和沈雁冰最早在商务提倡用白话文,促进商务革新。他还参加了文学研究会,与郑振铎共同编辑《文学》旬刊,推动新文学的发展。他还与同乡一起创办了上虞第一张报纸《上虞声》,在家乡传播新思想。1925年五卅运动爆发,胡愈之和商务同人郑振铎、叶圣陶等一起创办了《公理日报》,作为反帝爱国运动的重要舆论阵地;他负责出版的《东方杂志五卅事件临时增刊》,发表有他的《五卅事件纪实》长文,指出五卅运动是"中华民族要求独立与生存的大抗争的开始"。1927年3月,上海工人为配合北伐举行第三次武装起义,商务工人是起义的重要力量,胡愈之积极支持工人的起义,并在起义胜利后,作为上海编译出版工会的代表出席上海人民代表大会。但这时却发生了"四一二"政变,4月13日,胡愈之在宝山路上目睹了国民党军队残酷屠杀工人群众的暴行,义愤填膺,当晚就写了一封对国民党反动派的抗议信,邀请郑振铎等几位好友共同签名,即送《商报》公开发表。这一行动后来被周恩来同志赞为"中国正直知识分子的大无畏的壮举"。

胡愈之的抗议信引来了反动派对他的忌恨,为免遭迫害,他不得不于1928年初流亡法国,进巴黎大学学国际法,还进新闻专科学校学新闻。在学习的同时,他对欧洲各国社会状况做深入调查,并曾到英国、比利时参加国际世界语大会。当时正值世界资本主义发生严重经济危机,胡愈之更清楚地看到资本主义的内在矛盾,也促使他潜心研读马克思的《资本论》。对欧洲现实的考察和深入理论探索,胡愈之抛弃了对资本主义的幻想,成为一个社会主义者。1930年底,由于法郎对中国银元比价上升,使留学经费难以为继,胡愈之决定从陆路经苏联回国,在苏联世界语学会的帮助下,他在莫斯科逗留了七天,参观了工厂、农场、学校、托儿所、商店等,接触了各方面人士。刚开始第一个五年计划的苏联,显现一片欣欣向荣的景象,这更坚定了他社会主义救中国的信心。1931年2月,胡愈之回到上海,不久就写下了《莫斯科印象记》。此书冲破国民党政府封锁,真实地报道了社会主义苏联的进步与成就,受到广大进步青年的欢迎,一年之内就再版了五次。

1931年"九一八"事变,日本侵占东北,胡愈之立即著文提出了绝交宣战的抗日主张,他在《生活》周刊上的文章,有预见地指出:"日本对我国东三省的强暴侵略行为,亦将成为第二次世界大战的序幕。"1932年"一二八",日寇进攻上海,商务被毁于战火而停业,胡愈之进了法国哈瓦斯通讯社在上海的远东分社,任该社中文部编辑和记者。8月商务复业,胡愈之以承包方式主编《东方杂志》,他在复刊词中指出:"以文字作分析现实指导现实的工具,以文字作民族斗争社会斗争的利器,我们以此求本刊的新生,更以此求中国知识者的新生。"《东方杂志》成为宣传民族民主革命的阵地,但却不见允于统治当局,仅半年胡愈之就被解雇而离开商务。

共同的抗日愿望,使胡愈之和邹韬奋建立了亲密的友谊,离开商务后,胡愈之就积极为《生活》周刊写稿,并帮助邹韬奋创办了生活书店。1932年12月,由宋庆龄、杨杏佛等发起成立中国民权保障同盟,以反对专制统治和营救爱国政治犯,胡愈之和邹韬奋一起参加了"同盟"的活动,均被推为临时中央执行委员。反动派对"同盟"的活动恨之入骨,

7月,特务在租界杀害了"同盟"领导人杨杏佛,白色恐怖笼罩了全国,"同盟"被迫停止活动,邹韬奋也出国暂避,胡愈之因有哈瓦斯通讯社的掩护,得以留在上海。在革命事业不断遭受挫折,白色恐怖十分严重的情况下,胡愈之经受了考验,1933年9月加入了中国共产党。

在党直接领导下,胡愈之全力投身于抗日救亡的斗争。邹韬奋出国,胡愈之接替他担起了《生活》周刊编务和生活书店建设的工作。在反动派加紧文化围剿的情况下,他力图把生活书店建设成为坚强的革命文化堡垒,以更好地开展抗日救国的宣传活动。他在《生活》周刊发表《民众自己起来吧!》赞扬福建人民政府,并号召人民起来斗争,因此,《生活》周刊被勒令停刊。但他立即又请杜重远出面,登记出版《新生》周刊,以替代《生活》周刊。他又策划联络创办了《文学》、《译文》、《太白》、《世界知识》等多种进步刊物在生活书店出版,也使鲁迅等一大批作家和生活书店建立了联系。他积极充实生活书店的编辑力量,编辑出版社会科学著作和马克思主义经典著作,使生活书店迅速发展。

1935年,日寇向华北进逼,民族危机进一步加深。5月,《新生》周刊因登载《闲话皇帝》一文,日本侵略者借机挑衅,声言文章侮辱了日本天皇,要国民党政府查办,国民党政府屈服于日本帝国主义的压力,令《新生》停刊,还判主编杜重远十四个月徒刑。胡愈之在"新生事件"中进行了积极斗争,揭露日本的侵略阴谋,揭露国民党政府的妥协投降政策,号召大家组织起来,掀起抗日救国新高潮。他在文化界积极串联,与沈钧儒、邹韬奋共同商讨成立救国会,他还通过杜重远共同做张学良将军和东北军人士的工作,争取东北军反蒋抗日。年底,上海文化界、妇女界等各界救国会相继成立,争取东北军的工作也取得成效。"一二九"运动掀起了抗日救国新高潮,也使救国会组织迅速推向全国,1936年6月,全国各界救国会成立,胡愈之没有公开担任救国会的职务,但却是实际上的创建者和领导者之一。10月19日,鲁迅逝世,由救国会组织治丧,胡愈之是治丧委员会的秘书长,是葬礼的具体组织者,使葬礼成为一次群众性的抗日游行示威活动,这反映了人民群众强烈抗日的要求,也表现了救国会的力量。1936年11月,南京政府悍然逮捕了救国会沈钧儒、邹韬奋等七位领袖,以镇压救国会的救国运动,这就是"七君子"事件。胡愈之是营救"七君子"的主要组织者。首先发动了广泛的群众抗议活动,利用一切可用的舆论工具,发表国内外声援"七君子"的函电,迫使当局不得不公开审判"七君子"。接着他又组织一批知名律师来为"七君子"辩护,在法庭内外都把反动派驳得理屈词穷。胡愈之还亲自写了《爱国无罪听审记》一文,深刻地揭露了反动政府迫害爱国人士的丑恶面目。最后,胡愈之又请宋庆龄、何香凝牵头,发起了声势浩大的爱国人狱运动。西安事变之后,南京政府释放了"七君子",取得了斗争的胜利。

"七七"抗战爆发,国共两党终于实现了第二次合作。上海也组织了有各方面人士参加的上海文化界救亡协会,胡愈之被推为协会常务理事和宣传部副部长。协会主要领导由国民党市党部的人担任,以控制协会的活动,但也为共产党和左派人士公开开展抗日宣传活动创造了条件。胡愈之参与创办了国共两党合办的《救亡日报》,他又以协会名义成立国际宣传委员会,由他任主任,组织进步记者提供新闻,又通过上海八路军办事处提供共产党八路军抗日的消息,编成新闻稿,向外国记者和华侨报刊发布,第一次为共产党八路军开辟了对外宣传的渠道。

胡愈之还把救国会各方面的代表人物组织起来,每星期一晚上以聚餐形式在一起,共同商讨抗日工作,这个聚餐会在上海陷落后发挥了重大作用,就是通过他在租界开展了救济难民的工作,创办《集纳》、《译报》等报刊继续开展抗日宣传,还办了社会科学讲习所训练抗日救亡团体的骨干,也是通过聚餐会筹集了启动资金,胡愈之成立"复社",出版了《西行漫记》,后来又在这基础上,出版了二十卷巨著《鲁迅全集》,创造了出版史上的一个奇迹。

1938年4月,胡愈之为筹集《鲁迅全集》出版经费而离开上海到武汉,周恩来同志要他留下参加国共合作的军事委员会政治部工作,他任政治部三厅五处处长,主管文化宣传工作,由于国民党的限制,工作很难展开,但胡愈之以上海国际宣传委员的经验,与范长江和青年记者学会研究策划,以合作社形式成立国际新闻社,这是继《新华日报》后,共产党在国民党统治区建立的又一重要新闻机构。武汉陷落,胡愈之离开军委会政治部,到桂林开展抗日文化工作。胡愈之作为救国会代表,和广西当局建立了良好关系,被聘为广西建设研究会的委员和该会文化部副主任。他又把在桂林的救国会核心人物组织起来,搞了一个聚餐会,共同商讨发展桂林抗日文化工作。这时国际新闻社也搬到桂林,胡愈之作为领导人之一,积极出谋划策,使国际新闻社迅速发展,发出的新闻专论稿被全国各地报刊采用,香港分社还向海外华侨报刊供稿,编印了英文的《远东通讯》发往国外。胡愈之又代表救国会和广西建设研究会合作创办了文化供应社,担任编辑部主任,出版了《抗战建国辞典》,编了一套通俗百科知识的《国民必读》小型文库,文化供应社很快成了后方重要的抗日文化机构。胡愈之还为在桂林的生活书店和《救亡日报》做了许多工作。

因形势变化,1940年7月下旬,胡愈之离开桂林到香港,不久应《南洋商报》之聘,到新加坡任该报编辑主任。南洋侨胞是爱国的,以陈嘉庚为首的南侨筹赈总会,为国内抗战筹集物资和人员作了很多贡献,《南洋商报》与陈嘉庚关系密切,胡愈之办报方针就是支持陈嘉庚和南侨筹赈总会,团结广大侨胞共同抗日。他到职后写的第一篇社论就指出:南洋和中国的敌人都是日本,广大南洋侨胞起来抗日,就是保卫中国,也是保卫南洋。胡愈之以爱国民主人士立场呼吁坚持团结抗战,反对分裂投降,要求实行民主改革,澄清吏治,开放言论。胡愈之所撰多篇社论道出了广大华侨的心声,使《南洋商报》销路大增,也推动了南洋华侨抗日民主运动发展,增进了胡愈之和陈嘉庚及广大侨胞的友谊。1941年12月,太平洋战争爆发,胡愈之邀集文化界人士成立了华侨文化界战时工作团,郁达夫任团长,胡愈之任副团长,办了青年战工干部训练班,开展广泛的抗日宣传活动,接着以陈嘉庚为主席的新加坡华侨抗敌动员总会成立,胡愈之是执行委员兼宣传主任。在抗敌动员总会组织下,成立了数千人的华侨抗日义勇军,武装保卫新加坡。但英国殖民当局没有抗日决心,很快就向日军投降,1942年2月,胡愈之和文化界人士及爱国侨领不得不走上逃亡之路。

胡愈之辗转到了印尼苏门答腊岛西部叫巴雅公务的小镇,郁达夫等一些文化界人士也集中到这里,他们隐姓埋名住了下来,以酿酒和制肥皂来维持生活。胡愈之还把文化界的难友组成一个同仁社,共同学习印尼语言,了解印尼社会和历史,分析战争形势,互相鼓舞斗志。1944年2月,郁达夫真实身份被日寇发觉并受到监视,郁达夫叫胡愈之赶快离开,胡愈之由苏西转到苏东,在棉兰附近的完达山上住下,一直到日本投降,而郁达夫却在日本投降时被杀害了。

1945年9月底,胡愈之回到了新加坡,国内正面临着两种命运、两种前途的大决战。他决定留在新加坡,开辟文化宣传阵地,团结南洋侨胞开展争取和平民主的斗争。靠侨胞帮助,他创办了新南洋出版社,先是代销国内的进步书刊,12月由他主编出版了《风下》周刊,刊物成为青年学习和认识世界最好的精神食粮。他还利用刊物办起了自学辅导社,帮助有志青年自学成才,编写自学课本,并请名家为学员批改作业,使参加自学辅导社的学员提高文化和政治素质,成为华侨青年中重要进步力量。在胡愈之努力经营下,新南洋出版社迅速发展,成为进步文化宣传阵地。

1945年10月,中国民主同盟召开了全国代表大会,救国会是"民盟"成员组织,胡愈之作为救国会创建者和领导者,受"民盟"中央委托,在南洋建立和发展民盟组织。胡愈之和华侨知识界人士及爱国侨领都有密切联系,在他积极动员下,很快把华侨中进步爱国人士吸引过来。1947年9月底"民盟"马来亚支部代表大会召开,成立了"民盟"马来亚支部,胡愈之任支部委员,马来亚"民盟"成为接受共产党领导,坚决反对美蒋反动统治的重要力量。

　　国内全面内战爆发,南洋的爱国民主势力和独裁反动势力之间的斗争也日趋激烈,仅有的新南洋出版社和《风下》周刊已难适应革命宣传舆论的需要,胡愈之与爱国侨领磋商,决定创办一张大报,作为华侨爱国民主派的喉舌,以扩大革命宣传阵地。1946年11月,日出八大版的《南侨日报》诞生,胡愈之是董事和社长,负责言论方针和编辑事务,《南侨日报》颇有战斗力和吸引力,很快在南洋华侨中产生巨大影响,被读者誉为"民主堡垒"、"公众喉舌"。

　　1948年4月,胡愈之到香港向党组织和民盟中央报告工作,这时英殖民当局颁布了"英属海峡殖民地紧急法令",宣布马来亚共产党非法,也取消了"民盟",胡愈之已不能回新加坡了。中国共产党"五一"发出了召开不包括国民党反动派的新政治协商会议的号召,胡愈之奉命回党中央参加新政协的筹备工作。1948年8月,胡愈之与沈兹九离港北上,经韩国到大连,进入解放区,9月底到达党中央所在地平山西柏坡。党要他继续做统战工作,并为新政治协商会议做最初的筹备工作。胡愈之和已到解放区的"民盟"成员共同成立了"民盟"华北解放区第一小组,为迎接大批民主人士到来做准备。北平解放后,"民盟"总部迁至北平,成立"民盟"总部临时工作委员会,胡愈之是"临工委"委员,受命筹办"民盟"机关报,1949年6月,以知识分子为主要对象的《光明日报》出版,胡愈之为主编。胡愈之还作为"民盟"代表参加了新政协筹备会和第一届政治协商会议。

　　新中国成立后,胡愈之是"民盟"中央常委、秘书长、副主席、代主席,一直是"民盟"担负实际工作的主要领导。胡愈之还作为"民盟"代表参加历届全国政协,任常委和五届政协副主席。还被选为历届全国人大代表和人大常委,六届人大副委员长。胡愈之还担任过出版总署署长,文字改革委员会副主任,文化部副部长等政府领导工作。他也是外交学会、对外友协、世界语协会等人民团体的领导者,为人民外交和世界语运动发展做了许多工作。

　　1986年1月16日,胡愈之在北京逝世。

主要参考资料

胡愈之:《我的回忆》,江苏人民出版社 1990 年版。

费孝通等著:《胡愈之印象记》,中国友谊出版公司 1996 年第 2 版。

中国人民政治协商会议浙江省上虞市委员会文史资料研究委员会编:《上虞文史资料》第 6 辑《纪念胡愈之专辑》,1991 年版。

胡愈之著:《胡愈之文集》第 1—6 卷,三联书店 1996 年版。

胡 政 之

熊尚厚

胡政之，名霖，字政之，以字行，笔名冷观、静观，1889年（清光绪十五年）生，四川华阳（今属成都市）人。是一位以"文人论政"，希望实现其振兴中华理想的爱国报人，著名报业企业家。其父胡登崧是举人，他幼年随父宦游安徽，少年时就读于安庆高等学堂，学习勤奋，打下了很好的古文根底。其父病逝后回到家乡，1905年赴日留学。在日本初读于东京高等商业学校，嗣入帝国大学法科，在日留学期间加入同盟会。

1911年，胡政之学成回国，先在上海为一家馆教英文，后通过律师考试，与友人共办律师事务所。嗣在河南淮阳任法庭刑事推事，不久任江苏高等法院第二庭庭长。1912年，他在上海服务于于右任的民立图书公司，并以"冷观"的笔名投稿于《民立报》。翌年，胡政之和张季鸾在《大共和报》工作，担任总编辑，还兼课于吴淞中国公学讲授法律。1914年他去北京，在某大学教法律，并兼《大共和报》驻京特派员。翌年前往东北吉林任法院推事，不久被吉林巡按使王揖唐选任秘书长。

1916年，胡政之随王揖唐回到北京，任内务部参事。与安福系军阀关系日益密切，与中外各界上层人物多有交往。10月，经徐树铮的推荐，入天津《大公报》任经理兼编辑。张勋复辟时，助安福系讨伐，销路大增。他审时度势，以"冷观"的笔名发表社评，又在《大公报》辟思想专栏介绍西方文化。天津《大公报》一时颇有起色。1919年1月，他被《大公报》派往法国采访巴黎和会，成为和会唯一的中国记者，撰写大量独家消息，发表文章及专电，刊载在《大公报》上，随后考察欧洲各国新闻事业,走访各国通讯社。皖系在直皖战争中失败,《大公报》营业不振。1921年春回国后,胡政之离开《大公报》,应林白水之聘任北京《新社会报》总编辑。未几因与林意见不合离京去沪,经徐树铮保荐由卢永祥出资,办国闻通讯社。

胡政之主持国闻通讯社,力图办成全国最大的新闻通讯机构。当时国内许多通讯社只是挂名,且被一些人作为敲诈工具。胡政之在欧洲考察新闻事业时,即遍访法国哈瓦斯社、德国漫尔夫社、英国路透社及意大利司丹法社等,决心回国办好一家全国性的通讯社,以争取中国新闻报道的独立性。1924年秋,他设国闻通讯社总社于上海,此后陆续于天津、北京、奉天(沈阳)、汉口、长沙、重庆、广州、贵阳等地设立分社,于各地聘请兼职通讯员,且有国外的美联社、哈瓦斯社、路透社、联合社等订稿,成为具有全国性和国际性的大通讯社。

胡政之常往来于京、津、沪三地,广泛采访总统府、督军署、国会以至巡警岗亭、庙会、饭馆、澡堂、妓院等等。有时清晨四五点钟在北京崇文门看枪毙人的告示,等到电报局一开门就发电报,及时报道新闻。起初每天发稿六七千字,后来多至万余字,靠能力与交游以稿件赚得自给自足,一时生气勃勃,其个人的名声在新闻界鹊起。

但是好景不长,国闻通讯社因卢永祥战败,经济上失去支持,乃于1924年8月在叶楚伧、潘公展等国民党人的协助下,再创《国闻周报》作为附属事业。该刊内容有时论、专论、通讯、一周述评、掌故、文艺、诗海等。既有言论、新闻,又有文艺,每期发行达五万份。继商务印书馆的《东方杂志》之后,成为当时国内最有影响的周刊。

1925年11月,天津《大公报》因经济困难而停刊。胡政之与张季鸾、吴鼎昌商议,决定扩充《国闻周报》以资助国闻通讯社;同时准备接办《大公报》,遂将《国闻周报》和国闻通讯社迁天津。翌年6月,与吴、张共同组织新记公司接盘《大公报》,于9月1日正式复刊,日出对开一张。他们坚持"不党、不卖、不私、不盲"的"四不"主义,由胡政之掌握报社经营的全局并参与社评言论,担任经理兼副总编辑。他总管报社经营的全局，从发行、广告、会计到印刷事务，以及考查记者、编辑、地方通讯员的工作，各种具体事务无所不管；同时，除参与《大公报》社评的议论（有时也撰稿）外，还要为国闻通讯社发新闻稿。他每日七八点钟去报馆，着重了解发行和广告情况，阅读报纸，下午督促编辑和访员工作。晚上与吴鼎昌研究社务及分担社评写作，每天要忙到半夜。他重视人才，善用人才。1928年9月，胡游访东三省，以"冷观"笔名发表游记数篇，揭露日本的侵略野心，使国人引发对东北的关注。其后两年间，他再游东北，又发表通讯和游感文章多篇。

"九一八"事变后，《大公报》进入发展时期，为了扩充报纸的内容，胡政之力主运用社会力量办报。1933年9月，他与张季鸾去北平宴请文化教育界名人蔡元培、胡适等人，开辟《星期论文》专栏；之后又相继增出图书以及哲学、教育等各类周刊，充实报纸的版面。

在全国抗日爱国运动高涨之初，胡政之认为我国国力薄弱，国内政局欠稳，主张对日暂缓抗战，赞成蒋介石的"攘外必先安内"政策，其言论偏袒蒋介石，为此《大公报》曾被投掷炸弹。胡政之不正视抗日，而积极于宣传科学救国和实业救国。1933年起，他派画家赵望云赴河北农村，以写生画报道农民情况，并派人普遍调查农民状况，在报上宣传民生问题。"塘沽协定"之后，华北危机日益严重，他对抗日态度开始积极，在"九一八"事变四周年时，他指出日本的侵略得寸进尺，勉励国人要发奋自强。北平"一二九"运动爆发，他一面劝当局勿使其政治化，一面劝学生进行有组织有纪律的活动，不要妨碍学业。胡政之目睹日本侵略日亟，华北有不保之虞，与张季鸾等筹谋对策，于1936年4月在上海增出《大公报》沪版。与此同时，他将《国闻周报》迁沪；并拟于汉口、广州、重庆、西安增设《大公报》分馆，计划向全国发行《大公报》。为此，他到广州考察，并派员去汉口、西安筹办，准备向工商界招股。在他赴日本考察报业回国后，还打算设立研究部，以适应《大公报》"注重国民经济"、"报道民生疾苦"及"科学实用"等要求。后均因抗战爆发而使计划落空。

　　"七七"事变后,胡政之誓言坚决抗日。上海在"八一三"抗战后于11月沦陷,胡政之与张季鸾等决定上海《大公报》停刊,将部分机器运往香港,出版香港《大公报》。1938年春,他离汉去港筹办香港版。8月《大公报》港版出版,胡政之在创刊号上说:"这一年的严重外患,毁了我们国家人民多少事业,本报是民族事业的渺小一分子,当然亦不能例外。然所幸者,不独心不死,人亦未死,虽然备受艰危,而一支秃笔始终在手不放。"表达了《大公报》同人"文章报国"的意念。之后他又筹办桂林版,还计划出版昆明版,而以香港作为其事业的基地。翌年3月15日,《大公报》桂林版发刊,他常去桂林主持工作。1941年9月,张季鸾病逝后,他由桂林赶回重庆料理丧事和主持社务,设董监事联合办事处,任主任,总揽《大公报》全局,同时成立社评委员会,任委员。1941年12月香港被日本侵占,他撤至桂林,后去重庆,递补张季鸾遗缺任国民参政会参政员,后续任第四届参政员。1943年9月,他宣布《大公报》同人公约,仍以"不私、不盲"为社训。同年11月,入宪政实进协会为会员。是年冬,他以无党派社会贤达代表,为中国访美团成员;翌年9月,参政会组织延安视察团,他亦为成员之一。胡政之着手制订《大公报》战后发展蓝图,计划将来在津、沪、渝、穗四地同时出版《大公报》。1945年4月,他任中国出席联合国成立大会代表,会后在美国洽购机器设备、纸张并延揽人才,还计划在美洲创办《大公报》。

　　抗战胜利后,胡政之由加拿大回国,致力于《大公报》津、沪两版的复刊,并拟在广州设馆。1946年春,他到上海主持上海总馆的工作,改设大公报社总管理处,于台湾发行航空版,计划增设广州版,准备建立一个强大的报业集团。当重庆政治协商会议召开之时,他以社会贤达身份为会议代表,在会议中与中共代表董必武等交往甚多。1947年11月,蒋介石召开国民大会,逼胡政之参加。他感到左右为难,只去报个到,但未参加大会。胡政之在激烈的国共两党斗争中,主张站在中间立场,力求不偏不倚。国民党及蒋介石不满于《大公报》的这种态度,对《大公报》不断施加压力,经常无故逮捕记者,在言论上亦多加指责。胡政之对蒋介石和国民党统治日益不满，而国民党当局更加加紧新闻控制。眼看《大公报》津、沪、渝三馆的业务无从发展，为了勉力维持下去，他在总管理处下设立营运委员会、设计委员会、国闻出版社、购料委员会及海外部等机构，尽力在大动荡的局势中挣扎。嗣后，胡政之对国民党的统治绝望，认为"国民党政权已糜败到不可救药，新的局面必当出现"。但又认为自己将为共产党所不容，所以想在香港闯出一条生存之路，便于1948年1月去港复刊《大公报》港版，在美国创办《大公报纽约双周》。3月香港《大公报》正式复刊。一个月后，胡政之病倒，患肝硬化症。

不久胡政之到上海治病，1948年4月14日病逝于沪。

主要参考资料

周雨编：《大公报人忆旧》，中国文史出版社1991年版。

陈纪莹：《胡政之与大公报》，香港掌故月刊社1974年版。

郑仁佳：《大公报三巨头之一胡霖》，台北《传记文学》第54卷第3期。

胡 宗 南

沈荆唐

胡宗南,原名琴斋,字寿山,浙江定海人,1896年5月12日(清光绪二十二年四月初四)生。父亲胡敷政(字际清)在孝丰经营药材业。胡宗南七岁至孝丰入塾;十二岁入孝丰县城高等小学堂学习。1912年考入湖州吴兴中学求学三年,毕业后回孝丰县立高等小学执教,翌年受聘为私立王氏小学校高年级与补习班主任教员。

1924年春,胡宗南闻悉黄埔军官学校在上海秘密招生,乃赶去报考。去广州复试时因身高不足一米六而被淘汰;后经军校党代表廖仲恺特准方被录取,编入第一期二大队第四队。毕业后分派在教导一团第三营第八连任少尉见习,后任机枪连排长、连长,参加了两次东征和平定刘、杨叛乱之役。1925年8月编组国民革命军第一军时,胡宗南任第一师第二营副营长;1926年6月升任第二团中校团附。

北伐战争开始后,胡宗南于8月升任第二团团长,出征江西。在攻打牛行车站时,他采用火攻战术,在浇有汽油的柴草上,撒了大量辣椒水,用烟熏得守军逃出工事四处乱窜,胡宗南乘势指挥机枪猛烈扫射并率部攻击前进,迅即攻占了强攻不下的敌军据点,一举打败了孙传芳军的一个精锐师,俘虏了军长李彦青及其所部八千余人。江西底定后,胡宗南率第二团随第一军第一师入浙,会同何应钦东路军击溃了孙传芳军卢香亭部,进占杭州。其后胡宗南第二团随同第一师作为进攻上海的先头部队北进,击败直鲁联军毕庶澄部的白俄雇佣军,进占莘庄、龙华。1927年5月,胡宗南升任第一师副师长兼第二团团长;11月攻打蚌埠的战役中,他以炮火掩护敢死队拆去铁轨,使白俄雇佣军铁甲车队不能动弹。他以战功升任第二十二师师长,军队整编后改为第一师第二旅旅长,驻防徐州,拱护南京的北大门。此后在蒋介石与各军事实力派的交战中,胡宗南率部东奔西战,效力至勤;尤其在中原大战中,他任第一师代师长,与冯玉祥军凶猛拼杀,还曾杀出重围冒死卫护蒋介石撤至商丘,颇得蒋之夸赞。1931年冬,胡宗南正式担任第一军第一师师长。1932年春,蒋介石招揽亲信组建力行社和中华复兴社,胡宗南以其效忠于蒋的竭诚,列名为该组织核心骨干"十三太保"之一。

嗣后,胡宗南率第一师在蒋介石"围剿"鄂豫皖革命根据地红四方面军的战事中,冲杀在前,先后攻占六安、霍山、麻城等县;并在红四方面军向西北转移时,紧紧追击直至陕南。此后,胡部在甘南徽县、城县、碧口一线布防,又往松潘一带活动,企图拦截、围歼长征北上的中央红军,结果受到沉重打击,伤亡过半。他在国民党第五次全国代表大会上被选为中央监察委员后,又于1936年9月晋升为第一军军长兼第一师师长。他曾指挥所部进犯陕甘宁边区,遭到彭德怀指挥的红军包围、歼击。

抗日战争爆发后,胡宗南率第一军参加了淞沪抗战,升任第十七军团军团长。战后撤回陕西整补后,于1938年5月开赴豫东抗御日军。武汉会战结束后,胡宗南奉命指挥所部固守陕州至宜川之黄河河防抗御日军,兼对陕甘宁边区进行严密封锁。他构筑了一条六百余公里的碉堡封锁线,力图隔绝陕甘宁边区与外面的联系,并拘捕大批奔向延安的热血青年。胡宗南卖力限共、反共,受到蒋介石的褒奖。第十七军团于1939年扩编为第三十四集团军,胡任集团军总司令,统辖第一、第十六、第九十军,并节制第七十六、新十二、骑三军;1942年7月,胡宗南被任命为第八战区副司令长官兼第三十四集团军总司令;1945年7月,擢升为第一战区司令长官,统辖第三十四、第三十八、第三十七、第三十一集团军以及甘肃警备司令部的兵力,计有四十万之众,遍及西北各省,有"西北王"之称。他实行军事管制及联保连坐制度,还建立了自己的帮会组织"铁血团",并强化特务机构,进行严密统治,无辜拘捕爱国人士和革命青年,将他们关押在"西北特种拘留所"和"西安青年劳动营"残酷折磨。

抗日战争胜利后,胡宗南是蒋介石进行内战的一员干将。他于1946年5月全面内战爆发之前,向蒋介石提交一份《攻略陕北作战计划》,主张对陕甘宁边区"突发奇兵",直捣延安。蒋认为时机未到,复电"暂缓"。1947年春,蒋介石在全面进攻失败后,改为对山东和陕北实行"重点进攻",命令胡宗南率领重兵进攻陕甘宁解放区。他迅即制订《攻略延安方案》,信心十足地说:三日之内占延安。3月11日,他指挥十五万兵力,分左右两个兵团,从宜川、洛川出发,以"蛇蜕皮"战术层层掩护前进,受到解放军的强烈阻击,进展迟滞乏力;而此时中共中央机关和人民解放军总部已撤离延安,军民实行坚壁清野。直到3月19日,胡的先头部队才进入这座空城,向蒋介石报功请赏。他还凭借其庞大兵力进行了四次"大扫荡",想寻找解放军主力进行决战,东奔西走遍寻无着,反而在青化砭、羊马河、蟠龙、沙家店等战役中一再挫败,损兵折将,被歼众多。10月,他不得不将军事指挥所撤回西安,而将延安交刘戡第五兵团看管。1948年初春,人民解放军向宜川发动强大攻势,胡宗南令其主力整编二十七军由黄陵、洛川东援。3月3日解放军攻克宜川,歼敌约三万人,击毙军长刘戡;接着乘胜向西向南进攻。胡宗南所部溃不成军,驻守延安的整编第十七师惶惶不可终日。在解放军光复了洛川以南广大地区后,胡宗南只得下令延安守军于4月21日南撤。4月22日延安重新光复,胡宗南重点进攻延安之战,最后以失败而告终。

此后,胡宗南在陕西实施"机动防御"战术,于1948年夏秋在陕东澄城、邵阳、蒲城等地抵抗解放军的攻势,结果被歼五万余人。1949年春,他将防线撤至泾河南岸,在三原等地构筑防御工事,企图固守西安。5月,解放军发起陕中战役,渡过泾河,胡部风声鹤唳,不断后撤,先后丢弃咸阳、兴平、武功,20日又撤出西安;继后又从凤翔、郿县、临潼、渭南、华阴、周至等地撤出,第五十七军等被全歼。7月丢失了宝鸡这个总兵站和后方主要供给基地后,他退据汉中,想在陕南站住脚跟。蒋介石也命令他在秦岭构筑强固防线,阻挡解放军由陕入川。结果解放军迂回从南面进军,直插贵阳、遵义,同时在川东千里战线多路突击。胡宗南奉蒋之命率部南撤至四川作战,在掩护蒋介石从重庆撤到成都后,胡部李文第五兵团、李振第十八兵团在成都附近集中,但已陷入解放军的南北夹击之中。胡宗南丧失信心,想往西康、云南撤退,但蒋令其死守成都,还任命他为西南军政长官公署副长官兼参谋长,代行长官(顾祝同)职。此时解放军向成都快速推进,刘文辉等于12月9日毅然起义,蒋介石于同日飞离成都撤往台湾。胡宗南指挥的国民党残余军队已溃不成军,他眼看局势已朝不保夕,于12月23日飞离成都潜往海南岛。后在蒋介石严令之下,于28日返回西昌,收集突围西逃的第五兵团残部。

1950年3月,人民解放军进军西昌,胡宗南仓皇去台湾,遭到四十六名"监察委员"的弹劾。后在蒋介石的庇护下,于1951年夏任"江浙人民反共游击队总指挥"兼"浙江省政府主席",潜往大陈岛专事抢劫海船、骚扰破坏。1953年任"总统府"战略顾问委员会顾问,1955年9月任澎湖列岛防守司令长官,1959年又任"总统府"战略顾问。

1962年2月14日,胡宗南病死于台北。

主要参考资料

"胡上将宗南年谱"编纂委员会编:《胡上将宗南年谱》,《近代中国史料丛刊续编》第49辑,台北文海出版社1978年版。

朱传誉主编:《胡宗南传记资料》(一),台北天一图书公司1985年版。

裴昌会、姚国俊、王应尊:《胡宗南集团的形成、发展到覆灭》,中国人民政治协商会议四川省重庆市委员会文史资料研究委员会编《重庆文史资料》第 23 辑,1984 年版。

裴昌会:《蒋军胡宗南部进犯延安纪略》,中国人民政治协商会议全国委员会文史资料研究委员会编《文史资料选辑》第 36 辑,中华书局 1963 年版。

李犹龙:《胡宗南逃窜西昌和覆灭实录》,中国人民政治协商会议全国委员会文史资料研究委员会编《文史资料选辑》第 50 辑,中华书局 1964 年版。

华 之 鸿

周春元　林国忠

华之鸿，字延仪，又作延宜，号延厘，1871年7月31日（清同治十年六月十四日）出生于贵阳一个盐商家庭。其先祖系江西临川江右望族，清康熙末年以行医来到贵州，卜居遵义南乡团溪，咸丰、同治年间为躲避黔北号军起义，迁至贵阳。父华联辉，举人出身，以经营盐业致富，为贵阳巨商，曾任四川运盐局总办。

华之鸿幼年在家读书，十四岁丧父，受叔父华健庵训诲，刻苦好学，名列附贡生。华健庵为贵阳著名盐商，任四川运盐局总办时，华之鸿辍学管家，经营贵阳盐业。时虽年少，但"心思细密，事理通达，已有老成气度"①。1896年，华之鸿弃商离家，出任仁怀厅（驻赤水）儒学训导，在职六年，很受学生爱戴。

1902年，华之鸿因叔父年老，回到贵阳，接管永隆裕盐号。由于他家早先取得仁怀口岸盐业专卖权，盐号发展非常快，家产达百万，为贵州首富。每年端午、中秋、腊月底三个关期缴纳盐税时，银两少则几十挑，多则几百挑，沿途挑夫绵延数里，"华百万"的赞名传遍川、黔两省。他在商界颇有声望，1907年被推举为本省商务总会会长。

华之鸿曾说："钱财乃天地间公物，用之当则为福，用之不当则为

① 杨恩元：《华君延仪墓表》，贵州省社会科学院历史研究所编《贵州辛亥革命资料选编》，贵州人民出版社1981年版。

祸。众人皆贫而我独富,夫何快哉。"①早在 1905 年,华之鸿继承其父"亦商亦读"遗志,与唐尔镛、任可澄等创办了贵州最早的中学——贵阳通省公立中学堂,他兼任学校副监督。1907 年他资助创办了贵州最早的报纸——《黔报》。同年还捐资创办遵义地区最早的中学——遵义中学堂、遵义最早的公立小学——团溪两等小学堂以及息烽底寨文昌阁小学、贵阳优级师范、法政学堂,并兼任师范副监督。1909 年兴办《贵州公报》,并创办贵阳文通书局印刷厂。清政府赏他为"分部郎中"。

随着立宪运动兴起,华之鸿也参与了当时的政界活动。1906 年 12月,贵州谘议局筹备处成立,华之鸿兼任议绅。1909 年,他与唐尔镛、任可澄、徐天叙等成立贵州宪政预备会。他资助的《黔报》隶属该会,鼓吹立宪。在宪政预备会与倾向革命的自治学社的斗争中,华经常出钱支持宪政会活动,被会众尊称为"四先生"。宪政预备会会长任可澄曾夸"四先生之力伟矣"②。

辛亥武昌首义后,云南起义对贵州震动很大,革命党人谋议行动。宪政预备会的上层分子建议贵州巡抚沈瑜庆急电西路巡防二营管带刘显世,率防军入贵阳镇压革命。华之鸿见防军未到,革命党人准备发动,乃于 1911 年 11 月 3 日,即贵州独立的前一天,出面与任可澄等商议,组织保安营,名为"保卫地方治安"、"维护社会秩序",实则准备对抗贵州革命。保安营缺款,华之鸿又捐数千金,作士兵购置服装和军饷费用。当晚,保安营参与了阻止贵州革命党人的起义活动。11 月 4 日贵州独立,成立军政府,华之鸿被举为军政府财政部副部长兼官钱局总办。当时库空如洗,市面金融恐慌,挤兑成风。为稳定金融市场,他出资五万银两,挑至官钱局,让民众兑换。华之鸿任副部长职四个月间,协助财政部长蔡岳整顿贵州财政,使军政府收入八十三万元,支撑了贵

---

① 华树仁:《贵阳文通书局概述》(未刊稿)。

② 周素园:《贵州民党痛史》,中国史学会主编《中国近代史资料丛刊·辛亥革命》(六),上海人民出版社 1957 年版,第 462 页。

州革命政权的军政费用。1912年3月初唐继尧入黔后，华之鸿与任可澄等出面，拥戴唐继尧为贵州都督。唐委任华之鸿为贵州都督府政务厅财政司司长、预算决算处处长兼贵州银行总理。后唐经费困难，华之鸿又为唐发行银元票三百万元。

清末民初，华之鸿将先辈创办的成义茅台酒厂扩大兴办，提高质量。1915年将酒送交美国政府举办的巴拿马万国博览会展览，被评为世界第二名酒，荣获金质奖章一枚、奖状一张。从此茅台酒逐渐誉满神州，名扬全球。

茅台酒为贵州特产之一。早在1704年于仁怀县茅台村建厂，因而得名。前清时茅台村是川盐入黔集散地，盐商多为陕西、山西一带人。他们由山西雇来酿酒技工，仿汾酒酿造方法，设成义酒坊酿酒，用以自奉，并不外销。咸丰年间，秦晋商人歇业还乡，将所设盐号及酒坊售与华之鸿的祖父华柽坞。华家沿用成义酒坊名称，所酿之酒称华茅。光绪年间，茅台、贵阳、遵义和平越县相继建造茅台酒厂，所酿之酒称赖茅、荣茅、金茅、越茅、丁家醇茅等。各家酿造技术保密，互不传授；加之茅台泉水为他处所无，故茅台酒的质量不一。"以华茅居首，赖茅及荣和烧坊茅酒次之，金茅与越茅及丁家醇茅又次之。"①

在此期间，华之鸿为发展文化印刷事业，在贵阳创设永丰造纸厂，投资银六十万两。又筹银五万两，请省长刘显世派兵护送至上海，汇兑日本购买造纸机。结果被刘以借用为名，将银截走。华之鸿只好第二次再筹巨款，派人东渡日本，学习造纸技术，购买大型造纸机器，并聘请日本技师。永丰造纸厂于1919年建成投产，是为贵州第一家造纸厂。

1916年以后，华之鸿离开政界，研求佛典，诵读儒书，"自朝至暮，屹坐案前"②。所营企业，逐渐交其子华永源经营。他在贵阳东门修造

---

①　何辑五编著：《十年来贵州经济建设》，南京印书局1947年版，第98页。

②　华永源、华怀仁：《先府君行述》，政协贵州怀仁市委员会学习文卫委编《怀仁文史资料》第22辑，2005年版。

大觉精舍,拟陈列佛经。又购得城西狮子山一带山地,招徕佃客数家,雇用几十名工人,兴办农场,名曰"自力"。场内种植果树、药材、苗圃,植树约 20 万株。

华之鸿对于地方公益事业和慈善事业颇为热心。四川赈灾,他捐银六万两;皖北赈灾,捐款六千两;华洋义赈、全黔义赈,他也予捐助。平时修桥补路,少则数十两,多则数千两。间或也施衣舍米,退还债券,组织义渡、义仓等。

1934 年 3 月 7 日华之鸿病逝于贵阳。

主要参考资料

《故绅华之鸿事实清册》,贵州档案馆藏。

《华问渠档案材料》,贵阳档案馆藏。

黄 百 韬

王家鼎

黄百韬,原名新,字焕然,祖籍广东嘉应州(今梅县),1900年9月9日(清光绪二十六年八月十六日)生于天津。其父黄宗骏早年从军,曾为李鸿章淮军之统领,后流落天津。黄五岁时丧父,因家贫曾一度随母靠捡煤核度日,嗣后其母至当地苏姓富户做女仆,黄偕往充当少东书僮,以少年聪慧深得主人喜爱,遂得资助入学堂就读。1913年小学毕业后,入直隶省立工业专门学校中学部,三年后毕业。他凭借苏家与江西督军李纯的世交关系,被荐往李纯处,得入陆军第九混成旅学兵营当学兵。

1917年8月,李纯转任江苏督军,黄百韬随至南京,任李纯的传达兵。李纯对黄百韬甚为赏识,以心爱的婢女金恕勤适黄为妻,并保送他入军官教育团第五期步科受训。1922年结业后,他被派往江苏省防军任排长、连长等职。1924年第二次直奉战争爆发后,已投奔奉系的张宗昌乘冯玉祥在北京发动政变之机,进入关内,收编直军四个旅,继又协助苏皖宣抚使卢永祥南下,率兵攻打江苏督军齐燮元,江苏省防军一触即溃,黄百韬被俘。张宗昌念黄在军官教育团之师生情谊,予以接纳,后派他至徐源泉部,先后任团附、营长、参谋等职。1926年8月,褚玉璞任直隶军务督办,徐源泉为帮办,任黄百韬为督办公署参谋。

1928年4月国民党军队继续北伐,6月初进占北京、天津,张宗昌、褚玉璞率直鲁军残部退守滦河东岸。10日,直隶军务帮办徐源泉在天津易帜,接受改编。徐部被编为国民革命军第三集团军第六军团,黄百韬被任命为第十二军(军长张冠五)第八师参谋长。同年冬,国民党军编遣缩编,徐源泉第六军团缩编为陆军第四十八师,驻防于昌平、南口一线,黄百韬调任该师第一四三旅二八八团团附。1929年3月,第四十八师奉命南下,在南京受阅后溯江移驻汉口。时值蒋桂战争爆发,第四十八师划归"讨逆军"第五路军(总指挥唐生智)第九军(军长何成濬)序列,参加讨桂战役。旋黄又调任第一四二旅二八四团团附。同年10月,徐源泉第四十八师参加讨伐冯玉祥。12月第四十八师改编为第十军,黄百韬以原部团长兼第一四二旅副旅长。1930年5月,蒋、冯、阎中原大战爆发,第九、十军等非蒋嫡系部队属何成濬指挥的第三军团,第十军编为第十六路军为左翼军,黄百韬所在的第一四二旅参与在平汉线与冯、阎军的拉锯战。8月,蒋军反攻,第十军被编为平汉路第一纵队,第一四二旅参与攻打洛阳之役。

中原大战结束后,蒋介石转而发动"围剿"工农红军,黄百韬在鄂中地区转战不停,甚为卖力。1931年2月,黄百韬所在的第一四二旅从沙市进驻公安,担负"分区联防清剿"的任务。3、4月,黄百韬率二八四团进攻藕池红二军段德昌部,先后侵占石首、调弦口、塔市驿等地并沿江东犯。5月,黄百韬升任第四十一师第一二三旅旅长。1932年1月,鄂西红军攻取皂角市、陈家河等地,进逼武汉。黄百韬所在的第四十一师与第四十八师自东部攻入鄂西根据地。4月,黄百韬调任第四十八师一四四旅旅长,嗣后指挥该旅及一四二旅、新三旅等八个团,在皂市附近九真庙地区与贺龙、段德昌部工农红军激战中受重创。7月下旬,黄百韬旅率先攻占洪湖根据地腹地新堤蕉子渊,受到蒋介石的嘉奖。1933年初与红三军贺龙、关向应部交战于湘鄂边鹤峰、桑植地区,黄百韬旅猛攻郊阳关得手。1935年4月在进犯湘西大庸、永顺、桑植,建立三县边境封锁线的战役中,黄旅为先遣纵队,从黔江东移来凤县中堡、李家河一线,协击塔卧地区,并修筑四川境内具坝至濯河坝间的碉堡。此时红军移师包围宣恩,黄旅遂转白塔增援宣恩。是役第四十一师师长张振汉被俘,黄百韬乃被任命为第四十一师代理师长,率部驻来凤、咸丰间,"追剿"和堵击长征西进的红军。9月,任第三区司令官,修筑碉线网防守来凤至江岩堡一线。

黄百韬虽然作战甚为卖力,而从团附升任师长历经七年之久,盖因既非黄埔系、保定系,又没有什么靠山。但他升任师长后,却居功自傲,日益骄纵,为第十军军长徐源泉所不容。12月,徐以"群情不洽"为由,免去黄的师长职。黄表示韬晦之意,从此改名为"百韬"。旋被任为鄂湘川黔边区"剿匪"总部总参议。同年底,黄被保送入陆军大学特别班第三期进修,结识了鹿钟麟等人。1938年9月毕业后,正值冀察战区成立,鹿钟麟为总司令,黄任战区参谋长。1940年春,黄百韬调充军事委员会军令部高级参谋,其间曾以撰写年终军事论文获奖,受到参谋总长何应钦赏识。

1941年夏,黄百韬受何应钦保荐,出任第三战区参谋长职,欲对战区机关颇多整顿,但因出身杂牌军,为战区司令长官顾祝同及其部属所鄙薄。黄遂竭力与顾的亲信结好,逐渐取得顾的支持和任用。1944年2月,被顾派往第二十五军任军长,隶属第三十二集团军(总司令上官云相)序列,曾参加赣州战役对日作战;1945年5月又参与进犯浙西新四军苏浙军区抗日根据地的反共军事行动。

1945年抗战胜利后,黄百韬率第二十五军跟随顾祝同进驻淞沪地区,1946年初划归汤恩伯第一绥靖区统辖。6月,国民党发动全面内战,第一绥靖区十二万人进犯苏北解放区,驻扬州的黄百韬整编第二十五师分兵进犯宜陵、樊川、邵伯、高邮等地。8月,黄部在邵伯被解放军第十纵队歼击,退回扬州。11月,黄部一个旅会同整编第八十三师、整编第六十五师四路进犯盐城,黄百韬率部在卞仓地区与解放军激战兼旬。1947年初,蒋介石调集二十三个师发动"鲁南会战",企图一举歼灭华东人民解放军,黄百韬师为"主要突击集团"的右路,北犯临沂。解放军为集中优势兵力歼敌有生力量,于2月10日放弃临沂北上莱芜,于是月下旬歼灭李仙洲集团共五万余人,黄百韬等欲北援已不及。5月,蒋介石调集汤恩伯、欧震、王敬久三个兵团共十三个整编师"重点进攻"沂蒙山区,黄百韬部属临沂汤恩伯第一兵团序列,与张灵甫整编第七十四师同为这次进攻的主攻部队。5月12日,七十四师抵达桃圩、蒙阴时,改归黄百韬指挥。黄原计划合整编第八十三、七十四、二十五、六十五师互相联结,固守天马岭、虾蟆岭,但张灵甫自恃嫡系精锐部队①,执意孤军深入,放弃天马岭,独自占领蒙阴东南六十里的险地孟良崮。人民解放军迅即以优势兵力割断其与黄百韬等部的联系,切断其后路,封闭合围圈。黄百韬在蒋介石严令之下率部去救七十四师,但在解放军阻击下一直未能与七十四师合拢。5月16日七十四师被全歼,骄狂的张灵甫被击毙。事后,蒋介石召开军事检讨会议,将战败责任归咎于黄百韬指挥失误、援救不力,欲治其罪;由于得到顾祝同等人回护,黄得以在会上详述作战经过,仅受"撤职留任"处分。

此后,黄百韬更加卖力地从事反共内战,甘当进攻解放军的主力。7月,国民党军队分三路进犯鲁中,黄百韬为右路指挥官,侵占东里店、南麻等地,并率部救援临朐第八军李弥部。8月至10月,国民党军进犯胶东地区,黄率部卖命死战,先后占潍县、昌邑、高密、平度、栖霞、福山、烟台等地。旋奉调移驻安徽。

1948年6月,人民解放军在解放了豫东广大地区的基础上围攻开封,歼敌三十九万余人。蒋介石震惊不已,赶赴前线指挥,但调集驰援之区寿年兵团被围于睢县、杞县地区,邱清泉兵团亦受到阻击而无法前进。于是,蒋介石急调黄百韬率师车运豫东,并指挥第三快速纵队、交警军二总队,成立黄百韬兵团。黄百韬率部西进,赶到帝丘店地区时,被人民解放军五个纵队合围,遭到猛烈攻击。黄率部顽抗死战八昼夜,死伤无数,士气颓丧,黄亦负伤;直至胡琏第十八军和邱清泉兵团来援,黄百韬才得以突围而出。为此,蒋介石在南京军事会议上授予青天白日勋章,黄感激涕零,表示今后当为蒋介石效命"万死不辞"。

---

①　当时第五军、整编第十一师、新编第一军、新编第六军和整编第七十四师,号称国民党军"五大主力"。

　　豫东战役结束后,8月,蒋介石正式组建第七兵团,以黄百韬为司令官,辖第二十五、六十三、六十四军。9月中旬,按蒋介石的重点防御布局,黄率部移驻陇海线东段新安镇,担任海州至运河间防务。其时人民解放军解放济南后,于10月中旬挥师南下。11月初,蒋介石慌忙部署徐海防务,收缩兵力集结于徐州蚌埠间津浦路两侧地区守备。黄百韬意识到第七兵团地处前沿,是解放军打击的首要目标,遂向徐州"剿总"总司令刘峙建言:仿效拿破仑团式集中法,集结各主力兵团于徐州四围,以图各个击破人民解放军。11月3日,他再向刘峙建议,速取各兵团相互衔接深沟高垒战术。当天深夜,蒋介石在南京批准退守徐州的方案,决定弃守海州、新安镇,命黄百韬率第七兵团由新安镇退守徐州以东地区。黄百韬对幕僚慨叹这一决策为时已晚,"恐怕撤退不及了"①。5日,黄又受命率部掩护海州第九绥靖区李延年部西撤。此时,第一〇〇军和第四十四军亦归黄百韬指挥,第七兵团扩至五个军,共约十二万人。

　　11月6日夜,华东人民解放军七个纵队从鲁南兼程南下,矛头直指黄百韬兵团,揭开淮海战役序幕。7日,双方发生局部战斗。当夜,黄得报李延年部业已转移,遂于8日凌晨率部沿陇海线仓皇西撤。五个军的官兵、辎重均须通过运河铁桥这个唯一通道,拥挤阻塞,行动迟滞。第六十三军从窑湾镇渡河,遭解放军苏北兵团的截击,随后被全歼。9日黄率部移抵碾庄地区,但碾庄至曹八集间的西撤通路迅即被人民解放军切断,黄奉命就地抵抗。四个军七个师被解放军十一个纵队全面包围于纵横不及十华里的碾庄地区。黄据守地堡工事,向蒋介石和参谋总长顾祝同呼救,请求早派援军和补给粮草弹械。12日起,解放军展开猛烈攻击,重点突袭碾庄南部正面第四十四军阵地,至14日晨全部摧毁。黄百韬急调第二十五军第四十师一部增防碾庄车站,

　　① 陈士章:《黄百韬的起家和败亡》,中国人民政治协商会议全国委员会文史资料研究委员会编《文史资料选辑》第21辑,中华书局1961年版。

激战不止。参谋总长顾祝同于 15 日飞临碾庄上空,又空投蒋介石亲笔信,为黄百韬顽抗死守撑腰打气①。16 日自晨至暮,在人民解放军的强大攻势下,碾庄西部第一〇〇军阵地全部瓦解。至此,南、西两面阵地俱失,北、东两侧阵地亦多残破。徐州"剿总"先曾于 11 日午后命徐州以西邱清泉第二兵团东调,会同李弥第十三兵团以钳形攻势解黄百韬之围,但李部进到八义集、大浒家时,受到解放军增援部队的阻击,经七天多的逐村逐庄争夺苦战,仍无法前进。黄百韬但闻大浒家炮声隆隆,终不见李弥兵团的援兵到来,只好唉声叹气地表示失望。17 日起人民解放军日夜赶修迫近工事,于 19 日通过网状壕沟坑道逼近黄部阵地。黄百韬仍不觉悟,借空军掩护,集中营长以上官长训话,声称要"以死报国"。对于已经失去的阵地,他仍命炮兵轰击毁尽;对碾庄民众则任其饿死也不放出。在解放军的猛烈攻击下,第四十四军和一〇〇军被全部歼灭,包围圈越缩越小。第二十五军和六十四军残部弹尽粮绝,士气沮丧。黄百韬于 20 日凌晨逃至大院上据点,午后又转往吴庄据点,准备向西北方向突围。但各据点均为解放军网状壕沟分割包围。黄见大势已去,绝望地对同僚表示:"天地虽大,吾将难以自容。"②至 22 日黄昏,被围之国民党军残部被全部歼灭,黄百韬突围逃命未遂,举枪自戕而死。

主要参考资料

杨群奋:《民族英雄及革命先烈传记·黄百韬》(下册),台北正中书局 1966 年版,第 327—340 页。

《鄂湘川边剿匪总司令部剿匪工作军事报告书》(1935 年),中国第

---

① 蒋介石给黄百韬的亲笔信原件照片,见《新徐日报》1949 年 1 月 3 日第 2 版。

② 《碾庄之战》,刊于台北《中外杂志》第 39 卷第 1、2 期。

二历史档案馆藏。

《毛泽东军事文选》关于淮海战役的电报,中国人民解放军军事科学院编,1981年版。

李以勋:《淮海战役蒋军被歼概述》,《文史资料选辑》第21辑。

杨廷宴口述,黄福初笔记:《黄百韬司令官殉难经过》,黄季陆主编《革命人物志》第5集,台北"中央文物供应社"1970年版,第324—329页。

李世镜:《黄百韬上将逝世九周年纪念感言》,台北《中央日报》1957年11月22日。

黄　宾　虹[1]

周衍发

黄宾虹,名质,字朴存,1865年1月27日(清同治四年正月初一)生于浙江金华。原籍安徽歙县潭渡村。因潭渡村有滨虹亭,中年更字宾虹。父黄定华,字鞠如,虽是商人出身,但长于书法和绘画。

黄宾虹五岁时,父亲延师教他读书。老师赵经田是个秀才,会画山水和兰竹。他在父亲和老师影响下,从小喜欢绘画和篆刻。六岁时,临摹家藏的沈廷瑞(樗崖)山水册,后来又从画家倪逸甫学画和篆刻。十一岁时,他已能临刻邓石如印谱十多方。十二岁那年,黄宾虹随父去歙县应童子试,名列前茅。十四岁时,考取金华丽正、长山两书院。十九岁时为了写生,他游览了杭州西湖、金华北山、安徽黄山、九华山以及浙江的永康、缙云、诸暨等名胜地。为了画夜景,他曾借月光刻苦练习。

1886年,黄宾虹补廪贡生。同年去扬州,在两淮盐运使署任录事。盐运使程桓生的儿子程篯也喜欢书画,与黄意趣相投,经常共同习画,或去字画收藏家那里观摩。在这期间,他从画家郑珊学山水,也从陈若木学画花鸟。郑珊所画山水,笔意苍厚,善用积墨,颇得龚半千遗意,黄宾虹的画深受郑的熏染。黄宾虹在两淮盐运使署任职数年,以后他辞职回到家乡。

1894年中日甲午战争后,中国的民族危机严重,维新派要求变法图强,黄宾虹深表同情。他的友人萧辰,与康有为、梁启超有交往,黄宾

---

[1]　引文均见王伯敏著:《黄宾虹》,上海人民美术出版社1979年版。

虹常与萧辰谈论维新派的活动,并研读康的著作。1895年,康有为在京师发动"公车上书",要求变法,黄宾虹致函康、梁表示支持,并申述个人见地。同年夏天,谭嗣同到上海,黄宾虹得友人介绍与谭订立文字交。1898年,戊戌变法失败,黄宾虹获悉谭嗣同被西太后杀害,悲痛不已。为了悼念他,曾写了一首挽诗,有"千年蒿里颂,不愧道中人"句,表露了他对谭嗣同死难精神的赞佩。

1899年春,黄宾虹被人以维新派嫌疑控告,因事先闻讯,仓促出走,辗转到河南开封避居。到了冬天,又潜回歙县。翌年北上,途中闻八国联军攻占北京,只得在南京住了一段时日,后郁郁而归,隐迹山村;与里人郑攃书筹办董理歙东的庆丰堨以利农耕。

1906年,许承尧在歙县创办新安中学堂,黄宾虹应聘任国文教员。他同陈去病、许承尧、江炜、汪律本等,为纪念明清之际的进步思想家黄宗羲,组织了"黄社"。"黄社"表面上以议论诗文为名,实际包含了反对清朝统治的用意。1907年,他为同盟会筹款,再度被告密,遭清政府通缉,在朋友帮助下,化装逃到上海躲避。

旧中国的上海,情况复杂,黄宾虹富有爱国心,对帝国主义的侵略和清政府的腐败非常不满,总想有所表现。1907年至1911年间,他曾协助邓实、黄节诸人编辑《政艺通报》、《国粹学报》及《国粹丛书》等。这些书刊都具有一定的民族主义的爱国思想。在此期间他和章太炎、刘师培等常有接触,进一步受到新思想的影响。

黄宾虹年过四十以后,致力于学习我国传统画法。他大量临摹古人名作,一笔不苟,极似原作;或只取其意,得其大略,因而在技法上打下了厚实的基础。这期间画的山水屏条皴法疏简,笔墨秀逸,深受新安画派的影响。1909年"南社"成立,他同陈去病赴苏州出席盛会。他还常去著名画家吴昌硕主持的"海上题襟馆"叙谈。

1911年10月,辛亥革命爆发。上海商团响应起义,攻下沪南高昌庙江南制造局,黄宾虹兴奋不已,手制大白旗高悬,以示庆祝。他对帝国主义分子在我国云南、龙门、敦煌等地盗窃文物,破坏古代文化艺术,非常愤慨，曾作漫画，投寄高奇峰、高剑父主办的《真相画报》。

1915年，黄宾虹在《上海时报》工作。当时，袁世凯图谋称帝，筹安会成员谢连荪来诱说他北上共事，并以厚利相许，黄宾虹毅然拒绝，并对朋友说："助纣为虐，不是君子所为。"

民国以后黄宾虹长期居留上海，他除了从事绘画和篆刻外，还在神州国光社、商务印书馆、有正书局、上海时报社等机构任编纂撰述工作前后达十三四年之久。他参加过编印《神州国光集》、《神州大观》、《历代名画家书画集》、《中国名画集》等画册；曾主编《艺观》双月刊，又兼《国画月刊》的编辑；还编纂了《美术丛书》和《金石书画编》。撰写的有《古画微》、《滨虹羼抹》、《匋钵合证》、《黄山画家源流考》、《画史编年表》、《虹庐画谈》等，以及《中国山水画今昔之变迁》、《滨虹论画》、《鉴古名画论》、《画法要旨》、《龙凤印谈》、《画学篇》等著作。1926年，他发起组织"金石书艺观学会"，积极推动艺术的交流活动。他还先后任暨南大学中国画研究会导师和昌明艺术专科学校、新华艺术专科学校教授。1930年中国艺术专科学校成立时任校长，又任上海美专教授。

在五十岁以后，黄宾虹所绘山水画幅显示出他的独特风貌。他对祖国山川，观察仔细，冷静思考，身到心至，因而泼墨作画，立意奇，丘壑多。他在表现上，能陶融宋、元人的画法，或作干皴湿染，或用浓重积墨，行笔谨严而又纵逸奇峭，无不如意。《桂林山水册》、《北碚纪游》、《秋云堆里出重岗》、《霜容点碧岚》等皆是他的著名作品。

1937年5月，黄宾虹全家自上海迁居北平，在北平艺专教授中国文学和美术史。不久，"七七"事变爆发，平、津沦陷。黄宾虹欲南归，未成。为此，他杜门谢客，惟于故纸堆中与蠹鱼争生活。1940年，北平伪文物研究会推举他为美术馆馆长，他坚辞不就。1941年，他写信给在福建的一个学生，勉励他为人要有骨气，不能消极，"风雨摧残，繁英秀萼亦不因之消歇"。八十岁时，侵华日人别有用心地想为他举行"庆寿会"，寿堂已设，他仍拒绝与会。

抗战胜利，他非常兴奋，致函诸友，说自己"无异脱阶下之囚"。

1946年,他继续任北平艺术专科学校教授。1948年秋,他应杭州国立艺术专科学校之聘南下讲学。徐悲鸿在他画的一块巨石上添画一只展翅雄鹰,送他留念。

黄宾虹晚年的山水画更加浑厚自然,臻于妙境。"取古人之长皆为己有,而自存面貌之真不与人同","黑、密、厚、重"的特色十分显著,高燮评其山水说:"图写自然,千笔万笔无一笔不是。"

中华人民共和国成立后,黄宾虹任中央美术学院华东分院教授,曾出席浙江省人民代表会议,当选为全国政协第二届委员。1955年黄宾虹九十寿辰时,获华东行政委员会颁发之荣誉奖,被称为"中国人民优秀的画家"。同年3月25日,黄宾虹因胃癌逝世。生前所藏书籍、字画、金石、拓本以及自作书画、手稿等一万零一百余件,遗嘱全部捐献给国家。人民政府在西湖栖霞岭他的故居,建有"画家黄宾虹纪念室"。

主要参考资料

黄宾虹:《八十自叙》,载上海书画出版社、浙江博物馆编《黄宾虹文集·杂著编》,上海书画出版社1999年版。

王伯敏:《黄宾虹》,上海人民美术出版社1979年版。

王伯敏编:《黄宾虹画语录》,上海人民美术出版社1978年版。

张宗祥:《我对黄宾虹先生的看法》,《东海》月刊1962年第10期。

黄 楚 九

汪仁泽　熊尚厚

黄楚九,名承乾,字楚九,号磋玖,以字行,晚年自署知足庐主人。1872年4月9日(清同治十一年三月初二)生,浙江余姚人。少年时随父行医,略谙医术。十五岁时父死,偕母蒋氏迁居上海,入清心书院读书。不久辍学,初在茶肆酒楼叫卖眼药,后在旧城内开设诊所,取名"颐寿堂"(又名"异授堂")。自炫为祖传眼科名医,兼制中成药发售,但限于资金,只能零星经营①。业余阅读中西医书,认为西药效速利厚,转而试图经营西药。当时缺乏资金,黄楚九向一富孀借贷,每次加息如期归还,因而取得信任②,后累借达数千元,聚为资金。1890年黄将颐寿堂迁至法租界法大马路(今金陵东路),改名为中法药房,除仍制销中成药外,兼售西药,营业甚佳,资本增为一万元。后几经搬迁,于1904年迁至汉口路,变独资为合伙。黄楚九利用股东间矛盾,以低价收买股东股本,资本愈滚愈多。

1905年,黄楚九从吴姓药剂师处,购得普通安神健脑滋补剂处方一份,针对时人崇洋心理,将药名洋化为"艾罗补脑汁"。"艾罗"本系英文yellow(黄色)的译音,但他却在药瓶贴上印有虚构的洋博士"Dr. T. C. Yale"商标,并附英文说明,宣称能治种种疾病,营业因此蒸

---

① 曹厚哉:《黄楚九生平事略》,上海市工商业联合会史料编号总第110号。

② 戴桐秋:《黄楚九最初起家的根源》,上海市工商业联合会史料编号总第30—34号。

蒸日上,日销达一千元。由于本轻利重,黄楚九从此发了大财。1906年,他将左邻茶园盘下,扩充为八开间门面,自备沪上尚属少见的汽车代步,成为商贾巨子。此时有一外国流氓,自称是艾罗博士之子,指控黄楚九盗用其父秘方,扬言将赴会审公廨诉之于法,蓄意敲诈。黄明知不值一驳,但怕露馅,竟将计就计,拿出数千元了事。1910年5月,黄楚九以中法药房名义开办"同征长寿园",办理人寿与保险业务:并以劝人戒鸦片烟为名,制销以吗啡为原料的"天然戒烟丸",仅此一项每年获利十万余元。

辛亥革命前夕,民众掀起提倡国货抵制洋货运动。此时日货"仁丹"行销我国城乡,漏卮甚多。黄楚九以"挽回利权"为名,设一"龙虎公司",研制国产"龙虎人丹",因销路难以打开,两年后出盘给中华书局陆费逵,改名"中华制药公司",继续制销。不到三年,该公司六万元资本也全部蚀光,1915年重新回盘给黄楚九,成为中法药房的附属企业。此时,日商以"仁丹"曾向中国官方登记注册为由,提起诉讼,黄楚九专聘律师据理抗争,逐级上诉至北京大理院,经内务部最后裁定,"名称不在专用范围内",因而两药得以同时在市场上销售。后乘抵制日货之机,经过改进质量的龙虎人丹销路大增。

黄楚九于1907年曾与夏粹芳等合资创设五洲药房,任董事。1915年他将中法药房改组为股份有限公司,资本增至十万元,自任董事长,并出资向北洋政府捐得总统府谘议官衔①。次年,黄楚九盘入罗威药房,并创设公益玻璃厂,1923年又从顾松泉手中盘进中西药房,自任总经理。

是年黄楚九又新出开胃润肠药一种,定名"百灵机"。因系新药试销,怕影响中法药房信誉,改由虚设的"九福公司"出面,大做广告,宣称是"炼取百药之精华制成","可以补血补脑补肾","有意想不到的效力"。其定价故意较贵,消费者信以为真,争相购买,销路不胫而走。

---

① 曹厚哉:《黄楚九生平事略》。

1926 年营业额高达一百二十万元,仅四五年间,以一家虚设字号而积累资金达几十万元。他添置机器设备,盘下大世界对面五开间门面,成为一家略具规模的药厂。后来又增出"补力多"补药和"乐口福麦乳精",抵制市上旺销的同类产品美货"帕勒托"和瑞士"华福麦乳精"。1926 至 1927 年间,黄楚九在福州路山东路口和北京路芝罘路口,分别建造中西药房绿色瓷砖五层新厦和中法药房黄色瓷砖五层新厦。1929 年中法药房迁入新厦,资本也由十万元增至五十万元,并在全国各大城市增设分支机构。中法、中西、九福三家协作推销,营业大增。

辛亥革命后,黄楚九同时经营新兴的娱乐事业。1912 年在九江路浙江路口开设新新舞台。1913 年和上海地产商经润三在新新舞台楼上开辟"屋顶花园",取名"楼外楼"。游客可登高凭眺上海景色,颇受游人欢迎,为上海第一家屋顶花园。"楼外楼"有说书、杂耍及地方戏曲等节目,常常日夜客满,颇获厚利。1915 年,他又劝说经润三出资创设新业公司,在跑马厅附近租地建造三层楼的新世界游艺场,内有溜冰场、弹子房、文明戏、大鼓书、口技和南方戏剧等。观众入场,可任意选择观看玩乐,不受时间、场次限制,并附设中西酒菜馆,颇能吸引游客,营业发达。黄楚九担任经理,成为上海游乐场业中的著名人物。

1916 年经润三病故,黄楚九与经妻意见相左,遂辞去经理职,与他人合组大发公司,集资八十万元,另办游艺场。在法租界爱多业路(今延安东路)西藏路口觅得地基,翌年年初破土,7 月落成开幕,取名"大世界游艺场",占地一万四千七百多平方米,较新世界大一倍,每天可接纳观众二万多人次。所设剧场、剧种较新世界倍增,并设一"共和厅",引入海上名媛,排演所谓"群芳会唱"节目;又设"乾坤大剧场",聘请坤角演出京剧;所设电影院则从美国进口"惊险格斗"影片,独家放映;又辟一露天娱乐场,置有高空飞船吸引儿童。可谓百戏杂陈,应有尽有。除在各报刊登广告外,还请人办一张《大世界报》,大加宣传。不久果然游客如云,卖座冠于各游乐场,附近市面也随之热闹起来。此后由于租界上的恶势力渗入,招引娼妓,设摊赌博,立坛扶乩,大世界遂成为藏垢纳污之地,周围赌场、妓院、燕子窝(鸦片烟馆)林立,形成以大世界为中心的罪恶蛛网地区。1918年黄楚九又设立共发公司,统一管理他所属的全部企业。此后他还同周炳臣开设了三星舞台及三星地产公司。并独资创办中华电影公司。

1919年,黄楚九又在云南路开设二十四小时营业的日夜银行,大大方便了附近赌场的赌客①。该行又以附近职工、商贩、劳苦大众的零星积余为吸收存款的对象,采取利息较一般略高,开户不限存款多少,存取手续简便。凡一次存入百元以上者,赠送大世界入场券两张等办法,以致该行存款不断增加,为扩展其他企业积累了资金。

1920年冬,黄楚九趁当时兴起的交易所投机风,与叶山涛、袁履登等人合伙在大世界底层创设别开生面的"上海夜市物券交易所",自居理事长,从事买空卖空活动。以其所经营企业的股票为主要对象,暗中哄抬,牟取暴利。但好景不长,次年夏,沪地银根紧缩,股票价格暴跌,交易所纷纷倒闭,酿成信交风潮。夜市交易所也被卷入,宣告停业,股票持有人拟组织财团对他进行控告索赔。黄楚九恐累及他的全部企业,乃遍延法租界会审公廨登记的外国律师十多人,每人赠送一千或五百两作为公费,贿赂他们不为持票人承办申诉案,从而避过困境②。

黄楚九除如上述经营西药、游乐等业外,还于1915年创办大昌烟公司。1917年某日上海申、新各大报第一版上,同时刊出一只套红的大红鸡蛋,既无标题,又无说明,引起人们的好奇,两天后始知是大昌烟公司,为了小囝牌香烟问世而大送红蛋。然后又随大世界门票,赠送小囝牌试吸香烟,游客人手一支,使小囝牌香烟立即风行一时。当时称霸烟业的英美烟草公司洋老板急商对策,以二十万元代价,向黄楚九买下小囝牌商标销毁了事。1919年5月,英美烟草公司针对中国人民抵制

① 戴桐秋:《黄楚九最初起家的根源》。
② 陈星五:《黄楚九事迹片段之一》,上海市工商业联合会史料编号第30—251号。

日货运动,阴谋搞垮我国民族卷烟业中最大的企业——南洋兄弟烟草公司,藉口南洋主人简照南曾入日本籍,出钱四十万元,唆使黄楚九到北京,向北洋政府诬告南洋"纯为日资",应撤销其登记。黄楚九得款后中饱二十万元,其余二十万元向农商部人员行贿,北洋政府农商部遂饬令南洋停业①。后简去日本办理脱籍手续,并得到国内舆论支持,南洋始告复业。1925年"五卅"期间,黄楚九又接受英美烟草公司贿托,将洋货香烟改装为由他新设的福昌烟公司香烟,派人往汉口等地推销②。

20年代中期,上海房地产业租地造屋之风甚盛,获利丰厚。黄楚九将日夜银行部分存款移作投资,大兴土木。除于1927年前后,在白克路(今凤阳路)、大西路(今延安西路)等处分别建造九福制药厂和中法药房制药厂厂房外,并在浙江路、宁波路一带租地造屋。但建成后正值沪地市面萧条,新屋店面一时乏人承租,他骑虎难下,遂延聘熟悉各业的人才,开设黄隆泰茶叶店、温泉浴室、萝春阁茶楼、黄九芝堂中药铺等各种商店。

1927年,西药业公会改组为新药业同业公会,黄楚九当选为第一任主席。他平时起居豪华,讲究个人享受③,但对公益事业,亦愿解囊认捐。是年他倡议筹建了上海急救时疫医院,又在龙门路开设黄楚九医院,向贫民施诊舍药。但1927年后其事业由盛转衰,原因之一固然由于当时市面不景气所影响,但更主要的是黄金荣等人急需发展自己的经济实力,从而对他进行打击。黄楚九本人既不参加帮会组织,又无政治靠山,纯系一个商业资本家,而他所经营的大世界等企业树大招风,竟成为黄金荣等觊觎的对象。1930年,黄金荣等指使徒众中伤日夜银行信誉,引起存户惊恐,纷纷提存,致使黄楚九疲于应付,焦虑成

---

① 陈子谦、平襟亚:《香烟小史》,《上海经济史话》第1辑,上海人民出版社1962年版。

② 《方椒伯回忆》,上海市工商业联合会史料编号总字第154号。

③ 曹厚哉:《黄楚九生平事略》。

疾。1930年底黄楚九赴杭州私寓九芝小筑休养,沪上小报上散布他已急得病死的假讯,提存之风益炽。次年初,黄抱病回沪调度,但终因企业众多,财力分散,一时移东补西,难以招架。黄金荣等趁火打劫,迫使黄楚九内外交困,病情恶化,终于1931年1月19日病死上海。

　　黄楚九死后,日夜银行等随之倒闭。原来黄楚九所遗大小企业数十家的资产尚足以抵付债务①。但法租界当局和黄金荣等人借口清理,上下其手,以致劳动人民在日夜银行的小额存款大部分未获清偿,成为实际的受害者。他们扶老携幼,聚集龙门路黄宅,呼天号地,发生吞金、投河者多起。大世界游艺场也经多方角逐,是年6月遂归黄金荣所有②。

---

　　① 　根据上海市工商业联合会所有史料记载:当时虞洽卿、方椒伯等人曾拟出面聘请徐永柞会计师为黄所遗企业进行全面清理,但因受法租界当局及黄金荣等人的阻挠而未果。

　　② 　1931年5月29日上海《新闻报》,载有黄金荣的"荣记胜利公司承租大世界"和1931年6月1日起"接办大世界"的启事广告两则。

黄　郛

郑则民

　　黄郛,原名绍麟,字膺白,1880年3月8日(清光绪六年正月二十八日)生于浙江绍兴百官镇。黄氏先代经商致富,后渐衰落。他父亲黄文治是个候补县官。黄幼年时随父母住杭州。六岁父殁,依靠母亲维持家计,进塾读书。1896年考取秀才,补钱塘县学生。1904年春入浙江武备学堂。不久,黄受清政府选派赴日本留学,入东京振武学校。1905年秋加入同盟会。1907年在振武学校与蒋介石、张群相结识。次年转学入日本陆军测量局地形科。1910年毕业后归国,投入清廷军谘府任职。

　　1911年10月武昌起义,陈其美在上海策划响应,黄郛赶往参加。上海光复之初局势混乱,黄郛提出迅速成立沪军都督府并推陈其美为都督的主张,受到了采纳。11月4日,陈其美就任沪军都督,黄郛任参谋长。他们立即招募兵员,编练了一师陆军,称为沪军第二师(后改为陆军第二十三师),由黄郛兼任师长。这时沪、浙、苏、宁、镇、粤各军联合谋攻南京,陈、黄对此役有所策应。蒋介石也在这时从日本回国,投入斗争,陈、黄委他任沪军第二师第五团团长。基于共同的情趣和政治立场,陈、黄、蒋三人互相结托,订为"盟兄弟"。1912年1月,南京临时政府成立,孙中山派黄郛兼任兵站总监,准备北伐。其后南北和议告成,孙中山解职,袁世凯继任中华民国临时大总统,沪军都督府撤销,并入江苏,黄郛改任江苏都督府参谋长。这时原准备北伐的各路民军多停留在津浦铁路沿线。黄郛被指派负责处理津浦路南段各军的善后工作。他首先主动解散了自己的陆军第二十三师,又依次遣散了其他部队,数月之内将沪宁地区各路民军全部解散。这恰好适应了袁世凯的需要。1913年4月,"宋案"发生,黄郛在北京得电,回到上海。当时革命党人分为"武力反袁"与"法律解决"两派,黄郛认为"国家不堪有内战",不主张武力解决。但是,袁世凯已准备好对南方的进攻。7月,国民党人在江西湖口和南京等地发动了反袁起义。这时陈其美在上海仓促起事,黄郛也参加了。他们向江南制造局进攻,结果失败,遂相偕逃往日本。稍后黄郛经南洋去美国。

1916年护国之役起,黄郛由美国返回上海,对浙江反袁军事有所策划。此役结束后,黄郛即移家天津,直到1921年。

黄郛住天津期间,声称"闭户读书,潜心研究",并标榜"不加入任何团体,不附和任何主义",曾写成《欧战之教训与中国之将来》、《战后之世界》两书出版。但这期间他和一些北洋政客来往不断,密切注视着时局的发展。1918年10月,徐世昌上台后,英美政府曾提出南北议和的"劝告"。当时欧战即将结束,中国国内确也出现了要求和平的呼声。黄郛这时一度与张耀曾、张绍曾等以"促进南北统一"为名,搞"和平运动"。与此同时,他还接受了徐世昌的嘱托,代徐起草了《战后中国》一书。1921年初,他以考察战后经济为名出国游历。到美国时,恰值美国总统将发起召开"华盛顿会议"。黄郛事先发表了有关会议问题的论文,被北洋政府聘为中国代表团的顾问。会后,于1922年初经欧洲回到北京。

1922年9月,黄郛受内阁总理王宠惠任命为督办全国财政会议事。1923年2月,黄郛入张绍曾内阁,署理外交总长。当时,法国公使傅乐猷(A. J. de Fleuriau)到北京政府财政、外交两部交涉,无理要求中国政府以金法郎偿付庚子赔款。经过激烈争议,北京政府被迫让步,授意黄郛于2月10日签署文件,接受法方要求。消息传出,舆论哗然,黄郛被迫辞职。同年9月,他出任高凌霨代理摄政内阁教育总长,次年9月颜惠庆内阁复职,黄郛继续担任教育总长。在此期间,冯玉祥任陆军检阅使率部驻扎北京南苑,经张绍曾的推荐,常邀黄郛到该部为将士讲授军事学,兼"解释国际及国家大势"①。黄、冯二人从此联系日多,往返频繁,彼此引为知己,逐渐在政治上互相结托。黄利用职务之便为冯探听政界消息②。

第一次直奉战争结束后,直系军阀控制了北京政府的全部大权。他们沿用前任军阀的办法,推行"武力统一"政策,加紧对广大工农群众的压榨和屠杀,搞得民心丧尽。黄郛乘机鼓动受曹锟、吴佩孚排挤的冯玉祥推倒曹、吴的统治。

第二次直奉战争爆发后,1924 年 10 月上旬,两军在山海关争夺激烈,伤亡惨重。吴佩孚于 10 月 11 日亲赴山海关督战。冯玉祥被任命为第三路军总司令,率军出古北口,挺进平泉,会攻热河奉军。冯离京前,已同黄郛密议推倒曹、吴政权问题,并留密电码一册给黄,互通情报。10 月中旬,吴佩孚率领的一路军在山海关前线失利,下令把拱卫京畿的嫡系部队第三师开赴前方。这就造成北京城兵力空虚,为冯部起事提供一个好时机。黄郛综观全局,当机立断,于 1924 年 10 月 18日特发密电告冯:"吾侪立志救国,端在此时。"冯接电后也认为时机确已成熟,于是立即决定,于 19 日晚班师返京,令第二十二旅旅长鹿钟麟率部先行。

黄郛在京,处境危险,孤身出城,于 10 月 22 日深夜赶至密云县高丽营与冯玉祥会晤,共同商议发动政变的最后部署,确定了方针步骤,黄郛立即代冯草拟主和通电。

10 月 23 日,回师北京的鹿钟麟部拘禁大总统曹锟,冯部控制整个北京。随后奉系军队也乘机大举入关,直系吴佩孚率残部自塘沽登船南逃。24 日,冯玉祥、胡景翼、孙岳等在北苑召开军事会议,议决电邀

---

① 沈云龙:《黄膺白先生年谱长编》,台北联经出版事业公司 1976 年版,第162、184 页。

② 沈云龙:《黄膺白先生年谱长编》,第 162、184 页。

孙中山北上共商国是,并请段祺瑞出山维持大局,另外还商议组织摄政内阁诸事。内阁的人选也初步商定。10月31日,摄政内阁成立,黄郛任代总理,兼交通、教育两部总长,王正廷为外交兼财政总长,李书城、杜锡珪、张耀曾、王永江、王乃斌、李烈钧分别任陆军、海军、司法、内务、商务、参谋各部总长。张作霖不承认摄政内阁,故奉系阁员未到任,由次长薛笃弼、刘治洲(属冯系)分别代理内务和农商两部。李烈钧当时正在南方,得电后乘船北上(至途中摄政内阁已告终结)。11月2日,曹锟被迫宣告退位,将大总统印信移交国务院,由黄郛摄行总统职务。

鉴于当时北京局势混乱,少数保皇党人乘机活动,还有清帝将复辟的谣传。冯玉祥提出将中国的末代皇帝溥仪驱逐出宫的主张。11月4日,黄郛主持摄政内阁会议决定修正清室优待条件五条①。11月5日,警备总司令鹿钟麟等向清室宣布了这些条件,限令立即实施,溥仪等不得不于当日移居什刹海醇王府。国务院拟将故宫一律开放,充当国立图书馆、博物院之用。

摄政内阁是过渡性临时的政治机构,任期长短,要视局势的发展而定。冯玉祥的倒直及其革命倾向,沉重地打击了北洋军阀的统治,深为北洋各实力派所忌,各外国势力也不断向其施加压力。黄郛为首的摄政内阁尤其不为奉系首领张作霖所认可。11月24日,段祺瑞再次出山,任北京政府临时执政,摄政内阁被迫总辞职(11月25日告终)。黄郛下野后在北京香山和天津租界寓居两年,继续观察政局的变化。

1926年夏,北洋军阀已处于四分五裂、分崩离析的境地,而南方革命势力则蓬勃发展。在国共两党合作协力推动下,北伐战争胜利展开。

为了适应形势的变化,蒋介石除了约集在南方政权中任职的张静江、陈果夫、戴季陶等到南昌密谋外,急切地延揽在北方任职或隐居的密友和盟兄弟来与自己共事。他召来了留学日本时的同学张群,任命为国民革命军总司令部总参议,主持南昌行营的事务。接着致函在天

---

① 《中华民国史史料长编稿》1924年11月,中国第二历史档案馆藏。

津蛰居的黄郛,邀他火速南下共谋大计。1926 年 12 月 18 日蒋派张群持亲笔信赴津,催促黄郛起驾,"共底于成"①。当黄郛了解到革命营垒中的分化和蒋的意图后,于 1927 年 1 月初偕夫人沈亦云离津南下。他途经上海时,与中国银行副总裁张嘉璈等商谈了资助蒋介石的问题。

黄郛到达南昌后,成了蒋介石的上宾。他与蒋介石、张静江等人,在设于旧江西督署的总司令部和牯岭岩旅馆行辕内连日反复密谋策划,终于确定了一个背离三大政策,发动反共政变的行动纲要。其主要内容是黄郛建议而经蒋介石采纳的要点是:(一)"必须离俄清党",放弃"联俄容共政策";(二)在外交上首先谋求同日本、英国的"谅解";(三)力争早日克复京、沪;(四)采取步骤联络北方冯玉祥、阎锡山,形成"中心力量"②。继而,黄郛受蒋指派,潜往武汉、上海等地与日本、英国外交代表联络,并纠集力量,为迎蒋入沪做准备。他还北上会见冯玉祥、阎锡山,拉拢冯、阎附蒋反共。

1927 年蒋介石发动"四一二"政变后,在南京建立国民政府,黄郛于 7 月被任为上海特别市市长。8 月,蒋以退为进,宣布下野,黄与蒋同进退,宣布辞职。他利用自己与日本的密切关系,在日蒋之间牵线,替蒋介石出访日本做了准备。

1928 年 1 月,蒋介石宣告复职。2 月 6 日,蒋介石即推荐黄郛出任南京国民政府外交部长。黄郛秉承蒋的意旨,推行对外国势力屈辱妥协的外交方针。他就职伊始,就着手与美国公使马慕瑞(J. V. A. Mac-Murray)、英国公使蓝浦生(Miles W. Lampson)谈判关于解决上年 3 月英美兵舰炮轰南京的事件。3 月 30 日首先与美国公使签订解决南京事件的协定,将该事件的起因归咎于"共产党的煽动",向美方"深表歉意",答应由南京政府"赔偿损失"和"惩办凶首"。这个协定居然认为

---

①　沈云龙:《黄膺白先生年谱长编》,第 267 页。
②　沈亦云:《亦云回忆》,台北传记文学社 1971 年版,第 252—253、260、354 页。

美国军舰炮轰南京是"保护美侨生命"①，而对中国人民的严重伤亡和财产损失置之不理。随后，黄郛继续同英、法、日等国达成类似的协定。同年5月国民党军"北伐"途中，日本军队炮轰济南，制造"五三"惨案时，黄郛与蒋介石都在济南。蒋下令撤军，黄郛陪同蒋介石逃出济南，任凭日军继续在济南逞凶，并将济南及胶济路占领。日军的罪行激起中国各阶层人民的强烈反对，黄郛为逃避舆论指责，不得不赶快引咎辞职，跑到浙江莫干山，过起"读书学佛"的生活来。

黄郛退居莫干山，又一次声称不问政治，实则和国民党政客们来往频繁，他和张群的关系更为密切。人们把他和张群、杨永泰、熊式辉等为首的一帮政客称为"新政学系"。他山居期间（到1933年），接连发生了"九一八"、"一二八"事变，中国处于日本帝国主义武装侵略之下，民族危机日趋严重。1932年6月，黄郛到上海倡议组织"新中国建设学会"，声称研讨"学术救国方案"，发行《复兴月刊》，鼓吹"广义的国防中心建设计划"，为蒋介石的不抵抗政策打掩护。他和张群等人都是与日本帝国主义分子有着广泛的关系，并被看做是"日本通"的人物。因此，他虽居山，蒋介石并没有忘了他。1933年春，日军乘蒋介石热衷于反共内战的时机，打进山海关，占领热河，越过长城各口，4月底逼近通州，平津震动。蒋介石在火烧眉毛的时候，仍坚持"攘外必先安内"的政策。5月初蒋介石设立"行政院驻北平政务整理委员会"，起用黄郛为委员长，令他北上负责对日交涉停战问题。黄郛带着殷同、袁良、殷汝耕、李择一等一批亲日分子于5月14日北上就职，车至天津近郊时，一爱国青年向他投了一弹，几乎丧命。

5月22日，黄郛与日本驻北平使馆代办中山进行密谈，达成了妥协性的原则方案。随后，又令熊斌与日本关东军代表冈村宁次在塘沽继续会谈，于5月31日，双方签订了"塘沽协定"。根据这项协定，国民党政府实际上承认了日军占领长城及山海关以北地区的合法化，并把

---

① 《东方杂志》第25卷第7号，第105页。

长城以南的察北、冀东二十余县划为"非武装地带",使整个华北门户洞开,平津有随时被日军侵占的危险。此后,华北与伪满洲国之间的交通和邮电一度处于封锁状态,日方强烈要求解决北平、沈阳间的通车问题及恢复关内外的通信。1934年,黄郛又秉承蒋介石的旨意,派代表与日方谈判,先后于5月和12月达成关于通车通邮的协议,在事实上承认了伪满洲国的存在。1935年,黄郛在上海同日军侵华头目土肥原晤谈,双方达成口头协议,应允满洲问题等待时机以和平方式解决,南京政府要取缔反日言论和行动等。

黄郛在华北主持对日交涉所推行的屈辱外交,受到人民群众和社会舆论的强烈谴责。1935年春,他以"身心劳瘁,旧病复发"为由,向蒋、汪辞职未准,遂将政务整理委员长一职交时任总参议的王克敏代理,本人返回莫干山养病。1936年8月,黄患病至上海治疗。病危之际,仍吹捧蒋介石"忠贞为国",要人们"一致信任"、"全力协赞"。12月6日,黄郛因肝癌病死于上海寓所。

黄　复　生

罗玉方

黄复生,初名位堂,字明玉,考学堂时易名树中,字理君,生于1883年(清光绪九年)①,四川隆昌人。1901年入泸州川南经纬学堂,1904年毕业。是时清政窳败,国势阽危,黄复生因阅读《革命军》、《警世钟》、《浙江潮》等书刊而萌发革命思想,与同学黄方、邓洁、杨兆蓉等二十多人组织"输新学社",以输入新学为宗旨,实则暗倡革命。

1904年秋,输新学社拟创办铅字印刷局,派黄复生赴日本学习印刷。初入宏文学院,旋进东京印刷株式会社。此时民主革命思潮在留日学生中蓬勃发展,黄复生与学友邓家彦、陈道循等十余人结成团体,以革命为宗旨,并与国内建立联系。1905年7月,孙中山到达横滨,同人推黄复生、邓家彦、康宝忠与孙中山联络。同盟会在东京创立,黄复生率先加入,并任同盟会本部总务部干事、四川分会会长兼经理《民报》社务。为进行武装革命,黄复生与熊克武等奉派到横滨随梁慕光学造炸弹。其后又经日本友人宫崎寅藏介绍去日本小室兵工厂学造枪药。他曾与在东京留学的川人杨兆蓉、陈伯珩、陈少封、邓亚珍等,共商推动四川革命的具体步骤。当时泸州哥老会首领佘英曾手持邹容的《革命军》、陈天华的《警世钟》在茶馆、酒店宣读,表现出反满革命思想。黄复

---

① 黄复生的生年,一说为1878年,现经查对应为1883年。参见向及之撰《黄复生先生行述》,载中国人民政治协商会议四川省内江市委员会等编《黄复生资料》,1988年版。

生等"闻其声名,乃函招东渡"①。1906 年 7 月底,佘英到了日本东京,由黄复生、熊克武介绍面见孙中山,并加入同盟会。1907 年初,黄复生奉派回川进行革命活动,经成都府中学堂聘为日文翻译。在此期间,他经常与学校师生以及校外向往革命的人士联系,发展会员三百余人。为了谋划在四川举行起义,黄复生约集在成都的革命党人三十余人在草堂寺会议,决定于本年 11 月 15 日(农历十月初十)庆贺慈禧寿辰时,在成都、泸州、永宁等地起义。因为武器弹药缺乏,黄复生与税况麟、杨兆蓉等人在永宁兴隆场黄方家中秘密制造炸弹。一天夜里,黄复生因收捡炸药入瓶失慎发生爆炸,受重创而鲜血满面。税况麟善武术,擅长治疗跌打损伤,立予救治,得以不死。黄以此次重创不死,就改名为复生。

至 1909 年,同盟会所组织的多次起义,先后均告失败,黄复生等一些人为此愤不欲生,决定从事暗杀活动,与"虏酋拼命"②。为了振作精神,企图"借炸弹之力,以为激动之方"③。同年 9 月,黄复生偕但懋辛赴北京,设立暗杀机关,他们在北京琉璃厂火神庙西夹道开设"守真照像馆"以为掩护,又在东北园租赁一屋,作为活动场所。12 月,汪精卫偕陈璧君、黎仲实等由香港入京,加入行动。岁末清廷派往欧洲考察海陆军的载洵、载涛两贝勒归国,黄复生偕汪精卫携皮包内藏铁茶壶满贮炸药赴东车站相候,伺载洵、载涛下车时狙击之。由于火车到达车站时,已经入夜,因不识洵、涛,只"见满站皆戴红顶者,恐误中他人,遂怏怏而返"④。当时庆亲王奕劻最为专横,决定以此人为暗杀对象,因奕劻戒备森严,无间可乘,才改以摄政王载沣为暗杀目标。

---

① 见《佘俊英传》,中国国民党中央党史史料编纂委员会编《革命先烈先进传》,台北 1965 年版,第 108 页。

② 吴玉章:《辛亥革命》,人民出版社 1961 年版,第 102 页。

③ 《黄但喻陈诸同志谋炸端方之经过》,《中华民国开国五十年文献》第 1 编第 13 册,台北正中书局 1964 年版,第 649 页。

④ 黄复生:《谋炸清摄政王案始末》,《革命先烈先进传》,第 807 页。

摄政王府坐落在地安门外鸦儿胡同附近,黄复生等经过多次选择,最后确定在载沣上朝必经之地的银锭桥下埋藏地雷①。1910 年 3 月 31 日夜里,黄复生和喻培伦前往桥下工作,被多犬狂吠干扰未成,次夜又往埋设,由于所携带引爆电线太短,翌日添购后复于夜间前往布设。不巧被人发现,随后见此人带领警宪各一前来搜寻,黄复生以为秘密已暴露,匆忙赶回东北园住所,连夜开会商讨对策。决定由喻培伦赴东京重购炸药,黎仲实、陈璧君赴南洋筹款,黄复生、汪精卫仍留北京,等待炸药到后再谋进行。埋设地雷案暴露后,北京的警宪侦探悉数出动,谋求尽快破案。4 月 16 日,黄、汪在京先后被捕。在被囚过程中,黄、汪表现了宁死不屈的革命气节。由于程家柽的营救,劝说清民政部尚书善耆,谓“国家如杀汪、黄,则此后党祸日夕相寻,非朝廷之福”,善耆以告载沣,亦以为然,遂判“着交法部永远监禁”②。辛亥武昌起义爆发后,各省纷纷响应,清政府一面起用袁世凯以武力镇压;一面想以笼络手段缓和人心。10 月 15 日宣统下罪己诏并大赦党人,直到 11 月 6 日,黄复生和汪精卫始获释放。黄复生被释后径赴天津,组织京津同盟会,以为中央革命之枢纽。不久,黄复生前往上海,联络南方党人,请求接济。在沪,他建议沪军都督陈其美利用江南制造厂的药料,制造炸弹,以济军需。

1912 年 1 月 9 日,中华民国临时政府孙中山大总统派黄复生、熊克武接收川路股款,筹办蜀军回川。同月,黄复生任南京临时参议院议员。3 月 7 日,又被委为总统府印铸局局长。为崇扬忠烈,黄复生等四十二人联名呈请南京政府抚恤为革命壮烈死难的邹容、谢奉琦、喻培伦和彭家珍四烈士。袁世凯继任民国临时大总统后,黄复生随临时参议院北迁。他见袁世凯心怀叵测,乃南下去上海。1913 年 3 月 20 日,宋

---

① 据黄复生《庚戌纪实》及邹鲁《中国国民党史稿》,埋设地雷的地点均作甘水桥。经张江裁考证应为甘水桥附近的小石桥,即银锭桥,今从此说。

② 《谋刺摄政王案》,《中华民国开国五十年文献》第 1 编第 13 册,第 662 页。

教仁被袁世凯派人暗杀,引起党人大愤。时徐宝山据扬州,其势猖獗,黄复生精心研制巧藏炸弹于古物之中,5月24日徐启匣触机爆炸而毙。

"二次革命"失败后,黄复生赴日本,创政法学校。孙中山在日本组织中华革命党,黄复生加入该党,旋被推为中华革命党四川支部长;1915年4月,因任满,改推龙光继任。同年,黄回国谋再举,在上海公共租界赁屋,秘密制造炸弹。6月,事泄入巡捕房,拘数月后为陈其美营救出狱,再去日本。

袁世凯复辟帝制失败后,国家政权仍为北洋军阀所把持,段祺瑞拒绝恢复临时约法和召开国会。1917年秋,孙中山在广州组织护法军政府,移檄全国奋起护法,黄复生积极响应号召,组织四川国民军。10月,广州军政府任命黄复生为中华民国军政府四川国民军总司令,卢师谛为副司令。为协调广州军政府与云南唐继尧的关系,11月孙中山改任黄复生、卢师谛为四川靖国联军总、副司令。

1918年春,孙中山根据章太炎来自重庆的报告,以川中人心多归熊(克武),因此改任熊克武为四川靖国军总司令。随后,改委黄复生为川滇黔援鄂联军第一路总司令,驻重庆并兼川东道尹。由于兵力不足,加之援鄂师出无功,黄复生解印东下,寓居上海。1920年,四川督军熊克武与省长杨庶堪失和,川战爆发。黄复生应杨之邀,偕卢师谛前往泸州,助杨组织北伐军。在熊克武和杨庶堪之争时,黄支持杨。5月,黄复生所部将熊系重庆镇守使余际唐的江防军解决。10月,刘湘助熊克武率军攻入重庆,黄部退往涪陵,穷蹙于夔、万之间。

1921年1月,孙中山在广州设立中国国民党本部特设办事处,黄复生被派为财政科主任。1923年1月,孙中山委任黄复生为国民党本部参议。同年10月,北洋军阀直系首领曹锟贿选总统,熊克武奉命讨曹锟,黄复生被任命为重庆关监督兼交涉员。1924年,熊克武在川战中败溃去粤,黄复生以父丧留成都。1925年国民党中央特派黄复生等九人为四川临时省党部筹备员。1926年1月,黄复生以四川代表之一,出席国民党第二次全国代表大会。国民党"二大"后,被推为国民党四川省临时执行委员会委员。3月,西山会议派在上海召开伪"二大",被选为"中央执行委员"。1928年10月,任四川省政府委员,1930年任北平"扩大会议"海外部委员,后返成都,专办国民党四川党务。1931年赴粤,11月当选为国民党第四届候补中央执行委员。1932年任国民政府立法委员。1933年8月任国民政府委员兼政务惩戒委员会委员。1936年黄因中风左身麻痹,不良于言,辞去惩戒委员职务。1943年被聘为国民政府顾问,1948年被聘为"总统府"国策顾问。同年10月1日,病逝于重庆鹤皋岩和湾27号①。

---

　　①　一说黄复生病逝于八月二十九日,实将农历的日期误以为公历之故。关于黄病逝日期,可参见周开庆编著《民国川事纪要》第396—398页有关记载,台北四川文献研究社1974年版。

黄 焕 南

汪仁泽

　　黄焕南,名守珠,字绰辉,号焕南,以号行,1856 年 3 月 28 日(清咸丰六年二月二十二日)出生在广东香山(今中山县)。父亲黄冠千是私塾教师,子女众多,收入菲薄,家境贫困。黄焕南十六岁时在当地一家米铺当学徒,次年随乡亲远渡重洋去澳大利亚谋生,在新南威尔士州悉尼(旧译雪梨)苏兴隆杂货店当勤杂工,业余补习文化。黄工作勤劳,生活俭朴,十二年后积得少许资金,与人合伙开设广生和杂货店。由于经营得法,营业蒸蒸日上,广生和逐步扩展成为当地著名百货商店,他也成为当地有名的侨商。1900 年秋,梁启超等人因自立军勤王运动失败逃亡澳洲,为保皇会从事募款活动,黄焕南曾予接待和资助。

　　1913 年,久居海外的黄焕南思念故土,抱着回国投资实业的愿望,变卖了在澳洲的产业,携款回国。其时适值澳洲归国华侨马应彪、马永灿等人在香港、广州等地开设先施百货公司,马永灿等与黄焕南在澳洲时即已相识,且知他善于经营百货业,熟悉市场,遂邀他投资参加先施公司任为董事,并聘任为广州先施公司司理①,与原司理马祖金共同负责经营。在黄、马共同筹划下,1914 年广州先施公司增设设备华丽的东亚酒楼,附有旅社和中西餐厅。1915 年又陆续兴办机器、五金、皮革、玻璃、木器、肥皂、制鞋、汽水、化妆品等十个工厂,均附属于先施公

---

　　① 司理即经理。按先施公司的制度,其上尚设有掌握实权的监督,直接控制企业。当时的监督是马应彪。

司,雇有职工千余人。广州先施公司1912年创办时资金四十万元,至1915年结算,获利已超过资金两倍。后又在广州十八甫和惠爱街等处增设分行。

先施公司既在港粤两地经营得手并取得信誉,马应彪、黄焕南等人遂谋在全国的商业中心上海开设沪行。1914年黄焕南两次到沪进行调查和筹备,先由港行拨款占股①,继而募集股金共六十万元,租定闹市区南京路地基十亩余,建造五层钢骨水泥大楼。由于工程规模甚大,资金不敷应用,因此在1915年决定再行增资六十万元,消息传出不久即认股满额,而后继者仍纷至沓来。黄焕南与马应彪等商议,与其拒而不纳,不如再增资额至二百万元。经招股足额后,成立沪行董事会,推定马应彪为董事长兼监督,黄焕南为董事兼首任正司理。

1917年10月20日,上海先施公司正式开张,黄焕南针对当时沪地商业讨价还价的习气,规定明码实价划一不二的营业方针,拟就广告"始创不二价,统办环球货"招徕顾客。由于资力雄厚,备货齐全充足,品种繁多,黄焕南重视进货质量,必求货真价实。百货营业部共分五层十九部,他选派干练职员担任各部部长,并亲自拟订了健全的销货记录表册和会计制度。与百货营业部同时开张的尚有设备完善,并辟有中西菜馆的东亚旅馆和百戏杂陈的先施屋顶乐园②。其时沪上已开设有专销洋货的外商惠罗、福利、泰兴三大百货商店,先施则为国人创办的首家大型百货公司,兼售中外百货,并仿效欧美资本主义企业,订有一套新式管理制度,服务质量远胜旧式商店,因此招徕顾客如云,营业兴盛。不久黄焕南又在闸北觅址开设先施附属工厂,下分铁工、木工、家具、油漆工程四部。

---

① 上海先施公司创设时系独立招股,但香港先施公司先行拨款占股,作为倡办,然后再在沪、港、粤三地公开招募股款。

② 当时沪上名流陈蝶仙(别号天虚我生)曾为先施乐园题诗称:"上界瑶台辟九层,云梯(电梯)无级自然升。琼楼玉宇知多少,如此高寒得未曾。""园亭台榭恰凌空,恍在璇玑织女宫。入夜华灯灿如锦,管弦声在半空中。"

此时,先施公司港、粤、沪三行虽牌号相同,但各自集资独立经营,互不相关。为谋求事权统一,人才相互调用,商品相互调剂,经马应彪、黄焕南等倡议,三方股东大会同意,自1919年1月16日起实行统一,合订资本额为港币七百万元,以香港为总行,沪、粤两地为分行,向香港当局登记注册。马应彪任董事长兼总监督,黄焕南仍任董事兼沪行正司理。1922年起黄焕南升任先施公司沪行监督。当年他曾赴欧美各大城市考察商业,并在英国伦敦设立先施公司办庄。

随着先施沪行业务的扩展,黄焕南于1923年拨出资金十万余元在西华德路(今长治路)购置厂基二十余亩,自建厂房,扩大附属工厂的生产规模,雇有职工三百余人。产品计有车床、钻床、银箱、保险柜、火炉、中西家具等,并承接定制大小机器及零件。附属工厂附设夜校,聘有教员,为职工业余补习文化。公司并雇用基督教牧师任人事科长,每星期日上午休业,举行宗教仪式,向职工传教。业余举办青年会(职工俱乐部),开展粤剧、京剧、话剧、围棋、球类等文体活动。

先施公司沪行在黄焕南擘划下,于1924年在百货大楼加筑两层楼,成为七层大厦。是年先施保险公司在沪设分公司。黄焕南原是该公司董事,此时兼任上海分公司参事①。在此前后又开设沪行支店两处。

1925年5月,上海发生“五卅”惨案,先施公司参加全市罢市斗争,停业近一月。此后,黄焕南在时局的影响下逐步增加了国产商品在进货中的份额。

先施业务发展,但职工工资菲薄。1926年年关将届,职工因生活困难,多次推派代表,向黄焕南提出增加工资、承认工会组织的要求,但都遭到拒绝。1927年初全体职工团结一致,进行罢工斗争,持续六天

①　该公司在总公司设董事会,分公司设参事会,参事会秉承董事会的授权,辅助经理管理企业。

六夜,终于迫使黄焕南作出让步,接受各项要求①。

1929年,黄焕南应先施总监督马应彪所召,与广州先施监督马永灿三人共同商议,并经董事会同意,将公司历年结余加派红股,每十股分派红股三股,另募新股九十万元,增资合计股本一千万元。

1932年先施沪行受到"一二八"事变后淞沪抗战的影响,营业骤降,一度陷于困境,黄焕南苦心筹划,在公司职工的支持下,节约开支,想方设法增加营业额②,始得渡过难关。此时黄焕南虽年逾古稀,但仍精神矍铄,专心先施的经营管理。他二十余年如一日,每天提前一小时到公司办公,习以为常。他并兼任香港国民银行、上海商业储蓄银行、新华进出口银行、先施人寿保险公司、先施化妆品厂及广东旅沪同乡会、广东平民医院、粤东中学等处董事,并任广肇公所理事、中山保育善会名誉会长等职。

1936年8月24日黄焕南在沪病逝。

主要参考资料

黄祖康:《黄焕南传略》(未刊稿)。

《先施公司二十五周年纪念册》,先施公司编印,1925年版。

《先施公司七十五周年特刊》,香港先施公司编印,1975年香港版。

张子英:《先施公司职工运动史料》(讨论稿),1982年3月。

孙鸣岐主编:《现代实业家·黄焕南》,上海商报社1935年版,第23页。

黄祖康先生访问记录(1986年11月23日)。

黄祖贻先生访问记录(1987年2月19日)。

---

① 李华明、高蝶珍整理:《大革命时期先施职工运动片断情况》,1982年2月油印稿。

② 如与上海联合广告公司合办购货赠奖办法,凡购货满十元得一抽奖号码,每月初当众开奖,赠给奖品;又如购货附赠品,购热水瓶一只,赠茶叶一包等等。

黄 季 陆

吴嘉陵

黄季陆,学名学典,字季陆,笔名魂,1899年3月2日(清光绪二十五年正月二十一日)出生于四川叙永县。其父黄国琪在兴隆场开设磨坊和饼铺,有子女八人,黄季陆居幼。他未及两岁,母去世,由祖母及长嫂抚育成人。叙永是当时四川革命党人活动的重要聚集地,其堂兄黄方的家是同盟会领导人集会之所。1907年成都起义失败,黄方被捕入狱。翌年,黄季陆随大哥黄寿萱到成都读书,党人以黄季陆机智明敏,于是派他以探监为名出入狱中,传递消息。从此他受革命思潮影响投身革命。

1911年春,四川保路运动兴起,在四川高等小学读书的黄季陆登台演说,表示坚决"破约保路"。会后,在革命党人黄方的暗中指导下,发起组织小学生保路同志会,黄被推为会长,参加请愿。

1913年春,十四岁的黄季陆乘轮东下至上海,由族人黄复生介绍,往谒孙中山,受到嘉勉,备受鼓舞。时李石曾、吴稚晖在北京发起赴法勤工俭学,黄季陆遂离上海赴北京,学习法文准备留学。同年秋,得陈炯明的资助,他随北京《民主日报》负责人雷铁崖等前往槟榔屿,继又移居芙蓉埠,入一所英国学校读书。课余以黄魂笔名在《光华日报》发表文章,鼓吹革命。

1914年夏,黄季陆自南洋返沪,入南洋公学就读,改名黄陆,课余秘密参加反袁活动。1915年12月,"肇和"舰起义讨袁,他在学校从窗口丢下坐凳袭击沿街疾行之袁军。袁军向学校索捕,他转学入复旦公学中学部，又改名黄季陆。1917年夏，他由复旦公学中学部毕业后，赴广州。这年冬天，他被孙中山派为军事特派员，衔命入滇、川。黄到成都后，准备联络川军将领护法，当听说熊克武对孙中山出言不逊后，愤然离开成都去重庆，从此誓不与熊克武来往。

1918年，黄季陆与刘泗英等相偕留学日本，入东京庆应大学。次年5月，留日学生在东京中国公使馆开会纪念"五七"国耻日，中国代理公使勾结日方军警镇压，黄季陆因之被拘留，次日始获释。黄季陆愤日警欺凌中国留日爱国学生，数月后离开日本前往美国。1921年春初入加州大学，继改入威斯灵大学，学习政治，同时为旧金山《少年中国晨报》撰写评论。大学毕业后，入俄亥俄州立大学研究院进修，获硕士学位。1922年前往加拿大，入多伦多大学深造，并担任《醒华日报》主笔。

1924年1月，中国国民党召开第一次全国代表大会，黄季陆代表国民党加拿大支部回广州参加会议，为宣言审查委员会委员。在反帝问题上，他同负责起草宣言的共产党人李大钊等发生争论。在大会上，他提出"采用比例选举制为本党政纲之一案"被搁置。随后又与方瑞麟等提出在党章中增加"本党党员不得加入他党"的条文，从而"首次公开引起反共之争辩"。他的提案最后被大会否决，但他固执己见，耿耿于怀。会后，黄季陆任广州市党部常务委员兼青年部长，继任大本营法制委员会副委员长，并任大元帅府秘书兼广东大学（次年改名中山大学）教授、法政系主任。6月，他同孙科等共同向中央党部提出"制裁共产党"专案，受到孙中山的严厉批评。其后，他仍坚持己见，在广东大学创办《社会评论》反共。

1925年3月孙中山逝世后，一些反对国共合作的人公开活动。谢持、邹鲁等人于11月在北京西山召开非法的国民党一届四中全会，结成"西山会议派"反共。12月，黄季陆辞职赴上海，与三十八名教授联名发表反共宣言，追随邹鲁、张继等人。他和孙科等抢占了国民党上海执行部。西山会议派在上海另立中央党部，他任海外部部长。1926年初，他受到国民党第二次全国代表大会的警告处分，限期两个月悔过，但他仍坚持错误。3月,西山会议派在上海非法召开"第二次全国代表大会",黄任秘书长,当选为"中央执行委员",并先后担任工人、青年等部部长,赞助孙文主义学会反共。翌年1月,黄回四川任成都大学教授,继续进行反共活动。

在蒋介石、汪精卫相继公开反共、"分共",国共合作破裂之后,黄季陆于1927年秋任国民党四川清党委员,继改任整理委员。四川省党部改组成立时,当选为执行委员。1928年,他又赴广州任教于中山大学,并担任广东省党部常务委员兼宣传部部长及广州《民国日报》社社长。1931年11月,在国民党第四次全国代表大会上,他当选为候补中央执行委员。大会决议设立西南执行部和西南政务委员会于广州,他又为委员,翌年他任立法委员。1935年11月,在国民党第五次全国代表大会上,他当选为中央执行委员,兼中央执行委员会地方自治计划委员会副主任委员。不久,他受聘赴广西,协助李宗仁、白崇禧办理"民众组训"工作,曾任抗敌军青年军团政治部主任。抗战爆发后,黄季陆由广西至南京,任军事委员会大本营第四部副部长。1938年夏,三民主义青年团在武汉成立,他担任中央团部常务干事兼宣传处处长。不久至重庆任内政部常务次长。1939年2月,任四川省党部主任委员。

1943年1月,黄季陆接任四川大学校长。他把学校由峨眉山迁回成都后,多方筹集经费,号召地方捐资兴学,扩建校舍,礼聘名师,尊重专家,使四川大学成为当时国内规模最大、设备最全的学府之一。学校设有文、理、法、农、师范五个学院二十三个系,学生千余人;到1947年,发展成六个学院四十个系,学生达七千多人。

黄季陆在1945年仍当选为国民党第六届中央执行委员。1946年11月国民大会召开,他以叙永原籍当选为国民大会代表,并被选为大会主席团成员。翌年夏,国民党和三青团合并,黄季陆任四川党团统一委员会委员。1948年复任川康渝党务特派员。1949年4月,四川大学教职员为争取改善待遇举行罢教,学生起而支持,他出面调解无效后辞职。

在国民党统治大陆完全崩溃的前夕,黄季陆于 1949 年 12 月由成都飞往香港,次年春由香港去台湾,先后任台湾"行政院"政务委员、"中央改造委员会"设计委员、"内政部"部长、"考试院"考选部部长、"教育部"部长,1965 年被聘为"总统府"国策顾问,并任国民党中央设计考核委员会主任委员。

黄季陆晚年在台湾主要从事国民党党史编纂工作。1968 年 11 月,他接任国民党中央党史史料编纂委员会主任委员,嗣后又任台湾"国史馆"馆长、"中国历史学会"理事长、名誉理事长。1984 年 6 月,辞去"国史馆"馆长职后,受聘为"总统府"资政。

1985 年 4 月 24 日,黄季陆因心肺衰竭去世。著有《民主典例与民主宪政》、《国父的伟大及其革命志业的继承》、《国父军事顾问——荷马李将军》、《我们的总理》等。

主要参考资料

《黄季陆先生怀往集》,台北传记文学出版社 1986 年 5 月版。

《黄季陆先生与中国近代史研究》,台北中华民国史料研究中心 1985 年 4 月编印。

李云汉:《哀悼黄季陆先生》,台北《传记文学》第 46 卷第 5 期。

黄　杰

颜　平

　　黄杰,字达云,湖南长沙人,1902 年 12 月 2 日(清光绪二十八年十一月初三)生。祖父黄国尊为曾国藩、左宗棠之湘军战将,被授予五品奉直大夫,随左氏至西北为官,五十岁时解甲归田。父亲黄德溥习儒术,兼擅岐黄,后从军北上,1904 年赴新疆,先后在诺羌、轮台、皮山、于阗等县衙任职,秘密参加反清革命活动,后取道俄国回到家乡,追随孙中山的革命斗争不辍,1924 年曾任黄埔军校区党部书记等职。

　　黄杰幼年时得祖父启蒙,聪敏好学,喜文爱武。1920 年 8 月在长沙省立中学毕业后在本乡执教。弱冠之年随父投入谭延闿所部湘军,1923 年随谭南下广州。其时广东革命形势渐趋高涨,黄杰于 1924 年考入黄埔军校第一期。翌年 1 月毕业后分发在教导一团任侦察队第一排排长。2 月参加第一次东征,作战英勇;接着回师广州,参加平定刘震寰、杨希闵之乱。嗣后任侦察队长驻潮州。

　　1926 年北伐战起,黄杰任第一军第十四师教导一团第三营营长,在何应钦指挥下于 10 月向福建进军。在芦下坝、松口的战役中,黄杰曾挂彩但不下火线,其后北上入湘。卫立煌第十四师于 1927 年 4 月进驻南京,黄杰升任第四十团团长,旋移师镇江。8 月下旬孙传芳军反扑,分三路强渡长江南下,抢占龙潭东站。黄杰四十团在师长卫立煌率领下自镇江进占龙潭东站北侧之高地,鏖战六昼夜,与友军协力奋战,终于击溃孙传芳军。第十四师等乘胜渡江追击,直至蚌埠。

　　1928 年 8 月,黄杰所部参加北伐奉张的战事。在滕县东山高地的战斗中，与张宗昌亲自督率的奉军交火，经过激烈战斗，终于奏捷。随后进抵济南城。在日本侵略军制造"五三"惨案之时，黄杰护卫蒋介石于6日凌晨便装骑马潜出济南城，绕道至党家庄。嗣后，黄杰在蒋介石与其他军事实力派争斗的战事中，多有参与，军职至1929年末已升任第一师第二旅旅长。

在蒋介石与冯玉祥、阎锡山的中原大战中，黄杰率第二旅参加陇海线的战争。1930年5月下旬，占领兰封的第一师在刘峙指挥下向开封前进，双方在民权、睢县、太康一线对峙。7月11日夜，晋军孙楚部三个团向商丘东北之蒋庄、贾寨进攻，在距柳河二十公里的李坝车站突破蒋军的防线，时在商丘柳河车站督战的蒋介石处境危急。正在率部北进的黄杰闻讯轻装驰援，于深夜1时赶到李坝集车站，在菜油坊与敌激战奏捷，占领柳河车站南北之阵地，蒋介石得以安全脱身。中原大战后，黄杰获得蒋介石授予之宝鼎勋章。

1932年3月，黄杰奉命接任第二师师长，参加"围剿"鄂豫皖苏区之战事。第二师先在商城战役中遭红军围歼，黄杰接任后率残部至豫鄂交界地大新店、宝化店一带着力整训，8月向湖北七里、黄安进犯，与鄂豫皖红军激战不已，双方伤亡均甚众。10月，黄杰率师到黄安、麻城堵截向西转移之红军，尾追不止。

日本侵略军自"九一八"事变侵占东北全境后，继续觊觎我神圣领土，于1933年1月进犯山海关。2月黄杰奉命率第二师北上参加长城抗战，在南天门阵地扼守黄土梁、南元门、八道楼子一线。4月被日军偷袭，八座碉堡均被占，遭军长徐庭瑶严厉斥责。此后黄杰亲临前线加强防范，四次击退日军的强攻，伤亡重大。随后所部转移至磨石山、香水岭一线与敌对峙。"塘沽协定"签字后，黄杰率师驻北平，对平津地区大中学生进行军事训练。日方发现后，胁迫国民党政府将黄师调离北平。黄师南归后驻海州、徐州一带，黄杰兼任徐(州)潼(关)地区警备司令，担负保卫所在地区、津浦、陇海两线交通安全之责。

黄杰之英勇善战，颇获好评。1936年3月，宋子文执掌之财政部成立税警总团,特调黄杰任中将总团长。1937 年 7 月初,黄杰参加庐山暑期军官训练团第一期训练,任队长。他听了 8 月 2 日蒋介石关于抗战已经开始,绝无与敌和谈余地的讲话,倍为激奋,即请缨杀敌。"八一三"淞沪抗战展开后,税警总团改编为第八军,黄杰任军长,率部于 9 月下旬奔赴上海南翔,编属朱绍良第九集团军,担任蕴藻浜南岸黑大黄宅缺口的守备。10 月 12 日,日军藤田进第三师团和吉佐良辅第九师团在空军和炮兵的协同作战下向蕴藻浜进犯,第八军阵地受到猛烈攻击。丘之氾第五团奋勇抵抗,牺牲过半,团长阵亡,刘家宅失陷。黄杰即率孙立人第四团反击,与敌短兵相接进行逐屋逐室之争夺战,夺回了阵地。11 月 3 日,第八军奉命转移至苏州河南岸防守。日军在杭州湾登陆后,黄杰率第八军守御惠山、西山、顾山一带,11 月 23 日再转进至溧阳,扼守南京外围。南京保卫战结束后,黄杰率部转移至豫东补充整训。

1938 年 5 月,黄杰率第八军参加兰封会战,担任堵击归德方面日军西犯之敌。黄杰部署柏辉率第一〇二师守砀山,罗历戎第四十师的一个团守永城,另两个团随军部驻夏邑。稍后薛岳第一兵团主力开赴兰封御敌,以第八军负责守备归德。6 月 2 日黄杰指挥第一〇二师击毁敌军坦克七辆,打退日军快速部队的进攻。惟敌以双倍兵力猛攻夏邑,砀山亦被包围,守军难以支撑,先后退守归德。6 日敌军进攻归德,黄杰率部奋勇抗御,坚持至 12 日突围,撤至柳河车站附近,后奉命撤至平顶山西之襄城整训。

黄杰因未能守住归德,被蒋介石下令撤职查办,到汉口述职。他得知蒋介石正为马当要塞之失守而震怒不已,不敢去见蒋,乃向军法执行总监何成濬报到。何成濬要黄杰把归德作战的详细经过用图表和文字编成战斗详报,送给蒋介石、军令部和军法执行总监部;本人即去陆军监狱。后来上下都自请其责,黄杰被改为撤职而免于查办。他蹲了半个月的监狱,感悟颇多。

1938 年 9 月,黄杰被任命为成才中央军校教育处处长;1940 年 5

月调任中央军校第六分校(桂林)主任。前后四年多的教学生涯,使他得以进一步研习战略战术的理论并总结实战的经验教训。

太平洋战争爆发后,日军于1942年5月自缅甸侵入我国滇西,占领腾冲、龙陵以及怒江以西地区,使我国抗战的唯一对外运输通道滇缅路被切断。继1942年夏之缅甸战役失利后,蒋介石于1943年1月决定重新组建中国远征军。黄杰调任第十一集团军副总司令兼第六军军长,率部驻守滇西漕涧、腾北、永平、下关一带。中国远征军在司令长官卫立煌统率下,为消灭怒江以西的日本侵略军,打通中印公路,于1944年5月初部署以宋希濂、黄杰第十一集团军为左集团军,担负怒江东岸守备任务,以霍揆彰第二十集团军为右集团军,担负强渡怒江、攻击腾冲与进攻任务。5月11日拂晓,第十一集团军第二军新三十九师与两个加强团首先由惠通桥胜利渡过怒江;第二十集团军第五十四军第一九八师在栗紫堤亦强渡怒江成功。黄杰协同总司令宋希濂指挥所部王凌云第二军、黄杰第六军(预二师调归第二十集团军指挥)、钟彬第七十一军于6月1日起次第渡过怒江后奋勇向前,担负攻击龙陵、芒市的任务。由于日军凭借坚固工事死守阵地,我军虽一再发动攻势,但伤亡甚大,进展迟滞,久至胶着对峙状态。后得友军增援,以坑道作业迫近敌人阵地,宋希濂、黄杰指挥第十一集团军各部分别于6月4日攻克腊猛街,6月9日攻克缜安街,6月10日攻下龙陵,后退据龙陵东郊,6月24日攻克象达,8月上旬攻克放马桥。9月,黄杰率第六军截断敌人龙芒公路交通。嗣后,第七十一军主力及荣誉第一师、第六军新编第三十九师及第二○○师合力进攻,并陈纳德第十四航空队轮番轰炸的协助下,于11月3日攻入敌阵,进行白刃格斗,逐个消灭敌人据点,终于攻克龙陵,歼日军逾万名。继而实施对芒市的围攻。在次第攻占敌外围据点后,对被围之敌发起猛烈攻击,炮兵部队几个重炮团协同猛轰敌之阵地。11月20日黄杰率第六军进占芒市。接着第七十一军、第五十三军等协同作战,于12月1日攻克遮放,歼敌一千余;15日新编第三十八师主力攻占八莫;翌年1月20日第二军第九师和第七十一军第八十八师攻克畹町,歼敌三千九百余人。黄杰与远征军数万抗日将士在卫立煌统率下不怕牺牲,八个多月始终在人迹罕至、蛮荒不毛的深山密林中,对依仗强固工事和凶猛火力的死硬日军进行顽强反攻,终于取得完全胜利。1945年1月27日,远征军与驻印军在畹町附近的芒友会师,中印公路通车,恢复了对外交通运输线。战后,黄杰获三等云麾勋章和美国政府授予的自由勋章。

黄杰此前四年的军事教学业绩,给人印象深刻。抗日战争胜利后,他被调任中央训练团教育长,主持复员、编委军官的转业训练工作;1947年4月又兼军官训练团教育长,调训作战部队团以上指挥官。军官训练团还设"戡乱建国训练班",培训高级军官,蒋经国常来过问。

蒋介石发动的内战节节败退之时,黄杰先于1948年7月调任长沙绥靖公署副主任,兼第三陆军训练处处长;1949年1月被任命为国防部次长,兼陆军第五编练司令官,在衡阳负责编训第十四、二十三、一〇二军。4月国共和谈破裂后,解放军渡江南下,湖南省政府主席程潜与第一兵团司令陈明仁密议起义共谋和平,黄杰受命赶赴长沙加以阻挠,但见陈明仁决心已定,当日下午飞离长沙。8月4日长沙和平解放,黄杰以衡阳、宝庆为依托重组省政府,被广州国民党政府任命为湖南省主席、湘赣绥靖总司令和第一兵团司令。他集结一些残部在衡宝一带布防。9月13日人民解放军发起衡宝战役,黄杰指挥第一兵团协同白崇禧部队顽抗,想要依托湘江、资水阻击。但人民解放军四野和二野部队从东西两路在祁阳以北地区予以围攻,10月14日歼灭了白崇禧部四个主力师。黄杰乃率部抢渡资水向桃花坪、新宁南撤,从东安黄沙河渡过湘江撤入桂境,驻广西全县。他在白崇禧于11月5日召开的军事会议上,主张进入黔滇固守,但为多人反对。在11月下旬的广西战役中,黄杰率部撤至中越边境的明江,但在凭祥、宁明被解放军追击,大部被歼,残部三万两千人向云南方向逃窜,12月13日由广西隘店逃入越南。

1953年5至6月,黄杰所率三万余残兵分七批运往台湾。8月1

日,黄杰被蒋介石委为台北卫戍司令,翌年7月升任陆军总司令兼台湾防守司令。1962年转任台湾省主席,1969年7月升任"行政院"政务委员兼"国防部长",并任国民党中央常务委员,1972年转任"总统府"战略顾问。此后他参加编印萧天石主编之《中国子学名著集成》(一百零二册)。

1995年1月14日黄杰在台北去世。

主要参考资料

黄杰:《黄杰自述》,台北《传记文学》第38卷第3期。

黄杰:《抗日战争的回忆》,台北《传记文学》第31卷第2期。

黄杰:《回忆滇西反攻》,台北《传记文学》第38卷第3期。

黄杰:《海外羁情》(1—10),台北《传记文学》第10卷第2期至第11卷第5期。

江翠竹:《我所知道的黄杰》,中国人民政治协商会议湖南省长沙县文史资料委员会编《长沙县文史资料》第5辑,1987年版。

李兵:《1949年冬黄杰入越纪实》,中国人民政治协商会议湖南省委员会文史资料研究委员会编《湖南文史资料选辑》第24辑,湖南人民出版社1987年版。

宋瑞珂:《关于黄杰和税警团》,中国人民政治协商会议上海市委员会文史资料工作组《文史资料选辑》(上海),第15册,1963年版。

陈训正著:《国民革命军战史初稿》,1929年南京印行。

中国人民政治协商会议全国委员会文史资料研究委员会《远征印缅抗战》编审组编:《远征印缅抗战——原国民党将领抗日战争亲历记》,中国文史出版社1990年版。

茅家琦主编:《台湾三十年》,河南人民出版社1987年版。

黄　金　荣

吴云乡

　　黄金荣，字锦镛，是旧上海显赫一时的"三大亨"之首①，1868 年 12 月 14 日（清同治七年十一月初一）生于苏州。黄家祖籍浙江余姚，父黄炳泉原是余姚县衙门里一名颇有点名气的"捕快"。清同治年间被请到苏州破案，就此在苏州府任"捕快头"②，并娶当地邹氏女为妻。黄金荣为邹氏所生，乳名和尚，因脸上有几粒大麻子，人们呼之为"麻皮金荣"。

　　黄金荣幼时受父母溺爱，不爱读书。1873 年黄家迁居上海南市，在三牌楼开设了小茶楼。不久其父去世，靠寡母帮人洗衣维持生活。稍长，混迹于地痞流氓、盗匪赌棍之间，手中稍有点钱就聚赌、抽鸦片或狎妓胡闹。后来竟结伙抢劫他在那儿学艺的城隍庙萃华堂裱画店，因此被店主开除。黄金荣乃通过他父亲生前的老相识徐安宝的关系，在上海县衙里谋到了一名差役、捕快的职务，其后于 1892 年在法租界巡捕房里当上一名华捕。他的主要活动地点是郑家木桥附近的"聚宝茶楼"，每天上午他坐在固定的座位上，泡上一壶茶，交线索、通情报、讲斤头的就纷至沓来。他通过码头上、租界里的大大小小流氓侦察、追索

---

　　①　大亨，上海俗语，意指有权有势的阔佬。"三大亨"，在旧上海系指黄金荣、杜月笙、张啸林，又称"三闻人"。

　　②　多数资料采此说，但 1931 年出版的《海上名人传》第 61 页却说"父炳泉公江苏提标候补守备"。而《众家老板黄金荣》（章君毅著，台北中外图书出版社 1975 年版）一书中则说：黄家原籍绍兴，太平天国军兴，黄家逃往苏州，经由朋友的介绍在苏州府衙门充任捕快。

"案犯",为租界当局效劳。同时也在这茶楼里策划走私、绑票等勾当,以聚敛钱财。

经过一段时期的活动后,黄金荣的"才干"渐为租界当局所赏识,称赞他是"租界治安的长城"。有一次法国驻沪总领事馆书记樊尔谛带着他的妻子樊菊丽到太湖游玩,被横行太湖的土匪绑走。法租界当局要黄金荣设法营救,他与杜月笙等计议后,派与太湖匪首有联系的高鑫宝前去"拜山"。结果匪首"太保阿书"和"猪猡阿美"分文不取,交出一对法国"肉票"①。

黄金荣进法租界巡捕房后,由华捕、包探、探目、督察员直升到法租界警务处中唯一的华人督察长,与法捕房总巡费沃礼(Etienne Fiori)及公董局总办魏尔第(Henry Auguste Wilden)关系密切,深得法租界当局的倚重。法国东亚全权大臣安南总督为表彰他的功绩,三次授予他头等和二等金质、银质宝星②。法捕房里的许多高级华籍职员如总翻译金苗泉、严志超,刑事督察长金九妹,政治部督察长程子卿,探长李耀龙等都是他的门生。法租界巡捕房是他在上海称霸一方的支柱。

1927 年黄金荣退休后,法租界当局继续聘他为警务处顾问。

30 年代的上海,是买卖军火、收集情报、采办舶来品、运销鸦片的主要水陆码头,以致北洋官僚、各地军阀、响马匪帮或多或少都和黄金荣、杜月笙、张啸林这"三大亨"有交往,黄金荣等也为他们在上海的起居安全提供方便。1917 年 7 月,因"辅助护军使署办理重要事宜"颇为出力,经松沪护军使卢永祥呈请,北洋政府陆军部给黄金荣颁发二等银质奖章③;黎元洪在总统任内也曾授他陆军步兵上校侍从武官的头衔④。有一次福建督理周荫人的参谋长杨知侯的六箱

① 上海社会科学院政治法律研究所社会问题组编:《大流氓杜月笙》,北京群众出版社 1965 年版,第 19 页。

② 海上名人编辑部编:《海上名人传》,上海文明书局 1930 年 5 月版,第 61 页。

③ 《上海时报》1917 年 7 月 4 日。

④ 海上名人编辑部编:《海上名人传》,第 61 页。

字画、瓷器等古董运抵上海码头时全部被窃,松沪护军使何丰林请黄金荣协助追索,黄金荣限其手下人六小时破案,结果仅用三小时就将原物如数追还①。1923年,黎元洪被迫退总统职位后,曾南下活动,到上海时作为黄金荣的客人"驻跸"三个月。黄派杜月笙及其"小八股党"②保驾,使这位前总统十分感激,特别制作了十个纯金奖牌,分发有关人员以示感谢。

　　1924年9月"齐卢战争"后,统治上海的军阀更迭频繁,但不管谁家当权,黄金荣等都是军阀们竞相结交的对象。更有一些人想借黄金荣的"牌头"广开财路或得到某种便利和保护,争相爬黄的山头。蒋介石早年在上海做股票经纪人时,经虞洽卿介绍就曾拜黄金荣为师③。蒋介石后来以北伐军总司令的身份回到上海,位高权重,黄很知趣地主动把拜师名帖退还给蒋介石。

　　黄金荣凭借自己的地位和权势,在租界当局的默许下,指挥他的流氓徒众给上海烟土商押运鸦片,从中获得巨利。后来黄金荣和杜月笙、张啸林等联合潮州帮烟土商,办起专营鸦片的"三鑫公司",上海当地百姓称它为"黑货公司"。在法租界捕房的武装警卫下,包办法租界的烟土经销。其后松沪护军使何丰林和军警头目俞叶封也相继入股,总资本约二百七十万银元④。为运输鸦片组织了飞龙汽车队,甚至发展到动用何丰林管辖下的高昌庙海军兵舰,担任烟土运输⑤。在军阀、租界当局和军警一体保护一下,三鑫公司的"事业"日趋"兴旺",为黄金荣聚

　　①　上海社会科学院政治法律研究所社会问题组编:《大流氓杜月笙》,第18页。

　　②　据上海市公安局档案抄件。小八股党是指马祥生、叶焯山、顾嘉棠、杨俊棠、马汝祺、芮庆云、王家丰、高鑫宝。

　　③　江南:《蒋经国传》,中国友谊出版社1993年版,第10页。又见薛耕莘:《近代上海的流氓》,中国人民政治协商会议上海市委员会文史资料工作委员会编《文史资料选辑》1980年第3辑(总第31辑),上海人民出版社1980年版。

　　④　1925年7月25日上海《民国日报》二张二版。

　　⑤　1925年7月25日上海《民国日报》二张二版。

集了大量财富。当时法国驻扎上海法租界的一营军士,约五百多名的全部生活费用,也全由"三鑫公司"负责供给①。"三鑫公司"的赢利到底有多少,谁也说不清。仅当了两年经理的范回春就盖了洋房住宅,在嘉定买进千亩良田,戴上全上海最大的 10 克拉钻戒。

黄金荣聚财的另一途径是开赌局。早在 1917 年以前,他就和门生开设了新吉利赌台,后来发展到合股开设五六个大赌台,豢养五百余名年轻力壮的流氓当"抱台脚",保护赌场。黄金荣除每月从各赌台分得盈余红利外,每个赌台每天要孝敬他一百元。另外,黄家数以百计的仆佣,不用黄金荣支薪,一律到赌台去拿"俸禄"。此外,他又先后开设日新浴室、逍遥浴室、大观园浴室、大利春酒家、荣记大舞台、黄金大戏院、共舞台剧场、大世界游乐场等。黄金荣对这些游乐场的经营颇为霸道,如 1921 年共舞台演出连台京剧《莲花公主》,当演到《天宫盗宝》一幕,调换布景,舞台灯暗时,有一新昌五金店职工唐长根用手电筒对台上照了几下被黄金荣看见,便指使手下人把唐拉到账房间痛打一顿,尚不解气,还以捣乱场内秩序的罪名,送到嵩山路巡捕房罚款并拘押三天②。1924 年间,黄金荣扩充共舞台的场地,仅以二担米钱的"搬场费",强要邻近的一家五金杂货店在半月内迁出。店主叶庆祥不同意,黄金荣即破口大骂叶不识抬举,不出三天叶被捕房抓走。最后叶妻到"黄公馆"哭求"请罪",答允迁出店堂给共舞台,叶庆祥方才获释。

黄金荣的"桃李门墙"遍及上海各个角落和行业。军人、政客、律师、巡捕、报人、商贾、戏子、舞女、侍役、车夫和地痞流氓,拜香入黄门的数以千计,甚至有人估计有两万多人③。但黄金荣早先并未正式加入

①　邹政之:《黄金荣的一生》,上海市公安局档案抄件,第 13 页。

②　邹政之:《黄金荣的一生》,第 6 页。

③　关于黄金荣的徒弟到底有多少,各种说法差别很大,程锡文在《我当黄金荣管家的见闻》一文中说二三千人;而薛耕莘在《我接触过的上海帮会人物》一文中说共收南北徒弟数万人。上述两文均载中国人民政治协商会议上海市委员会文史资料工作委员会编《文史资料选辑》第 54 辑(旧上海的帮会),上海人民出版社 1986 年版。

清帮和洪帮。按照帮规,局外人用帮会名义纳名帖收徒弟是要受到严厉惩戒的。曾有人去函责问他为何冒充清帮"大"字辈张镜湖的门人,"博致虚名"。但他凭借在上海流氓群中的声势,并没有因此招致太大的麻烦。黄金荣迟至退休之时,才托杜月笙硬要张镜湖接受他的名帖和两万元的赟敬①。他这个"佺子"终于弄假成真,成了清帮"通"字辈的人②。

1927年3月底,蒋介石在发动"四一二"政变前夕,先后派杨虎、陈群、王柏龄带着秘密使命化装潜入"黄公馆",和黄金荣、杜月笙、张啸林会晤,密商反共清党事宜,这时黄金荣虽已退休在家,仍把为蒋介石效力看成是"成龙修凤,得道升天"的大好机会,一再表示,"全力协助,义无反顾"。他们当即着手组织"中华共进会"③,以网罗党羽,同时委托洋行买办购置枪支弹药。黄金荣还"慷慨"地把他的"公馆"作为匿藏军火的仓库。4月11日晚,他们以有要事相商为借口,将上海总工会委员长汪寿华骗到杜月笙住所,毒打后带到枫林桥附近加以杀害。当夜黄、杜、张和杨虎、陈群、王柏龄在刘、关、张桃园结义图前祭告天地,喝酒结义。4月12日凌晨,在攻打上海工人纠察队各据点时,黄金荣等还亲临阵地督战。第二十六军则假借调解"纠纷",骗缴了工人纠察队的枪械。黄金荣还伙同杜月笙、张啸林联合印发十万份"警告男女工人书";并在沪上各报发表所谓"真电",对共产党大肆污蔑,颠倒是非,说"共产党流行病,势将传染于大江之南,不早歼灭,蔓草难图,噬脐莫

① 章君穀:《杜月笙传》,台北传记文学出版社1983年再版。又见樊崧甫:《上海帮会内幕》,中国人民政治协商会议上海市委员会文史资料工作委员会编《文史资料选辑》第3辑(总第31辑),1980年。

② 清帮有四十八字辈,分前后二十四。前二十四字:"清净道德,文成佛法,人(仁)伦智慧,本来自信,圆明兴礼,大通悟学(觉)";后二十四字:"万象依皈,戒律传实,化度心回,普门开放,临持广泰,光照乾坤"。"通"字是第二十二辈。

③ 有别于1907年8月焦达峰、杨任等在日本东京成立的"共进会"。

及"①。为了表彰黄金荣等的反共殊勋,蒋介石委任黄金荣和杜月笙、张啸林为国民革命军总司令部的少将参议,随后什么军事委员会参议、行政院参议的头衔也接踵而来②,从而成了"地方政要"、"党国新贵"。

对追随蒋介石清党反共有功的黄金荣,法租界当局倍加优待,同意他在租界内继续开设赌场。就在"四一二"政变以后不久,黄金荣、张啸林、杜月笙在福煦路(今延安中路)181 号开设了上海最大最豪华的赌场。场中轮盘赌台、牌九麻将、梭哈摇缸、烟榻酒肴一应俱全,并有女招待在旁侍奉巾栉,挑土烧烟。这个销金窟开张以后,车水马龙,赌客云集,为黄金荣提供了又一个聚财的新来源。

黄金荣上述种种"营业"和产业,加上上海源成里、钧培里数十幢里弄房产,苏州唯宁乡下的数百亩良田,成了家产巨万的大富翁。1931年,他在上海南郊漕河泾耗资三百五十万银元,建造了占地六十余亩楼台亭阁布局有致的黄家花园③,落成时蒋介石还特意手书"文行忠信"的刻石碑相赠。黄金荣从此深居简出,声言归隐退休,不过问外务,事实上他暗地指挥、坐地分赃的老行当,从未放弃过。

成了大闻人的黄金荣也经常办些"善事",如早在齐卢战争期间,他就领衔联名发起"江浙善后义赈会";相隔一年发起组织"联义善会";1926 年 1 月,又发起重建被火烧毁的上海城隍庙,同时还创办"上海乞丐收容所"。每年寒冬岁末,他总要散发一批"施米票"、"施米钱"和"度年钱",他自夸"拯救了许多无法过年的穷人"。他的另一个"善举"就是常年散发贴有黄本人图像的"十滴水"④。

黄金荣常对他的门生说:事情不要做绝,光棍不打九九,留个余地为好。他一方面为法租界当局效劳,另一方面也接近革命党人,曾捐款

---

① 《申报》1927 年 4 月 13 日、14 日第七版。
② 邹政之:《黄金荣的一生》,第 17 页。
③ 解放后辟为"上海桂林公园"。
④ 邹政之:《黄金荣的一生》,第 23 页。

给孙中山一千元并答应对此后来沪的孙中山的同志和朋友给予照顾。上海"一二八"事变时,为救济遣送难民,黄金荣等参加发起义演助赈筹款六万元。上海"八一三"抗战爆发后,他一度把"大世界游乐场"借出作为难民收容所,也允许"上海救济协会"设在"大世界"里。

1938年夏,上海租界已成了"孤岛",日本侵华海军驻沪武官府特派海军少将佐藤到黄家,邀请黄金荣筹备组织上海的汉奸政府,他托病不见,借口年老多病没文化而加以拒绝。黄常以岳飞传教育心腹说:"土地是中国的,日本人虽然打进来,占据上海,但它不能把上海搬到日本去,我能得势窜上去,同蒋介石有关系,他好我也好。现在他在重庆,我只能帮他,不能同日本人打交道,遗臭万年,应当为子孙后代着想。"①但佐藤再一次来访时,两人达成两条秘密协议:其一,黄金荣尽力支持汉奸政府,派遣徒众党羽参加汉奸组织;其二,黄金荣为日本侵略军运销烟土,充作军饷②。八仙桥、龙门路钧培里黄家门,从此经常停着悬挂日本将级军旗的小汽车,一批黄门弟子也开始参加汉奸组织。

1940年3月30日,汪精卫在南京成立伪政府,黄金荣派龚天健赶赴南京,代表他参加"盛典"。汪精卫做寿时黄金荣又派龚天健送去《长眉罗汉寿佛图》一幅,以示祝贺。1943年春,陈群就任汪伪政府江苏省省长时,黄金荣亲自率领若干门生,乘坐专车赶往苏州捧场。江苏省的一些汉奸机构里都有一些黄门弟子,如吴县县长沈靖华、江阴县长韦长镇、松江县长杨士杰、无锡县保安队长周阿富等。当了伪官的门人,每月都向黄孝敬厚礼。

除此以外,黄金荣在汪伪的"和平军"中也有很大影响。黄金荣的拜把兄弟太湖惯匪徐林诚任"和平军"第一集团军第二军军长,徒弟郝鹏举任淮海省保安司令,过房儿子陶雪生任淞沪铁道护路团司令。驻

---

①　程锡文口述、杨展成整理:《我当黄金荣管家的见闻》,载《旧上海的帮会》,《文史资料选辑》第54辑。

②　邹政之:《黄金荣的一生》,第14页。

扎在苏北一带,专门对付新四军的一些"和平军"的将领,如集团军司令李长江、军长颜秀吾、三十六师师长田铁夫、二十八师师长丁聚堂等,都是黄金荣的门下。在法租界巡捕房时的得意门生巡捕领班鲁锦臣,日伪统治时期是"和平军"三十六师驻沪办事处处长,负责采办军用物资装备伪军。

黄金荣与日伪显要过从密切,汪伪政府的社会部长丁默邨、工商部长梅思平都是黄家的常客。1944年上海糖业公会从台湾私运大宗食糖来沪,被汪伪财政部税警团查获,以偷税逃卖论处。糖业公会会长史雨春托黄金荣设法疏通,黄金荣派人向财政部长周佛海说情,结果人员释放货物发还,糖业公会送给黄金荣二十根条金,以为酬谢①。一些汉奸说:麻皮金荣在"南京政府"里虽然没有公开头衔,但他的权力不下于周佛海呢!

1945年8月日本宣布无条件投降后,翌年2月蒋介石首次到达光复后的上海,黄金荣又以当地绅耆的身份受到蒋介石亲自接见。

黄金荣到晚年热衷于佛事,上海市区、近郊乃至苏杭一带的寺庙庵堂里,经常能看到"弟子黄金荣敬奉"的匾额。1946年,他发起修建上海西郊龙华古寺。派人到山西五台山、浙江普陀山等佛门圣地进香布施,每年清明节则亲自领着一群人到郊县各庙宇,烧"十庙八寺"香。

1946年2月23日黄金荣组织起"荣社",由其大徒弟邱子善、儿子黄源涛、外甥邹政之等分别担任理事、监事,并企图在杭州、苏州、南京、无锡等地设立分社,但由于人民解放战争节节胜利,其计划未能实现。上海解放后,"荣社"被勒令停止活动。

中国共产党十分注意帮会工作,解放战争时期专门成立帮会工作委员会,刘少奇、周恩来、陈毅等亲自过问并有具体指示。通过传条子、带口信等方式先做黄金荣的工作,又经过章士钊夫人代表共产党专程看望他、动员他:只要拥护共产党,不再和人民为敌,共产党一定都能按

---

① 邹政之:《黄金荣的一生》,第11页。

"既往不咎"的政策办事,希望他留在上海,不要轻举妄动①。他终于下决心不出走香港、台湾。与此同时,他还在国民党政府逃离上海前的大屠杀中掩护了一批中共地下党员,根据他掌握的材料把国民党在上海的一些财产造了报表连同四百多名帮会头目的名单交给中共上海地下党,以示支持上海的解放。而大儿媳李志清掌管家庭内务,暗暗地将黄金荣的动产和企业中的资金变换成黄金、美钞连同地产证、企业执照等一并卷逃到香港等地购屋买房,致使解放后黄金荣只好借债度日。

　　解放初,黄金荣在上海仍有潜在势力,有些门徒也没完全停止危害社会的破坏活动。当时有人主张对黄金荣实行专政。上海市副市长潘汉年则对黄金荣进行历史的分析,特别是考虑到他解放前夕的表现,认为以不作为专政对象为好。事后派人向黄讲明政策晓以利害;只要他不干涉行政事务,不再包庇徒子徒孙破坏社会治安,人民政府可以对他宽大处理。黄金荣表示同意,并于1951年5月20日在《文汇报》上发表了《黄金荣自白书》,公开检讨自己的罪恶并号召徒子徒孙不要自绝于人民。"自白书"的发表引起很大反响,那些徒子徒孙大部分开始收敛起来,不敢再横行霸道了。

　　1953年,黄金荣又亲自到军管会向粟裕等作进一步坦白交代。粟裕肯定了他主动交代问题的态度并要求他今后严格遵守人民政府的政策、法令,将功赎罪,重新做人。

　　1953年6月20日,黄金荣偶受风寒发高烧,治疗无效,死于自己的寓所。

---

　　①　尤一材:《黄金荣》,载陈祖恩等主编:《海上十闻人》,上海人民出版社1990年版,第133页。

黄　侃

娄献阁

黄侃，初名绪缧，谱名乔馨，又称乔萧，字梅君，改名侃，字季刚，笔名有运甓、不佞、盛唐山民等，晚年号量守居士。1886 年 4 月 3 日（清光绪十二年二月二十九日）生于四川成都，祖籍浙江秀水（今嘉兴），后迁江西洪州（今修水），明末清初移居湖北蕲州（今蕲春）。父黄云鹄，字翔云，咸丰年间进士，著名国学家，历任四川成都知府、盐茶道、按察使等，晚年为江宁（南京）尊经、湖北两湖、江汉、经心各书院山长，有数种著作问世。

黄侃幼承庭训，又得江叔海等名师指点，以其早慧被誉为"神童"。五岁随父返归蕲春，旋入家塾，学习勤奋，六岁能诗，九岁读完"四书""五经"，以后继续攻读文史。十四岁阅王夫之的《黄书》，始知《春秋》大义，遂产生排满思想。1901 年十五岁时考取秀才，1903 年再入武昌文普通学堂，与宋教仁、田桐、董必武等同学，经宋教仁介绍还与在两湖书院学习的黄兴相识。时黄侃等经常在同学间传播推翻清室主张，并因多次讥讽学监被开除学籍。他以故人之子求见湖广总督张之洞，张重其才，用官费资遣他留学日本。

1905 年，黄侃入日本早稻田大学读书，适宋教仁也亡命日本，两人继续进行革命活动，并加入同盟会。1906 年，章太炎主持《民报》时，黄侃作为《民报》撰稿人之一，先后在《民报》上发表了《专一之驱满主义》、《哀贫民》、《论立宪党人与中国国民道德前途之关系》诸文，被章誉为

"天下奇才"①。1907年,黄侃曾撰《讨满洲檄》,以军政府名义发表,并拜章太炎为师,学小学、经说,且赋诗相唱和。时章太炎在《民报》社开办国学讲习会,黄侃前往听讲,并与刘师培有往来。1908年春,黄侃因母病危归国,章太炎将所著《新方言》相赠,勉其在学术上进一步发扬光大。黄侃在家为母守孝时仍不断笔耕,写成《春秋名字解诂补谊》等文。同年11月,为躲避清吏搜捕,黄侃再次奔赴日本,随章太炎从事革命及研究工作,促章太炎创作《文始》一书。黄侃请苏曼殊代绘梦谒母坟图,章太炎撰跋文予以品评。

　　1910年冬,黄侃应湖北革命党人之请返鄂共谋起事,他认为时机尚不成熟,建议挚友发刊报纸进行宣传,自己则回家乡发动群众。黄侃走遍蕲春周围八县,借深山古刹讲演民族民主革命道理,听者达数万人次,最终组成孝义会。当时他还参与革命团体共进会和文学社的活动,文学社社章就是由他与温楚珩审定的。

　　1911年春,河南布政使江叔海邀黄侃赴豫做幕客,并任豫河中学堂国文教员,不数月,因公开在课堂上鼓动革命被解职。同年7月,黄侃离豫回蕲,途经汉口,曾与《大江报》社长詹大悲议论国事,并撰《大乱者,救中国之妙药也》一文。该文作为《大江报》时评刊出,引起极大反响,清吏将《大江报》查封,把詹大悲等判刑。10月武昌首义后,汉口克复,詹大悲出狱被推为汉口军政分府主任,黄侃也参与分府工作。清军冯国璋部围攻汉口,黄侃随黄兴等视察前线军事,见革命军力量不足,速返蕲春集结义师以捣敌背。孝义会成员两三千人纷纷响应,尚未成军,由于当地土劣告密,清田家镇总兵派兵前来镇压,黄侃辗转逃避上海。

　　1912年民国建立,但军阀势力仍根深蒂固,而同盟会渐形涣散,内乱危机实不可免,面对当前局势,黄侃感到茫然。1913年3月,黄侃与

---

①　黄焯:《季刚先生生平及其著述》,《量守庐学记》,三联书店1985年版,第25页。

宋教仁再次见面于湖北,临别赠诗与宋,内有"嗟余遘幽忧,逍遥从所届"①的话。同年8月,章太炎在北京被袁世凯软禁,黄侃两次前往探视,还致函教育总长加以营救。由章太炎的遭遇联想到自己的前程,他更坚定了离开政界、继承父师之业、以学报国的决心。12月,直隶都督赵秉钧强挽黄侃任秘书长,他无奈应允,但赴津两月便辞职南旋。这前后黄侃在上海反复精研《说文》、《尔雅》、《广韵》诸书,综合前人成果,既重视师说,又有独创见解,提出了古声十九钮(类)、古韵二十八部的论断,从而建立了自己的传统语音学(即文献语言学)体系,为阅读古籍开辟了门径,在近代语言学史上占有一定地位。

1914年秋,黄侃应北大校长蔡元培之聘,讲授词章及中国文学史诸课,多编有讲义,后来出版的《文心雕龙札记》即其中之一。授课之外,继续从事文字、声韵、训诂学研究。课余常带门生孙世扬、曾缄等遍游京郊,一起吟诗唱和。1915年上半年,章太炎被移禁北京东城钱粮胡同某凶宅,黄侃曾迁入此宅相陪,共同切磋学问,但很快被警方逐出。同年秋,筹安会"六君子"之一刘师培召黄侃等开会,劝其拥戴袁世凯称帝,黄侃不顾故友情面,毅然加以拒绝。不过黄侃并不因人废学,他很佩服刘师培的经学成就,于1917年引荐刘师培到北大任教,稍后又同他发起编辑《国故月刊》,当刘师培病重之际更对刘执弟子之礼,以获取刘师培"三礼"等家传绝学。时新文化运动兴起,北大教师陈独秀、胡适等反孔学,反读经,提倡白话文;黄侃争之无济于事,加上爱徒孙世扬因缺课被除名,慈母田氏思乡心切,故于1919年接受湖北武昌高等师范学校(武汉大学前身)聘请返鄂。

此后七年,黄侃除有两月应山西大学之聘去太原外,均居武昌、汉口,任教于高等师范学校和中华大学,讲授《说文》、《尔雅》、声韵三略说及《尚书》、文选、宋词等课,讲解精辟透彻,有新意,很受学生欢迎。这期间他结合教学对语言及经学有进一步研究,文字学方面的成绩尤为

---

① 　陆敬:《黄季刚先生革命事迹纪略》,《量守庐学记》,第18页。

突出,曾发表《与人论治小学书》《毛诗正韵评》等文。他为人正直,仍不参与政事,但关心国家民众命运。1921年中共一大召开之前,董必武以北大暑假旅行团名义托他帮忙在上海找住房,他即致函好友时在法租界博文女学任校长的黄学梅,得以借用校舍数间,解决了代表住宿问题,客观上起了掩护革命活动的作用。1925年孙中山逝世,黄侃感慨万千,写下挽联:"洪以甲子灭,公以乙丑殂,六十年间成败异;生袭中山称,死傍孝陵葬,一匡天下古今同。"①大革命时期进步学生李俊民被湖北军阀逮捕,黄侃亲至省长萧耀南处营救,使李得释。

1926年8月,北伐军进入湖北,武汉震动,学校停课,黄侃举家迁汉口。同年9月,应北京师范大学之聘,任教北师大,还兼授中国大学、民国大学课。翌年7月,长子早卒,他感伤至极。又因与同事吴承仕等不和,于9月赴奉天(今沈阳),暂充东北大学教师。一度与曾运乾等探讨语言学问题,心情稍安,但对东北的寒冷气候不太适应。

1928年初,黄侃接受第四中山大学(后改称中央大学,即今南京大学)之邀,至南京任该校中文系教授。在职八年,先后开设声韵学、经学概论、礼学略说、三礼通论、训诂学讲词、唐七言诗式等课,并主办国学特别研究班,亲拟包罗多方面内容的讲目,可惜因过早离开人世而未能完全实现。他不仅重视教书,尤注意育人,常根据诸生特点具体指导攻读方向与书目,多次书联赠言给弟子,对他们的为人处世等均加关心。

在第四中山大学期间,黄侃以更大力量投入研究工作,有计划地系统研读有关古典文献,为将来著书积累资料。《经典释文》《四库全书总目提要》《资治通鉴》《史通》《太平御览》《汉书》《宋书》《南齐书》《南唐书》《魏书》《明通鉴》《清史稿》《春秋繁露》《樊南文集》《癸巳类稿》《唐文粹》《桐江集》等,无不一一批点,"有所得,辄笺识其

①　王庆元:《黄季刚先生年表》,湖北人民政府文史研究馆编《黄季刚先生逝世五十周年诞生一百周年纪念集》,1985年版,第171页。

端,朱墨重沓,或涂剥至不可识"①。他读书总是从头读到尾,绝不杀书头(他讥讽那些读书不能终卷或跳跃式地选读部分句段的现象谓杀书头)。有的一读再读,以至十数遍,《说文》、《尔雅》、《广韵》则随时翻检,殆不能记遍数,有的参阅各家注疏,辗转比对,务求甚解。《清史稿》竟读二年之久,《黄侃手批白文十三经》历经初校、重批、改订,标有九十四种符号,前后共用十余载时间,终于1930年完毕,解放后其子通过董必武呈送给毛主席,后由上海古籍出版社影印发行。同期他还发表或撰有《日知录校记》、《中国文学概谈》、《略论汉书纲领》、《汉唐玄学论》等令人称道的文章。

黄侃晚年侧重训诂学研究,不仅钻研古代训诂学书籍,逐一概述与品评;还对训诂的定义、作用、范围、方式、方法等理论问题进行深入探讨。他指出训诂就是用语言解释语言;训诂即文法;有互训、义界(界说)、推因等方式,而互训、义界均为不完全之训诂,"完全之训诂,必义与声皆相应"②,即于形、音、义都给予注意;应明了本有之训诂(本义),也要知道后起之训诂(引申义);并要分清独立之训诂与隶属之训诂,即说字之训诂与解经之训诂的不同,小学家说字往往把一切义包括无遗,经学家解文则只取字义的一部分,也就是说训诂不单为解经,还适用于文史等诸多方面,实有打破经学对小学束缚的思想。同时他又以大量训诂实例使一些深奥难懂的古代文献得以理解,救活了不少有价值的史料。总之黄侃承前启后,贡献非凡,被推崇为"新训诂学的开拓者"③。

在对待甲骨文、金文的态度上,黄侃与他的老师章太炎不同,章太炎完全加以否定,黄侃承认金、甲"断缺之余,亦有瑰宝"④,主张进行研

---

① 章太炎:《黄季刚墓志铭》,《量守庐学记》,第2页。

② 许嘉璐:《黄侃先生的小学成就及治学精神》,《量守庐学记》,第70页。

③ 罗邦柱、周大璞:《黄侃先生的生平及其学术成就》,《黄季刚先生逝世五十周年诞生一百周年纪念集》,第19页。

④ 陆宗达:《我所见到的黄季刚先生》,《量守庐学记》,第122页。

究,也劝弟子治文字学时拿金、甲作参考,但对当时从事甲骨文、金文工作的人多所非议。他曾搜集、看过一些有关金、甲的材料,同《说文》作了对照,由于对金、甲重视不够,又因材料未备,没有深入下去。

初到南京,黄侃的心情比较舒畅。时中大人才济济,中文系主任汪东是他的好友,此外他与知名教授陈伯弢、王晓湘、王伯沆、胡小石、汪辟疆等来往频繁。他们结成上巳诗社,每遇春秋佳日,即聚集北湖、青溪、钟山、栖霞、牛首诸地,饮酒欢歌,赋诗联句,相互唱和,尽性游乐。如此三年,由于各迁新居,距离较远,特别因为国难,社事乃止。当时南京政要中有黄侃不少熟人,他均疏而远之,唯独居正受软禁时,他屡次探访,后居正东山再起,出掌司法院,他竟不复往,以避攀附之嫌。不久汪东的弟弟(中共党员)被徐州驻军司令刘峙逮捕,求黄侃营救,黄侃致函居正,得居正之助,汪弟才幸免于难。

黄侃对日本帝国主义的侵略早有警惕,还在济南惨案时即作《勉国人歌》,激励人们的爱国热情。1931年"九一八"事变后的第三天,他又无比愤慨地写了《闻警》一首绝句,发出"早知国将亡,不谓身真遇。辽海云万重,无翼难飞赴"[1]的正义呼声。1932年"一二八"淞沪之战爆发,黄侃一度避战北平(今北京),逢农历春节,他极为沉痛,即兴创作两首七律,中有"杀节凋年惨惨过,惟将泪涕对关河","失巢仡吊依林燕,聚糁先怜在沼鱼"[2]数语,可见其"时时以国家民族为念"[3]。在北平曾组织兴芒社,从事讲学活动。同年夏重返南京,而忧郁的心态依然如故。

黄侃对时局过于悲观,精神上长期受到压抑,生活习惯不良,常熬夜少眠,纵酒无度,性情古怪,好斗气,爱骂人,有疯子之称。这样久而久之身体不堪承受,致患胃病,自1933年起胃痛时作。

---

① 程千帆:《忆黄季刚老师》,《量守庐学记》,第172页。
② 程千帆:《忆黄季刚老师》,第172页。
③ 徐复:《师门忆语》,《量守庐学记》,第150页。

1935年9月下旬,传华北有改编教科书之说,黄侃大愤,又受凉,胃病发作。此后胃痛不止,有时终夜难寐,但他仍坚持授课和钻研学问。同年10月6日农历重阳,上午他按常规挈子女甥婿到鸡鸣寺豁蒙楼小坐,并赋诗:"秋气侵怀兴不豪,兹辰倍欲却登高。应将丛菊沾双泪,漫藉清樽慰二毛。西下阳乌偏灼灼,南来朔雁转嗷嗷。神方不救群生厄,独佩萸囊空自劳。"①突觉胃痛剧烈,急返寓卧床,晚饭照旧饮酒,入夜因胃穿孔吐血如注,医治无效,于10月8日去世。弥留之际还一再向家人询问河北近况,并叹曰:"岂国事果真不可为乎?"②

黄侃述而不作,不轻易著书,章太炎屡促他从事写作,他答以"年五十当著以纸笔矣"③。他所遗留文字甚多,除前述各篇外,仅《说文》、《尔雅》、《广韵》批语就达七十余万言,另有文稿百余篇、诗词一千四百余首、日记十余册,及散见报纸杂志者不计其数,但较完整、系统、成熟、具代表性的著作却很少。他临终前五日曾言:"余生前必不刻书,如有著述,身后门人为我成之。"④1936年中央大学文艺副刊特辟纪念专号刊载黄侃授课讲义及影响较深广的文稿十九种,1964年由中华书局编为《黄侃论学杂著》出版。他的侄儿黄焯、子念田、女念容、婿潘重规均留心收集整理其遗篇,陆续辑成《说文笺识四种》、《尔雅音训》、《广韵校录》、《文字声韵训诂笔记》、《古韵谱稿》、《音学九种》、《文选评点》、《黄侃论学杂著续编》、《量守庐群书笺识》、《量守居士遗墨》、《黄季刚先生遗书》、《黄季刚先生手写日记》、《量守庐词钞》、《黄季刚诗文钞》等,绝大部分已由上海古籍出版社、湖北人民出版社、武汉大学出版社、台北石门图书公司、台北学生书局出版。

---

① 黄念平:《忆父亲》,《黄季刚先生逝世五十周年诞生一百周年纪念集》,第161页。其他纪念文章讲到此诗内容略同,阳乌指日本侵略者。

② 殷孟伦:《忆量守师》,《黄季刚先生逝世五十周年诞生一百周年纪念集》,第55页。

③ 游寿:《敬业记学》,《量守庐学记》,第111页。

④ 章太炎:《黄季刚墓志铭》,《量守庐学记》,第2页。

黄 明 堂

邢凤麟

黄明堂,字德新,广东钦州(现属广西)人,壮族,1868年(清同治七年)生于小康农家。年轻时怀大志,慨然以救国为己任,常与人议论时弊,抨击权贵,为当地政府所不容,遂逃往越南图谋生路。

黄明堂到越南后,加入洪门,纠集健儿组织义军,活动于滇桂与越南边境,长期坚持反清斗争,清边防大臣束手无策。他还常袭击侵越法军,法驻越总督也甚为头痛。

1907年3月,孙中山到河内设立领导西南武装起义的总机关,策划粤、桂、滇等省的起义,派人联络黄明堂。黄明堂遂加入同盟会,在越南太原府左州设立机关,集合革命志士。

同年10月,孙中山委任黄明堂为中华革命军镇南关(今友谊关)都督,并从海外爱国华侨募集捐款购买数十支驳壳枪,给他组织一支手枪小分队。12月2日,黄明堂奉命带领一百多人从左州拔队入关,另有越南革命党人数十人、越南华侨革命党人数十人、筑路工友数十人、会党游勇约百人、内地前来者十余人,共约三百人,由他指挥,星夜绕道镇南关背后,疾趋石山顶炮台。当时清道台龙济光驻龙州,统领陆荣廷、营务陈炳焜扼凭祥隘口,帮带黄福廷守镇南关,哨长李福南带一排人凭险守石山顶炮台,镇南关及附近清兵共计数千人。李福南原为会党首领梁兰泉的部属,梁加入同盟会后,李已被梁策动反正。此时,李敞开山门竖起革命旗帜,黄明堂长驱直入,部分清兵稍事反抗即溃散,黄明堂占领石山顶三座炮台,缴获大小火炮十四门,步枪数百支。次日,孙中山偕黄兴赶来炮台祝捷和犒赏革命军,当地各民族群众也挑水送饭前来慰劳。这时,龙济光、陆荣廷统辖数千清兵,从青山炮台南关闸、磨沙、南关口左辅山和四方岭等四路合围革命军。孙中山命黄明堂坚守炮台五日,自己赶回河内筹募饷械接应。黄明堂指挥革命军多次击退来犯清军。经七昼夜激战,革命军牺牲十余人、伤三十多人,清兵伤亡数百人,帮带黄福廷大腿被打断。由于孙中山接济的饷械不能如期运抵镇南关,黄明堂粮尽援绝,只得退入越南文渊,进驻燕子大山待命。镇南关起义虽然失败,孙中山及广大同盟会员看到人心向着革命,清廷的垮台不可避免,革命的信心更足了。

1908年4月29日,黄明堂奉孙中山之命,率革命党一百多人发动云南河口起义。河口为边防重地,清边防督办带兵驻守。黄明堂派关仁甫率领部分队伍由越南老街进攻河口左侧的万侯,河口清军防营响应起义,迎接革命军入境。黄明堂亲督革命军主力猛攻清军汛营,清河口督办王玉藩负隅顽抗,为守备熊通击毙。汛营管带黄元桢在革命军政治攻势之下首先反正,清军六营六百余人相继投降。黄明堂率革命军迅速占领河口。随即扩编队伍,拟乘胜挥师北上,占昆明、出四川、控制长江上游。清云贵总督锡良忙派道员方宏纶、提督白全柱指挥十余营清兵反扑,并通电贵州、四川、广西三省派兵赴援,一时西南数省为之震动。孙中山急电黄兴赶赴河口指挥,声威更壮。由于战事意外迅速发展,弹药顿感缺乏。黄兴急返河内筹取接济,途经老街时遭法军警官无理扣留,被逐出境。黄明堂后援不继,指挥乏人。而清军四面包围河口,革命军前锋相继失利败退。黄明堂困守河口经月,浴血苦战,终于寡不敌众,率革命军六百多人退走越南。旋因法国殖民当局迫害,黄明堂退走新加坡,受到当地华侨的欢迎。

1910年冬,黄明堂在新加坡接到孙中山的电报,要他到香港同盟会支部工作。黄花岗起义时,黄明堂负责秘密运送军火入内地。辛亥武昌起义,四方响应。黄明堂与党人潜入新会,以当地会党、绿林、游勇为基本力量,成立"明字顺军",自任本军大都督(统制),队伍约六七百人。又派其妻欧阳丽文到阳春,运动防军统领黄辅文起义,然后亲至黄辅文军队指挥作战,次第光复恩平、开平、台山、新会等地,于11月16日进驻江门,向三水推进,以期会师广州。适值两广总督张鸣岐挂印逃走,广东独立,由胡汉民任都督。胡汉民委派黄明堂为琼崖宣抚使,率所部二千余人移驻海南岛。黄明堂在海南整顿治安,社会秩序相对安定后,因感袁世凯反动逆流泛滥,萌发隐退的念头,将所部交给统领姚章甫指挥,携眷回乡省亲后闲居广州。

1913年孙中山发动"二次革命"失败,袁世凯派龙济光率所部入粤。龙济光曾邀请黄明堂任参议,黄明堂不肯附逆,出走澳门,从事倒袁活动。1914年秋,龙济光侦知黄明堂在澳门的活动,诬为匪首,勾结葡萄牙殖民当局将他逮捕,欲引渡回广州杀害。黄明堂被监禁一年多,经两广都司令部出面与葡萄牙殖民当局交涉,始获释出狱。黄明堂至肇庆见护国军两广都司令岑春煊,被委任为讨贼军司令。他收编民军,会同桂军林虎、滇军李烈钧等分路讨伐龙济光。黄所部主攻广州北面鸦髻岭,与龙部展开激烈战斗,夺取石井兵工厂,攻入广州。龙济光撤退至雷州,黄明堂又率部收复雷州。龙济光败走琼崖。

1918年3月,段祺瑞政府任命龙济光为两广巡阅使,由琼崖派军扰粤桂边境。11月,黄明堂与桂军沈鸿英配合出兵琼崖,一举打败龙济光,收缴龙部枪支人马。沈鸿英被广州军政府任为琼崖镇守使,黄明堂任琼崖道尹,驻防海南。不久,桂系军阀陆荣廷统治广东,排斥异己,免去黄明堂本兼各职。黄明堂离琼崖到福建漳州,依陈炯明。1920年8月,孙中山命陈炯明率粤军入广东,驱逐桂系势力。黄明堂参加讨伐桂系军阀莫荣新的战争。10月,桂军被逐出广东。

1921年6月,桂军分三路攻粤,陈炯明督粤军击退桂军并追入广西。黄明堂任西南路司令,由钦州发兵直薄龙州,大获全胜,被任为边防督办,驻防龙州。同年秋,粤军班师回粤,黄明堂奉命移驻钦廉。

1922年6月16日陈炯明叛变,炮击总统府。孙中山脱险后驻跸永丰舰指挥讨贼,分别委任许崇智、刘震寰、周之贞和黄明堂为东、西、中、南路的讨贼军司令。此前,陈炯明曾派其义母黎金庭携带巨款十五万元及钦廉绥靖处处长的印信收买黄明堂,被他严词拒绝。此时,黄明堂奉命讨贼,挺进廉江,生擒陈炯明部下的支队司令邹武,晓以大义,仍委邹武为南路讨贼军支队司令,随征陈炯明。黄明堂军次电白时,得悉孙中山安抵上海,便率部撤回廉江。途中,邹武叛变,陈炯明又派邓本殷、冯铭锴、黄业兴等部截击黄明堂。黄明堂与之对峙月余,为保存实力,退往广西邕宁五塘,派员向广西自治军总司令林俊廷请援粮械。林俊廷表面答允,暗中进行收编黄部工作。正当黄部岌岌可危之际,其妻欧阳丽文从上海持孙中山的手札到香港找孙科、刘纪文,领得港币五万元回来,黄明堂即分发军饷,偿还赊欠商户账目,宣告立即出师讨贼。黄部五千人在五塘虽被桂系军阀包围,但黄明堂指挥若定,率部突围出灵山。12月,黄部收复廉州(今合浦)北海,在廉州城内设立司令部,一直坚持斗争。1923年2月孙中山回广州重建大元帅府,以黄部为革命基本力量之一,增拨军费,并对黄明堂予以嘉奖,亲书“礼义廉耻”等条幅赠他。

1924年初,桂军邓本殷等部围攻廉州阅月,黄明堂弹尽粮断,旅长杨壁臣投敌,形势危急。幸得孙中山所派永丰舰到北海接应,方获解围。黄明堂乘永丰舰前往琼崖驻防,因风大不能登陆,旋回安铺集中,经廉江、化州、电白、阳江到达台山。这时,黄明堂的南路讨贼军奉令改为中央直辖第二军,不久又改为建国第二军,黄明堂仍任军长,其妻欧阳丽文任该军第三旅旅长。

1925年3月12日孙中山逝世后,蒋介石收编阳江陈章甫部为第二师,开往罗定围攻黄明堂。黄明堂猝不及防,败走连滩,被陈部包围缴械。从此黄明堂发誓不与蒋合作,其子女十多人没有一个人依附蒋介石的。在蒋介石的统治下,黄明堂不但长期在野,连孙中山规定发给他每月六百元的生活费也被取消了。陈济棠主政广东时,曾聘请黄明堂为参议,每月发生活费六百元。

黄明堂晚年闲居广州。抗战爆发后,1938年10月日本侵占广州,黄明堂夫妇避难回钦州大寺。此时,虽已年逾古稀,但他招集爱国志士,仍欲请缨抗战。唯因颈背两次重伤,加之年老体衰,出师未捷,旧伤复发,返回大寺时,半身不遂,忧愤卧病两个多月,于1939年逝世。弥留之际,仍频呼杀敌救国,浩气凛然。其妻欧阳丽文在全国解放后,历任广西政协委员,1973年病逝。

主要参考资料

郑惠琪等:《镇南关起义见闻》,中国人民政治协商会议广西壮族自治区委员会文史资料研究委员会编《辛亥革命在广西》上册,广西壮族自治区人民出版社1961年版,第1—10页。

邹鲁:《黄明堂传》,"中华民国开国五十年文献编纂委员会"编《中华民国开国五十年文献》第1编第13册,台北正中书局1964年版,第334—336页。

唐颂南:《我所知道的黄明堂》,中国人民政治协商会议广东省委员会文史资料研究委员会编《广东文史资料》第19辑,1965年版。

罗绥章:《黄明堂革命事略》(未刊稿)。

欧阳丽文:《回忆黄明堂》(未刊稿)。

黄明堂女儿黄曼薇访问记录。

黄 慕 松

周子琳

黄慕松,广东梅县人,光绪十年(1884年)生。早年肄业于汕头岭东同文学堂。后入广东武备学堂,毕业后选派去日本留学。先后毕业于日本陆军士官学校和炮工学院。在日本期间加入中国同盟会。回国后,任广东黄埔陆军小学教官、校长。

1911年武昌起义后,任广东民军军参谋长。民国成立后,被孙中山任命为大总统府军咨府(后改参谋本部)第五局局长。1913年担任国防考察委员,曾赴蒙古、新疆实地考察,回京后,任陆军测量总局局长。

1918年冬,赴英国留学,并在德、法两国考察,历时两年。回国后,任中俄界务公署参议兼中俄会议专门委员,并兼交通部路线审查会主任。1925年5月任军务善后委员会委员。同年南下广州任粤军总司令部编审委员会委员长兼黄埔陆军军官学校高级班副主任。1927年6月7日至7月29日代理陆军大学校长。同年任国民革命军第三师师长,率部参加北伐战争。1929年8月任参谋本部测量总局局长。1930年再度代理陆军大学校长。不久被派往英国出席万国航空会议、第四届万国测量家联合会会议、第三届万国航空摄影测量会议,并作为中国代表团专门委员出席国际军缩会议。1931年12月26日任参谋本部参谋次长。同年12月当选中国国民党第四届候补中央执行委员,并被推选为中央海外党务委员。1932年9月26日任参谋本部第一厅厅长。

1933 年 4 月 12 日,新疆发生驱逐金树仁的政变,盛世才取代金树仁走上新疆政治舞台。1933 年 4 月 24 日,金树仁在新疆塔城通电下野,翌日汪精卫发表关于新疆问题的谈话,称中央决定派大员入新宣慰及调查政变真相,人选即予发表。南京政府初定派马良去新疆宣慰,马良以年高推辞。4 月 28 日,汪精卫又与蒋介石商定,派军事委员会参谋部次长黄慕松入新宣慰。

5 月 2 日,汪精卫主持召开行政院第九十九次会议,除通过黄慕松为新疆宣慰使入新宣慰外,还照准金树仁辞去本兼各职,要新疆各委员、厅长等会同维持省政府事务,并明示中央正在慎选贤能。3 日,国民政府主席林森发布安抚新疆民众书,汪精卫也给新疆省府委员、厅长去电,均称中央在决定人选以妥善治理新疆,让新疆方面维持秩序,静候中央办理。

黄慕松接到任命后,先赴赣向蒋介石请示机宜,回京后又晋见汪精卫,据他对记者称,宣慰方针蒋介石与中央意见完全一致。随后又精心挑选了各类宣慰人选(包括党务、民政、军事、教育、宗教、交通运输等方面的人员,计有参议团成员 10 名、军官团成员 10 名、秘书书记 3 名,副官 4 名、军医 1 名、随从侍卫 20 名、随带官佐 30 名、士兵 20 名)、申请宣慰经费(因宣慰使随员众多,所需经费达 326,200 元,到 6 月 1 日宣慰经费还在商讨中)等①,开始准备赴新宣慰。

蒋介石表面上对盛世才说,黄慕松去新疆"纯属宣慰性质,绝无他意",但实际上由于蒋介石对盛世才有戒心②,根本不愿让盛世才主政新疆,派黄慕松宣慰新疆是准备由黄取代盛的地位。

黄慕松宣慰新疆的内容庞杂,如制止新疆内乱,改革金树仁留下的"一切不良政治",逐步推广教育、复兴农村、发展交通建设、整顿金融、兴办实业等。黄慕松以中央大员的身份宣慰新疆,利用这一有利形势,

---

① 《新疆宣慰使黄慕松昨谒汪商谈》,《中央日报》1933 年 6 月 2 日。
② 参见新疆维吾尔族自治区档案馆档案:政 2—1—451。

首先拉拢争取了一批军事力量。迪化有刚从东北经苏联退来的抗日联军约五千人，他们不愿久居新疆，也不愿卷入新疆内战，黄慕松首先争取劝说他们，结果苏炳文部郑润成旅"愿直隶中央"，东北军其他各部也以参加内战牺牲无益，"愿得中央编制名义始正"，供中央驱使。盛世才手中总共才有近万人军队，黄慕松一下争取到占半数的东北军愿意归附，无异从根本上动摇了盛世才的统治根基。张培元也是黄慕松争取的另一支重要军事力量。张培元是金树仁旧部，有兵五千八百多人，金树仁下野时曾保荐他为省主席兼边防督办，结果盛世才先捞取临时督办名义，张培元心中非常不满。黄慕松利用张、盛矛盾拉拢张培元，张培元最后表示受中央驱策。

其次黄慕松还注意扩大中央政府在全疆的影响。当时盛世才实际控制的不过是迪化周围数县和塔城一带，南疆及阿山全境则不在盛的控制下，黄慕松"用政治手腕派员分途宣慰，以期早就收抚"，各族民众"感中央一视同仁之至意，已有心悦诚服之倾向"。

再次，新疆部分军政官员也为黄慕松拉拢利用。临时主席刘文龙因盛违背军民分治诺言，处处独断专行，对盛世才不满，向黄氏靠拢；督办行营参谋长陈中、省府秘书长陶明樾、航空队长李笑天是策动新疆政变的功臣，但因没谋到满意职位，弃盛世才归附黄氏，成为黄慕松的智囊人物。

最后，削弱盛世才的军权，这也是最令盛世才不能容忍的。黄慕松一到新疆就提出改督办制为军事委员会制。他的主张一开始即被盛世才婉言拒绝，但他不改初衷，干脆背着盛世才与陈中商量改制的具体办法，拟将张培元、马仲英等人委为军事委员会，以盛为委员长。但张培元、马仲英是实力派首领，他们或拥兵自重，或与盛世才兵戎相向，盛世才怎能指挥动他们。一旦盛世才被架空变成光杆司令，新疆最高军事权力自然会从盛向黄的手中转移，因为只有黄慕松可以中央大员的身份号令诸将。

黄慕松的一切举措均在于控制新疆政权，这使已攫取新疆临时督办权位的盛世才非常不满,认识到自己的危机之后,1934年6月26日,盛世才以迅雷不及掩耳之势发动政变,将陈中、陶明樾、李笑天冠以图谋推翻现政权罪名枪决,并软禁黄慕松,以此警告南京政府和亲南京政府势力。

黄慕松对此猝不及防,他在失去自由的情况下急电蒋、汪:"新疆逼处强邻,情形复杂,隐患四伏,非定重心,难期安靖。查临时督办盛世才、临时主席刘文龙,辛苦维持,业经数月,拟请中央即予真除,庶名位既正,责任更专,有裨时局,殊非浅鲜,伏乞鉴核,迅赐发表,以定人心。倘蒙谕允,则承宣化,既有中央之地方长官负责,而慕松宣慰亦易进化,伏乞签核示遵。"①刘文龙、盛世才也于政变次日致电南京政府说:陶明樾等人乘前方军事形势紧张之际,煽动后方军士谋反,秘举黄慕松为新省主席,另组所谓军事委员会,"黄使亦不无妄受陶明樾等蛊惑之嫌",请中央加派关心边局的大员陈立夫、刘光、彭昭贤、张凤九来新疆调查事变真相。新疆维持委员会、东北民众救国军及各社会团体也根据盛世才的授意,电请中央任命刘、盛。盛世才的用意很清楚,扣押黄慕松为人质,逼迫中央任命他为新疆边防督办。

南京政府为顾及中央颜面,积极营救黄慕松。7月5日,行政院急电黄慕松,"令即日回京报告真相"。6日,汪精卫召见新疆省府驻京办事处处长张凤九、新疆党务特派员宫碧澄,询问新疆情况,拟派宫碧澄去新疆调查事变真相。7日,蒋介石、汪精卫联名致电刘文龙、盛世才说:"你们维持秩序,巩固后方,中央良深嘉慰,黄宣慰使也屡电称扬,不遗余力。黄慕松宣慰任务已完,中央日前去电促其回京报告,务望你们体谅此意,共济时艰,是所至盼。"10日,汪精卫在总理纪念周上谈到这个问题时说:政府为什么不早些发表刘文龙为新疆省主席、盛世才为新疆边防督办? 因为新疆还有几件根本的善后工作要切实去做。对刘文龙、盛世才,政府不一定说不要他,也不一

---

① 《黄曾电保刘盛真除》,《中央日报》1933年7月7日。

定说要他,关键要看这几件事是否肯做、是否能做。这几件事即外交统一于中央、军事统一于中央、民族要平等宗教要自由。这是中央政府对新疆善后工作的三大原则,刘文龙、盛世才能够奉行这些原则,我们便把新疆交给他们,否则即交给别人①。13 日,张凤九也向报界透露蒋介石对新疆问题的意见:"中央对于边疆官吏之任命,但求苟能捍卫国土,绝对服从中央,爱护人民,巩固地方治安者,自可付托。"蒋、汪明确地向盛世才传递去信息:中央可以接受他的条件,但要他明白宣示效忠中央。

　　盛世才对南京的意图心领神会,7 月 19 日,刘文龙、盛世才联名致电中央说:"外面流言,报端登载,遂对于黄使不免稍有误会,随经切实调查,皆系陶、陈、李煽动人心之一种阴谋,与黄使绝不相涉。黄使衔命来新,宣布中央德意,安慰新疆人民,到后人心大定,边局就安……黄使宣慰功劳,固非浅鲜,而我中央威信所被,亦足证明新省孤悬塞外,地瘠民贫,平时尚非仰赖中央维持,不能自立。况值此地方糜烂,几及全疆,尤非得援助于中央,必致无所措手。文龙、世才性非至愚,当能晓此,我中央如何彻底筹划,巩固边局,职等誓当竭诚遵从,以尽天职,此物此志,敢质天日。"

　　至此南京政府与盛世才达成妥协。7 月 17 日黄慕松电中央宣慰使署驻京办事处,准备飞机接他东归。20 日,黄慕松乘欧亚航空公司飞机离新。8 月 1 日,行政院第一一八次会议通过刘文龙为新疆省主席、盛世才为边防督办、张培元为伊犁屯垦使兼陆军新编第八师师长的任命。

　　黄慕松离新后,由于他多年从事国防、边界方面的考察和谈判工作,又几次出使我国的边疆地区,积累了不少处理边疆民族事务的经验。因此,国民政府将出使西藏的重任又交给了他。

　　1934 年 4 月 26 日,黄慕松一行从南京乘专机飞抵成都,开始了他

---

① 《行政院纪念周——汪报告一周内要政》,《中央日报》1933 年 7 月 12 日。

的使藏行程。5月21日，黄慕松到达康定，在这里备齐了所需的"乌拉"（即差役）后继续西行。6月26日到达川藏边界的德格，当地的驻军和汉藏同胞为黄慕松举行了热烈的欢迎大会。两天后，黄慕松渡过了金沙江，进入西藏境内。

7月1日，黄慕松到达川藏交通枢纽——江达。黄慕松向当地军民传达了国民政府关于"五族共和"的精神及保护佛教、让藏民安居乐业的政策，反复申明西藏只有依靠中央才能生存和汉藏民族团结起来抵御外侮的道理。此后从昌都至拉萨，黄慕松每到一处，都受到了当地僧俗民众的欢迎，黄慕松则抓住每一个机会宣传国民政府的对藏政策。

8月23日，黄慕松一行在经过艰难跋涉后到达了拉萨。黄慕松一行沿途宣传国民政府的对藏政策，扩大了中央政府在西藏的影响力，消除了部分藏族同胞心中的疑虑和误解，增强了藏族人民对中央政府的凝聚力和向心力。沿途人民向黄慕松"诉苦及盼中央派人治理藏地之请求，无日无之，无地无之"，便是例证。

1934年11月1日上午九时，致祭第十三世达赖大师的典礼在拉萨布达拉宫举行。黄慕松代表中央政府致祭。黄慕松代表国民政府赴藏举行第十三世达赖喇嘛的册封与致祭典礼，表明了中国政府对西藏拥有无可置疑的主权。

黄慕松是中华民国成立后中央派往西藏的最高官员。他在西藏三个月，完成了出使西藏的各项任务。1934年11月28日，黄慕松在大雪封山中离开了拉萨，途经印度、尼泊尔、菲律宾等国，于1935年2月返回南京述职。一个月后，黄慕松被国民政府任命为蒙藏委员会委员长，负责处理对藏的事务。

1934年4月4日，黄慕松晋升中将，同年被选为中国国民党第五届中央执行委员。1936年7月29日任广东省政府主席兼委员。1937年3月20日黄慕松在广东去世，4月12日被国民政府追赠为上将。

主要参考资料

中国第二历史档案馆:《中华民国史档案资料汇编》第五辑第一编政治(五),江苏古籍出版社 1994 年版。

宫碧澄:《国民党在新疆的活动点滴》,中国人民政治协商会议新疆维吾尔自治区委员会文史资料研究委员会编《新疆文史资料选辑》第 5辑,新疆人民出版社 1980 年版。

[美]齐锡生著,杨云若、萧延中译:《中国的军阀政治(1916 —1928)》,中国人民大学出版社 1991 年版。

王恩溶:《张培元事略》,中国人民政治协商会议新疆维吾尔自治区委员会文史资料研究委员会编《新疆文史资料选辑》第 2 辑,新疆人民出版社 1979 年版。

陈沣:《张培元、马仲英联合反盛失败经过》,中国人民政治协商会议新疆维吾尔自治区委员会文史资料研究委员会编《新疆文史资料选辑》第 6 辑,新疆人民出版社 1980 年版。

中国藏学研究中心等编:《元以来西藏地方与中央政府关系档案史料汇编》(6),中国藏学出版社 1994 年版。

黄 乃 裳

陈　民

黄乃裳,名绂丞(一作"黻臣"),字乃裳,以字行,别号慕华。福建闽清人。生于1849年7月(清道光二十九年六月)。父亲黄庆波是木工,也兼务农。黄乃裳童年在家乡半耕半读。1866年十八岁时与族叔一同受洗入基督教,第二年开始实习传道。1869年后进福州年议会,被派在福音堂传教。1875年,与人合著革除缠足论五篇,除登报外,并印单张万余,广为散发。在传道过程中,他深感教会中因缺少文人学士受人蔑视,便于二十八岁那年(1876年),励志学习八股文。一年后,即以第二名考入县学。他还刻苦自学了英文,后曾协助牧师薛承恩等翻译《天文图说》、《美国史略》等书。1888年中举人,这时他已四十岁了。

1897年,黄乃裳带领大儿子黄景岱进京参加会试。第二年,遇上"戊戌变法",维新谕旨一天一道,举国上下精神为之一振。黄乃裳留住北京,与康有为及"六君子"交往,讨论变法新政,曾八次上书,痛陈兴革。不久,变法失败,西太后重新垂帘听政,"六君子"被捕,黄乃裳因参与维新而入案,幸得友人关照,逃避出京,返回福建。

维新失败,黄乃裳怅然若失。为避清廷暴政,并寻找可供开垦的新土地,安置无业同乡,实行基督教的"利他主义"理想,于1899年秋携带家眷南渡新加坡。经女婿林文庆推荐,任《星报》总编辑。他遍游英、荷属东南亚各地。在北婆罗洲沙捞越拉让河流域诗巫附近,找到适合垦殖的土地一处,改名新福州。由林文庆与邱菽园担保,同沙捞越土王订立农垦条约,主要条款有:"有待吾农人与英人一例(意即一视同仁,不得歧视华人),所垦之地享有九十九年之权利。……王家如需吾农已开垦之地,须按时价估买。吾农有往来自由,信仰自由,言论自由,出版自由,设立公司商业自由,购买枪械自由,航业自由等权利。无纳丁税,无服公役,无当兵义务。凡违犯民事在五元以下罚金之件,港主有自治之权。"①1900 年 6 月底,黄乃裳回福建招募贫苦农民,同时筹集资金,购置农具、种子、聘请医生及各类工匠。第一批共七十二人于同年底先期到达新福州。第二批五百三十五人则由他亲自率领于 1901 年 3 月到达新福州,开始进行大规模垦殖。经过三年惨淡经营,农产品逐年丰收。1903 年 1 月,沙捞越英文报纸登载有关新福州的报道说:"拉让河流域之新福州垦场,继续发展之情形甚佳,其田园井井有条,一望而知其出自著名于世之中华农人之手。"②当时南洋通例,称大农场为"港门",称农场主为"港主"。凡是港主,都有包卖烟(鸦片)酒、开设赌场等特权,以牟厚利。黄乃裳是基督教徒,他认为贩卖鸦片及饮酒、聚赌,都有伤道德,违背垦场初衷,因此,毅然放弃此项特权。但沙捞越政府一向依靠上述专利作为主要财政收入,对黄乃裳在新福州抵制烟酒,禁止聚赌,大为不满,警告再三。由于黄乃裳不为所动,终于在 1904 年初下逐客令。垦场功败垂成,黄乃裳亏蚀了新币四万多元,郁闷离开了新福州,深感寄人篱下之苦。

同年 7 月,黄乃裳携眷去新加坡。当时该地《图南日报》创办人陈楚楠、张永福,因报纸销路不佳,乃约请黄乃裳切磋文字,进而议论国事,倡言革命。不久,《图南日报》翻印邹容的《革命军》,改名《图存篇》。黄乃裳自告奋勇,携带五千册回国宣传,并于 1904 年 10 月到潮州,假托办学,遍游潮州及福建漳州所属十余县,联络革命志士。潮州黄冈起

　　①　黄乃裳:《绂丞七十自叙》,见[马来西亚]刘子政《黄乃裳与新福州》附录二,南洋学会 1979 年版。
　　②　黄仁琼:《黄公乃裳港主年谱》,载《黄乃裳与新福州》。

义,黄乃裳就是发动者与组织者之一①。

早在 1900 年 7 月,黄乃裳回福建招募农工途经新加坡时,恰好孙中山为营救日本友人也来到新加坡。经林文庆介绍,黄乃裳特拜访了孙中山,两人谈得很投机,遂引为同志。1906 年,孙中山又到新加坡组织同盟会新加坡分会,并邀请黄乃裳参加,他即成为南洋方面早期的同盟会员。

1911 年,黄乃裳任福建英华、福音、培元三书院教务长,并着手组编三院学生炸弹队,为光复福建做准备。同年 11 月 9 日(农历九月十九日),福建光复。当天清晨,黄乃裳亲举国旗,率领学生军进城,将国旗升在武备大学堂旗杆上。事后,他写信告诉南洋的同志说:“裳生平最得意之事,实此十九日以后迄今,为最踌躇满志之时,虽死无憾矣!”②福建光复后,他出任福建军政府交通司长兼筹饷局总办等职。因清廷积欠福建兵饷三个月,光复那个月又需发双饷,共积欠军饷五个月,财政极其困难。黄乃裳便以个人名义,通电南洋各埠,请求捐助,得华侨汇款七十多万元。由于“事务綦繁,擘画颇苦”,仅仅两个月,便鬓发皓白如雪。但黄乃裳年愈迈,愈精勤。1918 年元旦,他已年近七十,听鞭炮声,有感于怀,自书一对联:“问以往于世何裨,历数二万五千日以来,成甚事业;愿以后对天无愧,不虚六十有九之外,再度余生。”③见到这副对联的亲友,无不赞叹说,此老倔彊,一如往昔。

1920 年 10 月,七十一岁高龄的黄乃裳,欣然接受孙中山邀请,到

---

①　冯自由关于潮州黄冈起义事曾提到:“1907 年春,许雪湫、陈宏生等在潮州二度起义,乃裳与有力焉……乃裳认识总理在丙午年,时雪湫等均在新加坡,曾对将来举事地点进行讨论,乃裳力主在闽粤边区发动,然后与滇桂义师互相策应。总理深韪其议。其后雪湫之军事进行,即奉行此计划。”见冯著《革命逸史》第 2 集,中华书局 1981 年版,第 175 页。

②　黄乃裳:《致陈楚楠、张永福函》,《槟城新报》1911 年 12 月 4 日,载《黄乃裳与新福州》,第 213—214 页。

③　黄丞:《绂丞七十自叙》,见[马来西亚]刘子政《黄乃裳与新福州》附录二。

广州出任元帅府高等顾问，辅佐孙中山，为辛亥革命未竟的事业鞠躬尽瘁。1921 年 6 月，因病回福建休养。

1924 年 9 月 22 日，黄乃裳病故。家乡人民为他营建了坟墓。1980 年又兴建了"黄乃裳纪念馆"。

马来西亚人民为纪念其垦殖功绩，特将诗巫市的一条街道命名为"黄乃裳路"，作为中马两国人民友好相处、并肩战斗的历史见证。1961 年 3 月 16 日，诗巫各界人士举行诗巫开埠六十周年纪念活动，并为黄乃裳铸立了铜像，以志纪念。

黄 琪 翔

李静之

黄琪翔,字御行,广东梅县人。生于1898年9月2日(清光绪二十四年七月十七日)。家中世代务农,父亲黄富霖因家计困难,远赴南洋经商,以后家庭经济逐渐好转。

黄琪翔童年在私塾就读。1910至1911年,入梅县务本中学,广州优级师范附中学习。1912至1919年,先后在广东陆军小学、湖北第三陆军中学、保定入伍生队、保定陆军军官学校第六期炮兵科学习。1919年毕业后,任北洋边防军第一师炮兵团第三营排长。1920年调回保定军校任炮兵队队长。陈诚是他队上的学生。

由于受到孙中山革命思想的影响,1922年,黄琪翔辞去保定军校职务,回广东参加革命。到广州时,正值孙中山率师北伐,他在粤军第一师司令部后方办事处任参谋。同年6月陈炯明叛变,黄琪翔改任第一师第一团副营长,参加了讨伐陈炯明、沈鸿英之战。

1924年1月国民党改组后,黄琪翔加入国民党。次年任第一团第三营营长,参加第一次东征与平定杨希闵、刘震寰的叛乱。战后,第一团扩编为独立旅,黄琪翔任该旅第二团团长。

1925年7月,国民政府在广州成立。第一师扩编为国民革命军第四军(军长李济深),黄琪翔任该军第十二师(师长张发奎)第三十六团团长。10月,国民革命军开始第二次东征。同时又进行南征,一直打到琼崖,统一了广东根据地。战后,十二师留驻琼崖。

1926年5月,广州国民政府出师湖南支援唐生智作战,7月正式誓师北伐。黄琪翔随第四军第十二师进入湖南、湖北和江西,在平江、汀泗桥、马回岭等战役中,击败直系吴佩孚、孙传芳的军队,颇有战功。

第四军于8月中旬经醴陵、浏阳到达平江,19日开始攻打平江城。黄琪翔的三十六团和叶挺独立团负责中路进攻。黄琪翔率第三十六团在当地农民的支援和引导下,绕道城东,攻入北门,直捣直军指挥部。吴佩孚严令死守粤汉线上的军事要隘汀泗桥,并亲率主力刘玉春等部南下增援。27日,第四军向汀泗桥发动进攻,叶挺独立团在最前面。直军凭借地形,据险顽抗。吴佩孚亲自督战,并以机关枪和大刀队组织"督战队"。大刀队连砍阵前退缩的旅、团、营长九人,阻止官兵退却。北伐军英勇进击,反复争夺,双方伤亡很大,战争一时处于胶着状态。黄琪翔建议采取迂回战术。他在附近港湾找到渔船数十艘,一夜之间将该团渡过河去。拂晓时,配合正面部队进攻,自敌后发动攻击,一举而克汀泗桥。

9月,蒋介石在江西被孙传芳打败,十二师又奉命赴援。黄琪翔采用声东击西、出敌不意的战术,在马回岭全歼孙部谢鸿勋师,又协同第七军击溃了德安之敌。11月,北伐军占领了九江、南昌。

江西战役后,十二师回武汉休整。1927年1月,扩编成第四军(军长张发奎),黄琪翔以战功卓著,升任第十二师师长,旋又任第四军副军长兼十二师师长。

4月12日,蒋介石发动政变。18日,在南京成立了"蒋记"国民政府,宁汉分裂。武汉政府出师河南,继续北伐。黄琪翔率领第四军为前锋。5月21日,与奉军接触于上蔡,一战而击败富双英师。接着直趋临颍,配合兄弟部队,和奉军主力激战。28日克临颍。6月5日,打下了开封。不久奉命回师武汉。武汉政府升张发奎为第二方面军总指挥(辖第四、第十一、第二十军),黄琪翔为第四军军长。

第四军回到武汉时,武汉政府已处于反对势力包围之中。冯玉祥在取得河南地盘后,公开倒向蒋介石,反对共产党。7月15日,汪精卫集团叛变革命,武汉政府解体。张发奎、黄琪翔仍继续拥汪。7月下旬,第二方面军移驻江西南昌(第十一、第二十军)、九江(第四军)一带,准备东征讨伐蒋介石。29 日,张、黄参加了汪等在庐山召开的"分共"会议,决定在第二方面军中"清共",严令贺龙(二十军军长)、叶挺(十一军副军长兼二十四师师长)限期将军队撤回九江。

8 月 1 日,贺龙、叶挺在共产党领导下举行南昌起义。5 日,起义部队撤离南昌,南下广东。9 月初,汪精卫因在宁、汉、沪合作的"中国国民党特别委员会"中没有掌握实权,企图据有广州,另组中央党部和政府与南京特委会对抗。于是勾结张发奎,命黄琪翔带领第四军回粤。这时,广东省主席兼第八路军总指挥李济深在八一起义军入粤威胁下,表示欢迎第四军回广东。9 月中旬,黄琪翔部到达广东。李济深要黄琪翔出兵协助打贺、叶。黄琪翔提出交换条件是李济深通电反对南京特委会,在广州召开国民党二届四次中执监委全会。李济深不同意,黄琪翔便不肯出兵。李济深因与贺、叶作战将广州的兵力抽调一空,广州便为黄琪翔所控制。

在汪精卫的策动下,11 月 17 日凌晨,张发奎、黄琪翔发动政变,以"护党"为名,骗走李济深,计划捕捉桂系首领黄绍竑,将驻广州的桂军和李济深留守广州部队包围缴械。18 日,张、黄接收了军事委员会,以张发奎为主席,黄琪翔为广州卫戍司令。12 月 2 日,南京国民政府下令讨伐张、黄。李济深亦调动两广和福建军队,从东、西、北三面包围广州。

张发奎、黄琪翔把第四军主力调到东江和西江布防。12 月 11 日晨,共产党发动了广州起义。张、黄逃到广州河南李福林第五军军部,以总指挥和军长名义调东江和西江的部队全部回师广州。13 日拂晓,薛岳、黄镇球、李福林等部配合第四军进攻广州,起义被镇压下去。14 日,南京国民政府军事委员会任命陈铭枢为东路军总指挥,黄绍竑为西路军总指挥,由李济深率领会攻广州。并下令查办张、黄。张发奎为保存实力,决定将部队撤出广东,自己出国游历。黄琪翔也避往香港。1928 年春到日本,7 月赴德国,进入柏林大学补习德文。

这时,邓演达、叶挺、宋庆龄均在柏林,黄琪翔受他们影响,有所觉悟,赞同邓演达与共产党合作的立场,赞助邓演达在中国组织新党,建立既反对国民党反动统治、又不同于共产党的第三种政治势力的主张。1929年5月,黄琪翔应宋庆龄之请,护送她回国参加孙中山移灵南京典礼,后寄居上海。1930年5月,邓演达也回到上海,发起组织中国国民党临时行动委员会(第三党)。8月,行动委员会举行结党式,成立中央干事会。黄琪翔被选参加干事会,并任军事委员会主任委员。次年11月,邓演达被蒋介石杀害。黄琪翔主持该党中央工作,负起与各地联系的责任。

1931年"九一八"事变后,蔡廷锴的十九路军调防京沪一带。黄琪翔同蔡时相过从,在抗日、反蒋问题上获得默契。1932年"一二八"事变,黄琪翔曾到前线参加作战,并发动上海行动委员会的同志支援战争。淞沪抗战失败后,蒋介石将十九路军调到福建攻打苏区,被红军击败。黄琪翔认识到只有和共产党合作,十九路军才有生存立足的可能。曾在上海奔走,推动十九路军与苏区发生联系。

1933年9月,李济深、陈铭枢、蒋光鼐、蔡廷锴酝酿组织福建人民政府,联共抗日反蒋。黄琪翔应邀参与其事。11月中旬,他赴福州参加福建人民政府的筹备工作。20日,在福州召开中国人民临时代表大会,黄琪翔担任大会主席团执行主席。会议通过了《人民权利宣言》,正式成立"中华共和国人民革命政府"。黄琪翔是政府委员和军事委员会委员,兼军委会下设参谋团主任。他为了协调福建人民政府的内部矛盾,表示第三党政纲与中华共和国的人民权利宣言之基本原则相同,无单独成立组织的必要,于12月11日宣布解散。

1934年1月,福建人民政府在蒋介石大规模军事进攻下失败。黄琪翔于月底逃到香港。6月,再度赴德国。次年初,在柏林参加了进步学生组织"留德学生抗日联合会",与蒋介石派遣的留德学生展开斗争。

这年8月,中国共产党发表"八一宣言",推动全国抗日运动不断高涨。散在国内外各地的中国国民党临时行动委员会成员,决定恢复组织,投身抗日救亡工作。11月1日,在香港召开第二次干部会议,决定改名为"中华民族解放行动委员会",通过了以抗日为中心任务的"临时行动纲领",推选当时在德国的黄琪翔为总书记,并发表宣言,要求团结、民主和抗日,反对蒋介石的官僚政治和对日妥协政策。1936年以后,国内团结抗日的局面逐渐形成。10月,黄琪翔接陈诚电报要他迅速回国参加抗日。年底,他回到香港,与第三党负责人章伯钧、彭泽民等会晤。

1937年1月,黄琪翔在南京由陈诚引荐和蒋介石见了面。不久被任命为训练总监部炮兵监。同年爆发上海"八一三"抗战,他以第八集团军副总司令和右翼军副总司令参加作战指挥。11月,上海抗战失败,全军西撤。冬,黄琪翔到达武汉。

1938年1月,国民政府在武汉成立军事委员会政治部,陈诚为部长。蒋介石为了点缀"团结抗日",又任命周恩来、黄琪翔为副部长。黄琪翔努力与周恩来合作,壮大抗日阵容。但是,政治部中反共势力日益嚣张。8月间,黄、周先后去职。之后,黄琪翔被调到军训部任次长(部长白崇禧),离开武汉前往桂林。

1939年秋,黄琪翔任第二十六集团军总司令,驻在湖南邵阳,准备应付日本侵略军进攻长沙。不久又任第十一集团军总司令,设指挥所于湖北枣阳,在第五战区司令长官李宗仁指挥下,防守随、枣地区。1940年5月,日军向大洪山区进犯,企图占领宜昌。第五战区在随、枣、当阳、荆门一带布防,由黄琪翔和汤恩伯、张自忠分别担任正面和左右翼作战。汤恩伯为保存实力,不战而退。枣阳暴露敌前,黄琪翔不得不撤至襄樊。张自忠被包围,在激战中牺牲。黄琪翔满腔悲愤,撤退时挥泪书写了"还我河山"四个大字在办公室黑板上。撤退后他沉着指挥,积极反攻,7月收复了枣阳。9月,第十一集团军番号撤销,黄琪翔调任预备集团军总司令,于1941年初到重庆。

同年冬,黄琪翔又调任第六战区副司令长官,驻湖北恩施和四川黔江。第六战区辖长江南岸鄂西、湘西地区。为了把湘西的粮食抢运到鄂西供应部队,战区成立了湘谷转运处,黄琪翔兼处长。皖南事变后,新四军军长叶挺被拘禁在恩施,黄琪翔不避嫌疑,时加看望并予照顾。

太平洋战争在这年12月爆发。1942年,中国组成远征军,准备协同盟军进攻缅甸日军的基地。远征军司令长官部设在昆明,黄琪翔任副司令长官。抗战胜利后,黄琪翔改任中印公路东段警备司令,负责油管警卫。1946年司令部撤销,黄琪翔回到重庆。

蒋介石发动反人民内战,黄琪翔不愿参加,又无挽救办法,便主动要求担任驻德军事代表团团长,于1947年6月起程赴德。1948年,解放战争进入全面胜利阶段。蒋介石政权濒临覆灭,寄希望于美苏冲突和第三次世界大战爆发。8月,由于西柏林换新货币问题引起美苏矛盾扩大,形势颇为紧张。10月,黄琪翔接到蒋介石要他回国报告美苏关系的电报。他到南京见蒋介石,分析大战不可能发生的因素,劝蒋介石停止反共内战。蒋大为失望。黄又劝他恢复和谈,蒋更为不满。这次会见,使黄琪翔对蒋的幻想最后破灭,便不愿再去柏林。年底,由上海转广州,潜赴香港,决心归附人民。

1949年8月,黄琪翔以特邀代表名义到北平出席中国人民政治协商会议第一届全体会议,接着参加开国大典。中华人民共和国成立后,他历任中南军政委员会委员和司法部长,国家体委副主任,国防委员会委员,第一届全国人民代表大会代表,法案委员会委员,第一届全国政协委员、常委,第三届全国政协委员、常委,农工民主党副主席兼秘书长,中国民主同盟第二届中央委员。

1970年12月10日,黄琪翔病逝于北京。

主要参考资料

杨逸棠:《黄琪翔传略》,中国人民政治协商会议广东省委员会文史资料研究委员会编《广东文史资料》第45辑,1985年版。

黄 少 谷

陈志新

黄少谷,幼名亮。1901 年 7 月 24 日(清光绪二十七年六月初九)生于湖南南县麻河口镇一个平民之家。黄少有大志,曾慕诸葛孔明而改名亮。初就读长沙妙高峰中学,1919 年转长沙明德中学,后又以倾慕北宋诗人黄山谷而改名少谷。时值五四爱国运动爆发,是年 12 月,黄在长沙驱张(敬尧,时为湖南督军兼省长)学潮中崭露头角,俨然为学生领袖。

1922 年底,黄少谷中学毕业,翌年春考取北京师范大学教育系。因教育经费不足,学业靠公费难得保证,黄遂在校外谋求生路,以半工半读自立。1925 年,在成舍我创办的《世界日报》晚刊《世界晚报》求得一职,是与新闻界接触之始。不久,黄与成成莫逆,遂担任该晚报主编。

1924 年 11 月,孙中山应冯玉祥、段祺瑞之邀北上共商国是,推动了北方国民党组织的发展。1925 年,黄少谷加入了国民党。1926 年 6 月,国民革命军开始北伐,张作霖在北京限制、镇压国共两党的活动,黄于是年末毕业,已无法容身北京,经李大钊介绍投到冯玉祥麾下。1927 年 5 月,黄任冯的第二集团军总司令部秘书。一度被委为豫、陕、甘三省宣传处长以及三省农民训练所所长。其后总司令部秘书长何其巩辞职,黄继任之。

1929 年,冯玉祥联桂反蒋离宁北上,委黄少谷为其驻沪、宁代表。1930 年,阎锡山、冯玉祥联合国民党改组派的汪精卫、陈公博以及西山会议派的邹鲁、谢持等在北平召开"中国国民党中央党部扩大会议",黄作为冯的全权代表出席会议，一切重要的文稿，大多出自其手笔。黄的才华，也受到南京蒋介石政府的重视。1931年，黄少谷当选国民党中央候补监察委员。1934年他决定出国深造，得到实业部长陈公博、铁道部长顾孟馀的资助，黄赴英入伦敦大学政治经济学院，研究国际经济。行前，他曾与成舍我约定，计划在南京、上海、北平、汉口、昆明等大城市建立起《世界日报》网，各地方社刊社论，全国性的由总社撰稿，地方性的由分社供稿。黄抵英后曾广为收集资料，因抗日战争爆发，计划未及实现。后来，他主持《扫荡报》，差堪贯彻初衷。

　　1937年7月，全民族抗日战争爆发，黄少谷由英返国，时湖南省主席张治中，委黄为湘省第八专区行政督察员兼郴县县长。是年，粮食歉收，一些迷信很深的士绅，微词黄少谷，乃缺粮不祥之兆，故有此厄运，黄立即辞职离去。1938年夏，黄赴渝，被延聘到监察院任职。1939年，黄又兼任国防部最高委员会秘书厅参事。1940年10月，张治中继陈诚出任军政部长，黄应张邀转任军事委员会主任委员。翌年，黄继郭沫若出任军政部第三厅厅长，主管军队中的宣传工作。1943年，黄出任国民党军队之喉舌《扫荡报》社长。到职后，对该报大刀阔斧地进行整顿革新，充实编辑部人员，并亲自兼总主笔，掌握言论。抗战胜利后，该报易名为《和平日报》。1945年国共重庆谈判期间，《和平日报》先国民党中央的机关报《中央日报》一步，发表反共社论。黄少谷自称"这是和共产党作理论上的争论"，实际上是为蒋介石的反共制造舆论。

　　1945年3月，黄少谷兼任军事委员会政治部副部长。1946年，出任三民主义青年团中央常务干事，开始同蒋经国接近。11月，黄少谷当上了制宪国大代表，1948年他又当上了立法委员。7月，黄出任国民党中央宣传部长。时国民党蒋介石集团败局已定，内部一片混乱，中央党部内更是闹得乌烟瘴气。蒋介石于内外交困的形势下，仍作最后挣扎，玩弄伪和谈的缓兵之计，引退幕后指挥，把副总统李宗仁推到前台。黄少谷是国民党蒋介石集团主战派的死硬分子，力言不可与中共谈判，称"和谈是陷阱"，一经跌入，即难以自拔。他说："我是主战的，是宣传打共产党的宣传部长,现在中央决策是主和的,主战的部长就应该下台。"虽然如此,他们仍守在南京丁家桥中央党部。

1949 年 1 月 14 日,中共中央主席毛泽东提出与国民党和谈的八项条件。21 日,蒋介石发表引退文告,李宗仁宣告代职。黄少谷出任行政院秘书长,协助何应钦处理和谈事务。是时,人民解放军已兵临南京城下,南京城内一片狼藉,黄少谷与陶希圣谋划发出统一社论,鼓吹蒋"总统"虽然引退,但仍以中国国民党总裁地位领导"反共大业"。4月 20 日,李宗仁、何应钦复张治中拒绝在"国内和平协定"签字的两千字电文训令也出自黄少谷的手笔。

4 月 22 日,人民解放军发起渡江战役,南京国民党政府各院、部、会撤往广州,总统府撤往上海。6 月,阎锡山继何应钦出任行政院长,黄改任政务委员。蒋介石逃台后,于是年 8 月 1 日在台湾草山(阳明山)成立办公室,黄被委秘书主任,随倚蒋介石参加在碧瑶、镇海与菲、韩元首会谈。国民党蒋介石集团逃台之初组织中央改造委员会,力图振作革新。初拟名单中有黄少谷,而蒋经国未在其列。黄遂陈情蒋介石,愿将己名剔除,改为蒋经国。

1950 年 3 月 1 日,蒋介石复任"总统",陈诚"组阁",黄少谷应邀任"行政院"政务委员兼秘书长。黄在陈阁四年任职内,正是蒋介石推行经济改革时期,以三七五减租,公地放领,实行所谓"耕者有其田"政策。黄以和与忍从事斡旋,发挥幕僚长的最大作用,使若干不同政见、不同利害、甚至有所求、有所恃的反对者大都能谅解。陈诚的大幅度改革措施始能突破阻力。尤以周至柔任参谋总长时,因军费问题时常与陈诚龃龉,多由黄从中化解。黄少谷在蒋介石集团中素以老谋深算著称,"立法院"开会时,"立法委员"质询多有逾越,陈诚不便答复,但又不能不讲明,黄列席会议,以便条向陈提醒。

1952 年,黄少谷被指为"改造"后的国民党中央常务委员。1954 年6 月,俞鸿钧任"行政院"院长,黄少谷副之。1956 年,发生所谓郭建亮等人"共谍"案,牵涉到孙立人,震动岛内,蒋介石派陈诚主持调查委员会,黄是委员之一。黄少谷以此案涉及政治与国际影响,力主"大事化小,小事化无"的原则,积极疏通各委员,结果卒如黄少谷所拟,以孙立人历戎行,抗战有功,特准辞去"总统府"参军长结案。

1957年,黄少谷兼任国民党中央宣传工作指导委员会主任委员。1958年7月,陈诚再度"组阁",黄继叶公超出任"外交部长",曾语人曰:"昔日为外交舞台导演、舞台监督,今则为演员,方知各有其难处。"黄与叶相处甚洽,每遇所谓"外交"棘手问题,经常商谈至深夜,尔后将意见报蒋裁决。其间,黄少谷以"国民政府"特使身份参加阿根廷总统伦迪兹、教皇若望二十三世加冕和墨西哥总统马特俄斯就职典礼,并到美洲十一个国家进行游说,宣慰华侨。1960年,黄少谷出任台湾驻西班牙"大使"。

1963年,黄少谷卸任归台,任"总统府"国策顾问,并应台北报业公会之聘,任报业新闻评议委员会委员。1966年,黄应"行政院"院长严家淦之邀,再度充当副院长。1967年2月,蒋介石特任其为"国家安全会议"秘书长。1969年6月,辞去副院长职。1976年4月,黄出任"总统府"资政,仍兼"国家安全会议"秘书长。1979年7月,黄少谷出任"司法院"院长。黄少谷与蒋经国的关系密切,蒋经国掌权后,凡遇重要而敏感的党政大计,必先密谈问计于黄,然后通过黄向国民党元老们转达蒋的意见。因此,黄少谷不但被称为国民党元老中的"智多星",又成为蒋经国政治班底中支撑力量的重要人物。

1996年10月16日,黄少谷病故于台湾。

主要参考资料

马齐彬等编:《中国国民党历史事件人物资料辑录》,中国人民解放军出版社1998年版。

张朝桅主编:《中华民国现代名人录》(1983年—1984年),中国名人传记中心1984年印行。

叶明:《政治人物的风度——黄少老百龄诞辰纪念》,台北《传记文学》第 75 卷第 2 期(1999 年 2 月)。

漆高儒:《我所知道黄少谷二三事》,台北《传记文学》第 69 卷第 6 期(1996 年 6 月)。

黄　绍　竑

胡启望　项美珍

黄绍竑，又名绍雄，字季宽，广西容县人。生于 1895 年 12 月 1 日（清光绪二十一年十月十五日），出身大地主家庭。其父黄玉梁系秀才，以教书为业。1903 年黄绍竑入族立珊萃学堂学习，1908 年至桂林入兑泽高等小学，1910 年春考入广西陆军小学第四期，与第三期李宗仁等同学。"陆小"为当时广西同盟会的活动中心，黄绍竑亦受到革命思想影响。

辛亥革命爆发后，"陆小"组织学生军，黄绍竑加入学生军北伐敢死队任班长，到武昌增援，不久调南京。1912 年春南北和议告成，学生军转入南京入伍生队。同年秋黄绍竑入武昌陆军第二预备学校，1914 年冬毕业，分入北苑陆军第十师。次年 6 月，入保定军官学校第三期学兵科，与白崇禧、夏威等同学。1916 年冬毕业，分回广西陆军第一师任见习排长，属旧桂系陆荣廷部。翌年夏，任广西新军模范营第三连连副，开始了他的带兵生涯。其时，陆荣廷新组模范营以安置军校毕业生，黄绍竑遂与白崇禧、夏威等凑集一起，是为奠定此后统一桂局合作精神之基础的开始。

在护法战争中，模范营改为护法军湘粤桂联军总司令部卫队营。1919 年冬，卫队营编入桂军第一师第二团，黄绍竑任连长。1920 年粤桂战争爆发，桂军失败，他随部退回广西。翌年又发生粤军援桂战争，黄绍竑驻防百色。旧桂系陆荣廷部被粤军击溃后，7 月孙中山任命马君武为广西省省长。1921 年 8 月，马晓军因拥护孙中山驱逐陆荣廷被委为广西田南道第十三属警备司令,将所部扩编为四个营,黄绍竑升任第一营营长。其时旧桂系余部纷纷树起自治军旗号,刘日福自称自治军第一军总司令,不久将马晓军部包围缴械,黄绍竑被俘后设法脱逃。

黄绍竑脱身后,在凌云、西林等县豪绅支持下,搜罗杂枪二百余支组成两个营,与白崇禧所率残部汇合,联合粤军反攻百色。1922年春,复请马晓军任统带,改编为广西警备军第五路军,黄绍竑任第一统领,白崇禧为第二统领,各编三个营,共一千余人,由百色进至南宁。当陈炯明叛变,将粤军从广西撤走后,各地自治军又复起,第五路军在恩隆地带无法立足,马晓军离开南宁将部队交黄绍竑统率。黄绍竑率部暂归广西自治军第二路总司令李宗仁部下,任第三支队司令,回家乡容县一带活动,周旋于自治军和粤军之间,两面敷衍俟机而动。

1923年春,黄绍竑为了求得发展,脱离李宗仁部投靠广东军务督理沈鸿英,被委为广西陆军第八旅旅长,同时又投靠粤军陈济棠部,任独立旅旅长,准备出师梧州;他还派代表与广州革命政府联络,8月任中央直辖西路讨贼军第五师师长,后被委为广西讨贼军总指挥。当粤军攻占肇庆,桂军沈鸿英部溃退梧州之时,黄绍竑在粤军配合下占领梧州,打出讨贼军总指挥的旗号,下辖三个团,有人枪三千余,开始形成一支独立的武装力量。

讨贼军成立后不久,李宗仁于1923年秋自称"定桂军总指挥",黄绍竑与李配合先将"自治军"陆高云部击败。次年5月趁沈鸿英部包围陆荣廷部于桂林之际,他采取各个击破之策,先联沈将陆推倒,然后再击沈。黄、李分兵出师讨陆,6月占领南宁。之后陆荣廷被迫下野去上海,黄、李随即成立"定桂讨贼联军司令部",李宗仁任总指挥,黄绍竑为副总指挥,白崇禧为前敌总指挥,从组织上巩固了李、黄等的联合。到8月,定桂讨贼联军相继将陆荣廷余部韩采凤、陆福祥、谭浩清、谭浩澄等部击溃,消灭陆的余部二万余人,趁势攻占柳州、都安、龙州等地,占领了广西三分之二以上地盘。经过几个月的战斗,新桂系势力得以壮大。

1924年11月26日,黄绍竑应李济深的邀请前往广州,由廖仲恺、许崇智介绍加入国民党,并任广西省党务特派员。他回广西后,与李宗仁等在浔州召开广西善后会议,以李任广西督办,他任会办。时广州大元帅府委刘震寰为广西省省长,黄绍竑与李宗仁合力拒阻,为此他应邀赴穗与大本营商洽。12月1日,大本营改组联军总指挥部,任命李宗仁为广西绥靖督办公署督办兼广西陆军第一军军长,黄绍竑为会办兼第二军军长。

1925年春,黄绍竑与李宗仁得粤军第一师李济深部援助,将沈鸿英残部逐出湘粤边区,7月上旬将入侵广西的滇军逐回云南。9月新桂系终于统一了广西,黄绍竑任广西民政厅长,下设内务、财政、教育、建设四厅。新桂系的统治从此开始,他和李宗仁对广西进行一系列的改革和建设,如整顿部队、吏治,统一币制,改革税制,振兴教育,发展交通,以及兴办水利、垦荒植树等,成绩颇为显著,一时有"新广西"之称。

1926年1月,国民党"二大",黄绍竑当选为中央监察委员会候补委员。3月他去广州出席两广统一特别委员会议,经商定改由李宗仁任广西全省军务督办,改编广西军为国民革命军第七军,以李宗仁为军长,黄绍竑为党代表。李宗仁率第七军的半数约二万余人,编成两个纵队参加北伐,其余部队由黄绍竑指挥,留守广西。同年夏,广州国民政府颁布省政府组织法,黄绍竑改任广西省政府委员兼主席。

1927年2月,黄绍竑当选为国民党广西省党部第二届执行委员兼训练部部长,同时兼广西政府军事厅厅长,随后又任广州国民政府委员等职。4月蒋介石在上海策划清党反共,黄绍竑前往参加清党会议,会后立即电令黄旭初在广西清党反共。5月组织广西清党委员会并任主席,于梧州、南宁、桂林、柳州设立分会,积极进行清党反共。7月,任国民政府军事委员会委员。

由于蒋介石、汪精卫等先后清党反共,背叛革命,中共于8月1日在南昌举行武装起义,随后起义军南下向广东进发。黄绍竑接受李济深委任为第八路军副总指挥兼前敌总指挥,亲率吕焕炎师进驻南雄,阻止起义军南下。10月，汪精卫到广州和张发奎策划，欲以武力统一两广作为政治资本，乃决定先将李济深骗离广州，然后将黄绍竑诱捕杀害。11月16日夜，张发奎、黄琪翔发动兵变，黄绍竑闻讯化装潜逃，经香港、越南回到广西，指挥第十五军集中梧州筹谋抵抗，终于爆发了粤桂战争。此时，共产党在广州趁时起义，张发奎因此受到抨击而下野，李济深恢复了对广东的统治，黄绍竑再度将兵力伸入广东，于河源的潭下圩大败张发奎部，与武汉的李宗仁相呼应，成为新桂系的鼎盛时期。1928年2月，在国民党二届四中全会上递补为中央监察委员。

　　蒋介石在继续北伐军事结束后，于1929年1月召开编遣会议，亟谋削弱李宗仁的第四集团军及其他派系，遭到强烈反对。编遣会议破裂后，蒋介石囚禁李济深于南京汤山，黄绍竑力主军事救援，被推为第八路军代总指挥。3月蒋桂战争爆发，桂军在武汉、平津失败，李宗仁回到广西策划攻粤反蒋，同时由黄出面与蒋交涉，蒋介石决心彻底消灭桂系，除分兵合围广西外，并以陈济棠为广西编遣区主任，迫令黄绍竑将李宗仁解送南京，随后又免去黄绍竑广西省政府主席等职。桂系被迫武力反抗，由黄绍竑和白崇禧率师入粤，以期先发制人，一举攻下广州。然以劳师远征又寡不敌众而败北，遂撤回广西，但广西已由蒋介石委派投靠南京的俞作柏和李明瑞掌握，他和白崇禧被迫经越南去香港。9月，改组派发动"护党救国"运动，策动俞作柏、李明瑞反蒋，俞、李的反蒋很快失败，黄绍竑和李宗仁趁时返回广西，于南宁成立"护党救国军"，黄绍竑任副总司令兼省主席。12月，桂军会同张发奎部，分道进袭广州，被粤军在北流击败，嗣后双方对峙于西江两岸。黄绍竑被蒋介石开除党籍和撤销中央监察委员之职。

　　1930年5月，蒋、冯、阎中原大战爆发。桂军加入阎、冯军反蒋为第一方面军，全力出兵衡阳，进占长沙，黄绍竑留守广西。6月，桂军在衡阳被粤军腰击，遭到重大失败，于7月退回广西。时湘军进驻全州，滇军包围南宁，粤军占领梧州，桂军四面楚歌。黄绍竑意志消沉，萌生退意，于8月相继辞第十五军军长和广西省主席等职通电下野。当时，他认为桂系局面极为严重,同蒋介石争天下肯定争不过,不如趁此借着桂系的影响,凭着自己的手段到外头去混,决心离开广西脱离桂系。

同年冬,黄绍竑去香港,后经蒋介石派人迎往南京。1931年2月,他虽被蒋委为广西军务善后督办,但只能在上海、香港两地活动。是年夏,他一度回到广西,李宗仁请其留下任广西经济督办,黄未允。嗣后他返回香港,再往菲律宾考察。"九一八"事变后,宁、粤双方于上海召开"和平统一"会议,10月黄绍竑被恢复国民党党籍。11月,黄绍竑参加了国民党四届一中全会,当选为中央监察委员。会后,蒋介石通电下野,他闲住于香港静观局势的变化。

1932年1月下旬,南京的孙科内阁无法维持,蒋介石与汪精卫再次合作而重新登台,黄绍竑应邀到南京,任国民政府委员。5月出任内政部部长,实际替蒋介石奔走,撮合各派系,所以有人称之为"内交部长"。

1933年夏,陈铭枢与李济深密谋反蒋,黄绍竑认为第十九路军很有声誉和力量,在福建地区完全可以搞成一个独立王国,于是乃暗中与之联络。可是当福建人民政府成立时,他又害怕起来,同年秋,黄以中央特派员、内蒙宣抚使身份去内蒙,与德王商谈改革蒙古地方自治方案。其时,黄绍竑感到追随蒋介石非常失意,于失望之余请假回到广西。蒋介石对他回到广西很不放心,于1934年12月委他为浙江省主席兼民政厅厅长、保安司令。他上任后推行保甲制,划分九个督察区,设行政督察专员。

1936年,两广反蒋事件爆发后,蒋介石为免除广西后患,7月又任命黄绍竑为广西绥靖主任负责处理广西善后。同年12月,被调任湖北省主席。西安事变爆发,他一度被讨伐派何应钦任命为参谋长,为营救蒋介石曾去太原请阎锡山出面调停。1937年夏,他参加庐山军官训练团,任第二总队队长,参与集训全国中学校长和国民党高中级军官。

"七七"事变爆发后,黄绍竑赴南京出任军委会主管作战计划与作战命令的第一部部长,不久改任第二战区副司令长官,在山西协助阎锡山指挥作战。山西娘子关、阳泉陷落后，黄回到南京。11 月改任浙江省主席兼第三战区游击总司令。他刚到任杭州陷落，后将省会先后迁往金华、永康、方岩、松阳、云和等地，浙江大部地区被日军侵占，但仍拟定"浙江省战时政治纲领"，并组织"浙江省战时工作队"，开办战时政治工作人员训练团和战时青年训练团，坚持开展抗日工作。战时，黄绍竑兼浙江国民抗日自卫团总司令，曾一度兼第三战区副司令长官。抗战期间，中共领导人周恩来曾到浙江访问过他，之后与中共人员有多方面的接触。

抗日战争胜利后，蒋介石鉴于黄绍竑在战时与中共多有接触，且做事往往独断专行，于 1946 年 3 月免去他浙江省主席职务。从此他对蒋的戒心日重，到上海做寓公静观时局。次年他先后被选为国民政府委员、立法委员、监察院副院长，对这些毫无实权的闲职，他内心颇为不满。1948 年 1 月，李济深等在香港组织中国国民党革命委员会，黄绍竑参与活动，决心与蒋介石分道扬镳。同年 4 月，国民党召开"行宪国大"，他积极支持李宗仁竞选副总统，充当"参谋长"拉选票击败对手。翌年 1 月，蒋介石隐居幕后，由李宗仁代总统。黄绍竑受李宗仁、白崇禧之托，到香港邀请李济深共同出面做国共间的"调人"。4 月，国共在北平举行"和谈"时，他和张治中等七人任国民党方面的谈判代表。国共和谈拟定八条二十四款的《国共和平协定最后修正案》后，黄绍竑携回南京，结果被国民党方面所拒，他只好只身去香港。在北平和谈期间，黄绍竑已看到全国解放是大势所趋，中国未来的希望只能靠共产党，所以在港期间即向原桂系的人士畅谈北平见闻，表明自己拥护中共的统一战线政策，策动他们弃暗投明。8 月，黄绍竑等四十四人在港公开发表《我们对于现阶段中国革命的认识与主张》，声明脱离蒋介石集团及其国民党，不久离港去北平，参加 9 月召开的中国人民政治协商会议第一届全体会议。

中华人民共和国成立后，黄绍竑历任中央人民政府政务院政务委员、中国人民政治协商会议第一、二、三届全国委员，全国人大一届常委,以及民革中央常委兼和平解放台湾委员会副主任等职。1957年,他被错划成右派,1960年10月得到改正。1966年8月31日遭到迫害致死。1982年12月29日,全国政协和民革中央在北京为他召开了追悼会黄绍竑的冤案得到平反昭雪。

主要参考资料

黄绍竑著:《黄绍竑回忆录》,广西人民出版社1991年版。

黄绍竑:《新桂系的崛起与两广统一及大革命北伐》,中国人民政治协商会议广西壮族自治区委员会文史资料研究委员会编《广西文史资料选辑》第6辑,1964年版。

黄绍竑:《我与蒋介石和桂系的关系》,中国人民政治协商会议全国委员会文史资料研究委员会编《文史资料选辑》第7辑,中华书局1960年版。

李宗仁口述、唐德刚撰:《李宗仁回忆录》,广西人民出版社1988年版。

黄　维

严如平

　　黄维,字悟我、培我,江西贵溪县人,1904 年 2 月 28 日(清光绪三十年正月十三日)生于一个农家。父亲早逝,由母亲抚育成人。清贫的童年生活,使他形成坚毅、勤朴的品质和内向的性格。少时在本乡读小学,1918 年考入江西省立第四师范,苦读五年,学习勤奋,成绩优秀。1923 年毕业后回家乡,在小学执教。

　　1924 年春,黄维前往上海谋求出路,其时国民党决定开办陆军军官学校,在上海秘密招生,黄维得到上饶同乡方志敏的帮助,报考军校初试录取,到广州复试后,编入第二队。黄刻苦训练,遵守纪律,年末毕业后留校,任第三期入伍生总队中尉区队长。1925 年 2 月军校师生组成教导团和学生军参加东征,黄维任排长。经淡水、棉湖等战斗,东征奏捷。黄又随教导团改组成的党军第一旅回师广州,参加平定刘震寰、杨希闵滇桂军叛乱。8 月,国民政府编组国民革命军,黄维编在第一军第一师。10 月参加第二次东征,隶属何应钦第一纵队,因作战英勇,身先士卒,战后升任连长。

　　国民政府于 1926 年 7 月出师北伐,黄维任营长,隶属预备第一师第三团。队伍新兵多,黄维在师长严重和团长陈诚带领下,以身作则,边前进边训练边演习,战斗力逐渐提高。预一师第三团于 11 月由韶关进驻赣州,改番号为第二十一师第六十三团,东进浙江,攻打孙传芳军,在龙游、兰溪一带与敌卢香亭部激战;继而在桐庐浪石埠架桥渡江,与孟昭月部又苦战不止;终于在严重指挥下全师猛力进攻,于 1927 年 2

月18日克复杭州。第二十一师继又从嘉兴攻击前进,3月21日进据苏州,5月渡江北上,次第攻占邵伯、高邮、界首、宝应、淮安等地。黄维作战英勇,不畏艰苦,于6月升任第六十一团团长。8月,孙传芳军先在徐州一战中击退了蒋介石指挥的进攻,继分三路渡江南下反扑,占领龙潭和栖霞山,危及南京。黄维率领第六十一团和李树森第六十二团在师长陈诚指挥下驰援进攻栖霞山,击退敌军,救出被围困的友军;继而向南北象山一再冲锋,与孙传芳的白俄敢死队展开肉搏战,至28日晨攻克;接着又疾进黄龙山,大举歼灭敌人,在龙潭战役中立下战功。1928年4月,黄维又率部北上,参加讨伐奉军的战争。

北伐战争结束后,蒋介石编遣军队,将第一集团军各部缩编为六个师,黄维所部编属曹万顺、陈诚第十一师,他仍任团长。1929年初,他被选送至陆军大学特别班第一期进修两年,大大提高了军事理论素养和文化科学知识。毕业后回第十一师,升任第三十一旅旅长。

在蒋介石发动第三次"围剿"工农红军的战争中,黄维率第三十一旅随同罗卓英第十一师全师,在第十八军军长陈诚的指挥下,驰援赣州。黄维率部经马家洲、云田墟到达赣州以西的河地,于1931年3月2日晚在赣水贡水汇合之地偷架浮桥渡河,3月7日由坑道出城追击向赣州以东以南地区转移的红军。7月,在参与进占黎川、广昌、鄂都(今于都)等战之后,又奔赣江,寻找红军主力终不得见,队伍被拖得疲惫不堪。1933年3月参加第四次"围剿",编属"赣粤闽湘边区剿匪军"中路军,在陈诚指挥下与红军主力在宜黄南部草台岗、东陵地区激战遭败。第十一师开往崇仁防守,黄维升任第十一师副师长。不久被调赴庐山参加"赣粤闽湘鄂北路剿匪军训练团"受训,以去除惧怕心理。9月,蒋介石发动第五次"围剿",黄维升任第十一师师长,率部开往南丰地区。翌年3月在黎川附近的樟村、横村投入战斗,阻击红军的反攻;5月在取广昌的战役中任预备队;9月进抵宁都,继向鄂都进击。红军主力长征后,黄维率师至韶关、大庾岭一带担任"清剿"任务;1935年7月又入浙江,"清剿"浙西南地区的红军。

　　黄维在几次"围剿"红军的作战中,听从命令,勇猛顽强,深得蒋介石、陈诚的赞许,1937年初被选派赴德国学习考察。"七七"事变爆发后,黄维提前于9月回国,任第十八军第六十七师师长,率部投入淞沪会战。先在罗店、浏河一带与日军恶战,罗店失而复得,三次易手,黄维率领抗日将士浴血奋战,不畏牺牲。嗣后在金家宅、沈家桥等地进行阵地战,伤亡惨重。11月初战局恶化,黄维奉命率部至沪西苏州河南岸防守八字桥、厅头镇,拼死抗击日军;继而开赴安亭车站掩护大军撤退。后经无锡、宜兴、长兴转移到皖南山地。1938年5月,黄维升任第十八军军长,辖第十一、六十七师,参加武汉会战。7月调赴江西德安地区驻防,9月与俞济时第七十四军合力在马回岭截击敌第九师团一部,继又阻击敌第一〇六师团,在马回岭展开激战。战后转移至湘鄂地区。

　　1939年冬,黄维奉命调至滇越边境任第五十四军军长。其时该军给养困难,军粮多霉变、掺沙,官兵食不果腹,士气低落。黄维到任后,决定增发口粮,并向军政部申报,请求解决。军政部派员来调查时,黄维态度强硬,又不给贿赂,致使问题拖延不得解决。他迭电军政部长何应钦,语多愤激,并以请求辞职相胁。不久他被调回重庆,挂名军事委员会高参。黄维向蒋介石汇报了有关情况后,告假回到老家江西贵溪,息影林泉。

　　抗日战争进入到1944年,蒋介石发动十万知识青年从军入伍,编组精锐的青年军,特在重庆设立"青年军编练总监部",以罗卓英为总监,黄维为副总监。总监部在江西横峰县莲荷村成立东南分部,黄维兼任分部主任,并任军事委员会干训团副教育长兼东南分团主任。他在莲荷悉心从事培训青年军军事和政工干部,制订了一整套训练和教学计划,按照不同的培训目标实行不同内容的培训,严格要求,一丝不苟。他要求教官和职员以身作则,不准辱骂和体罚学员,并严厉惩治贪污违纪分子。抗战胜利后,青年军分编为三个军,黄维于1946年6月任第三十一军军长,辖第二〇八、二〇九师,在浙江杭州、绍兴地区实施预备军官训练。1947年春,黄维被调任国防部联合勤务总部副总司令;9月任陆军第三训练处处长,至武汉创办新制军官学校,任校长,仿照美国西点军校的教学方式训练军官。

其时,蒋介石发动的全面内战连连受挫,1948 年 8 月召开军事会议,决定实施"重点防御"战略,编配强大的机动兵团。黄维被任命为第十二兵团司令官,辖杨伯涛第十八军、覃道善第十军、熊绶春第十四军、吴绍周第八十五军和一个快速纵队共十余万兵力,集结于确山、驻马店、遂平地区。11 月 6 日淮海战役拉开战幕,黄维接徐州"剿总"刘峙命令,指挥第十二兵团由驻马店出发,经正阳、新蔡于 15 日到阜阳;16 日第十八军强渡涡河后,18 日各军次第到达蒙城附近地区。黄维部署第十八军占领蒙城,第十军由西阳集渡涡河向蒙城靠拢,第十四军在蒙城东南,形成掎角之势,构筑坚固工事,准备稳扎稳打。这时,黄百韬第七兵团在碾庄被围,蒋介石电命黄维兵团向宿县急进。黄维不得不放弃固守蒙城的打算,指挥所部向北攻击前进。他以第十八军及快速纵队为右路,沿蒙宿公路直趋宿县;以第十军为左路,进击宿县以西地区;兵团司令部及第十四军沿蒙宿公路推进。20 日,各部先后到达浍河以南之南坪集、赵集一带,但沿浍河阵地均已被中原解放军占领;接着,蒙城又被解放军占领,断了黄维兵团的后路;而东、西、北三面都是解放军布下的重兵。22 日,传来黄百韬兵团被歼的消息,而黄维兵团仍然被命令要向宿县前进。面对中原解放军不断增调兵力进行包围的严峻形势,黄维与兵团副司令官兼八十五军军长吴绍周、十八军军长杨伯涛等人反复商量对策,举棋不定,犹豫再三,最后决定向南坪集东南八十余里的铁路线固镇转移,以便沿津浦线南趋蚌埠,于 24 日下午开始行动。然而时机已失,解放军于 25 日将黄维兵团包围在双堆集附近地区。蒋介石接报后命令黄维迅速率部向蚌埠方向突围,黄维立即挑选四个主力师突围而出,不料第十五军一一〇师廖运周于此时率部起义,突围未成。黄维接到蒋介石的电令"就地固守待援,不要轻举妄动"后,便督饬各军遵令固守,转入阵地防御。但中原解放军九个纵队不断发动逐点攻击,紧缩包围圈,兵团各部粮弹日缺,空投接济部分所获甚少,还常引起争抢，士气低落。蒋介石 28 日下令杜聿明率邱清泉第二兵团、李弥第十三兵团、孙元良第十六兵团经永城南下涡阳、蒙城，解救黄维兵团。但是杜聿明指挥三个兵团未达永城，即于 12 月 4 日全部被华东野战军包围于陈官庄、青龙集、李石林地区，不得前进。

12 月 7 日，黄维派兵团副司令官胡琏飞去南京，向蒋介石详细报告危急局面，蒋允可以突围。面对解放军的层层包围，黄维要求空军实施轰炸以掩护大部队突围，还寄望投放毒气弹以威慑解放军。这时，中原解放军继续紧缩包围圈，又得华东野战军之增援和配合，攻占了双堆集东侧和北端的据点，把十二兵团十万兵力压缩在双堆集、大小马庄、杨庄等东西不足三里的狭长地区内。13 日晚，解放军各部发起最后攻击，十二兵团各部虽然顽强抵抗，但无法挽回颓局。15 日，黄维部署各军分路冒死突围，自己乘坐战车于下午 4 时跟着第十一师冲出包围圈，但战车在途中发生故障，他不得不下车，混杂在溃兵中奔逃，在南坪集东南的周庄被解放军俘获。十二兵团十余万人至 15 日 24 时被全部歼灭。

黄维被俘后，关押在北京功德林战犯管理所学习、改造。他虽患有肺、腹膜、淋巴、副囊、精囊五种结核病，但得到了人道主义的治疗长达四年，获得痊愈。他在管理所一心想发明创造一种"永动机"，耗费很大精力，虽未成功，但得到鼓励。

1975 年 12 月，黄维获特赦，被安排在全国政协文史资料研究委员会任专员。在第五、六届全国政协会议上被推举为常务委员，热心祖国统一大业。

1989 年 3 月 20 日，黄维因心脏病在北京去世。

主要参考资料

陈训正编著：《国民革命军战史初稿》，1929 年南京版。

台湾"国防部"史政局编：《剿匪战史》，"中华大典编印会"，成文出版社 1967 年版。

杨伯涛:《陈诚军事集团发展史纪要》,中国人民政治协商会议全国委员会文史资料研究委员会编《文史资料选辑》第 57 辑,中华书局1978 年版。

黄维:《关于青年军的回忆》,中国人民政治协商会议全国委员会文史资料研究委员会编《文史资料选辑》第 96 辑,文史资料出版社 1984年版。

《毛泽东军事文选》关于淮海战役的电报,中国人民解放军军事科学院编,1981 年版。

中国人民政治协商会议全国委员会文史资料研究委员会编:《淮海战役亲历记(原国民党将领的回忆)》,文史资料出版社 1983 年版。

杨伯涛:《黄维第十二兵团被歼记》,中国人民政治协商会议全国委员会文史资料研究委员会编《文史资料选辑》第 21 辑,中华书局 1961年版。

文强:《黄维被赦前后》,《炎黄春秋》1989 年第 4—5 期。

黄锡滋　黄明安

张钧陶

　　黄锡滋，名大福，原籍湖北黄陂，其祖上迁居重庆，1883 年 5 月 4 日（清光绪九年三月二十八日）生。父亲黄道南，二伯黄道和无子，黄锡滋兼祧两房。黄道和经营匹头，家资富有。

　　黄锡滋幼入私塾，曾学国画。1895 年黄道和去世，黄锡滋获遗产十多万银两。他将钱财先存放在岳父杨文光的商号生息，后自营商业，但颇有亏损。1911 年他开设商号，以陈丽生为掌柜，集正副股本三万六千两，并从二人名字中各取一字，名为天锡生。嗣后扩充业务，以天锡生为母号，几年间陆续开设了天锡永、天锡公、天锡福、天厚祥、福兴玉等子号，经营匹头、棉纱、油糖、山货等。天锡生、福兴玉后以运销川盐为主，是重庆"四大盐商"中的两家。

　　1915 年，黄锡滋的岳父家杨氏兄弟开办聚兴诚银行，黄锡滋投资，并任监察。第一次世界大战期间，我国民族工业抬头。生丝外销增长，黄锡滋集资买进天福丝厂，又设立天诚丝厂，从商业资本逐渐移向工业资本，谋取更多的利润。

　　黄锡滋的"天字号"做的是上下货，当时靠川江水运。为了掌握交通工具，实现自购、自运、自销，他投资三十万两从事航运事业，创设了福记航业部。为要保证轮船燃料的自给，1921 年他又投资开办了三才生煤矿。1924 年起，复相继开办复兴钱庄、裕泰钱庄，还投资于三元祥钱庄，以便周转资金，调动头寸。

　　黄锡滋的经营活动，遍及工矿、航运、金融和商业，获利甚丰。天锡生、福兴玉一向经销楚岸，1927年春宁汉分裂，淮盐不能运鄂，盐价暴涨，天锡生、福兴玉运去的川盐，赚到银元四十多万，为其后的进一步发展奠定了有力的基础。

30年代初，资本主义世界发生经济危机，黄锡滋的"天字号"亦受到影响。特别是日本蚕丝的冲击，川丝一落千丈。黄锡滋被迫关闭了天福、天诚两家丝厂。兼以四川军阀恣意加提盐税，阻碍了川盐外销，使天锡生、福兴玉处于困境，1931年至1932年赔出近百万元。黄锡滋被迫先后结束了天锡生和福兴玉，并收束了"天字号"各店。尔后，他全力从事于航运和煤矿的经营。

早在1907年，黄锡滋便已投资川江轮船公司。1920年他创办的福记航业部，初购一艘旧轮"嘉定号"，行驶川江上游的叙泸一线；旋即卖去旧轮，以五十多万两银子先后购买"福源"、"福来"、"福同"三轮，航行川江下游，获利丰厚，到1928年底盈利达三十一万多两。他为了对付军人强派兵差，1929年6月改组福记航业部独资经营，挂上"法商"名义的聚福洋行。该行表面上由法商吉利洋行投资三分之一，以法国人沙礼出任法方经理，声称是"中法合资"的公司；实则黄锡滋与吉利洋行暗签"密约"，订明中法合资是假的，只由聚福每年送给挂旗费三万两，并付给沙礼等人若干钱。遇有军人干扰或其他事件，由法国人出面交涉，小则由沙礼出面处理，大则把法国领事搬出来应付，动辄以"要惹动外交"相恫吓。聚福凭借外人势力庇护，十多年中，船未搭过兵差，也不完纳捐税，获取了难得的厚利。至抗战初期，聚福积累现金已逾三百万元。1939年，巴黎吉利洋行总行派吕丹来华，矢口否认"密约"，强要虚设的三分之一股权。黄锡滋生怕揭穿聚福的内幕，只好委曲求全，几经磋商，接受法商补交十三万元股本，而被夺去十倍于其投资的利权。

黄锡滋经营的三才生煤矿，在重庆江北静观场代家沟，1925年正式出煤。但一直是以土法开采，设备简陋，而且受地址邻接、同属一股炭脉的天府煤矿的排挤，无多大开展。

黄锡滋经商近三十年，拥有企业十几家，资金积累到四五百万银元,成了重庆的一大富商。他精通生意,工于心计,善于选择有才干的人负责经营各个企业,每逢年终结算,在家宴请众伙友,总以盈利最多者居首席,以盈利少或无盈利的陪末座。1937年日本帝国主义全面入侵我国,黄锡滋赞助抗日。1938年9月,他献寒衣捐资二万元,获得国民政府银质奖章和"见义勇为"的匾额。1940年5月8日,黄锡滋因病在重庆去世,终年五十七岁。

黄明安是黄锡滋的长子,1907年11月20日(清光绪三十三年十月十五日)生。十岁入学,1927年夏入上海圣约翰青年中学,因惧遭绑票,不久回重庆。先入聚兴诚银行做练习生,约半年转入天锡生商号监督内账。1931年天锡生结束后,黄明安在父亲资助下办怡怡公司,开怡丰钱庄。1934年春,他随舅父杨粲三赴欧美考察实业。抗战初起,黄明安经营复华漂綮公司,任董事长。1940年投资开办光华制革厂。是年其父去世,黄明安拟通过改组三才生煤矿,加以整顿。鉴于运输上以往仰仗天府煤矿代运受卡,亦拟自筑铁路以解决运煤的困难。后申请购买铁轨受阻,未能实现。复欲与天府煤矿合并,亦未达成协议。适逢孔祥熙控制的中国兴业公司矿业部急于抓矿,黄明安为获得官僚资本的"保护",同中国兴业公司达成协议,于1940年4月底签订合约,正式成立三才生煤矿股份有限公司,黄明安以常务董事兼任协理。

三才生改组之后,进行了一系列扩充、改建,产量有所提高,但运输更不能适应。1941年3月,乃开工兴建代黄铁路,翌年5月筑成。但设计欠周,管理不善,通车之后,仍未完全摆脱依靠天府煤矿代运的局面。

其时法币不断贬值,又由于兴修铁路所费不赀,三才生改组不久,资金即陷于困境,不得不一再增资,四处贷款。初改组时,额定资本法币二百万元,原三才生与中国兴业公司各占一半,1941年春增为总额四百万元,1942年再增为八百万元,都各按原股额比例增加。但资金仍有困难,乃由黄明安签字承兑,向各商业银行贷款,到1943年下半年,信贷高达两三千万,债台越筑越高。在此危机下,黄明安走通了孔祥熙的门路,再演一场增资改组的把戏。孔祥熙派陈行为董事长,徐堪、郭景琨为常务董事,改组了三才生的董事会,定股本总额为二千万元,以原股本(八百万元)升值百分之五十,为一千二百万元,其余八百万都是假名虚股,以便应付场面。当年 12 月,三才生即编造一套虚假表报,申请贷款。孔祥熙批交四联总处,不到一月,就获得六千万元长期低利贷款。孔祥熙还亲到天府煤矿视察,要两矿"很好合作"。但天府总经理孙越崎属经济部系统,不买孔祥熙的账。三才生得到这一大笔贷款后,照理应易于转圜,但 1944 年开始,法币贬值越发加快,大后方整个工业陷于停滞状态,而煤的限价又影响生产,三才生仍然难以支撑,月月亏累,到下半年已成瘫痪状态。黄明安无可奈何,从当年 9 月起,将三才生委托董事陈叔敬全权负责,利用陈叔敬和天府煤矿董事长卢作孚的关系,去和天府商洽合并。天府乃清偿其债务,把三才生合并过去。黄明安经营三才生陪蚀二三百万银元的巨款,受到惨重的损失。

1945 年复兴钱庄改为复兴义银行,黄明安任董事长。重庆解放前夕,他又任强华实业公司代总经理。中华人民共和国成立后,黄明安接受社会主义改造,强华公司与华中、合众两家轮船公司于 1953 年合并组成川江轮船公司,实行公私合营,黄明安被任命为副经理;1955 年任长江航运管理局重庆分局副局长。他参加了民主建国会,当选为第四、五、六届重庆市人民代表大会代表,担任重庆市工商业联合会委员。他业余喜好书法,工于摄影。

1968 年 3 月 11 日黄明安在重庆病逝。

主要参考资料

黄瑾莹:《从"法商"聚福洋行到强华公司的经过》,中国民主建国会重庆委员会等编《重庆工商史料选辑》第 1 辑,1962 年版。

黄明安:《三才生煤矿投靠官僚资本的经过》,中国民主建国会重庆委员会等编《重庆工商史料选辑》第 2 辑,1962 年版。

黄　兴

周天度

　　黄兴,字克强,湖南善化县(今属长沙市)人,是辛亥革命时期革命派的重要领袖。当时人们把他和孙中山并称,号为"孙黄"。他原名轸,字廑午,1874年10月25日(清同治十三年九月十六日)生。父亲黄筱村,是湘中名诸生。黄兴九岁入私塾,十五岁考入长沙岳麓书院。二十岁参加县试,被录为县学生。1898年以成绩优异被保送至武昌两湖书院深造。

　　黄兴自幼接受了"夷夏之辨"的传统思想,特别是明末王船山反满的民族主义思想影响,曾说:"丈夫处蛮夷猾夏之秋,当有事于大者远矣。"①进两湖书院后,正值戊戌变法之年,新学流行,他接触了一些西方政治学说,对国家和民族的危机日益关心。戊戌变法和1900年唐才常在武汉发动的自立军起事相继失败,他看到改良主义道路行不通,开始倾向反清革命。

　　1901年夏,黄兴毕业于两湖书院。次年春,被湖广总督张之洞选派去日本考察学务。到达日本后,入东京弘文学院师范科学习。他幼年曾学习拳术,后来喜好军事,在弘文学院课余常请日本军官讲授军略,并参观兵操。每日晨起,必练习驰马射击,为他以后从事武装斗争打下了基础。

　　他到日本后不久,和杨笃生等创刊《游学译编》,组织"湖南编辑

---

　　① 何伯言:《黄克强》第2页,青年出版社1945年版。

社"，介绍西方科学文化。1903年，留日学界反对沙俄帝国主义侵占我国东北三省，掀起拒俄运动，组织拒俄义勇队（后转变为"排满革命"的军国民教育会），他是积极参加者，曾慨然说："中国大局，破坏已达极点，今而后惟有实行革命，始可救危亡于万一。"①随后他被推派回国进行革命活动，从此坚定地走上了反清革命道路。

1903年夏，黄兴离日本回到长沙，在明德、修业等学堂任教，暗中进行革命活动。11月4日（农历九月十六日），他乘三十岁生日，邀集陈天华、宋教仁、刘揆一等二十余人举行秘密会议，决定组织革命团体华兴会。次年2月15日华兴会正式成立，黄兴被推为会长②。

华兴会根据黄兴提议，确定了由湖南首先发难，然后谋各省之响应，以达"直捣幽燕，驱除鞑虏"的革命方略，并决定从联络会党入手。因此在华兴会外，另立一同仇会专门联络会党，随后与会党首领马福益取得了密切联系。他们共同议定，于1904年11月16日（农历十月初十日）西太后七十岁生日在长沙起义，常德、衡州等五路同日举事。另派遣同志分赴上海、武昌等地与革命者联络，策应起义。黄兴为起义筹集经费，出卖了在长沙东乡凉塘的祖遗田产。这次起义由于事机泄漏，未经发动，即遭失败。黄兴于10月下旬潜离长沙，经上海亡命日本。

1905年7月，孙中山到日本，经日人宫崎寅藏介绍，黄兴和孙中山见了面。孙中山主张革命力量联合起来，建立一个统一的革命组织，黄兴深表赞成。8月20日，兴中会、华兴会、光复会等革命团体的成员在东京成立中国同盟会，黄兴被推为庶务（相当于协理），成为同盟会内仅次于孙中山的重要领袖。

同盟会成立后，黄兴把主要精力放在组织武装起义上。他亲自掌

---

① 天忏生、冬山合编：《黄克强蔡松坡轶事》，《近代中国史料丛刊》第50辑，台北文海出版社1969年版，第7页。

② 黄一欧：《回忆先君克强先生》，中国人民政治协商会议全国委员会文史资料研究委员会编《辛亥革命回忆录》（一），中华书局1961年版。

握留日陆军学生的入会工作，发展了一批革命分子入会，并从中选择一些坚定分子组成一个严密的"丈夫团"，为进行武装斗争准备力量。同盟会发动的多次武装起义，他都是主要领导人之一。

1907年3月，孙中山被日本政府勒令出境后，到安南（今越南）河内设立机关，策动两广的革命工作。黄兴于同年夏由日本到河内，和孙中山共谋在南方起义。9月他们在广西发动了钦州、防城起义，12月发动了镇南关（今友谊关）起义。两次起义先后失败。1908年3月下旬，黄兴率领二百余人由安南再次进入广西，转战钦州、廉州、上思一带，为时月余，历经数十战，大破清兵，因而声名大著。后以弹尽援绝，不得不退回河内。

此时，同盟会由黄明堂带领的一支队伍于4月末攻占了云南河口，孙中山委任黄兴以云南国民军总司令名义前往指挥，他于5月上旬赴河口督战。因河口部队人少弹缺，且不听约束，黄兴只好返回河内，拟调集人力再举。这时法国殖民政府将他扣留，强迫出境。黄兴离河内去新加坡，随后转去日本。河口起义不久亦归失败。

1909年秋，黄兴受孙中山委托到香港设立同盟会南方支部，策划在广州新军中发动起义。1910年春广州新军起义失败。孙中山、黄兴和赵声等于11月13日在南洋槟榔屿集会，他们鉴于过去几次分散性的起义都遭失败，决定募集巨款，集中全党人力，组织一支以数百人为"选锋"（敢死队）的大规模的武装起义。计划先占领广州，然后由黄兴率领一军出湖南，进攻湖北，赵声率一军出江西，向南京推进，会师长江，继续北伐。

1911年1月中旬，黄兴从槟榔屿到香港，与赵声等在香港成立领导起义的总机关统筹部。他被举为部长，赵声为副部长。4月23日，他由香港乘轮潜入广州，设起义指挥部于两广总督衙门附近的小东营五号。由于几经周折，一再改期，原来的部署被打乱，参加起义的人数大减，放弃了原定的十路进兵计划，改为集中全力攻打总督衙门。

4月27日晨，黄兴向党人写了绝命书："本日当驰赴阵地，誓身先士卒,努力杀贼,书此以当绝笔。"①表示他视死如归的革命决心。

当日下午 5 时半,螺角一声,广州起义发动。黄兴带领林时塽、方声洞、林觉民、朱执信等敢死队百余人,臂缠白巾,脚穿黑面胶鞋,手执枪械炸弹,由小东营指挥部出发,急攻总督衙门,攻入后堂,发现总督张鸣岐已逃跑。及至返出衙门,和水师提督李准调来的卫队遭遇,展开激战,许多革命党人牺牲,黄兴亦受伤,右手断了两指。他仍指挥队伍奋勇杀敌,且战且走。最后只剩下他一人,他用肩撞破一家小货店门板,进入门内,持双枪左右射击,击毙敌兵七八人。后敌军退却,他改装逃到暗设于广州河南的革命机关女同志徐宗汉处,由她护送至香港就医,后来他俩结成了夫妇。广州起义延续到第二天失败。后收殓殉难者,得尸体七十二具,合葬在黄花岗,世称"黄花岗七十二烈士"。

广州起义失败后,黄兴在香港养伤,由于革命事败,同志遭受重大牺牲,曾一度灰心,想冒险去暗杀李准等清朝官吏,以报死难烈士,为谭人凤等人所劝阻。同年 7 月 31 日,谭人凤和宋教仁等在上海成立同盟会中部总会,鉴于南方起义一再失败,极力主张将革命重心转向长江流域,准备在中部地区发动起义。黄兴写信予以支持,并表示要和他们在一起共同战斗。

同年 10 月,武昌起义爆发,清政府起用袁世凯,调集重兵猛攻汉口。黄兴于 10 月 28 日由上海到汉口。次日即赴前线督师,在汉口与清军展开剧烈的争夺战。11 月 2 日,清军将领冯国璋攻入汉口,民军退守汉阳。3 日,湖北军政府举行"登坛拜将"的隆重仪式,任命黄兴为战时总司令。他率领民军在汉阳前线与清军奋战二十余日。由于清占优势,27 日汉阳失陷,革命军退守武昌。黄兴认为继续作战无法取胜,不如放弃武昌,转攻南京,等占领了南京后,再训练一支精锐军队来收复武昌。他的主张遭到武昌革命党人的坚决反对。黄兴便于同日辞职,离武昌去上海。

---

①　邹鲁:《中国国民党史稿》第 3 册,中华书局 1960 年版,第 828 页。

1912年1月1日,南京临时政府成立,孙中山就任临时大总统,黄兴任陆军总长。时袁世凯在帝国主义的支持下,加紧了窃取国家权力的阴谋活动,迫使革命党人向他让步。黄兴以为随着清朝政府的被推翻和中华民国的建立,多年追求的政治理想已经实现,革命已成过去,"吾辈十余年,兢兢业业以求者,真正之和平,圆满之幸福,今目的已达,掉臂林泉,所得多矣"①。因此,在南北和议中,他主张和袁妥协,认为只要清帝退位,袁世凯赞助共和,即可举袁为总统。

3月10日,袁世凯窃取了大权,在北京就任临时大总统。4月1日,孙中山正式解除临时大总统职务,黄兴被任命为南京留守府留守,主持南方各军之整编。其时南方各军兵多饷少,士兵生活困难,而袁世凯又不予接济,部分军队发生哗变。同时黄兴认为南北既已统一,没有必要再保留大批军队,因此大量裁减了南方革命军队,南京留守府亦于6月间自行撤销。

袁世凯为了进一步笼络和麻痹革命党人,加强其统治地位,1912年8月邀请孙中山和黄兴到北京会谈。当时孙、黄等人对袁世凯的反动本质都认识不清,黄兴继孙中山之后,于9月11日到北京,袁世凯给予隆重接待。他受了袁世凯的欺骗,对袁深表信任,向人宣称,"袁公确是英雄,民国第一流人物"②。这时宋教仁在北京组织了国民党,积极推行其政党政治的主张,黄兴也抱着要把北京政府改变为国民党政府的幻想,逢人便劝其加入国民党。据说他劝过北京政府所有的国务员,甚至劝过袁世凯,要他也来当国民党领袖。袁虽未加入,但国务总理赵秉钧和其他大多数国务员都填写了国民党入党誓愿书。10月,他出京到上海,随后回到湖南故乡。途中怀着功成身退的心情,写过下面的诗句:"卅九年知四十非,大风歌好不如归。惊人事业随流水,爱我林园想

---

①　中国科学院近代史研究所史料编译组编:《辛亥革命资料》,中华书局1961年版,第196页。

②　《民立报》1912年9月4日。

落晖。"①12月初,他接受了袁世凯委任的川粤汉铁路督办职务。不久又辞职。

　　1913年3月,袁世凯派人刺杀了宋教仁,其反革命面目完全暴露。孙中山主张立即兴师讨袁,黄兴认为国民党所控制的南方各省内部不统一,革命军队力量薄弱,不堪作战,对武力讨袁缺乏信心,主张采取法律解决办法。但袁已积极准备发动对南方的战争,国民党人不得不起而应战。7月12日江西都督李烈钧在湖口宣布独立,首先反袁,14日黄兴由上海到南京,强迫江苏都督程德全宣布独立,被推为江苏讨袁军总司令。反袁战事开始后,黄兴派往徐州的讨袁军失败,22日徐州失守,袁军将领冯国璋、张勋率大队南下。25日江西湖口又为袁军所攻占,李烈钧败走。上海讨袁军久攻制造局不下。黄兴在南京饷械不支,声援复绝,面临三面受敌的危险。他认为败局已定,于7月29日乘日本煤轮离开南京。不久,南昌、南京相继失陷,其他各地讨袁军也被战败,南方各省国民党势力为袁世凯所摧毁,国民党发动的"二次革命"迅速失败,黄兴和孙中山再一次逃亡日本。

　　孙中山到日本后,总结革命失败经验,把原因归结为党内精神涣散,党员不听话,对黄兴拖延了举兵的时间,丧失了有利时机,有所责难。因此提出把国民党改组为中华革命党,规定党员入党时要立具严格誓约,并须在誓约上按印指模,以表示服从他的命令。黄兴不赞成重新组党,更反对写誓约按手印的做法,拒绝参加中华革命党。由此他和孙中山一度不和,各行其是。1914年夏,他离日本去美国。

　　黄兴旅居美国期间,在美洲华侨中做了一些反袁宣传。1915年袁世凯称帝,云南起义讨袁,他曾为护国军筹措军饷。1916年6月他由美国抵日本。袁世凯死后,黄兴回国,居住上海,和孙中山恢复了往日的关系。10月31日,黄兴因病在上海逝世。

---

①　黄一欧:《回忆先君克强先生》,《辛亥革命回忆录》(一)。

黄 旭 初

林经华

黄旭初,广西容县人,1892年4月27日(清光绪十八年四月初一)生。父亲黄寅生,晚清秀才。黄旭初从小随父亲就读于乡村教馆,1906年7月至容县简易师范读书,两年后任教于十里乡黎读村刘家。嗣后又入苍梧县蚕业学堂,十九岁毕业。

1911年辛亥革命爆发后,黄旭初弃文从武,赴柳州参加革命军。1912年2月考入桂林陆军速成学校,1913年夏升入北京陆军大学第四期,1916年学成回广西督军署任参谋、军务科长。1917年5月,广西督军谭浩明组织陆军模范营,以马晓军为营长,黄旭初调任该营第二连连长。其时,北京政府段祺瑞毁弃约法,孙中山主张讨段护法,得到西南各省响应,黄旭初随模范营参加北伐援湘。次年湘粤桂联军在湖北失败,黄旭初所部自长沙回师东湘桥驻防,年底被改编为护国军第一支队第一营,他任少校营副。1919年12月,被调任广西陆军第一步兵师第二团少校团副,驻防柳州。此时正值粤军驱逐两广巡阅使陆荣廷在粤势力,3月9日黄旭初奉命开赴广东肇庆,并兼任该团第一营营长,8月开赴广州。10月陈炯明从福建回师广东打败桂军,黄旭初部退回广西苍梧、桂平,次年开驻百色。不久黄旭初调任广西督军署中校参谋。

1921年,孙中山号召粤、滇、黔、赣各军讨伐陆荣廷。6月下旬,粤桂两军交战,桂军刘震寰倒戈,以陈炯明为总司令的粤军分三路攻入广西。黄旭初随谭浩明出征玉林,桂军失败,粤军直逼南宁。7月16日陆荣廷宣布下野。此时,黄旭初在百色随团长马晓军宣布拥护孙中山,因而受到陆荣廷残部的攻击。8月,广西省政府改组,孙中山任命马君武为广西省长,黄旭初出任省长公署军政处总务科长。

1922年6月,陈炯明发动叛乱,调驻桂粤军回师进攻孙中山。陆荣廷、谭浩明残部趁机东山再起,占据南宁,广西局面混乱,各种名目的"自治军"四起,抢占地盘,互相吞并。黄旭初于7月29日被自治军蒙仁潜部以"通敌有据"扣留。后经广西自治军第二路总司令李宗仁说项,黄旭初获保释,归顺李宗仁。10月,他由南宁赴玉林,任李宗仁的广西陆军第五旅旅长。

1923年夏,李宗仁部受孙中山之命改称"广西定桂军",李宗仁任总指挥,黄旭初任参谋长。定桂军联合梧州以黄绍竑为总指挥的"广西讨贼军"会攻陆荣廷驻桂南的部队,6月攻占南宁。1924年7月16日李宗仁、黄绍竑在南宁成立"定桂讨贼联军总指挥部",推举李宗仁为总指挥,黄绍竑为副总指挥,白崇禧为参谋长兼前敌总指挥,黄旭初为副参谋长。接着,定桂讨贼联军分别消灭了陆荣廷在桂南、桂西的残部两万余人,占领桂西南广大地区。次年春,定桂讨贼联军在粤军李济深师的支援下,以万余人之众,消灭了军阀沈鸿英部两万余人,占领桂东、桂北。后又击退犯桂滇军唐继尧部五万人,从而统一了广西。

1926年3月,李宗仁等与广州国民政府联合,广西军队被改编为国民革命军第七军,黄旭初任第七军第四旅旅长。6月,李宗仁率第七军一部出征北伐,黄旭初随黄绍竑率第七军约十四个团留守广西。1927年11月,张发奎在广州发动政变,所部兵围桂籍要员的住处及第七军驻粤办事处,黄旭初只身潜逃香港。23日黄旭初绕道回梧州,其部队亦由韶关拉回桂东。12月,黄旭初率部挥戈沿江东下,29日攻克广州,张发奎部退走东江。黄旭初部奉命追赶,于1928年1月28日在五华县潭下圩与张部激战,虽击败对方,但本部伤亡亦重。随后黄旭初部继续进击兴宁、五华、龙川、河源、紫金等县的败军,历时三个月。其间黄旭初升任国民革命军第四集团军第十五军副军长兼第二师师长。

1929年3月,蒋桂战争爆发,黄旭初奉命率部北上反蒋。将至湖南郴州,桂军在武汉告败,又受命由湘回到平乐。此时,广东陈铭枢、陈济棠附蒋反桂,4月黄旭初奉命率第十五军攻粤,6月21日与粤军激战于白泥市,为粤军所败。是役黄旭初负伤,辞去副军长职,到香港治伤。翌年3月,他从香港回到南宁,4月任教导第二师师长。5月中原大战爆发,桂系和张发奎联合冯、阎反蒋,出兵湖南,企图攻略武汉。蒋介石一面命滇军龙云乘虚进攻南宁,一面命陈济棠派粤军入湘堵击。桂、张军在衡阳被粤军击败,退回广西。9月,湘粤之蒋军尾追入境,桂军在滇军围攻下呈不支之势,南宁告急。李宗仁和白崇禧决定对湘粤取守势,由白崇禧率兵解救南宁。在援军到来的声势下,黄旭初率守城官兵击败滇军,于10月将滇军逐出桂境,恢复了南宁的省会地位,桂系的局面得以苦苦支撑。12月,黄绍竑脱离桂系归附蒋介石,广西军政改组,黄旭初升任护党救国军第十五军军长,1931年3月又兼国民革命军护党救国军第一方面军总司令部政治委员会主席。

1931年5月,陈济棠等联合反蒋各派人士在广州召开“中国国民党中央执、监委员非常会议”,在广州另立“国民政府”,同蒋介石的南京国民政府分庭抗礼。粤桂双方捐弃前嫌联合反蒋,黄旭初任广西省政府主席兼民政厅长,并兼广州“国民政府”政务委员会委员。年底,宁粤和解,广州“国民政府”取消,黄旭初在国民党第四次全国代表大会上当选为中央执行委员,翌年又任国民党广西省党部执行委员。

此后黄旭初主政广西,和李宗仁、白崇禧团结一致,臂助李、白贯彻新桂系“建设广西,复兴中国”的方针和“自卫、自治、自给”的三自政策,共同制订《广西施政方针及进行计划》。在军事方面,采取“寓兵于民团、寓将于学校、寓征于募集”的方针,以求“自卫”;政治方面,考选考核县长,集训乡村长,强化基层行政机构等,达到“自治”;经济方面,发展农工、交通事业,开发矿藏,达到“自给”;文化方面,普及国民基础教育,改革中等教育,创立国民中学,扩大高等教育等。还广纳各地新闻界、文化界尤其是反蒋人士来桂,参与政治、教育、文化等工作。在黄旭初开始主持省政的时候,李宗仁为了充实广西内部,巩固广西的割据局面,于1932年,改组原于1930年9月成立的"革命同志会"为"三民主义革命同志会";1934年秋再改组为"中国国民党革命同志会",黄旭初任政治委员会主任。1935年红军长征途经桂北时,黄旭初曾派军队和民团对红军进行堵截尾追,执行防共拒蒋之策,驱迫红军尽快过境。这年11月黄旭初被选为国民党第五届中央执行委员。

　　1936年6月"两广事变"起,蒋介石调集重兵从湘、黔、粤三面包围广西。黄旭初协同李宗仁和白崇禧动员民团,扩充部队,决心以武力反蒋。后来蒋桂妥协,双方息兵罢战,黄旭初仍任广西省政府委员会主席。

　　1937年7月抗日战争爆发,李、白、黄请缨抗日。7月,黄旭初奉命前往国民政府军事委员会庐山暑期训练团,被派为第二期团副(团长是蒋介石)兼第一纵队队长。9月2日,黄旭初被授陆军中将特加上将衔。10月,李宗仁组织以"团结抗战、支持抗战"相号召的"广西建设研究会",以推动广西建设的发展,黄旭初为副会长兼政治部主任,负实际领导责任,由常委李任仁、陈劭先鼎助。1938年10月武汉失守后,桂林一时成了大西南的文化中心,广西建设研究会团结很多著名的专家、学者,黄旭初贯彻李宗仁、白崇禧依靠进步人士支撑广西局面的构想进行了许多工作。1939年11月日本侵略军从钦州、防城的龙门港登陆,南宁沦陷。12月中旬昆仑关大战打响,黄旭初号召广西民众支援抗战部队。1940年10月24日,日军败退,黄旭初赴重庆要求给予战灾赈款和农村贷款。

　　1941年蒋介石掀起反共高潮以后,桂系也参与了对共产党人的迫害活动,八路军驻桂林办事处被强行撤销。翌年夏,黄旭初派警、特监视、破坏广西各地共产党的活动,桂林发生了中共广西省委被破坏的"七九"事件,南宁、玉林、梧州、柳州等地的共产党组织也相继受到严重破坏,大批共产党员被捕、被杀。1944年,国民党军队在平汉南线和湘桂线一溃千里，9月广西局势恶化，黄旭初将省会迁到宜山。翌年5月，黄旭初前往重庆出席国民党第六次全国代表大会，继续当选为中央执行委员。

抗日战争胜利后，黄旭初回到桂林重理广西省政。在蒋介石发动全面内战后，桂系兵力被绑在内战战车上。1947年，黄旭初执行白崇禧的"总体战"策略，积极备战，力图守住新桂系几十年惨淡经营的家业。1948年，李宗仁竞选副总统，黄旭初为李竞选筹资三百万元，愈益增加人民的负担。

1949年1月蒋介石下野后，李宗仁代总统，但桂系想要"划江而治"的梦难圆。国共和谈未成，人民解放军渡江南下，所向披靡，白崇禧守不住长江防线节节败退。10月，衡宝一役，新桂系集团主力第七军被歼，人民解放军从湖南、广东分三路挥师入桂，迅速消灭了新桂系集团的部队以及从湖南退入广西的其他国民党部队，共五个兵团（含地方武装）十七万余人，广西解放在即。11月20日李宗仁飞抵香港，后去美国，新桂系失去首领，11月25日国民党政府行政院即下令免去黄旭初的广西省政府主席职，由广西绥靖主任李品仙接替。黄旭初由桂林至南宁，12月3日飞往海南岛。新桂系统治广西二十五年的历史至此终结。

黄旭初于1949年12月21日从海口到香港定居，参加张发奎等第三势力的活动，声言既反共又反蒋。李宗仁在美国曾命黄旭初利用香港广西银行的百万存款，在港招揽政客，对桂系留港人员招待食宿。蒋介石曾派洪兰友等到香港邀黄旭初去台湾"共赴国难"，黄旭初谢绝。他于1951年去日本居住，不到两年又回到香港。1968年10月，黄旭初从香港赴台北为蒋介石"祝寿"，蒋授以"总统府国策顾问"虚衔。

黄旭初晚年寓港时，撰著有《广西怀乡记》、《辛亥革命广西援鄂北伐军》等史料。

1975年11月18日，黄旭初病故于香港。

主要参考资料

莫乃群主编:《新桂系纪实》(上、中、下),中国人民政治协商会议广西壮族自治区文史资料研究委员会《广西文史资料》第 29 辑,1990年版。

《黄旭初先生事略》,台湾"国史馆"编《国史馆现藏民国人物传记资料汇编》第 12 辑,台北"国史馆"1994 年版,第 442—443 页。

容县志编纂委员会编:《容县志》第 34"人物",广西人民出版社1993 年版。

黄　炎　培

汪仁泽

　　黄炎培,字楚南,旋改韧之,辛亥后改任之,1878 年 10 月 1 日(清光绪四年九月初六)生于江苏川沙县(今属上海市)。父亲黄叔才,考取秀才后曾入督抚幕府;母亲孟樾清,出身南汇书香门第。黄炎培少年时豪放不羁,不信鬼神①。十三岁丧母,十七岁失父,在外祖父家生活。他勤奋好学,常到富于藏书的姑父沈毓庆家博览群籍。

　　1897 年,黄炎培在家乡设塾授徒。1899 年应科举府试,为第一名秀才。两年后考入南洋公学(上海交通大学前身)特别班,选读外交科,受知于总教习蔡元培。是年乡试,黄炎培考取举人,仍回校攻读。

　　黄炎培遵循蔡元培办学校来唤醒民众的教导,1903 年在家乡创办川沙小学堂,后又创办开群女学,均受泥工出身的爱国商人杨斯盛的资助。任教之余,黄炎培常向民众宣讲时事,鼓吹反清,并请名流演讲中国积弱之由与救亡之道,听者甚众,影响逐渐扩大,并去邻县南汇开讲。旋受人告密谓诋毁清廷,即被南汇知县拘捕,报经督抚批示就地正法。幸在令到前一小时,黄炎培已由杨斯盛挽请上海慕尔堂总牧师、美国人步惠廉(William B. Burke)强行保释脱险,当即由杨资助离沪,东渡日本②。一年后返沪,在城东女校、丽泽小学任教;后受杨斯盛聘请,创办

---

　　①　黄炎培少年时,家乡有一女巫,自称鬼神附身,一时求医者门庭若市。一天黄将其香案掀翻,大喊:"如果有鬼,来找我。"

　　②　黄炎培原字楚南,此时改字韧之,辛亥后改任之。

广明小学及附设的一年制师范讲习班。

　　1905年秋，黄炎培经蔡元培介绍，加入中国同盟会。次年蔡赴德国留学，所任同盟会上海分部盟主一职由黄炎培继任。同时，黄炎培再应杨斯盛之邀，创办浦东中学于六里桥。黄炎培悉心办学，课余时常带领教师肩掮小黑板分赴附近村落，召集男女老幼教书识字，兼讲时事局势，学校也办得生气勃勃。各地参观者陆续于途，江苏提学使毛庆蕃也来视察，深表满意。次年有人向两江总督端方检举南汇旧案，端方饬毛庆蕃彻查。毛庆蕃传见黄炎培，听其陈述兴学旨趣、治学宗旨及经历，大为称许，随即发一长文，结语称："今后如再有人根据旧案，控告黄炎培革命，从此立案不准，以免冤枉拖累好人。"①经此周折，黄炎培得以放手为同盟会从事各项活动。

　　1909年清政府宣布"预备立宪"，黄炎培当选为江苏省常驻议员，负责调查省政。他提议裁撤扰民困商的厘卡制度，得通过，从1911年起实行，剔除了一项弊政。

　　辛亥革命上海光复后，黄炎培等五人被推为代表，劝说江苏巡抚程德全反正。到达苏州时，程已宣布独立并出任江苏都督。黄炎培被留下参与起草文书事宜，不久被任命为江苏省民政司总务科长兼教育科长，次年12月升任教育司长。在他任职江苏近三年期间，全省创办师范学校九所、普通中学十一所，以及众多的工校、农校、商校，使江苏教育事业跃为全国之冠。

　　当时的普通教育严重脱离生活和劳动，学生所学"不实无用"。黄炎培探索改革途径，以江苏省教育会调查干事名义赴各地调查，并受聘为申报馆的旅行记者，为该报和《教育杂志》定期撰文，以稿酬作旅费，遍历苏、皖、赣、鲁、冀各省。1915年4月，被邀参加农商部组织的游美实业团，历时三月，遍及全美考察教育事业。美国教育的实用性，给他影响深刻。回国后继续在各地调查，并报告旅美观感，开

始研究、提倡职业教育。1916年起,黄炎培在各地演说,宣传职业教育。1917年初再赴日本、菲律宾考察,详细了解两国注重职业教育的两所小学。

经过长期的调查和苦心的求索,黄炎培与蔡元培、张元济、宋汉章等人于1917年5月6日在沪发起成立"中华职业教育社"(以下简称"职教社")。这是我国第一个以研究、提倡、试验、推广职业教育为职志的全国性机构,其宗旨是改革教育,使之"适于生活之准备",最终达到"使无业者有业,使有业者乐业"。职教社受到各方人士的支持,陈嘉庚等南洋华侨及聂云台、穆藕初、刘伯林等企业家慷慨捐赠,经费不虞匮乏。

为了实践职教社的主张,1918年黄炎培在上海创办了中华职业学校,提出"敬业乐群"的口号,以"劳工神圣","利居众后,责在人先"为校训,规定毕业后实习一年,成绩优良者,始发给证书。在实业界的配合下,历届毕业生都受到各厂商欢迎,竞相邀聘。1922年北京政府颁布的新学制中,确定了中等职业教育的地位。在黄炎培的倡导下,兴办职业教育成为一时风尚,据统计全国职校1918年为五百三十一所,1921年为七百一十九所,1922年为一千二百〇九所,1926年增至一千六百九十五所。

黄炎培改革教育,着眼于劳苦民众。1925年5月他建议调查中等以下家庭子女的平民教育状况,并倡议在各地开展职业补习教育。是年10月,创办《生活周刊》,先后委托王志莘、邹韬奋为主编。与此同时,黄炎培强调我国人口的绝大多数在农村,应重视农业教育。1926年5月,他在昆山徐公桥建立乡村促进试验区;并在职教社设立了"联合改进农村生活董事会",对农村教育进行指导,被推为该会董事长。

1927年4月,蒋介石发动"四一二"政变后,国民党上海当局以"学阀"的莫须有罪名通缉黄炎培,封闭江苏省教育会,捣毁职教社。他们逼令职教社工作人员在预置的"黄炎培反动证明书"上签名,但无一屈从,遂被全部押逐郊外。暴徒企图劫收中华职业学校及附属工厂,用枪威逼,全体师生职工不畏强暴,高呼"谁来接收向谁拼命",斥退暴徒。是夜黄炎培得一青年报信有暗杀之虞,乃连夜避走,潜往大连隐居。客中天天去图书馆读杜甫诗集,辑成《杜诗尤》一书。一天有人闯入旅舍,自称:"我是日本特工,奉命来监视先生的。先生读书写字这样认真,生活这样严肃清苦,今后我决不受残暴的日本使命,本我良心,做先生的警卫。"①

1928 年,经蔡元培缓颊,并称黄炎培是可用之材,蒋介石表示对他不再追究。是年黄炎培回沪,继续从事职教工作。1931 年 1 月,蒋介石意欲授以官职,黄炎培以即将赴日考察而辞之。东渡后发觉日本朝野侵华备战之声甚嚣尘上,他带着所购日本军阀鼓吹侵华的书刊和"日本必将侵华"的预感,于 4 月下旬回国,多方奔告。5 月去南京面陈蒋介石,蒋默然,云可转告外交部长王正廷。黄炎培向王谈及,却反受讥讽②。数月后"九一八"事变爆发,黄炎培对国民政府的不抵抗政策深表不满,受抗日救亡组织的推派,到南京向当局诘问。回沪后,他与各界爱国人士组织抗日救国研究会,出版《救国通讯》。次年,"一二八"事变后淞沪战起,黄炎培与史量才等发起组织维持地方秩序和支援前线军需供应的"上海市民地方维持会"(后改称上海地方协会),投身抗日救亡运动。接着黄炎培与沈钧儒、荣宗敬等发起成立"国难会",发表宣言主张一致对外抗日御敌;组织以研究国难问题为中心的学术讲座,讨论救亡。

1935 年春,黄炎培赴皖、豫、陕等地,考察职业教育。鉴于职业青年中失学情形严重,7 月在职教社第十五届社员大会上提出,今后工作

---

① 黄炎培:《八十年来》,文史资料出版社 1982 年版,第 89 页。

② 王正廷听后大笑说:"如果黄任之知道日本要打我,日本还打我吗? 如果日本真要打我,黄任之不会知道的。"黄答:"很好! 我但幸吾言不中。"见黄炎培:《八十年来》,第 91 页。

应以职业学校教育、职业补习教育、职业指导三者为重,根据当时情况,犹应尽先推广职业补习教育。此后各地纷纷开设职业补习学校,上海先后开办七所。

日本帝国主义侵占我国东北三省后,继续步步入侵华北,民族危机空前严重,黄炎培在 1936 年纪念"一二八"事变四周年时,撰文呼吁团结抗日。在四川考察职业教育时,多次演讲唤起民众抗日,并联络工商界名流,呼吁团结救亡。1936 年 5 月他与蒋维乔、刘湛恩等人电请蒋介石:速定对外方针,一致御侮。11 月偕颜福庆等赴绥远慰问收复百灵庙的傅作义部抗日将士。途经山西太原,与阎锡山会晤,继续呼吁团结御外。

1937 年卢沟桥事变后,黄炎培热烈拥护国共合作团结抗日。他受聘为国防会议参议员。淞沪抗战爆发后,他发起组织上海市抗敌后援会,被推为主席团主席,积极组织战区救护、难民救济、动员工厂内迁等工作。10 月,募集棉衣一万余件,赴济南慰问军队,并劝说山东省主席韩复榘抗日。是年底上书蒋介石,力陈欲求抗战胜利,必须国共切实合作到底。

1938 年 7 月,国民参政会在汉口开幕,黄炎培被选为驻会委员。他到重庆后活动频繁,一面与中共代表周恩来、董必武等经常联系,逐步了解中共政策,深受影响;一面常受蒋介石的接见、招餐,咨询政局。他与孙科、张群等人也接触频繁,私谊甚洽。黄炎培自定在国共两党之间力求保持"不偏右、不祖左"的立场。

武汉失守后,抗战转入战略相持阶段,国共摩擦不断,国共纠纷成为参政会的主要议题。黄炎培与张澜、褚辅成、冷遹等一批民主人士成为两党之外的第三方面势力。黄炎培认为,"我辈调解国共关系必须有第三者明确的立场和主张",要有自己的政党,因此与张君劢、梁漱溟等筹组"中国民主政团同盟"(1944 年改称"中国民主同盟",以下简称民盟),1941 年 3 月在渝秘密成立,黄炎培被推为常委会主席。事为蒋介石所悉,以事前未经报告擅组政党而大加责难,民盟被迫暂不发表政纲,主席一职后改由张澜继任。后黄炎培又表示不愿公开列名民盟组织①。10月,在港以第三者身份撰文对民盟的宣言及政纲表示支持,回到重庆后即遭国民党的攻讦。

1943年11月,黄炎培出任"宪政实施协进会"常务委员兼召集人,积极奔走,期望早日行宪,结束国民党一党专政。次年9月,黄炎培联合张志让、杨卫玉、冷遹、吴蕴初、卢作孚、孙起孟等三十人,发表《民主胜利献言》,提出及早实现民主制度等九点主张,以求唤起社会响应,迫使国民党政府实行。

1945年1月,中国共产党提出召开各党派会议、成立联合政府的主张,黄炎培表示拥护,并为之奔走。但蒋介石断然拒绝,使国共谈判陷于中断。国民党还多次指责民盟庇袒中共,黄炎培列举国民党破坏团结事实予以驳斥。是年春,连续发生民主人士费巩在重庆失踪、宪政座谈会遭国民党特务捣乱等事件,黄炎培十分气愤,在5月4日参政会驻会委员会上提出质询。国民党的倒行逆施,使黄炎培更厌恶独裁统治,思想逐步倾向人民。6月1日,黄炎培应蒋介石邀餐,商谈恢复国共谈判问题;次日黄炎培与褚辅成等致电延安。22日毛泽东复电,表示如果国民党放弃一党专政,则乐于商谈,并欢迎黄炎培等赴延安参观。7月1日,黄炎培和褚辅成、冷遹等六人飞抵延安,会见中共领导人,各抒所见②。黄炎培目睹延安街道整洁,物价平稳,群众心情愉悦,中共各项施政甚得民心,虽为时仅五天,但获得很好印象,使他在生平

---

① 　此事未得到梁漱溟的谅解,梁在《我参加国共和谈的经过》中说:"我在香港办《光明报》,要把民盟这一组织公开出来,黄正到香港,应当由他出面负责,他却推辞不干,怕得罪蒋、孔。他既要辞职,却不向内地表示;我提醒他,他才声明辞去民盟主席。"见梁漱溟《忆往谈旧录》,中国文史出版社1987年版。

② 　7月4日,黄炎培等与毛泽东畅谈。黄炎培称:不少人和团体以至国家,"其兴也浡焉","其亡也忽焉"。初时聚精会神,艰苦奋斗,环境好转后往往"政怠宦成","人亡政息",跳不出这种周期率,希望能找出一条新路,不受此率支配。毛泽东答:"我们已找到新路,就是民主。只有让人民来监督政府,政府才不敢松懈,才不会人亡政息。"黄炎培深以为然。见黄炎培《八十年来》,第148—149页。

探索中找到了救国之道,成为他立场转变的重大转折点。回渝后写成《延安归来》一书,以直笔实事揭穿了长期以来国民党的歪曲宣传。该书并在港、沪等地翻印出版,前后发行十余万册。

黄炎培鉴于战后建设急需大批高级专门人才,于1943年9月与杨卫玉、江向渔等在重庆筹设中华工商专科学校,是为职教社系统的唯一大专职业院校①。

抗战胜利后,黄炎培为集结工商界和文化界的力量,与杨卫玉、胡厥文等多次筹划,于12月成立"中国民主建国会"(以下简称民建),被推为常务理事。该会对国事力主和平、民主、统一。是年10月国共双方签订的"双十协定"墨迹未干,国民党即向解放区发动军事进犯。黄炎培以民盟常委名义致函国共双方,呼吁"老百姓再不能流血了"。11月被推为"陪都各界反对内战联合会"主席,强烈呼吁制止内战。12月国民党制造昆明"一二·一"惨案,黄炎培等在渝公祭该案四烈士,并撰文主张国民党应开放政权、实行民主。他坚决反对内战、要求民主的言行,不断受到国民党当局的打击。1946年1月,他的寓所被国民党军警闯入搜查。他不为所动,仍参加政协会议,为调停国共关系奔走不懈。6月,国民党蒋介石在美帝国主义支持下发动全面内战,10月11日攻占张家口后,不顾政协的决议,于当日下令单独召开国民大会。民盟、民建在黄炎培主持下先后作出决议,拒绝参加国民大会。蒋介石派杜月笙、陈立夫等人游说,许愿黄炎培如能脱离民盟参加国大,将以高官厚禄相酬,黄峻拒。他虽生活日艰,宁愿鬻书卖字济贫。12月黄炎培被推选为民建主席。

1947年7月5日,蒋介石发布"戡乱"总动员令,决心内战到底,黄炎培在《国讯》上撰文指出:"从此中国正式陷于极不幸的状态里。"10

---

①　中华工商专科学校1946年9月迁至上海永嘉路蓉园,设工商管理、会计及银行三系。后在朱葆三路(今溪口路)设分校,增办工科。至1952年全国大学院系调整时并入上海财经学院,共毕业八届,九百七十八人。

月2日,国民党再次攻击民盟偏袒中共,黄炎培与张澜等发表谈话,明白表示:"民盟一切行动,只以民主、和平、统一为目的,所以反对分裂和战争。"次日黄炎培在《国讯》上发表《国吊》一文,称双十将届,内战方酣,民穷财困,且受辱于美、日,因此并无国庆,只有国吊。10月27日,国民党当局宣布民盟为非法团体,下令解散,11月5日民盟总部在黄炎培主持下宣布停止活动。1948年1月民盟在香港宣告主张用革命方法反对国民党政府,并与中共合作。

黄炎培主持的《国讯》,由于发表了许多反对内战、要求民主的文章,4月8日被国民党当局勒令停刊。黄炎培召集紧急会议决定改办《展望》杂志,于4月30日出刊。他用"冰甫"的笔名撰文《我对民主并不灰心》,表示继续斗争的决心。5月1日中国共产党发出筹开人民政协、成立联合政府的号召,23日黄炎培主持民建常委会议决定响应,推派驻港代表与中共保持联系。

黄炎培追求政治民主、反对专制独裁的言行,为蒋介石所不容,被列入国民党黑名单。1949年2月,在中共人员护送下,黄炎培偕妻秘密离沪,搭轮抵达香港,3月14日北上,25日到达北平,受到中共方面的热烈欢迎。此后,他代表民建参加了人民政协的筹备工作,出席了首届政协会议。

中华人民共和国成立后,黄炎培担任中央人民政府委员、政务院副总理兼轻工业部部长,政协全国委员会第一届常务委员、第二、三、四届副主席,第一、二、三届全国人民代表大会常务委员会副委员长以及中国民主建国会中央委员会主任委员、职教社社长等职。职教社成为人民的教育团体之一,所办的各种事业①都已纳入了社会主义教育事业

---

①　职教社解放前所办事业有:1918年创办中华职业学校,历届毕业生八千余人;先后创办《教育与职业》、《生活》、《国讯》、《展望》等刊物;抗战期间在川、康、云、贵、湘、桂创办中华工商专科学校、平乐职业学校、灌县职业学校、昆明中华业余中学、中华小学、中华职业补习学校多所;抗战胜利后,又在沪创办比尔中学。

的轨道。黄炎培作为我国职业教育的先驱者,他锲而不舍的探索精神和灼热如火的爱国热忱,受到人民的尊重。垂暮之年,他将自己的藏书和日记全部捐献给国家。1965 年 12 月 21 日黄炎培病逝于北京。

黄炎培主要著作有《支那四千年开化史》(上海支那翻译会社版),《实用主义小学教育法》、《黄炎培考察教育日记一、二集》、《新大陆之教育》、《东南洋之新教育》、《中国商战失败史》、《朝鲜》、《中国教育史要》、《机关管理一得》(以上商务印书馆版),《黄海环游记》、《之东》、《断肠集》(以上生活书店版),《蜀道》(开明书店版),《蜀南三种》、《中华复兴十讲》(以上国讯书店版),《黄炎培教育文选》(职教社版),以及诗集《苍桑集》、《天长集》、《红桑》等。

黄 奕 住

汪仁泽

黄奕住,又名住,1868年12月7日(清同治七年十月二十四日)生,福建南安人。父亲黄则赏,务农。由于家境贫困,黄奕住自幼失学,稍长助父农耕,兼学剃头,聊补家计。

黄奕住二十岁时,为谋出路,只身随亲友渡海到印度尼西亚的爪哇三宝垄。初时因人地生疏,语言不通,日间为码头华工剃头谋生,夜宿妈祖庙僧人处,逐渐学习当地方言,熟悉乡俗。22岁时得侨胞资助,改操肩挑小贩,深入土著村落,贩卖杂货。逾两年积有小本,在三宝垄美商花旗银行门前设一咖啡茶摊,兼售食品,起早落夜十分勤劳。1892年,他与华侨同乡合伙做糖栈生意。不久退伙,独资设立日兴行,专营蔗糖、土产买卖。由于苦心经营,营业渐盛,1907年已拥资十余万元,逐渐由零售转营批发趸销。在此前后,黄曾在爪哇接待孙中山,并几次资助同盟会的革命活动。

1910年,黄奕住随着营业扩展,将日兴行迁入三宝垄闹市中心的中街新址,雇佣中、英文书记,进行大宗批发业务。此后数年内,在印尼的巴达维亚(今雅加达)、泗水(今苏腊巴亚)、棉兰、巨港、北加浪岸以及新加坡等地遍设分行;并在纽约、伦敦等地设特约通讯机构,远及主要产糖国古巴等地,每日都有糖市行情报价专电。黄以儿子黄钦书做助手,由于消息灵通,运筹自如,经营得法,获利丰厚。至1914年估计,资产已在荷币300万盾以上。

1917年秋,爪哇因受第一次世界大战的影响,英、荷等国船只被征集回国,货运阻滞,糖价猛跌,加以日兴行在运输途中的货物遭到巨大损失,黄奕住一时陷于困境。有人劝黄匿居他地暂避,但黄坚守信誉,力谋应付债款,将不动产抵押,并得银行的贷款和糖厂的支持,得以渡过难关。不久日本正金银行在该地设立分行,主动向黄放款,黄运用大量资金囤储蔗糖;大战结束后,货运畅通,糖价一日数涨,获利倍蓰。他又以低价标得当地大货仓失火后的蔗糖数万包。该批蔗糖外表虽遭水渍烟熏,内部质量未变,经整理改装后转销香港、新加坡等地,大获其利。此时估计其财产已超过3000万盾。

战后荷印殖民政府对华侨课征重税,黄奕住怀着振兴祖国实业的宏愿,将巨额资金约2300余万美元陆续汇回祖国,自己亦于1919年4月回国,定居厦门鼓浪屿。途经新加坡时,投资华侨银行,认股新加坡币40万元。1920年又应李清泉等邀,去菲律宾马尼拉合资创办中兴银行,投资菲币100万元,约占该行资本总额的1/5。其后又到上海,经友人黄炎培的介绍,结识《申报》负责人史量才,商谈投资国内实业。史认为可先筹设银行,然后再投资其他实业,黄深以为然。又经史介绍结识前交通银行北京分行经理胡筠,委托胡筹组中南银行,资本额500万元,黄认股350万元,占该行资本总额七成,自任董事长,胡任总经理。黄将银行经营权授予胡,并认为经营得法必须具备:勤劳、认真和恪守信用三个条件。1921年6月,中南银行在上海开业后,获得钞票发行权,业务迅速发展。不久,除在天津、汉口、厦门、南京、广州等地外,又在泉州、鼓浪屿及香港设分支行,收兑侨汇及吸收侨眷存款,营业收入一度超京、沪各行。此时,黄并在厦门独资开设日兴钱庄。黄在印度尼西亚的日兴行,由于荷印殖民政府向黄追缴税款1500余万盾而被迫全部收歇。当时荷印当局曾拉黄改入印尼国籍,表示既可减税,又能保存企业,日本领事也邀黄挂籍日本,但他怀着强烈的民族自尊心,表示即使放弃全部产业也不能改变国籍,均予断然拒绝。

黄奕住在厦门鼓浪屿定居后,鉴于厦门居民饮水皆靠运水船从九龙江运来,再由水贩肩挑供售,既不卫生又甚不便,遂于1920年与友人黄世金等发起筹办厦门自来水公司，出资40万元，邀请专家勘察水源，选择厂址。1924年开始募股，1925年招商投标建造，到1926年7月开始供水，为当地居民解决了饮水这一大问题。与此同时，黄奕住于1921年以20万元独资承盘林菽庄办的厦门德律风公司，改名为厦门电话公司，增资至100万元，更新全部器材设施，并招工敷设厦门与鼓浪屿间的海底电线，次年厦、鼓通话。黄又于1925年创办漳州通敏电话公司，接通了厦、漳两地的电话线，方便了广大用户。此外黄奕住还投资上海普益纱厂、益中磁电厂、天津永利化工厂、南京肥皂厂等企业，在厦门开设黄日兴银号，在上海开设昌兴行经营土特产进出口贸易，还开发龙岩煤、铁矿。

黄奕住自幼失学，常引为终身憾事，因此甚为关心家乡的教育事业。1920年，他在家乡南安兴办斗南小学，不久增设师范班，重金聘请名师为教员，免费供给师范生膳宿。1927年，黄为纪念其母，在鼓浪屿创办慈勤女子中学。此外多次捐资给岭南、南开、暨南、震旦、复旦、厦门等大学，厦门同文、英华中学，以及新加坡爱同、华侨中学等校。他并热心地方公益，除捐助慈善机构外，并独资助修泉州开元寺东塔古迹、泉州顺济桥等。北伐战争期间，曾资助在福建的国民革命军。

1927年，天津协和贸易公司倒闭，中南银行天津分行因放款不慎，倒账损失达220万元，一时信誉大受影响，中南银行总经理胡笔就商于黄奕住。黄再向中南增资250万元，并对外宣称尚有1250万元资金做后备，恢复了中南的信誉。黄在董事会上提议由其三子黄浴沂担任该行协理，向胡笔学习经营管理。1931年，中南、大陆、交通、国华、金城五银行联合经营原由金城创办的太平保险公司，黄奕住被推为董事长。1938年，胡笔因飞机失事身亡后，黄浴沂任中南银行总经理，黄奕住及其家族开始掌握该行的总管理权。

黄奕住于1936年迁居香港，因已患中风而半身不遂，行动不便，其全部事业由黄钦书、黄浴沂继续经营。1937年抗战爆发，不久厦门沦于敌手，日方派人赴港见黄，以没收黄的企业胁迫黄入日本国籍或出任伪职。黄表示"宁可破产,决不事敌",结果在厦门的企业被日方全部侵占。为避免日伪相扰,黄于年底移居上海法租界养病,杜门谢客。1945年6月5日在沪病逝。

主要参考资料

《黄奕住自叙归国后大事年记》(未刊稿)。

黄晓沧:《黄奕住先生》,《菲列宾岷里拉中华商会三十周年纪念刊》,1936年版,第157页。

黄则盘:《著名华侨黄奕住事迹》,中国人民政治协商会议福建省泉州市委员会文史资料研究委员会编《泉州文史资料》第10辑,1982年版。

[美]柏脱编辑,勃德译:《中华今代名人传·黄奕住》,上海传记出版公司1925年版,第117页。

杨固之、谈在唐:《中南银行概述》,中国人民政治协商会议天津市委员会文史资料研究委员会编《天津文史资料选辑》第13辑,天津人民出版社1981年版。

黄奕住在沪家属及部分亲友的访问记录。

黄 远 庸

钟碧容

黄远庸，原名为基，字远庸，笔名远生，江西九江人，1884年（清光绪十年）出生在一个书香之家。父黄儒藻，在科举上很不得志，屡试不第。其母为名门闺秀，知书识字，习礼明诗。黄远庸多靠母亲教育。黄于1900年举秀才，1902年为家人促迫，应乡试中举人。1904年中进士，同榜的有蒲殿俊、谭延闿、汤化龙等。次年，黄远庸进入日本中央大学学习法律。留学期间，他刻苦钻研，勤奋学习；课余学日文、英文，也很留心时事。

1909年秋，黄远庸学成归国，邮传部尚书汪大燮派他在参议厅行走，任员外郎，兼编译局纂修官。此时，他的同乡李盛铎也从欧洲归来，与他同住一处，彼此经常在一起交谈。李见他擅长文学，文笔犀利，就对他说："吾见欧士之谙近世掌故者，多为新闻撰述家，以君之方闻博涉，必为名记者。"①黄远庸听后颇为动心，乃想改行当新闻记者，工余时间常给报刊写稿。

1911年5月，清政府组成以庆亲王奕劻为总理大臣的"皇族内阁"。6月，各省谘议局联合对"皇族内阁"进行猛烈抨击，同时，决议成立"宪友会"，声明尊重君主立宪政体。黄远庸参与"宪友会"的政治活动，被选为代表，往见"皇族内阁"总理大臣奕劻和协理大臣那桐，与他们协商草拟宪法的事情。

---

① 钱基博：《现代中国文学史》，世界书局1936年版，第423页。

　　辛亥革命后,黄远庸决心"不做官,不做议员",在北京开业做律师,并任上海《申报》、《时报》驻北京特约通讯员。他广为交游,自达官贵人以至政客、艺人,莫不结交。这些人实际上是他的新闻来源供给者,常常向他提供一些不可多得的资料。他写的通讯条理清楚,判断明确,有分析,有评论。"行文流畅多趣,开印象派纪事之风,极为读者所喜"①,有人誉之为"报界之奇才",中国报纸之有通讯,是从黄远庸开始的。

　　1912 年 8 月,袁世凯伙同黎元洪杀害了湖北军政府军务司副司长张振武和湖北将校团团长方维。对这件震惊一时的政治谋杀案,黄远庸接二连三地写报道,把事情的经过和原委一一披露。其后,宋教仁案、中日交涉、大借款等等,他无不详尽报道。他为了揭露袁世凯,写过《遁甲术专门之袁总统》、《袁世凯此后徘徊之径路》等,说袁"受任未及期年,而大权一一在握","自以阅历深,气魄伟,平生历史宏富复杂,举世无二,除左右驰驱效死力者外,皆以竖子视之,而不悟今日潮流之不可抗,其左右亦无敢进言者"。他还暗示袁世凯妄图称帝,并逆料其终必归于失败。说袁世凯"不审大局之将不可救","特恐其所为,无利于国,并无利于身也"。

　　民国初年,政党林立。各党为扩张党势,专以利禄诱人入党。黄远庸目睹政党现状,愤慨之极,乃于 1913 年登报声明:"自今以往,余之名字誓与一般党会断绝连贯的关系。"②他虽然表示不偏不倚,好像很超脱的样子,但他的政治态度,仍离不开共和党的观点。他在政治上主张改良,反对使用革命暴力,力求稳健、保守,以免开罪袁世凯。

　　1915 年 8 月,袁世凯复辟帝制的活动猖獗一时,杨度等人组织"筹安会",公开鼓吹帝制,为袁张目。袁的美国顾问古德诺在北京《亚细亚日报》发表文章,为复辟帝制大造舆论。袁的亲信爪牙为了虚张声势,想找些社会名流为袁支撑门面,由总统府内史夏寿田出面,要黄远庸撰

　　①　黄天鹏:《中国新闻事业》,上海联合书店 1930 年版,第 47 页。
　　②　黄远庸:《远生遗著》第 1 卷,商务印书馆 1927 年版,第 132 页。

文赞成帝制。黄大为恐惧，他"不欲为，不敢不为"[①]，一连七八天拖延不写，而夏寿田天天来信催促，最后被迫写了一篇不痛不痒的文章来敷衍搪塞。袁看了不满意，叫人示意黄另写一篇。黄看推脱不了，又怕招来横祸，于9月3日遁走上海。

　　黄远庸到上海后，在《时报》上向袁的御用喉舌《亚细亚日报》发表声明："远以国体问题与贵报主义不合，故于贵报未曾出版之先，即已在京沪各报声明脱离关系。"[②]这是他表示与鼓吹帝制者划清界限，也是公开宣布与袁世凯决裂，对袁的帝制活动，无疑是个打击。

　　黄远庸在上海逗留不久，就东渡日本，又转去美国旧金山游历。1915年12月27日，旧金山康梁宪政党宴请黄远庸于都坂街上海楼菜馆，忽有二人闯入，将黄刺死，"事后无人知刺客为何许人"[③]，但无疑是政治暗杀。他生平的著作，由友人林志钧汇集成册，编辑《远生遗著》共四卷。

---

① 《时报》1915年9月14日。
② 《远生遗著》第4卷，第190页。
③ 黄远庸被暗杀，有两种不同的记载：一说是袁世凯派人杀的；另一说是旧金山华侨误认黄为帝制派而误杀的。

黄　泽　霖

杜文铎

　　黄泽霖,字茀卿,号思明,原籍浙江会稽,1882年(清光绪八年)出生于贵州。他的祖父曾在贵州任知府,父亦就幕于黔。青年时期的黄泽霖曾习刑名,义和团运动后,他愤于清廷的腐败,以为非从事根本改造不足以救危亡,乃改治法政,究心时务研究。黄泽霖同张百麟系戚谊,感情很好,往来密切。

　　1907年12月,张百麟等在贵阳成立自治学社,黄泽霖积极支持,为发起人之一。1908年,自治学社筹备出版报纸,黄泽霖及家属典衣质物入股资助,并与其叔亲赴上海购置印刷机等,使《西南日报》于1908年7月顺利出刊。1909年,他被聘为贵州法政学堂现行律教员。黄泽霖还支持其妻黄烈诚在贵阳创办光懿女子师范、光懿女子两等小学,在妇女界宣传反清爱国思想。1910年,黄泽霖入提法司署任科员,翌年又兼教职于法官养成所。不久,奉自治学社命,充新军标统袁义保的书记官。这样,黄泽霖与学界、政界、军界都建立了一定的联系。

　　1908年以来,黄泽霖因经常阅读《民报》及其他革命刊物,受到很大启发,逐渐成为一个激进主义者。他对君主立宪主张和清政府的"预备立宪"极为不满,常在授课时甚至公开集会场合上揭露其愚弄国民的诡计,"且指出政府既乏对外之能力,主张各省当组织乡兵预备武力,以为自卫之计。此外,则次第揭发国内政治腐败之证据,语多激烈"①。因此,贵州当道与立宪派对他十分忌恨。

辛亥武昌首义鼓舞了贵州革命党人,自治学社立即成立了由十人组成的总机关筹划起义,黄泽霖是总机关的成员之一,负责军事部和争取袁义保的工作。他废寝忘食,日夜奔走于军界和学界。当时贵州有新军一标、陆军小学一所,士兵和学员中有不少人同情革命。此外,各州县的自治学社社员还以组织乡兵为名,招收会党(哥老会)分子,编制成军,待命而动。湖南光复后,黄泽霖、张百麟等宴请新军标统袁义保,劝其举义,为袁义保拒绝。事后,黄泽霖在一次秘密会议上主张发动新军和陆军小学克期起义,由于意见分歧,没有被采纳。与此同时,贵州巡抚沈瑜庆接受宪政预备会任可澄的建议,电召西路巡防二营管带刘显世率防军来贵阳镇压自治党人。接着又见新军不稳,下令收缴士兵子弹。黄泽霖认为情势紧迫,再不举义就要身临大祸,于是致书袁义保,晓以大义,劝其率众起事,但又为袁拒绝。10月底,云南起义消息传至贵阳,群情激动。自治学社决定在11月5日举义,并做了行动部署,指定黄泽霖的任务是率法政学生占领城内四军械局。会后黄泽霖派人贿买南药局守兵,得子弹数箱,秘密散发给新军。11月3日,黄泽霖获悉当局将加害自治党人,建议张百麟等提前行动。当天晚上陆军小学学员率先发难,新军闻声响应,黄泽霖等开城门迎新军入城。11月4日,巡抚沈瑜庆被迫交出政权,大汉贵州军政府宣告成立。

贵州光复后,自治学社在各地召募的会党群众,陆续来到贵阳,其中除一小部分为军政府收编为新军外,大部分没有得到安置,人心浮动,黄泽霖奉命将他们收编为东、南、西、北、中五路新巡防营,并被任为五路巡防总统。12月,新军一、二、三标先后出省援川、援鄂,黄泽霖统率的五路巡防营便成了贵州军政府的主要武装力量。

黄泽霖在军政府成立时,不同意张百麟同立宪派旧官僚采取"共执

① 张百麟:《黄泽霖传》,姜泣群编《民国野史》第4编,江苏广陵古籍刻印社1995年影印本,第695页。

政权,尽驰敌意"①的方针,反对宪政预备会的任可澄及土豪刘显世入枢密院任职。立宪派旧官僚对黄泽霖更怀恨在心,必欲置之死地而后快。军政府成立不久,立宪派旧官僚就造谣说黄有野心,想取代都督;又组成所谓尚武社,宣称黄揽权营私,已由该社宣告死刑。原清道员、耆老会头目郭重光为瓦解巡防营,制造混乱,到处游说,鼓动广开"公口"(哥老会),声称:"今日之贵州非'公口'不足以立国,贵州之政府及社会,非'公口'不足以辅助而保全"②。在他的煽动下,各地"公口"纷纷建立,社会秩序随之混乱。

其时,黄泽霖原准备率军援川,"公口"出现后,所部果然发生动摇。黄"恐难制驭,乃徇众请,开光汉公以约束之"③。可是这个办法并没有制止混乱,反而使"公口"愈来愈多。一贯杀人越货的遵义巨匪罗魁也乘机来贵阳,声称要当标统,否则将杀都督,人心更加不安。为了维护社会秩序,黄下令严禁"公口"不法活动。12月15日,他在四川会馆设宴,机智果断地将罗魁擒获枪决。与此同时,对其部众也严加管束,规定扰民者刑于市,违抗长官命令者杀无赦。接着又将违反军纪,借端敲索的东路巡防营目兵七人绳之以法,社会秩序才暂时稳定下来。

黄泽霖对不法分子的严厉制裁,是对立宪派旧官僚利用"公口"制造混乱的有力回击,但也因此而与其部众产生了矛盾。东路巡防分统谭德骧平时对部众管束不严,深恐自身也受到处分。刘显世、郭重光趁机用重金收买谭德骧部下唐灿章等,唆其伺机杀害黄泽霖。

1912年1月30日,自治学社干部商讨改组军政府事,黄泽霖力主将任可澄、刘显世等清除出军政府。立宪派旧官僚深恐日后军政府改

---

①　周素园:《贵州民党痛史》,中国人民政治协商会议贵州省委员会文史资料研究会编《贵州文史资料选辑》第4辑,贵州人民出版社1980年版,第63页。

②　周培艺等:《贵州血泪通告书》,中国科学院历史研究所第三所编辑《云南贵州辛亥革命资料》,科学出版社1959年版,第214页。

③　黄烈诚:《贵州起义首功黄泽霖被害略述》,《云南贵州辛亥革命资料》,第211页。

组时被踢开,决心对黄泽霖下毒手。当时有人提醒黄提高警觉,加强防范,他回答说:"刘如周(显世)一乡团首,敢尔耶?"①2 月 2 日上午 10 时左右,唐灿章指使部卒十余人到巡防总统署,谎称已捕获逃逸犯,请黄泽霖亲自审讯。黄泽霖刚进大堂,叛卒立即开枪将黄击倒,复一拥而上,断其头、手,将黄泽霖杀害。

①　平刚:《贵州革命先烈事略·黄泽霖》,《云南贵州辛亥革命资料》,第 278 页。

黄 展 云

李锡贵

黄展云,字鲁贻,1876年1月4日(清光绪元年十二月初八)出生于福州,祖籍福建永福(今永泰)。父黄育韩,卒于广西融县县尹任上,家道中落。黄展云三岁丧母,由祖母抚养长大。

1892年,黄展云入乡学[①]。越两年,清政府对日战争失败,丧权辱国。黄忧于时局,发愤求进,自修新学,寻找挽救祖国危亡的道路。1896年,他考中廪生,向往政治维新。戊戌变法失败,他深感清廷腐败,民智不开,认为必须普及教育,因而毅然抛弃科举仕途,研习西方的政治思想和自然科学,以救国为己任。1899年,他与堂兄黄翼云、表兄林万里创办福州蒙学堂,并且联络会党进行反清革命活动。黄展云在蒙学堂除常设小学班外,还开特别班,设图书馆,辟运动场,置军体课,组织"励志社"、"阅报社",举办讲演会,努力在青少年中启迪民族意识,灌输爱国反清的革命思想,引导学生关心时事形势,学文尚武。

1902年,福州蒙学堂改为侯官县立两等小学堂,规模扩大。黄展云极力充实进步的图书报刊,并亲自掌管《扬州十日》、《嘉定三屠》、《太平天国笔记》等书册,专供加入励志社的进步学生及革命同志阅读。是年暑期,他借远足的机会,向学生讲述清政府的政治腐败,痛陈遭受外国侵略奴役之苦,称颂史可法、郑成功等民族英雄的爱国主义精神。在他的教育和启发下,程祖樵、黄光弼、高贻书、蒲开泰、陈与燊、严骥、张

---

① 蔡人奇:《藤山志》,福建出版社1948年版。

兆蓉、蔡世俊、陈更新、倪履新十名参加"励志社"的学生,商定都用"汉"字做自己别号的第一字,以铭推翻清朝还我汉族河山的决心。侯官小学堂成了当时福州联络青年、宣传革命的一个中心①。

1903年,拒俄运动掀起之际,黄展云集合同志,假侯官小学堂开会,成立"海滨公会",以"研究学问,讨论国闻"为名,拟出刊杂志,编练义勇队,参与拒俄运动,后因遭到当局的阻止和破坏,未能成事。此时,邹燕庭、林斯琛在哥老会内创设"共和山堂",黄率一批进步师生和所联络的革命同志加入这个反清的秘密组织。1904年春,他策动学生黄光弼等成立学生联合会。次年春,他与郑权、郑祖荫、林斯琛等组织"汉族独立会",作为秘密反清革命活动的总机关②。

黄展云在开展革命活动中逐渐意识到,要推翻清政府,须用武力。是年夏,当侯官小学堂高等班第一期结业之时,他遴派优秀毕业生陈更新去日本,进东京九段体育会,学习马术和兵操,预备投考陆军学校;并派蒲开泰去上海科学仪器馆附设专科学校专攻理化,学习制造炸药;派严骥入闽口要塞炮科学堂肄习操炮。是年底,黄与表哥林万里共同编写《高等小学修身课本》八册。

1906年秋,黄展云与堂兄黄翼云东渡日本,考入早稻田大学师范科深造,并加入中国同盟会。黄展云因与会党素有联络,当1907年8月"共进会"在日本东京成立时,他应邀参加,被推举为福建支部的负责人之一。1908年秋,黄卒业返回福州,主持益闻阅报社,即当时中国同盟会福建分会的机关工作,并在法政学堂任修身课教师,秘密进行反清革命活动。是年9月,福建谘议局成立,黄为避免清政府瞩目,并便利革命活动,入该局充当记录员。次年,他又在省城参加考核,得中优贡。

1911年3月,同盟会谋在广州举义,黄展云激励学生陈与桑、陈更新、陈可钧、黄光弼等前往。4月27日,广州起义事败,陈等壮烈牺牲,

---

①　邹鲁:《中国国民党史稿》,民智书局1929年初版。
②　郑祖荫:《福建辛亥光复史料》,1940年10月铅印本。

葬于黄花岗。黄义愤填膺，坚信"黄花赍志策未毁，主义随风更披靡"。

武昌首义后，同盟会福建分会谋划响应。黄展云在分会总机关主持文书部工作①，加紧备制起义旗帜，拟就都督府宣言和章程。在 11 月福州起义过程中，他参与部署军政，不遗余力。12 月初，黄出任福建政务院教育部长。次年 2 月，改称教育司长。在此前后，黄展云拥护出师北伐，支持学生组织北伐队；主持学制改革，编写教科书，创办《福建民报》。

1913 年 7 月，孙中山发动"二次革命"，黄展云与许崇智等筹划响应，胁迫福建都督孙道仁宣布独立。"二次革命"失败后，黄被捕，后经林万里等人斡旋，得释。12 月，袁世凯派刘冠雄率李厚基督闽，大肆捕杀革命党人，黄辗转赴上海，再次亡命日本。

1914 年 6 月，孙中山在日本组建中华革命党，黄展云竭诚拥护，宣誓参加该党，为孙中山所赏识，任秘书。他联络同志，宣传改组国民党、建立中华革命党的重要性，积极从事反袁活动。1915 年 2 月 15 日，孙中山委任黄为中华革命党福建支部长；6 月黄奉派与许崇智等人前往菲律宾、新加坡、马六甲、霹雳等地视察党务，劝募"革命公债"，筹措讨袁军费②。

1916 年底，黄展云由东京回国至上海，在中华革命党总事务所工作。1917 年 7 月，孙中山南下护法，黄奉命留在上海筹办汇源公司，为护法斗争筹集经费和联络革命同志。9 月，黄被孙中山任命为大元帅府秘书，再去菲律宾筹饷。

1919 年 10 月，黄展云被孙中山委为国民党福建支部长。黄回福州创办《福建新报》，抨击北洋军阀统治，支持学生爱国反帝运动，策动驱逐福建督军兼省长李厚基。李厚基以"造谣惑众，扰乱军心"的罪名

----

① 郑权:《福建光复史略》，"中华民国开国五十年文献编纂委员会"编《中华民国开国五十年文献》第 2 编，台北正中书局 1975 年版。

② 黄警顽:《南洋霹雳华侨革命事迹》，上海文华美术图书公司 1932 年版。

将黄拘捕,《福建新报》也被迫停刊。1921年夏,黄获释后,即前往上海晋谒孙中山,孙令黄仍然主持福建党务。其间,黄在沪与方声涛、许卓然、秦望山等人组织"福建自治促进会",并派秦望山先回闽收编民军,组织自治军。1922年,黄回闽,被各路自治军推举为总指挥。他戮力配合北伐军许崇智等部和北军王永泉部,于10月将李厚基赶走。嗣后,他抵制徐树铮将"建国军政制置府"移置福州的图谋,并积极在青年学生中发展党员,博得孙中山的赞扬和鼓励。

是年11月,黄展云兼任福建盐运使,为东路讨贼军筹饷,深得孙中山的赞扬。1923年初,直系孙传芳、周荫人部入闽,黄命自治军第六路司令黄炳武在闽清截击,惟众寡悬殊,难于抵挡。黄展云遂避居上海。

1925年春,黄展云返回福州,筹办海滨中学,拟为宣传革命的据点。4月12日,黄出席追悼孙中山逝世大会,散发驱逐军阀周荫人的传单,被捕下狱,在狱中备受折磨。迨翌年12月,北伐军入闽之时,黄光荣出狱,声望俱增。黄即着手筹组国民党福州市党部。他赞赏共产党员廉洁奉公、不谋私利的品德,市党部的组织、工人、农民、青年等部,均交由共产党员负责,使市党部成为国共合作较好的一个机关。

12月25日,福建省政务委员会成立,越九日,又成立福建省临时政治会议,黄展云均任常委,兼政务委员会教育科(厅)长。此时,黄创办独青小学,自任校长,旨在培养为祖国独立富强而奋斗的青年。他还在城内组织"三五社",以研究三民主义和五权宪法为名,抨击弊政,支持人民反抗土豪劣绅,指出为了"正政本"、"清乱源",必须组织特别法庭,以管理人民对于土豪劣绅之控诉。

在北伐战争胜利发展的大好形势下,以蒋介石为代表的国民党右派势力日益活跃。1927年3月,福建的国民党右派召开"各界拥护党权大会",4月3日又举行"拥蒋护党大会"。由于黄展云认为中国资本主义不发达,共产主义不合中国国情,想利用国民党内地方青年派的力量来清除土匪流氓、官僚政客、贪官污吏等"伪革命党",所以他赞成"拥蒋护党",处理"跨党分子",以强化国民党。他在蒋介石嫡系与海军、地方青年派之间剧烈竞争的旋涡间，于 4 月 7 日出任福建省党部代主任的职位。是时，福建的党、政、警、财和"清党"大权皆操于东路军代总指挥、新编第一军军长谭曙卿及其参谋长赵启骧、政治部主任李大超等"十人团"和"黄埔同学会"之手。黄展云依然致力于教育事务，忙于组设省教育改造委员会，改校长制为委员会制，支持学生向教会收回教育利权的斗争，划分学区，推广平民教育、乡村教育和幼儿教育，恢复农事试验场，建立通俗教育馆等等。

"四一二"政变后，福建于 4 月 20 日成立"处理共产分子特别委员会"，屠杀共产党人和革命群众。黄展云不同意国民党右派狂捕滥杀的罪恶行径，曾救出了中共福州特委组织部长陈应中等人。7 月，福建开始第二期"清党"，黄展云任清党委员会副主任。他登报声明谢绝私人酬酢，以昭清白。

8 月，黄展云任福建省政府农工厅厅长。他对于蒋介石、汪精卫先后"清党""分共"，而使轰轰烈烈的大革命遭到夭折的原因归之于"有伟大的理想，没有接受的民众"，因而决定遵循孙中山关于"地方自治制"的建设方针，"向乡村去直接和民众接近"，去试验推行扶植农工的各项政策，企图走出一条改良政治、巩固民国的道路来①。黄以长乐县营前村为试点，拟订了《营前模范村暂行草案》，亲自兼营前模范村村长职务，并提请省政府设营前分县为模范县，划拨兵工营址扩建为劳工医院，发行水电公债，建造水力电厂。1928 年 3 月初，黄展云率领一批人员进驻营前，设立农工银行，创办学校，清查田亩，整理警政，组建警卫队和民团编练处，捉拿土匪，打击土豪劣绅，紧缩费用，竭力想把村政府建成模范的廉洁政府。

黄展云改良政治的试验，为国民党政府所不容，未及半年，即被以莫须有罪名遭通缉，被迫离闽去沪匿居。他面对"民国仅存名义，民命等于草芥"的政治局面痛心疾首，决心继续试验他的改良政治方案，于

---

① 营前模范农村办事处编著：《营前模范农村概况》，1930 年版。

1929年9月又回到福建,专任营前模范村村长。他成立了营前乡自治筹备委员会,清丈土地,测绘地图,实行"清葬",改善村路,修建自新工艺所,美化环境,提倡男女平权。他认为革命之根本在于教育,三民主义能否得以实现亦视国民教育之程度,所以特别重视教育。1930年5月,黄撰著《营前模范农村概况》一书出版发行。他期望通过这本小册子的宣传,得到国民党政府和社会各界的同情和支持,使有志于国民革命的同志赶快改弦更辙,也像他那样深入农村,接近民众,致力于"村治"。但是,他所走的改良政治的道路本是不切实际的空想,又与蒋介石独裁统治相悖,因而惨淡经营的模范村终于搞不下去了。

1932年10月以后,黄展云踯躅沪宁之间,国民党政府对他十分冷淡。第二年,经友人奔波,才挂上一个全国侨务委员会委员的虚名,寄居南京。抗日战争爆发后,黄流亡武汉。他曾想回福建组织抗日武装力量,后因患重病,于1938年7月16日在汉口去世。

黄 仲 涵

温广益

黄仲涵,字泰源,祖籍福建同安。1866 年 11 月 19 日出生于印度尼西亚中爪哇的省府三宝垄。父亲黄志信曾参加 19 世纪 50 年代初期在福建同安发生的小刀会起义。起义失败后,为躲避清兵的搜捕,于1856 年背井离乡,远渡重洋到印尼三宝垄定居。经过几年的劳动后,黄志信积累了一些资本,于 1863 年创立了建源公司。开始时以经营印尼与中国之间的土产贸易为主,从中国贩运咸鱼、茶叶、丝绸和药材等到印尼,然后把印尼的糖与烟草等转贩中国。以后,他兼营典当业、邮信业、林业及鸦片等生意。由于黄志信善于钻营,又敢于聘用专门人才经营管理,该公司的业务一步步扩大,发展成为三宝垄屈指可数的华侨企业之一,拥有数十万荷盾家产,为以后黄仲涵继承并发展该公司的业务打下了坚实的基础。

1885 年,未满二十岁的黄仲涵开始协助他父亲掌管建源公司的业务,并逐渐成为他父亲的得力助手。1890 至 1903 年期间,黄仲涵利用时机,从事鸦片买卖,赚取了 1800 万荷盾,为他以后事业的发展进一步打下基础。

黄仲涵经营的企业主要是糖厂。爪哇地区由于土地肥沃,气温适宜,且无台风侵袭,向为甘蔗种植的理想地区,出产的大晶粒白糖誉满全球。1901 年,雄心勃勃的黄仲涵继承了他父亲的大笔遗产,将资金大量投入糖业的经营上。到第一次世界大战前夕,建源公司已拥有两家大规模的糖厂,各雇用工人数千,积累的资金达三千余万荷盾。

　　由于糖业经营业务的扩大,资金流转和糖产品运输的需求增加,使黄仲涵感到需要向银行业和航运业领域扩展。1906 年,印尼华侨最早创办的银行——黄仲涵银行在三宝垄和泗水两地成立,资本额为 400 万荷盾。不久,黄仲涵又与友人联合经营三宝垄轮船公司。1912 年他承顶了该公司的全部业务,改组为协荣茂轮船公司。开始时有轮船五艘,航行于爪哇与新加坡之间,以后又增购四艘,航行于印尼各地。一时间黄仲涵成了印尼航运业的巨子。

　　第一次世界大战期间,由于欧洲各国忙于打仗,许多工厂生产停顿,引起百物腾贵,糖价也暴涨数倍。黄仲涵此时倾全力经营糖业,这是他事业发展的鼎盛时期。到战争结束时,已拥有糖厂九家,资产达四亿荷盾以上,富甲东南亚,是华侨中有数的头面人物。建源公司经营糖业高峰时期,每年糖产量达 20 万吨,除了供应印尼国内市场总消费区的 60％以上之外,还供应世界各地白糖市场的需要,分行遍设世界各大城市。黄仲涵之所以能达到如此成就,是因为他敢于突破华商因循守旧等陋习,以科学的方法进行经营管理。他不惜重金聘用外籍技师以不断改进制糖方法,耗费巨资购买现代化的设备以提高糖的产量,同时采用种种办法使公司各级职员忠于职守。

　　黄仲涵在建源公司所获得的成就以及在华侨社会中的名望日益提高,使他为荷印殖民政府所器重。早在 1885 年,即当黄仲涵参加建源公司的经营管理时,就被荷印当局委任为“雷珍兰”(音译,为荷印殖民政府设立的一种职称,协助甲必丹管理华侨内部事务);1895 至 1896 年,他又担任了两年的“甲必丹”(音译,为管理华侨内部事务的华侨领袖);1901 年,他被委任为名义上的“玛腰”(音译,管理华侨事务的最高职务)。黄任三宝垄华侨的“玛腰”后,代表华侨商界利益的中华商会,遇到一些重大事情都要征求他的意见。所以,中华商会自第六届以后索性推举他为名誉会长或特别会长。

　　第一次世界大战结束后,荷印殖民政府规定对华侨分年收入要课以 30％的重税。建源公司获利甚巨,每年需缴 3000 万盾“收入税”,而且还要追缴 1914 年第一次世界大战爆发以来的"收入税"。荷印当局对华侨的横征暴敛，对黄仲涵当然是一个重大打击。他在设法逃避了这笔苛税后，举家迁居新加坡。黄仲涵在第一次世界大战前，曾经在日本人的诱说下，加入日本籍，以冀借助这个"东亚强国"保住自己偌大的私产。但是，荷印殖民政府并没有因为黄仲涵是"日本籍民"而手软，而日本领事馆也没有对他加以保护。所以，黄仲涵迁居新加坡后便放弃了日本国籍，转入英国籍。

黄仲涵对印尼和新加坡的华侨慈善教育事业都有过一定的支持和赞助。对国内革命也曾有所资助，资助辛亥革命 5 万荷盾，资助云南起义 2.5 万荷盾，以其 4 亿荷盾的资财来说，可谓微乎其微。

1924 年 6 月 6 日，黄仲涵于新加坡病逝。

主要参考资料

梁绍文:《南洋旅行漫记》，中华书局 1924 年版。

爪哇三宝垄中华总商会编:《三宝垄中华商会三十周年纪念册》，1937 年版。

崔贵强:《印尼糖业大王黄仲涵先生生平》，香港《地平线》1979 年第 3 期。

Leo Suryadinata:《印尼著名华人传略》"黄仲涵"条，新加坡东南亚研究学会，1978 年版。

黄　自

陈志新

黄自,字今吾,曾用名四由,1904 年 3 月 23 日(清光绪三十年二月初七)生于江苏川沙县。父亲黄洪培,黄炎培之堂兄,清代的国学生,民国建立后为川沙县参议员;母亲陆梅先为川沙开群女校的创办人。黄自幼受庭训,喜唱歌。周岁时母教以民歌,很快就能背诵。1911 年入上海初级小学,辛亥革命后转入浦东中学附属小学就读。1916 年毕业后,考取留美预备学校——清华学校读书,开始接触到西方音乐。他参加学校童子军笛鼓队,在管弦乐队中演单簧管,在合唱队男高音部。从何林一夫人学习钢琴,师从王文星夫人习和声。

在旧中国学习音乐被视没出息,黄父望子成龙心切,力劝其勿以音乐活动而荒废学业,但黄自仍坚持音乐的执著,不肯放弃对艺术的追求。曾于 1921 年 3 月写长信给父亲,表白其坚持学习音乐的志向。1923 年春,在学校举办的音乐会上,他以钢琴独奏帕德列夫斯的《古式小步舞曲》和夏米纳德的《林中仙女》而崭露头角,确定了以音乐事业为终身职志。

1924 年,黄自由清华学校修业期间,官费赴美留学,因无音乐科名额,不得不入俄亥俄州欧柏林学院攻读心理学,但仍以音乐为副科。1926 年,黄自由欧柏林学院毕业,取得文学士学位,因品学兼优被推为美国历史最悠久的优秀大学生联谊会——法·培德·嘉派(Phi Beta Kappa)的会员,并有机会入欧柏林音乐学院专攻乐理和作曲,两年后转到耶鲁大学音乐学校深造,1929 年毕业,获得音乐学士学位。他的毕业作品《怀旧》交响序曲，于同年5月的毕业音乐会上演出。《怀旧》是一首抒情交响序曲，黄为悼念早逝的欧柏林学院同学和女友胡永馥（1927年归国不久因心脏病猝发殁于上海）而作。在音乐语言上，黄继承了19世纪中叶欧洲浪漫派的传统，又独创新意，不落俗套。这是中国作曲家所作的第一部交响音乐作品，演出获得美国报纸好评，黄自也因此获得了一笔英国奖金，得以取道欧洲，游历了英、法、德、荷、意等国后归国。此外，黄自在国外求学时，还写了数部包括卡农、赋格、创意曲在内的复调音乐作品。

1929年6月，黄自任上海沪江大学音乐系教授。翌年10月，应上海国立音乐专科学校校长萧友梅之聘为该校专职教员并任教务主任。此外，经上海公共租界工部局华人教育处处长陈鹤琴推荐，被聘为工部局音乐委员。音专是中国最早的音乐专业学校，是上海音乐学院的前身，该校为萧友梅创办。但是学校具有一定规模与专业水平的提高还应该归功于黄自。他除担任学校行政工作，同时教授了理论作曲组的几乎全部专业课程，还担任《音乐史》和《音乐欣赏》两门必修课的教学。他教学严肃认真，学生都很敬重他，为我国第一所高等音乐学校培养了许多音乐人才，如作曲家江定仙、刘雪庵、贺绿汀、陈田鹤等人都是他的弟子。同时黄自还进行音乐创作，以爱国歌曲和抒情歌曲为主。如《抗敌歌》，是在"九一八"国难发生后的两个月，黄自同音专爱国师生深入到浦东一带为东北义勇军募捐义演时创作的。这是中国最早以抗日救亡为题材写作的合唱曲，原称《抗日歌》，因国民党当局讳提抗日而易名。这首歌曲表现了群众同仇敌忾的热烈场面，于"努力杀敌誓不饶"一句，出现高潮，锐不可当。11月9日，《抗敌歌》由音专学生在广播电台首次播唱，并由胜利公司灌成唱片。

1932年1月28日，日寇突然入侵上海闸北。十九路军奋起反击，重创日寇。4月24日，黄自为何香凝作词的《赠前敌将士》谱曲，献给十九路军官兵。不久，黄自又创作了四部混声合唱《旗正飘飘》（韦瀚章词），于10月8日由音专学生在广播电台首次播唱，并录制成唱片，还被当年大长城影片公司的有声故事片《还我山河》采用为插曲。与《抗敌歌》相较,增加了国亡家破、祸在眉睫的悲伤情绪。它的艺术构思和处理手法是严谨和富有创造性的。它与《抗敌歌》同是黄自的代表作,也是"五四"以来中国音乐的优秀作品之一。

1933年3月底,音乐师生利用春假去杭州,举行"鼓舞敌忾后援音乐会",黄自被推为主席并亲自担任报幕。音乐会以《抗敌歌》、《旗正飘飘》为压轴曲目。上海《中华日报》的评论写道:"悲壮激昂,闻者奋起。鼓舞敌忾,可谓名副其实矣。"黄自创作的爱国歌曲还有《民谣》、《切记分明》、《九一八》、《军歌》、《学生国货年歌》、《睡狮》、《北望》等。

黄自特别喜欢写抒情歌曲。1933年6月,由商务印书馆出版发行的《春思曲》中的《思乡》、《春思曲》和《玫瑰三愿》尤有典型意义。《玫瑰三愿》的表现手法是直抒胸臆,不事渲染,就像一幅素描,其钢琴旋律只是起烘托作用。而在《思乡》和《春思曲》中某些意境,则是由钢琴用造型手法(如春雨潇潇、柳丝轻拂和杜鹃啼声的描绘)与和声手法(如描写陌头杨柳、分色上帘边的色彩性转调)表现出来。黄的抒情歌曲中,钢琴伴奏起到非常重要的作用,去掉歌词,几乎就成了钢琴独奏曲。

1933年11月,在音专学生演奏会上首演了黄自于1932年至1933年间创作的清唱剧《长恨歌》(韦瀚章词),取材于白居易同名长诗,在情节结构和段落安排上参照洪昇的传奇《长生殿》,分十个乐章,他只完成七个乐章,基本上概括了白居易原诗的主要情节,在艺术上已相当完整。《长恨歌》是中国最早的一部清唱剧,作品政治讽刺意味是很强烈的,如《渔阳鼙鼓动地来》中的"舞袖正翻翻……那管他社稷残。只爱美人醇酒,不爱江山";再如《六军不发无奈何》中,可恨的杨贵妃、可杀的杨丞相,"怨君王没主张,宠信着杨丞相,堕落了温柔乡,好生生把山河让,把锦绣山河让,敌纷纷家散人亡"。反映了边关报警、军情险恶,而蒋介石集团仍在醉生梦死,其政治意含讽刺是明显的。《七月七日长生殿》是一首充满诗情画意的爱情二重唱。作者所完成的七个乐章依次抒写了骊宫的歌舞、爱情的盟誓、边关的警报、军士的怨、临死诀别、幻想的仙境和无边哀思,黄自把《长恨歌》当做一部完整作品在演奏会上演奏。

黄自十分关心普通音乐教育的发展,从 1932 年起,先后受聘为南京国民政府音乐教育委员会、音乐教育编订委员会委员,主持编订出版了中国当时质量最好的普通学校音乐教材——《复兴初级中学音乐教科书》1—6 册。为抵制 20 世纪 30 年代黄色歌曲对青少年的毒害,他于 1933 年—1935 年间谱写了二十八首学生歌曲。1935 年,他为联华公司的故事片《天伦》作了主题歌《天伦歌》。由于曲调优美,通俗易于上口,曾在青年学生中广为流传。同年,黄自又写了十五首儿童歌曲,其中《挖泥沙》、《不容易》、《春风》、《你可知道》、《互助》、《养蚕》等,发表于 1938 年出版的《音乐月刊》上。

黄自还致力于社会音乐教育。从 1934 年起,主编音乐艺文社的《音乐杂志》和《新夜报》的《音乐周刊》;还为上海、汉口等电台组织音乐节目,编写音乐欣赏广播稿,并创办全部由中国人组成的"上海管弦乐团"。1935 年下半年,与左翼音乐工作者合作,为电通公司的影片《都市风光》作的片头音乐——《都市风光幻想曲》,揭露帝国主义者在上海殖民统治的罪恶。该幻想曲是按着画面即景配乐的,从中可以见其多方面的创作才华和驾驭大乐队的配器素养。

黄自自幼酷爱中国古典诗词,他为白居易的《花非花》、李白的《峨眉山月歌》、王灼的《点绛唇·赋登楼》、苏轼的《卜算子·黄州定慧院寓居作》、辛弃疾的《南乡子·登京口北固亭有怀》等唐诗宋词谱曲,用不同的音乐语言来描写不同的诗词意境。作者用跌宕开阔的旋律来谱写《点绛唇》和《南乡子》这样慷慨沉雄之作;又用轻描淡写的笔触去勾画《花非花》和《卜算子》这两首诗词,通过抒情性旋律与色彩性和声表现出恬澹悠远的境界。

黄自还从事理论研究和著述,以音乐史、音乐欣赏与和声学为其主要内容。1929 年写出《西洋音乐进化史的鸟瞰》一文,而 1934 年完成的《勃拉姆斯》一文,则是对法国作曲家专题研究的力作。黄自在生前的最后两年潜心研究并开始撰写《西洋音乐史》、《和声学》和《中国之古乐》三部著作。为《西洋音乐史》的写作,他辑录的史料有两万余件,还编订了世界史、中国史和音乐史的对照表以及重要音乐家的生卒年表和中外参考书目。初稿仅完成六章("绪论"至"音乐之全盛")。《和声学》初稿只写了三十八讲,该书是黄自多年教学实践的结晶。他为撰写《中国之古乐》,收集史料五百余页,还从周秦至唐宋重要文学作品中,选辑出有关乐论的文字约两百余条,定名《中国人心中之音乐》。

黄自倾向进步革新,不断地与学校的落后倾向作斗争,遂为学校当局所不容。他于1937年暑期辞去了音乐专科学校教务主任职务,以大部分时间从事著述。1938年5月9日,黄自因伤寒病逝于上海红十字会医院,年仅三十四岁。噩耗传至全国各地,汉口、长沙、重庆、延安和上海先后举行了悼念活动。

黄自逝世后,重庆中央电影摄影厂把他的《花非花》、《玫瑰三愿》、《抗敌歌》、《旗正飘飘》等爱国歌曲拍摄成电影《黄自教授遗作选集》在重庆公映。中华人民共和国成立后,1956年他的《怀旧》序曲在全国第一届音乐周上演出。黄自遗作《长恨歌》、《黄自独唱歌曲选》、《怀旧曲》等由上海音乐出版社出版,《黄自歌曲选集》由人民音乐出版社出版。

主要参考资料

贺绿汀:《黄自逝世20年祭》,《人民日报》1958年5月9日。

《中国大百科全书·音乐舞蹈》,中国大百科全书出版社1989年版。

钱仁唐:《黄自传略》,《音乐研究》1988年第3期。

戴鹏海:《让历史作证——写在〈黄自年谱〉前面》,《音乐艺术——上海音乐学院院报》1982年第4期。

戴鹏海:《黄自年谱》,《音乐艺术——上海音乐学院院报》1981年第2期。

黄　宗　仰

李安庆　李守静

黄宗仰,一名中央,字宗仰,别字楞伽小隐,自署乌目山僧,晚年又称印楞禅师。出家前原名黄浩舜,又名同仁,江苏常熟梅李乡人。生于1861年11月12日(清咸丰十一年十月初十)。

黄宗仰的父亲黄长先有子女各三人,宗仰排行第二。宗仰自幼聪明颖悟,曾受业于常熟翁同龢门下,他勤奋攻读,文章写得辞茂义幽,不同凡响,深得翁的赞赏。黄的母亲是一位虔诚的佛教信女,他受母亲的影响较深。十六岁时,其父兄曾逼他学掌店事,而他对此毫无兴趣,因此愤然离家出走,到当地三峰清凉寺削发为僧。1881年去镇江江天禅寺(俗称金山寺),受戒于显谛法师,赐名宗仰。宗仰开始为知客僧,后游方遍历北方各省,也曾循海到过越南。他每到一处,便把当地山川景色写入诗篇,绘成画幅。由于他见多识广,学识渊博,加之办事干练,不久被升为江天寺监院。

1892年,上海犹太富商哈同夫妇到镇江游金山寺,哈同妻罗迦陵见到这位年轻监院一表人才,谈吐不俗,精通佛学经典又工诗擅画,很是赏识,乃礼聘黄宗仰去沪在爱俪园(俗称哈同花园)主持讲授佛经,宗仰应邀前往。

在爱俪园,宗仰对外自称"乌目山僧"(因他家乡有座山名乌目山)。他给罗迦陵等讲经,宣扬佛法并当上总管,深得哈同夫妇的信任。他还主持了爱俪园的营建设计,园中各处胜迹,如挹翠亭、大好湖山、梅园、文海阁等匾额题字多出自宗仰的手笔。

　　1899年，时仅十九岁的李叔同慕名到上海拜黄宗仰为师，从他学习金石书画。翌年黄宗仰与李叔同及上海名画家任伯年、书法家高邕之等组织上海书画公会，每周出版一张书画报，精印古今名画书法，颇有声誉。

　　黄宗仰虽是出家人，却时刻关注国事，怀献身济世之志。1901年秋，《辛丑条约》订立，黄以为国耻，曾手绘"只记颓京城下盟"的《庚子纪念图》并广征友朋诗文，汇编成册，付梓流传，以期国民能"激奋忠爱，克臻强盛"①。次年春，他与章太炎、蔡元培、吴敬恒、蒋维乔等爱国志士结成好友，时相过从，认为挽救危亡，应从改造教育入手。4月，与蔡元培、邹容等人发起成立中国教育会②，会址设在上海泥城桥福源里，公推蔡元培任会长与评议长，拟编订教科书，改良教育，以挽救危亡。中国教育会在蔡元培领导下，创办了不少的文化教育机构。由于黄宗仰出力甚多，中国教育会特在常熟设支部，并办有塔后小学。

　　1902年11月，上海南洋公学（交通大学的前身）第五班学生贝寿同等五十余人，因校方禁止谈论时政，以退学表示抗议，并要求中国教育会办学。黄宗仰遂向中国教育会建议集资自设学校，以收容南洋公学的进步学生。在他的劝说下，罗迦陵捐助了500两纹银。11月16日，中国教育会设立爱国学社，以蔡元培任总理，章太炎、黄炎培、蒋维乔等任义务教员。黄每周到爱国学社讲授一次佛学，他结合阐述平等大同等哲理，宣讲革命思想，每次讲学大教室都挤得水泄不通，从此"革命和尚"的雅号便传播学社内外③。

　　爱国学社还经常在张园举行演讲会，宣传革命。章太炎、吴稚晖等都来参加，黄宗仰每会必到，有时也发表演说，多慷慨激昂。同年，黄由

---

　　①　乌目山僧编：《庚子纪念图》，辛亥上海刻本。

　　②　《中国教育会章程》，《选报》第21期，1902年7月5日。

　　③　俞子夷：《蔡元培和光复会草创时期》，中国人民政治协商会议全国委员会文史资料研究委员会学编《辛亥革命回忆录》（七），文史资料出版社1982年版，第508页。

于接受反清革命思想，加入了孙中山领导的兴中会。

1903年春，因沙俄觊觎我国东北三省，在日本的中国留学生组织了拒俄义勇队，不久被日本政府强行解散，黄兴、陈天华、蔡锷等又在东京成立军国民教育会。爱国学社也在国内组织义勇队，并成立军国民教育会，增设军训课，以备将来军事行动之需，黄宗仰毅然加入，脱掉袈裟换上戎装，在集训操场上还练枪法和投弹，其爱国热忱有力地鼓舞了师生斗志。

爱国学社的爱国革命活动，在中国教育会内部引起争议。蔡元培支持这些活动，主张听由爱国学社脱离中国教育会，时中国教育会改选，黄宗仰被大家推为会长，他以中国教育会会长名义支持蔡元培的主张，并在《苏报》上撰文《贺爱国学社独立》①。

那一段时间，黄宗仰不断以"黄中央"署名，为《苏报》撰写稿件，大力宣传革命思想，还冒着危险将邹容的《革命军》小册子亲自出资出版，由上海大同书局印行，于1903年5月在上海问世。它是上海最早出版宣传革命的单行本书籍。6月末发生了《苏报》案，《苏报》被封，黄宗仰也被缉捕，在罗迦陵资助下，避走日本。

当时适逢孙中山于安南、暹罗等地进行革命活动后抵达日本横滨，黄宗仰谒见化名"高野长雄"的孙中山，表达了自己十分仰慕的心情。两人倾心交谈，相见恨晚，结为知己，黄长孙中山五岁，遂以兄弟相称。在孙中山教育影响下，黄进一步坚定了革命信念。他在日本撰文、演说，大力进行推翻帝制、建立共和的革命宣传，同时尽力支持革命活动。同年9月，孙中山为了扫除保皇邪说、规复革命机关，离日本赴檀香山，黄慷慨资助旅费200元，留日学生在东京出版的宣传革命的刊物《江苏》杂志，因经费不继，一度中辍，黄宗仰募资助其复刊。

1908年，清帝光绪与太后慈禧相继去世，国内党禁稍弛，黄即由日

---

① 冯自由：《黄宗仰传》，中国国民党中央党史史料编委会编《革命先烈先进传》，(台北)中华民国各界纪念国父百年诞辰筹备委员会1965年版，第532页。

本返沪,重返爱俪园。这年他接到孙中山从美国来函①。翌年,由黄宗仰主编的《商务日报》在上海创刊。该报反对帝国主义的侵略,抨击清政府的卖国政策,深受读者欢迎。

1911年10月,辛亥武昌起义爆发,上海响应,黄宗仰也出力不少。后来,陈其美和李燮和在上海光复后争夺沪军都督一职,他从中调停,代筹饷糈,消除各方阻力,使上海的革命工作得以顺利进行。同年12月25日,孙中山从国外返回上海,黄宗仰首先得讯,特雇一小汽船出吴淞口外相迎,并热情邀请孙中山去爱俪园。孙中山在爱俪园接见了议和代表伍廷芳及其他来客三十多人②。

中华民国成立后,黄宗仰与章太炎设想对佛教进行改革,使之成为民国的精神支柱,1912年3月成立了佛教会,并参与编辑《佛学丛报》。稍后,黄在爱俪园中组设和主持华严大学。由罗迦陵资助刊印的《频伽大藏经》也于1913年春全部印出,计经凡一千九百一〇余种,分为八千四百一〇余卷,历经五年耗资二十万两,黄宗仰为之付出无数心血,章太炎特为之作序,称赞黄“绍隆一乘,救兹来世,为晚明旭大师后三百年发扬胜义之第一人”③。

在热衷弘扬佛教的同时,黄宗仰并未减少他对民初政治局势的关注。针对当时革命党人分裂涣散状况,他曾发表《告同胞销除意见书》一文,呼吁“当以时局为念,泯私见,顾公益”,“万众一心”,拥戴以孙中山为首的临时政府。黄清醒地看到了“革命成功”的背后潜伏着危机:内有“袁贼之奸”,外有列强环伺,如“萧墙自讧,与人可乘之机,迨事已糜烂,悔嗟莫及”。果然,袁窃取大总统后,又于1913年3月派人刺杀

---

① 原件藏栖霞古寺。

② 《辛亥革命时期上海公共租界工部局警务报告二》,《历史档案》1981年第4期,第46页。

③ 冯自由:《黄宗仰传》,中国国民党中央党史史料编委会编《革命先烈先进传》,(台北)中华民国各界纪念国父百年诞辰筹备委员会1965年版,第533页。

宋教仁,黄乃作《宋案愤言》和《讨袁篇》坚决主张讨袁①。

讨袁的"二次革命"失败后,黄即由失望而陷入颓唐;加之在爱俪园也渐遭冷遇,大总管姬觉弥的排斥打击,使他看破红尘,决心廓然归山。

1914年,黄宗仰回到镇江江天禅寺,因资历深、才华卓著,被推为首座和尚。1916年黄宗仰开始闭关静修,遍览十二部经。至1919年6月出关,与扬州两位高僧同游南京栖霞寺。这座曾繁荣一时的六朝古刹,清咸丰年间毁于战火,仅剩下头道山门和断壁残垣,黄宗仰感慨万分。当时仅有一个法意和尚在此结茅侍奉香火。法意和尚恳请黄宗仰留此担任住持,重振山门,黄当即允诺。此举曾获江天寺方丈青权法师的大力支持,将江天禅寺的部分佛像、用具迁往栖霞寺,因黄宗仰为金山法派,栖霞道场自此改为金山分宗,这就是金山寺分灯的由来。

1919年7月,黄宗仰就任栖霞寺方丈,众称印楞法师。他为复兴古寺含辛茹苦,煞费苦心,但重建资金不易解决,孙中山先生得知后亦曾捐赠万元资助。当栖霞寺部分修复后,举行方丈升座仪式,这一天各名山古刹的长老、僧人及居士们云集古寺庆祝,由于来宾众多,当天沪宁铁路局特地在栖霞山麓增设一个支站——后来称栖霞山火车站。由于黄宗仰的到来,栖霞镇由一个贫穷落后的小村庄而变得日益繁荣起来。

黄宗仰为修复栖霞寺殚精竭虑,终因积劳成疾,未能等到古寺全面修复,即在1921年7月圆寂于僧舍,被誉为:复兴栖霞古寺第一祖。

① 袁鸿林:《黄宗仰》,《清代人物传稿》下编第3卷,辽宁人民出版社1987年版,第375页。

吉 鸿 昌

徐玉珍

吉鸿昌，原名恒立，别号世五。1895 年 10 月 18 日（清光绪二十一年九月初一）生于河南扶沟吕潭镇一户贫苦农家。其父吉茂松，别号筠亭，曾在该镇开过茶馆，为人豪爽，急公好义。这给吉鸿昌留下了深刻的印象。吉鸿昌六岁时母亲去世，家境更加困难，他除了在茶馆里帮着做生意，每逢农忙季节还随家人下地干活。由于交不起学费，吉鸿昌只能在当地私塾旁听了两年。他从小勤劳勇敢，憨厚胆大，深获镇上穷孩子们的喜欢和推崇。

1910 年春，年仅十五岁的吉鸿昌到扶沟城"福庆楼"首饰店学徒，后因熔化银料时拒绝掺假，遭店主训斥愤而弃职。1911 年前往周家口（今商水县城）"增盛合"杂货行当学徒，后因不堪忍受非人的学徒生活，1913 年 8 月愤然前往郾城招兵站，投入冯玉祥所率领的左路备补军第二团当兵。

1914 年，吉鸿昌随冯玉祥所率警卫军左翼第一旅追剿白朗起义军。同年 9 月，该部驻防西安，冯玉祥成立模范连，吉被选入该连当兵。由于吉鸿昌聪颖勇敢，胆识过人，曾有"吉大胆"的绰号。

1917 年 7 月，冯玉祥部第十六混成旅驻防河北廊坊。在讨伐张勋"辫子军"得胜后，冯成立了一支手枪队。吉鸿昌被调到手枪队，并提升为排长。次年 6 月升任连长。吉鸿昌为人忠厚，遇事机敏，临阵勇猛。1921 年 5 月吉随军入陕，参加攻克西安的战斗，因功晋升为营长。同年 8 月，第十六混成旅扩编为陆军第十一师，吉鸿昌营改隶李鸣钟旅孙良诚团。

1922年4月,第一次直奉之战爆发,吉鸿昌随军参加对奉作战,迫使奉军退出关外。10月,冯玉祥出任北京政府陆军检阅使,率部进驻南苑,一面练兵,一面扩充实力。1924年10月,冯趁第二次直奉战争处于胶着状态,发动北京政变,直系败北,随后冯部改为"国民军",吉营驻防西苑。年底吉营随补充第四旅调驻绥远归绥(今属呼和浩特),翌年春吉被任命绥远都统署副官处长,5月任绥远都统署警务处长兼骑兵团长。

1926年6月,冯部刘郁芬第二师在兰州告急,吉鸿昌奉命将绥远都统署手枪团及各地警察队组编为第十二师第三十六旅,担任旅长;并率部星夜驰援,吉相继打败了甘肃土顽张兆钾和孔繁锦等部,稳定了甘肃省的局面。同年9月17日,冯玉祥在五原誓师,组成国民联军,响应北伐。10月,吉鸿昌奉命率部从兰州出发急进陕西,肃清了三原、咸阳地区的土顽军阀,又经四十多天艰苦作战,击溃镇嵩军,于11月27日使被围困达八个月之久的西安城解围。1927年4月,国民联军改名为国民革命军第二集团军,冯玉祥任命吉鸿昌为该集团军第二军第十九师师长,进驻潼关。5月中旬,吉部受命东出潼关参加北伐,直指洛阳。吉派人前往说服守军让出,从而轻取洛阳,继克巩县。7月3日深夜趁敌军无戒备抢渡黄河成功,又换成奉军服装巧取新乡。吉部捷报频传,冯玉祥闻讯后复电嘉奖该部并誉为"铁军"。从此第十九师成为公认的西北军王牌部队。不久豫东发生战争,吉部奉命开赴许昌攻打北军马及第部,继赴漯河攻打靳云鄂部,所向披靡,河南局势暂告稳定,解除了北伐进军的后顾之忧。

1927年"四一二"蒋介石叛变革命,不久冯部第二集团军也开始"清党",吉鸿昌对此虽然痛惜不已,但因尚未认清革命的方向,只是终日彷徨,心灰意冷,苦思无路可走。1928年吉对"济南惨案"发生后蒋介石采取不准抵抗绕道北伐的屈辱行径颇感悲愤,曾暂离部队回乡省亲。归队后不久,冯玉祥整编部队,吉因与上司孙良诚不和,第十九师被编散,他被调到北平陆军大学特训班"深造"。同年冬,吉鸿昌被任命为国民革命军第三十师师长。1929年春,吉鸿昌奉命率部进驻宁夏,击溃了来犯的"马家军",稳定了宁夏的局面。同年5月,吉鸿昌升任第十军军长。原宁夏省主席、西北军第七军军长门致中不安于位,被迫辞职;7月,吉继任宁夏省主席。吉对宁夏有一套改革开发的主张,并反对再打内战。因此引起了西北军老将鹿钟麟、宋哲元、孙良诚、刘郁芬等人的误解和疑忌。

1929年10月,蒋冯之战开始,吉鸿昌奉命从宁夏前往增援。随后于1930年3月9日,在代总司令鹿钟麟召开的一次军事会议上,吉被视为搞"独立王国"者,被扣留在潼关司令部,将予严惩。正巧冯玉祥3月10日从山西赶回潼关,吉才幸免于难。冯旋将第十军整编为第十一师,派吉鸿昌仍任师长,率部开往豫东作战。蒋、冯、阎中原会战,尽管吉鸿昌率部连连获胜,重创蒋军;但其他部队不能紧密配合作战,加之蒋介石的收买、分化瓦解,冯、阎反蒋联军被搞得四分五裂。9月18日,张学良通电拥蒋,东北军大举入关,冯、阎终告失败。冯玉祥的西北军全线崩溃,所部分别被蒋介石收编。蒋深知吉鸿昌是西北军的闯将,所部素称劲旅,便极力笼络他;同年9月,蒋委任吉鸿昌为二十二路军总指挥,兼任第三十军军长,下辖三个师,一个特务旅,指定该部开往淮阳进行整编。

1930年11月,蒋介石发动了对鄂豫皖革命根据地的第一次围攻,命令吉鸿昌率部移驻潢川,进攻光山、商城、麻城、固始一带的红色区域。苏区红军经过四个月的艰苦奋战,歼敌一万三千余人,粉碎了蒋介石的第一次围攻。1931年1月3日,吉鸿昌部的第三十师在商城二道河西南的四顾堆地区作战,被红军歼灭一个团。吉鸿昌经此惨败,以及与中共地下工作者交往中,思想颇受震动;从此他按兵不动,不再主动与红军打仗。期间,吉鸿昌托病离开部队到上海,与中共中央军委取得联系,在中共地下党负责人帮助下,吉渐渐悟出了革命道理。回到潢川后,通过联系,吉曾多次乔装进入苏区实地考察,目睹苏区劳动人民的实况及与红军负责人的会见长谈,思想上发生了更深一层的转变。回部队后,吉鸿昌开始寻找自己的出路,考虑部队起义参加红军的可能性;3月1日,吉鸿昌挥笔书写了"国将不国,尔速醒悟。睡狮猛醒,领导民众"十六个大字,令人镌刻在光山县县衙门前的一对石狮背上,以表达自己的心情。

蒋介石发觉吉鸿昌的思想变化极为惊恐,星夜派郑州行营参议冷欣飞赴信阳监视吉鸿昌,并任命冷欣为吉部的高级参议。随同冷欣前来的特工人员则在吉部加紧活动,并用重金拉拢收买军官。3月中旬,蒋又策动了对鄂豫皖革命根据地的围攻,总兵力由9个师增加到11个师。吉鸿昌以种种借口推诿不出兵,迫不得已才带着些"洋枪"、"洋面",虚张声势出发攻打苏区。每当与红军相遇,空打一阵枪,沿途留下枪支、弹药、粮食,然后迅速离去。到了5月,红军已经胜利地粉碎了国民党的第二次"围剿",这更加速了吉鸿昌投奔红军的决心,他决定率部起义,用自己的行动赎"剿共"之过。由于吉部三十一师师长张印湘的告密,军官被特务收买;随后蒋介石指派吉鸿昌的老上级李鸣钟赶到潢川,并力劝吉鸿昌出国考察,从而瓦解了起义队伍。吉鸿昌看到起义无望,蒋介石又派重兵逼近,9月被迫离开部队,前往上海准备出国。

"九一八"事变发生后,吉鸿昌在沪闻讯立即致电蒋介石,请求准予北上抗日,以抒国难,但遭蒋介石的拒绝,在特务和说客的软硬兼施的劝说下,只好于9月23日偕妻胡洪霞被迫登上美轮"塔夫脱总统号",由上海起程出洋。

吉鸿昌在海外游历了五个月之久,先后到了日本、加拿大、美国、英国、比利时、德国等十多个国家进行考察,多次接待记者并发表抗日演讲,此行他极想趁机去苏联参观,却因国民党政府的阻挠未能成行。蒋介石怕吉鸿昌回国后闹事,一面答应继续给予资助,一面对吉加强监视,阻拦他回国,想让吉鸿昌羁留海外,消磨其爱国意志。对此吉颇为愤慨,曾赋诗一首:"渴饮美龄血,饥餐介石头。归来报命日,恢复我神州。"

　　1932年1月29日,吉鸿昌与夫人密商后,摆脱特务跟踪,只身搭乘英轮由马赛启程返回上海。

　　淞沪事变后,吉鸿昌暂住上海,在与上海中共地下组织取得联系后,表达了坚决抗日的决心。随即来到天津,并很快与中共华北政治保卫局接上关系。为了开展反蒋抗日斗争,他经常奔走于平、津两地,同时抓紧整理出国观感。同年5月,由北平东方学社出版了吉鸿昌著述的《环球视察记》。不久,吉鸿昌由津赴沪,参加了东北抗日救亡后援会工作,并与宋庆龄等爱国人士广泛接触。8月,吉鸿昌冒险从上海潜往湖北宋埠,组织发动旧部起义,但旧部军官迟疑不决或避不相见,有的已被特务收买进行破坏阻挠。吉只得仓促率一个团起义,可是早已陷入蒋介石布置的包围之中,当突出重围到达苏区时人员已所剩无几。起义失败后,吉鸿昌受到国民党政府的通缉。1932年秋,吉加入中国共产党。9月间,吉鸿昌由沪至泰山,敦促冯玉祥下山与共产党合作抗日。一个月后,冯玉祥移居张家口,积极准备起兵抗日。吉鸿昌回到天津后继续联络旧部官兵,进行抗日反蒋活动。

　　1933年1月3日,日本侵略军攻陷山海关,又向热河进犯。由于蒋介石采取不抵抗政策,3月4日,日寇不费一枪一弹占领承德,并继续向华北进犯,长城抗战爆发。3月25日,吉鸿昌抵张家口,在土尔沟"爱吾庐"与冯玉祥促膝长谈。冯决定由吉鸿昌编一个军。中共华北特委则派出吴化之任吉部的政治部主任,帮助组军。5月26日清晨,张家口全城戒严,"察哈尔民众抗日同盟军"宣告成立,冯玉祥任总司令,佟麟阁任同盟军第一军军长,吉鸿昌任同盟军第二军军长。同日,抗日同盟军接管了察哈尔省政府,新组成的察哈尔省政府委任吉鸿昌为省垣警备司令兼警察处长、公安局长。

　　6月15日,在张家口土尔沟新村召开了抗日同盟军第一次军民代表大会。到会代表61人,会议由冯玉祥主持,中共党员吉鸿昌、宣侠父、张慕陶等参加了五天的会议,吉鸿昌等11人被选为军事委员会常委。

6月20日,冯玉祥任命吉鸿昌为抗日同盟军北路前敌总指挥,吉率部北进,一连克复康保、宝昌、沽源等察东地区,军威大振。7月5日,吉在沽源附近的大柳树村召开抗日同盟军前线主要将领会议,根据多伦及其周围地区的敌情报告,决定兵分三路进攻日伪军。鏖战五昼夜,12日吉鸿昌暗遣副官刘亨香、马国栋等率领精兵四十余人乔装入城。入夜,吉亲率各部,袒臂冲锋,里应外合,光复了失守七十二天之多伦。多伦光复,震动中外,全国各地爱国抗日团体和知名爱国人士纷纷致电祝贺,但遭到国民党蒋介石与汪精卫之流的反对。7月28日,蒋、汪在庐山会议上向抗日同盟军发出最后通牒式的四项意见,并电令何应钦调重兵围剿抗日同盟军,并对同盟军所在区域实行全面封锁。8月4日,冯玉祥被迫下野,并派邱小宁、佟麟阁与宋哲元等在沙城协商接交办法,同盟军面临被分化肢解的局面。8月16日,吉鸿昌、方振武召集所部将领在老君堂开会,作出了整编队伍的决定,"民众抗日同盟军"改称"抗日讨蒋军"。24日,吉鸿昌出席中共河北"前委"在张北县二泉井村召开的军事会议,并组成了柯庆施、张慕陶、宣侠父、吉鸿昌等七人的军委常务委员会。26日同盟军五师、十一师、骑兵三师、手枪队和二师的一部分共三千余人由驻地西进商都,吉鸿昌担任军事总指挥。由于国民党军队的围堵,同盟军又改为东进,9月9日到达独石口与方振武部会合。两支部队仍分左、右路军,预定在昌平北部集结,提出的战斗口号是:"打进北平过中秋。"9月20日,方振武部攻占怀柔,断后的吉鸿昌也浴血奋战杀进长城,与方部会合。9月23日,抗日军进占顺义县境内的牛栏山,26日攻占距离北平62里的高丽营,并与国民党军队进行炮战,北平当晚全城戒严。10月以后,吉部转战于顺义、大小汤山。由于日、伪、蒋的三方夹击,四面围堵,同盟军伤亡惨重。吉鸿昌和方振武眼看突围无望,不忍心与同战斗的抗日弟兄遭受无谓的牺牲,为了保存抗日力量,别谋抗日出路,遂于10月16日,应国民党第三十二军军长商震和北平慈善团体代表之约,吉、方两将军亲往商震驻地(顺义县附近的马家营)谈判和平解决办法。随后吉、方被押解北平,当车行至河北时天已擦黑,吉鸿昌施计掩护方振武逃脱。吉舍生忘死、先人后己、磊落大方的胸怀和抗日决心感动了押运人员,也得以中途获释。抗日同盟军掀起的轰轰烈烈的抗日运动虽然失败了,但他们敢于从日本侵略者手中夺回失地的勇气,大大鼓舞了全中国人民的抗日信心。

吉鸿昌摆脱险境后,化装成庄户人于11月辗转回到天津法租界家中隐居。1934年1月,吉鸿昌与共产党员宣侠父建立了联系。吉在其副官牛建中陪同下秘密前往上海,见到了中共中央军委特科组织的王世英同志,向组织汇报了察哈尔抗日斗争的经过,听取了党的指示,又肩负着新的使命返回天津。3月初,南汉宸夫妇到津,吉鸿昌和南汉宸、宣侠父等广泛联络反蒋抗日力量,暗中筹集资金,购买武器,制定了中原暴动计划。在此期间,柯庆施、陈伯达和朱其文夫妇都在天津和吉鸿昌建立了联系。5月,吉鸿昌与南汉宸等在天津成立了包括冯玉祥、李济深、方振武、任应歧等各派反蒋抗日力量代表在内的"中国人民反法西斯大同盟",吉鸿昌被选为"同盟"中央委员会委员,南汉宸兼任秘书长。为了进行抗日宣传,吉鸿昌在自己家里设置了简易印刷所,创办出版了《民族战旗》刊物,向全国各地邮寄,产生了很大的反响,后来被敌人发现后,被迫停刊。

吉鸿昌频繁积极的反蒋抗日活动,引起了敌人的密切注意,蒋介石派出复兴社的特务加强对吉的监视,还打进"同盟"组织内部窃取情报,进行破坏活动。吉鸿昌转移了印刷所,改变了联络地点和方法。是年八九月间,吉派往安徽进行发动武装抗日工作的同志被捕,暴露了吉鸿昌在津工作的情况,引起了敌人的极大惊恐。蒋介石严令国民党北平军分会不惜一切手段,除掉吉鸿昌。面临险境,吉鸿昌首先让南汉宸等先行撤离,自己坚守岗位。10月初,根据工作需要,吉鸿昌的家从天津法租界霞飞路搬迁到英租界牛津别墅3号居住。11月9日,吉鸿昌与任应歧等借打牌为名,在法租界国民大饭店秘密开会,国民党特务跟踪而至,突然闯进45号房间开枪行刺,误将会谈代表王化南打死,吉鸿昌亦身负枪伤,随后吉被天津法租界工部局巡捕以嫌疑犯拘捕。消息传出后,天津地下党组织和爱国知名人士曾多方营救未果。11 月 14 日,吉鸿昌、任应岐等被引渡给国民党天津市公安局,在天津蔡家花园陆军监狱囚禁了九天。22 日,吉鸿昌等又被国民党军警押解到北平军分会军法处审理。吉鸿昌在法庭上大义凛然,用抗日必反蒋的事实骂得审判长张口结舌,审理草草收场,按上一个"危害民国罪"。1934 年 11 月 24 日,蒋介石密电,令北平军分会将吉鸿昌"就地枪决"。临刑前,吉鸿昌从容执笔,给夫人和亲属留下了最后的遗嘱。在刑场上,他以手代笔,以地作纸写下了浩然正气的诗章:

　　　　恨不抗日死,

　　　　留作今日羞。

　　　　国破尚如此,

　　　　我何惜此头!

　　吉鸿昌坦然坐在特务搬来的椅子上,面对屠手的枪口,高呼口号,慷慨就义,英勇牺牲。

主要参考资料

　　中共天津市委党史资料征集委员会编:《吉鸿昌将军》(吉鸿昌将军牺牲五十周年纪念辑),河南人民出版社 1984 年 11 月版。

　　穆欣:《吉鸿昌将军》,人民出版社 1983 年 12 月第 2 版。

　　吉瑞芝、郑慈云:《华夏忠魂——吉鸿昌传记》,河南人民出版社1991 年 12 月版。

　　《天津党史资料通讯》,1984 年 5 月版。

　　《周口党史通讯》第 4 期,1984 年版。

贾 德 耀

邵桂花

贾德耀,字昆庭,亦作焜亭,晚年自号俭斋,1880年(清光绪六年)生于安徽合肥城南贾大郢村一个官宦之家。其父贾芝玉,为晚清副榜举人。贾德耀兄弟五人,他行三。幼年因父投军小站,遂迁居天津。少年时,贾德耀入袁世凯新建陆军炮队随营学堂学习,后入保定速成学堂。1903年7月,贾德耀被清政府送往日本深造,入日本士官学校步兵科第三期,1904年12月毕业归国,曾任北洋兵备处提调、第二镇正参谋官、第六镇第二十一协马队第二标标统。

1911年10月10日,武昌首义爆发,贾德耀随清军统制冯国璋南下镇压革命。翌年,任袁世凯总统府军事处参议官,后任中路备补军团长,驻防河南。1913年,袁世凯镇压"二次革命",将张敬尧部第三混成旅扩编为第七师,升贾德耀为第十三旅旅长。后调任第十五混成旅旅长。1914年元月,白朗军入陕,袁世凯派亲信陆建章为"西路剿匪督办",陕西将军,调贾德耀第十五混成旅归陆指挥援陕。驻陕时,贾与第十六混成旅旅长冯玉祥结成异姓兄弟。

1915年,陆建章因积极拥袁复辟帝制而遭陕民反对,陆为排斥异己,1916年遂调陕南镇守使陈树藩为"陕北镇守使兼渭北剿匪总司令",贾调任陕南镇守使。1916年5月,陕西兴起讨袁护国之役,陈树藩在蒲城宣布独立,任陕西护国军总司令。6月,袁世凯暴卒后,陆建章为陈所逐狼狈离陕,第十五混成旅被陈缴械,贾返回北京。

袁世凯死后,黎元洪继任总统,贾德耀任将军府参军、陆军部军学司司长。1917年1月,杨祖德出任保定陆军军官学校校长,贾任教育长。1919年8月,杨因病去职,贾继任校长。贾上任后对校制有较大的变动,校长军阶由少将改为中将,教育长为少将;原学生的混合编队也为单纯兵科队所取代。校部还接管了各队的伙房,实行官生同一伙食。1920年7月,直皖战争爆发,保定军校遭到战火洗劫,官生星散。贾德耀弃职回京,仍任军学司司长。

1924年10月,冯玉祥发动北京政变,驱逐清废帝溥仪出宫,贾参与其事。11月段祺瑞出任北京政府临时执政,吴光新出任执政府陆军总长,贾与吴既是士官同学又有乡谊,得任次长职,授将军府宽威将军,兼执政府卫队司令。1925年12月1日,贾任陆军总长兼训练总监。12月26日,许世英组阁,贾以与冯玉祥和国民党人士关系密切而留任。

1926年1月,冯玉祥宣布辞去西北边防督办,许内阁出现危机。阁议派贾持段祺瑞亲笔信赴平地泉调停转圜。无奈冯辞意已坚,贾德耀悻悻回京复命,徒劳往返。2月15日,许世英向段祺瑞呈递辞呈出走天津。段未允准,批假六日,期间由贾代国务总理。然而,贾迟迟不敢就任,后经各方劝说,贾德耀才勉为其难。2月22日,许世英6日假满,又再三托病辞呈。段坚不允诺,又批续假十天,贾德耀继续暂代国务总理。是时,严璩又请求辞去代理财政总长职,段祺瑞黔驴技穷,遂决定贾德耀署国务总理,并请鹿钟麟、刘骥从旁劝驾。3月5日,段才发出任免令。6日,贾德耀发表就职通电。一波三折的贾内阁总算产生。

段祺瑞本想利用与北洋各派关系密切的贾德耀打通各方面关节,使处在风雨飘摇之中的执政府得以维持不坠。然贾在各派军阀争权夺利的火并中,虽百般周旋,仍难奏效。

贾德耀自兼陆军总长,内阁成员仅内务屈映光、财政贺德霖、交通龚心湛、司法卢信四位总长到部视事外,其他均不就任,并提出辞呈。因此,贾德耀主持的始终是一个残缺不全的内阁,呈现出段派政权不可逆转的衰败趋势。

1926年3月12日,两艘日本军舰掩护由毕庶澄率领的直鲁联军青岛舰队四艘军舰闯进大沽口,置国民军的警告于不顾并首先开枪射击,当即发生冲突,在中国京畿制造了"大沽口"事件。事件发生后,日本纠集《辛丑条约》签字国,向段政府提出所谓最后通牒,限48小时答复,否则将采取"必要"之手段。17日,各帝国主义国家又出动二十余艘军舰,云集大沽口外示威。同一天,日本还单独提出"最后通牒",向中国政府提谢罪、惩凶、赔款等无理要求。同日,北京政府国务院责令外交部答复各国,表示愿意"协商"解决。北京各团体联合会得知这种卑躬屈膝的答复后,李大钊亲率百余人赴国务院请愿,要求执政府采取强硬态度,驳回最后通牒。贾德耀拒不接见代表,执政府卫队则刺伤请愿代表多人。

北京政府对内镇压人民、对外屈膝妥协的行径及帝国主义的野蛮侵略,激起国人的极大愤慨。当日午后1时,北京各团体代表在北大三院召开反对八国通牒国民大会筹备会。议决:翌日召开国民大会;一面派代表赴国务院及外交部请愿,提出严驳八国通牒意见。赴外交部代表80人于4时抵达,坐待至晚9时许,曾宗鉴次长方出面接见,但又推说不能完全负责。

至午夜12时,代表电话请求面见贾德耀。贾拖到翌晨1时半才在本宅面见代表三十余人。代表提出国民军与政府应尊重民意,慎重外交,并重解释民众对于驳复八国最后通牒的最低限度的两项条件。贾德耀与曾次长则遽称对八国通牒之驳复业已发出。代表索阅原稿,认为只能谓之屈服,不能视为驳复。同时,代表向贾德耀声明,18日上午10时在天安门召开反对八国通牒国民大会,举行抗议示威,还将根据国民大会决议案,向通牒的八国公使提出严重抗议。贾德耀答应第二天召开国务会议先将最低限度的两项条件付诸讨论。而国民大会决议案俟送到后再交国务会议研究,以便慎重向八国公使提出抗议。代表们还就17日赴国务院请愿代表遭执政府卫队射击一事,要求贾于18

日派代表向国民大会道歉,慰问伤者,供给医药,严惩肇事祸首。贾德耀一一同意,当下许诺18日即撤换无知的执政府卫队,改易国民军。至凌晨4时许,代表们方离开贾宅。

3月18日下午,北京各大中学校学生及各界群众两千余人,到国务院要求面见总理。卫队将大门紧闭,不许代表入内。当请愿队伍进入执政府门前广场后,段祺瑞突然下令卫队向手无寸铁的请愿群众开枪射击,顿时血流成河,横尸遍地,当场死亡47人,伤132人,这就是举世震惊的"三一八"惨案。鲁迅称这一天为"民国以来最黑暗的一天"。"三一八"惨案的元凶虽然是段祺瑞,但事事唯命是从的国务院总理贾德耀也难辞其咎。惨案发生后的当天午后3时,贾在段宅召开阁员紧急会议。到会的有屈映光、贺德霖、龚心湛、卢信等五位阁员,其他为无发言权的次长。段称,此事应彻底根究,拿办首要,非从严惩办,殊难维持政府威信。与会的五位阁员又分强硬和温和两派,强硬派赞成段的意见,主张严惩到底;温和派则主张调停,只要所谓"群众领袖"应允不再煽动,即可不必深究。最后讨论一致认为,死伤如此之多,责任所在,非有一卸责方法无以自明。因此会议议决下令通缉民众领袖李大钊、徐谦等人。而当局所发通电则颠倒是非,诬陷请愿群众为暴徒,从而使全国舆论大哗,国人谴责之声愈炽。贾德耀于3月20日就惨案一事发表对记者谈话,千方百计为自己辩解。为揭穿贾的谎言,曾与贾对过话的请愿代表王一飞当即发表对贾的斥责信,予以揭露。

北京参政院也对贾德耀致质问书,痛斥贾屠杀无辜咎不能辞。贾在各方舆论谴责抨击、内外交困的情况下,被迫提出内阁总辞呈。段祺瑞在贾的辞呈上批有:"呈悉,应即妥筹善后,所请辞职,着无庸议。"等十六个字以挽留。

对此滥杀无辜之凶手,民众是不能饶恕的。被害人家属联合起来,强烈要求诉诸法律。京师警察厅迫于舆论压力不得不出面调查,并将调查结果公布于众,谓:此次学生集会请愿宗旨尚属正当,又无不正当的侵害行为。就此卫队方面,查无必要开枪防卫。警察厅查明,游行学生除持传单、标语、旗帜外，并没有携带武器。京师地方检察厅法医验明43具尸体时，并无卫兵尸首，证明所谓卫兵一人遭杀，纯系子虚。而卫队官兵遽行枪击死伤多人，实有触犯刑律第三百一十一条的重大嫌疑。但依法地方无权审理，应归军事审判机关审理。除国务总理贾德耀被诉命令杀人部分，仍由本厅另案处理外，其他案卷一并移送陆军部依法审理，以肃法纪。另外国务院下令通缉的社会知名人士中，仅李大钊是共产党人，其他四人均为教育界人士，所谓共产党执行委员会，纯系虚构。但京师警察厅慑于政府的威胁，不敢指明段祺瑞、贾德耀是惨案的祸首。

贾德耀在确凿事实面前，见罪责难逃，便于4月2日致电张作霖求助。电文略谓：京师治安关系重大，鹿钟麟警卫有方，正资依赖，盼张督兼筹并顾，勉为其难。

奉军进关进攻国民军，张、段已早有默契。当奉军逼近京师时，以鹿钟麟为首的国民军于4月9日出兵包围执政府，将卫队缴械。段事先得闻，遂率党徒遁入东交民巷桂乐第藏匿。贾德耀于4月10日通电全国及外国驻华使馆：在此扰乱时期，所有捏造事实、假借名义之文件，概属无效。4月17日，段祺瑞宣布复职，首先下令免鹿钟麟本兼各职。贾德耀呈请段为鹿说情，拟恳宽其既往，免于深究。同时致电冯玉祥称：4月9日，变起非常，事先既无所闻，临时又无法补救。我公平日主张，所以拥护执政者为甚，德耀之敢于任事者，亦即在此。喋血都门，倒戈内向，此等举动，明知绝非尊意，是以不敢随声附和，更背初衷，此中委曲，当荷鉴谅。之后，贾德耀向段辞呈，称：弭变无方，引咎自劾，请予罢斥。国民军退出北京后，直系吴佩孚欲入主北京，密令第九师师长兼北京警备副司令唐之道拘捕安福系人士，监视段祺瑞。至此，段氏政权已到山穷水尽境地。4月20日，段祺瑞终于在四面楚歌声中下野离京。行前令免贾德耀本兼各职，特任外交总长胡惟德署国务总理。

贾德耀下台后，随段祺瑞到天津当寓公，从此息影林泉，不问政事，皖系军阀势力由此告终，贾德耀最终成了段执政垮台的牺牲品。

　　1928 年秋,南京国民政府基于贾在军事教育界的影响,任命他为军事参议院参议。1935 年 12 月,华北冀察政务委员会成立,贾德耀因与西北军的老关系被聘为委员,并一度担任该会外交委员会主任,多次与日本交涉,要求取消冀东的伪政权,但均未奏效。华北沦陷前后,日本侵略者在华北地区网罗汉奸,贾也是日寇瞩目的对象。为避开日寇纠缠,贾称重病住进德国医院,后又化妆成农民潜往天津。寓居津门期间,日寇要强行租借其北京的房屋,被其严词拒绝。贾说:"日本非法占领,我无法抵抗,租借绝对不行,我怎么能把房子租给侵略者使用呢?就是枪口对着我的脑袋,我也不签字!"日伪还派人动员贾出任伪职,均为贾德耀拒绝。他气愤地说:"不要逼人太甚,饿死事小,失节事大。"贾德耀保持了晚节。1939 年,贾移居上海法租界内,1940 年 12 月病逝于上海。

主要参考资料

　　章伯锋、李宗一主编:《北洋军阀》第 1—6 册,武汉出版社 1990 年 6 月版。

　　章伯锋等主编:《近代稗海》第 1—5 册,四川人民出版社 1985—1987 年版。

　　江长仁编:《三一八惨案资料汇编》,北京出版社 1985 年版。

　　杨大辛主编:《北洋政府总统与总理》,南开大学出版社 1989 年版。

简照南　简玉阶

熊尚厚

简照南、简玉阶为南洋兄弟烟草公司创办人。简照南，名耀登，字肇章，号照南，1870年(清同治九年)生于广东南海。简照南幼读私塾，十三岁死去了父亲。十七岁时，他随叔父简铭石①去香港巨隆磁器店学做生意，其后驻日本为巨隆店收理账款。后来巨隆歇业，简照南在日本神户自设东盛泰商号，经营海货布匹批发。简玉阶生于1875年(清光绪元年)，1893年随简照南去日本学做生意。简玉阶学徒期满后，简氏兄弟在香港合开"怡兴泰"商号，贩运土洋杂货，在简玉阶主持下，几年间获利上万。同时，简照南独自经营航运业，创设了顺泰轮船公司，租船行驶越南、缅甸间，随后又购置"广东丸"一艘，向日本政府注册。1902年4月，简照南加入日本籍，取名松本照南。不久"广东丸"失事沉没，便放弃了航业。

简氏兄弟经营航业失败后，决心另谋出路。当时欧美及日本的香烟充斥国内市场，国产卷烟只有天津北洋烟厂等少数几家。1903年前后，简照南见卷烟利大，决意离日返港筹建烟厂。1905年3月，简氏兄弟与越南华侨曾星湖等在香港创设广东南洋烟草公司，资本额港币10万元。开办后，正值反美爱国运动高涨，美商上海老晋隆

---

① 简铭石为简照南的叔父，初在香港巨隆瓷器店任职，常川驻日本收取帐款，后受"巨隆"委托至越南料理客户欠款。"巨隆"歇业后，曾独自在越南开办陶玉瓷器号，成为越南华侨商人，于1912年病故。

洋行产品受到抵制,南洋卷烟的销路日有进展。1907年初,南洋公司的工人增至二百余人,并增设仓库一所,谋求扩大经营。此时,英美烟公司急欲扼杀南洋公司于襁褓之中,接连诬称其侵权,依仗香港港督施以焚烟、禁售等手段,予以打击,加之南洋公司本身资金和技术都十分薄弱,致使债台高筑,负债达十余万元,1908年5月被迫宣告清理拍卖。

1909年3月,广东南洋烟草公司得简铭石全力支持再度开业,更名广东南洋兄弟烟草公司,向香港当局注册,由简照南、简玉阶分任总副司理。简玉阶为了给公司积累资金并偿还旧债,即去马来亚一带经商,并在缅甸开设怡生公司,推销南洋香烟及洋杂商品。南洋兄弟烟草公司高举爱国主义旗帜,以“中国人请吸中国烟”的口号做宣传,产品畅销华南,并远销南洋群岛,很受华侨欢迎。1911年起,公司由亏损转为盈余。

第一次世界大战期间,欧美帝国主义对我国的经济侵略暂时放松,加上举国抵制日货运动的开展,国内市场为南洋烟草公司推销产品提供了有利条件;广州、上海、武汉、沈阳、哈尔滨、张家口及印尼等地烟商竞相要求代售,产品畅销长江流域及京津地区,烟品供不应求,营业额不断增长。1914年资本额增至50万元,年营业额达20万元。次年7月,该公司正式向北洋政府立案,1916年冬在上海设立分厂,资本额增至100万元,工人达1100人,年赢利30万元。

自南洋兄弟烟草公司开办以来,英美烟草公司不断以削价竞销、增出新牌、附加赠品、控制代理商号等手段与之竞争。又造谣说该公司产品系“日货”改装,以破坏商誉的卑劣手段予以打击。1914年,英美烟公司派买办邬挺生向南洋兄弟烟草公司提出倍价收买办法。1917年2月,又派邬挺生向该公司威逼利诱,提出合并条件在上海谈判,企图通过占股60%达到控制该公司的目的。简氏兄弟虽曾采取某些措施以资抵制,但态度软弱,尤以简照南为甚。在公司内部讨论关于是否合并

问题时,简玉阶等主张"合政府与国人之力对抗","以先对外招股为对策"①,反对合并,把希望寄托于北洋政府的支持上;简照南则认为"国货不足恃,招股非良策"②,而主张在一定的条件下合并,并梦想从妥协中求得英美资本的"保护"。此项谈判几经挫折,简照南曾想亲赴美国与英美烟总公司直接谈判,以求达成协议。后因英美烟公司自动停止谈判,遂不了了之。同时,简氏兄弟还希求在"卷烟专卖"形式下与北洋政府合办,也因张勋复辟,政局变化而终止。在向英美和北洋政府谋取妥协都不成功的情况下,简氏兄弟趁第一次世界大战期间,民族工业发展的有利时机,于1917年到1919年夏先后在镇江、青岛、营口、汕头等九处增设分局;北京、天津、汉口、昆明、广州、新加坡等十余城市设立分店;在生产技术及经营管理上极力改进,并运用通俗的广告,扣住国人的爱国心,提高其产品的知名度。南洋烟草公司此时得到了很大发展,年赢利额在港币100万元以上,数年间资本积累超过600万元。其间,简氏兄弟抓住大好时机,于1918年3月改组企业为股份有限公司,发行股票500万元,再度向北洋政府注册。接着改上海厂为总厂,香港厂为分厂,两厂均添置机器进行扩建,自办印刷所。还投资50万元组设中美烟叶公司,以便解决生产的原料,力求更大发展。

　　1919年5月,英美烟草公司为了搞垮南洋兄弟烟草公司,再度施展阴谋。他们趁五四运动中,全国人民反日情绪高涨的机会,借口简照南曾入日本籍,指使上海商人黄楚九等向北洋政府农商部控告该公司为"日资"。北洋政府农商部竟然吊销该公司执照,饬令停业。为了对付这次打击,简照南即去日本办理脱离日籍手续,并发表公开辩驳声明。在这场斗争中,南洋兄弟烟草公司得到国内重要商团等的赞助和国内舆论的支持。10月,简照南恢复国籍被批准,该公司得以恢复

---

　　①　中国科学院上海经济研究所等编:《南洋兄弟烟草公司史料》,上海人民出版社1958年版,第112页。

　　②　中国科学院上海经济研究所等编:《南洋兄弟烟草公司史料》,第9页。

注册。

　　简照南、简玉阶等为了对付英美势力的压迫,于1919年8月登报招股,宣称"一家公司惧难持久,不如公诸国人",并以"振兴国货"、"杜塞漏卮,挽回利权"①等口号进行宣传。随即将公司扩大改组,以劳敬修、陈炳谦②及简氏兄弟等为发起人,黎元洪、王占元等为股东,10月1日成立新公司,资本额港币1500万元。简氏兄弟以旧公司作股750万元,占股份1/2,为新公司最大股东。简照南被举为"永远总理",规定"有权将其职务日后交与受托人"③,简玉阶任协理。南洋兄弟烟草公司扩大改组后,资本实力增强,并与北洋权贵、上海金融工商业家加强了联系,为自己打下了有利的基础,即于上海、香港两地共设五厂,男女职工万余人。同时开办宝兴锡纸厂,并在河南许昌、安徽凤阳、山东潍县及坊子等地设立烟草收购处,兴建和扩建焙叶厂,营业更加突飞猛进。新公司从创立至1923年,虽受捐税骤增,原料日昂,国内南北兵灾及同业跌价竞销等影响,仍获年利三四百万元,其中1920年达485万元,成为该公司发展的顶峰。1922年7月,简照南与刘晓齐等发起创办上海东亚银行,任该行董事。同年由公司举办储蓄以吸收资金,在新加坡分局代办华侨汇款,于九龙增设事务所兼理银行等业务,并一度拟自办银行和保险,颇具雄心。

　　简照南由一华侨商人,成了著名的民族卷烟业资本家,并以在实业界的声望,曾任广东实业团副团长、上海总商会会董和上海华侨联合会

---

　　①　中国科学院上海经济研究所等编:《南洋兄弟烟草公司史料》,第33—34、99页。

　　②　劳敬修,广东人,任英商泰和洋行买办三十余年,曾任通达企业公司及艺华工艺社董事长,华东民丰造纸公司、马宝山饼干公司、大同企业公司,以及长城、华业、大安等保险公司的董事。

　　陈炳谦,广东香山人,生于澳门入葡籍,久任英商祥茂洋行买办,曾任广东银行沪行及香港国民银行沪行参事、上海先施公司参事、新新公司董事以及怡和纱厂、英商中国公共汽车公司、扬子银公司等董事。1938年8月病逝于澳门。

　　③　中国科学院上海经济研究所等编:《南洋兄弟烟草公司史料》,第136页。

董事等职。

1923 年 10 月 28 日,简照南病逝于上海①。

简照南去世后,简玉阶接任公司总经理直至 1936 年。同时兼任上海康元五彩花铁印刷制罐厂、联合影业股份公司及中国油灯公司(属孔祥熙官僚资本)等董事。

简玉阶主持南洋烟公司的营业后,由于英美烟草公司的继续压迫,国内军阀大举混战,北洋政府新增卷烟特税,以及烟价低落等原因,1924 年公司赢利大大下降,上海总公司亏损七十余万元,总盈利额仅为 1920 年的百分之十弱。但在 1925 年上海"五卅惨案"发生后,英美烟厂工人大罢工,大批熟练工人进入南洋烟厂。在全国人民一致抵制英、日货和提倡国货的反帝爱国运动推动下,南洋烟草公司的销量突增,产品再次供不应求,连库存的霉烟也销售一空,南洋烟草公司再次崛起。

简玉阶谋求扩大南洋烟草公司的雄心大振,为继续降低成本和扩大销售,先后在河南许昌和山东坊子增设收烟叶网点和坊子设烤烟厂,并从美国订购烟叶;投资香港永发印务公司;在汉口、上海增设分厂,并从美国购买卷烟机 50 部。1926 年,上海陆家嘴分厂建成,有美机 25 部、日本钢带改良机 24 部。聘请留学生陈其均任厂长,各部部长也是留学生,采用英美的经营方式,产品为上等烟。同年汉口分厂建于乔口仁寿路,还将香港的药水库也改建成工厂,并对中美烟业公司增加投资。南洋烟草公司进一步扩大,仅上海相连的五个厂,即有卷烟机 160 部,烟机数十部,日产香烟约 15 万支,公司营业额再次出现高峰。1925 年盈利 120 余万元,1926 年盈利 230 余万元。卷烟产量占全国烟产量 20%,成为全国销路最广、利润最大的民族卷烟企业。

1927 年南京国民政府建立后,改收卷烟税并多次加增税率;英美烟公司加强销售与采购机构,并继续削价竞销。从 1927 年起,南洋兄

---

① 《简照南哀挽录》第 1 辑,1923 年石印本。

弟烟草公司发生连年亏损现象。1928 年停办上海宝兴锡纸厂,1929 年停办上海浦东分厂,还被迫向英商汇丰银行借款。至 1930 年亏损达575 万元,资金周转不灵,财务支付困难。1931 年 1 月宣布上海厂停工,总分公司一律缩小范围,以资勉力维持。处此衰退的逆境之下,简玉阶虽曾做过不懈的努力,但由于经营管理日益腐败,家族内部矛盾重重,感到束手无策,对南洋的前途丧失信心,甚至想出家到五台山当和尚,官僚资本则趁机侵入。

1936 年冬,南洋烟公司资金周转不灵,财务和经营管理困难,广东银行经理邓勉仁(宋子文的亲信)趁机打入,随后同意以低价让给宋子文股份 14 万股。同年 12 月,宋子文派员到南洋公司查账,于次年 3 月1 日签订股份出让合同,并同意将未出卖的简氏家族所有股权交给宋代管。1937 年 5 月 1 日,南洋兄弟烟草公司被改组,新公司改行董事长制,以宋子文为董事长,从而完全控制了该公司,简玉阶只任徒具空名的董事兼设计委员。

南洋兄弟烟草公司被吞并后,简玉阶丧失了对事业的信心,在家潜心信奉佛教养志。抗日战争时期,日本帝国主义侵略者明知简玉阶对南洋公司已无实权,仍图利用他过去在实业界的地位和声望,拉他搞所谓“中日经济提携”。简玉阶以年老不再问事为由予以拒绝。抗日战争胜利后,他一直在家养老和以佛事自遣。

1949 年 9 月,中华人民共和国成立前夕,简玉阶重振爱国精神迎接新中国,抛弃了昔日的悲观厌世情绪,作为全国工商界代表,出席了在北京召开的中国人民政治协商会议第一届全体会议。此后,他相继担任第一、二届全国政协委员、国务院财经委员会委员、中南军政委员会委员、广东省人民政府委员。南洋兄弟烟草公司公私合营后,他回到公司任副董事长,1954 年当选为全国人民代表大会第一届代表。

1957 年 10 月 9 日,简玉阶病逝于上海。

江　朝　宗

侯鸿绪

江朝宗,号雨丞,民初改字为宇澄,安徽旌德人。1861 年 9 月 15 日(清咸丰十一年八月二十二日)生于六安西乡麻埠镇(今属金寨县)。父江绍荣,有二子,江朝宗居长。他幼年入塾启蒙,聪慧灵巧,十二岁时能写一手秀丽端庄的楷书,为乡人称赞。1874 年,家中不幸遭灾,生活立时窘困,江乃弃学经商,入麻埠镇继勋典当学徒。

继勋典当为台湾巡抚刘铭传家产,委托旌德人吕宓堂总管其事。江朝宗手勤嘴甜,又写得一手好字,受到吕的夸奖,私下口允有机会将提拔江。但以后多次升迁加薪江朝宗均落空,他愤懑不已。其时刘铭传的巡捕蒋福奉命归乡为刘办理一桩家务。江遂萌远志,疏通关系,向蒋福投上门生拜帖,并随蒋一道去了台湾。经引见后,江便留在刘铭传的签押房当一名书办。台湾各州县地方官员视江朝宗为巡抚乡亲,多有巴结,江受贿中饱甚巨。1889 年,他为获取某县重贿,竟透露一件机密案例,为刘铭传侦知,立即捕江入狱,欲加重判。适逢慈禧"撤帘归政",对地方高官显宦"懿旨施恩",加封刘铭传太子少保衔。蒋福趁刘欢庆之时为江说情,刘乃挥手下令把江逐出台湾①。

江朝宗回大陆后,投奔在天津做官的族亲江希曾,经举荐,为绿营一高姓参将充当帖写,月银十两。江为人乖巧,善于察言观色,投人所

---

① 　王镜芙:《江朝宗史略》,中国人民政治协商会议安徽省委员会文史资料研究委员会编《军阀祸皖》,安徽人民出版社 1987 年版,第 113—134 页。

好,深得高的信任,视为心腹。高有独女,有招江入赘之意,但闻江在家乡已有妻室,拟作罢;江探知高意,即假造家书一封,谎称发妻丁氏突然病亡,哀伤大恸。不久,江入赘参将府。高视若其子,连年为江捐输至五品衔。1902年高病死,所有遗产财物尽归江继承①。

1903年,江朝宗"衣锦还乡"拜祖。在家乡他又巴结刘铭传第三子、直隶总督袁世凯的妹夫刘春甫,讨得刘亲笔给袁的荐函一封。江返津持荐函见袁,果然生效,被袁口允委为署理正定府,只待挂牌上任。不料正定府为徐世昌所荐另一人占取,江无奈,只得以道员分发直隶候补,闲居天津。

1908年11月,光绪帝、慈禧太后相继死去,宣统继位。摄政王载沣监国,为剥夺袁世凯兵权,逼令他返乡"养病"。江朝宗见袁大势已去,遂转而投靠为清廷重用的旗人将军铁良,并献策约束在近畿的袁氏旧部。江博得铁良青睐,被奏请委为近畿督练公所稽查处督理。不久,江又被委兼管紫禁城宿卫营务处。他入值掖庭,对清室亲贵多方夤缘,趋迎备至,极尽诌媚之态。1910年入值宿卫营撤销,江调升为陕西省汉中镇正二品总兵。

1911年辛亥武昌起义爆发,陕西宣告独立,江朝宗逃回北京,受到再次出任内阁总理大臣袁世凯的冷遇。江攀袁不上,即寻机巴结袁的亲信民政部侍郎赵秉钧,成为赵的座上客。清帝退位,袁世凯取得民国大总统职位。其时,禁卫军虽为袁的亲信冯国璋掌握,但步军统领权仍控制在满族将领乌珍手中,对此袁不放心,拟在自己的部属中物色一名军官,取代乌珍。但这一职务不为袁部师旅长们所看重,时任国务总理兼内务总长的赵秉钧即向袁推荐江朝宗,袁允可,但表示骤然撤免乌珍军权,恐引起意外,江去步军统领衙门只能委以参谋官之职。江不敢旁

①　高参将死后,江之发妻丁氏携子泽春(苍葆)赴津,为此高氏哭闹不休。江朝宗承认丁、高二氏皆为正室,分寓而居,始平息。民国初,江又纳妾,生次子名泽深,早殇。

骛,领命上任。他一上任,即倚仗袁、赵势力,颐指气使,处处刁难乌珍,致使乌珍原有的精神分裂症加重,一日醉酒猝死。从此江继任步军统领,握京城治安大权,一切唯袁命是从。

1912年8月24日,孙中山抵达北京,与袁世凯会商内政问题,期间曾见载沣。袁对孙中山会见载沣疑忌重重,指派江朝宗"随同保护",并在他们会晤时"陪同在座"。江详加禀报,使袁对孙在京的活动了如指掌①。

1913年3月,国民党代理理事长宋教仁在上海遇刺身亡。不久,"宋案"真相大白,全国舆论哗然,孙中山在上海发动武装讨袁的"二次革命"。此时江朝宗在袁的授意下,派人盯梢、抓捕反袁的国民党人,从而得到袁的馈送达10万元之巨。同时,他还趁机对清室贵族中一批富有者,采用恐吓欺骗的手段,名为"保护",实为夺取他们的珍宝财富。日积月累,江成为京中一大暴发富翁。

在全国舆论压力下,因"宋案"事被迫辞去总理的赵秉钧,为镇压"二次革命"再次出山,任步军统领兼管京师巡警,江朝宗改任该衙门翼长,表示愿听从赵的指挥。实际上,赵并未躬行任事,一切大权仍操诸江手。

1915年,袁世凯阴谋称帝,江朝宗任"大典筹备处"委员,并被册封为"二等男"。其时,政事堂机要局长张一麐在袁面前说过"民国既建成,再复帝制,虑有未妥"的话,引起袁的不悦,遂命江警告张"勿持反对帝制论调",要他"识大体,勿作书生之争"②。随后,江又向袁密告张不满劝告的举动,袁即下令免去张的机要局长职务。为了稳住清室亲贵,江在袁的授意下,亲自进宫充当说客,向载涛和总管内务府大臣世续转

---

① 金友之(溥任):《孙中山会见逊清摄政王载沣》,《团结报》1982年10月16日第3版。

② 唐在礼:《辛亥前后的袁世凯》,吴长翼编《八十三天皇帝梦》,文史资料出版社1983年版。

达袁有意将其第三女淑祯婚配逊帝溥仪的愿望。当时虽然"太妃们心里不愿意,可是也不得不从"①。因不久袁死,此事不了了之。

袁世凯死后,黎元洪继任总统,段祺瑞任国务总理,不久发生"府院之争",黎于1917年5月下令免去段的总理职务,引起"督军团"通电抗议,表示要以武力威胁黎元洪。黎特派王士珍为京津一带警备总司令,江朝宗、陈光远为副司令;同时召张勋率兵入京"调停"。但张勋抵天津后,提出以解散国会为入京之先决条件。黎被迫同意,但国务总理伍廷芳坚意辞职不署此令;江朝宗受命去劝伍,亦无济于事。黎一筹莫展,江朝宗乘机自荐。黎下令江代理国务总理,江遂以总理的名义副署解散国会令。他还下令北京军警在东西车站各处"严加搜查,不准放走众议院正副议长吴景濂、王正廷出京"②。江朝宗出任代总理后,舆论强烈反对。一些国会议员指出江不是国务员怎能代理总理之职。6月14日张勋入京。次日江即与王士珍、张勋联名致函徐世昌、段祺瑞,表示拥护李经羲组阁。25日李经羲出任总理,江朝宗当了14天代总理即告卸任。

张勋入京后,于7月1日挟逊帝溥仪复辟,黎元洪逃入日本使馆避难。江朝宗见风转舵,转而顺从张勋,并参加张召集的复辟会议。段祺瑞在马厂誓师,宣布讨伐张勋,江又摇身一变,与警察总监吴炳湘派人去天津暗中与段联络,表白自己本"不赞成复辟,不过为了北京治安,不能不与张勋虚与委蛇"③等等。江还下令关闭城门,不许张勋败兵进城。7月14日,段祺瑞入京后重握大权,江的步军统领一职被免去,后

---

① 溥仪:《我的前半生》,群众出版社1964年第1版,第93页。

② 吴叔班、张树勇:《吴景濂口述自传辑要》,中国人民政治协商会议天津市委员会文史资料研究委员会编《天津文史资料选辑》第42辑,天津人民出版社1988年版。

③ 陈文运:《复辟之役马厂誓师亲历记》,中国人民政治协商会议全国委员会文史资料研究委员会编《文史资料选辑》第41辑,中华书局1963年版。

来被段授予"迪威将军"的称号,以示戏谑①。江自惭不安,闭门蛰居。

1918年10月,徐世昌出任北京政府总统,邀钱能训组阁并兼内务总长。江朝宗百无聊赖,企望再入官场,遂投钱门请委。适安徽、绥远等地鼠疫蔓延,钱便委江为防疫督办。江不嫌位卑,立即赴任,乃趁机大开报销,中饱私囊,受到舆论的抨击。1919年6月,钱能训辞去国务总理,江也随之被免职。他虽四处钻营,但终因劣迹昭著,未能再入政坛,只当上三个月北京安徽会馆馆长。

1920年直皖战争中皖系败北,一时安徽形势混乱。江朝宗组织在京的一批皖籍官僚政客成立"皖事促进会",出任会长,并以促进会名义具呈政府,举江主皖,未成;又吁请许世英主皖,许为答谢江的力荐,委江子泽春为安徽省造币厂厂长,使江发了一笔横财。

1932年初,寓居北平的吴佩孚倡办"救世新教会",自任教统,江朝宗积极参与活动,被吴邀聘为副教统。他们表面上扶乩唪经,而暗地里却在纠集北洋直系势力,趁时局动荡之际,借"抗日"之名,妄图东山再起,但此举受到蒋介石的指责,未能得逞。

1937年"七七"事变爆发后,日军入侵华北,北平沦陷。江朝宗出任北平"维持会"会长兼"特别市"市长。他得意忘形,附庸风雅,为许多大小商家题写店号门匾,落款处特加盖"曾秉国钧"印章,以示自己曾担任过国务总理而自命不凡。但他并无号召力,被嘲讽为"三定京师江宇老",所以在同年12月13日以王克敏为"委员长"的伪华北临时政府成立后,江便被免去"特别市长"职,北平"维持会"也随之宣告解散,仅有一个伪政府委员的空头衔。江愤懑不已,在去职前夕,私自下一道命令,将全市商捐一律取消,企图从财政上给王的"临时政府"制造障碍。对此,王克敏报告日军部,拟追究江的责任,后经诸奸为江缓颊,并向商会追回原令,才把事情平息下来。

此后,华北伪政权多次更迭,江朝宗只是一名挂名"委员",未得再

---

① 《尚书·大禹谟》释"迪"谓:"惠迪吉,从逆凶。"

过问政事。后日军驻北平司令官河边正三聘他为军部顾问官,江感激涕零,积极筹办"华北经济对策协议会",任副会长,为日本帝国主义的侵华战争效劳。

　　1945年8月抗战胜利后,江朝宗以汉奸罪被捕,家产充公没收。是年冬,江病死狱中①。

---

　　①　江死亡时间无确切资料,此据《江朝宗史略》;另有1943年因病在北平去世说,存疑。

江　加　走

周海宇

　　江加走,字长清,福建泉州花园头村人,生于 1871 年 11 月 12 日(清同治十年九月三十日)。父亲江金榜,是个民间木偶神像、木偶头雕刻、粉彩作业师。江加走与哥哥江凹司(字雨水)幼时都读过几年私塾,后因家贫,辍学在家,边种田,边学艺。

　　江加走随父学艺,学做木偶头坯的雕刻,哥哥江凹司做木偶头的粉彩。兄弟俩孜孜不倦,技艺上不断精进,是他父亲的得力助手。1888年江加走十八岁时父亲病逝,他与哥哥共同挑起生活的担子。他分析当地的行市,向他哥哥说:"当今木偶头雕刻、粉彩业务繁荣,泉州涂门街周冕号黄家是名牌,产品常供不应求,所以买主跑到乡下来求购,只要我们兄弟俩同心协力,精研技术,信守交货时间,生意就会逐渐争取过来。"其兄深以为然。从此,兄弟俩经常切磋各种木偶头像传统造型的优缺点,在制作中不断地改进;至于交付订货的时间,更是钟点不误,赢得了木偶戏师傅的信任,业务逐渐兴旺起来。

　　由于他哥哥结婚时所欠债务一直没有还清,父亲去世时又添了不少债,江加走到三十二岁才独立成家。兄弟虽然分了家,可是在木偶头像的制作上,还是分工合作。1920 年其兄去世后,江加走把木偶头像的粉彩工作也担当起来。为了保证绘画的质量,他日夜伏案练习,以自己的作品反复对照其兄的遗作,又常到涂门街周冕号向老师傅学习,观摩他们的作品,技术上越加提高。

　　1920 年春末夏初,有一位掌中木偶戏老师傅要试演《封神演义》,

需要很多表现神话小说人物的头像,来和江加走商量制作,并为江指出泉州地方大寺庙的菩萨都是古代雕塑家的名作,很值得学习借鉴。江加走承应了这项富有独创性的制作,向那老师傅提出了两个要求:一、将《封神演义》的那些人物形象、性格逐一列出表来;二、经常来共同研究这些木偶头的造型和色彩。这时江加走虽已年近五十,但他身体健壮,精力旺盛,经验又丰富,跑遍了泉州的大寺庙,琢磨着木偶戏师傅送来的人物表进行构思,决心要将这套木偶头像制作得既有传统风格,又具有木偶头可以夸张的特点。他先从《封神演义》上的主角纣王入手。根据纣王沉溺酒色,荒淫无道,杀人不眨眼,宠信妲己,设"酒池肉林"这些特点,他把纣王的头刻得胖胖的,眼睛能够左顾右盼,一副奸气吓人的面孔。为了突出纣王的嗜杀,江加走运用了闽南民间的一句话:"眉中一撮毛,杀人不用刀。"在这个木偶头像的两眉中间,画些疏疏的眉中毛,并特加长了其中的一根。这个木偶头像创作出来,立刻博得木偶戏老师傅的赞许。三个月后,全部木偶头像完成,通过掌中木偶戏的演出,一时闻名遐迩。

江加走制作《封神演义》木偶头像的成功,使他声名大振。从此,掌中木偶戏师傅要演新戏,需要创作新的木偶头像,都来和他计议。那时涂门街周冕号的老艺人黄良司、黄才司先后染疫亡故,江加走就承揽了泉州、漳州、厦门、福州和南洋各地的提线、掌中木偶头的雕刻和粉彩业务。江加走在继承他父亲和泉州老艺人的传统技术的基础上,汲取和借鉴其他戏剧和民间艺术的精华,细心加以提炼,因而能够不断塑造出各种富有独特性格和色彩的木偶头像。他把父亲教给他的50多种头像发展到285种,其中250种都有称谓;发式由一两种梳"平髻"的发展到十多种头髻、发辫;把不会动的木偶头像的下巴、两腮、眼睛都变得会动了,使没有灵魂的木偶头在木偶戏师傅手中变得活了。当时,泉州的行商把江加走制作的木偶头像带去台湾,受到了台湾木偶戏艺人的欢迎,以致后来引起了日本殖民统治者的妒忌,下令禁止入口。

1937年抗战爆发,后来又爆发了太平洋战争,侨汇中断,素在侨乡流行的木偶戏无人雇演,木偶头像没有销路,江加走的业务受到很大影响。而伪乡保长以为江加走制作木偶头赚钱轻易,经常来抓丁、派款,敲诈勒索,使得江加走一度生意冷淡,生活困难。抗日战争胜利后,虽然侨汇开始恢复,略有人为酬神雇演木偶戏,但他制作木偶头像的业务仍不景气。

1949年9月1日泉州解放,江加走产生了新的希望。时已年近八十的江加走一有空闲便坐下来精心雕刻,并将他的卓越技艺传授给他的儿子江朝铉。1951年冬,泉州提线木偶戏艺人组织起来,成立泉州木偶实验剧团,准备春节演出,江加走为他们粉彩了全部旧木偶头。翌年夏,又为新成立的泉州木偶艺术剧团制作了《小二黑结婚》全部新头像。他把"三仙姑"塑造得"徐娘半老,风韵犹存",两片嘴巴笑眯眯,眼睛含有邪气。泉州木偶实验剧团同年11月到上海,与苏联木偶专家奥布拉兹卓夫进行艺术交流,1953年春又赴京演出,并拍摄《新潞安州》木偶剧影片。以后又到罗马尼亚布加勒斯特参加国际木偶节演出。江加走木偶头像的成就遂名闻国内外。

1954年,江加走被中国美术家协会聘为会员,被华东美术家协会聘为理事,并被选为福建省文联委员、省第一届人民代表。同年10月11日,江加走病逝于泉州。

主要参考资料

周海宇、林建平:《木偶头雕刻家江加走》,中国人民政治协商会议全国委员会文史资料研究委员会编《文化史料丛刊》第7辑,文史资料出版社1983年版。

江　亢　虎

曾业英

江亢虎,原名绍铨,江西弋阳人,原籍安徽旌德,1883 年 7 月 18 日(清光绪九年六月十五日)生。祖父江澍昀,光绪三年进士,授翰林院编修。父亲江德宣,光绪十二年进士,任工部主事。江亢虎十二岁时离开江西,到北京求学。1898 年开始"研习西文与科学"①。

1901 年春,江亢虎中止北京东文学社的学习,东渡日本考察政治。半年后回国,被直隶总督袁世凯聘为北洋编译局总办和《北洋官报》总纂。为报袁世凯的知遇之恩,他随即上书袁,敷陈"经世之宏图,中兴之要略",望其成为"全球万世之伟人"②。不到一年,江亢虎东渡日本留学,1904 年,因病辍学回国,任刑部主事、员外郎和京师大学堂日文教习。其间,他在袁世凯、端方的资助下,首开北京女学风气,先后创立三所女子传习所。1910 年前后,初识汪精卫,自称这年 3 月曾涉嫌汪精卫等人谋炸摄政王载沣案③。随后出国旅游,经日本而至欧洲各国。他看到孙中山的三民主义在海外华侨和中国留学生中影响甚大,一路大讲无宗教、无国家、无家庭的所谓"三无主义"。7 月,在比利时写成宣传无政府主义的《无家庭主义意见书》。次年春,其父病逝南京,虽然

---

① 江亢虎:《中国近代元首印象记》(3),《华文每日》第 10 卷第 1 期。
② 江亢虎:《江亢虎文存初编》,1944 年版,第 21、26 页。
③ 《自白书》(1945 年 10 月),《审讯汪伪汉奸笔录》上册,江苏古籍出版社 1992 年版,第 369 页。

他当时正力倡"无家庭",还是踏上了回国奔丧之路。

　　1911 年 10 月,武昌起义爆发,江亢虎由南京避居上海。11 月 5 日,上海独立后仅仅两天,他自认欧美那种"政党政治"的时代即将来临,将两个多月前成立的"社会主义研究会"改组为中国社会党,并发表教育平等、遗产归公、专征地税、奖励劳动等八条党纲。江亢虎解释,这些纲领"多与三代井田、学校制度及孔子《礼运》所称道者先后一揆"①。该党吸收党员漫无限制,"无论何人,不须介绍","皆得为党员"②,而且来去自便,漫无约束。至于江亢虎本人,他曾说"鄙人自闻知社会主义、无政府主义以来,见个人本位、社会本位两派极端之冲突,常妄思有以调和而折中之"③。

　　江亢虎有感于革命形势的迅速发展,表示"赞同共和"④;但又以"社会主义家某君"名义在上海《天铎报》发表致武昌革命军公开信,攻击革命党人"多事以自扰"⑤,因而激起革命派的愤慨。袁世凯就任临时大总统以后,对江亢虎的中国社会党一度十分"赞成",并令国务总理赵秉钧加以"保护"⑥。江也利用中国社会党为袁服务,1912 年夏,他到北京多次晋谒袁、赵,并秉承袁、赵旨意,"遍访各党各界,联络感情"⑦。1913 年 7 月,孙中山发动反袁破坏共和制度的"二次革命",江亢虎一面通电全国,要求李烈钧等"四督罢兵回防,停止二次革命"⑧;

　　①　《江亢虎致袁世凯信》,《社会世界》第 2 期,1912 年 5 月 15 日。

　　②　江亢虎:《江亢虎文存初编》,第 117 页。

　　③　江亢虎:《江亢虎文存初编》,第 100 页。

　　④　江亢虎:《江亢虎文存初编》,第 114 页。

　　⑤　上海南方大学学生会编印:《江亢虎阴谋复辟及南大驱江运动纪实》,1925 年版,第 5 页。

　　⑥　上海南方大学学生会编印:《江亢虎阴谋复辟及南大驱江运动纪实》,第 46 页并参见①。

　　⑦　江亢虎:《江亢虎文存初编》,第 86 页。

　　⑧　江亢虎:《中国近代元首印象记(2)》,中文《大阪每日》第 9 卷第 12 期。

一面奔走运动,联络各省商会、教育会,"为釜底抽薪之计"。①

同年秋,袁世凯准备踢开一切政党、社团,大权独揽。他首先令中国社会党解散,以"假此立威,为解散一切党会之人手"②。江亢虎当即遵命照办,随后离国去美。在加利福尼亚大学任中国文化课讲师,并将家藏的八千多部图书捐赠该校。1917 年夏,又回国为该校搜去中国地方志两千余部。

1920 年夏,江亢虎回到中国。次年 4 月,去苏俄旅游。6 月下旬,共产国际在莫斯科举行第三次代表大会,江初被大会资格审查委员会以"社会党代表名义",确认为具有表决权的中国代表,但"出席二三日"后,即被中国共产党代表张太雷指控为中国政府的"侦探",而被取消了资格③。1922 年 8 月,经欧洲回国。9 月,在上海创办南方大学,自任校长。因忧虑"赤化东渐",影响"人心世道"④,发表《新俄游记》一书,攻击苏俄革命。与此同时,又从英国费边社那里拾来"资产公有"、"劳动报酬"、"教育普及"和"选民参政"、"职业代议"、"立法一权"等若干洋教条,拼凑成一个所谓"新社会主义"纲领,兜售于各派军阀之间,企图借此收"曲突徙薪"之功,抵消十月革命的影响。

1924 年 1 月,孙中山在苏俄和中国共产党的帮助下,改组国民党,与中共建立反帝反封建的革命统一战线。江亢虎如坐针毡,一面上书孙中山,反对国民党接受苏俄援助;一面再三请托清室内务府大臣金梁"介见"溥仪,乞求这位清朝废帝站出来"救亡"⑤。他认为"逊帝英明,

---

①　江亢虎:《江亢虎文存初编》,第 121 页。

②　江亢虎:《江亢虎文存初编》,第 121 页。

③　游人:《新俄回想录》,军学编辑局 1925 年版,第 92—93 页。转引自[日]石川祯浩著、袁广泉译《中国共产党成立史》,中国社会科学出版社 2006 年版,第 217 页。

④　江亢虎:《江亢虎文存初编》,第 276 页。

⑤　江亢虎:《江亢虎文存初编》,第 252 页。

前途有望,宜广求知识,博采舆情,用非常之才,以应非常之变"①。6月15日,江再次组织中国社会党(次年1月,更名为中国新社会民主党),作为他投靠北洋军阀的敲门砖。他反复向军阀们申述:"唯有及早施行社会主义,乃可防止过激思想之蔓延,并可减免社会革命之危险。"②由于中国社会党对投靠北洋军阀毫不掩饰,因此,其《中国社会党复活宣言》发表后,即受到中国共产党机关报——《向导》及进步舆论界的抨击。

同年10月,冯玉祥发动"北京政变",推翻曹锟、吴佩孚直系军阀统治。段祺瑞出任临时执政,决定召集御用善后会议。江亢虎马上代表中国社会党声明支持,并以所谓"有特殊之资望学术经验者"的资格出席了这一会议,成为段的制宪要员。1925年8月,他上年"请觐"溥仪的信函和同时期康有为、庄士敦(英人)等人与金梁的来往信函,被冯玉祥的清室善后委员会查获,并公布于世。南方大学认为他参与"甲子清室密谋复辟案件",掀起驱江风潮。江依仗段祺瑞政府的支持,将反对他的教员及学生视为"赤化派"③,强行平息了这一风潮。

南大驱江风潮虽然平息,但由于"甲子复辟案件"的牵连,江亢虎已声名狼藉;加上北洋军阀并不理睬他的什么"社会主义",江不得不在"环顾国中,无可共事"的哀叹中,"退而讲学"④,并离开北京,回到上海主持南大校务,但他仍不忘为北洋军阀效力。这年11月,国民党右派在北京西山举行反共分裂会议,江又代表"新社会民主党"发表宣言,声称"谨认"这些反共分子为"先辈友党",并与他们"竭诚联络",一致反共⑤。1926年上半年,直奉军阀面对日益高涨的革命威胁,在日英帝

---

① 江亢虎:《江亢虎文存初编》,第252页。
② 江亢虎:《江亢虎文存初编》,第220页。
③ 上海南方大学学生会编印:《江亢虎阴谋复辟及南大驱江运动纪实》,第44页。
④ 江亢虎:《江亢虎文存初编》,第272页。
⑤ 江亢虎:《江亢虎文存初编》,第258页。

国主义的策动下,谋求合力对付革命运动。江上书吴佩孚,建议他们
"扩而充之,以图政学各界、朝野上下大联合之实现","然后赤祸庶几可
免"①。直到北伐战争的怒涛席卷大半个中国,江亢虎赖以生存的北洋
军阀统治陷于土崩瓦解之时,他才不得不解散新社会民主党,于1927
年夏前往美国。不久,去了加拿大,任加拿大大学中国文学院院长及汉
学主任教授。

　　1928年秋,南京国民政府初步稳定下来,蒋介石出任国民政府主
席。远在海外的江亢虎不再留恋北洋军阀,转而讴歌蒋介石是时代"俊
杰","丰功骏烈,近古所稀"②。此后,为巩固蒋的统治,他多次上书,建
言献策。1930年7月,江"以海外旁观之身,念兴亡有责之义",不远万
里,向蒋提供"速立民宪"、以"免革命而促进化"的"根本大计"③。1931
年"九一八"事变以后,目睹日本对东三省的疯狂侵略,又在所谓"绝
交"、"死守"的幌子下,向蒋献上一条"不宣战"、"不进攻"、以求苟安于
一时的所谓"治标之策"④。

　　1933年秋,江自美回国。1934年,蒋介石为配合他对中国工农红
军各革命根据地的军事"围剿",大力提倡所谓"新生活运动"。江发现
蒋的"新生活运动,其实就是旧道德,不过换了一个新名字"⑤。为配合
蒋介石这一运动,江开始大做"旧道德"的文章。1934年12月至次年
春,他在上海以《孔子的人生哲学》为题,举行每周一次的定期讲座,鼓
吹忠君、孝悌、温良恭俭让等旧思想。倡言"现在君主虽不存在,应该忠
于国家"⑥,"革命不一定用武力","不一定要军队"⑦,"与闻政治的方

---

①　江亢虎:《江亢虎文存初编》,第272页。

②　江亢虎:《江亢虎文存初编》,第286、287页。

③　江亢虎:《江亢虎文存初编》,第300页。

④　江亢虎:《江亢虎文存初编》,第310页。

⑤　《晨报》1935年1月9日。

⑥　《晨报》1935年2月27日。

⑦　《晨报》1935年1月13日。

法很多。但应走温、良、恭、俭、让等正当的途径"①。等等。1935 年 2 月,江特地重刊旧作《善生十箴》,宣扬节欲、习劳等一套说教。他自己也穿起粗布长衫,住进清凉寺,实行斋戒,决心做蒋的"模范新生活运动员"。4 月 21 日,由江亢虎发起,以保存文言、反对白话文和汉字改革为宗旨的"存文会"在上海文庙成立,江被选为该会干事,并主编《讲坛》月刊。

　　1936 年 11 月,江亢虎针对当时世界盛行共产主义和法西斯主义两大对立思潮,特地发表《我们的出路》一文,认为"中道主义"才是"防止共产"和法西斯"独裁"的"正本清源之道","不但为中国之出路,实亦世界之出路"②。江亢虎多年来一直认为废科举、兴学校的结果,导致社会"师道荡然无存"。为了"宏化育","矫时风",必须恢复封建书院,提倡私人讲学。1937 年 6 月,他刊出《亢庐讲学征收弟子通启》,要青年"自行束修",以"最敬礼(依今例三鞠躬)"和"终身归仰"、"决不反戈"的忠心,拜他为师,以培养自己的忠实信徒和社会的所谓"善人"③。

　　全面抗战爆发后,江亢虎避居香港。1939 年 9 月,他接受从重庆抗日阵营叛逃至沪的汪精卫的邀请,由香港到达日军侵占的上海,参加所谓"中日共荣"、"和平建国"运动。10 月,发表《双十节对时局宣言》,操着日本侵略者的腔调,表示要"以中国固有文化为中心,建设东亚新秩序"④。同时,又一次打起中国社会党的旗号。之后,他为建立汪伪中央政府,奔走于南北伪政权和日汪之间。1940 年 3 月 29 日,汪伪国民政府在南京开张,江亢虎出任伪考试院副院长兼铨叙部部长、代理院长(1940 年 7 月)、院长(1942 年 3 月)和伪国府委员(1944 年 11 月)等

---

① 《晨报》1935 年 2 月 22 日。
② 《江亢虎最近言论集》,万国道德总会 1937 年版,第 83 页。
③ 《江亢虎最近言论集》,第 102 页。
④ 《中华日报》1939 年 10 月 11 日。

职,总算实现了他半生奔走连做梦都想做官的宿愿。为掩盖叛国行径,他辩称投降日本并"非卖国而实爱国"①。6月1日,江亢虎向汪伪提出旨在压榨人民的《新经济政策建议》,获准"发财政、工商、农矿三部参考"②。9月3日,又献出两件"思想防共武器",主张以佛教、道教、儒教为骨干的"固有的东方文化"和"不是马克思、列宁、斯大林"的"革新的社会主义"作为日汪"思想上共同防共之绝大武器"③。10月,汪伪举行所谓"抢才大典"的高等考试,江受命为典试委员长。他"每早六时即起,夜十二时方睡,所有命题阅卷,大小事必躬亲"④。1944年10月16日,为适应日本"大东亚共荣圈"的需要,他发表《国际的孔子与孔子的国际》,主张以"孔子做中心",建立"孔子的国际"⑤。

抗战胜利后,江亢虎潜藏南京清凉寺当和尚,后又逃往北京。1945年10月被军统局捕获。虽有舆论为其开脱叛国罪责,说他"附逆之举,心理上属多矛盾"⑥,但1946年11月2日,还是被国民政府首都高等法院以"通谋敌国,图谋反抗本国之罪",判处无期徒刑。对此判决,无论首都高等法院的检察官还是江亢虎本人均表示不服,检察官认为原判"漫谓被告不过赞同附和,与一般激烈分子不同,仅判无期徒刑,似有失出之嫌",请求"撤销原判决,改判极刑";而江本人即对他"历次辩诉有利各点",法庭"不加调查,径予处断",不平殊甚,而声请再审,"宣告无罪"。但高等法院和最高法院重审,均未采纳双方声请,而维持无期原判⑦。

---

① 《中华日报》1940年8月7日。
② 中国科学院历史研究所第三所南京史料整理处选辑《中国现代政治史资料汇编》第3辑,油印本,第103册。
③ 《中华日报》1940年9月3日。
④ 《中华日报》1940年10月29日。
⑤ 《申报月刊》复刊第2卷第10期。
⑥ 《中央日报》1946年7月13日。
⑦ 《审讯汪伪汉奸笔录》上册,江苏古籍出版社1992年版,第380-391页。

　　新中国成立后,江亢虎移押上海提篮桥监狱。经过学习和改造,不再坚持当年南京受审时拒不认罪的顽固态度,写下《十大罪状自白书》①,1954 年 12 月 7 日,病死狱中②。

① 黄波:《江亢虎:从弄潮儿到落水者》,《博览群书》2008 年 4 月 7 日。
② 据上海市劳改局档案材料。

江　庸

汪仁泽　陈光贻

江庸,字翊云,号澹翁,福建长汀人,1878 年 4 月 29 日(清光绪四年三月二十七日)生于四川璧山县。祖父江怀廷,咸丰时进士,以知县分发四川,卒于南充任内。父江瀚,曾任北京京师大学堂总教习、文科学长和学部参事,辛亥革命后任北京大学、山西大学教授等职。江庸幼承家教,学有渊源,具有国学基础。二十一岁时入成都中西学堂学习英文。

1900 年,江庸进京应科举考试,适遇义和团反帝运动,遂经大同、西安折返四川。翌年,川督选派留学生赴日,江入选东渡,进日本成城学校普通科,两年后毕业,入东京早稻田大学师范部法制经济科,毕业前曾兼管法政大学中国学生速成班学务,并充任翻译、助教等职。留学期间,他结识了秋瑾、蔡锷、梁启超、蒋方震等人。1906 年,清廷派遣各省提学使赴日考察学务,江被派充照料员。是年得法学士学位毕业回国,被直隶总督袁世凯聘为天津北洋法政学堂总教习,未到任即改由学部调普通司任职,兼京师法政学堂总教习。不久被修律大臣沈家本聘为修订法律馆专任纂修、法律学堂教习。1907 年又经大理院调任详谳处推事。次年应学部考试,成绩优等,奖给法政科举人。1909 年参加归国留学生考试,以一等第四名授大理院正六品推事[1],兼任京师法律学堂监督。

---

[1]　《民国长汀县志》卷 14《选举志》"留学生考试"条。

　　1911年辛亥武昌起义后,清廷起用袁世凯为内阁总理。是年12月,唐绍仪充当袁内阁全权代表,与民军全权代表伍廷芳谈判南北议和。江庸为唐的随员,偕赴上海。1912年民国成立,江庸留任大理院推事;9月,简任高等审判厅厅长。次年熊希龄组阁,梁启超掌司法,江任司法部次长。1915年冬,江自东北考察司法回京,晋见总统袁世凯,时袁图谋帝制自为甚急,江对时政颇多评议,袁深感不悦。江退出后即呈一辞职书,语甚激切,抨击袁摧残国家元气。袁大怒,拟立免江职,袁的秘书长张一麐向袁进言:"江的辞职乃是负气,自总统就任以来,无敢非议时政的,现在有个江庸,岂非好事?何不温语慰留,以示宽容虚怀。"袁怒稍息,着张拟一批令留之;但正色对幕僚王式通说:"你去告诉江庸,以后但做官,少说话。"①江仍坚辞而去。1917年5月,北洋政府李经羲继段祺瑞出任内阁总理,李发表阁员名单,任命江庸为司法总长,江坚持不就,避往汤山。7月张勋复辟时,江避至天津。11月,王士珍组阁,江庸再度出掌司法。不久江因拒绝在赦免复辟要犯张镇芳的文件上副署,发生龃龉,愤而辞职,受到舆论的赞许。江在出掌司法任内,曾创立京师第一模范监狱,实行较人道的管理制度,附设监狱工厂,由犯人参加劳动,为收回领事裁判权创造条件②。

　　1918年4月,我国留日学生因要求发给归国旅费的借款及增加官费,与驻日公使馆官员发生冲突,数人遭拘押。广大留日学生抗议使馆的无理行径,事态扩大。公使章宗祥无法应付,各省所派监督亦多逃匿。江庸在教育总长傅增湘坚请下,出任日本留学生总监督。赴日后,

　　① 见江庸:《趋庭随笔》,朝阳书院出版部1934年版,第55页。又据《江庸自传》中称:此段经过,1939年在重庆时始闻知于张一麐,见中国人民政治协商会议上海市委员会文史资料工作委员会编《上海文史资料选辑》第45辑,上海人民出版社1984年版,第65页。

　　② 江庸在《撤废领事裁判权问题》(太平洋会议后援同志会1921年版)中称:"各国既与我国订有俟司法改良即行撤废领事裁判权……必先自审司法改良之成绩何。"而"监狱之改良"亦属司法改良内容之一。

保释被捕学生,按月发放官费生学费,事遂平息①。1920 年辞职回国,任法律编查馆总裁,兼故宫博物院古物馆馆长。此后又任东方文化事业总委员会委员等职。

1923 年,日本发生大地震,江庸代表北京政府去日慰问。同年 10 月贿选总统曹锟上台后,江庸辞去所任职务,在北京设立律师事务所,执行律师业务,并创办《法律评论》周刊,任法律评论社社长、尚志学会会长。江于 1924 年曾赴广东晋谒孙中山于广州士敏土厂,孙"嘱留广东八月为之帮忙"②,江婉辞。旋北返,受聘任国立法政大学校长;1927 年起任朝阳大学校长。江历次办学,皆亲自执教,为培养我国司法人才出力甚大。

1931 年"九一八"事变后,日本帝国主义侵占我国东三省,成立伪满洲国。江庸著文登报谴责日本的侵略行为,并指名斥责其学生、出任伪职的赵欣伯叛国投敌、为虎作伥,声明脱离师生关系。1936 年,江庸受聘任国民政府法制委员会委员。6 月,代表中国律师协会出席在奥地利维也纳召开的国际律师协会世界会议。10 月途经苏联莫斯科回国。此时日本侵略势力已威胁平津一带,江庸径赴上海,全家从北平迁沪定居。

1937 年"七七"抗战开始,不久江浙沦陷,上海租界成为"孤岛"。在筹组伪政权时,汉奸温宗尧拟拉江庸出任伪职,江拒绝。不久,日军将领畑俊六携台湾人许丙(1929 年江为西北地区大旱灾赴台募赈款时所识)来沪诱劝,复予严拒。1938 年 7 月,江庸赴汉口参加国民参政会,任参政员。后去重庆,在渝执行律师业务。1943 年江被推为国民参政会主席团成员之一。抗战胜利后,1946 年江携眷返沪,继续执行

---

① 章宗祥:《东京之三年》,《近代史资料》1979 年第 1 期,第 66—71 页。

② 《江庸自传》中称:"赴广东游历,谒中山先生于士敏土厂,先生嘱留广东八月为之帮忙,因北京尚有要事婉辞,究未知所嘱何事,故以八个月为期。当时北返,后在京晤中山先生,亦竟未问及也。"

律师业务。1948年国民政府提名江庸为"国大代表"候选人,江拒不参加竞选。不久国民政府公布"宪法",宣布江庸为大法官,江力辞不就。自抗战军兴直至解放前夕,国民政府多次邀江出任行政职务,皆为江所固辞。他自号澹翁,以"澹荡阁"名其居所,以示澹荡明志之意。在执行律师业务期间,曾于1935年为历史学家侯外庐在北平被国民党政府逮捕事辩护;上海救国会"七君子"事件中,江亦曾为被捕诸人义务出庭辩护。

　　1949年1月蒋介石"引退",李宗仁以"代总统"主政,江庸应李宗仁之邀,与颜惠庆、章士钊、邵力子赴北平试探求和。2月14日,江等北上,中共中央主席毛泽东22日在石家庄接见,表示:"你们为寻求和平途径,远道前来,共产党是爱和平的,可以商量,只是地点、时间、人选尚须考虑。"①并曾问道:"你们看蒋介石为何失败?"江答:"我以为主要是不能用人,只能用奴才,不能用人才。"临行江并赠毛泽东诗数首②。江庸返抵南京后,与国民党当局晤谈,确知蒋介石对议和并无诚意,遂向李宗仁坚辞,不愿再北上和谈。是年秋,江庸得毛泽东手书邀赴北平,参加中国人民政治协商会议第一届全体会议,为特邀代表,并被选为全国委员。

　　中华人民共和国成立后,江庸任政务院政治法律委员会委员,上海文史馆副馆长、馆长。江还先后当选为第一、二届全国人民代表大会代表,政协第二届全国委员,上海市各界人民代表会议代表、市政协委员,

---

　　①　江庸:《和谈回忆》,中国人民政治协商会议上海市委员会文史资料工作委员会编《文史资料选辑》第3辑(总32辑),上海人民出版社1980年版,第132页。

　　②　江庸:《和谈回忆》,中国人民政治协商会议上海市委员会文史资料工作委员会编:《文史资料选辑》第3辑(总32辑),第134页。江庸在赠诗中有"不辞攘臂为冯妇,只恐将头赠马童"两句。1957年5月8日陈毅病中致江庸函中曾提及:"先生诗留集太少,又宣言不复作诗,弟以为过矣。可否采纳弟之两项建议:将千篇大部或全部刊行;宜破戒多作诗,以反映人民新时代,大集中如:'不辞攘臂为冯妇,只恐将头赠马童'此等奇句,何可以不作耶?"

华东军政委员会人民监察委员会委员。1960 年 2 月 9 日,因病在沪逝世。

　　江庸生平著作除《趋庭随笔》、《沪渎避兵记》等外,多为游记,已出版的有《欧航琐记》、《菲律宾游记》、《台湾半月记》等;诗集有《百花山诗草》、《南游诗草》、《甦生诗稿》、《积跬步斋诗稿》、《澹荡阁诗集》等多种;法律著述散见《法律评论》及其他杂志。解放后曾编撰《保守国家机密暂行条例浅说》、《惩治反革命条例解说》、《劳动保险条例图说》等小册子多种。

姜　得　春

陈志新

姜得春,字雨田,1869年(清同治八年)生于奉天海城县的一个贫苦农家,其父姜文海兼做瓦匠。1877年春,八岁的姜得春入本村私塾启蒙,父母节衣缩食供他读书。姜得春一边学习,一边帮助家里种地。姜机敏聪颖,勤奋好学,在学业上长进很快,不仅那些启蒙课本能背诵如流,而且"四书"、"五经"亦能熟读。后因父亲病故而辍学,回家务农。

1886年,姜得春离乡从商,入海城县郭之桢经营的"益泰当"为学徒。他受尽了东家、掌柜、师傅的种种管束,熬过三年多的徒工生涯,才当上领取薪金的伙计。姜熟练地掌握了"生意经",成为店里伙计中的佼佼者,博得东家的好感,被提拔当上了"益泰当"的二掌柜(相当于副经理)。

1894年,姜得春被调到郭家在本城开设的粮店"复泰号"任二掌柜。适甲午中日战争发生,辽南横遭战乱之苦,粮号生意不景气,但姜里外折冲,"临难临财均无所苟"[1],故而受到店东的器重。未几,掌柜出缺,他遂继其任。粮号日益兴隆,姜得春经商有方也随之远近闻名。

1906年,海城县商会创建,姜得春被推为总理(会长),知县管凤和"伟其才,深器之"[2],彼此过从甚密。1907年,管升任新民知府,由于

---

① 廷瑞修、张辅相等:《海城县志·乡宦篇》,海城大同书局1924年版,第245页。

② 廷瑞修、张辅相等:《海城县志·乡宦篇》,第245页。

清理银行事务力不从心,遂调姜得春赴新民总其事。不久,姜又被推为新民商会会长。他主持商会,筹集地方资金,资助地方办学和巡防警察之补贴开支等用项。其时张作霖任巡防营管带驻防新民,为扩充势力招兵买马,筹措银饷,每每向商会借款,而且长期拖欠不还。不久,张作霖升充巡防营统领,率队移防郑家屯时,姜得春于欢送队伍面前拦住张作霖的马头向其讨债,使张颇为难堪。张作霖毕竟老于世故,软硬兼施,终于脱身。辛亥武昌首义后,东北革命党人策动奉天独立,东三省总督赵尔巽急调张作霖巡防营入卫奉天城(今沈阳市),翌年被提升为第二十七师师长。姜得春专程去奉天找张作霖再次追索欠款,对张说:"你当师长了,你欠新民商会的钱还了吧!"①姜得春这两次不寻常的举动,给张作霖留下了"性亢爽,有胆有识"②的深刻印象。

　　1913年初,管凤和离新民府他调,姜得春重返家乡海城,复任该县商会会长。因经济窘迫,手提精制小木箱到本城"庆余当",自恃声望高,想做信誉当(不管箱中装何物,不得开箱验看),但未成交。姜顿觉难堪,遂发誓一旦时来运转,定叫"庆余当"姓姜。为谋生计,姜得春在城内开了专卖虾米皮的店铺。不久,又与人合资开了"公合当",他被举为经理,生意蒸蒸日上。

　　1916年4月,张作霖取得奉天军政大权,以整顿金融为急务,一面发行官制"奉票",一面勒收私帖,但受到日本人的干扰破坏,市面金融紊乱。张作霖私人的兴业银行客户挤兑严重,而副经理刘鸣岐等人更是暗中投机倒把。张作霖为了稳定金融,巩固自己的统治,把刘等五人抓起来杀头示众,又关押了一批嫌疑分子,金融挤兑风潮才稍有平息。在考虑兴业银行经理人选时,张作霖想起了姜得春。他对兴业银行董事孙百斛说:"姜雨田在我当官时敢要钱,这个人好,要

---

　　①　刘鸣九口述、武育文整理:《郭松龄反奉及其他》,中国人民政治协商会议沈阳市委员会文史资料委员会编《沈阳文史资料》第1辑,1981年版,第30页。

　　②　廷瑞修、张辅相等:《海城县志·乡宦篇》,1924年版,第245页。

管钱一定能管好。"①于是派人去找姜。姜得春不了解张作霖的意图，联想到当年逼债的往事，深怕张作霖伺机报复，未敢立即应命。张二次派人去请，姜得春才硬着头皮去省城。张作霖任命姜为兴业银行总稽核，并对他说："你大胆地干，我给你做主，不要害怕，你把在新民大街上拉我马缰绳的勇气拿出来。"②姜得春深为感动，从此即由商界步入金融界。

姜得春上任后，秉承张作霖的旨意，将兴业银行先行停业整顿，然后迅速开业。该行原发行的纸币业已失去信誉，他便发行新币，请官府担保信用。从1917年4月起，他又将民股由官府收买，将兴业银行转为官办，发行不兑换券200万元（即4厘债券，每元票券贴息4厘），用提高利率的办法，使银行的信誉很快恢复。姜对兴业银行的恢复和发展有突出贡献，遂由总稽核提升为会办、代理总办。1920年，他还与陈林格等人发起组织地方储蓄公会，并被选为名誉会长。

在金融界大显身手的同时，姜得春又在海城先后开了"庆余当"和"庆余得"、"庆余泉"等商店和酒厂。他不忘故里，从经营布匹的商号"庆余得"开张之日起就许愿：只要此号在，每年冬天要做棉衣200套施舍无衣者。此外，姜还在海城县城修建一处幼稚园，并在家乡西梁窝开粥厂恤贫及捐资兴办小学等，嘉惠乡里。每次返籍，他都微服简从，安步当车，且常去看望年长与贫弱者。

1920年7月，直皖战争爆发，张作霖援直倒皖，得以控制热河、察哈尔、绥远特区。张有意让姜得春将奉票通行到这些地区。姜认为这样做不妥，因为战局莫测，一旦奉军退回东北，就要殃及当地百姓，所以

①　刘鸣九口述、武育文整理：《郭松龄反奉及其他》，中国人民政治协商会议沈阳市委员会文史资料委员会编《沈阳文史资料》第1辑，第30页。

②　栾贵田：《张作霖二三事》，中国人民政治协商会议全国委员会文史资料研究委员会编《文史资料选》第35辑，中华书局1963年版，第198页。

一拖再拖，最终没有发行。

1922年第一次直奉战争，张作霖败北退守关外，决心整军经武，治理财政，以利再战，于1923年10月把奉天官银号、兴业银行和东三省银行合并，使长春以南地区的货币统一，由东三省官银号一家发行，以奉票为收付本位币；长春以北地区则以哈大洋为本位币。姜得春被聘为帅府财政顾问，兼任合并后的官银号会办，驻长春分号。同年，姜获得张作霖特颁的二等大绶嘉禾章一枚。

1924年秋，张作霖在第二次直奉战争中取得胜利，接收了天津边业银行，委姜得春任总经理。经过三个多月的筹备、整顿，于1925年4月10日正式开业。该银行属张家私人银行，除在天津设总行外，还在关内外各重要城市设有分行。其组织机构采用总裁制，以彭贤挂名总裁遥领，不负业务具体责任，银行职员分别由彭贤、姜得春和协理梁文彬三人推荐，姜推荐的有前兴业银行股长郭集珍。郭在三行合并后，曾被姜提升为官银号长春分号经理。

1925年11月，姜得春在奉天致电天津边业银行，命将库存钞票200万元及现洋30万元，随京奉火车运往奉天，派出纳股职员随车押运。当火车驶抵滦州车站时，郭松龄反奉兵变已发生，钱款被就地扣留。郭松龄派其军需处长鲁穆庭及参议谭家骏等将该款运回天津，现洋被郭军用光，钞票由于津行事前接到姜得春不予兑换的电令，得以保存。郭松龄失败后，鲁穆庭等只得将这批钞票原封运回奉天。

经过郭松龄兵变的打击，张作霖的力量受挫，被迫"暂息"东北，以待时机。天津一度为冯玉祥的国民军占领，边业银行总行存放着大量资金，不够稳妥可靠，于是张作霖1926年初决定将奉天分行改为总行，天津总行变为分行，仍以姜得春为总经理。

1928年4月，国民革命军继续北伐，在北京统治两年之久的张作霖于6月败退出关，途经皇姑屯时遭日本人暗算，被炸身亡。张学良继任东三省保安总司令后，积极振兴实业，奋发图强。姜得春深恐一朝天子一朝臣,主动向张学良提出辞呈。张不允,并半开玩笑似地说:"姜大爷,你现在发财了,要回家抱儿子去了!"①姜不再推却,继续兢兢业业、一丝不苟地在边业银行工作。1929年5月,姜得春病故于沈阳。

---

①　姜式芳:《回忆我的父亲》(未刊稿)。

姜 登 选

张学继

姜登选,字超六,河北冀县人,1881年(清光绪七年)生。1904年赴日留学,初入成城学校,结业后,以士官候补生分发日本陆军第十六师团伏见工兵第十六大队见习。1905年8月,同盟会在东京成立后,姜登选秘密加入成为同盟会员。当时,同盟会领导人黄兴认为,留日学习军事的同盟会员将来毕业回国后要打入清军内部掌握军事实力,为避免暴露身份,黄兴嘱咐他们不要到同盟会总部活动,授意留日军事学生成立了秘密革命组织"丈夫团"。以孟子"富贵不能淫,贫贱不能移,威武不能屈"之义相砥砺。"丈夫团"成员除姜登选外,还有黄郛、李烈钧、赵恒惕、阎锡山、李根源、李书城等共三十余人。

1907年,姜登选升入日本陆军士官学校中华队第五期工兵科,1908年12月毕业回国后,与士官学校中华队第五期同学王凯成以及第六期同学程潜、舒和钧受四川总督赵尔巽的邀请入川训练新军。入川后,赵尔巽委姜登选为工兵营管带(营长),程潜为陆军第三十三混成协二等参谋,舒和钧、王凯成为督练公所提调,他们一面训练新军,一面从事秘密革命活动,并与四川籍同盟会员林修梅、杨瑾、季雨霖、梁达沅等取得了联系,共同策划在四川起义事宜。

1909年,朱庆澜入川担任第三十三混成协协统,1910年冬,四川陆军第十七镇成立,朱庆澜任统制,程潜任正参谋官,在配备干部时,程潜曾试图将姜登选升为步兵统带,但未能实现,姜登选改任四川陆军小学堂总办。

1911年,同盟会在四川的负责人程潜因奔父丧回湖南,将所担负的同盟会工作付托姜登选。当时正值川、粤、湘、鄂四省保路风潮风起云涌之际,四川的保路运动尤为激烈。离开四川时,程潜特地告诫前来送行的朱庆澜,千万不可动用第十七镇去镇压保路运动,并说:"姜登选沉着勇毅,胜我十倍,如遇紧急情况,可与他商量!"从这时开始,姜登选与朱庆澜结下了不解之缘。

辛亥武昌起义后,四川各州县相继起义脱离清朝统治,久困成都的四川总督赵尔丰为了避开革命的打击,勾结四川立宪派领袖蒲殿俊等,表示愿让出政权。1911年11月27日,在成都成立四川军政府,蒲殿俊任正都督、第十七镇统制、赵尔丰的亲信朱庆澜为副都督。这个军政府是赵尔丰的傀儡,革命党人极为不满。没过几天,四川巡防营和大部分新军索饷哗变,蒲、朱逃匿。川籍同盟会员、原陆军小学堂总办尹昌衡带领部分新军平定了兵变,杀掉赵尔丰,尹继任都督。

1912年2月,成、渝两军政府合并,在成都成立了统一的四川军政府,尹昌衡为都督,张培爵为副都督。姜登选等外省籍革命党人在四川无法立足,遂随朱庆澜离开了四川。1912年,姜登选赴保定任陆军军官学校教官,1913年8月,任贵州陆军第一师参谋长。1913年10月,朱庆澜任黑龙江护军使兼署民政长后,邀姜登选任黑龙江护军使署参谋长。1916年7月,北京政府调朱庆澜为广东省省长,姜登选亦随之南下广东,任虎门长洲要塞司令。时人称朱庆澜与姜登选的关系"如父子密切",形影不离。朱庆澜参与孙中山领导的护法运动失败后,退出广东,姜登选又随朱庆澜北上。

第一次直奉战争后,张作霖决定彻底整顿奉军,其中的一个重要内容就是起用在国内外受过正规军事教育的将领,取代绿林和行伍出身的旧派将领,在这种背景下,姜登选与韩麟春、于珍、何柱国、邢士廉、臧式毅、沈鸿烈等一大批从日本士官学校毕业的将领相继投入张作霖幕府,成为奉系新派中势力最大的洋派。经士官同学杨宇霆推荐,张作霖于1922年7月任命姜登选为东三省陆军整理处副监,总监孙烈臣、副监张作相都是挂名的老派人物，整编奉军的实际工作由姜登选、张学良、杨宇霆、韩麟春等人负责，姜登选成为核心人物之一。

经过整编，奉军编成陆军步兵二十七个旅，骑兵五个旅，炮兵两个独立旅又一个团，同时保留张作霖的第二十七师，吴俊陞的二十九师，新增第十一师（李景林任师长），总兵力为二十五万人。经过这番整顿，奉军焕然一新，再也不是当年的乌合之众，已经成为颇有战斗力的军阀武装。姜登选从早年的著名革命党人，转而投身于大军阀张作霖，甘心情愿受其驱使，为他的霸业冲锋陷阵，已完全丧失了一个革命党人的进步性和革命意志。姜登选因张作霖的信用，自认为找到了用武之地。

张作霖在整军经武的同时，还施展纵横捭阖术，与段祺瑞、孙中山建立反直三角同盟，以最大限度孤立直系。姜登选是革命党人出身，与国民党的高级干部程潜、方声涛等都有密切联系。因此，姜登选在联络孙中山方面又发挥特殊作用。奉系骨干何柱国在《孙、段、张联合推倒曹、吴的经过》一文中说："当时东北方面负责与南方联系的中心人物是姜登选。姜是河北人，日本士官五期毕业。民国初年朱庆澜任黑龙江将军时，他任朱的参谋长，后来朱任广东省长，他也同去。还跟朱一起到过四川和云南，因此南南北北人缘甚好。当时张氏父子与孙中山的联系，就是先由姜登选两次派人去见谭延闿，谭派人回访然后再以张作霖名义派韩麟春前去广州正式拜会孙中山（随同韩麟春前去的还有张作霖的副官处长即袁世凯的女婿杨毓珣）。孙中山先派汪精卫来东北与张氏父子商议讨伐曹、吴的大计，随后又派伍朝枢来东北进一步促成讨伐曹、吴的实现。"

1922年9月22日，孙中山派汪精卫和程潜赴奉天面见张作霖进一步磋商合作反直事宜。姜登选与程潜是同学和同事，关系密切，汪、程到奉天后，姜登选参与了接待工作。据事后姜登选与张学良对何柱国透露，汪精卫和程潜到奉天后，提出讨伐曹、吴的军事、政治方案。军事方面，提出由广州革命政府下令讨伐曹、吴，从南方出兵北伐，用以牵制长江以南的曹、吴军队，而由东北进军关内，直捣北京，南北夹击，打倒曹、吴。张作霖完全同意南北夹击之议，但强调分头进行，意思是各自发动，彼此不必有统属关系。不过这一点双方皆未明言，而心中却都领会，可以说是无形中取得了协议。10月14日，汪精卫、程潜从奉天返回上海。不久，姜登选又收到了孙中山亲信田桐写来的一封信，姜登选立即于10月31日转给杨宇霆，请他转交张作霖处理。

12月间，姜登选即奉张作霖之命，南下上海、杭州、广东，与皖系浙江督军卢永祥、淞沪护军使何丰林、孙中山等人见面。12月20日，姜登选抵达广东，"连日遍访故交"。姜登选的南方之行，进一步加强反直三角同盟。1923年10月5日，曹锟贿选成功，当选为总统后，海内外舆论大哗。姜登选与汪精卫、杨毓珣、邓汉祥、王九龄、吕宓筹、李雁宾、赵铁桥、费竹简等在上海举行反直各省代表联席会议，并联名发表通电反对曹锟贿选。电报声称："特代表东北、东南、西南各省之公共意思，郑重声明：举凡曹锟所盗窃之元首名义，及其部曲所盗窃之政府名义，附逆议员所盗窃之国会名义，一切否认。除彼凶残，惟力是视，呜呼！国本飘摇，乱人鸱张，存亡之机，间不容发。凡我国民，共奋起毋馁，最后之胜利，终归于正义。请悬此言，以为左券。"

1924年9月3日江浙战争爆发后，张作霖立即召开军事会议，决定出兵讨伐曹、吴。奉军改称镇威军，张作霖任总司令，杨宇霆任总参谋长。出兵二十七个旅，二十万兵力，编成六个军，姜登选、韩麟春任第一军正副军长，辖裴春生的第四旅、赵恩臻的第十二旅、齐恩铭的第十六旅、高维岳的第十九旅。姜登选的第一军和张学良的第三军军长（副军长郭松龄）是奉军的主力部队，担任主攻山海关、九门口一线。李景林、张宗昌任正副军长的第二军担任热河南路；张作相、汲金纯任正副军长的第四军，摆在锦州作为总预备队；吴俊陞、阚朝玺任正副军长的第五军与许兰洲、吴光新任正副军长的第六军担任进攻热河北路。

山海关与九门口之间，有一不可逾越的角山寺大山，因此山海关、九门口一线实际分成两个战场：一个是山海关正面，另一个是九门口及其以北以西附近各口。奉军由第三军副军长郭松龄指挥第二、第六两个旅,共六个团,担任山海关正面;第一军副军长韩麟春指挥第四、第十六两个旅,共五个团,担任九门口及其以北以西附近各口。第一、第三两军成立联合指挥部,由姜登选,张学良坐镇统一指挥,并以第十二旅的三个团作为联军的预备队。联军指挥部设在山海关东面的前所。

李景林、吴俊陞等部进攻热河得手后,坐镇沈阳指挥全局的奉军总参谋长杨宇霆于9月24日致电姜登选、张学良两位军长,催山海关一线发起进攻。以这方面兵力配备最多,战斗最激烈,而伤亡也最大。结果反而是九门口以北约三千米的黄土岭口首先突破,而山海关正面的直军阵地则固若磐石,始终未能突破。突破黄土岭口的是奉军第一军第十六旅孙旭昌团。这个团原驻兴城、绥中一带山地,平时由姜登选亲自掌握,对山地战有很好的训练,加上步炮密切配合,有相当强的战斗力,尤其善于山地攻坚战。孙旭昌团在突破黄土岭后,又接着攻破了九门口,这是一个事关全局成败的突破。一、三联军指挥部得到九门口被攻破的消息后,决定立即调动预备队继续扩大战果。姜登选最后点将,仍由孙旭昌团担任攻坚战。姜登选令孙旭昌团突破一个高地后,就让它回来休息,再遇到难攻的高地,又调它上去,攻克之后再休息,休息后又再用上。如此连续攻击前进,再加上全线配合,一鼓作气攻克了影响全局的战略要地石门寨。从此,直军一败而不可收拾。奉军攻克山海关后,大举入关,到1925年6月止,南下奉军占据了直隶、山东、安徽、江苏的大部分以及上海,奉系势力在这时达到顶峰。

奉军抢占这些地盘后,张作霖任命李景林为直隶军务督办,张宗昌为山东军务督办,并内定由姜登选为江苏军务督办、郭松龄为安徽军务督办。不料总参议杨宇霆也要个地盘,结果杨宇霆被任命为江苏军务督办,把姜登选挤到了安徽。姜登选赴安徽就职时,随身只带了一个旅侍卫,计划到皖后再招两个旅以自卫,但未来得及实施,反奉战争就爆发了。

1925年10月7日,安徽、江西、江苏、福建、浙江五省代表在杭州开会,议决成立五省联盟,举孙传芳为总司令,树"拥段反奉"之帜,其战略由浙江长兴出宜兴,兵分五路,第一路司令陈仪,第二路司令谢鸿勋,第三路司令孙传芳自兼,第四路司令卢香亭,第五路司令周凤岐,定名"浙闽苏皖赣联军"。10月10日,孙传芳以准备秋操为名,下达动员令,调动军队向苏、皖奉军进攻。当时奉天在江南的部队只有两个师又一个旅,其中第八师(师长丁喜春)驻南京,第二十师(师长邢士廉)驻上海,安徽只有一个旅,兵力相当空虚。姜登选在孙传芳起兵反奉后,致电孙传芳,表示大家均为同学,不应相迫,应尊重和平。词虽痛切,但孙传芳不予理睬。10月17日,江西军务督办方本仁密电其第一师师长邓如琢出兵九江,乘姜登选在安徽兵力空虚之机,抄袭安庆。10月21日,皖军第一旅旅长倪朝荣自泗县移驻临淮一带,电告姜登选,他将与孙传芳一致行动,请速将驻蚌埠的奉军解除武装,即日出境。驻寿县的皖军第四旅旅长高世续、驻颍上的第五旅旅长华毓庵,均联合与倪朝荣一致。22日,邓如琢在九江宣布就任皖赣联军总指挥,以赣军第三师师长冯绍闵为赣军副指挥,皖南镇守使王普为皖军副指挥,联合向安徽进军。皖赣军队联合行动,姜登选见敌我众寡悬殊,武力对抗毫无前途,遂于10月23日宣布辞职,并将驻安徽的一个旅的奉军全部撤退北上徐州集中。

1925年11月2日,张作霖任命张宗昌为前敌总司令,姜登选为后援总司令,在徐州、德州间设置三道防线,以对抗孙传芳的五省联军。11月6日,张作霖为持久防御计,又任命李景林、张宗昌、张学良、姜登选、张作相分任第一、二、三、四方面军军团长,分区分段防御,其中姜登选的第四方面军警戒津浦路北段,并援助张宗昌的第二方面军。

姜登选受命后,委戢翼翘、陈琛为旅长,先往东北着手建旅事宜。姜登选本人则率少数随员赴天津,准备稍事停留后再回奉天。10月22日,郭松龄在滦州发生反奉通电,挥师出关。23日,姜登选的专车到达滦州车站,郭松龄派人到车站接姜登选,声称郭军长有事相商,请军团长到城内一谈。姜登选对郭松龄反奉之举毫无所闻,当即随来人入城,入城后即为郭部软禁,扣押在滦州火柴公司楼下的一个楼梯间。姜登选要求面见郭松龄，郭拒不见面，姜只好写了一封亲笔信给郭，信中说："彼此共事多年，前在黑、粤两省，所以提携者甚至，并无相负之处，回思往事，当能谅其无他云云。"信交上去后，亦无回音，姜才知问题严重。

与姜登选一同扣押的，还有裴春生、赵恩臻、高维岳、齐恩铭等奉军高级将领。11月26日，郭松龄下令将扣押在滦州的姜登选枪决，裴春生、赵恩臻、高维岳、齐恩铭等师旅长十余人押送天津，交李景林看管。29日，郭松龄发表通电，宣布枪决姜登选的理由，其中有"将姜登选在滦州枪决，以为穷兵黩武者戒"之句。

姜登选被枪决后，在滦州的友人张淦臣为其收拾遗体殓棺，李景林致电郭松龄索还尸体，郭允派人往领。方声涛与姜登选友谊最深，当时方正在冯玉祥幕府中，也参与郭、冯反奉联盟，闻讯后亲到滦州将姜的灵柩运至天津。

1926年春，由朱庆澜等友人将姜登选的灵柩运回河北冀县家乡安葬。张作霖为表彰姜登选的忠诚，在镇压郭松龄事变后，特在沈阳西南风雨坛为姜登选修建了一座"姜公祠"以示纪念。

姜 桂 题

钟碧容

姜桂题，字翰卿，安徽亳县人，生于 1844 年（清道光二十四年）。父早丧。姜自小体格魁梧，乡里儿童望之生畏。他的家乡是太平军、捻军起义活动的地区，姜投清军将领僧格林沁军营请"杀贼自效"①，充当僧格林沁的卫队官。1863 年因镇压捻军立功，提升管带。

1865 年，清毅军将领宋庆因姜桂题魁梧勇敢，招致麾下。姜"自此入毅军由偏裨而登统帅"②。他先从毅军追击捻军张宗禹部，转战皖、豫、直、鲁镇压起义军。1867 年平息捻军后，又跟随宋庆西征秦陇，因功得总兵衔，加"长勇巴图鲁"勇号。不久，随毅军从左宗棠奔甘肃镇压回民起义，攻肃州时身受重伤。是役得授总兵，换清字"巴图鲁"勇号。

1875 年，姜桂题回皖省亲，料理母亲的丧事。不久，被河南巡抚李鹤年请去南阳练兵。1883 年，姜仍回毅军，随宋庆驻防旅顺。清廷为防备帝国主义进犯，派姜守卫旅顺持续十余年。中日甲午之战时，姜桂题、卫汝成、徐邦道等六支队伍驻守旅顺，由龚照玙统率，但各部互不协调，各行其是。日军进攻旅顺时，守军不战而退，姜桂题弃甲而逃，被清政府革职。

袁世凯 1895 年受命编练新军，1896 年姜桂题应袁世凯之召入新建陆军，任右翼翼长。1898 年新建陆军改武卫右军，次年 12 月，袁世

① 《昭武上将军勋一位姜公墓志铭》，姜瑞鑫等辑《荣哀录》。
② 《昭武上将军勋一位姜公墓志铭》，姜瑞鑫等辑《荣哀录》。

凯署理山东巡抚,姜桂题奉命屯兵山东泰安、青州(今益都)、潍县等地。

1900年春,山东义和团主力转移,与直隶义和团会合,迅速向北京、天津推进。6月,八国联军入侵、占领北京后,西太后授命李鸿章为全权大臣,准备乞和。李召姜桂题入京"拱卫京师"。姜秉承李的旨意,参与镇压义和团,又迎护慈禧和光绪回京,因"功"加太子少保衔,授紫禁城及西苑门骑马,赏穿黄马褂。1902年宋庆死后,原毅军即归姜桂题统率。1905年姜办理长江防务,驻浦口编练江防军。1908年,继马玉昆任武卫左军总统官,1910年任直隶提督兼统武卫左军。

辛亥革命后南北议和期间,袁世凯借用革命声势威吓清廷,指使段祺瑞等北洋军将领46人通电清廷,要求"宣示中外,立定共和政体",迫使清帝退位。姜桂题参与通电。民国成立后,姜桂题在军界尚有相当大的势力,所部毅军号称10万。1912年7月,袁世凯提名陆徵祥组织内阁,陆所提阁员名单被临时参议院否决后,袁世凯怒不可遏,指使其党徒散发传单和信件,恐吓议员,威胁将以炸弹从事。姜桂题为袁世凯奔走效劳,大宴参议员和各党派领袖,进行疏通,迫其就范。8月,黎元洪假手袁世凯杀害辛亥武昌起义的领导人之一张振武时,张受骗到北京后,姜桂题受袁命配合行动,出面召集军界袍泽大会,假意对张表示热烈欢迎,诱张坠入彀中。

1913年8月1日,袁世凯任命姜桂题署热河都统。次年6月,姜正式受任为热河都统。1915年袁世凯进行帝制的活动公开后,姜领衔上劝进表。9月,他又伙同段芝贵、倪嗣冲等人以安徽"公民"的名义呈具请愿书,谓"今日之政体,非君主立宪,不足以定国是,安人心"①,劝袁世凯早正帝位。

1916年6月袁世凯死后,黎元洪继任总统,段祺瑞任国务总理。8月1日,国会在北京开会,张勋竭力排斥国民党议员,提出将"二次革命"中反袁党人概予罢免,姜桂题随声附和。9月,姜桂题参与张勋、倪

① 全国请愿联合会事务所编:《君宪纪实》第1册,1915年版,第37页。

嗣冲等联名通电,要挟解散国会,公然声称"不辞武人干政之嫌"。21日,张勋、倪嗣冲召开第二次督军团徐州会议,正式组织所谓"十三省区联合会",制定章程,以巩固北洋团体、反对南方国民党势力为主旨,张勋为盟主,姜列名参加。10月,姜桂题和张勋、倪嗣冲等十三省区督军、省长致电黎元洪,请定孔教为国教,谓"提议于国会,照旧定孔教为国教","编入宪法,永不得再议"①。

1917年3月间,黎元洪和段祺瑞在是否参加第一次世界大战问题上发生矛盾。5月22日,张勋召开第四次徐州会议,提出解散国会的要求。姜桂题附和张勋,6月4日致电黎元洪要求解散国会,并宣称要赴京进行"调停"。12日黎元洪在张勋胁迫下下令解散国会。7月孙中山南下护法,不久组织护法军政府,形成南北对峙局面。12月31日,姜与督军团曹锟、张怀芝、张作霖、倪嗣冲等16人发表通电,坚决反对恢复旧国会,并请大总统冯国璋敦促参议院,迅将政府提出的组织法与选举法立即施行,作为新国会的张本。姜还积极支持段祺瑞的"武力统一"政策,主张讨伐南方。他致电北京政府,催促曹锟迅赴前方,"以期早收统一之效,勿令坐失时机"②。

1918年8月,大总统冯国璋因和国务总理段祺瑞之间的矛盾尖锐,通电辞职,9月段祺瑞操纵的安福国会选举徐世昌为大总统。姜桂题立即随声附和,请大总统徐世昌"早日就职"。

1920年直皖战争即将爆发之际,姜桂题"接近皖派,而亦爱戴东海。直皖祸作,声言派兵入京,保护总统"③。他奉徐世昌之命与张怀芝调停直皖之争,前往天津、保定,向曹锟、吴佩孚疏通。但曹、吴拒绝调和。姜、张奔走数次,毫无结果。后决定找曹锟的弟弟曹锐接洽,曹锐拒而不见,姜、张扫兴而归。徐世昌又召开紧急会议,专门研究调停

---

① 柯璜编:《孔教十年大事记》第8卷,宗圣会1922年版,第104页。

② 《公言报》1918年7月12日。

③ 张一麐:《直皖秘史》,上海世界书局1920年版,第17页。

直皖之争的问题。姜桂题列席会议,他向徐世昌声称"嗣后决不再作调人"①。

　　1920 年 7 月 29 日,姜桂题被徐世昌派兼管将军府事务,此系闲职,徒具空名没有实权。在北洋派系纷争中,他"意态消极,不近任何党派,盖亦军界中之超然派"②。1921 年,姜以年老多病,迭次呈请辞职,未获准。9 月,姜被徐世昌特派为陆军检阅使。1922 年 1 月 16 日,姜桂题病死北京。

①　信史编辑社:《段祺瑞秘史》,神州书局 1921 年版,第 52 页。
②　《新社会日报》1922 年 1 月 18 日。

姜　立　夫

齐　辉　李援朝

姜立夫,谱名培珦,学名蒋佐,字立夫。浙江平阳县凤江乡麟头村人。1890 年 7 月 4 日(清光绪十六年五月十八日)出生于一个耕读世家,其祖父是增贡生,父亲姜炳阎是监生。姜立夫自幼父母双亡,由兄嫂抚养成长。少年时受到姨父黄庆澄的影响,聪颖好学,学习成绩优异。蒙馆肄业后,由其兄送到杭州府中学堂学习,与徐志摩、郁达夫等同学。

1910 年 6 月,姜立夫参加游美留学处第二批游美考试被录为备取生。1911 年到北京"游美肄业馆"(清华大学前身)第一班高等预科补习英语四个月。当年夏,以中美庚款留学美国,入读加利福尼亚伯克莱州立大学。1915 年 6 月毕业,获理学学士学位。9 月,入美国哈佛大学研究院攻读数学,师从库立奇(J. L. Coolidge)教授。1919 年姜立夫完成博士论文"非欧几里德空间直线球面变换法",获哲学博士学位,并留校任教。旋因兄长病故,于 1920 回国。在美国留学期间,姜立夫还识了赵元任、胡明复等近代科学家,萌生了科学救国的思想。

1920 年,姜立夫接受天津南开大学聘约,出任算学系主任,与随后来校的邱宗岳、饶毓泰等同事共同构成了南开理学学科的基础力量。当时南开大学还是刚成立的私立大学,校长是爱国教育家张伯苓。在张的领导下艰难起步。姜立夫在此时组建南开数学系,是继北京大学之后中国第二个开办数学专业的高校。由于经费和人才不足,南开数学系筹办之初,面临很大的困难。姜立夫是该系唯一的教授,因此往往身兼数职,既要研究又要领导整个系的日常工作,同时还要担任专业课教师,教授高等微积分、立体几何、高等代数、投影几何等多门课程。他曾回忆说:"一个人包一个系,我感到吃力",幸而学生不多,"我用全力对付他们"。这种一人独撑一个系的局面,一直持续到1924年他的学生刘晋年留校任教后才有所改变。姜立夫十分重视数学文献的搜集、保存和整理。他利用有限的资金,亲自采购与引进了成套的重要丛书、绝版书、期刊及具有前沿研究成果的书刊资料,使南开大学的数学文献藏书量居全国首位。这些文献资料在抗战期间转移到了西南联大,为战乱时期中国保存了数学研究的基础文献作出巨大贡献。

姜立夫授课逻辑严密,分析透彻,善于把严格的推导和几何形象相结合。他的数学知识渊博,理论功底深厚,教学方法灵活多样,因此深得学生的喜爱和信服。他对学生要求很严格,批改学生作业一丝不苟。在教学中,他重视对学生基本功的培养,大量采用启发式教学方法,使不同的学生有良好收获。他培养出一大批优秀学生,其中刘晋年、江泽涵、申又枨、吴大任、孙本旺、陈省身等都是他的得意弟子。1923年,他承担了出国留学考试的命题工作,选拔了大批合格人才出国深造。同年他还担任了中国科学会算学名词审定委员会主席,负责规范数学领域的科学用语。这项工作前后持续了十五年,1938年在他主持下《算学名词汇编》一书正式出版,这是中国最早的数学名词规范工具书。1945年,他还编写了《数学名词》一书,它们共同构成了中国现行数学名词的基础,使得数学名词的使用和命名更加科学规范,促进了数学研究的进一步发展。

1926年,姜立夫到厦门大学讲学一年,姜的教学对学生影响很大。他的学生江泽涵1931年来到北京大学执教,按照姜立夫的教学模式,跟班授课从严要求学生,也取得了良好的效果。江曾说:姜立夫导师在帮助北大数学系完成教学改革的过程中,起到了决定性的作用。

1934年,姜立夫赴德国,在汉堡大学和哥廷根大学进修两年。1936年回国后,他出任《中国数学杂志》主编。1937年抗日战争全面爆发后，南开大学同北京大学、清华大学一同转移到西南后方合并成为西南联合大学，姜立夫随同学校一起南迁至昆明，而家属则留在了上海。当时的昆明学术气息浓厚，各大学的数学专家学者汇集在一起，他们决定成立一个新的数学学术团体——新中国数学学会，姜立夫被推举为会长，陈省身为文书，华罗庚任会计，陈建功、江泽涵、苏步青等人为理事会理事。该团体成立后，团结了一大批数学家，对于抗战时期中国数学科学的发展做了很多工作。

在西南联大执教期间，姜立夫主持了中研院数学所的筹备工作。该所筹建之初，正值抗日战争最艰苦的年代，购置外文资料所急需的外汇更难弄到手。他对数学所研究人员的延聘、研究工作的开展、图书资料的积累、经费的筹措、机构的建设等问题进行了周密的思考与论证。1941年—1943年数学所筹备处延聘了六位兼任研究员，他们是苏步青、陈建功、江泽涵、陈省身、华罗庚、姜立夫。1944年该所又延聘许宝騄、李华宗为兼任研究员，在这一年度到1948年，国内最优秀的数学家，或专任、或兼任，尽最大可能延聘到所，共在国内外各主要数学刊物上发表了近二百篇论文，内容涉及级数论、自守函数、群论、微分几何、多元空间、曲线论、矩阵几何、拓扑学、数理统计等多个领域，某些研究已处于世界先进水平。以国内原有的研究基础和力量而论，这实在是了不起的成就。

1946年，姜立夫辞去了数学所筹备处的职务赴美国普林斯顿大学高级研究所进修。在他推荐下，陈省身进一步负责数学所的筹备工作。1947年7月，数学研究所在上海正式成立，姜立夫被任命为所长。该所是当时数学领域的最高研究机构，其研究成果代表了中国数学界的最高水平，姜为它的建立和发展作出了重要贡献。

在筹备数学研究所的同时，姜立夫主要课题球素和圆素几何研究也取得了进展。他创造性用矩阵方法来改写并发展了圆素和球素几何学，采用二阶对称方阵和埃米尔特方阵依次代表有向圆和球，研究在圆素平面和球素空间对应于射影群、仿射群及度量群的辛阵群及其子群下的几何学,获得了阶段性成果,使古老的圆素和球素几何学面貌焕然一新,展现了新的发展前景。他把这些研究成果撰写成《论圆素和球素的矩阵理论》一文,发表在 1945 年的《科学记录》上。

姜立夫的社会兼职很多,除担任中研院数学所所长外,他还任中华教育文化基金会董事会科学顾问委员会委员、科学研究补助金委员会委员、北京图书馆图书购置委员会委员、商务印书馆大学丛书编辑委员会委员等职务。他曾说:“我是美国退还一部分庚款去留学的,那当然不是美国的钱,也不是清政府的钱,我应该为全国人民做一点好事。我决心把西洋的数学一起搬来,数学是一切自然科学的基础,中国最需要的是科学,所以也需要数学……我愿把一生献给数学。”抗战胜利后,国民党执行的内外政策日益不得民心,姜立夫抛弃了对国民党的幻想。1948 年 6 月他从美国进修回来就辞去了数学所所长的职务,但没有得到国民政府的允许。9 月,他当选中研院院士。1949 年,中研院迁往台湾,姜立夫被迫同行,随后在学生的帮助下,于同年 7 月返回广州。

中华人民共和国成立后,姜立夫应岭南大学校长陈序经的邀请到该校任教,此前陈曾任南开大学教务长,与姜立夫早有交谊。姜立夫欣然应允出任该校数学系主任。岭南大学的前身是教会学校,而在当时中国的教会大学很少办有数学系的。对此,姜立夫认为这是外国人不想让中国拥有基础学科,决心在这里办起一个数学系来。到岭南大学后,姜马上投入到数学系的筹建工作中,由于他的领导,岭南大学数学系在很短时间就已初具规模。

1952 年,全国院系调整,岭南大学改名为中山大学,姜立夫出任中山大学筹备委员会委员及数学筹备组委员,1959 年以后又出任中山大学第一、第二校务委员会委员,中国数学会第一、第二届理事会理事,中华全国科学工作者联合会广州分会副主任,广东省科学技术普及协会常委,广东省第一届人大代表,中国人民政治协商会议第二、第三、第四届全国政协委员,中国科学院广州分院筹备委员,为中山大学的建立和新中国科学事业的启动做了大量有益的工作。

在中山大学数学系姜立夫一直担任几何教研组组长,教授解析几何、微积几何、几何基础、高等几何等专业课。他虽年已六十,讲课却依然思路清晰,表达准确,把枯燥的几何学讲得引人入胜,深得学生的欢迎。在教学的同时,他的科研工作又有新的进展。1954年他在中山大学以《圆素几何的新面貌》为题作了学术报告,带领一批中青年教师和研究生在一般圆列的微分分类研究上取得了新的成就。他在中山大学时十分关注国外学术动态,大力引进外国教材,组织并参与翻译出版了苏联数学家穆斯赫利什维利的《解析几何学教程》、诺尔金的《罗巴切夫斯基几何学基础》,还有法国 E. 嘉当的《黎曼几何学正交标架法》。

1978年2月3日,姜立夫因病在广州去世。为了纪念他对中国现代数学发展的贡献,南开大学设立姜立夫奖学金,并矗立了姜立夫的铜像。

主要参考资料

吴大任:《姜立夫先生的生平与贡献》,《中国科技史料》1990年第3期。

江泽涵:《回忆老夫子》,《南开教育论丛》,南开大学出版社1987年第4期。

吴大任:《姜立夫先生和中国现代数学》,《数学进展》第19卷第3期(1990年)。

吴大任:《从辛勤培植到春色满园——怀念姜立夫先生》,中国人民政治协商会议天津市委员会文史资料研究委员会编《天津文史资料选辑》第28辑,天津人民出版社1984年版。

姜立夫:《辛群几何鳞爪》,南开大学出版社1986年版。

陈省身:《陈省身文选》,科学出版社1989年版。

刘洁民:《姜立夫先生和中研院数学所》,《数学的实践与认识》1991年第 3 期。

姜淑雁:《回忆慈爱的先伯父姜立夫教授》,《天津文史资料选辑》第 28 辑,天津人民出版社 1984 年版。

蒋鼎文

余 涉

蒋鼎文,字铭三,浙江诸暨人,1895年1月25日(清光绪二十年十二月三十日)生。父亲蒋子朗,在乡务农,由于嗜赌,家境日渐破落。蒋鼎文十岁入象山私塾读书,十五岁转入浬浦镇翊忠书院求学。1912年考入绍兴大通学堂,下半年转入浙江讲武学堂。毕业后,分发浙江督署守备队见习,后升排长、连长。1915年蒋鼎文失职远走广东。以后依附于国民党人蒋尊簋(伯器)门下,曾任职于援闽浙军总司令部。1921年5月任孙中山大元帅府参谋部副官,翌年1月至桂林任北伐滇黔赣军第一路司令部参谋,1923年3月回粤任兵站总监部参谋。

1924年5月黄埔军校成立,蒋鼎文进入该校,初任区队长、教官。由于他有早起习惯,经常被校长蒋介石碰到,遂给蒋留下良好印象。一次,军校举行野外演习,蒋鼎文任连指挥,蒋介石与外国军事顾问前来观操,向蒋鼎文发问战术上几个动作,他一一对答,得到了蒋介石的赏识。不到一年,他就被蒋介石派任教导团第一营副营长兼第二连连长。

1925年2月讨伐陈炯明之役,蒋鼎文率领的东征军第一团第一营,与陈炯明军战于棉湖西北山地,左肋受重伤。蒋介石得知后,犒赏他5000元,并在他医伤期间任他为第一团副团长。8月编组国民革命军第一军时,升任第二师第五团团长。1926年3月"中山舰事件"中,蒋鼎文率第五团强行收缴总工会的枪械,并监视苏联顾问及其眷属。

同年7月,国民革命军开始北伐,蒋鼎文所属部队参加总预备队,随蒋介石的总司令部推进。在攻打南昌的战役中,蒋鼎文又一次负伤,旋被调任总司令部直属伤兵团少将团长。1927年4月任南京警备团长，旋又调宁波任浙东警备司令，兼宁波市公安局长。不久，蒋鼎文被派为第一军第一师师长，先驻杭州，后移驻南京。1929年初第一师改番号为第九师，蒋鼎文仍任师长。蒋桂战争中，蒋鼎文奉命从浦口沿长江西进武汉，因桂系李明瑞部被蒋介石收买倒戈，蒋鼎文未发一弹即进占武汉，被擢升为第二军军长，辖有原第九师和赵观涛第十师、陈诚第十一师。同年冬，蒋鼎文率第二军沿平汉路北上讨伐唐生智。1930年又在陇海路东段参与中原大战。他奔走东西各战场，被夸为"飞将军"。由于蒋鼎文在连年混战中为蒋介石立下战功，中原大战结束后，被委兼任陇海路西段警备司令。

蒋介石战胜各军事实力派后，集中兵力向中央苏区红军发动了"围剿"。1931年8月，在对中央苏区第三次"围剿"中，蒋鼎文任第四军团总指挥，率第九师、五十二师开入江西，从抚州、广昌、宁都进犯中央苏区。9月向泰和集结时，他的先头部队第九师二十七旅在老营盘遭红军奇袭被歼。于是蒋鼎文改道北窜吉安集结，又在方石岭受到红军袭击，第九师一个炮兵团和一个步兵营被歼；所辖第五十二师六个团全军覆灭，师长韩德勤落荒而逃。以后，蒋鼎文又率残部从吉安开赴赣东余江，进犯红军方志敏部，驻守上饶待机而动。1933年第五次"围剿"，他被任命为北路军前敌总指挥兼第二路军总指挥，率第九、第八十九两师开到江西永丰布防，继续进犯红军。是年11月，蔡廷锴等第十九路军将领在福建成立人民政府反蒋。蒋介石立即派蒋鼎文为第二路军总指挥，向福建进攻。蒋鼎文受命后，率第三、第九两师，会同其他各路共15万兵力，集结于浙闽赣边区，向福建进攻。由于贿买十九路军六十一师毛维寿部在泉州倒戈，削弱了十九路军战斗力；又派人潜赴闽南，收买地方武装股匪、地痞流氓、日籍台湾浪人，在十九路军后方骚扰，蒋鼎文军入闽后，只在南平附近与十九路军做过短暂接触，即一路下福州。

福建问题解决后，蒋介石在南昌召开军事会议，部署四路"围剿"红军,1934年2月委派蒋鼎文为东路"剿匪"总司令。蒋鼎文将总部由福州迁至漳州,分兵两路向闽西红军防地进犯。他先集大军于闽西,巩固原防;继用碉堡封锁苏区,断绝物资流通;还在苏区周围实行"联保切结"、"保甲管制"等措施,规定发现红军要密报,因密报而破获者"重赏",知而不报者和藏匿者以同等论罪。他赶筑公路,指挥各师沿路向苏区猛扑。10月,红军主力从瑞金、长汀、雩都等地出发开始长征,蒋鼎文率部随即侵占会昌等革命根据地。中国共产党著名领袖瞿秋白即于此期间在福建长汀被捕,后由蒋鼎文打电报请示蒋介石处决的。第五次"围剿"结束后,国民党政府于11月成立"驻闽绥靖主任公署",蒋鼎文任主任,严令各"绥靖"部队清剿各地"民军",加紧清乡。在1935年11月国民党第五次全国代表大会上,蒋鼎文被选为中央执行委员。

1936年12月,蒋介石电召蒋鼎文等人赴西安开军事会议,部署进攻西北红军,任蒋鼎文为"剿匪军"前敌总司令,嘱即进驻甘肃平凉。是月12日,张学良、杨虎城发动西安事变,对蒋介石进行"兵谏",蒋鼎文亦被扣。17日,张学良让他拿了蒋介石给何应钦的手令和给宋美龄的信去南京。当时南京政府内部以何应钦为首的"主战派"和以宋美龄为首的"主和派"斗争激烈,蒋鼎文避开何应钦,先去面见宋美龄,报告蒋介石的情况。22日,他与宋美龄、宋子文、外籍顾问端纳一道,飞回西安营救蒋介石。西安事变最终获得和平解决,25日晚蒋介石被释飞往洛阳,蒋鼎文等亦于27日被释。

1937年抗日战争全面爆发,蒋鼎文任西安行营主任,兼第十战区司令长官。这时,他仍然执行国民党的反共政策,把部队布防在韩城、潼关一带,遏制八路军的活动;并曾亲自前往青海,策动马步芳、马步青反共,形成对陕甘宁革命根据地的包围。1938年6月,西安行营改为天水行营,程潜任主任,蒋鼎文改任陕西省主席。1941年冬,蒋鼎文又被派往洛阳,任第一战区司令长官兼冀察战区总司令。

蒋鼎文掌握西北军政大权以后,曾操纵陕西省银行先后两次发行辅币550万元,对当地物价的直线上涨起了推波助澜作用。他又在重庆设立经营黄金、美钞的办事处,专向中央银行购买黄金,运到西安抛售,获取高利。至于向陕西人民摊派的苛捐杂税,更是名目繁多,不计其数。当地人民曾作诗讽刺:"可怜民已无多肉,便作羹汤有几餐?"[①]他当时积敛的私产,其数字之巨,十分惊人。他的私人账房陆怡霖说:"西北最大的资本家毛虞琴、石凤翔的财产,只不过是蒋鼎文的零头数。"[②]蒋鼎文将贪污所得,用于挥霍,狂嫖滥赌,生活糜烂。当时日本侵略者在黄河北岸济源县一带,张贴蒋鼎文一手抱美人、一手提钞票的宣传画。

1944 年春,日本帝国主义发动新的侵略攻势,进犯河南地区。蒋鼎文得知敌人的动向,曾于 3 月中旬召集所属军以上将领举行会议,结果不是研究如何对付敌人的办法,而是研究了各军军官眷属及行李、重要文件迅速向后方撤退的计划。因此,尽管洛阳地势险阻,配备的兵力亦不少,但由于蒋鼎文耽于宴乐,玩忽职守,未经重大战斗,即于 5 月26 日弃守洛阳,狼狈西逃[③]。日本侵略军逼近潼关,关中震动,舆论哗然。7 月,蒋鼎文不得不"引咎请辞本兼各职",逃往重庆。蒋介石任他为国民党军事参议会参议。

抗战胜利后,蒋鼎文弃官经商。他东归上海,依仗巨额赃款,先后在南京和平门外开办宏业砖瓦厂,在上海开办轮船公司。1947 年 1 月蒋鼎文乘轮游美,居留九个月,又遍游欧洲十国,1948 年 2 月回抵上海。不久出席国民大会,被任命为总统府战略顾问。他眼看国民党政府危在旦夕,即派爱妾蔡文媛到美国经营橡胶园,派胞弟蒋鼎五到香港

①　朱幻牲:《我所知道的蒋鼎文》,浙江政协文史资料研究委员会存稿第 1985号,第 10 页。

②　朱幻牲:《我所知道的蒋鼎文》,浙江政协文史资料研究委员会存稿第 1985号,第 15 页。

③　张仲雷:《记抗战中国民党军队在洛阳的崩溃和李家钰在溃逃中遇敌牺牲》,中国人民政治协商会议四川省委员会、四川省省志编辑委员编《四川文史资料选辑》第 8 辑,1979 年第 2 次印刷本,第 48 页。

开办振华公司。

1949年3月,蒋鼎文逃往台湾,临走时对其亲友哀叹说:"此后以天为盖,以地为底,未知葬身何所?"他在台湾曾一度出任蒋介石"东南区点编委员会"主任委员、"光复大陆设计委员会"委员,以及"总统府国策顾问"。1974年1月2日病死于台湾。

主要参考资料

文史:《蒋鼎文其人其事》,中国人民政治协商会议浙江省委员会文史资料研究委员会编《浙江文史资料选辑》第12辑,浙江人民出版社1979年版。

吴相湘:《蒋鼎文平乱释疑》,《民国百人传》(四),台北传记文学出版社1971年版。

虞庸:《飞将军蒋鼎文上将》,台北《浙江月刊》第9卷第5、6、7期,1977年5、6、7月出版。

蒋 方 震

刘敬坤

　　蒋方震,字百里,别号澹宁,1882 年 10 月 13 日(清光绪八年九月初二)生于浙江海宁硖石镇。父蒋恩精医术;母杨氏为海盐名医杨笛舟之女。蒋方震年幼时,由母授以唐诗及四子书。九岁入张氏私塾。后就读于同族人设立的私塾,攻读诗书。蒋方震年十三丧父,与母相依为命;十七岁中秀才,在本乡设塾授业。1899 年得桐乡县令方雨亭(方声涛父)之助,至杭州求是书院就读。1901 年春赴日本留学,初入成城学校习日语,结识蔡锷与梁启超,参加编辑《浙江潮》。以受甲午战争失败的刺激,抱定建军救国思想,决心弃文习武,于 1903 年入日本陆军士官学校第三期,与李烈钧、张澜、许崇智、蒋尊簋等同学。1905 年,在士官学校步兵科以第一名毕业,即以少尉资格在联队实习。

　　1906 年,蒋方震自日本回国,入盛京将军赵尔巽幕府,任督练公所总参议;同年 9 月,为免受旧军排挤,得准经日本赴德深造,在德国第七军任见习连长。在此期间,蒋遍游德国及意大利各地,并购置军事书籍及英、德等国文学书籍。1910 年,随清廷使德大臣荫昌返国,在良弼禁卫军第一协任管带,良弼倚之如股肱。1911 年,赵尔巽由四川总督调任东三省总督,奏调蒋为东三省督练公所总参议。武昌起义爆发后,蒋与奉天谘议局长吴景濂及蓝天蔚等谋策动奉天独立,响应革命。赵尔巽以奉天形势不稳,急调张作霖的巡防营,蒋知形势有变,急经北京南下至杭州。

　　1912 年初,蒋方震受浙江都督蒋尊簋之聘为都督府总参议。浙督寻为朱瑞所夺,蒋至北京陆军部任职。时保定陆军军官学校为要求撤换校长事迭起风潮,袁世凯下令任命蒋方震为保定军官学校校长。蒋于1913年元月到校后,对军校大加整顿,誓言:"如不称职,当自杀以明责任。"奈因整顿军校所需经费受陆军部多方阻梗,蒋于6月18日晨集合全校员生,略作数语自责后,即举枪自杀,全校师生惊骇不已。袁世凯闻讯,即请日本驻华公使伊集院派使馆军医平户及护士佐藤前往抢救。经查子弹已经穿出体外,无生命危险,由护士佐藤在保定照料。蒋与佐藤日久生情,于1914年结为连理,改佐藤为左梅。

蒋方震伤愈后,调任总统府军事处一等参议,与蔡锷时相过从,同感北洋军阀与已建立现代化国防理想完全背道而驰。一日蔡锷至蒋家中深夜密谈后,即微服离京至天津。袁世凯知蒋方震与蔡锷关系密切,即命其至天津劝蔡锷返京。蒋至天津复与蔡锷、梁启超三人密议,由梁氏在津发表《异哉所谓国体论》一文,蔡、梁两人即离津南下。蒋返京回报袁世凯"在天津没找到蔡锷",迅即换装南下上海。旋应梁启超之召,至广州任两广都司令部出师计划股主任。

1916年6月袁世凯病死,黎元洪继任总统,任蔡锷为四川省督军兼省长。蒋方震应蔡锷电邀入川任督军公署总参议。时蔡锷患结核病已侵入喉腔,语不成声,蒋遂陪蔡锷赴日本就医。11月8日,蔡锷自知病势垂危,执蒋手叹息说:"我早晚就要和你分手了,我们建设国防尚未着手……我不死于对外作战,死有余憾!"①事后蒋护送蔡锷灵柩抵长沙安葬。1917年2月,蒋偕夫人左梅由长沙至北京,任总统府顾问。时在梁启超主办的《庸言》与《大中华杂志》上发表有关军事论文,被誉为军事学家而名噪一时。蒋另撰有《军事常识》两册,译有斯迈尔的《职分论》。

1918年11月,第一次世界大战结束,梁启超奉命组织欧洲考察团,为中国出席巴黎和会代表团参考咨询,蒋方震任考察团军事咨询随

---

① 陶菊隐:《蒋百里传》,中华书局1985年版,第44页。

员。梁启超约请法国名流讲演欧洲文艺复兴时期政治、经济、哲学、文学、艺术、历史诸专题,蒋任记录,学术眼界亦因之大开。不久,五四运动发生,蒋将所记的名流讲演记录稿整理出版,书名《欧洲文艺复兴史》。蒋并主编《改造》杂志,且常在《直报》及《时事新报》上发表文章,所撰《裁兵计划》及《精兵主义》两文甚有影响。

其时,联省自治之说甚盛,蒋方震应湖南当局之邀,至岳阳出席联省自治讲演会;会后,留湖南参加该省制宪工作。1921年蒋当选为浙江省议会议员,回浙主持制宪工作。1922年1月,他在北京与周作人等发起组织文学研究会;次年又与胡适、徐志摩等组织新月社。

1923年3月,蒋方震返浙奔母丧后,乘火车北上,路过徐州,忽然若有所感地对同行者说:"将来有这么一天我们对日作战,津浦、京汉两路必被日军占领,半壁河山都会沦于敌手。我们的国防应以三阳为据点,即洛阳、襄阳、衡阳。"①这是蒋第一次表明我国对未来的中日战争应采取的防御形势与战略态势观点。

1924年9月,孙传芳任浙江督理,聘蒋方震为督理公署总参议。次年9月,吴佩孚自任十四省讨贼军总司令,联合孙传芳共同讨伐张作霖,特邀蒋为参谋长。蒋建言吴佩孚与广州国民革命军联合,但不为吴佩孚所容,乃辞职,至长沙晤唐生智后,即由湘返沪。1926年春,唐生智推蒋与刘文岛为国民革命军第八军正、副党代表;蒋介石则希望蒋方震任国民革命军总司令部参谋长,蒋方震在上海闻悉后,觉得自己刚辞了吴佩孚的参谋长,现在又跑到广州去当北伐军的参谋长,是没有气节的行为,拒往广州任职。

其时,孙传芳在南京自任五省联军总司令,请蒋方震任参谋长,蒋拒绝出任,但常至孙传芳幕府中参与机要,希望孙能与北伐军合作,共同对付奉军,来完成中国的统一。后发现孙传芳也是一个"不足与谋"的人,即与孙断绝关系。

①　陶菊隐:《蒋百里传》,第55页。

1927年4月,蒋介石在南京成立国民政府,请刘文岛接蒋方震至南京晤谈。蒋方震指出,国民革命军以后遇到的外交第一线在日本,北伐进军华北,日本会出来阻挠;宜对日采取缓兵之计,尽量避免发生纠纷。蒋介石即请其前往日本会晤朝野人士,说明国民革命的政策,希望得到日本方面的理解。

1929年初,蒋方震受蒋介石之托,劝说唐生智出任第五路军总指挥,接收桂系在冀东的地盘,为蒋削减桂系实力立了功。蒋介石深为赞佩蒋方震的才干,于8月请他至南京,沿途高悬巨幅"欢迎军界泰斗蒋百里先生",并设盛宴为之洗尘。宴后,蒋介石与其至密室私语,请其出任第五路军总指挥率部讨伐冯玉祥,蒋以"为师者不可夺门人之席"而拒之。

12月,唐生智在汪精卫等反蒋势力驱动下,以护党救国军第四路军总司令领衔发出通电,要求蒋介石下野。蒋介石请蒋方震劝阻唐生智,而以军政部长一职相许。蒋方震拒受职,但密电唐生智"东不如西",意谓东下攻蒋介石不利,不如西攻冯玉祥进兵西安。但唐不听其劝。此时原与唐联袂反蒋的阎锡山突发通电讨唐,一些将领也都纷纷离唐而去,陷于孤立的唐生智指挥所部冒大雪发起攻势,终难支撑而败。唐化装逃逸,蒋方震遂陷入窘境。1930年元旦,上海市长张群突至其寓所,劝其出国;接着刘文岛也来,说当局允拨五万元旅费资助出国。蒋闻言大怒:"我没刮地皮,没钱出国;别人的钱,我不要。"此时,蒋已受监视,移住杭州后又被软禁于西湖蒋庄。特务在上海寓所搜出他与唐生智通信的电报密码。数日后,蒋被解到南京三元巷陆海空军总司令部军法处待审。李根源与张一麐两人具保请求释放,蒋介石虽批"照准"二字,但久无下文。直到1931年12月15日蒋介石下野,被拘禁几近两年的蒋方震才获得自由,返回上海居住。

"一二八"淞沪抗战爆发,蒋方震勇于为第十九路军参谋长张襄与淞沪警备司令部参谋长林建铭策划抗战事宜。此后他深居简出,大量阅读中国古代典籍,研究中国历代兴衰治乱的更迭与对外战争的国防形势及战略态势。经过数年的研究和对世界局势的观察,蒋方震开始由"建军救国"的思想框架中走了出来,认识到经济实力为一国战力的决定因素,近代的战争乃是国力与国力的对比,建设国防必须要求"生活条件与战斗条件的一致",先后撰著《孙子新识》、《孙子浅说》、《国防论》、《法西斯与民主》、《中国五十年军事变迁史》等论著。他从我国国防形势与战略态势的研究中得出一个重要结论:我国古代外患主要来自北方,而现代的外敌入侵则起于东部沿海地区,因此认为建设国防,必须分析清楚世界大势,认定中国当前假想的敌国就是日本。他主张实行民兵制,认为"国防空虚及武器落后的中国,只有鼓励农村抵抗,进行广大而散漫的游击战,乃为补救之不二法门"①。蒋说,国民知识水准普遍提高的国家才得以立国;主张所有师范以上中等学校学生,须经六个月的军事训练,方可毕业;无中等学校毕业证书者,不得任常备役军官。这些观点,构成了蒋方震军事理论与战略思想的精华。

1935 年春,蒋方震在民族危机日益严重的形势下,向蒋介石建言:"中日必有一战,要警觉日寇模仿八百年前蒙古铁骑灭南宋的路线,即由山西打过潼关,翻秦岭,占领汉中,再攻四川与湖北。彼计若成,(我)亡国无疑。必须采取抗战军'深藏腹地',建立以陕西、四川、贵州三省为核心,甘肃、云南、新疆为根据地,拖住日寇,打持久战,等候英、美参战,共同对敌的策略,方能最后胜利。"并指出:"修筑西(安)汉(中)公路实为建设后方抗战核心的根本之举。"②蒋介石深以为然,即于 5 月 25日电令宋子文限期筑成这条公路。

在国民党第五次全国代表大会后,蒋介石筹谋对日作战之准备工作,特任蒋方震为军事委员会高等顾问,派赴欧洲考察总动员法的制定

① 蒋方震:《国防论》,蒋百里著,蒋复璁、薛光前主编《蒋百里先生全集》第 2辑,(台北)传记文学出版社 1971 年版。

② 王蓬:《护卫国宝,功在千秋——记著名公路专家张佐周》,《人物》杂志 1997年第 2 期,第 87 页。

与实施。行前,蒋介石邀其至南京参观军事演习,并进行密谈,征求其对中日战争应采取战略方针的意见。蒋方震指出,在对日作战中,我军在沿海进行抵抗后,即应转入内地,尽量拖住日军,以候国际形势对我有利的变化。他说,这场战争只要一打,我们一定要打到底,绝不可中途妥协;只要我们拼下去,国际形势的变化会对我们有利的。他向蒋介石郑重指出,战争打起来,我国沿海地方大部分都要沦陷,在九江以下都不是安全区;为了持久抗战,大本营要设在湖南芷江以西①。他与蒋介石的这次密谈,把多年以来深思熟虑的国际形势及对日作战的战略态势作了阐述,深得蒋介石的赞许。

1936年初,蒋方震偕夫人、女儿由上海启程赴意大利。在与我国驻法大使顾维钧同船畅谈国际局势时,断定英、法与德、意是两个对立的阵线,日本定然会加入德、意阵线,我国进行抗日战争必然要与英、法站在一边。蒋方震在意、捷、德、法、英、美等国考察将近一年,深感我国实行战时总动员,必须改募兵制为义务兵制,深感公路交通对于国防的重要。他12月1日返抵上海,11日应召至西安。西安事变发生后,张学良访蒋说:“先君很敬重百里先生。”多次求教,蒋方震为张学良策划:请蒋介石派员携其亲笔函至南京,以促和平解决事变。回南京后,蒋方震向蒋介石面述出国观感,并提出加快修筑西南公路干线、设置最高国防会议以统筹一切等重要建议,蒋深以为是。

1937年初,蒋方震奉蒋介石之命秘密视察南北各地防务,在福州与福建省政府主席陈仪会晤,认为中日战争绝不能免,且战争亦非短时期所能结束,一旦开战,战局必将由海滨西移;在杭州遇老友钱均甫,谈及中日两国局势称:“除了打以外,别的没有出路。”并预言:“一旦打起来,我们就用拖的哲学,拖到东方亚洲的战争和西方欧洲的战争合成一条战线。”7月,蒋受聘为庐山暑期训练团教官,作“义务兵役制”讲演,称其有五大优点:“一曰征之能来,二曰来之能教,三曰教之能归,四曰

---

① 　陶菊隐:《蒋百里传》,第96页。

归之能安,五曰临战焉,一令之下,应声而即至。五者若贯珠然,一不备,不足以成今日之征兵制也。"①

"八一三"淞沪抗战爆发,蒋方震由上海驱车至南京,建议设置国防研究所,为蒋介石所接受。对于对日作战部署,蒋方震与唐生智作较多讨论,勉唐努力作战,以赎前衍。9月9日,国防参议会成立,蒋受聘为委员。国防参议会开会讨论教育问题时,多数委员主张各级学校一律实行军事教育,蒋方震痛切陈词,力言培养抗战国力,教育为根本之途,不可因战而废缓。蒋介石深以为是,后来任陈立夫为教育部长,实施大学内迁及设立国立中学的政策,并实行公费制度。

抗战全面爆发后,为争取国际援助,蒋方震以军事委员会委员长特使身份,于9月出使欧洲,访问德、意两国,希望他们对日关系不要涉及中日问题。经多方奔走活动,意大利同意一亿元的物物交换贸易,为我国购得飞机、弹药、战车、高射炮及机械设备等;德国同意售给军械和化工成套设备。在与德国戈林会晤时,戈林表示愿"劝告"中日双方息战,蒋表明中国立场说:"中日之战,乃是日本发动进攻,中国既已奋起抗战,除非侵略军退出中国,决不中途妥协。"②

嗣后,蒋方震在柏林郊外暂住,撰写《日本人——一个外国人的研究》一书,把日本"民权与王权"、"暗杀与守法"、"文治与武功"、"国粹与洋化"、"双重外交"的双重国格统统揭露出来,指出"日本的政治家天天在火山上跳舞";并借用一老者的赠语道:"胜也罢,败也罢,就是不同他讲和。"③蒋方震于1938年5月由欧洲回国后,在香港撰文《抗战一年之前因后果》,认为抗战对于中华民族,除了考试作用外,还能排泄体内的"毒细胞(汉奸),使民族的血液变得清洁和健康"。接着,又发表了

---

① 蒋方震:《义务兵役制》,见《国防论》第4篇第2章,《蒋百里先生全集》第2辑,台北传记文学出版社1971年版,第237页。

② 陶菊隐:《蒋百里传》,第148页。

③ 蒋方震:《日本人——一个外国人的研究》,《蒋百里先生全集》第3辑,第206页。

《抗战基本观念》一文,指出中国为一农业国,"国力中心不在都市,南京、上海之失,与中国的抵抗力完全没有影响";并称:"战争的目的,在于屈服敌人的意志。屈服一个将军的意志,使之放弃抵抗,这是可能的。屈服一个政府,使之改变政策,也是可能的。但要屈服一个民族求生存、求自由意志,这在古今中外都是不可能的。"蒋方震就中日两军的战略态势作出比较说:"彼(日军)利速战,我持以久,使其疲敝;彼之武力中心在第一线,我则置之第二线,使其有力无用处。"并指出,我国应以平汉铁路以西"为抗战的总根据地"。

武汉会战结束后,抗战转入战略相持阶段,蒋方震应蒋介石之请出任陆军大学代校长,全权主持校务。他往贵州遵义就职途经桂林时,应邀对国事发表意见五点:(1)抗战兵力应集中使用,(2)尽量利用人力、畜力等交通工具,(3)学习使用新武器,(4)部队需配有辎重兵,(5)宜求战志(士气)坚定,坚持抗战到底。11月4日晚,蒋方震行至宜山时,猝发心脏麻痹症逝世。1947年3月,国民政府明令追赠他为陆军上将。

蒋 光 慈

娄献阁

蒋光慈,原名儒恒,学名宜恒,自号侠生(侠僧),笔名蒋光赤,此外还有蒋铁生、华希里、华维素、魏克特、李铁郎、陈情等。1901年9月11日(清光绪二十七年七月二十九日)生于安徽霍邱,祖籍安徽六安。父亲蒋从甫当过学徒,后来开了一家小杂货店和米行。

蒋光慈天资聪颖,七岁入塾,十二岁能赋诗填词,有"神童"之称。1914年,进河南固始县立志成小学读书,成绩优异。1916年,他参加了由国文教师詹谷堂组织的读书会,开始阅读进步书刊。此外,蒋还爱读游侠小说,因受影响,有时好打抱不平。

1916年夏,蒋光慈考取河南省立固始中学,但不到半载,因反对学校对待贫富学生不平等,与校长冲突,被开除学籍。翌年夏,经朋友介绍到芜湖省立第五中学读书。他在五中学习四年,品学兼优,受到校长刘希平和国文教师高语罕的好评。在校期间,一度受无政府主义的影响,曾在1918年参加秘密组织"安社"(安即"安那其"的简称,是无政府主义的译音),并出版油印刊物《自由之花》。

1919年,五四爱国运动爆发,身任五中学生会副会长的蒋光慈,立即组织同学投入斗争。5月7日,芜湖学生联合会成立,他被选为副会长,参与起草宣言,谴责曹汝霖等卖国贼,反对北洋政府镇压示威学生,表示与京、沪、宁、皖各校一致行动。他带头参加抵制日货的活动,建议在墨写的传单上插鸡毛,称之"鸡毛报",每当罢市之前及时传送至各商店,警告商人。商会会长汤善福对学生所提禁止日货的要求置若罔闻,激起众怒,曾被学生代表殴伤。当时他还时常写作白话文和新诗,给《皖江日报》等刊物投稿。他又加入河南曹靖华等人组织的青年学会,并在会刊《青年》上发表文章。

蒋光慈同情俄国十月革命,他经常出入进步书店芜湖科学图书社,阅读陈独秀、李大钊等人介绍十月革命的著作,为他尔后接受马克思主义打下基础。1920 年春,得五中教师蔡晓舟的推荐,和吴葆萼同赴上海,通过陈独秀、陈望道、李汉俊等人的关系,入上海外国语学社专攻俄语。该社是上海共产主义小组为选拔和培养优秀青年赴苏俄学习而举办的一所革命学校。先后来这里学习的有刘少奇、任弼时等二十余人,他们不仅学俄语,还阅读《共产党宣言》等著作,并经常参加群众运动和社会调查。同年 8 月,社会主义青年团在上海成立,蒋光慈被批准为团员。

1921 年夏,蒋被选派和刘少奇等去苏俄,进莫斯科东方劳动者共产主义大学学习。其时,瞿秋白以《北京晨报》记者身份驻莫斯科,曾为东方大学中国班担任翻译,他们接触日多,友谊日笃。1922 年,蒋光慈读了瞿的《赤潮集》有感,遂作《西来意》一诗相唱和,诗中把革命的苏俄比作当年的印度,把自己和瞿秋白比作取经的唐僧,希望在俄国"得到一点真经,回转家乡做牧师"①。蒋处处上进,于同年 7 月加入中国共产党。

1923 年"二七"惨案时,蒋曾写《钢刀与肉头》的诗,痛斥军阀吴佩孚。不久,蒋还创作《中国劳动歌》,以"打破帝国主义的压迫,恢复中华民族的自主";"推翻贪暴凶残的军阀,解放劳苦同胞的锁扣";"我们高举鲜艳的红旗,努力向那社会革命走;这是我们自身的事情,快啊,快啊,快动手"②,去激励罢工工人。同年又为从法国转到苏联学习的同学萧三、陈延年等当翻译。1924 年夏,蒋光慈由苏回国。

---

① 蒋光慈:《战鼓》,北新书局 1929 年版,第 34 页。
② 《蒋光慈诗文选集》,人民文学出版社 1955 年版,第 13—14 页。

留苏期间蒋光慈创作了很多富有革命朝气的诗,后辑成《新梦》一书出版,使不少青年读者受到鼓舞,"迈上了革命的第一步"①。同时,他还著译有《经济形式与社会关系之变迁》、《唯物史观对于社会历史发展的解释》、《列宁主义之民族问题的原理》等文,登载于《新青年》等杂志上。尤其是1924年8月发表的《无产阶级革命与文化》一文,比较早地阐述了马列主义文艺理论,在中国文化史上占有一定地位。

蒋光慈回国后,受党的派遣到故乡从事建党工作,创建了皖西第一个党小组,随后去沪,在上海大学社会学系任教,与瞿秋白、恽代英等共事。1925年4月,又受党组织派遣至北方,给冯玉祥处的苏联顾问当翻译,并一度任冯部张家口军官学校教员。但是,蒋对军事教育不感兴趣,亦"不愿做一个政治家,或做一个出风头的时髦客",一心想要成为一个"东方诗人",一心想"圆成文学家的梦"②。他过分强调自己的爱好,常为不能专心从事写作而苦恼;同年10月,他甚至没有得到党组织允许就返回上海,继续在上海大学工作。

蒋在北上之前曾参加创造社的活动;又与沈泽民等人以春雷文学社名义,在《民国日报》副刊上出文学专号,刊登有《我们是无产者》等诗歌,还在该报上发表《现代中国社会与革命文学》的论文。"五卅惨案"发生时,他正在北方,得到消息后,马上作了《血花的爆裂》一诗,声讨帝国主义、哀悼革命烈士,号召广大群众起来"为中华民族的大暴动"③。他这一时期的诗,多半都是忧国忧民之作,后来大部分收在诗集《哀中国》里。

当时,蒋光慈还创作了若干篇描写工农和其他革命分子的斗争生活,颇有启蒙作用的小说。1926年1月出版的第一部中篇小说《少年

---

①　孟超:《蒋光赤选集序言》,《蒋光赤选集》,人民文学出版社1960年第2版,第1页。

②　蒋光慈给宋若瑜的信,即《纪念碑》,亚东图书馆1927年11月版,第138、196、143页。

③　《蒋光慈诗文选集》,人民文学出版社1955年版,第60页。

飘泊者》，书中的主人公汪中，出身佃农家庭，几经周折，最后走向革命，"为广大青年指出了一条奔向光明的路"①。由于受到读者的欢迎，此书七年之内重版了十五次。此后他又用十个月的时间完成八个短篇，后以《鸭绿江上》的书名印行。

同年秋，蒋同女友宋若瑜结合，不久宋因肺病去世，他十分悲痛。为纪念亡妻，于翌年将他俩的通信集，即《纪念碑》一书出版。

1926年冬到1927年春，上海工人举行三次武装起义。蒋与起义的领导者瞿秋白、赵世炎等很接近，按照瞿的授意，只用了半月的工夫便写出了带有报告文学性质的小说《短裤党》，热情歌颂这一斗争。出版后被敌人指为赤化的宣传品。此时蒋光慈已经看出伪装革命的蒋介石的狰狞面目，表示："当此社会斗争最剧烈的时候，我且把我的一支秃笔当做我的武器，在后边跟着短裤党一道儿前进！"②

不久，"四一二"政变发生，上海大学遭到查封，蒋光慈抱着美好的希望奔赴武汉，不料武汉的汪精卫也于"七一五"公开反共，他又返回上海。在白色恐怖的笼罩下，仍然坚持革命的文艺方向，创作并编辑了《野祭》、《菊芬》（又名《汉江潮》）、《最后的微笑》和《俄罗斯文学》（下卷为瞿秋白原稿）等书籍，交创造社出版部或现代书局出版。并与钱杏邨、杨村人、孟超等积极筹备《太阳月刊》。

《太阳月刊》于1928年1月问世，是共产党所领导的一个革命文学阵地，蒋光慈任该刊主编。他在"卷头语"中宣称："向太阳，向着光明走！""我们要战胜一切，我们要征服一切，我们要开辟新的园土，我们要栽种新的花木。"③接连在该刊上发表《现代文学及社会生活》、《关于革命文学》等评论以及小说、译文等。为便于杂志的出版和发行，他们还

---

①　哈晓斯：《中国革命文学的先驱——蒋光慈烈士》，安徽省民政厅主编《江淮英烈》，安徽人民出版社1981年第1版，第139页。

②　《蒋光慈选集》，开明书店1951年第2版，第86页。

③　蒋光慈：《太阳月刊》1月号《卷头语》，太阳社编辑1922年出版，第1页。

成立了太阳社和春野书店。在国民党反动当局高压之下,《太阳月刊》只出了七号即被迫停刊,不久春野书店也不得不关门。此后二年,蒋先后参加编辑出版有《时代文艺》、《新流月报》、《海风周报》、《拓荒者》等进步刊物。

但是,由于对中国社会和文艺界的情况缺乏充分的了解,以及受国内外"左"倾思潮和路线的影响,此时蒋光慈和太阳社的成员曾一度与创造社发生过争论,并否认鲁迅在革命文艺战线上的地位和作用。蒋这段时间作品的思想主流是好的,但存在某些悲观情绪。1929年4月写成的长篇小说《丽莎的哀怨》有较多的消极成分,出版后受到党内同志的批评。对此他感到苦闷,加上身体多病,故于8月去日本东京疗养。

蒋在日本迅速完成了另一长篇小说《冲出云围的月亮》的创作,翻译了苏联小说《一周间》。他这一时期的日记,后来印成《异邦与故国》一书出版。他还同冯宪章、楼建南(适夷)等组成太阳社东京支部(支社)。与日本进步文学评论家藏原惟人常相往来。此时蒋集中钻研了马克思主义文艺理论,在思想上获得较大的提高。由于怀念祖国,同年11月底回到上海。

这时国内阶级斗争十分尖锐,为了加强文艺界的统一战线,打破国民党反动派的"文化围剿",党曾派蒋光慈负责联系田汉的南国社,又被指定为"左联"筹备小组成员之一。1930年3月,中国左翼作家联盟正式成立,蒋当选为候补常委,同鲁迅、夏衍一起参与"左联"的领导工作。不久,因抵制党内"左"倾盲动主义受到责备并被开除党籍(其党籍后已恢复)。

同年11月,蒋光慈最后也是最优秀的长篇小说《咆哮了的土地》脱稿。这部小说以土地革命为背景,通过张进德、李杰等典型人物的塑造,生动地描绘了农民在党的领导下反抗地主、组织农会、举行暴动、建立革命根据地的现实,比较完整而深刻地反映了当时"广大农村中剧烈的阶级矛盾和斗争"①,是他创作道路更趋成熟的标志。该书已打好书版,未及印行即被查禁,后由朋友改名《田野的风》出版。蒋的其他著作也多被列为禁书。由于敌人的追捕,弄得他到处转移,生活极为困难。

1931年6月,蒋光慈病重化名陈资川住院,同年8月31日,因肺病和肠结核去世,终年三十岁(墓碑刻的是蒋资川)。他短短的一生中,不仅对革命文学理论作出了贡献,而且努力运用革命观点从事创作,"开拓了中国文艺运动最先的路"②。他的著作共有一百多万字(不包括翻译),解放后出版有《蒋光慈选集》(开明书店)、《蒋光赤选集》(人民文学出版社)、《蒋光慈诗文选集》(人民文学出版社)等多种。

---

① 吴腾凰:《蒋光慈传》,安徽人民出版社1982年版,第145页。

② 方英:《在发展的浪潮中生长,在发展的浪潮中死亡》,《文艺新闻》1931年9月15日第2版,追悼号。

蒋 光 鼐

邱　涛

蒋光鼐,字憬然。1888 年 12 月 17 日(清光绪十四年十一月十五日)出生于广东东莞南栅乡新基村(今三蒋村)①。其祖父蒋理祥为清咸丰三年探花,官翰林院庶吉士。父亲蒋子敏,光绪年间举人出身,曾任景山官学教习。

1903 年,蒋光鼐的父母相继病逝,临终嘱咐他"弃文从武,以异日为民族干城"②。1904 年蒋考入东莞师范学堂。1906 年入广州黄埔的陆军小学(第二期)学习,并经同学陈铭枢介绍加入同盟会。1909 年,他毕业升入南京陆军中学,与陈铭枢一起,积极联络同学,进行革命的宣传组织活动。

1911 年 10 月武昌起义爆发后,清政府调派军队进攻武汉三镇,蒋光鼐等军校学生赴武昌参加起义,立即被编为中央第二敢死队,参加了汉口龙王庙登陆和收复汉口战斗,经受了第一次战斗的洗礼。11 月,湖北军政府委任黄兴为战时总司令,蒋光鼐、陈铭枢等一百余名南京陆军中学学生立即被编为直属总司令部的亲随骨干部队。汉阳失守后,黄兴辞职离汉东下,学生军解散。蒋光鼐参加姚雨平广东北伐军,历任排长、连长等职。

---

① 民革中央宣传部编:《蒋光鼐生平大事年表》,《蒋光鼐将军》,团结出版社 1989 年版,第 241 页。

② 民革中央宣传部编:《蒋光鼐生平大事年表》,《蒋光鼐将军》,第 241 页。

　　1912年南北议和,9月蒋光鼐进保定军校(第一期骑科)学习。1913年袁世凯派人暗杀了在国会选举中获胜的国民党领袖宋教仁,激起了"二次革命"。蒋光鼐与保定军校同学三十余人毅然离校前往江西参加湖口起义,起义失败后,他流亡日本,入黄兴等人创办的军事学校"浩然庐"学习。

　　护国战争爆发后,1916年4月,蒋光鼐参加云南护国军方声涛部,任少校参谋。讨袁胜利后,北洋段祺瑞政府拒绝恢复国会和《临时约法》,1917年孙中山南下护法,在广州成立护法军政府。9月,蒋光鼐在孙中山元帅府卫戍司令部任警卫营一连连长。1918年1月,他在援闽粤军参谋长邓铿手下任参谋,积极从事促陈炯明援闽粤军回师广东驱逐桂系、实现粤军回粤的活动。

　　1920年11月,孙中山在广州重组军政府,粤军进行整编,孙中山委派邓铿挑选素质较好的士兵组建粤军第一师,严格训练为全军模范,蒋光鼐在师部任参谋。1921年9月,他转任孙中山大总统府大本营警卫团少校团副,并与团长李章达一起组建警卫二团,任中校团副兼营长。1922年6月16日,陈炯明叛变,炮轰总统府,蒋光鼐率部参加保卫战。1923年初,孙中山策动驻闽许崇智部粤军讨伐陈炯明,蒋光鼐任重建的粤军第一师第四团第三营营长,率部参加肇庆、梧州讨伐陈炯明之役。8月,升任军部补充团团长。

　　1924年1月,孙中山在广州主持召开中国国民党第一次全国代表大会,开始了大革命时期。同年秋蒋光鼐任粤军第一师第一旅第二团团长。1925年3月,蒋光鼐率部在第一次东征陈炯明中参加并取得棉湖战役的胜利,随后又在兴宁神光山大破陈军林虎部。第一次东征胜利后,蒋光鼐部回师广州,参与平定滇桂军阀杨希闵、刘震寰叛乱。7月1日,广州革命政府改组大元帅府为国民政府,广东革命军扩编为国民革命军序列,原粤军第一师扩编为国民革命军第四军,陈铭枢任该军第十师师长,蒋光鼐升任第十师副师长兼二十八团团长。9月,国民政府第二次东征,陈铭枢为平定南路总指挥,蒋光鼐率部参与广东开平单水口战役,大破邓本殷部主力。11 月东征结束,蒋光鼐部进驻北海钦州。

1926 年春,北伐开始,蒋光鼐专任第十师副师长,二十八团由蔡廷锴接任。蒋光鼐第十师所在国民革命军第四军先后取得了汀泗桥、贺胜桥大捷,10 月 10 日占领武昌。陈铭枢、蒋光鼐都成为北伐名将。为了适应战争区域扩大的需要,国民革命军各部进行扩编。蒋介石于 12 月间委任陈铭枢为第十一军军长,蒋光鼐为副军长兼第十师师长。不久宁汉出现裂痕,1927 年 3 月陈铭枢辞第十一军军长职,由副军长蒋光鼐主持。"四一二"政变后蒋光鼐离开武汉投向南京,旋出任第二十二师师长。八一南昌起义时,蔡廷锴曾率第十师参加,起义军南下时又率部离去,辗转进入福建。蒋光鼐、蔡廷锴将部队恢复第十一军番号并进抵福州,迎陈铭枢从日本到福州复职。宁、汉、沪合流改组国民党时排挤汪精卫,11 月拥汪的第四军张发奎发动广东事变,南京政府下令讨伐。蒋光鼐与陈铭枢等率十一军回粤,1928 年 1 月与张发奎军激战于东江老隆、岐岭一线,迫使第四军退入赣南。

1929 年 1 月,时任广东省主席陈铭枢响应蒋介石编遣全国军队的主张,把第十一军缩编为一师一旅,以蒋光鼐为第三师师长,以蔡廷锴为独立旅旅长。这时蒋、桂矛盾激化,蒋光鼐与陈铭枢等通电拥护中央,5 月奉命伐桂,蒋光鼐在战前训话中说:"中国现在最需要的为统一和平,我们当以铁血拥护之,不容任何人破坏。"[①]是年秋,第三师番号改为六十一师,蒋光鼐仍任师长。由于蒋介石以强硬立场编遣全国军队,削弱地方实力派,激起各派强烈反抗。在改组派的策动下,张发奎和桂系组成联军反蒋,兵锋直指广州。蒋光鼐师在陈铭枢指挥下,开赴广东花县一带与张桂联军激战四昼夜,击溃张军。蒋光鼐部并追击进入广西境内。1930 年 2 月他受命任第八路军前敌

①　民革中央宣传部编:《蒋光鼐生平大事年表》,《蒋光鼐将军》,第 245 页。

总指挥，率第六十、六十一、六十三师再败张桂联军于广西北流。5月，蒋光鼐任第一纵队司令，率六十、六十一、六十三师尾追张桂联军入湘，6、7月间，在七塘一线击溃张发奎部。中原大战爆发，蒋光鼐、蔡廷锴两师奉命开赴津浦线对冯、阎作战。8月15日，蒋、蔡所部攻入济南，奠定胜局。17日，蒋介石以粤军功高，任蒋光鼐为国民革命军第十九路军总指挥，晋升上将军衔，获二等宝鼎勋章。中原大战结束后，调十九路军到江西赣州"围剿"红军，蒋光鼐希望本部休整不得，加之被蒋介石挑起的与蔡廷锴的矛盾，遂称病离部赴沪就医。1931年，宁粤分裂。3月蒋光鼐由上海抵赣州十九路军总部，欲与粤方联合反蒋。6月，入粤反蒋计划为陈铭枢所阻，蒋光鼐遂再次称病赴沪就医，虽经蒋介石屡召而不出。

"九一八"事变发生后，宁粤合作，按照协议十九路军作为卫戍部队调驻京沪。1932年1月，蒋光鼐接替陈铭枢出任京沪卫戍司令长官，这时，日军不断在上海挑衅，国难当头，蒋光鼐愤然抱病出院率部做抗战的准备。他在向各部发出准备抗战的第一道密令中说："如日本军队确实向我驻地部队攻击时，应以全力扑灭之。"[1]当天，蒋光鼐与陈铭枢、蔡廷锴、戴戟联名发布《告十九路军全体官兵同志书》表示："自最高级官长以至伙夫，要须具有十二万分最后之决心与平素革命之勇气。不抵抗无以为人，不抵抗无以救国，认清楚此次与暴日拼命，迥非寻常之作战可比，意义丰富，价值无上。抛掷一头颅，即保障世界一分和平，挥洒一滴血，即挽回一分国运。"[2]正如陈铭枢所言："蒋光鼐……对于抗日则无比积极。"[3]1月28日晚，日军向上海闸北发起进攻，十九路军奋起还击。蒋光鼐在真如前线设立临时指挥部指挥作战。29日，蒋

①　上海社会科学院历史研究所编：《"九一八"——"一二八"上海军民抗日运动史料》，上海社会科学院出版社1986年版，第192页。

②　蒋光鼐：《淞沪抗战中的密令、通电、文件选辑》，《蒋光鼐将军》，团结出版社1989年版，第142页。

③　朱宗震等编：《陈铭枢回忆录》，中国文史出版社1997年版。

光鼐、蔡廷锴等以十九路军的名义向全国发出抗日通电,严正宣告:"光鼐等分属军人,惟知正当防卫捍患守土,是其天职。尺地寸草,不能放弃。为卫国抗战而抵抗,虽牺牲至一人一弹,绝不退缩,以丧失中华民国军人之人格。"①"一二八"淞沪抗战给日军以沉重打击,使敌军三易主帅。但由于蒋介石南京政府的妥协政策,使十九路军腹背受敌,后援不继,奋战一个多月后,终因寡不敌众,3月1日蒋光鼐下令退守第二道防线。至此,震惊中外的"一二八"淞沪抗战告一段落。5月28日,在苏州举行了淞沪抗战阵亡将士追悼大会,会上群情悲壮,挽联如林,蒋光鼐曾撰挽联:"自卫乃天赋人权,三万众慷慨登陴,有断头将军,无降将军,石烂海枯犹此志;相约以血溅国耻,四十日见危授命,吾率君等出,不率其入,椒浆桂酒有余哀。"②挽联表现了中国人民不畏强暴的英勇气概和抗日将军的壮烈情怀!

　　淞沪抗战,十九路军逸出蒋介石的控制,为其所不能容忍。战后,蒋介石即提出将该军调离京沪核心地区,调往福建"剿共"。6月1日,国民政府特任蒋光鼐为驻闽绥靖公署主任,并明令裁撤京沪卫戍司令长官公署。蒋光鼐对时局不满,辞不就职,离沪回广东东莞老家休养,从事公益事业,后经蔡廷锴等力劝,方于9月抵闽就职。12月,国民政府改组福建省政府,蒋光鼐改任福建省政府主席兼民政厅长。1933年1月,他在《读书杂志》上撰文纪念淞沪抗战一周年,指出只有抗战才能获得中华民族的生存。同月,蒋介石任蔡廷锴为驻闽绥靖公署主任,职务凌驾于蒋光鼐之上,分化十九路军的图谋十分明显,蔡不便就职,蒋光鼐力劝蔡廷锴以事业大局为重,从速接任驻闽绥靖公署主任职。在福建的十九路军生存维艰,6月,他与陈铭枢、蔡廷锴确定联共抗日反蒋密约,并同陈联袂抵港、穗策动两广当局反蒋抗日。经过与红军多方

　　①　民革中央宣传部编:《蒋光鼐将军》,第142页。
　　②　转引自王成斌等主编:《民国高级将领列传》(四),解放军出版社1989年版,第500—501页。

接触,10 月 26 日,陈、蒋、蔡派徐名鸿与中共代表潘汉年签署《反日反蒋初步协定》,蒋光鼐从此走上了与中共合作的道路,成为他一生的转折。同月下旬,陈铭枢、蒋光鼐与各反蒋势力举行香港会议,决定发动抗日反蒋的福建事变。经过秘密紧张的筹备,1933 年 11 月 20 日,福建人民政府拉开了帷幕。上午 9 时,在福州体育场召开"全国人民临时代表大会",蒋光鼐发表演说,指出"蒋介石南京政府卖国殃民,既不能保障人民安全,又不能保障土地完整,所以我们要打倒"。并宣布"本人自本日起,已不是南京政府任命的省府主席,乃是一个人民"[①]。当晚,大会主席团着手组织政府,推荐蒋光鼐等 11 人为人民革命政府中央委员。22 日,人民革命政府举行成立典礼,决定更定年号为中华共和国元年。蒋光鼐任财政部长、军事委员会委员、经济委员会副主席及下设劳动委员会主任。24 日,他参与发起"生产人民党"。福建人民政府成立后,极为重视两广的反应,事变发动前夜,蒋光鼐与陈铭枢等联名致电广州西南政务委员会,说明:"今民族存亡,迫在眉睫,弟等为情势所迫,不得不先主发动",望"本历来主张,为一致之行动,不特西南之福,亦中国再造之机"[②]。12 月中旬,蒋介石十万嫡系精锐部队入闽,决心扑灭"闽变"。由于国民党反蒋各派并未响应,中共中央又处于"左"倾机会主义控制下,再加以蒋介石武力镇压与分化政策,1934 年 1 月福建人民政府失败,蒋光鼐等撤离福州抵香港,他一手缔造的十九路军被肢解。

　　1935 年 7 月,蒋光鼐与李济深、陈铭枢等在香港成立中华民族革命大同盟,并任代主席,同盟主张抗日反蒋。8 月,中共发表"八一宣言",蒋光鼐积极响应,敦促各党派联合抗战。11 月,他致电国民党五大,要求南京政府积极抗日。"一二九"运动爆发,蒋光鼐与中华民族革

---

① 民革中央宣传部编:《蒋光鼐生平大事年表》,《蒋光鼐将军》,第 250 页。
② 存萃学社编:《1927—1934 年的反蒋战争》,香港大东图书公司 1978 年版,第 670 页。

命大同盟发表《告同胞书》，声援爱国学生的抗日救亡运动。中共也向该同盟解释了自己的"逼蒋抗日方针"与抗日民族统一战线政策，毛泽东在 1936 年 9 月 22 日致信蒋光鼐、蔡廷锴，提出"为达推动全国（包括南京在内）进行真正的抗日战争起见，特向先生及十九路军全体同志提议，订立根据于新的纲领之抗日救国协定"①。西安事变后，蒋光鼐等发表共同抗日救国宣言，拥护中共和平解决西安事变的方针。

　　1937 年"七七"事变爆发，中华民族八年抗战开始。蒋介石即打电报给蒋光鼐等，请他们"克日来京，共赴国难"。9 日，蒋光鼐到达南京，被蒋介石特任为国府军事委员会上将参议官。1938 年，他受命为第四战区参谋长，"对调整训练部队，整顿后方，制定作战计划有很大建树"②，对粤北战役的胜利建功甚大。1940 年，蒋光鼐受命为第七战区副司令长官。1945 年 12 月，他任衢州绥靖公署副主任。1945 年秋，日本投降后，蒋光鼐与李济深等筹建中国国民党民主促进会（简称"民促"），1946 年 4 月 15 日"民促"正式成立，成立宣言中号召"反对独裁，反对内战，实现民主政治"③。1947 年夏末，他接受中共所交策反余汉谋起义的任务。1948 年 1 月，中国国民党革命委员会（简称"民革"）在香港成立，蒋光鼐被选为中央执行委员。1949 年 7 月，他作为民促代表抵北平参加新政协筹委会。9 月 5 日，他被推为民促中央常务理事，17 日，他当选为中国人民政治协商会议第一次全体会议主席团成员。

　　1949 年 9 月 21 日，中国人民政治协商会议第一次全体会议在北平隆重开幕，10 月，在人民政协第一届全国委员会第一次会议上，蒋光鼐当选为全国政协委员。11 月，他当选为民革第二届中央委员会常务

　　①　中共中央文献研究室编：《毛泽东书信选集》，人民出版社 1983 年版，第 74 页。

　　②　李以匡：《追忆抗日名将蒋憬公》，《蒋光鼐将军》，团结出版社 1989 年版，第 49 页。

　　③　民革中央宣传部编：《蒋光鼐将军》，第 254 页。

委员。1951 年 4 月起,蒋光鼐连续三届连任民革北京市委员会主任委员。1952 年 8 月 7 日,他被中央人民政府委员会第十七次会议任命为中央人民政府纺织工业部部长。1954 年 9 月,他当选为第一届全国人大代表。1955 年 4 月,他当选为政协北京市第一届委员会副主席,并连任四届。1956 年和 1958 年他当选为民革中央第三、第四届常务会委员。1964 年 12 月到 1965 年 1 月,他出席第三届全国人大一次会议、第四届政协第一次会议。

1967 年 6 月 8 日下午 4 时,蒋光鼐因患癌症医治无效,病逝于北京。12 日追悼会在八宝山革命烈士公墓礼堂举行,周恩来总理在悼词中称蒋光鼐将军是中国共产党"最可靠、最忠实的老朋友"①。

① 李以匡:《追忆抗日名将蒋憬公》,《蒋光鼐将军》,第 45 页。

蒋 介 石

严如平

蒋介石,原名瑞元,谱名周泰,学名志清,后改名中正,字介石,浙江奉化人,1887 年 10 月 31 日(清光绪十三年九月十五日)生。父亲蒋肇聪继承祖业在奉化溪口镇经营玉泰盐铺,于蒋介石八岁时去世。蒋介石由母亲王采玉[①]抚育成人。蒋介石对母亲颇为孝顺。

蒋介石五岁入塾,自称"幼性顽钝,弗受绳尺"[②]。他在私塾诵读"四书""五经"及文史典籍十余年,深受传统文化思想熏陶。1903 年起,先后转入奉化凤麓学堂、宁波箭金公学、奉化龙津中学堂读书,学习一些新知识。时值《辛丑条约》之后,清政府窳败,民族危机严重,又因他丧父后家庭的社会地位低微[③],乃决心出国学习军事。1906 年 4 月

---

① 据《葛竹王氏重修宗谱》和《武岭蒋氏宗谱》载:王采玉(1864—1921)乃浙江嵊县葛竹村(今划归奉化县)王有则之女,初嫁曹家田俞氏,不久俞病故,王带发入庵修行。后经堂兄、玉泰盐铺伙计王贤东作伐,1886 年嫁蒋肇聪为继室。除生蒋介石外,尚生二女一子。据作者在浙江奉化的实地考察并查阅有关史料,蒋的家世是清楚的。曾有传说蒋父是河南许昌县衙师爷,蒋母先前嫁给许昌郑氏,蒋介石是出生在许昌的郑三发子云云,不确。

② 蒋介石:《报国与思亲》(1936 年 10 月 31 日),《先总统蒋公思想言论总集》(以下简称《言论总集》)第 35 卷,(台北)中国国民党中央委员会党史委员会 1984 年版,第 163 页。

③ 毛思诚:《民国十五年以前之蒋介石先生》(以下简称《蒋介石先生》,1937 年版)第 1 册第 3 编第 1 页记:"因受内外潮流之激荡,感痛国族之陵夷,家庭之茕弱,在校未三月即决计出洋,立志革命。"

东渡日本,肄业于东京清华学校,结识在警监学校学习的陈其美,受到反清思想的影响。同年冬返国,翌年夏考入清政府开办的通国陆军速成学堂(即保定军官学校前身),习炮兵。1908年春被选送日本留学,入振武学校学军事;随即由陈其美介绍加入同盟会,参与反清革命活动。1910年冬振武学校结业后,入日本陆军第十三师团野炮兵第十九联队为士官候补生,受到严格的军事训练。

　　1911年10月,蒋介石闻讯武昌起义的消息,即整装回到上海,奉陈其美委派,任敢死队队长,与王金发等人率领队员百余人赴杭州,参加11月4日光复浙江之役。不久返回上海,任沪军第五团团长。时与沪军都督陈其美、督署参谋长黄郛甚为相投,遂结为异姓兄弟。1912年1月受陈其美派遣,收买歹徒将光复会著名领袖陶成章杀害①。案发后避往日本,在东京办《军声》杂志,年底回国。

　　1913年7月,孙中山发动"二次革命"讨伐袁世凯,蒋介石在上海讨袁军总司令陈其美指挥下,参加攻打江南制造局之役。8月各地讨袁军先后失败,蒋介石于10月在上海加入正在筹建的中华革命党,11月亡命日本。1914年春奉命回国组织反袁军事活动,先后参与策划肇和舰起义和攻夺官署、江阴要塞等。1916年5月陈其美被害后,蒋去山东潍县,在居正、许崇智领导的中华革命军东北军任参谋长职。

　　袁世凯死后不久,蒋介石回到上海,先后与张静江、许崇智等人焚香换帖,结拜为异姓兄弟。1917年7月,孙中山南下护法,蒋介石奉派到粤军中工作,先任总司令部作战科主任,继任粤军第二支队司令,指挥所部进攻大埔、永泰。因军事受挫及受粤军将领排挤,几度辞职回沪。1920年与张静江、戴季陶、陈果夫等人在上海合股经营证券买卖,成为交易所的"恒泰号"经纪人,曾以所获部分资助粤军及其他革命事业。

---

　　①　马叙伦:《陶成章之死》,《中国近代史资料丛刊·辛亥革命》(一),上海人民出版社1957年版,第520页。另有资料记载是蒋介石亲手枪杀陶的。

1922年1月,蒋介石应孙中山之召抵桂林。因所提先回广州巩固后方再图北伐之建议未被孙中山采纳,于4月返上海。6月16日,陈炯明发动武装叛乱,孙中山避往永丰舰,18日电蒋"盼速来"①。蒋于29日抵广州,登永丰舰侍卫孙中山四十余日,撰写《孙大总统广州蒙难记》,孙亲为作序,赞蒋"日侍余侧,而筹策多中,乐与余及海军将士共生死"②。蒋由此博得孙中山的很大信任和重用,也大大提高了政治声誉。10月,孙中山编组"东路讨贼军"讨伐陈炯明,任许崇智为总司令兼第二军军长,蒋介石为第二军参谋长。蒋感到"军中将领,界限甚深,每相排挤"③,不久便离闽回沪。1923年2月,孙中山回广州重建大元帅府后,任命蒋介石为大本营参谋长。8月,蒋介石奉孙中山派遣,率领"孙逸仙博士代表团"一行四人赴苏联学习考察,历时三月余。他对苏联军队实行政治委员、党代表制深表赞赏;对其军械武器的研究与进步,也认为可与欧美各国相竞争;但是他对于苏俄没有同意他在库伦建立军事基地、向北京进攻的军事计划很失望,对于苏联的外蒙古政策很反感,认为苏俄没有放弃其"侵略"的野心,因而认为苏俄对中国的援助是别有用心。他还认为苏维埃政治制度是"专制主义",与三民主义不相容,不能仿效。苏联之行加深了他对苏联的认识和疑虑。

1924年1月,孙中山在广州召开国民党第一次全国代表大会,提出"联俄、容共、扶助农工"三大政策,实行国共合作,并决定筹建中国国民党陆军军官学校(校址在广州黄埔,通称黄埔军校),蒋介石被任命为军校校长兼粤军总司令部参谋长。他一再表示自己拥护孙中山的三大

　　① 孙中山:《致蒋纬国电》(1922年6月18日),《孙中山全集》第6卷,中华书局1986年版,第152页。时蒋介石在宁波,通讯联络以蒋纬国名代。
　　② 孙中山:《〈孙大总统广州蒙难记〉序》(1922年10月10日),《孙中山全集》第6卷,中华书局1986年版,第571页。
　　③ 蒋介石:《革命历史的启示和革命责任的贯彻》(1969年3月),《言论总集》第29卷,第353页。

政策,声言"一定要仿效俄国共产党的办法"①,获得苏俄顾问的好感和信任。同时他在军校极力树立校长权威,培植个人势力,重用何应钦、王柏龄等人。他把军校师生编组成教导团,成为保卫南方政权和统一广东根据地的一支武装力量,于当年10月与工团军、农民自卫军等合力平定了广州商团的武装叛乱;于翌年2月参加东征讨伐陈炯明;于6月回师广州平定杨希闵、刘震寰叛乱。

　　1925年3月12日孙中山在北京逝世后,南方政权的大元帅府于7月改组为国民政府,所辖各军统编为国民革命军,黄埔学生军与原粤军一部组编为国民革命军第一军,蒋介石任军长。8月20日,国民党左派领袖廖仲恺在广州被害,国民政府组织"处理廖案特别委员会",得到苏联顾问鲍罗廷信任和支持的蒋介石与汪精卫、许崇智三人为委员,被授予政治、军事、警察全权,处理廖案及时局。蒋先支持汪精卫将胡汉民驱送出国,继而又将握有军权的许崇智迫离广州,收编了粤军部分师旅,一跃而成为国民党内握有军事实力的首要人物。接着于10月任东征军总指挥,再次讨伐陈炯明,将粤境叛军全部肃清。

　　1926年1月,蒋介石出席国民党第二次全国代表大会,向大会作了军事报告,当选为中央执行委员,会后又被选为中央常务委员,接着还被任命为国民革命军总监。此时他疑惧汪精卫和苏俄顾问的某些举措,以为将削弱自己的军权甚或被放逐苏俄,乃于3月20日称中山舰擅自行动密谋叛乱,宣布广州戒严,派兵逮捕海军局代理局长、共产党员李之龙,包围苏联顾问团住宅和省港罢工委员会,收缴卫队和纠察队的枪支,还扣押黄埔军校和第一军中的共产党员,制造了"中山舰事件"。由于中共中央执行共产国际命令的妥协方针,蒋介石在5月国民党二届二中全会上又提出一系列限共防共的《党务整理案》,并就此接任了国民党中央组织部长和军人部长职。一个月后,又接任中央常委

　　①　蒋介石对黄埔军校第三期入伍生讲话(1925年4月9日),《蒋介石先生》第10册,第12页。

会主席,大大加强了他在国民党内的统治地位。

7月,国民政府宣布出师北伐,蒋介石任总司令,统率八个军约十万人。在北伐军7月11日攻克长沙后的半个月,蒋介石率总司令部人员离广州赴前线指挥作战。8月23日在长沙召集军事会议,决定北上进攻武汉。北伐军在攻克汀泗桥、贺胜桥后,于9月6日占汉阳、汉口。吴佩孚残部死守武昌城。蒋介石急于破城,几次下令北伐军攀城强攻均未奏效,死伤累累。9月17日他离鄂赴赣,指挥江西战事。他下令第一、二军强攻南昌,连攻三日未克,牺牲甚大。其时,攻打两湖的第四、第七、第八军于10月10日光复武昌,蒋介石乃调第四、第七军入赣助战。11月初北伐军在江西战场发起总攻击,4日占领九江,8日克复南昌。

江西战事奏捷后,蒋介石将国民革命军总司令部移驻南昌,还主张把广州的国民政府和国民党中央党部也迁来南昌,反对迁都武汉。他拒不出席1927年3月在武汉举行的国民党二届三中全会,无视全会通过的关于改进和加强集体领导、取消常委会主席制的《统一党的领导机关案》和《军事委员会组织大纲》。

反帝反封建的北伐战争节节胜利推进,严重威胁着帝国主义和大地主大资产阶级的利益;民族资产阶级对于猛烈发展的工农运动亦疑惧日增。蒋介石不断派人与英、美、法、日等国联系,还与江浙财团达成默契。他先后纵容或唆使暴徒在赣州、南昌、安庆、九江等地发动了一连串暴行。对于北伐军攻占南京时遭到英、美等国军舰炮击的"南京惨案",他在接见新闻记者时则表示:对南京之"排外暴行",愿负全责。他到上海后即派白崇禧拜会各国领事,取得谅解。英、美等国要蒋介石出来"维持秩序"、"镇压暴行",蒋即表示:不用武力或任何群众暴动改变租界之地位。蒋介石取得了上海的买办豪绅和附和他们的民族资产阶级的支持,从他们那里得到1500万元经费,还获得再有5000万元的许诺。

蒋介石在上海,连日召集秘密会议,与汪精卫等人商讨"反共问题",得到了李宗仁等人的支持。他下令取消上海第三次工人武装起义胜利后成立的上海特别市临时政府;支持吴稚晖、张静江等人在上海召开中央监察委员会议,通过吴稚晖提出的《查办共产党案》。当时盛传要收缴工人纠察队的武装,他一面表示:"纠察队本应武装,断无缴械之理。如有人意欲缴械,余可担保不缴一枪一械。"①4 月 6 日还把亲笔题有"共同奋斗"的锦旗送给工人纠察队;一面又于 9 日成立淞沪戒严司令部,发布《战时戒严条例》,严禁集会、罢工、游行。一切布置就绪后,蒋介石离沪赴南京,11 日发出"已克复的各省一致实行清党"的密令。12 日凌晨一群全副武装的流氓冒充工人,袭击上海总工会和工人纠察队,蒋介石的军队则以调解"工人内讧"为名,解除工人纠察队武装,进行血腥大屠杀。在蒋介石的密令下,东南各省和广东也先后发动"清党",杀害了大批共产党员和革命群众,使国共合作的大革命半途而废。

4 月 18 日,蒋介石联合胡汉民等人在南京另立国民政府,与武汉国民政府对峙。他虽以实行"民族、民权、民生"的三民主义相号召,但"使革命党丧失了革命性,变为虽然扯起革命旗帜而实际上却是拥护旧社会制度的机关"②。

7 月,被北伐军击溃的孙传芳在直鲁联军张宗昌帮助下,在津浦线上发起反攻,24 日陷徐州。25 日蒋介石赶赴前线亲自坐镇督饬无效,8 月 6 日仓皇退回南京据江而守,威信骤降,拥兵自重的桂系李宗仁、白崇禧乘机逼蒋下台;在武汉的汪精卫和唐生智又组织东征军通电讨蒋;而何应钦等嫡系亲信此时亦不愿出来维护蒋的地位。蒋感到"时局纷扰,内部复杂,南北皆同,只有静镇谨守,持之以定"③,被迫于 8 月 13

---

① 《申报》1927 年 3 月 29 日。

② 宋庆龄:《为抗议违反孙中山的革命原则和政策的声明》(1927 年 7 月 14 日),《宋庆龄选集》,人民出版社 1966 年版,第 19 页。

③ 蒋介石日记(1927 年 8 月 11 日),[日]古屋奎二:《蒋总统秘录》,以下简称《秘录》第 6 册,台北中央日报社 1974—1978 年版,第 175 页。

日宣布辞总司令职下野。

蒋介石回家乡住了一个多月后，于9月28日赴日本访问，与日本朝野各界进行了广泛的接触，并与日本首相田中义一举行了会谈，以谋取得支持和谅解。蒋还至神户拜访了在日本休养的宋美龄的母亲，获允娶宋美龄为妻①。12月1日，蒋与宋美龄在上海结婚。

在国民党各派系矛盾难以调和的情况下，蒋介石于1928年1月返南京复职。2月2日国民党二届四中全会正式举他为军事委员会主席。4月，他联合冯（玉祥）、阎（锡山）、桂（李宗仁）进行对奉系军阀的北伐。5月初蒋率部进入济南后，日本帝国主义制造了"济南惨案"。蒋下令部属"忍辱负重"，绕道北上。6月初，战胜了奉系，结束了北洋军阀的统治。10月，蒋介石任改组后的国民政府主席兼陆海空军总司令，"总揽中华民国之治权"②，实行"以党治国"的"训政"。

1929年1月，蒋介石以"裁军建设"相号召，召开全国编遣会议，要将全国82个军205万人改编为60个师（每师一万一千人），以削弱各地方实力派的兵力。他对各派军事首领委以高官，但夺掉了他们的兵权。这就大大加深了他与冯、阎、桂之间的矛盾，遂至兵戎相见，先后爆发了蒋桂战争（1929年3月、11月）、蒋冯战争（1929年5月、10月）、蒋唐（生智）战争（1929年12月）等多起战争。蒋介石用重兵进攻、分化瓦解等办法，一一战胜了对手。1930年5月又爆发了与阎锡山、冯玉祥交火的"中原大战"。这时，以汪精卫、陈公博为首的改组派和以邹鲁、谢持为首的西山会议派也联合倒蒋，于8月在北平召开"国民党中央党部扩大会议"。但在蒋介石军事进攻和政治策略软硬兼施之下，阎、冯军在陇海线、津浦线相继受挫，9月18日张学良通电拥蒋挥师入

①　蒋介石原有妻妾。1901年在家乡同毛福梅（1882—1939）结婚，1910年生蒋经国；1912年在上海纳姚怡诚（1881—1966）为妾；1921年又在上海娶陈洁如（1906—1971）。宋美龄的母亲原不同意蒋宋婚事。其时蒋表示已与妻妾离异，并表示要遵守基督教义，宋母方予允准。

②　《中华民国国民政府组织法》，《国民政府公报》第99号。

关,整个形势急转直下,中原大战以蒋介石的胜利而告结束,"扩大会议"则无疾而终。

在将各派系军队收编改组后,蒋介石即从1930年12月起,连续五次向中共的根据地发动军事"围剿"。他先后调动上百万军队,并聘请外国军事顾问,经过四年的鏖战,迫使红军退出赣、闽、鄂、豫、皖等根据地进行长征。蒋介石一面在各根据地进行反复"清剿",大肆屠杀工农民众,一面命令西南地方军队堵截长征的红军。他借机"整理"西南诸省军政,把长期未能控制的云、贵、川三省逐步掌握在自己的手中。

面对国民党内部的重重矛盾和纷争,以及社会舆论要求民主、法治的强烈呼声,蒋介石在国民党三届四中全会上,提出了召开国民会议、制订"训政时期约法"的主张,但遭到胡汉民的反对。蒋于1931年2月28日将胡软禁于南京汤山,导致反蒋各派系又一次联合行动,以"护党救国"、"打倒独裁"相号召,5月在广州召开"国民党中央执监委员非常会议",另组"国民政府"。蒋介石调兵遣将部署对粤进剿,一场大战迫在眉睫。此时,日本帝国主义乘机发动了"九·一八"事变,日军迅速占领东北三省。蒋介石迫于各方压力,于12月15日再次辞职。一个月后,他利用政局的不稳,和汪精卫在杭州举行秘密会谈,决定两人合作掌权,形成蒋主军、汪主政的局面。

"九一八"事变后,日本帝国主义继续扩大侵华,先在上海发动"一二八"事变,继于1933年初侵占山海关、进犯热河,随即分兵攻击长城各口,遭到我国各地军民的奋起抗击。但蒋介石坚持"攘外必先安内"的政策,对日实施"不绝交、不宣战、不讲和、不订约"的外交方针,一味妥协退让,先后同意签订淞沪、塘沽、何梅等一系列丧权辱国的协定。他还阻挠冯玉祥组织察哈尔民众抗日同盟军抗御日本侵略,镇压李济深、陈铭枢、蒋光鼐等人发动的"福建事变"。

其间,蒋介石督饬外交部分别与有关国家谈判"关税自主"和废除领事裁判权等问题;批准财政部门改革税收制度,统一盐税,征收统税、印花税、所得税等;1935年在英、美的帮助下进行币制改革,统一币制;

还在全国开展"国民经济建设运动",使社会经济得到了一定程度的发展。但是经济的微弱增长远远赶不上日益庞大的军费开支,财政入不敷出。在 1927 年至 1936 年间,公开举借外债 14 笔,约 4 亿美元,国内发行公债 25 种,约 26 亿元。蒋介石还支持宋子文、孔祥熙等人建立和发展国家资本主义经济,从建立金融体系开始,继而投资工商企业,逐渐形成了官僚垄断资本集团。他竭力强化统治,在全国推行保甲制度,进行清查户口、编练民团、抽取壮丁、检搜缉捕等活动,并推行联保连坐法,要各户互相监视。他还建立了以陈果夫、陈立夫 CC 系为中心的"党方"和以黄埔系为骨干的"军方"两个特务系统,通称"中统"、"军统",专事破坏共产党和民主运动,并防范国民党内的反蒋派系。他于 1930 年 9 月密令取缔"左联"等团体;12 月下令颁布《出版法》,查禁"宣传共产主义"、"鼓吹阶级斗争"的书籍。1934 年 2 月他发起了一个谋求重整道德、改变社会风气的"新生活运动",号召恢复"忠孝仁爱信义和平"("八德"),实践"礼义廉耻"("四维"),以"四维""八德"来革新个人、改造社会、复兴民族。蒋自任新生活运动促进会会长,在全国各地建立分会加以推动,但收效甚微。

　　1935 年 10 月,日本帝国主义策动"华北五省自治",北平学生发动"一二九"抗日救亡运动,掀起了全国抗日高潮,蒋介石遂着手调整其对内对外政策。他在这年 11 月举行的国民党第五次全国代表大会上表示:"和平未到完全绝望时期,决不放弃和平;牺牲未到最后关头,决不轻言牺牲",若到了和平绝望的时期和牺牲的最后关头,"即当听命党国下最后之决心","期达奠定国家复兴民族之目的"①。在 1936 年 7 月的国民党五届二中全会上,他对外交方针又作了新的解释:"中央对于外交所抱的最低限度,就是保持领土主权的完整。任何国家要来侵害我们领土主权,我们绝不能容忍,我们绝对不签订任何损害我们领土主

---

①　蒋介石:《对外关系之报告》(1935 年 11 月 19 日),《言论总集》第 13 卷,第 523 页。

权的协定，并绝对不容忍任何损害我们领土主权的事实。"①蒋介石的这种变化和进步，受到全国爱国军民的拥护和欢迎。

在此前后，蒋介石曾下令国民政府制定三年国防计划，在一些战略要地修筑国防工事，加速新建和修复铁路、公路，整编军队，修建和扩大兵工厂，开始转移文物，为撤退沿海地区高等学校做准备，等等。1935年春夏，他视察川、云、贵、陕等省，计划在必要时把这些地区作为抗战基地。他还谋求改善与苏联的关系，争取苏联成为抗御日本的盟国。他也试图调整同中国共产党的关系，派陈立夫主持，通过多种渠道打通与中共在北平、上海的地下组织乃至陕北中共中央的联系。

但是，蒋介石仍然想要武力"剿灭"工农红军。他在西安成立"剿匪"总司令部，自兼总司令，一再督饬张学良、杨虎城进兵陕北。"剿共"受挫的张学良、杨虎城受全国抗日运动的推动和共产党抗日统一战线政策的影响，主张联共抗日。1936年冬，蒋介石赶到西安，催逼张、杨出兵。张、杨反对继续内战，向蒋苦口极谏遭拒，乃发动"兵谏"，于12月12日晨将蒋扣押。后在中国共产党和张、杨以及宋子文、宋美龄等多方面的努力下，达成改组国民党、国民政府停止"剿共"政策、联合红军抗日等六项协议。蒋介石表示承认协议，还许诺"决不打内战了，我一定要抗日"②。25日，蒋介石由张学良陪同离开西安。到南京后，他扣押了张学良，随即加以软禁；继又迫杨虎城辞职、出国，将东北军、西北军分化瓦解，调往豫、皖。

迫于全国军民要求团结抗日的形势，蒋介石1937年1月5日下令撤销西北"剿匪"总司令部，改设西安行营。2月中旬，主持国民党五届三中全会，确定"和平统一""为全国共守之信条"，向着联共抗日的方向

---

① 蒋介石：《救亡御侮之步骤与限度》(1936年7月15日)，《言论总集》第14卷，第318页。

② 周恩来：《论统一战线》(1945年4月30日)，《周恩来选集》上卷，人民出版社1980年版，第193页。

变化。蒋先派顾祝同等、以后又亲自出场与中共代表周恩来等人进行多次谈判国共合作事宜。

1937 年 7 月卢沟桥事变起，日本发动全面侵华战争。蒋介石筹划的抗战各项准备工作远未就绪，乃决定采取"不屈服、不扩大"的方针应付时局。他在军事上作了紧急部署，命令第二十九军军长宋哲元即赴保定，"从速构筑预定之国防线工事"，"坚持到底，处处固守"①；同时调集九个师向石家庄、保定集中。7 月 17 日，他在庐山发表谈话，举出解决卢沟桥事件的四项条件："（一）任何解决不得侵害中国主权与领土之完整；（二）冀察行政组织，不容任何不合法之改变；（三）中央政府所派地方官吏不能任人要求撤换；（四）第二十九军现在所驻地区，不能受任何约束。"严正表示："我们固然是一个弱国，如果临到最后关头，便只有拼全民族的生命，以求国家生存。""如果战端一开，那就是地无分南北，年无分老幼，无论何人，皆有守土抗战之责任，皆应抱定牺牲一切之决心。"②

此时，蒋介石还企望卢沟桥事件能就地和平解决，以牺牲局部换取全局之苟安。他连续接见英、美、法、德国驻华使节，希望列国出面调停。他对宋哲元在北平与日方进行的谈判活动也"极度容忍"。但他没有采取果断措施及时调遣增援部队进入平津地区，结果延误了战机，使得大批日军从容入关，轻易击溃二十九军而于 7 月 29、30 日侵占平、津。

面对日本帝国主义的大举入侵，蒋介石急于取得各党各派势力的合作和支持。他在庐山、南京同周恩来等进行多次会谈，终于承认了中国共产党和陕甘宁边区政府的合法地位，同意工农红军改编为国民革命军第八路军和新编第四军，使国共合作的抗日民族统一战线正式

---

①　蒋介石致宋哲元手令（1937 年 7 月 9 日），中国第二历史档案馆藏。

②　蒋介石：《对于卢沟桥事件之严正表示》（1937 年 7 月 17 日），《言论总集》第 14 卷，第 583—585 页。

形成。

日本帝国主义侵占平津后，又谋在上海发起进攻，直指国民党统治中心地区。8月12日，蒋介石在南京召开国防最高会议及党政联席会议，得到了各地各派的军事首领和中国共产党代表的支持和拥护，被举为陆海空军大元帅。会议并决定对日作战方针为：举全国力量，从事持久消耗战；部署一部分军队在华北持久抵抗，主力集中华东，攻击上海之敌。蒋13日即下令第九集团军总司令张治中指挥第八十七、八十八、三十六师发起攻击，揭开淞沪抗战的序幕。18日，他在《告抗战全体将士书》中说："倭寇要求速战速决，我们就要持久战、消耗战。因为倭寇所恃的是他强横的兵力，我们就要以逸待劳，以拙制巧，以坚毅持久的抗战，来消灭他的力量。"①9月，他自兼第三战区司令长官，亲自指挥淞沪抗战。他以陈诚为前敌总指挥，迅速调集73个师约四十余万兵力（占当时全国可调动的兵力三分之一以上），在长江下游三角洲狭小地区，进行旷日持久的阵地战，顽强狙击敌人，杀死杀伤侵略军五万余。但是，他在战略指导上没有把军力和民力结合起来，大大削弱了抗日的战斗力；在战术指挥上多是消极抗御，被动应战，不能及时有力地主动出击敌人；在战局不利时，又未能组织及时有效的退却，以致造成抗日军队大量不必要的伤亡。

淞沪会战期间，蒋介石一直指望英、美各国出面制止日本侵略战争，期待布鲁塞尔九国公约会议加以制裁和干预，但英、美等国政府奉行"不干涉"政策，坐视日本侵华。只有苏联于8月21日与中国签订了《互不侵犯条约》，并给予军事贷款，后来还派志愿空军来华助战。日本在淞沪会战中被困后，展开了诱降活动。11月5日，蒋介石在南京会晤德国驻华大使陶德曼（Oskar P. Trautmann），听取了他转述日本提出的七项和谈条件，表示愿意以这些条件作为谈判的基础。11月12

---

① 蒋介石：《告抗战全体将士书（二）》（1937年8月18日），《言论总集》第30卷，第233页。

日上海失陷后,日本侵略军直指南京。蒋介石调集从淞沪战场撤退下来的疲惫之兵,连同教导总队和第二军团共 15 个师约十余万人,统交唐生智守卫这个易攻难守之城。他在亲自指挥了一段外围阵地战斗后,于 12 月 7 日飞离南京。日军于 12 月 13 日攻陷南京后,进行了一场灭绝人性的大屠杀,残酷杀害我国军民 30 万人以上。蒋介石于 12 月 16 日在武汉发布文告宣称:"目前形势无论如何转变,唯有向前迈进,万无中途屈服之理。"①而日本方面于 12 月 22 日向中国政府提出了更为苛刻的"和谈"条件,并声称"蒋介石须在规定的时期内派遣和平谈判代表至日本所指定的地点"②。蒋介石认为:"日本所提条件,等于灭亡与征服","与其屈服而亡,不如战败而亡"③,乃中止了与日本谈判的活动。

为了制订抗战期间国民党的方针政策,蒋介石于 1938 年 3 月底在武昌主持召开了国民党临时全国代表大会。他在《对日抗战及本党前途》的演讲里,表示了持久抗战的决心。这次大会通过了《抗战建国纲领》,并决定设立国民参政会,由国民党、共产党和其他抗日党派的领袖以及无党派社会知名人士 200 人组成。大会决定"强化党的组织,设立总裁制度",蒋介石被举为总裁;还决定组建三民主义青年团,蒋兼团长。

日军占领南京后,在各条战线发动猛烈攻势,力图迅速结束战争,蒋介石决定全力防守。1937 年 12 月 23 日,日军渡过黄河,担任津浦路北段作战指挥的韩复榘不战而退。为稳住战局和严肃军纪,蒋介石将韩处决。1938 年 3 月至 4 月上旬,我抗日部队在台儿庄同日军进行

---

① 蒋介石:《我军退出南京告全国国民书》(1937 年 12 月 16 日),《言论总集》第 30 卷,第 250 页。

② 《德驻日大使给德外交部密电》(1937 年 12 月 23 日),《德国对外政策文件集 1918—1945》汇编第 1 卷第 540 号,华盛顿 1949 年版。

③ 蒋介石日记(1938 年 1 月 2 日),杨天石:《找寻真实的蒋介石》上册,山西人民出版社 2008 年版,第 243 页。

了一场激战。蒋介石曾亲赴徐州,督导第五战区司令长官李宗仁筹划作战。台儿庄战役大捷,击败日军两个精锐师团,歼敌万人以上。嗣后日军增调兵力占领徐州,趁势沿陇海线西进,直扑中原要地郑州。为阻挡日军的锐利攻势,蒋介石采取"以水代兵"之术,下令于6月9日炸毁花园口黄河大堤,以泛滥的洪水将日军第十四、十六师团及机械化部队困陷其中,战局暂趋稳定;但豫东和皖北、苏北受淹地区数百万人民的生命财产也受到严重损失。黄河决堤后,日军改变进犯武汉的路线,沿大别山北麓和长江两岸推进。蒋介石重新部署武汉防务,以转入山地与湖沼地区作战为主,配置了一百二十九个师及骑兵、炮兵等共约一百万兵力,以及海军、空军,层层进行阵地战,尽量消耗敌人的有生力量,前后达四个多月,大小战斗数百次,迫使日军前后投入四十万人以上,军力遭到重大消耗。10月25日武汉失守,蒋介石于30日发表《告全国同胞书》,表示要坚持抗战到底。

此后,日本加强"政治谋略"攻势,采取以政治诱降为主、军事打击为辅的方针。蒋介石对于国民党副总裁汪精卫等一批亲日分子与日本方面秘密勾结谈判"和平"的行径,以及他们后来叛逃投敌,表示了严正态度,于1939年元旦主持国民党中央常务委员会议,将汪精卫开除出党,嗣后并下令通缉。

抗战进入相持阶段后的1939年1月,蒋介石在重庆主持召开国民党五届五中全会,讨论继续抗战的指导方针和防共反共问题。对于今后的作战部署,他提出要"发动有限度之攻势与反击",说"回复了(卢沟桥事变前原状)就是胜利"[1]。他在会上作了《唤醒党魂,发扬党德和巩固党基》的报告,宣称要对共产党"严正——管束——教训——保育",

---

① 国民政府军事委员会:《第二期作战指导方针》(1939年1月),国民政府军事委员会战史编纂委员会档案,中国第二历史档案馆藏。

"现在要溶共,不是容共"①。全会决定设立"防共委员会",会后又发布《异党问题处理办法》、《限制异党活动办法》、《沦陷区防范共产党活动办法草案》等多种秘密文件,不断挑起国共之间的摩擦。1939 年 12 月,蒋介石密令胡宗南部队准备向陕甘宁边区发动进攻;1940 年秋提出要取消边区政府,缩编八路军、新四军,并限制其防地;1941 年 1 月,更制造了震惊中外的皖南事变。他强力推行《限制异党活动办法》后,抗战初期允诺的一点民主、自由皆名存实亡,言论、出版、集会自由均已所存无几。他发动"国民精神总动员",强调"军令、政令应统一于中央",限制和吞并中国领导的抗日人民武装。他下令在各县切实整编保甲,使每一保、甲长均能兼尽政治警察之任务,并实行"联保连坐法"。他操纵"中统"、"军统"两支特务系统,囚禁和杀害爱国青年和民主人士。他还批准发布《图书杂志原稿审查办法》及《修正抗战期间图书杂志审查标准》等法令,查禁宣传抗日的进步书刊。他于 1943 年 3 月发表了由陶希圣执笔的《中国之命运》,鼓吹"一个主义、一个党、一个领袖",说共产主义和自由主义是"有害于国家民族"的"妄行邪说",共产党是"组织武力割据地方,企图破坏抗战,妨碍统一"。6 月,蒋将布置在陕甘宁边区周围的胡宗南三个集团军四十多万军队,分兵九路准备大举进攻陕甘宁边区,并在七八月间进行了数十次挑衅。与此同时,国民党军队也加紧包围华北和华中的一些抗日根据地。

　　其间,蒋介石出于战略与政略的需要,曾与日本有和议活动,不过他坚持"恢复卢沟桥事变前原状"作为和议的底线。对于孔祥熙等人欲突破底线的和议活动,则坚决予以制止。

　　为抗御日本侵略军的进一步侵犯,蒋介石先后在衡阳、南岳、长沙、西安等地召开一系列军事会议,部署对日作战。但他并未把主力部队配置在第一线,督饬军队进击敌人,致使日军得以继续蚕食乃至鲸吞我

---

① 国民党五届五中全会会议记录(1939 年 1 月),中国国民党中央执行委员会秘书处档案,中国第二历史档案馆藏。

国大片领土。国民党军队日趋腐败,在豫、湘、桂等战役中更是一溃千里。

日本于1941年12月挑起太平洋战争后,同盟国在中国、泰国、越南、缅甸北部地区建立了中国战区,以蒋介石为最高统帅。蒋介石积极开展外交活动,争取美、英等国提供贷款和军用物资。他抽调精锐部队组建远征军入缅作战,协同美、英军队重创日军。他派员交涉,与美国、英国先后签订了取消他们在华治外法权及有关特权的新约。他还请美国训练和装备了一批国民党军队。

1943年11月23至26日,蒋介石应邀出席中、美、英三国首脑参加的开罗会议,和罗斯福(Franklin Roosevlt)、邱吉尔(Winston Churchill)共同讨论对日作战及战后对日处置方案。开罗会议加强了中国作为四强之一的国际地位,并决定了战后中国收复东北、台湾的基本方案。蒋介石得到美国的支持,取得了外交上的成功。但是他对美国总统代表史迪威(Joseph Stilwell)想要获得指挥中国军队全权的要求予以拒绝,并迫使罗斯福改派魏德迈(Albert Wedemeyer)接替史迪威。对于美国政府派赫尔利(Patrick Jay Hurley)来华"调处"国共关系,蒋介石坚持中共必须先交出军队,实现"军事统一"。

抗日战争尚未结束,蒋介石已在筹划发动内战,以消灭日益壮大的中共及其领导的武装力量。他在1945年5月国民党第六次全国代表大会上宣称:"我们有二三百万精锐的军队,足以消灭中共军队。我们的法币有十万万美金做准备,财政、物价都不成问题。"①大会闭幕后两天,他就调动10个师的军队向苏浙地区的新四军发动进攻,7月又指令胡宗南调动9个师向陕甘宁边区进犯。

1945年8月,日本帝国主义无条件投降。蒋介石竟然下令伪军

---

① 蒋介石在国民党第六次全国代表大会上的讲话:《军事政治经济党务之现状与改进的途径》(1945年5月18日),国民党中央执行委员会秘书处档案,中国第二历史档案馆藏。

"就现驻地负责维持地方治安",并任命一批汉奸为"先遣军总司令"、"绥靖司令"、"挺进司令"等,让他们配合国民党军队接收,唆使伪军拒不向八路军、新四军投降。他命令第十八集团军"原地驻防待命","勿再擅自移动"①,不准参加受降。他要中国人民对日军"不要报复",要"不念旧恶"②。

在美国海、空军运输力量的帮助下,蒋介石把长期分布在云、贵、川、陕等地的国民党军队迅速运到南京、上海和华东、华北、华中各个战略要地;并派出大批文武官员到收复区接收敌伪资产,壮大官僚资本。

与此同时,蒋介石电邀毛泽东到重庆共同商讨国际国内各种重要问题。蒋介石的方针是:"政治与军事应整个解决,但对政治之要求予以极度之宽容,而对军事则严格之统一,不稍迁就。"③要中共"放弃其地盘","交出其军队"④。经过 43 天断断续续的谈判,国共双方签订了《会谈纪要》,确定"和平建国的基本方针"。1946 年 1 月召开的政治协商会议,又通过了关于和平建国纲领、政府改组、增加国民大会代表名额、修改宪法草案、军队整编等五项协议,否定了国民党的一党专政及其奉行的内战政策。但是蒋介石盘算的是如何"消灭中共",他秘密下令国民党 80 万军队沿津浦、平汉、同蒲、平绥铁路沿线向解放区展开进攻。虽因全国人民一致反对内战,国际舆论也反应强烈,在美国总统特使马歇尔(George Marshall)的调停下,蒋被迫接受停止国内军事冲突的协议,于 1946 年 1 月 10 日向所属部队下达停战令。但是他密令所部趁停战命令下达前占领有利地点,随后又坚持东北地区不在停战范围之内,连续向关外增兵。经过周密准备,他于 6 月密令刘峙指挥 12 个整编师约 30 万军队进攻中原解放区;7 月 12 日又调动 50 万军队进

---

① 蒋介石致朱德、彭德怀电(1945 年 8 月 11 日),《秘录》第 1 册,第 76 页。

② 蒋介石发表的广播演说(1945 年 8 月 15 日),《秘录》第 1 册,第 25 页。

③ 蒋介石日记(1945 年 8 月 28 日),转引自《找寻真实的蒋介石》上册,第 430 页。

④ 《重庆谈判纪实》,重庆出版社 1983 年版,第 192、195 页。

攻苏北解放区。他还不顾政协会议的协议,在10月11日国民党军占领张家口后,立即发布了召开国民大会的命令。

蒋介石发动全面内战,凭借美国政府的支持和援助,拥有强大兵力和炮火,在1946年7至12月的半年间占领解放区大小城镇105座,但却损失兵力70余万人。进入1947年,蒋介石放弃全面进攻的方针,改为重点进攻陕北和山东两大解放区。3月,他下令胡宗南部20余万人进犯陕北,19日占领延安,但这"是一个既浪费又空虚的、华而不实的胜利"①。在山东战场上,他命令顾祝同指挥三个兵团25万多人进犯沂蒙山区,但3月下旬至7月上旬的三次进攻均被粉碎,美械装备的精锐部队整编第七十四师也被歼灭。此时国共双方军事实力对比发生重大变化,战略主动权已转入中共手中,各个战场的解放军相继转入反攻。蒋介石11月在南京召开军事会议,决定成立国防部九江指挥部,建立中原防御体系,12月又制定"南北两线""分区防御"的战略,重新调整了各大区军事指挥系统,分别组设东北、华北"剿匪"总司令部和陆军总司令部徐州司令部、国防部汉口指挥部等。他加紧调兵遣将,四出巡视督战,力图挽回颓势。

蒋介石发动的内战,遭到各阶层人民强烈反对,内战军费的激增,使国民党统治区出现了严重的经济危机,1947年发生了六次物价飞涨的风潮,一年间物价上涨二十倍左右。人民处于水深火热之中,反对内战、争取民主的民众运动如火如荼地开展起来。蒋介石督饬国民党军、警、宪、特强化统治与镇压,国民党统治区陷入白色恐怖之中。1948年3月,蒋介石召开"行宪国大",当选为总统,并获得不受"宪法"限制的"紧急处置的权力"。但庞大的军费开支使财政经济濒临崩溃,财政赤字在1947年达到总支出的百分之九十,造成了恶性的通货膨胀和物价飞涨。蒋介石于1948年8月19日颁布《财政经济紧急处分令》,发行

---

① 美国政府的评论,见美国国务院编:《美国与中国的关系》白皮书1949年8月,《中美关系资料汇编》第1辑,世界知识出版社1957年版,第358页。

金圆券代替法币,限期收兑民间黄金、白银、外币等;还颁布《整理财政及加强管制经济办法》,强令限制物价。这些高压措施,造成市场无货,黑市猖獗,不到三个月财政经济即完全破产,金圆券迅速贬值几成废纸,社会更加骚动不安。

　　国民党军队在内战的各个战场不断失败,在 1946 年 7 月至 1948 年 6 月的两年间,被歼灭 264 万,虽然不断招募,但总兵力已降至 360 万,而能用于前线的只有 170 余万。1948 年 8 月,蒋介石在南京召开军事会议,决定收缩战线,扩编机动兵团和后备兵团,实行重点防御。但他的部署还没有定当,人民解放军于 9 月 12 日发动了辽沈战役。在东北的国民党军队被迫收缩在沈阳、长春、锦州几个孤立据点,联结东北和华北的战略要地锦州陷入重围。蒋介石力图打通北宁路夺取主动权,调集兵力由陆海路援救锦州;又三次飞临沈阳,亲自指挥和督饬。但是他无力挽回颓势,辽沈决战最终以国民党军被歼 47 万余人而告终结。接着平津决战又起。蒋介石鉴于东北已失,平津势难再保,乃命华北"剿匪"总司令傅作义率部由海、陆两路迅速南撤,以图多保存一些部队,但傅不肯南撤,而于 1949 年 1 月 21 日接受离城改编的办法,使古城北平获得和平解放。与此同时,蒋介石以徐州为中心部署了 60 万重兵,打算在徐淮附近与解放军决一死战,以固守徐州,保住南京。但战略战术的失误与军心的涣散,使国民党军队在淮海决战中不断受挫而被歼灭。此时他的亲信幕僚陈布雷、戴季陶又相继自杀身亡。财政经济的崩溃浪潮,更是扰动得他寝食难安。他一筹莫展,遂派宋美龄前往美国求援,又告失败。

　　经过辽沈、淮海、平津三大战略决战,蒋介石赖以发动内战、维护独裁统治的有生力量丧失殆尽。美国政府对蒋介石失去信心,在中国公开策动倒蒋活动,国民党内也有不少人要求蒋介石下野。蒋内外交困四面楚歌,在 1949 年元旦发表文告说:"处此国家危机,我唯有对我的领导无方引咎自责,有负国民负托之重,实不胜其惭惶悚慄。"表示愿意"商讨停止战事恢复和平的具体方法",但是要"国体能够确保","法统不致中断"①。他还企望获得国际舆论的支持,请美、英、法、苏四国政府出面调停,但被一一拒绝。他被迫于 1 月 21 日宣告"引退",回到奉化溪口老家,但仍以国民党总裁身份操纵党政军大事。他先已把亲信安插为东南和西南各省的军政长官,加紧征集和训练新兵,企图凭借长江天险,阻挡解放军渡江。他也做了撤出大陆的准备,派陈诚为台湾省主席兼警备司令,把库存的 277 万余两黄金、1520 万枚银元以及大量珍贵文物、档案资料等运往台湾。

蒋介石下野后,代总统李宗仁力谋与中共举行和平谈判,派出代表团赴北平。但是蒋介石认为"以毛泽东之八项条件为和谈基础,直等于投降"②。对于李宗仁、何应钦等人设想的国共"隔江分治"的和谈方案他也不首肯,固执坚持"和谈必须先订停战协定",以致国共谈判破裂。4 月 20 日解放军大举渡江,直指南京。蒋介石于 4 月 22 日在杭州召集李宗仁、何应钦、白崇禧、张群等人秘密会商,决定继续作战。他 24 日离开溪口老家,乘军舰于 26 日抵吴淞口,召集顾祝同、汤恩伯等人部署上海防御。但在解放军的凌厉攻势下,企望利用坚固工事挣扎的 20 万国民党军队毫无斗志。蒋介石见形势无可挽回,先由上海去澎湖马公岛,后转台北,在那里遥控从南京迁到广州的国民党政府。7 月他至广州,组设国民党非常委员会,自任主席,指挥国民党军队作最后抵抗;并出访菲律宾和韩国,谋求声援。他先后在厦门、广州、重庆一再部署防御,企图负隅顽抗,无奈各路军队无不兵败如山倒。国民党在大陆的统治土崩瓦解。

蒋介石 12 月 10 日从成都败退到台湾后,声称要"反共复国"、"光复大陆",以"三民主义建设台湾"。他不顾中华人民共和国已于 10 月

---

① 　蒋介石:《告全国军民同胞书》(1949 年 1 月 1 日)《言论总集》第 32 卷,第 207 页。

② 　蒋经国:《风雨中的宁静·存亡危急之秋》,台北黎明文化事业公司 1974 年版,第 154 页。

1 日正式成立的事实,继续沿用"中华民国"的称号,于 1950 年 3 月宣布复职重任"总统"。这年 6 月朝鲜战争爆发后,他凭借台湾的战略地位,重新得到美国的支持和庇护,1954 年 12 月并和美国签订《中美共同防御条约》。他在台湾总结在大陆垮台的教训,与"副总统"陈诚一道推行减租、公地放领和征收地主多余土地放领给佃农等政策,竭力恢复和发展工农业生产,稳定财政经济;同时大力"改造"国民党,加强专权统治,严密控制全岛居民。他不断宣称要"反攻大陆",拒绝中国共产党提出的两党协商和平解放台湾的建议;也反对"台湾独立"和"国际托管"等种种"两个中国"的论调,表示"中国事可由中国人自己解决"①,坚持一个中国的立场,抵制美、日等国的侵略势力对台湾的觊觎。他在美国等国的支持下,使台湾当局非法占据中国在联合国的席位达 22 年之久;但终究抵挡不住新中国的日益强大和国际形势的发展和变化,于 1971 年第二十六届联合国大会上被驱逐。

　　蒋介石自 1972 年起多病。他于这年 5 月连任第五届"总统"后,即任命蒋经国为"行政院院长",将统治台湾的实权交给了自己的儿子。1975 年 4 月 5 日,蒋介石因心脏病死于台北。

　　蒋介石一生言论、文电甚多,散见于报刊及内部档案。国民党官方曾出版过他的言论集多种。台湾于 1956 年编印过《蒋总统言论汇编》24 卷,1984 年出版《先总统蒋公全集》三册,1985 年出版《先总统蒋公思想言论总集》四十卷,都只是有选择地收录了他的一部分著述。

　　作者附记:本文初稿系作者与宗志文、郑则民共同研究、撰写而成,并经李新等同志审阅指正,付梓征求各界意见。现作者在初稿基础上作了较大的修改订正。

---

　　①　蒋介石与日本首相佐藤荣作的谈话(1967 年 9 月 8 日),《秘录》第 14 册,第 162 页。

蒋 梦 麟

宗志文

蒋梦麟,原名梦熊,字兆贤,号孟邻,浙江余姚人。生于 1886 年 1 月 20 日(清光绪十一年十二月十六日)。他的祖父和父亲在上海经营钱庄,乡间有几百亩良田①,家境富裕。他六岁入塾,十岁到绍兴进中西学堂。时蔡元培任该校监督,故二人有师生之谊。

1899 年,蒋梦麟全家迁居上海,他进入一所教会学堂学习英语。1900 年全家迁回余姚。次年他到杭州,先入一所教会学校,1902 年考入浙江高等学堂。1903 年曾回绍兴参加院试,考取秀才。1904 年暑假到上海考入南洋公学,"为去美国上大学做准备"②。1908 年春,他考公费留美落选,暑假后自费到美国留学。他在美国先入旧金山加州大学农学院,半年后转入该校社会科学学院,以学教育为主,旁及历史与哲学。这时,同盟会在旧金山办有《大同日报》,刘成禺任该报主笔。他约蒋梦麟为该报工作。二人轮流撰写社论,宣传反清革命思想。1910 年 2 月孙中山抵旧金山,蒋曾随刘前往谒见。

1912 年夏,蒋梦麟在加州大学毕业,获教育学士学位。不久到纽约,进哥伦比亚大学研究院继续研究教育,是杜威的学生。1917 年 6 月,他获哥伦比亚大学哲学博士学位。不久回国,在上海商务印书馆担任编辑。次年 6 月辞职,旋帮助孙中山校订《实业计划》(即《建国方略》

---

① 蒋梦麟:《新潮》,台北传记文学出版社 1967 年版,第 30 页。

② Chiang Monlin: *Tides from the west*, Yale university Press, 1947, P. 60.

之二：“物质建设”)的英文原稿,搜集资料,核对数据等。这时他还是江苏省教育会理事。

1919年初,江苏省教育会、北京大学、南京高等师范学校、暨南学校、中华职业教育社五个单位共同组成“新教育共进社”,目的是直接输入东西洋学术。该社出版《新教育》月刊,蒋梦麟任主编。该刊论述欧美资产阶级教育理论,评介欧美(主要是美国)教育思想和制度,翻译欧美教育家的著作,报道欧美各国教育情况,不遗余力。还辟有“亚东问题”,“世界知识”、“世界大事”、“世界新知”专栏,议论国内外政治问题。同年4月出版的第一卷第三期是杜威专号,系统介绍了杜威的教育思想。蒋梦麟写《杜威之伦理学》一文,介绍杜威的伦理学和道德教育。《新教育》行销全国,每期达一万份。蒋任主编直至1921年11月。

对于五四新文化运动,蒋梦麟开始是支持的。他参加过6月16日在上海召开的全国学生联合会成立大会,在会上发表演说支持学生运动,但要求学生服从学校领导。不久他写了《改变人生的态度》一文,将五四运动比作欧洲14至16世纪的文艺复兴,说:“五四学生运动,就是这解放的起点。改变你做人的态度,造成中国的文运复兴;解放感情,解放思想,要求人类本性的权利。”①

五四运动中,北京大学校长蔡元培因不满北洋军阀政府对学生采取镇压态度,于5月10日离京赴杭州,北大学生不断南下挽留。7月中旬,蔡委托三十三岁的蒋梦麟代表他到北京大学代理校务。23日,他在北大学生欢迎大会上发表讲演,说“今天反对这个,明天反对那个”,不是根本办法。又说青年若要救国,“先要谋文化之增进”,只有研究学术,提高文化,才能达到救国的目的。他代理校务后,采取种种措施,恢复北大原有的秩序,力图把学生拉到“一心尽瘁学术”上面来。9月,蔡元培回北大主持校务后,蒋任北大教育学教授兼总务长。1920年“五四”一周年纪念时,蒋梦麟与胡适联名发表《我们对于学生的希

---

① 蒋梦麟:《改变人生的态度》,《新教育》第1卷第5期,1919年8月。

望》一文,诱导学生脱离政治运动,说:"这种运动是非常的事,是变态社会里不得已的事,又是很不经济的不幸事";"从今以后要注重课堂里、操场上、课余时间里的学生生活。只有这种学生活动是能持久又最有效的学生运动"①。9 月在北大开学式上,蒋引胡适的话指责学生,说"现在的青年连一本好好的书都没有读,就飞叫乱跳地自以为做'新文化运动'"。他要青年"此后,总要立定志向,切实读书"②。

　　这年 10 月,蔡元培赴欧美考察教育,再委托蒋梦麟代理北大校务。12 月,北大二十二周年校庆时,蒋发表演说,提出北大师生今后努力的三个方向:第一是要研究西学;第二是要整理国故;第三是要注重自然科学的研究。但是,当时北洋军阀政府腐败不堪,学校连经费都难以为继,他提出的三个努力方向,也就成了一句空话。

　　1923 年 1 月,蔡元培因反对北洋军阀政府非法逮捕财政总长罗文斡,愤而辞职,蒋梦麟代理北京大学校长。11 月,北京八所国立大专学校教职员因政府积欠学校经费九个月,成立索薪团,集体向政府索薪,遭军警武力压制,乃决议罢课对抗。蒋梦麟不同意罢课,北大在他主持下,仍勉强维持上课;他还在北京《晨报》上发表《知识阶级的责任问题》,说知识的本职是发展学术、科学、思想,仍然不主张学生参加政治运动。

　　1925 年"五卅"惨案发生后,广大学生反对帝国主义的斗争更是如火如荼,不可遏止。蒋梦麟为了"维持北京大学生命不使中断"的原则,反对学生罢课,因而不断遭到学生反对。1926 年"三一八"惨案发生,蒋当时是北京八所国立大专学校校长联合会主席,他谴责"三一八"惨案的制造者,支持各校师生的爱国行动,因而为段祺瑞政府和军阀所怀恨。4 月 26 日《京报》主编邵飘萍被奉军逮捕杀害。当晚蒋得悉他已被列入黑名单,立即避入东交民巷六国饭店。在那里待了六个月,后来

---

　　①　蒋梦麟、胡适:《我们对于学生的希望》,《晨报副刊》1920 年 5 月 4 日。

　　②　Chiang Monlin: *Tides from the west*, Yale University Press, 1947, p. 135.

找到机会逃离北京,先到上海,随即转往杭州暂住。

1927年4月南京国民政府成立后,教育方面试行大学区制,任命蒋梦麟为第三中山大学(不久改为浙江大学)校长,主持浙江大学区,兼管浙江省教育行政事宜。次年10月,他继蔡元培任大学院院长。旋大学院改为教育部,蒋梦麟任部长。

蒋梦麟担任教育部长后,决心对因战乱遭到很大破坏的教育事业进行整顿。在他主持下,教育部设立教育方案编制委员会,研究并提出了改进教育方案,还公布了《大学课程标准及设备标准起草委员会章程》,成立了中小学课程标准起草委员会等。1930年11月,蒋辞教育部长职。据他自己说,"因为关于教育方针的问题与政界元老意见不一致,被迫辞职"[1]。12月,国民党政府任命他为北京大学校长。

蒋梦麟1931年1月北上就任北京大学校长。在此之前,北大因为经费困难,以致师资不足,图书缺乏,设备陈旧,学术水平不高。蒋决心改变这种局面。当时胡适、丁文江、傅斯年都在北大任教,他们很支持蒋梦麟。经多方努力,北大得到中华教育文化基金董事会的研究合作费100万元,很快设立了研究院,并增加设备,购置图书,后来又兴建了图书馆、地质馆和学生宿舍等。

"九一八"事变后,华北形势日益恶化。蒋梦麟渴望有个和平的环境建设北大,不愿中日冲突扩大。1933年3月,长城抗战紧急。4月19日,蒋梦麟与胡适、丁文江一起会见何应钦,密商对日妥协问题,议定由蒋往见英国公使蓝浦生(Miles W. Lampson),请其斡旋中日停战。蒋曾多次与蓝浦生会见。

此后,日本帝国主义对蒋梦麟极力拉拢和威胁,蒋均未为所动。1935年11月,日本帝国主义策动"华北自治",蒋梦麟领衔发表了一个反对分裂中国领土的宣言。不久,他听说日本人已将他列入黑名单,随

---

[1]　Chiang Monlin: *Tides from the west*, Yale University Press, 1947, p. 204—205.

时可能被逮捕,但没有避走。29 日,日本宪兵径至北京大学邀蒋到日本大使馆武官处谈话,蒋即前往。日本武官质问蒋为何反对"华北自治潮流"? 为何纵容学生进行大规模反日宣传? 他进行了辩解,该武官乃要他当晚赴大连,亲向日本关东军参谋长坂垣解释。蒋梦麟不愿去。他说:"我不是怕。如果我真的怕,我也不会单独到这里来了。如果你们要强迫我去,那就请便吧——我已经在你们掌握之中了。不过我劝你们不要这样做。如果全世界,包括东京在内,知道日本军队绑架了北京大学的校长,那你们就要成为笑柄了。"①日本武官通过电话请示后,放他回家。不久,日本使馆又向北平当局提出,因蒋梦麟煽动学生抗日,要他们强迫蒋离开北平。北平当局劝蒋离北平,他没有同意,继续主持北大校务。

1937 年 7 月初,蒋梦麟应蒋介石之邀前往庐山参加谈话会。平津沦陷后,北京大学与清华大学、南开大学合组为临时大学,迁往长沙;1938 年 1 月又迁往昆明,改称西南联合大学。蒋梦麟与梅贻琦、张伯苓同任该校校务委员会常委。

1941 年 7 月,蒋梦麟兼任红十字会中国总会会长,往贵阳、桂林、衡阳等地视察红十字会及壮丁收容所的工作。他看到大批壮丁遭虐待而死亡的种种情况,上书蒋介石揭发说:"沿途所见落伍壮丁,骨瘦如柴,或卧病道旁奄奄一息;或状若行尸,踯躅山道;或倒毙路旁,任犬大嚼。……韶关解来壮丁三百,至筑只剩二十七人。江西来一千八百人,至筑只剩一百五十余人。而此百余人中,合格者仅及百分二十。"

1945 年 6 月,宋子文就任行政院长后,蒋梦麟担任行政院秘书长。1947 年 3 月,宋子文辞职,他亦随之离去。不久,任国民政府委员及行政院善后事业保管委员会主任委员,处理联合国援助中国抗战后期所剩下来的款项和物资。1948 年 7 月,蒋介石任他为中美共同组织的

---

①　蒋梦麟:《新潮》,台北传记文学出版社 1967 年版,第 47—49 页。

"中国农村复兴委员会"主任委员。1949 年 10 月农复会迁台湾。蒋梦麟到台湾后,一直担任这一职务。

1964 年 6 月 18 日,蒋梦麟因病在台湾去世。

蒋梦麟著有《西潮》(英文版)和《新潮》行世。

蒋廷黻

陈宁生　熊尚厚

蒋廷黻,字绥章,笔名清泉,湖南邵阳人,生于 1895 年 12 月 7 日 (清光绪二十一年十月二十一日)。其父和二伯父在邵阳靖港镇共同经营两爿铁器店兼卖鸦片,邵阳乡间略有田产。其父晚年任靖港镇商会会长。

蒋廷黻六岁进私塾,1906 年春,与其兄同去长沙,进入明德小学。是年秋,转入湘潭长老会办的益智学堂,开始学习英文和西洋史等课程。他天资聪敏,学习勤奋,进步甚快,受到美籍英语女教师林格尔的赏识。1911 年 10 月 10 日武昌起义爆发,22 日湖南新军起义响应,但蒋因担心革命后会有一段混乱时期,可能耽误他的学业,对革命表示失望和困惑,于是跟着林格尔去上海,准备赴美求学。在沪期间,他接受洗礼,加入基督教。

1912 年 1 月,蒋廷黻由教会介绍赴美求学,进入密苏里派克学堂预科半工半读(Park Academy, Parkville, Missouri)。次年,向湖南省当局申请到官费①。1914 年秋,进入俄亥俄州欧伯林学院(Oberlin College, Oberlin Ohio)历史系。"二次革命"失败后,汤芗铭督湘,将湖南留美学生官费取消,蒋只好再半工半读,毕业时获文学士学位。

1918 年,蒋廷黻前往法国,为被征募赴法担任兵工工作的华工服务。1919 年夏,他重返美国,进入纽约哥伦比亚大学。起初专攻新闻,

---

① 吴相湘:《蒋廷黻的志业》,台北《传记文学》第 7 卷第 6 期。

幻想将来成为中国的报业大亨以左右中国政治。不久,他认为新闻人员对一国政治只了解其表面,常随波逐流,无补时艰,于是改习政治。最后,他又认为政治仅是一些抽象的理论,只有从历史入手,才能获得真正的实际政治知识,于是就转学历史。

1921年11月12日至1922年2月6日,华盛顿会议在美召开,中国留美学生组织了"中国留美学生华盛顿会议后援会",敦促中国政府代表向会议提出收回关税自主权等项要求,监视会议的进行。他们出版刊物,进行宣传活动,蒋廷黻是英文刊物的主编之一。

1923年春,蒋廷黻获得哲学博士学位。他的博士论文的题目是:《劳工与帝国:关于英国劳工、特别是劳工国会议员,对于1880年以后英国帝国主义的反应的研究》,简称《英国劳工党的外交政策》,该文由哥伦比亚大学出版社出版。

同年春,蒋廷黻由美回国,应天津南开大学之聘,担任历史系教授,并开始从事中国近代外交史的研究。1925年,他与丁文江结识,由于志趣相投,从而结成了政治上的同伙。他除埋头钻研外交史外,还到各处去旅行调查,或晋见"政要",进行游说。

1928年5月,山东"济南惨案"发生后,南开大学学生发动抵制日货运动,成立了天津反日会,蒋廷黻参与活动。一个月后,反日会遭国民党天津市党部勒令停办,蒋即前往东北考察,研究东北建设中所引起的对日外交问题。同年秋,他和他的学生共同翻译美国哥伦比亚大学海斯教授的《族国主义论丛》,主张用"族国主义"来反对社会主义、共产主义及和平主义①;并且向南京国民政府外交部门建议对东北问题早做准备,以备对付苏联②。1929年5月,他应清华大学校长罗家伦之聘,任历史系主任。他注重收集整理史料工作,特别重视研究故宫档案,留心为清华大学图书馆收买清末权臣的公文、信札,他认为学者拘

---

① 吴相湘:《蒋廷黻的志业》,台北《传记文学》第7卷第6期。
② 吴相湘:《蒋廷黻的志业》,台北《传记文学》第7卷第6期。

泥于版本考证的治学方法已经过时,强调对中国近代历史在政治、社会和经济方面的变化做深入研究。"九一八"事变后,蒋与傅斯年等编撰、出版《东北史纲》。他在清华任教五年,并在北京大学兼课。

蒋廷黻在清华任教期间,逐渐成了胡适派的核心人物。1932年春,蒋廷黻和胡适等一起,从事研究对日妥协让步问题,为蒋介石统治集团的不抵抗政策制造理论根据。他们在北平创办了政治性刊物《独立评论》,胡适任总编辑,蒋廷黻为编辑,打着"独立"的幌子,为蒋介石对内镇压、对外妥协的政策效力。蒋廷黻在该刊上先后发表了三四十篇政论文章,散布对日妥协言论。

蒋廷黻的言行深获蒋介石的赏识。1933年夏,蒋介石约他到牯岭谈话。他向蒋介石建议:应"结合政策和武力统一中国,先建立核心区,然后分阶段进行",将来利用抗日战争达到统一中国①。翌年,蒋廷黻再一次受蒋介石的召见,又进言在"剿共"战争中解决农民土地问题,以破坏工农革命,说"农民已经得到了土地,共党的宣传无用武力之地了",这"就是行了釜底抽薪之法"②。

1934年8月,蒋廷黻以收集中国近百年外交关系史料的名义赴苏联及欧洲访问,行前蒋介石在牯岭向他面授机宜,要他研究苏联政治和试探中苏两国合作的可能性。他在莫斯科住了三个月,把和苏联外交当局商谈的情况及时电呈蒋介石,受到嘉许。随后,他去德国、英国考察和收集史料。1935年9月,他从国外回到清华教课,并在《独立评论》上发表文章宣扬"自由主义"。

1935年冬,经翁文灏推荐,蒋廷黻被任命为国民政府行政院政务处长。任职期间,他在行政院里成立了一个行政效率研究会,延聘甘乃光主持。该会聘请一些教授到各省考察地方行政,目的在于改革"办公

---

① 蒋廷黻:《九一八事变与独立评论》,台北《传记文学》第31卷第5期。
② 蒋廷黻:《未失疆土是我们的出路》,《独立评论》第47号。

习惯的现代化程度之不足"①。他比较注意档案的管理,曾责成研究会深入研究档案的科学管理方法。

蒋廷黻进入行政院之前,他的职业是教授、学者,主要从事中国近代历史的教学与研究。先后编写有《近代中国外交史资料辑要》、《中国近代史》等专著,还撰写了《最近三百年东北外患史》、《百年的外交》等论文。在这些著作中,有些论点也是正确的,如认为"鸦片战争是近代中国外交史的开始"②等等。但由于他站在错误的立场上,替帝国主义和蒋介石集团辩解,故观点颇多谬误。

30年代后期,蒋廷黻脱离文教界而跻身于官场。1936年10月,他辞去行政院政务处长后,经孔祥熙推荐被任命为驻苏联大使。12月,发生西安事变,他按照南京行政院副院长孔祥熙的密电指示,立即向苏联外交部提出抗议,诬称西安事变是苏联指使。苏联政府就此莫须有的罪名,向南京外交部提出反抗议。外交部长张群十分狼狈,即向蒋廷黻电询原委。之后,张群电责蒋,谓今后对外交涉非经外交部许可,不得擅自行动③。他的这一拙劣行动,招致苏联外交界的冷遇,任职年余,于1938年1月以述职为由离苏回国,同年5月在武汉复任行政院政务处长。

1941年7月16日,蒋廷黻兼代行政院秘书长,并任国民党中央政治学校特约讲师及中训团党政班讲师。其间,曾一度兼重庆国民政府行政院的发言人。8月,孔祥熙主持成立外汇管理委员会,他任该会委员。12月免去行政院秘书长兼职。

1943年11月,蒋廷黻赴美国华盛顿出席联合国善后救济会议,会议决定成立联合国善后救济总署(简称联总),总部设于华盛顿。联总设中央委员会,由中、美、英、苏四国代表组成,美国前纽约州长李门

---

① 陈之迈:《蒋廷黻其人其事》,台北《传记文学》第7卷第6期。
② 蒋廷黻:《近代中国外交史资料辑要》上卷,商务印书馆1931年版,第1页。
③ 袁道丰:《蒋廷黻驻苏大使任内的事绩》,台北《传记文学》第14卷第2期。

（Herbert H. Lehman）任署长，蒋任联总中国代表，兼中央委员会代表。他与联合国签订了一项对华善后救济基本协定，并把这个协定带回重庆，得到蒋介石的嘉许。为了执行联总在中国的计划，国民政府在行政院下设行政院善后救济总署（简称行总），1945 年初，他任署长。

1944 年 7 月，蒋廷黻作为中国代表成员之一，出席在美国新罕布什尔州布雷顿森林（Bretton Woods，New Hampshire）举行的联合国金融货币会议。会议产生了国际货币基金和国际建设开发银行两个机构。

1946 年 10 月 1 日，因与宋子文不和，国民政府解除了蒋廷黻联总和行总的职务。他快快不乐，只好暂时接受出任联合国远东经济委员会代表职务。翌年 4 月，当选为中研院人文组院士。6 月，联合国分别在上海和马尼拉召开亚洲及远东经济委员会第一届会议，蒋廷黻出席，并任主席。

蒋廷黻参与南京政府同美国订立的有损我国主权的《中美友好通商航海条约》。从 1947 年 11 月开始，蒋即担任南京政府驻联合国首席常任代表兼联合国安理会首席代表。1949 年中华人民共和国成立后，他以台湾当局代表身份窃据我国在联合国的席位，直至 1962 年他专任台湾当局"驻美大使"时，才辞去在联合国的代表职务。

蒋廷黻顽固坚持反苏反共立场。他曾在联合国第四、五、六届大会上迭次提出所谓"控苏案"，由美国操纵表决，在联大第六届大会上通过；同时还利用非法窃据的席位，一再阻挠和反对联大讨论恢复中华人民共和国在联合国的席位。

1965 年 5 月，蒋廷黻辞职退休，暂居纽约。他原拟在 9 月参加在美举行的中华教育文化基金董事会年会后，即返回台湾定居，10 月 9 日，在纽约病故。

蒋　维　乔

陈秉仁

蒋维乔，字竹庄，别号因是子，1873 年 1 月 30 日（清同治十二年正月初二）出生于江苏武进县城的一个贫苦家庭。父蒋树德，"年十三弃书习工"①，一人做工赡养全家九口，生活艰难拮据。

蒋维乔七岁入私塾就读，十六岁因病辍学，在家自学，并教两个弟弟读书，二十岁中秀才。二十一岁时，他在自学中偶然接触到上海江南制造局编译的西方科学书籍，使他"眼界一新"，于是对天文、算学、舆地、物理、化学等书籍"没头没脑乱看一阵，有看得懂的，也有不甚懂的"②。这时，他不但抛弃了八股文，而且连以往比较喜爱的词章也不大注意了。此后，他曾两次赴南京参加乡试，均未中举。

1895 年 6 月，蒋维乔在岁试中名列第三，入南菁书院肄业。次年春，他又考入刚创办的常州致用精舍。南菁书院设在江阴，是当时江苏的最高学府，专门研究经史、词章等。致用精舍则是甲午战争后，由原常州龙城书院经过改良后的一所书院，学科分经古、致用二门，其中致用包括算学、舆地、时务、策论等课程。蒋维乔在二十三岁至二十九岁的六年中，同时攻读两院课程，按月参加考试，为他的古文及"新学"打下了较深的基础。

1901 年，南菁书院改为江苏全省南菁高等学堂，开设理化、测绘、

---

① 蒋维乔：《先考少颖府君事状》，稿本。
② 蒋维乔：《我的生平》，《宇宙风·乙刊》第 23—25 期。

英文、日文、体操五门课。新聘的理化教习钟观光于授课之余,在学生中积极宣传资产阶级革命思想。蒋维乔"心醉其说","思想乃为之剧变"①。时值蔡元培等在上海组织中国教育会进行革命活动,蒋经钟介绍,参加了中国教育会。1902年9月,因总教习丁立钧生病回乡,南菁高等学堂于无形中停顿。蒋遂随钟到上海,结识了蔡元培,并参加了中国教育会在张园举行的演说活动。不久,他返回家乡武进,与何海樵等人组织了"以变法与兴学为宗旨"的常州藏书阅报所,每周演说,"以期开通风气"②。此年冬,蒋维乔等人又组织了体育传习所,"提倡尚武精神",并由他任队长,于第二年春节初一开操,训练后上街游行,"以动社会观感"。这是常州前所未有的举动,致使"人人惊异",遭守旧者"大肆讥评"③。

　　1903年2月,蒋维乔应蔡元培之聘,到沪担任爱国学社义务教员,与章炳麟分别讲授国文。不久,又转任爱国女学义务教员。他于授课之余,为中国教育会的宣传阵地——《苏报》翻译日本新闻,"月得译资十六元,供生活之费"④。在中国教育会当年春季大会上,蒋维乔被选为监察。同年5月,爱国学社积极配合中国留日学生的行动,组织拒俄义勇队(旋改名军国民教育会),进行军事训练,蒋任分队教练。6月,"苏报案"发生,爱国学社被解散。蔡元培避往青岛前,将爱国女学委托给蒋维乔。8月,蒋与钟观光召集在沪的中国教育会会员十余人开会,决定继续开办爱国女学,由钟任经理,蒋任事务,从而为中国教育会保存了唯一的秘密联络站。次年7月,他们又将爱国女学交回蔡元培办理,蒋仍任该校义务教员。1909年10月蒋接任该校校长。

　　"苏报案"发生后,蒋维乔抱着"救国之本还在教育"⑤,应从编辑教

---

①　蒋维乔:《竹翁自定年谱》,手稿本。
②　蒋维乔:《鹪居日记》,手稿本。
③　蒋维乔:《鹪居日记》,手稿本。
④　蒋维乔:《竹翁自定年谱》,手稿本。
⑤　蒋维乔:《竹翁自定年谱》,手稿本。

科书着手的宗旨,在恢复爱国女学的同时,进商务印书馆从事小学教科书的编辑工作,前后长达十年之久。蒋维乔与张元济、高凤谦、庄俞三人,以日本人长尾槙太郎、小谷重为顾问,"团坐一桌,互相讨论","每成一课,必至无可指摘,始为定稿"①。半年后编成《最新初小国文教科书》第一册,销路大畅;接着继续编成十册,风行全国。自此,我国自编"教科书之形式方备"②。嗣后,蒋还编辑出版了《简明初小中国历史教科书》等多种。

蒋维乔在编辑教科书的同时,始终亲自任教,"以增加经验,扩展思想",并将"所有心得发挥于教科书"③。当时全国缺乏小学教员,蒋维乔于 1905 年 6 月发起并主持开办了商务印书馆的小学师范讲习所,先后为全国各地培训了三届师范学生。其后,他还主持了商务印书馆开办的尚公小学、商业补习学校、工人夜校等。他于 1910 年编著的《学校管理法》一书,被清政府学部誉为"颇多经验有得之作"④。

辛亥革命后,蒋维乔经蔡元培介绍,于 1912 年 1 月初加入了由章炳麟发起并任会长的"中华民国联合会"。此时,孙中山正在南京组织中华民国临时政府,委任蔡元培为教育总长。蒋应蔡之邀同去南京,任教育部秘书长。南京临时政府教育部自 1 月 14 日成立,至 3 月 7 日解散,前后不满三个月,蒋协助蔡制定教育部法令,草拟大中小学学制,"上至一切公事,下至琐屑庶务,无一不问","日夜操劳,以致二目红肿"⑤。蒋起草的《中华民国普通教育暂行办法》十四条,于 1 月 19 日颁行,明文规定"学堂改称学校"、"初小男女同学"、"小学废止读经科"

①　《庄百俞先生谥议》,1943 年石印本。

②　陆费伯鸿:《论中国教科书史书》,见吕达主编《陆费逵教育论著选》,人民教育出版社 2000 年版。

③　蒋维乔:《竹翁自定年谱》,手稿本。

④　《第一次中国教育年鉴》,开明书店 1934 年版。

⑤　蒋维乔:《竹翁自定年谱》,手稿本。

等①。

南北和议达成协议后,临时政府迁设北京,蔡元培仍任教育总长,蒋维乔随蔡于5月初北上,任教育部参事,审议学校法令及学校规程。7月初,他提议教育部召集全国教育界著名人士举行临时教育会议,议决要案23件,使在南京教育部时草拟的大中小学学制系统等方案,得以陆续公布施行。

1913年10月,熊希龄内阁组成,汪大燮任教育总长,蒋维乔与之意见不合,遂辞职南归,仍入商务印书馆"主持(编辑)中学及师范学校教科书"②。这时,袁世凯为了复辟帝制,连续发布鼓吹尊孔读经的命令和条例。同年底,蒋维乔以"无始"的笔名,在《教育杂志》上连续发表了《教育大政方针私议》、《硬教育与软教育》两篇论文,抨击新内阁教育部篡改民国元年颁行的教育宗旨,指出所谓"尊崇孔学为道德教育之本"的说法,"不过饰一孔学之假面具,以上下相蒙耳"③。同时他还揭露了当时社会上有人以"硬教育"为幌子,企图恢复小学读经。他大声疾呼:"'硬教育'欲施诸小学则万不能行!"④

1914年8月,蒋维乔根据他长期坚持练气功、治疾病的体会,撰成《因是子静坐法》一书。该书出版后,畅销各地,到1927年6月重版达21次之多。1917年1月,蒋维乔与黄炎培等五人组成教育考察团,前往日本、菲律宾考察,历时两月。回国后,在京、津、沪、宁四地演说考察结果,并由蒋总其成,汇编为《考察日本菲律宾教育纪实》一书出版。9月,蒋北上任教育部参事,"掌管教育法令工作"⑤。自此时起,蒋维乔沉溺于佛学研究之中。他不但阅读佛经,请居士讲佛学,而且"依照佛

---

① 《临时政府公报》第4期。
② 蒋维乔:《竹翁自定年谱》,手稿本。
③ 《教育杂志》第5卷第8期。
④ 《教育杂志》第5卷第9期。
⑤ 蒋维乔:《竹翁自定年谱》,手稿本。

法,实行修持",以至"觉得世间一切学问,均不及佛学高深"①。1918年3月,蒋还建议蔡元培主政的北京大学在哲学系开设"唯识"课,为我国大学有佛学课之始。1921年10月,教育部任命蒋维乔为江西教育厅厅长,蒋不就,辞职而归,旋又北上任教育部编审员。

1922年7月,在"苏人治苏"的风潮下,由黄炎培等人推举,蒋维乔出任江苏教育厅厅长。他在任三年,排除了各派系议员的种种纠缠,先后视察了全省几十所学校,对江苏省教育作了一些整顿。1925年初,"齐卢战争"重启,段祺瑞政府以附齐嫌疑的罪名,将南京所有官吏一概免职,蒋维乔也于2月被解职。他在离任前夕,与黄炎培、江苏财政厅长曾孟朴将江苏省的屠宰税和卷烟税从财政厅中拨出,组织了江苏省教育经费管理处,使江苏教育经费收支独立。

与蒋维乔被解职的同时,南京东南大学发生了"易长"风潮。该校原任校长郭秉文被解职后去欧洲,全校师生罢课、游行,群起反对新校长胡敦复,风潮半年不息。7月,蒋维乔就任东南大学校长。在军阀混战、经费拮据的情况下,他按照"行政决于教务会议,教学决于教授会议,财政公开"②三条原则,奔波于宁、沪二地③,将东南大学维持了两年。其间曾于1926年4月偕南京校长参观团赴日本考察教育一月。

1927年3月,北伐军攻占南京后,蒋维乔离开东南大学,到上海定居。自此"息影沪上,不问外事"④,每年春秋二季外出游山,后将历年所写的游记整理成《因是子游记》一书出版。

1929年9月,蒋维乔应上海光华大学之聘,任哲学系教授。其后历任该校中文系教授、中文系主任、教务长兼文学院院长等职达20年之久。他的许多学术专著多完成于此时,计有《中国佛教史》、《佛教浅

---

① 蒋维乔:《我的生平》,《宇宙风·乙刊》第23—25期。
② 蒋维乔:《竹翁自定年谱》,手稿本。
③ 当时东南大学商科学院设于上海。
④ 蒋维乔:《竹翁自定年谱》,手稿本。

测》、《佛学概论》、《佛学纲要》、《中国近三百年哲学史》等,并与杨大膺
合编《中国哲学史纲要》、《宋明理学纲要》。

　　自 1938 年 8 月起,蒋维乔又兼任上海正风文学院(1940 年改名诚
明文学院)院长;1941 年 7 月起,他受黄炎培委托,兼任上海鸿英图书
馆副馆长、馆长、名誉馆长等职;1946 年 9 月兼任上海人文月刊社
社长。

　　中华人民共和国成立后,蒋维乔以特邀代表身份出席了苏南人民
代表大会,被选为主席团主席及常任副主席。嗣后,他曾两次赴香港疗
养,1958 年 3 月 16 日病逝于上海。

蒋 翊 武

殷　文

蒋翊武,字伯夔,湖南澧州(今澧县)人。1885年(清光绪十一年)出生于一个农民家庭。少年时激于民族灾难,胸怀大志。1900年八国联军攻入北京,国家危在旦夕,蒋翊武连日哭泣,说:"中国欲图自强,首当倾覆清廷,建设新政府。"[①]周围的人听了都十分惊骇。1902年,蒋翊武毕业于县立高等小学,考入常德师范学校。该校当时集中了许多贤哲志士,颇为当地士绅所侧目,蒋翊武在校时即与同乡同学黄贞元以及刘复基等密切往来,互诉抱负,并秘密与会党联络,开展反清革命活动。1904年,黄兴密谋于慈禧太后七十寿辰时在长沙起事,派宋教仁前往联络湘西会党。宋抵常德后,即与蒋翊武联络,共同筹划起义事项,不料事机泄漏,起义夭折。

随后,蒋翊武因涉嫌参与长沙起义而被学校开除,遂与刘复基等人专事革命,奔走于沅、湘间,招纳会党,晓以反清革命大义,并设立机关部于常德城内的祗园寺。后来由于清政府的侦缉越来越紧,他们无法继续活动,遂决定离开湖南东渡日本,1906年蒋翊武抵达上海,不料生了一场大病,只得留沪养病,暂时肄业中国公学。中国公学集中了许多革命志士,蒋翊武如鱼得水,积极参加秘密活动,还与杨卓霖一起加入了"竞业学会"的革命小团体。不久,他又加入了同盟会。1907年,两江总督端方以"孙文党羽"的罪名逮捕并杀害了杨卓霖,蒋翊武得知后

---

① 张难先:《湖北革命知之录》,商务印书馆1945年版,第166页。

悲愤异常，为避免暴露，决定暂时归里隐蔽。这时他以诗言志，"时或仗剑高吟，旁若无人，人亦不测其为何也"①。

1908年，清廷颁布《钦定宪法大纲》，诏令筹办预备立宪以欺骗群众。蒋翊武闻之异常焦虑，担心群众受骗上当，决定复出开展革命活动。便前往刘复基处与其商量，"吾辈所事，又添障碍矣，及今不图，迟益艰难，闻鄂中新军多志士，余久志从戎，今且赴鄂实行矣。君能与俱否？"②刘复基欣然同意。

1909年秋，蒋、刘两人抵达湖北，蒋翊武得知湖北有"群治学社"的革命组织，遂暗赴天门、潜江一带进行调查。通过调查，他发现群治学社组织完善，成分纯粹，且尽属现役军人，便主动与之接近，要求入伍，经黄贞元介绍，遂投入第二十一混成协第四十一标第二营左队当兵，并加入了群治学社，积极开展革命活动。1910年春，群治学社社员李六如等准备响应长沙饥民暴动举行起义，不料事机泄露，许多社员被开除军籍，有的则逃往他省，群治学社为隐蔽起见乃改名为"振武学社"，以杨王鹏为社长。不久，队官施化龙以杨王鹏"秘密结社，图谋不轨"向第二十一混成协协统黎元洪告密，黎下令将杨撤职，蒋翊武因入营较迟，办事缜密而未暴露，得以留下，并被振武学社奉派暗中主持社务。

1911年1月30日，蒋翊武等人商议，又将振武学社改名为文学社，假借学术名义开展革命活动，蒋被推为社长，王宪章任副社长，詹大悲为文书部长，设机关于武昌小朝街85号。新军和军事学校学生许多人加入了文学社，使文学社成为武汉地区影响最大的革命团体③。1911年广州起义之前，文学社决定届时响应，后因黄花岗之役失败，武汉戒严，起义被迫取消。同年夏秋间，文学社在各新军标营普遍建立了

---

① 张难先：《湖北革命知之录》，商务印书馆1945年版，第167页。

② 张难先：《湖北革命知之录》，第168页。

③ 许和钧：《蒋翊武事略》，中国人民政治协商会议湖南省委员会文史资料研究委员会编《湖南文史资料选辑》第15辑，湖南人民出版社1982年版，第102—106页。

代表制,组织工作进入新的阶段。

　　与此同时,刘公、孙武所领导的共进会亦全力在湖北新军中发展,一些文学社社员同时加入了共进会,出现了跨社籍、会籍的现象。为避免共进会和文学社两个革命组织之间的内部摩擦,刘复基、彭楚藩、陈孝芬、李作栋等人提议双方合作,蒋翊武以革命利益为重,慨然应允。经过多次协商,双方决定联合起事,并由蒋担任联合后起义总指挥,共进会孙武任参谋长,时间定于农历八月十五日即公历 10 月 6 日。

　　然而,就在文学社和共进会协商联合举事时,意外地发生了南湖炮队事件。原来炮队第八标的革命力量比较雄厚,第三营左队正目梅青福和兵士汪锡久一贯比较活跃,受到反动官长注意,为免遭陷害,他俩决定请长假暂时隐蔽一下。同营士兵设宴送别,在醉意中,大家慷慨悲歌,惊动了反动军官。队官出来制止无效,便怒气冲冲要责打他们,士兵们也不甘示弱,便拖炮轰击,欲乘机起义。不料炮针被卸,炮库被封锁,又事先未经联络,无人附和,几个人只得四散逃脱,而炮八标第三营的军官也害怕事情闹大会妨碍他们的前程,仅将几个闹事的士兵开除了事①。但此事后来还是传到了湖广总督瑞澂的耳中,他知道武汉革命运动已经波及新军,便对新军严加防范,下令各标营军官收缴士兵的子弹,严密注意其动向。起义被迫推迟到农历八月十八日(10 月 9 日)夜 12 时。

　　10 月 9 日,亦即准备起义的当天,孙武等人在宝善里总机关部楼上赶制炸弹,准备起事,刘公之弟刘同站在一旁观看,不慎将手中纸烟火灰飘入炸药中,引起爆炸。孙武炸伤面部,被送往日人开设的同仁医院医治,刘同、刘燮卿、李淑卿等涉嫌被捕,屋内所有准备起义的炸药、旗帜、文告、袖章、名册、印信等件,均为捕房搜去,由俄人移交武昌江汉

---

　　① 李白贞:《共进会从成立到武昌起义前夕的活动》,中国人民政治协商会议全国委员会文史资料研究委员会编《辛亥革命回忆录》(一),文史资料出版社 1981 年版,第 520 页。

道解交督署。瑞澂等十分惊慌,立即实行江禁,并下令巡警道王履康根据名册闭城搜捕,各营官兵不准请假外出,一时间人心惶惶。革命党人聚集到武昌机关部商讨对策,蒋翊武亦已从岳州巡视赶回。由于他事先得知黄兴有建议推迟起义的电报,而中部同盟会总部又没有关于起义的明确指示,便力主推迟起义。可刘复基却拔出手枪指着他说:"不可!君为总司令,今事势危迫如此,而独犹豫,岂畏死耶?"①于是蒋翊武与大家商定,与其坐以待毙,不如铤而走险,蒋随即以总指挥名义发布命令,以当晚 12 时武昌中和门所驻炮队的炮声为号举行起义,各按原定的地点发动进攻,并派员将命令立即分送各部。不料清军防范森严,城门已闭,给炮队的命令无法及时送到。

　　离起义只剩半个小时了,蒋翊武、刘复基、彭楚藩在武昌小朝街总指挥部内,焦急而兴奋地等候起义信号的炮声。忽然,楼下传来一阵急促的敲门声,刘复基断定是军警前来捕人,便拿起炸弹掩护其他同志逃避,军警破门而入,已经走到楼梯口了,刘复基立刻扔下炸弹,不料却误中楼梯,反而反弹过来炸伤了自己,当即倒在地上,乘着军警惊恐和稍许退却的时机,蒋、彭等越过后墙而逃,爬上了邻近屋顶,可是由于梁木塌陷,掉入邻家被捕。蒋翊武当时穿着一件枣红马褂,拖着一根大辫子,土头土脑的,没有引起军警的注意,便趁机逃出,隐蔽在京山②。

　　就在蒋翊武逃出武汉的那天,10 月 10 日晚,武昌起义爆发了。第八镇工程营后队正目熊秉坤等面临军警大肆搜捕的险恶形势,先发制人,发动起义,各营纷纷响应。总督瑞澂等稍事抵抗就弃城逃跑,武昌随即光复。随后汉口、汉阳亦相继光复。起义军开始筹建政权,可当时孙武因受伤在医院就医,蒋翊武又逃亡在外不知去向,在群龙无首的情况下,大家商议以第二十一混成旅协统黎元洪为中华民国军政府鄂军

　　①　李西屏:《武昌首义纪事》,中国人民政治协商会议湖北省委员会编《辛亥首义回忆录》第 4 辑,湖北人民出版社 1981 年版,第 26—27 页。
　　②　曹亚伯:《武昌革命真史》,上海书店 1982 年版,第 72 页。

都督。当蒋翊武得知武昌起义光复的消息于 10 月 14 日回到武昌时，军政府的组织已略具规模，蒋仅被黎元洪任命为军事顾问。这时，蒋翊武鉴于鄂军政府内改良派势力颇盛，便大力加强文学社革命组织，并加强军队建设。"将文学社一般同志，随便委派所有各军队内，中下级教官均参入有人，其他各机关亦参入之"①。当时文学社会员詹大悲在汉口主持军政分府，蒋就在汉口扩充民军组成两个支队。同时派遣大量文学社同志分赴汉川、京山，帮助梁钟汉、刘英建立地方部队。随后，军务部副部长蔡绍忠因故辞职，革命党人推荐蒋翊武补蔡之缺，可是实权却操纵在部长孙武和副部长张振武之手，蒋只是赖此以加强与文学社同志的联络，支持他们的工作。

11 月 2 日，黄兴被推举为中华民国军政府战时总司令，至前线督师时，特任蒋翊武为经理部部长。11 月 26 日，黄兴辞去战时总司令职，黎元洪命万廷献继任，并任命蒋翊武为监军。万就职不到几天，就知难而退，由蒋出任战时总司令职。这时鄂军政府内文学社、共进会等派系之见日益加深，蒋所颁布的防守命令和作战部署，常被共进会成员说成是"乱命"，斥之为"糊涂竖子"。蒋翊武就任数日，深感无法施展，亦提出辞职，战时总司令一职也随之撤销。12 月 8 日，黎元洪任他为北军招抚使，至汉口办理招抚工作。

1912 年 2 月，南北议和期间，文学社成员竭力反对南北议和，主张拥戴孙中山、黄兴，反对袁世凯、黎元洪，因而接连发生文学社机关报《民心报》被黎元洪查封，一些文学社成员参与"将校团"、"义勇队"、"碧血会"等以"群英"名义的暴动而被镇压的事件，使蒋翊武处境越来越困难。

1912 年 4 月，蒋翊武被袁世凯政府授予勋二位、陆军中将加上将衔，蒋辞而不受。同月，同盟会鄂支部成立，他召来同志开会，提议并一致通过决议将文学社停止活动，社员一律加入同盟会。黎元洪认为这

---

① 曹亚伯：《武昌革命真史》，81 页。

是蒋翊武扩张势力,再三致电袁世凯要求调蒋入京,委以高等顾问名义。蒋入京供职后,因对袁素无好感,不久就请假出京。

　　1913年春夏,因宋教仁被刺而爆发"二次革命",7月25日,湖南都督谭延闿、长江巡阅使谭人凤宣布湖南独立,委蒋翊武为鄂豫招抚使。蒋发布公告,声言将取荆襄、捣武汉、直指河南。8月13日,湖南讨袁军失败,谭延闿宣布取消独立,陈复初等均出走,蒋处境十分危险。原湖南省议会议员黄佑昌为他联络日本军舰,准备到日本暂避。但其幕僚易俊民建议他暂避广西,以作他图,说自己在广西多年,与广西军官交往甚密。9月2日蒋即趋避广西,不料行至全州兴安县唐家冲时,被统领秦步衢所部拘捕。其友人闻讯,立刻向桂军师长陈炳焜求情。陈表示秦步衢拘蒋后,除电报师部外,还同时电京报功,所以必须等候复电,再作处理。不过他根据常理推断,释放蒋已是不可能的了。等蒋被押到桂林时,陈命营长贾克昭负责看守,并派刘家正好好招待他。不久,黎元洪以副总统兼参谋总长的身份,通电袁世凯要求处决蒋翊武,袁乃电令将蒋翊武"就地枪决"。当刘家正将袁世凯的电令给蒋翊武看时,"蒋神色自若,慷慨而谈,向刘痛论讨袁之必要,谓此獠不除,必为民国之害云"[①]。又问刘,天气太热,可否改在傍晚执行,刘表示同意。9日下午4时,刘家正备酒席款待,蒋饮酒食肉如常,饭毕赴丽泽门外行刑。行刑前,蒋仍向观众演讲国民大义,慷慨激昂,闻者无不感动。行刑兵士亦凝神静听,迟迟不肯开枪。排长见状害怕发生变故,拔出手枪即向蒋身后射击,蒋遂英勇就义。

　　蒋在就义前曾写绝命诗四首,其中一首为:

　　　　斩断尘根感晚秋,中原无主倍增愁!

---

　　① 万武:《蒋翊武死难纪实》,中国人民政治协商会议广西壮族自治区委员会文史资料研究委员会编《辛亥革命在广西》(下集),广西人民出版社1962年版。

是谁支得江山住？只有余哀逐水流。①

　　1921年，孙中山督师桂林时，追念蒋翊武为国尽忠，特立纪念碑于蒋遇难处，亲题"开国元勋蒋翊武先生就义处"刻于碑上，并由胡汉民作碑记。

---

　　①　万武:《蒋翊武死难纪实》,中国人民政治协商会议广西壮族自治区委员会文史资料研究委员会编《辛亥革命在广西》(下集)。

蒋 作 宾

江绍贞

蒋作宾,字雨岩,湖北应城人,生于1884年3月4日(清光绪十年二月初七),其父以"务农为生"①。蒋作宾幼时在家乡就塾,十五岁时考取秀才。1902年考入武昌文普通中学堂,与宋教仁等同舍,经常议论时政,萌发革命思想。1905年毕业后被选拔为官费留日学生入东京振武学校。8月,加入同盟会。1907年转入日本陆军士官学校第四期步兵科,翌年7月毕业返国,由清政府派任保定军官速成学校教习,1909年参加清政府举行的陆军留学毕业生考试,获优等第二名,调陆军部军衡司任科长。他在为陆军部接管北洋六镇、排斥袁世凯的势力中发挥作用,受到陆军部大臣荫昌的信任,1911年擢升军衡司司长。

1911年武昌首义爆发后,驻滦州的第二十镇统制张绍曾与第二混成协协统蓝天蔚等电促清廷立宪,清政府大为震惊,急派蒋作宾等往滦州对张部进行所谓宣抚。蒋到滦州后极力策划张绍曾与第六镇统制吴禄贞趁清军大举南下之际,举兵夺取北京。事为清廷侦知,时任清廷钦差大臣、湖广总督袁世凯指派周符麟前往石家庄收买吴的卫队长马步周,11月17日吴禄贞遭马步周暗杀,张绍曾随之被调职,其计划夭折。蒋便往沈阳谋与蓝天蔚在奉天举兵独立,行至山海关,闻蓝已败。他感到在清政府势力强厚的北方不能有所成功,遂南下到了武昌。此时,革

---

① 蒋作宾:《蒋作宾回忆录》,台北传记文学出版社1967年9月版,第3页。

命军在汉阳作战受挫。蒋急往九江请援兵,到浔后被推为九江都督府代参谋长。蒋即派江西民军两队往湖北广济、黄冈一带牵制清军,诱其东移,缓和了武昌的局势。年底,蒋受黄兴电邀赴上海,参加临时政府筹备工作。

1912年元旦。中华民国临时政府在南京成立,蒋作宾被任命为陆军部次长。他向临时大总统孙中山、陆军部总长黄兴提出建立南京、武汉、北京三重点的计划,在此三处建立由革命党人切实掌握的军事力量。他的建议被采纳后,即在南京参与编练第八师的工作,同时收容保定军官速成学校学生成立南京军官学校。他又往武昌向黎元洪建议多用同盟会员,改练湖北新军。

南北和议告成,唐绍仪组织民国第一届责任内阁。蒋随唐北上,仍任陆军部次长,总长为段祺瑞。蒋作宾打算在北京建立第二个军事重点,并计划将第八师调驻北京或热河,由于袁世凯对革命党人的防范,而未能实现。6月,唐绍仪辞国务总理职,袁命陆徵祥组阁,提名蒋作宾任工商总长,但由于参议院中同盟会员的抵制,而未能通过。

1913年"二次革命"反袁失败,蒋作宾在南京建立的军事基础遭瓦解。他在北京无所作为,于袁世凯酝酿帝制时称病离职,后被幽禁西山。至西南各省起而护国讨袁,袁世凯为利用蒋拉拢黎元洪帮助挽回危局,才将他解禁。

1916年6月,袁世凯病死,黎元洪出任大总统,北京政府的实权则掌握在段祺瑞手里。段挽蒋作宾出任参谋本部次长。蒋在黎、段矛盾冲突中居间做了一些调和工作。由于黎、段间的矛盾冲突加剧,翌年张勋复辟,在危急中蒋作宾帮助黎元洪逃到东交民巷日本使馆避难。不久段重任国务总理,为拉拢蒋作宾,授为翊威将军,派汤化龙前往挽留。蒋深知段难以共事,乃拒绝,于7月间南下到上海。9月经孙中山同意出国考察国际局势,先后到美国、法国、东欧巴尔干及土耳其、希腊等地。

1919年2月,蒋作宾由欧洲回国到广州。当时护法军政府在桂系军阀把持下名存实亡。蒋为实现孙中山打倒桂系军阀、夺取广东和统一南方的计划,与孔庚、何成濬、夏斗寅等人一起筹划先夺取武汉。当时武汉为湖北督军、两湖巡阅使王占元所盘踞,王在湖北的残酷统治早已激起人民的愤懑。1921年7月,倒王运动主持人李书城联络湘军赵恒惕攻鄂,主张"湖北自治",蒋作宾参与这一行动,并被推为湖北自治政府临时总监。兵至蒲圻,王占元弃职潜逃天津。王虽然被驱逐,但盘踞河南的吴佩孚以新任两湖巡阅使名义率北军南下,顺收渔人之利,使上述计划未能实现,蒋便偕孔庚返粤。此时孙中山正准备在桂林组织大本营,挥师入湘进行北伐。蒋作宾被任为大本营参议,参与军事计划的制订。年底,师次桂林,正待出兵之时,受到留守广东的陈炯明暗中掣肘。1922年孙回师广东,改道北伐,设大本营于韶关,蒋也随之前往。正当北伐军向江西胜利进展的时候,陈炯明公然发动叛变,炮轰总统府。蒋在叛军杨坤如部围困中逃出韶关,到广州时又遭叛军叶举围捕,蒋乘港轮脱逃,到永丰舰与孙中山会面。旋奉孙中山之命,到沪联络淞沪护军使何丰林、浙江督军卢永祥,酝酿建立反直三角同盟,以打倒陈炯明勾结的直系军阀。蒋除在上海、杭州一带活动外,又往沈阳参加姜登选等人建立反直军事力量的活动。

1924年11月,孙中山应冯玉祥、段祺瑞电邀北上,蒋作宾到京随侍左右。翌年3月,孙中山在北京逝世,蒋滞留北京观察形势变化。是年冬至次年春先后往河南、江西动员岳维峻、方本仁等响应北伐,但因广州方面动作迟缓而未收效,蒋复返广州。

1926年7月,北伐开始,蒋被国民政府派为湖北宣抚使,8月11日随蒋介石到达长沙,对鄂赣境内的军阀部队做了一些争取工作。17日,又奉派往沈阳劝说张作霖不要帮助吴佩孚南下。南返时,武汉、南昌已为北伐军光复。

蒋作宾到达武汉后,被任为广州国民政府委员。随着武汉革命阵营与蒋介石斗争的白热化,蒋作宾于1927年1月潜往南昌。他向蒋介石诬称"共产党在武汉另有企图,国民党同志变节者甚众"①,建议蒋介石招降孙传芳所部陈调元,先期夺取安徽,然后取南京。这一建议正合蒋介石的意图。他随即被蒋介石派往安庆,时陈调元已经易帜,便偕陈至南昌,与蒋介石筹划进取南京之策后,前往安庆组织省政府。4月18日,蒋介石在南京建立国民政府,蒋作宾被任为国民政府委员及军事委员会委员。

1928年4月,蒋介石继续北伐,蒋作宾担任战地政务委员会主席委员,随军北上。"济南惨案"发生后,蒋介石率军撤出济南。蒋作宾随后于5月9日从济南突围而出,随蒋介石绕道北进。6月,到达北京,不久战地政务委员会解散,蒋作宾转任北平政治分会委员。

是年10月,蒋作宾由国民政府任命为驻德国公使兼驻奥地利公使,11月前往柏林赴任,首次与德外长斯特莱斯曼会晤时,提出德国应与中、苏连成一气的主张,颇受德国朝野的重视。他还取得德国同意,派前任参谋总长塞克特等来华担任蒋介石的军事顾问。翌年3月,蒋代表中国政府出席日内瓦国联军缩会议,在大会上首次用中文发表演讲,引起震动,不少与会者视为中国的光荣。会议期间,苏联人民外交委员季维诺夫主动向蒋作宾提议两国签订互不侵犯条约,以为将来复交行动铺路,蒋虽十分赞同,但未得国民政府的同意。1931年春,蒋辞公使职,途经苏联考察后回国。

蒋作宾回国后,正值日本帝国主义即将侵占中国东北,他力主对日直接交涉,向国民政府提出设立中日交涉委员会的建议。他的主张符合国民政府内一部分人的愿望,8月底遂被任为驻日公使。就在他赴任途中,发生了"九一八"事变,国民政府向国联提出控诉,幻想国联制裁日本,避免与日直接谈判。蒋抵日后,迭电外交部不要寄希望于国联,并立即与日本外相币原谈判,条件是先由中国允许给予日人土地商租权以交换日本取消在华领事裁判权,然后再作解决"九一八"事变的

---

① 蒋作宾:《蒋作宾回忆录》,台北传记文学出版社1967年9月版,第44页。

具体谈判。但他的这一建议，由于一方面受到国民政府的阻止，另方面亦因币原受军国主义分子的排挤去职而落了空。接踵而来的是日本侵略的进一步扩大，蒋作宾只能是遵照国民政府的训令，向日本政府提交一些书面照会，在抑止其侵略上毫无作为。1933 年 3 月上旬日军侵占热河后蒋被召回国。9 月蒋介石召开牯岭谈话会，确定改善对日关系，10 月蒋作宾以"携有解决中日问题之有效训令，当以此尽力于中日友谊之改善"的"使命"返任。

1934 年 4 月，日外务省情报部长天羽发表妄图独占中国的"四一七声明"，激起中国人民的无比愤慨。蒋作宾遵循国民政府的旨意，于 4 月 26 日访晤日本外相广田，向广田保证中国并没有准备任何行动以抵抗日本的侵略。广田则得寸进尺地向蒋要挟：今后国际对华援助，中国必须事前商诸日本。

1935 年 1 月，广田高唱"中日亲善"的调子，蒋介石、汪精卫采取了一系列讨好日本的措施。5 月，中日双方公使馆升格，蒋作宾被任为首任驻日大使。6 月，国民政府颁布"邦交敦睦令"，蒋作宾再次回国，向蒋介石、汪精卫请示进一步"亲善"办法。他向记者表示不因当时签订"何梅协定"、"秦土协定""这些不愉快的事件而变更改善中日国交的政策"①。9 月，蒋作宾返东京任所后立即会晤广田，提出中日亲善三条基本前提条件：（一）中日两国平等享有与遵守国际法规定之独立国家权利与义务；（二）中日两国对于一切非友谊行为不得再行发生；（三）中日邦交回复正轨，两国间一切事件循和平外交手段以求解决。并向广田说明中国虽然不能承认"满洲国"独立，但可以置之不问。10 月 7 日广田召见蒋作宾反提三原则，大要为：（一）中国取缔一切排日运动；（二）中国事实上承认"满洲国"，树立中、日、满经济合作；（三）中、日、满

---

① 吴相湘：《第二次中日战争史》上册，台北综合月刊社 1973 年版，第 208 页。

共同防共①。声称这是中日提携的绝对必要条件,中国政府如能完全同意,日本就可逐步商议中国所提三原则。蒋向广田当面表示:取缔排日言行已有事实表现;承认伪满需请示政府再行答复;对共同防共的方法和地域可以研究。广田希望蒋作宾回国后能担任外交部长。

由于当时日军策动华北"自治"达到高潮,全国抗日情绪更加高涨,加之国际政治斗争形势的演变,蒋与广田的谈判没有能继续发展。同年12月国民政府改组,蒋介石继汪精卫任行政院长职,蒋作宾的驻日大使也随之被免职,改任内政部部长。

1936年12月初,蒋作宾往西安视察,适西安事变发生,被幽禁。迨事变和平解决后回南京,担任国民大会全国代表总选举事务所主任。

"七七"抗战爆发后,蒋作宾出任安徽省政府主席,上任仅两个多月即由第五战区司令长官李宗仁接替。随后往重庆任国民党中央监察委员。1940年冬任党政工作考核委员会政务组主任。1942年元旦,高血压发作,卸职休养。同年12月24日因肺炎并发心力衰竭在重庆病故。1943年6月12日国民政府追赠蒋作宾为陆军上将。

---

① 日本防卫厅防卫研究所战史室:《中国事变陆军作战史》第1卷,中华书局1979年版,第42页。

焦 达 峰

周天度

焦达峰,原名大鹏,字鞠荪,湖南浏阳人,1886 年(清光绪十二年)生。家有土地五百余亩,父亲担任过地方上的团总①。焦达峰五岁入私塾,十五岁上浏阳高等小学,十八岁加入哥老会,受到反清思想的影响,随后转入长沙高等普通学堂预备科肄业,与禹之谟交好,受禹及当时革命形势的影响,倾向革命。

1906 年,焦达峰参加了萍、浏、醴起义,曾任起义将领李金奇的参谋。起义失败后逃往日本,入东斌学校学习军事,不久加入同盟会。1907 年任同盟会调查部长,专门从事联络各省秘密会党的工作。

这时,同盟会的活动正集中于华南地区,对长江流域各省注意不够。焦达峰认为同盟会的行动舒缓,革命应从"腹地"发动,于是联合四川张百祥、江西邓文翚、湖北刘公等共同组织秘密团体共进会,准备联络长江流域秘密会党,聚集力量,在中部省区发动起义。共进会 1907 年 8 月正式成立于东京,仍拥戴孙中山为领袖,宗旨与同盟会也基本相同,但将"平均地权"改为"平均人权",以便易为会党所接受。

1909 年初,焦达峰由共进会推派回国进行革命活动。到汉口后,和孙武等研究了在两湖开展革命办法。4 月,他们在汉口法租界设立了共进会总机关,并在武昌设了分机关。

同年 8 月,焦达峰化名左耀国回到湖南,在长沙设立了共进会机关

① 冯自由:《革命逸史》第 2 集,中华书局 1981 年版,第 280 页。

部,并密赴浏阳、醴陵和江西萍乡一带活动,联络会党。此后,他一面与杨任等在湖南积极从事革命活动,在农民中进行了大量的宣传和组织工作,同时往来于湘鄂之间,加强两湖革命党人的联系。半年后,组织起来的会众达一千数百人。

1911 年 4 月广州起义失败后,焦达峰到武汉。这时,谭人凤也从香港来到武汉,经与谭人凤以及当时在湖北的居正、孙武等商议决定,继续加紧两湖革命发动准备,"如湖北首先起义,则湖南即日响应;湖南首先起义,则湖北即日响应"①。10 月,武昌首先起义胜利,给湖南革命党人以很大鼓舞。在湖北革命的推动下,焦达峰负责联络会党,陈作新运动新军,积极准备起义。1911 年 10 月 22 日晨,焦达峰和陈作新率领驻在长沙城外的新军革命士兵分两路攻入城内,与城里巡防营革命士兵会合,占领了谘议局、军装局和巡抚衙门。湖南巡抚余诚格闻变潜逃,中路巡防营统领黄忠浩和几个清吏顽抗被杀,湖南起义迅速获得胜利。当晚,参与起义的各界代表在谘议局举行会议,在革命党人特别是新军代表的支持下,会议公举焦达峰为都督,陈作新为副都督,建立了由革命党人为主体的湖南军政府。军政府成立后,焦达峰把支援武汉战争作为首要任务。三日内,招募新兵六千人,并派遣了由王隆中率领的新编独立第一协出师援鄂。

湖南起义成功,军政府一成立,立宪派马上就发起了对以焦达峰、陈作新为首的革命党人的进攻。还在起义前,以湖南谘议局长谭延闿为首的一些立宪派人物,看到革命不可避免,分别表示"倾向"或"赞成"革命,混入革命营垒。他们提出"文明革命",要求"勿扰乱秩序"。谭延闿宣称:"文明革命与草寇异,当与巨家世族、军界长官同心努力而后可。"②立宪党人力图篡夺革命的领导权,以便维护旧的统治秩序。10月 22 日起义胜利的当晚。在谘议局举行的会议上,立宪党人即想推举

① 杨玉如:《辛亥革命先著记》,科学出版社 1959 年版,第 35 页。
② 子虚子:《湘事记·军事篇(一)》铅印本,1914 年。

谭延闿为都督，没有得逞。焦达峰、陈作新被选为正、副都督后，23日，他们以"模仿英国立宪之精神"为名，迫使焦达峰接受了成立一个参议院的要求，以谭延闿为院长，参议院议员大多数为原谘议局议员。它的职权规定，凡都督发布重要命令都要经参议院同意才能执行，参议院则可自行议决事项交都督执行。但立宪党人并不以此为满足，25日，他们又要求按照湖北接受立宪党人参加政府的先例，于都督下分设军政、民政两部，由谭延闿任民政部长，黄鸾鸣任军政部长，实行"军民分治"，以削弱都督职权。焦达峰等对立宪派的篡权野心认识不清，一味妥协，同意了他们的要求。这样，正副都督形同虚设，立宪派实际上已控制了湖南政权。

这时谭人凤回到湖南，看到都督大权旁落，焦达峰成了立宪派的"笼中之鸟"，主张取消参议院及两部，由都督掌握一切，采取果断措施，给立宪派以有力制裁，但不为焦达峰所采纳。焦达峰说："我为种族革命，凡我族之附义者，不问其曾为官僚，抑为绅士，余皆容之。"[1]陈作新也持同样看法，认为大家都是汉族，"如家人聚首"，不必戒备。焦达峰、陈作新等对立宪派的进攻，完全失去了警惕性。他们思想上的弱点，加上当时新军革命队伍被调往湖北支援战争，失去了防御力量，就给立宪派以可乘之机。事先，立宪党人已暗中攻击焦达峰是"会匪"首领，制造谣言，挑拨新军与焦、陈的关系，鼓动旧军人为黄忠浩复仇。随后他们在一次秘密会议上，决定由原新军五十标第二营管带梅馨策动一部分军队来发动谋杀焦、陈的流血政变。

1911年10月31日，立宪派先煽动一部分人到长沙北门外和丰火柴公司闹事，制造了和丰公司纸币挤兑风潮。与此同时，梅馨则分兵两队：一队埋伏于和丰公司附近，一队做围攻都督府的准备。和丰挤兑风潮发生后，立宪派诡请都督亲往弹压，焦达峰派副都督陈作新前往该处，遭到伏兵袭击，被乱刀砍死。随后，梅馨又指挥所部，声称为黄忠浩

---

① 邹鲁：《中国国民党史稿》第4册，中华书局1960年版，第924页。

报仇,冲进都督府,将焦达峰杀害。焦、陈被害后,立宪派的首领谭延闿随即被拥戴当上了都督。接着湖南常德、湘潭、宝庆等地也相继发生了类似的反革命政变,许多革命党人被诱杀。革命派掌握的政权很快便落到了立宪派手里。

金 宝 善

高秋萍

　　金宝善,字楚珍,1893 年五月(清光绪十九年四月)出生于浙江绍兴县。父亲为玉器行鉴别玉器,家境清贫。金宝善七岁时入读本村私塾,勤奋好学。1907 年以优异成绩考入绍兴中学堂。时值鲁迅在该校担任学监,金因学习成绩每每名列班首,受到鲁迅关注。在新文化运动思潮推动和鲁迅的直接影响下,金宝善积极参加了校内外的一些民主革命活动。1910 年金毕业后考入南京水师学堂,不久转入杭州医科专门学校学习。

　　1911 年,金宝善以优异成绩考取官费留学,东渡日本。先在千叶医科专科学校(今千叶医学院)学习了五年,主修内科学。1916 年毕业后,入东京帝国大学传染病研究所深造,专攻传染病学与生物制品的制造技术。

　　1919 年,金宝善回国。时值鼠疫瘟情严重,北京政府内务部建立中央防疫处,金任该处技师,从事生物制品的研制和鼠疫的防疫工作。他用日本带回的菌种制出白喉抗毒素、免疫血清、牛痘疫苗等生物制品,开拓了我国自制生物制品事业之始。1920 年,我国东北又发生大规模鼠疫,金受命参加治疫。

　　1925 年,北京政府创设公共卫生事务所,金宝善以中央防疫处技师身份兼任公共卫生事务所课长。同时在北京医学专门学校及军医学校讲授传染病学和防疫学,培训卫生防疫人才。他在《中国年鉴》上发表了有关鼠疫的论文,受到医学界的瞩目。1926 年 4 月,经协和医学院公共卫生科美籍教授兰安生(John B. Grant)推荐,赴美国霍普金斯大学公共卫生学院进修。

1927年,金宝善获公共卫生学硕士学位后回国,任杭州市卫生局局长。1928年2月,南京国民政府成立卫生部,金宝善任保健司司长。是年6月,北伐军进取北京,金宝善奉命接管原北京政府中央防疫处的工作。后该处由北平迁至南京,金任处长,继续从事生物制品的研制工作。1929年2月,国民政府颁布《海关新税则》,随之设立全国海港检疫总管理处,委金宝善主持制定《全国海港检疫条例》,并参加接收上海江海关的海港检疫处。1931年,长江中游洪水为患,国民政府派金宝善组织医疗队前往救灾。翌年他在汉口设立检疫所,以后又在广州设立黄埔、南石头两个检疫所,为我国建立现代医疗卫生制度和机构,做了大量工作。

1930年,金宝善代表中国出席在巴黎举行的世界医学大会,作了题为《中国卫生事业状况》的报告。1931年春,金又出访欧洲许多国家,考察各国卫生制度,经过反复比较,拟定了我国医药卫生方面的一系列管理办法。

1932年,国民政府创建中央卫生设施实验处,由中央卫生署长刘瑞恒兼任处长,金宝善任副处长。金宝善为创设各项卫生事业进行大量的实验与研究工作,使实验处成为当时掌理全国卫生技术设施和检验、鉴定、制造、研究、专业人员培训等事项的实验、研究中心指导机构;又主持了各地区流行病、传染病、寄生虫病的调查与防治工作,并筹建了一些地区的卫生实验机构和卫生工程,制订了生命统计制度及卫生教育计划。

金宝善在创建中央卫生防疫机构的同时,也重视地方和乡村卫生机构的建立,为此奔走于全国各地,有计划有步骤地建设地方、乡村和边疆的卫生事业,试办了乡村卫生实验所,并提倡以县为单位试办推广。

1934年前后,金宝善先后在江西、云南、湖南、甘肃、青海、宁夏、陕西等省设立卫生处或卫生实验处,在上海、南京、天津、北平、广州、杭州、南昌等城市设立卫生局或卫生实验所。1935年又前往西北地区,在兰州主持建立西北蒙绥防疫处,制造各种人用、畜用的生物制品;同时从事传染病及寄生虫病的研究、调查和防治,从而推动了青、宁、甘、新及陕西、川北等地区卫生防疫事业的发展。同期,金宝善还推动和协助河北、山东、安徽、江苏、浙江、广东等省和定县、和县、萧县、盐城、句容、江宁、吴兴、武康等县设立了乡村卫生机构。

1936年起,金宝善被举任两届中华医学会会长,多次代表中国出席世界卫生会议,并承担了大量的卫生教育和人才培训工作。在《中国年鉴》、《中华医学杂志》等许多报纸、杂志上发表了关于卫生防疫、卫生事业管理以及医学教育等方面的论文,在国内外医学界颇有影响。

1937年抗战爆发后,中央卫生署迁重庆,卫生实验处迁贵阳。金宝善任副署长兼实验处长。为应战时急需,金宝善组织红十字会在长沙设立战时卫生人员训练所,并组织战时救护队,往来于湘、桂、黔、川交通线,组织办理伤兵救治及从沦陷区逃难到后方的难民医疗救护工作。同时主持设立汉渝宜检疫所,负责控制长江上游传染病的传播。

1941年,金宝善接任中央卫生署署长职,将主要精力投入组建各种卫生站、医疗队、抗疟队等。当时,日本军国主义正大规模培养鼠疫、伤寒、霍乱、赤痢等细菌,扩大在中国的细菌战,致使无数中国军民染患恶疫而死。为此,金宝善在西南通往东南亚和印度半岛的公路上设立了许多防疫队和卫生站,又在黔桂、滇黔、川滇、川黔、成渝、川康、川陕等交通线上,设立了流动医疗防疫队和公路卫生站达七十余处,以防堵流行病入侵。后又协助军医署组建抗疟队和流动输血队,进行战地抗疟和输血救护工作。他并督促中央防疫处加紧制造各种生物制品,以供西南各省地方医疗卫生机关防疫传染病的使用;督促麻醉品经理处和卫生器材修造厂加紧制造医用麻醉药品和医疗器材,供内地各省医疗机构的急需。

当时,由于沿海城市港口沦入日本帝国主义之手,后方药品匮乏,金宝善主持成立了战时医疗药品经理委员会,负责从国外输入药品。他多次亲赴边疆,组织从印度输入五十多种药品,平价供应给各医疗单位,应战时救护之需。还忙于接受由印度海关输入的国际援华的药品器材,及时分发给前线医疗机构。他正直清廉,秉公办事,对于某些高级官吏图谋利用国难走私药品牟取暴利者,均严词劝阻,拒不签发经营证书。

金宝善在主政中央卫生署期间,将所属中央卫生实验院的内部机构加以调整和扩大,除原有的卫生工程系、环境卫生系、妇婴卫生系、卫生教育系外,又增设流行病研究所和营养研究所;还将卫生人员训练所并入实验院,继续开办专业人员训练工作,培养大批公共卫生工作骨干。

抗日战争胜利后,金宝善潜心于全国各级各类卫生机构的建立和健全,同时对署属机构加以扩大和调整:中央卫生实验院在兰州、北平及东北等地增设分院,分别办理各该地区的卫生事务、生物制品的实验研究以及有关卫生措施的推行;中央防疫处改称中央防疫实验处,成为全国药品及制药总机构,除继续研制各种痘苗、疫苗等生物制品外,还研究若干种新药,以促进国内西药自制;原战时医疗药品经理委员会改组为中央药品供应处;同时增设药品管理局,负责管理药品的进口和新药厂的筹建事项。

1947年4月,国民政府将中央卫生署改组为中央卫生部,金宝善任卫生部政务次长。他再次被派往欧美考察战后各国卫生发展状况。当时联合国在日内瓦酝酿成立世界卫生组织,金作为中国代表参加了会议,并成为世界卫生组织的发起人之一。回国后,他又积极从事建立地方各级卫生医疗组织的工作,但因经费不足和卫生技术人员缺乏,大多数县的卫生院并未按规定建制,下属机构更不完备,设备简陋,不足以实施医疗卫生业务。金虽多方呼号,但收效甚微。金宝善痛感当局政治日趋腐败,于1948年春毅然辞去卫生部次长职,赴上海医学院卫生学系任教授。同年9月,携家眷赴美,应聘联合国善后救济总署儿童急救基金会医务总顾问。1949年初,国民政府行政院改组,任金宝善为卫生部部长,金退回委任令,坚不回国就任。

中华人民共和国成立后,金宝善欣感祖国复兴有望,在美国积极奔走,为新中国筹集捐款。1950年,他以联合国世界卫生组织儿童救济基金会医务总顾问的名义,和联合国世界卫生组织官员王兆俊一起,为新中国儿童申请了一笔700万美元的救济款。由于当时涉及国际关系上的政治原因,中国政府没有接受这笔款项。中华人民共和国卫生部部长李德全给他写信,希望他能回祖国为人民工作。他接信后立即毅然辞去在联合国的一切职务,准备回国。在美的朋友们挽留、劝阻他,聘请他到母校霍普金斯大学任终身客座教授,他谢绝了朋友们的好意,冲破美国政府的重重阻挠,于1951年2月22日携眷取道香港回国。

金宝善回国后,先后任中华人民共和国卫生部技术室主任、参事室主任等职。1954年4月调任北京医学院卫生学系主任兼保健组织学教研室主任,为一级教授。当选为第二届全国政治协商会议委员,兼任中国红十字会常务理事、《中华卫生杂志》主编。他主持筹建中华医学会卫生学会,任该会第一届主任委员、中国科普协会委员等职。1957年,金宝善被错划为右派,1960年11月摘掉右派帽子后,在北京医学院担任培养青年教师进修英语、日语的教学工作及文献资料的研究工作。1962年应中国医学科学院情报研究所的邀请,参加世界各国卫生情报资料的编译工作,编译了二百余万字的《世界卫生年鉴》,较详细地介绍了世界上一百三十多个国家和地区的经济、文化、卫生状况。

"文革"中,金宝善再次受到严重冲击和伤害。直到1970年底,才逐渐恢复工作。1972年,他还编写了《查阅医学外文期刊的经验简介》一书。中共十一届三中全会以后,金宝善得到彻底平反,又重新当选为第五、第六届全国政协委员,并被任命为北京医学院卫生系名誉主任。1978年,年逾八旬的金宝善应中国社会科学院近代史研究所约请,撰写了《中华民国医药卫生史料》,同期为《中国医学百科全书社会医学与卫生事业管理》分卷撰写了《中国近代卫生事业》等部分专著。晚年仍抱病主编《英汉预防医学名词词汇》,至1983年6月完成这部为期8年的巨著。

1984年11月11日金宝善病逝于北京。

主要参考资料

陈邦贤:《中国医学史》,商务印书馆1957年版。

金宝善:《中华民国医药卫生史料》,北京医科大学公共卫生学院编《金宝善文集》(样本),1991年版,第9—21页。

金宝善:《三十年来中国公共卫生的回顾与前瞻》,《中华医学杂志》第32卷第1期,1946年版。

中华医学会:《中华医学历届大会简介》,《中国医史杂志》1985年第4期。

国民政府档案:《抗战六年来防疫工作概况》,1943年5月,中国第二历史档案馆藏。

金宝善追悼会悼词,1984年11月24日,北京医科大学藏。

金 润 庠

顾振仪　来可泓

金润庠，浙江镇海人，生于 1890 年 7 月 31 日（清光绪十六年六月十五日）。其父系清朝举人，于金润庠八岁时去世。母沙完珍，出身于书香门第，能诗善文，兼通医理，曾在宁波举办女塾，开浙东女学之先。

金润庠有弟妹三人，以家中食指繁多，于 1904 年小学毕业后，即到汉口立昌生海味号当学徒，业余自学英语。几年后，经其母舅沙咏源介绍，至上海华通保险公司当办事员。金博闻敏慧，工于心计，颇得经理青睐，1909 年升任华通烟台分公司经理，后改任华通杭州分公司经理。不久进上海美商德泰洋行当买办，又任英商光耀桅灯厂中方经理。与此同时，金以私资开设润丰恒商行，并在英人办的法律事务所学习法律。

1911 年，上海发生信托公司和交易所倒闭风潮，金润庠与竺梅先两人分别代表自己的商行，参加五洲交易所财产清理案件，显示了各自的才能，互相钦佩，渐成知交。在 1925 年张宗昌盘踞山东时，金润庠协助竺梅先在上海为张宗昌军采办面粉。以后，两人继续合作，积资日丰。金与竺于 1927 年冬，鉴于造纸工业有利可图，以 28 万元之代价，盘进嘉兴禾丰造纸厂；1931 年又以 29.05 万元的标价，购进杭州武林造纸厂。他们将两厂改名民丰、华丰，设立董事会，竺梅先任经理，金润庠任协理，开始经营造纸工业。

30 年代的中国民族资本造纸工业基础十分薄弱，全国不到二十家纸厂，外国纸品充斥市场。竺、金两人分析了当时的经济形势，认为卷烟、胶鞋等轻工业发展较快,包装的纸版用量必然会随之增加,而纸版运输时吨位较多,外商无意经营,于是他们便从事纸版生产。

在试制薄白纸版的过程中,竺、金两人表现了极大的热情,亲自下车间,督率技术人员、工人共同钻研。这种纸版的技术要求是正面平滑有光泽,反面宽松,即所谓"单面光"。当时既无技术资料,又无专家指导,竺、金光凭热情,闭门造车,几经试验,未获成功。但竺、金两人仍不惜工本,坚持试制。1933年聘总工程师褚凤章、造纸工程师陈晓岚先后进厂,并邀请浙江大学教授潘光圻协助,于次年试制成功,以"船牌"为商标经销。

由于中国民族工业地位脆弱,同业之间又互相倾轧,削弱了对抗外资的力量。金润庠乃与各纸厂协商,筹组"国产纸版联合营业所",使各厂生产纸版纳入产、销垄断机构,调和矛盾,增强实力。结果与苏州大丰厂、盛华厂、天津振华厂共五家,各推一人组成理事会,推选金润庠任联营所所长。规定各厂产品一律交由联营所出售,定价划一,天津振华产品不南运,南方各厂产品不北上。上海竞成纸厂不愿参加联营,以每吨纸版低于联营二元的价格抛售。金润庠大量收购,以压缩纸版的上市量,迫使竞成纸厂就范。

1935年前后,全国有卷烟厂四五十家。而本轻利重的卷烟纸却仍依靠外国进口,大量金钱被外商赚走。竺、金两人便着手试制卷烟纸。除了重用褚凤章、陈晓岚等工程师外,并用重金聘请奥国工程师恩槎来厂辅导技术,向德国买进新机器,"船牌"卷烟纸迅速试制投产。1936年经国民政府工商部批准,享有东南五省、两特别市的卷烟纸制造专利权。竺、金为了打开销路与舶来品抗衡,派人到处游说,一时南洋、华成、福新等烟厂相继采用;其后,英商颐中烟草公司也开始订货。自此,民丰造纸厂生产的"船牌"卷烟纸在东南五省享有声誉,对于抵制外货、发展民族工商业起到一定作用。

1937年上半年,民丰、华丰两厂同时扩充;民丰再增资175万元,连同原有资本共计300万元。不久,抗日战争全面爆发。金润庠曾任上海市抗战后援会主席团成员兼供应委员会副主委,劝募物资,支援抗日军队作战。以后杭州、嘉兴相继沦陷,上海租界成为"孤岛",金润庠拒绝与日商合作,撤退到汉口,又转赴香港,与其子跑单帮做运销生意。不久,金在香港与官僚资本中茶公司挂钩,从宁波贩运茶叶出口,获利甚巨。他常往返于重庆、桂林、香港等地,并曾秘密潜入上海劝募抗日美金公债。1941年5月竺梅先在宁波病故后,民丰、华丰两厂均由金润庠掌握。

在1939年时,日商"王子制纸株式会社"通过日本侵华机构"兴亚院"和"大使馆"强占民丰设备,盗用民丰名义,生产太阳牌卷烟纸。1942年,日本帝国主义和汪伪政权为收揽人心,宣布"发还"华东地区一百四十余家大工厂,企图胁迫原厂主"合作"办厂。金润庠由重庆回到上海,与董事们商定对策,经过多次谈判,最后谈妥由日方签约承租民丰、华丰两厂。金润庠以所得租金在上海开办大同企业公司,经营地产、股票和黄金等投机买卖和卷烟纸贩运业务。

1945年抗战胜利后,金润庠从日人手中收回了民丰、华丰两厂。纸厂复工后,当时舶来品未及赶到,上海各烟厂均用民丰、华丰出产的卷烟纸,一时销路甚广。但好景不长,美国剩余物资大量运到,孔祥熙的扬子公司经销大批美制卷烟纸,以低于民丰成本的价格涌进市场。民丰产品无人问津,有的烟厂原装退回,存货一时积压至六千余箱。金润庠面临危局,终日忧惧。只好暂时转变方向,改制部分文化用纸和手工卷烟用的连史纸支撑局面。

1946年秋,金润庠任民丰、华丰总经理后,将两厂厂长职务分别由原工程师陈晓岚、吴贤哲担任。两厂总工程师为褚凤章,副总工程师为陈晓岚。两厂并多次开办技术员工训练班,培养了一批技术人才。

金润庠活跃于上海工商界,任全国工业协会副理事长、上海市商会常务理事等职,与国民党官员翁文灏、张群等拉关系甚力。对杜月笙执礼甚恭,依为靠山。他还让上海的"大亨"陆京士、骆清华、王先青等人在厂里兼职、领薪。1948年,金当上了"国大代表"。

但是,由于帝国主义和官僚资本的不断打击,使金润庠难以招架,孔祥熙的扬子公司从香港大批运进美制卷烟纸倾销,民丰卷烟纸至1948年冬积压已达八千余箱,相当于一百六十万美元,濒临无法周转资金的绝境,出现复厂后第二次危机。金润庠通过贿赂国民党官吏的办法,向中央银行乞求钞票纸订货任务,以济眉急。

1949年5月上海解放前夕,国民党妄图拉金润庠去台湾,金拒之。国民党京沪杭警备总司令汤恩伯派副官把飞机票送到金的手中,金怕受宪兵迫行,遂秘密避居圣保罗公寓。一个星期后,上海解放,金才回工厂。

解放后,人民政府保护民族工商业,华丰、民丰开工生产,积压的八千多箱卷烟纸亦迅速售出。1950年2月,美蒋飞机轰炸上海电厂,各烟厂因之停产。4月初,华丰、民丰两厂成立劳资协商会议,金润庠不明人民政府政策,害怕职工斗争,偕家属及副总经理竺培农避居香港。经中共和人民政府的争取,推举他为浙江省各界人民代表会议特邀代表,派人赴港劝促,金乃于7月初返回上海。此后,经金润庠多次申请,民丰、华丰两厂于1953年11月起改为公私合营。

金润庠历任全国政协第二、三届委员。1958年起患心脏病、糖尿病等多种疾病,于1961年6月13日在上海去世。其子女根据金"为人民办些福利事业"的遗愿,集其部分遗产二十余万元,捐献给浙江省工商联,供举办社会主义教育事业之用。

主要参考资料

金志朗、沙咏原:《民丰、华丰两造纸厂简史》,中国人民政治协商会议浙江省委员会文史资料研究委员会编《浙江文史资料》第16辑,浙江人民出版社1986年版。

魏桥等:《金润庠》,浙江社会科学院编著《浙江人物志》(下),浙江人民出版社1984年版。

　　金志朗:《金润庠生平事略》,中国人民政治协商会议杭州市委员会文史委编《杭州文史资料》第 7 辑,1986 年版。

　　访问金润庠亲属记录材料。

金 树 仁

张奇林

金树仁,字德庵,甘肃导河(今临夏)人,生于1879年(清光绪五年)。1893年开始求学,翌年入杨增新创办的河州书院。1900年杨升任甘肃提学使兼甘肃高等学堂总办,金树仁由河州进省,就读并毕业于甘肃高等学堂,与杨增新有师生之谊。清宣统己酉(1909年)拔贡。

杨增新于1912年主政新疆,1914年金树仁应召入疆,供职幕府,长于笔札。1916年,金在省政治研究所学习,曾考列第一,颇得杨增新的青睐。金在杨面前表现得十分恭顺,极得杨的欢心。1919年,沙俄将军阿年科夫溃败,窜入塔城、伊犁等地,占据阿尔泰山特区,金树仁协助杨增新将其军队瓦解,并计诱阿年科夫到省被擒。是年,金考取一等县知事,先后任阿克苏、疏府(今喀什市)、迪化(今乌鲁木齐市)等县知事。1926年升任省长公署政务厅长。

1928年7月7日,新疆省军务厅长兼交涉署署长樊耀南,在俄文法政专门学校毕业典礼的宴会上发动政变,刺死新疆省主席杨增新,闯入省署,企图控制新疆政局。金树仁迅即召集军务科长张培元、讲武堂教官冯梁等率军包围省署,敉平了樊耀南政变,并于当晚将樊处决。7月8日,金树仁以民政厅长兼新疆省临时主席、总司令的名义,致电南京国民政府报告平叛经过,强调边情紧急,自己正在统率军民极力维持,意在促使国民政府早日明令他执掌省政。同时,他还通电各镇道说明政变经过,并且说他已经控制全局,促使各地文武官员予以承认。金树仁的平乱通电发出后,立即得到喀什、哈密、阿山、伊犁各重要地区文武官员及蒙、哈、回各王公的拥戴,并由各王公联名电请南京国民政府,任命金树仁为新疆省政府主席兼总司令。南京国民政府虽有意统制新疆,但是鞭长莫及,乃于 8 月 20 日以金树仁平乱有功,任命他为新疆省政府主席,但迟迟不授其军职。直至 1932 年秋,才任命金树仁兼边防督办。

金树仁认为杨增新之所以未得善终,就是身边没有亲人。因此,他上台以后,特别注重以乡土集团来巩固政权。在用人方面,一些实权要职都尽量用其家族亲戚、同乡亲友和亲信。在省城,首先任命其同乡同学又同事多年的鲁效祖为省政府秘书处秘书长,以监视各厅处的异己分子;接着任命其同乡阎毓善继任他的民政厅长职;同时委派其五弟金树信任军务厅长,迨新疆军官学校成立,更兼任校长;其他各厅处负责人,凡有异动,大都以其亲信或甘肃同乡充任。在地方,喀什为南疆首善之区,乃任命其四弟金树智为驻军师长;伊犁为北疆重镇,则以其同乡张培元为镇守使;哈密为通往内地要津,任命其同乡刘希曾为驻军师长。此外,金树仁的马弁崔肇基,先被擢升为省府警卫队长,继而提拔为旅长。

1930 年 3 月,哈密贵族沙木胡苏特亲王病故,其子聂滋耳袭爵。希望废除王制的维吾尔农民向省府提出了改土归流的要求;驻哈密的师长刘希曾也向金树仁提出了同样的建议。金采纳了刘的建议,先将聂滋耳羁縻于省城,并于 1931 年 1 月正式宣布在哈密地区设立哈密、伊吾、宣禾三个县,同时还公布了土地开垦和田赋征收的办法。由于地方政府措置乖张,引起了维吾尔农民的极大不满,终于酿成民变。金树仁发现哈密情况严重,遂将刘希曾撤换,改派朱瑞樨和熊发友到哈密进行镇压。由于省军实力雄厚,哈密义军邀请回族青年军人马仲英前来支援。5 月 18 日,马仲英部攻入哈密东的黄卢冈,不久又击溃哈密外围的省军,将哈密新旧两城包围起来。金树仁接到哈密告急的电报后,委派鲁效祖为援哈总司令,率杜治国旅东下,以盛世才为参谋长,参赞戎机。鲁效祖遭到溃败后,金树仁忙调伊犁的张培元进省,出任前敌剿匪总司令,率部东下。马仲英部无心恋战,自动东撤。张培元部进抵哈密,解了哈密之围。

哈密事变后,金树仁对各地的政治、经济统制愈益加深,各地农民纷纷举事,鄯善、托克逊等地农村都出现了反对省政府的武装游击队。1931 年岁末,马仲英的部下马世明率部进袭达坂城,随后驰赴省城迪化。1933 年 2 月 22 日夜,马部主力袭击省城西大桥,金树仁令守军焚烧西大桥街,攻城部队失掉掩蔽,向西北方向撤退,省城局势稍趋平缓。4 月 12 日下午 1 时,负责守城的二百余名归化军发生哗变,金树仁在卫队的掩护下,携家眷仓皇逃到第一公安分局,后移至城外。当晚,东路军指挥杨正中率队反攻,但由于郑润成的东北军参战,杨部被击退。13 日,杨正中保护金树仁西去昌吉,后再退绥来、乌苏。金树仁想去伊犁,遭张培元婉拒,乃改道到达塔城。塔城行政长鲁效祖劝其引退,并将准备购买汽车的黄金交给金树仁充作旅费。金树仁见大势已去,于 4 月 24 日通电下野。之后,他假道苏联转往内地。

金树仁治新期间,对南京是“只拜庙宇不问何神”。1930 年中原大战爆发后,汪精卫等人电请金树仁表明态度。他回电说新疆一向信赖中央,如果汪将来到了中央,新疆当竭诚拥护,但目前未敢妄作主张。尽管金树仁表示服从中央,却极力防止国民党势力渗入新疆。南京曾发表过国民党新疆省党部委员名单,遭到金的拒绝。后来建立的省、县党部,都是由金派去的人主持,摆个样子而已。哈密事变后,金在军事上、财政上感到十分棘手。他曾电请国民政府发给飞机、坦克、重武器,南京方面未予理会。马仲英部入疆后,金又几次致电南京,“请令邻省派兵兜剿”也无结果。因此,金只好求助于苏联。中东路事件发生后,中苏断交,但新疆、苏联间的贸易依旧进行。1931 年 10 月,金在没有向南京国民政府作任何汇报的情况下,与苏联签订了《新苏临时通商协定》。当时金正向英国、德国洽购军火和机械,希望借助该协定将这些东西假道苏联运入新疆。后来金在南京被押、判刑的唯一罪名就是擅与苏联签订这一协定。

　　1933年10月,金树仁由天津去南昌谒见蒋介石,后赴南京,幻想国民政府会给他一个适当的职位,不料曾遭金通缉的艾沙伯克已在行政院将其告下。金树仁甫至南京,即遭拘捕,连同控状一并送交江宁地方法院,管押讯办。法院据艾沙伯克的控告起诉,并函请新疆省政府查复。盛世才于1933年12月30日函复江宁地方法院云:"被控各节,或为时势需要,或为行政处分,均属正当行为,依律不能为罪。"替金树仁解脱。同时,甘肃省军政要人赖世俊、马鸿宾等多人亦纷纷致电南京,代为说项;青海省主席马麟还面见蒋介石替金求情。直至1935年5月江宁地方法院才开庭审理,最终将金判刑三年六个月。1935年10月10日,国民政府颁令特赦,谓金树仁商订《新苏临时通商协定》是为了维护地方,应付环境,因公致罪,情有可原,应予特赦,以示宽典。

　　金树仁出狱后移居天津,后转兰州。抗战时息影于兰州,以书画自娱。

　　1941年9月12日金树仁病故于兰州。

主要参考资料

　　包尔汉:《新疆五十年》,文史资料出版社1984年版。

　　中国人民政治协商会议新疆维吾尔自治区委员会文史资料研究委员会编:《新疆文史资料选辑》第5辑,新疆人民出版社1980年版。

　　中国人民政治协商会议甘肃省委员会文史资料研究委员会编:《甘肃文史资料选辑》第4辑,甘肃人民出版社1987年第2版。

　　尧乐博斯:《樊耀南·金树仁·哈密亲王》,台北《传记文学》第20卷第3期。

金 岳 霖

王法周

金岳霖,字龙荪。浙江诸暨人。他是现代中国声望最高的逻辑学家,也是现代中国哲学知识论领域的开拓者,被知识界称之为新实在论派的"首领","中国的穆尔"。1895年7月14日,金岳霖生于湖南长沙的一个洋务官僚家庭。父亲金珍,字聘之,以绍兴师爷进身为三品知府,追随洋务派首领盛宣怀,曾在黑龙江、湖南等地做官办洋务。母亲唐淑贤,清代理学家唐鉴之孙女。金岳霖兄弟七人,他排行最小。六岁入小学,十一岁进入教会办的长沙雅礼学校读中学。在雅礼学校,金岳霖以记忆力惊人,成绩突出连续跳级。金岳霖从小熟读"四书",对传统对联兴味十足,少小年龄已显露出不寻常的逻辑天赋,曾从民谚"金钱如粪土,朋友值千金"中推出"朋友如粪土"的逻辑结论。

1911年,金岳霖考入北京清华学堂高等科,学习商业。清华学堂素以培养留美预备生为特色,毕业前后,金岳霖获得了留美官费生资格,在这所充满了美式教育气氛的校园里学习、生活了三年时间。

1914年底,青年金岳霖赴美入宾州大学学习商科,两年后毕业并获得了理学学士学位。虽然大学学的是商科,但金岳霖对商学并不满意,认为商学不过是"雕虫之策"。大学毕业后,金岳霖进入哥伦比亚大学研究院,转学政治学,期望通过政治学掌握平治天下之策。在研究院,金岳霖对政治学说史发生了很大的兴趣。1920年,博士论文《T. H. 格林的政治学说》通过答辩,金岳霖获得了博士学位。留美期间,金岳霖也颇为关心国事。在哥大的前两年,他曾与张奚若发起成立了中国自由主义者同盟,后又与徐志摩等创办了《政治学报》,表达了对袁世凯政府的不满。博士毕业后,金岳霖曾有过一段华盛顿乔治大学中文教授的经历。

在哥大研究院,金岳霖在研究格林的政治思想时,触发了对哲学的兴趣,开始萌生到欧洲游学的念头。1921年,金岳霖离开美国,到英国伦敦大学研修哲学,开始为期四年的欧洲游学生活。先在英国,后在德、法、意游学。在英国,金岳霖被休谟的哲学思想吸引,深感休谟的《人性论》有"洋洋大观的味道"。对金岳霖影响最大的是罗素。金岳霖读了罗素的《数学原理》之后,明白了哲学可以用日常生活中的语言和概念进行精深的分析,使得日后金岳霖的哲学著述烙上了深刻的逻辑分析的印记。1925年底,金岳霖离欧回国。

1926年,金岳霖到清华大学就职,任哲学系教授,兼系主任。在清华的十多年,是金岳霖生活最为优裕而稳定的时期。在课堂上,他用流利的英语讲课,采用与学生自由讨论的方式,所讲授的知识论、逻辑等课程很受学生欢迎。课堂之外,晚间还常有活泼自由的哲学讨论会。金岳霖一边教书,一边从事逻辑和哲学的研究撰述。金岳霖也很关心学校的健康发展。1931年,因不满吴南轩的跋扈,在清华"驱吴运动"中,金岳霖参与了向教育部起草呈文的七人委员会,后来,还与朱自清等人联名发表声援驱吴的主张。在教学中,金岳霖感到自己逻辑学知识的不足,于是在1932年利用教授休假,到美国哈佛大学研修逻辑,为时一年。1935年,金岳霖被推为中国哲学会常务理事。也是在这一年,金岳霖的《逻辑》一书被列为"清华大学丛书"出版。《逻辑》是中国第一部比较系统地介绍现代数理逻辑的著作。金岳霖认为,逻辑在本质上是"先天的"和"必然的"。由此出发,《逻辑》一书把归纳法剔出"逻辑"的范围。(1950年代,金岳霖的思想发生了转变,始把归纳纳入逻辑的范围。)该书的主要篇幅是论述数理逻辑并以数理逻辑系统批评传统逻辑。按照作者对"逻辑"本质的理解,该书重点论述了几个重要的逻辑范畴,包括必然和先天、蕴含和推论以及统一律、不矛盾律、排中律。《逻辑》出版后,颇受学者的推崇,被称为"国内惟一具有新水准之逻辑教本"(贺麟),"中国有史以来的第一部纯粹逻辑著作"(殷福生)。

抗战爆发后,金岳霖随清华大学南迁,任长沙临时大学教授。除1943年受邀赴美访学一年之外,从1937年秋到1946年5月,金岳霖始终在长沙临时大学、西南联合大学哲学教授职上。这是一个战时流亡时代。在联大,生活是艰难而又很不稳定的,金岳霖住过简陋的中学宿舍,也住过戏台的包厢。越往后,局势和环境也越恶化,除了生计艰难,还要时时躲避空袭,屡受精神折磨。但联大是一个充满生机和学术空气十分浓郁的地方。这里名家云集,既有冯友兰、汤用彤、贺麟等哲学同人,还有梁思成、林徽因、朱自清等好友,交流十分方便。金岳霖时常与同人好友探研哲学,或茶话社会人生,颇为欢愉自得。

联大时期是金岳霖哲学创作的黄金时代,教课之外,他的全副身心都投入到哲学研究与撰述之中。他的两本重要著述,《论道》和《知识论》主要都是在这一时期完成的。

约在《逻辑》一书的出版前后,金岳霖即始沉入于《论道》的构思。1936年始,金岳霖在《清华学报》、《哲学评论》等期刊上陆续发表相关文章。1940年,《论道》出版。《论道》是一部关于本体论或形上学的著述。在科学主义盛行的时代,现代哲学表现出强烈的对形上学的拒斥。《论道》的主旨,就是要在哲学上为形上学保住地盘,同时使生命的意义世界获得一个形上学基础。《论道》一书中,"道"是核心范畴,也是最高范畴。"道"是本体也是实体,是绝对性的存在。"道是式——能"[1],"道"的基本内容是"式"和"能"。能总是与式在一起,没有能的式只是可能,能与式结合,可能才变为现实。道体是静的,但道是大全,"道"内在地具有世界存在与演化的过程与规律。"居式由能"(《论道》,第37页),能总是自为地不间断地出入于式,也就是道的大化流行,亦即世界万物生生不息的演化和发展。道还是最高境界,"由无极而太极",事物

---

[1]　金岳霖:《论道》,商务印书馆1985年版,第3页。

的演化总指向最完善的境界。在《论道》一书中，金岳霖自觉运用了"旧瓶装新酒"方法（《论道·绪论》），试图融合中西哲学，以构建一种有逻辑或知识支撑的中国现代哲学形上学系统。该书中有道、体、用、几、数、无极、太极等极富中国味的哲学范畴，同时也有共相、殊相、可能、现实等西方哲学概念。举凡中西哲学的范畴概念都统一在严密的形式系统中，经逻辑的分析、推论，最终形成一套独具特色的形上学体系。同时，诸多概念也在这个新的体系中获得了新的意蕴。对于缺乏知识论的中国传统哲学而言，《论道》构建体系的方法论更具启示的意义。此书的主要缺陷在于过分注重逻辑方法与元学思想，中西哲学范畴之间未能很好地融合，"往往增加理解的困难"①。

《知识论》的撰写，始于1938年。此书的思想背景是缘于西方现代哲学对于建立知识的可靠基础的迫切要求，同时也缘于科学主义盛行的背景下中国知识界对知识论的热切尊崇。此书于1940年完成，却因躲避空袭而遗失了原稿。在痛苦与无奈之中，金岳霖只得重新写起。这时，生活条件日益恶化，在写作中，金岳霖甚至连稿纸也严重缺乏。经过八年时间，至1948年，这部七十万字的巨著才告完成。（因历史原因，《知识论》一书在过了三十多年时间之后才得以问世，于1983年由商务印书馆出版）

金岳霖创作此书的直接动机则是有感于西方哲学的自我中心主义认识论，仅从主观出发去寻求知识，从而陷入了缺失对知识对象客观性的理论困局。由此，《知识论》一书运用现代逻辑分析方法，通过对正觉、意念等概念的纯粹逻辑的分析和论证，系统地论述了知识的来源、知识的形成以及知识的真假等问题，构造了一整套具有客观性支撑的知识论体系。金岳霖自称，《知识论》"始于正觉终于正觉"②。为了把感觉内容和外物同一起来，他提出了正觉说。正觉指正常的感觉，正觉

---

① 贺麟：《五十年来的中国哲学》，辽宁教育出版社1989年版，第30页。
② 金岳霖：《知识论》，商务印书馆1983年版，第953页。

的呈现是客观的,亦即感觉对外物的反映是正确的,金岳霖称之为"所
与"。正觉说揭示了知识形成的基础,但仅有感觉还不能形成知识,知
识的形成还必须有联想、抽象等高级思维活动。由此,金岳霖进一步提
出了意念论。意念论是《知识论》一书的核心内容,金岳霖称"本书的主
旨实在是把得自所与者还治所与"①。所谓得自所与者还治所与,是指
把得自所与的意念还治所与,就是用来自于感觉经验中的意念再反过
来整理其他的感觉经验。在知识的形成过程中,意念具有最核心的作
用。《知识论》围绕意念这一核心概念,继续对类型、规律、事实、命题、
真假等概念进行严格的分析和推论,系统地论证了什么是知识以及知
识如何可能的问题,在中国哲学史上第一次建立了一套具有完整的理
论形态的知识论体系。《知识论》一书思路明晰,推论严密,逻辑结构相
当严谨,其高度的技术性在中国现代学术史上罕见其匹。

1946 年,联大宣告结束,清华等校复员,金岳霖也随之返回北平,
仍任清华大学哲学系教授。1948 年 3 月,金岳霖被推选为中研院院
士。在政治动荡的时代,素常不热衷政治活动的金岳霖,曾先后与朱自
清、俞平伯、朱光潜等人联名,数次发表了针对国民政府当局的抗议
声明。

北平解放前后,金岳霖弃置了数所国外大学的聘书,抱着对新中国
的期望,留在了国内,继续在清华的教职生活。1950 年夏天,金岳霖作
为常务委员参与了中国哲学会的筹备活动,同年还担了任光明日报《哲
学研究》主编。1952 年全国高校调整,金岳霖转任北京大学哲学系教
授、系主任。1956 年,转任中国科学院哲学社会科学部学部委员、常务
委员、哲学研究所副所长。1950 年代以后,金岳霖在学术上主要从事
逻辑学的研究和普及工作。50 年代,曾主持编写了《逻辑通俗读本》,
此后,金岳霖对逻辑的推广与普及工作一直保持了很高的热情。1960
年代,参与主持了《形式逻辑》,这本书作为教材后来被全国多所大学选

---

① 《知识论》,第 285 页。

用。在 1950 年代,金岳霖曾两次作为学术文化代表团成员赴欧作学术交流。

　　50 年代以后,中共对知识分子的改造逐渐升级。在 50 年代的前后十年间,金岳霖不断地进行自我批判,对自己所著的《论道》、《逻辑》等书作了深刻的反思。在自我批判的同时,他也对梁漱溟、费孝通、杜威、胡适、罗素等人的旧哲学进行了批判。1956 年,金岳霖任中国民主同盟中央委员,同年加入了中国共产党。60 年代初,金岳霖完成了《罗素哲学》。此书是运用马克思主义来批判罗素以及西方现代哲学的。此外,金岳霖还参加了《毛泽东选集》英文版的翻译工作。1960 年代中期至 1970 年代中期,金岳霖曾被当作"资产阶级反动学术权威"遭到批判。在这个时代,金岳霖的也享受到了一些并不寻常的待遇,曾多次受到毛泽东、周恩来的邀谈或宴请。

　　1978 年,中国社会科学院成立,金岳霖转入中国社会科学院。晚年的金岳霖,先后任中国逻辑学会会长、中国社会科学院学术委员会委员、国务院学位委员会委员等职。并任民革中央常委,全国政协委员。1984 年 10 月 19 日在北京逝世。1987 年中国社会科学院专设了"金岳霖学术基金会"、"金岳霖学术奖"以表彰他在逻辑和哲学方面的卓越成就。

金　仲　华

汪仁泽

金仲华,幼名翰如,笔名孟如、经纬、高弼、仰山等,浙江桐乡人,生于 1907 年 4 月 1 日(清光绪三十三年二月十九日)。父亲金汇芳,晚清秀才,以教书为业。金仲华七岁入县立崇实小学,十三岁进嘉兴第一中学(后改为浙江省立第二中学)。1923 年考入杭州之江大学,与共产党员萧项平等同学结为知己。

1927 年 2 月,国民革命军北伐攻克嘉兴、桐乡,金仲华参加各项庆祝活动,并与同学在家乡组织北伐宣传队,7 月大学毕业后,应聘上海美的书店,因志趣不合旋即辞职回家。翌年受聘上海商务印书馆,助编《妇女杂志》,后升任主编。1932 年“一二八”淞沪战起,杂志停办,人员解散。金仲华经萧项平介绍进苏联塔斯通讯社上海分社任翻译,开始接触国际问题资料,产生浓厚的研究兴趣。5 月,淞沪停战,《东方杂志》复刊,由胡愈之主编,专辟《妇女与家庭》栏目,仍请金仲华任馆外编辑。此时金仲华经常撰写国际问题评论,在《申报》等报刊上发表。同年,金仲华与胡愈之、钱俊瑞、钱亦石等共产党人和进步人士发起成立“苏联之友社”,共同探讨国内外形势的发展。1933 年,金仲华受开明书店约请,编辑《中学生》杂志,辞去塔斯社的工作。此时,“苏联之友社”为了正确引导民众认识国内外形势,于 1934 年 9 月创刊国际问题半月刊《世界知识》,胡愈之任主编,金是主要撰稿人之一。他的文章资料翔实、逻辑性强、通俗易懂,并善于运用图文配合或图解的方式表达国际时事动态,有时还配以高质量的漫画,使读者更易接受和理解文字表达的内涵,因此受到读者的广泛欢迎。

1935 年,金仲华离开开明书店,受聘生活书店专职编辑。该店不仅出版《世界知识》,还出版发行《文学》、《妇女生活》、《译文》等进步书刊。他与店内同人共同研究提高书刊质量,开拓经营业务,使书刊销路激增,工作人员也从二十多人增加到六十多人。8 月,该书店创办人邹韬奋从海外流亡两年后回沪,见该店发展迅速无比欣慰,与金仲华志同道合,结成莫逆。10 月,聘金为编辑部主任、理事会理事。11 月,由邹、金分任主编和编辑的《大众生活》半月刊在沪创刊,积极响应中共的《八一宣言》,旗帜鲜明地提出"团结抗日,民主自由"的主张。《大众生活》言人所不敢言,深为民众喜爱,发行量最高时每期达二十万份,创我国杂志发行的纪录,对全国的抗日救亡运动起了很大的推动作用。北平"一二九"学生运动爆发后,该刊连续报道运动发展情况,鼓动学生再接再厉,继续开展救亡运动。12 月 27 日,上海文化界救国会成立,该刊发表二百八十三位爱国人士联合签名的宣言。金为该会倡议人之一,负责文字宣传工作。国民党当局对爱国运动的迅猛发展感到十分恐慌,1936 年 2 月以该刊鼓动学潮、毁谤政府为由,命令邮局停止邮递该刊,月底该刊出至十六期被迫停刊。时隔一旬后的 3 月 7 日,生活书店又创刊了金仲华主编的《永生》周刊,继续以精辟言词评论政治形势。

此时,邹韬奋已先行赴香港筹办《生活日报》。5 月底,金仲华也去香港协助邹筹备。6 月 7 日《生活日报》在香港创刊。《生活日报星期增刊》(后改名《生活日报周刊》、《生活星期刊》)也随日报同时出版发行。邹任该报社长,金仲华任"国际新闻"版编辑,每天配合国际要闻,撰写《国际新闻漫谈》,讲述重大国际事件的来龙去脉。该报的出版在香港引起轰动,也引起中共领导人刘少奇等的重视。鉴于形势的发展,8 月 23 日《生活星期刊》在上海发行沪版。11 月 23 日,国民党政府逮捕了救国会领导人邹韬奋、沈钧儒、章乃器等七人,是为"七君子"事件,并勒令《生活星期刊》立即停刊,经全体同人抵制,出至第二十八期被当局强行封禁。

1937年5月,生活书店创刊了由金仲华任编辑人和主要撰稿人的《国民》周刊。不到三个月时间内,他用不同笔名为该刊撰文二十六篇。"八一三"淞沪抗战爆发后,生活书店及时筹备出版了《抗战三日刊》(后改名《抵抗》、《全民抗战》)。此时,金仲华一面主编《世界知识》,一面为《抗战三日刊》每期撰写《战局一览》,为《国民》周刊编制最新抗战形势图和《时事图解》。《世界知识》还和《国民》周刊、《妇女生活》、《中华公论》等杂志联合出版了四期《战时联合旬刊》,其中第四期刊登的宋庆龄《致英国工党书》,原文是宋用英文撰成,经金仲华译成中文刊出。金的中英文俱佳,这一时期宋庆龄的许多重要声明和文章大都是由金译成中文,在《大众生活》、《抗战》、《救亡情报》、《救亡日报》和《抵抗》等报刊上发表的,经过长期合作,金成为宋可信赖的助手。

1937年11月上海沦陷,金仲华与邹韬奋等辗转到武汉。金继续主编《世界知识》杂志,并为《抗战三日刊》撰稿。1938年1月起,金兼任生活书店编审委员会副主席。6月底在日军进攻下武汉吃紧,生活书店决定疏散。《世界知识》由金仲华带领编辑部人员去香港出版。与此同时,金参加了宋庆龄领导的"保卫中国同盟",任执委会执委,负责华语通讯。"保盟"宣传中国的反侵略战争,又以募集到的药品和其他物资援助中共领导的人民军队和解放区。金仲华"曾为此而呕心沥血……为中国人民的解放事业争取到同情和支持,其中包括许多外国朋友的赞助"[1]。

此时,华侨富商胡文虎在香港独资创办的中文报刊《星岛日报》销路不佳,经廖承志推荐,聘请金仲华接任该报总编辑。金邀请邵宗汉、羊枣、郁风、叶启芳等担任各版编辑,不但版面新颖生动,且立场鲜明,消息量大,积极报道当前抗战和国际形势,逐渐打开销路,日销数万份,在香港、东南亚一带发行,对当地华侨具有广泛影响。1941年初发生

---

① 宋庆龄:《怀念金仲华——〈中国建设〉的创始人之一》,《中国建设》1981年2月。

皖南事变,国民党在港掩盖真相,封锁消息,金仲华将周恩来为《新华日报》题词"千古奇冤,江南一叶,同室操戈,相煎何急!"手迹制成锌版在《星岛日报》刊出,并连续报道揭露事实真相。国民党当局非常恼火,不断向胡文虎施加压力,6月1日金仲华被迫辞去《星岛日报》总编辑职务。在《告别读者》的启事中重申:我们今后虽将转换工作岗位,但我们努力的目标,仍是坚定不移的:为中国民族独立解放而继续奋斗。其后金曾任香港中国新闻学院副院长,从事新闻实践和教学工作。当时香港进步报刊相继被查封,周恩来指示香港党组织急需再办一份统战性质的进步报刊。经廖承志同宋庆龄商量,决定由"保盟"拨款邀请该盟三执委金仲华、邹韬奋、邓文钊筹办,由夏衍、范长江等组成编委。不久中文晚报《华商报》创刊,宋庆龄为之题词,并经常亲自撰稿。同时,宋庆龄为了让海外人士了解中国抗战的现状和物质需求,介绍"保盟"的工作和目标,决定出版《保盟通讯》中文版,金仲华和邹韬奋承担了从撰稿、编辑到出版发行的全部工作,经过他们的努力,通讯取得了预期的效果。

1941年12月日军侵占香港,金仲华在中共的精心安排下,被营救到东江纵队游击区,后又历尽艰辛到达桂林,准备复刊《世界知识》,但国民党当局正在迫害各地进步书店和刊物,执意不准该杂志复刊。金仲华担任了一个时期的《广西日报》总主笔,随后转赴重庆。1944年12月经中共党员田价人的介绍进入美国新闻处,任译报部主任。他利用这个特殊岗位宣传中共的政治主张,传播进步舆论。中共"七大"后,他及时将毛泽东的政治报告《论联合政府》和朱德的军事报告《论解放区战场》译成英文,向世界播放。

1945年抗战胜利后,毛泽东赴重庆与蒋介石谈判。8月30日,金仲华陪同宋庆龄赴八路军驻渝办事处与毛泽东、周恩来会面。9月6日,宋以"保盟"主席名义,由金陪同设宴招待毛泽东等。是月金仲华从重庆抵达上海,一面依旧主持美国新闻处译报部工作,着重选译上海学生和民主人士的爱国、反蒋运动,同时主持《世界知识》的复刊工作①;另一方面继续协助宋庆龄的"保盟"工作(12 月"保盟"改名为中国福利基金会),将争取到的物资支援解放区。同时当选"中国民主革命同盟"的中央委员②。

1946 年 7 月国民党挑起内战后,加紧对进步人士的迫害,多种进步刊物遭查禁,编辑人员惨遭杀害。金仲华在如此恶劣的环境下坚持工作,受到中共中央的关心,周恩来对他的工作表示赞赏,写信给予勉励。1948 年 4 月,美国新闻处得到报告,开明书店出版的《英文月刊》刊有反美文章,而金是该刊的主编之一,因此受到查问,金遂辞职离开该处。是月,金仲华和图表绘制者朱育莲共同合作的《世界现势图解》出版,用文字、地图、图表三者综合一体,详细解释战后世界政治问题,读者争相购阅。7 月,金仲华接到中共通知离沪赴香港,主编《世界知识》和香港《文汇报》,并接受中共的委托,主编新华社香港分社的对外宣传刊物《远东通讯》(英文)。

1949 年 1 月,毛泽东、周恩来联名致电宋庆龄,邀请她北上参加新政协,共商建国大计。中共中央还发电指示在香港的刘晓等:"兹发去毛、周致宋电,望由梦醒译成英文,并附信派孙夫人最信任而又最可靠的人如金仲华送去,并当面致意。"③金及时将电、信送给宋庆龄。3 月,中共安排金仲华离港进入解放区。5 月 26 日,随同解放军进入解放后的上海,参加了上海市军管会工作,先后担任华东军政委员会文化部副部长和《新闻日报》、《文汇报》的社长。9 月北上参加新政协,当选政协委员。1950 年 7 月中国福利基金会改名中国福利会,金任执委。

---

① 当时金仲华向国民党当局申请出版登记时遇到了阻挠,金即利用 1934 年创刊的登记证复刊,国民党因不可能否认,不得不换给新证。

② "中国民主革命同盟"(简称"小民革")1941 年成立于重庆,1943 年金仲华在桂林时经狄超白介绍参加。1945 年盟员大会上金被选为中央委员。该盟成立后,不少盟员利用关系,揭露了国民党的反共阴谋,做了不少有益的革命工作。1945 年毛泽东到重庆与蒋介石谈判时,曾亲自接见该盟领导成员,建国后该盟宣告结束。

③ 《毛泽东、周恩来致宋庆龄电》,重载于《人民日报》1983 年 3 月 2 日。

受宋庆龄委托筹备编辑对外宣传的英文刊物《中国建设》,次年 12 月首期出版,受到党中央的肯定,并任专对海外发稿的中国新闻社社长。

1952 年 12 月,金仲华被任命为上海市副市长。其时,金仲华还兼任上海市哲学社会科学联合会副主席、市推广普通话工作委员会主任,并是中国保卫世界和平委员会副主席和上海分会主席、中华全国新闻工作者协会副主席、上海社会科学院国际问题研究所所长。金仲华还是第一、二、三届全国人民代表大会代表。1960 年代中期期间,金仲华受到冲击,于 1968 年 4 月 3 日逝世。中共上海市委于 1978 年 8 月为其平反,1989 年 4 月在宋庆龄墓区西侧的万国公墓名人墓区内,为金仲华的新墓举行了落成仪式。

靳 云 鹏

汪仁泽

靳云鹏,字翼青,1877年(清光绪三年)出生于山东邹县,后因久居济宁,落籍该地。父早亡,靳有两弟(云鹗、云鹤)及三个姊妹,皆依靠母邱氏卖煎饼为生,靳氏兄弟幼时也上街叫卖。邱氏曾在富户潘家帮佣,当过后来成为北洋要人潘复的乳母。

1895年,袁世凯在小站主持训练新建陆军,靳云鹏应募入营当兵,不久升至排长,1898年4月被选入附设炮队随营武备学堂第一期学习。该学堂监督为段祺瑞,同学有曲同丰、傅良佐、吴光新、张树元、马良等人,靳毕业后留任教习。1902年任北洋军政司(后改为北洋督练公所)参谋处提调,参谋处总办为段祺瑞,靳与段朝夕相处,关系渐密。

1909年,云贵总督李经羲请段祺瑞推荐军事人才,段举荐靳云鹏,靳遂赴昆明任第十九镇总参议。靳不断将云南边情向袁世凯、段祺瑞密报。1911年武昌起义后,10月30日夜蔡锷、李根源等在昆明举兵发难。靳云鹏随第十九镇统制钟麟同抗拒革命,在昆明五华山战败,靳化装轿夫逃出,经越南北返,投奔段祺瑞。此时段任第二军军统,在湖北镇压革命,保荐靳赴京向袁世凯面陈滇中局势,并特电袁称:"靳能生还,不禁狂喜。已令上谒崇阶,面陈一切。钧处如无驱策,千乞饬赴前敌。"[1]靳返鄂后,受段重用,参与机要。

1913年春,靳云鹏经段祺瑞保荐,任北洋军第五师师长。8月代

---

[1] 电文原件存台北故宫博物院《军机处档案卷》。

理、9月署理山东都督,1914年6月晋升将军。靳在鲁秉承袁、段旨意,镇压革命力量,并搜括资财,在济宁、济南等地广置田宅。他与人合资在济南开设鲁丰纱厂,在临清设分厂,共有纱锭三万余枚;又在济宁等地开办电灯厂、面粉厂等企业。第一次世界大战期间,日本趁机扩张在华势力,强占胶东,提出种种无理要求,山东首当其冲,靳大多依顺日本的要求。袁世凯帝制自为,靳参加十四省将军联名电请袁"登基",袁授以伯爵。同时,靳对鲁地反袁民军势力也虚与委蛇。1916年3月初,袁称帝败局已定,靳在冯国璋策动下,与江西李纯、浙江朱瑞、湖南汤芗铭一起,拟联名各省通电迫袁取消帝制,密电征求各地将军意见。直隶将军朱家宝接电后,向袁告密。3月22日袁被迫宣布取消帝制,但仍想保住总统职位。各地反袁怒潮继续高涨,鲁境反袁民军力量逐渐逼近济南,靳在强大压力之下,4月29日通电劝袁辞职。5月29日袁佯召靳入京议事,突然将其撤职,派察哈尔都统张怀芝继任山东将军。靳虽丢官,却博得"反对帝制"的虚名。

袁世凯暴卒后,黎元洪继任总统。段祺瑞控制政府大权,靳云鹏受段重用,任参战陆军办公处主任、边防军教练处长等职,忠实执行段祺瑞"武力统一全国"的政策,被段倚之为股肱,与徐树铮、曲同丰、傅良佐成为段手下四大金刚,靳居之首。府、院之争兴起后,段与靳等密谋对策;1917年7月,在讨伐复辟之役中段自任总司令,靳任总参议,打垮了张勋。段祺瑞重掌政权后,借参战之名扩建"边防军"(即"参战军"),靳与徐树铮同主其事,但靳与徐之间的矛盾也由此开始。徐年少气盛,常仗势凌人,靳曾多次负气请假,表示消极对抗。段从中调和无效,转而利用靳是曹锟的把兄弟、与张作霖是儿女亲家,与冯国璋是老同学、老同事等各方面的关系,派他至各处联络,借以减少靳、徐之间的摩擦。11月被北京政府派往日本,为观操大员,由曲同丰等人随行。

1918年靳云鹏任参战督办公署的参谋长。其时,日本为干涉十月革命后的苏俄,并图谋侵占我东北边境,以防德、奥为名,要求与北京政府"合作"。经章宗祥按段祺瑞的旨意,多次与日方密谈后,5月靳会同徐树铮、曲同丰等人，衔段命代表北京政府与日方签订了《中日陆军共同防敌军事协定》《中日海军共同防敌军事协定》，允许日军在对外作战期间驻兵我国，并向日方供应军需物资等；后又签订《中日陆军共同防敌军事协定实施上必要之详细协定》。这三个卖国协定遭到全国人民的强烈反对。

在北洋军阀内部，段祺瑞为首的皖系与冯国璋为首的直系矛盾日益尖锐。9月，皖系以冯代理总统期满为由，指使安福国会选举徐世昌为大总统，段亦于10月辞去国务总理职务。徐上台后，标榜"偃武修文"，以"文治总统"自命，主张南北停战议和，与段（在幕后操纵）扩充实力准备内战的政策相左。靳云鹏因妒忌段宠信主战的徐树铮，转而倾向徐世昌，于1919年初被任命为钱能训内阁的陆军总长。徐世昌进一步谋将段的"参战军"置于靳云鹏主掌的陆军部管辖之下，遭到段和徐树铮的强硬抵制。在一次内阁会议上，靳云鹏替各军索讨欠饷，与段的另一亲信、财政部长龚心湛发生龃龉，在互讦中泄露了"参战军"军费的秘密来源，段闻讯大怒，对靳严厉训斥，靳与段的裂痕加深。6月段指使徐树铮倒阁，并进而逼靳退出内阁。靳暗中联络直、奉两系，谋组新阁。此时徐世昌采纳张志潭的献策："利用徐（树铮）、靳仇嫉心理，以靳组阁，表面上推崇段（祺瑞），由靳挟段以制徐，平衡势力，以巩固总统之地位。"①9月24日靳云鹏代署国务总理。11月，在直、奉通电支持下，经众、参两院通过，靳正式受命组阁，并兼陆军总长。徐树铮阻挠靳云鹏组阁的企图失败。

靳云鹏上台后不甘寄人篱下，很想有所作为，站住脚跟。他借机撤换了山东督军张树元②，还想撤换湖南督军张敬尧等人，以表示力图摆

---

①　张国淦：《中华民国内阁篇》，《近代史资料》1979年第3期，第207页。张志潭因曾受徐树铮侮辱，思图报复，故作此举。

②　张树元曾是靳云鹏1916年督鲁时所属第五师师长，驻潍县。民军进逼济南时，靳曾发电张驰援，张见危不救。后靳被袁世凯撤职时，张又先受袁的收买。靳当总理后，借济南戒严司令马良枪杀"回教爱国后援会"会长马云亭等三人的惨案，将张撤换。

脱段祺瑞的羁縻而独树一帜。段的御用工具安福系曾拉靳加入,靳以"军人不入党"而拒之。但他对段仍不敢怠慢,表面上十分恭顺,而段则以老上司自居,段的属员常在行文上直书"奉督(段时任边防督办)谕交总理办理",不将靳放在眼里。靳阁阁员中,已有皖系人物田文烈、陆徵祥、曾毓隽、朱深分掌内务、外交、交通、司法等部,但段尚不满足,又增李思浩掌财政。这些总长处处与靳为难,内阁会议往往因人数不足而流产。加以段的亲信从中挑拨,段动辄对靳训斥申饬,警告靳"不要挟外援以自重"①,甚至暗中加以监视,使靳极为难堪,愤懑不平。

靳云鹏在段祺瑞的控制之下极力挣扎,力图自主政局。在南北和议问题上,他打算撇开上海和会,召集南北"名流"组成"和平联席会议",直接达成协议,但因遭到段的反对而成画饼。在外交问题上,日本公使于 1920 年 4 月 27 日提出照会,胁迫北京政府直接交涉山东问题。靳内阁原拟予以回绝,但安福系阻挠,致被搁置。在财政问题上,由于列强外交使团声明在中国未统一前停止一切对华贷款,也使其面临困境。此时直奉与皖系矛盾日趋激化,靳在徐(世昌)段之间、直皖之间周旋,与段的关系进一步恶化,遭到安福系的激烈攻击。靳处境困难,遂于 5 月上旬辞职。

同年 7 月直皖战争爆发,段祺瑞败北,引咎辞去边防督办等职,安福系也散了伙。8 月,靳云鹏在直系曹锟支持和张作霖向徐世昌推荐下再度受命组阁。他根据事前与直、奉在天津的协议,先后办了取消安福国会、撤销"中日军事协定"和"参战军"、停止参战借款等几件大事,又提出了促进南北议和、裁兵、整饬纲纪、整理财政四点主张。但他主张的议和是南北军阀之间的议和,背地里却用饷械支持广西军阀陆荣廷反对孙中山。他打算勾结王占元、田中玉、陈树藩等地方势力,以形成独立于各系之外的军事力量。他派自己的亲信潘复打入财政部为次

---

① 谭志清:《我所知道的靳云鹏和靳云鹗》,中国人民政治协商会议全国委员会文史资料研究委员会编《文史资料选辑》第 35 辑,中华书局 1963 年版。

长，并想任用张弧、李士伟等人组成新的财政班底，以谋取代一贯控制北洋财政的交通系人物梁士诒、周自齐、叶恭绰等。1921 年 4 月 25 日，靳邀集曹锟、张作霖及各省督军、护军使二十余人在天津开会，逼使财政总长周自齐辞职；5 月 14 日又以内阁总辞职的方式重新组阁，将交通总长叶恭绰排挤出阁，因而与交通系结了怨恨。交通系人物向张作霖、徐世昌挑拨、攻击，离间靳与各派系的关系。

当初张作霖支持靳云鹏组阁，原是希望靳能为己用，但靳对张的企求多不能满足。直奉两系在分割地盘、任用疆吏等方面奉系常处劣势，张因而归罪于靳，逐渐萌念倒阁。靳云鹏与徐世昌的关系，也由于双方亲信为了争夺财税及人事等问题时生矛盾，而渐趋对立以至恶化。靳在奉系、徐世昌和交通系的三面围攻下内外交困，终于 12 月 17 日辞职下野。

靳云鹏下野后，寓居天津日租界，从事经济活动。他代表中方与日本大仓系财阀合办胶东鲁大矿业公司，出任理事长兼总经理，实际上他仅出面顶名，公司权益全被日方控制①。同时他又担任济南鲁丰纱厂董事长职务。此时有人估计靳的私人财产约有两千万元②。

1926 年 4 月，张作霖、吴佩孚联合控制北京政权后，靳云鹏自恃与张为儿女亲家，其弟靳云鹗又系吴手下的一员大将，意图再次组阁，张亦有此意；但吴坚持要恢复颜惠庆摄政内阁，使靳的梦想成了泡影。12月，张作霖召集亲信商议组阁人选，曾内定靳为内阁总理。靳闻讯兴高采烈，连夜赶至北京，草拟就职宣言。但吴佩孚因靳云鹗心怀异志，以

① 1922 年华盛顿会议后，美国嫉视日本独占山东特权，联英、法等国，强迫日本归还青岛及胶东一带特权，并规定由中日协商成立"鲁案协定"。根据该协定，双方合资设立鲁大矿业公司，中国方面由靳云鹏任理事长兼总经理，表面上中日合营胶东矿业，实际上全由日本大仓系财阀控制。靳徒有虚名，仅支高薪。直到 1945 年日本投降时，鲁大总管理处的招牌始终悬挂在天津日租界靳宅门旁。

② 《北洋要人私产之大略统计》，成都《民视日报》五周年纪念汇刊，1926 年 10 月 10 日。

"贻误戎机"罪名而免去其军职,仍反对靳云鹏组阁。靳再度组阁不成,颓然返津,意志消沉,从此参加佛教徒的"居士林"活动,诵经念佛,并先后加入日方控制的"中日同道会"、"中华佛教会"等佛教团体①。但是他并不安于古佛青灯下的生活。"九一八"事变后日本侵略势力深入关内,华北局势日趋严重。1933年靳到南京与蒋介石密谈数次,回津后为蒋拟了一个以华北作为"中日经济合作"基地的方案,企图重新出山主持华北政局。1937年"卢沟桥事变"后,日本侵略军迅即占据平津,靳云鹏又活跃起来,他和下台闲居的徐世昌商量,又拟就一个"议和"方案,前提为承认伪满洲国,以换取日军撤出华北。结果日本帝国主义不同意,靳的梦想又一次落空。1945年抗战结束后,蒋介石到北平,曾派戴笠接靳到平,面询华北政局。但此时靳已年迈体衰,无能为力。1951年1月30日病死于天津。

---

① "中日同道会"是由天津日本驻屯军参谋部操纵的,同时参加的尚有王克敏、齐燮元等人。(孙主民、辛公显:《天津日租界概况》,中国人民政治协商会议天津市委员会文史资料研究委员会编《天津文史资料选辑》第18辑,天津人民出版社1982年版,第126页。)"中华佛教会"也是日方控制的,靳云鹏、江朝宗、高凌霨等人兼任该会执行委员。(翟王路:《日本扶植下的中华佛教会》,中国人民政治协商会议天津市委员会文史资料研究委员会编《天津文史资料选辑》第19辑,天津人民出版社1982年版,第157页。)

井 勿 幕

张应超

　　井勿幕,字文渊,1888年2月12日(清光绪十四年正月初一)生于陕西蒲城。父亲井永汲,开明地主兼商人,1891年逝世。井勿幕少年时代在家中读书,同时随其胞兄井岳秀练武,长于拳术和击剑。甲午战争以后,他的家庭经济日趋衰败;社会的黑暗尤使他深为不满,常和井岳秀"纵论天下大势,对于清政多所斥议"①。

　　1902年,分家时分给井勿幕以为生计来源的"义源永"杂货店破产。为了摆脱债务,继续求学,他到重庆去依附父亲的朋友川东道张铎。得张铎帮助,入重庆正蒙公塾读书,在这里结识了杨庶堪、朱之洪等进步青年。1903年冬,他不顾张铎反对,"以数金冒险从蜀人士赴日本"②,入东京大成中学读书,是陕西早期的留日学生。

　　1905年8月同盟会在东京成立,井勿幕立即加入。他书写了"伤心痛哭几无泪,悲楚行吟尽是忧"的对联挂于书案旁;又在《舞剑词》中写道:"英雄不学时势装,匹马单枪论短长。拔剑斩蛟叱沧海,看他盗寇与侯王。龙蛇走,岁月忙,健儿卅六会跳梁。中原风景凄凉,身在水云乡。"其忧国忧民之心跃然纸上。同年冬,奉孙中山命回陕西建立同盟

---

①　李贻燕:《中国同盟会陕西支部长井勿幕先生事略》,《井勿幕公葬纪念册》,1945年版。

②　《陕西靖国军总指挥井君勿幕事略》,陕西革命先烈褒恤委员会编《西北革命史征稿》下卷,1949年版,上海书店1990年影印本,第57页。

会组织,任支部长。他克服各种困难,奔走于西安及渭北各县,数月之间,就发展会员三十多人。

1906年春,井勿幕在三原县召开的陕西支部第一次会议上,提出联络会党、刀客等反清力量、迅速扩大同盟会组织等重要意见。但因同盟会员多系读书人,对会党持有偏见,对此坚决反对,使井的正确意见未被采纳。会后,井勿幕带领同盟会骨干邹子良、王守身等人赴宜君、黄陵等地勘察地形、筹备建立根据地,并指示负责当地实际工作的同盟会员注意"与一般工农人联络"①。

1906年夏,井勿幕二次赴日本,入经纬学堂读书,同时和赵世钰等人积极活动,筹备成立同盟会陕西分会。同年秋,陕西分会在东京成立。同年12月,井勿幕再度离日本回国从事反清斗争,回国时作《孤愤词》赠在日本的同盟会友人,词中写道:"大丈夫生当斯世,宜效死疆场。否则当轰轰烈烈,如荆卿剑、博浪椎诸伟举,壮山河之色,为祖先留生气,为民族续命脉,安肯伈伈俔俔,忍辱事仇,俯首于异族统治之下哉!"1907年,井勿幕又回陕西。他针对陕西同盟会员多属文人,缺乏武装力量的实际情况,并根据孙中山、黄兴联络会党的经验,决心联合会党、刀客。他经同盟会员高又明介绍,结识了会党首领吴虚白,而且结合陕西实际情况,把会党的某些组织形式用于同盟会员中。同年10月15日,井勿幕、吴虚白等二十余人在祭黄陵的誓文中,明确提出"驱除鞑虏,光复故物,扫除专制政体,建立共和国体"②的奋斗纲领。不久,井勿幕第三次赴日本。

从1906年到1908年几年间,由于孙中山和黄兴不常在日本,同盟

---

① 赵其襄、高又明:《井勿幕辛亥前革命活动的片断》,中国人民政治协商会议陕西省委员会文史资料征集委员会编《陕西文史资料选辑》第1辑,1961年版,第153页。

② 《陕西辛亥前革命思想的传播和同盟会的初期活动》,《陕西文史资料选辑》第1辑,第85页。

会总部出现了"群龙无首、一盘散沙"①的情况。井勿幕和吴玉章等同盟会中的积极分子经常联系,不断集会,坚持工作。同时,井勿幕又学制炸药为在国内进行武装斗争做准备。1908年2月,陕西留日学生在东京创办《夏声》杂志,井勿幕是主要负责人之一。他以"侠魔"的笔名在《夏声》杂志上发表文章多篇,揭露清王朝的黑暗统治和帝国主义列强瓜分我国的阴谋。在《二十世纪新思潮》的连载长文中,对无政府主义、空想社会主义、马克思主义等学说作了简要介绍。孙中山和黄兴对井勿幕十分器重,"呼为后起之英,招为指臂之助"②,"誉为西北革命巨柱"③。

1908年10月,井勿幕第三次由日本回陕,立即参加并领导了席卷全省的反清学生运动——蒲案④。又组织陕西支部的骨干多次集会,学习讨论同盟会的纲领,批判康、梁君主立宪的主张,使会员的思想认识逐渐统一。同年冬,同盟会陕西分会在本地成立,并通过了联合会党、刀客和新军中的进步力量,共同进行反清斗争的决议。因井勿幕奔走各地,行踪不定,故选李仲特为陕西分会会长,而实际仍以井勿幕为领袖⑤。

1910年4月,井勿幕奉孙中山之命从上海回陕西,在泾阳县召集同盟会领导人和会党、刀客代表会议,传达了总部对陕西起义的指示,详细讨论了在陕西起义的进行方法,会议历时二十余天。会后,立即紧张行动,购制军火、制造炸弹,并大大加速了和会党、刀客的联络行动。

① 吴玉章:《辛亥革命》,人民出版社1962年版,第92页。

② 宋哲元、焦子静、李仲特等:《井先生纪念碑铭》,拓片存陕西省博物馆。

③ 李贻燕:《中国同盟会陕西支部长井勿幕先生事略》,《井勿幕公葬纪念册》,1945年版。

④ 1908年10月,蒲城县知事李体仁为了镇压学生的革命活动,捕蒲城县教育分会职员和县立商小学堂师生七十余人,酷刑审讯,致使学生原斯建伤重身死,造成轰动一时的惨案。

⑤ 王儒卿、刘依仁等编:《陕西乡贤事略·井勿幕事略》,西安克兴印书馆1935年版。

7月9日,井勿幕、钱鼎等同盟会领导人和会党首领张云山、万炳南等三十余人在西安大雁塔"歃血为盟,共图大举"①。从此,陕西同盟会员和会党的全面联合正式形成,使同盟会领导的反清斗争走上新的阶段。为了更好地联合会党,井勿幕加入了哥老会。同年秋,井勿幕和吴玉章、熊克武等人赴香港,与黄兴共同筹划广州起义,不久返陕。

1911年4月广州起义爆发,井勿幕"由陕赴之不及,得免于难"②,乃返回陕西,立即布置陕西同盟会员分头行动准备起义。他把家中珍藏的名人字画选出两箱,托同盟会员张奚若带到外地变卖,并赴日本购买起义所用的军火。井勿幕还亲自赴西安城中的满族军队居住区"满城"侦察清军防务情况,又派同盟会员邹子良、王荣镇等人分赴陕西渭北、四川、山西联络刀客和哥老会武装。不久,井勿幕得到同盟会总部决定于农历八九月间在全国各地同时起义的通知,遂决定于10月6日(农历八月十五)在西安起义。但因西安清军得知消息,防范甚严,难以举事。又改定由井勿幕、胡景翼率刀客在渭北发难,钱鼎等人策动新军在西安响应③。议定井勿幕赶赴渭北布置,并在黄龙山组织骑兵。武昌起义后,陕西当局密谋把新军调离西安后逮捕其中的革命党人。新军乃在张凤翙、钱鼎、张钫等人领导下,于10月22日提前起义。井勿幕在渭北得知起义消息,立即赴三原招集武装十余营响应西安起义。陕西军政府成立时,因时间仓促,推张凤翙为大统领,负责军事,不少革命党人暗中拥戴井勿幕,拟举其为大都督,总揽全局。井勿幕在耀州(今耀县)派人转告他们,临时换主帅,只能造成革命军内部混乱,从而增强了革命军内部的团结。10月31日,陕西军政府委任井勿幕为北

---

① 《西北革命史征稿》上卷,上海书店1990年影印本,第32页。

② 《陕西靖国军总指挥井君勿幕事略》,陕西革命先烈褒恤委员会编《西北革命史征稿》下卷,1949年版,上海书店1990年影印本,第57页。

③ 《胡军长督办河南军务善后事立生将军事略》,《西北革命史征稿》下卷,上海书店1990年影印本,第59页。

路宣慰安抚招讨使,负责渭北各县军务①。12月,他奉陕西军政府命令赴山西增援,攻克运城,解山西革命军之围。不久,陕西西路告急,又率部增援西路并和宋元恺、王一山等组织炸弹队,在西路保卫战中发挥了重要作用。1912年1月,南京临时政府委任井勿幕为中央稽勋局副局长,他因陕西战事紧张辞未赴任。

陕西起义成功以后,陕西都督张凤翙打击哥老会,井勿幕也支持了张凤翙的做法。1912年2月,井勿幕亲自致函黄兴和黎元洪,请求湖北派兵来陕驱除哥老会势力,因湖北无兵可派而未实现。

袁世凯窃国以后,张凤翙向北洋政府妥协,打击革命派势力。1912年4月井勿幕所部军队绝大部分被解散。6月25日同盟会陕西分会根据总会指示改为陕西支部,大会选举井勿幕为陕西支部长,张凤翙为副支部长。8月同盟会改组为国民党,井勿幕被选为陕西支部长。但因张凤翙阻挠,遂改张凤翙为支部长,井为副支部长。9月,井勿幕被迫离开陕西,赴上海随章太炎读书。"二次革命"爆发,井勿幕约刘允臣赴汉口和曹印侯共谋讨袁,因曹被捕入狱,计划未能实现。"二次革命"失败后,井勿幕避居日本。1915年袁世凯阴谋复辟帝制。井勿幕在上海和康宝忠、李根源、但懋辛等密谋反袁。11月,井勿幕和熊克武等人经越南赴云南参加护国反袁斗争,先后任刘一峰部参谋和熊克武部参谋长,奔走于蔡锷和熊克武军间。1916年3月,袁世凯被迫取消帝制,再称大总统。井勿幕又联合民党进步人士,以十九省"公民"的名义发表宣言,反对袁世凯再称总统,宣言中尖锐地指出"袁逆不死,大祸不止"②,并号召全国人民行动起来"扑杀此獠"③。为了策动陕西民党反袁,他于同年4月从四川步行回陕。

① 章炳麟:《井勿幕墓志铭》,《西北革命史征稿》下卷,上海书店1990年影印本,第185页。

② 中国近代史丛书编写组:《北洋军阀》,上海人民出版社1973年版,第37—38页。

③ 中国近代史丛书编写组:《北洋军阀》,第37—38页。

井勿幕回陕西后，袁世凯已死。督军陈树藩背叛民党，投靠皖系。井勿幕又离陕去上海读书。1916年7月，李根源任陕西省长，力请井勿幕协助。井勿幕希图借李根源的力量来对付陈树藩，遂于次年3月回陕就任关中道尹。在任职期间，"以禁烟闻于军民，财政、教育各端屡有建议"①，均因陈树藩阻挠而难以实施。5月，李根源被迫辞职；8月，井勿幕亦去职在西安闲住。

1917年12月，郭坚、耿直等在周至县树靖国军旗帜，反段倒陈。不久，张义安亦在三原县起义，民党人士遂云集靖国军大旗之下。陈树藩惧井勿幕投奔靖国军，乃软禁井于西安。井勿幕表面"以篇籍自娱，研图注篆"②，暗中却和靖国军秘密联络。1918年9月，陈树藩诱捕靖国军第四路司令胡景翼。11月派井勿幕去三原，"欲借井之声望收拢胡各部，使靖国军解体"③。但因井勿幕在陕西民党中素孚众望，因而一到三原县，即被举为靖国军总指挥，反使靖国军声势大振。

井勿幕任总指挥后，以靖国军各部行动自由军纪不严为虑，随即着手整顿。因第一路郭坚部纪律最差，所以尤对郭部"多所箴规"④。不料郭坚的参谋长马凌甫却从小集团的私利出发，错误地认为井勿幕意在排除异己，"因起害井之心"⑤。乃于井勿幕赴凤翔县慰问援陕滇军叶荃部返三原路过兴平县时，设谋以郭坚名义致函井勿幕，请他于11月21日赴兴平县南仁村参加军事会议。井勿幕虽知赴会可能有危险，

① 宋哲元、焦子静、李仲特等：《井先生纪念碑铭》，拓片存陕西省博物馆。

② 《陕西靖国军总指挥井君勿幕事略》，陕西革命先烈褒恤委员会编《西北革命史征稿》下卷，1949年版，上海书店1990年影印本，第57页。

③ 茹欲立：《陕西靖国军始末》，中国人民政治协商会议陕西省委员会文史资料征集委员会编《陕西文史资料选辑》第2辑，1962年版，第8页。

④ 景梅九：《井勿幕先生事略》，《西京平报》1810号。

⑤ 孙翰青：《井勿幕被害真相》，手稿存中国人民政治协商会议陕西省委员会文史办公室。

但为了顾全大局,仍以"只要对革命有好处,我是不怕牺牲"①的气概如期前往,但到后即被杀害。嗣后,经陕西靖国军总司令于右任呈报广州护法军政府,追赠井勿幕为陆军中将。井勿幕著作和遗墨传世很少,除在《夏声》杂志发表的文章外,仅有《秋感》诗及少量书信及书法作品留存。

---

① 熊克武:《我与井勿幕的交往》,手稿存中国人民政治协商会议陕西省委员会文史办公室。

居　正

萧栋梁

居正，原名之骏，字觉生，号梅川，1876 年 11 月 8 日（清光绪二年九月二十三日），出生于湖北广济县一个塾师家庭。七岁启蒙接受传统教育，十五岁开始习作八股文，希图通过科举谋进身，却连年屡试不中，想去当兵又无门径，只能苦读奋进，终于在 1899 年以院试第一考取秀才。1901 年入沧浪书院学习，次年参加乡试，以八股文改试策论，试题有"俄主专制，美主共和，英主立宪"等语，居正未曾学过，名落孙山。在省城曾结识陈乾、石瑛、田桐等，结为盟兄弟。

1905 年夏，盟兄陈乾从日本回国，劝其远游觅出路，同年 9 月居正随陈乾东渡日本，在东京因田桐等帮助，剪掉发辫，改穿西服，考入日本法政大学预备部；不久由陈乾介绍，由宋教仁主盟加入同盟会。1906 年参加张伯祥、焦达峰等组织的同盟会外围组织共进会，起草该会组织章程，劝阻湖北同乡加入汤化龙组织的保皇组织"地方自治会"。居正在东京法政大学预备部学习两年，于 1907 年秋考入日本大学本科法律部，10 月因赶赴云南河口革命党人起义而辍学。但从日本行抵香港时，得知起义已经失败，得孙中山长兄孙德彰帮助，乘船转赴新加坡，加入《中兴日报》助胡汉民、汪精卫、田桐与当地保皇派主办的《南洋总汇报》论战。他的杂文、专论文笔犀利，阐发革命大义，驳斥保皇谬论，令人折服，颇著赞誉。仰光革命党人慕名前来请其主办《光华日报》，居正即从槟榔屿乘船到仰光担任缅甸华侨办的《光华日报》总主笔。1908 年吕志伊接任总主笔后，居正得暇遍游缅甸各地，向华侨宣传革命计划,并在创建同盟会仰光支部时发挥了主要作用。因而保皇党指控他宣传无政府主义,1910年春居正被缅甸法院驱逐出境。居正乘轮至槟榔屿,不准上岸,至新加坡又被监视,经担保后才获允转船至香港,于1910年夏初赴东京再入日本大学交费补课复学。

同年暑假,居正受命回国,到达上海后沿路调查联络,至冬季回到家乡广济。1911年2月到汉口负责主持湖北省同盟会工作。他在武汉设酒馆作据点,联络新军,并与共进会、文学社领导人孙武等在湖北新军中开展宣传组织活动,发展同盟会员,秘密筹备武汉地区武装起义工作。9月中旬,受武汉革命党人之托,到上海与宋教仁、陈其美、谭人凤等商量起义计划,并采购军火。10月10日,武昌起义爆发后,他回鄂参与筹组湖北军政府活动,当发现黎元洪缺乏决心和措施时,即提议设坛场、行礼仪,促成黎元洪都督誓师盛典举行。并制定军政府组织条例,按条例组成都督府,研讨组织中央临时政府等事宜,12月以湖北代表身份赴南京参加各省都督府代表会议。1912年1月,以孙中山为临时大总统的中华民国政府成立,居正任内务次长,代理总长,并负责同盟会总部财务工作。4月,孙中山让位给袁世凯后,他随之去职。8月,任国民党上海联络处主任。1913年1月被选为国会参议院议员。

1913年3月宋教仁被刺后,居正随孙中山发动反对袁世凯的"二次革命",5月奉命南下上海密谋讨袁,7月在上海吴淞炮台收抚要塞官兵,并任要塞司令官,8月2日,指挥要塞炮击驶入吴淞口的北洋舰队,迫使两小舰投降,还收抚水上警察,坚守吴淞二十余日。"二次革命"失败后,居正于9月中携眷亡命日本京都。1914年6月在日本率先宣誓加入中华革命党,任党务部长,继续追随孙中山从事革命活动,并任《民国》杂志经理。1915年冬,奉孙中山命回国,到大连策动东三省革命党人讨袁。1916年5月到青岛组建中华革命军东北军,任总司令,亲率两师一旅兵力讨袁,沿胶济铁路张贴孙大元帅讨袁檄文,攻潍县,连克高密、诸城、昌乐、临淄、益都,向济南进击,威震山东。

1916年6月袁死,黎元洪继任大总统,恢复国会,7月居正北上,在国会发表措词激烈的言论,表达中华革命党的呼声。1917 年 8 月,孙中山号召维护民国元年约法,居正联络各议员南下广州参加非常国会,并参与组织军政府活动。1918 年 5 月,桂系勾结政学系,阴谋改组军政府,孙中山鉴于武人专权而辞大元帅职离粤,由居正留穗代办交代手续。1919 年 10 月 10 日,孙中山在上海将中华革命党改组为中国国民党,委居正为总务部主任兼军事委员。1920 年 11 月,桂军被逐出广州。月底孙中山返广州重组政府,居正在国会提议将军政府总裁制改为总统制。1921 年 5 月,孙中山在广州就任非常大总统,居正受命为总统府参议兼理国民党本部事务。曾利用日本资金创办广东交易所及国民储蓄银行,盈利 100 万元支持北伐。1922 年 3 月到惠州协调陈炯明与孙中山的关系。5 月被任命为内务部长。6 月陈炯明叛变炮轰总统府,他电斥陈部此举,并帮助宋庆龄脱险,还到沙面办理军队供应达50 天。

1923 年初,孙中山改组国民党,居正被指定为国民党本部参议,任改组筹备委员会委员,但态度模棱。1924 年 1 月出席国民党第一次全国代表大会,被选为中央执行委员,旋任常务委员。后来,他对孙中山联俄联共政策不满,突然离开广州,到上海闲居,并赴长沙访问赵恒惕,赴开封会晤胡景翼。1925 年 3 月 12 日孙中山在北京逝世,居正急赴京奔丧,5 月参加在北京召开的国民党中央第三次执委会,因意见不合,中途退出,赴上海参加章炳麟组织"辛亥俱乐部"的活动,并到开封会见国民军第三军军长孙岳等,为日后分裂活动做准备。同年 11 月与邹鲁、谢持、林森等人在北京召开西山会议,公开反对广州国民党中央和孙中山的"联俄、联共、扶助农工"三大政策。1926 年 2 月,再往长沙游说赵恒惕;同年 3 月出席在上海召开的西山会议派"国民党中央第二次全国代表大会",被选为该派"国民党中央"执行委员,并任组织部长,负责右派中央总部工作,创办《江南晚报》,鼓吹反共谬论。

1927 年 7 月宁汉合流后,居正等人赴庐山访汪精卫,往汉口晤唐生智,加上其他人员活动促成南京、汉口、上海三个"国民党中央"派代表于9月在上海举行谈话会,决定组织国民党中央特委会,居正任特委会委员。11月22日,南京民众大会上出现枪杀民众的惨案,居正涉嫌为主使人之一。年底,国民党各派系矛盾激化,蒋介石为防止居正再行参加西山会议等派系的反蒋活动,将居正等10人停职监视。1928年春居正赴日访问,夏回上海撰文刊登在《江南晚报》,并编《清党实录》发行。

1931年"九一八"事变后,国民党内部号召团结,国民党各派系于11月在南京召开国民党第四次全国代表大会,居正以第一届中央委员出席,被选为中央执行委员,旋被推为常务委员,任司法院副院长。1932年1月因院长伍朝枢辞职不就,居正代院长兼最高法院院长,5月任司法院院长。居正先后主持制定法院组织法、民事诉讼法、行政诉讼法等,使民国法规粗具体系;确立三级三审制度,改组全国省级法院,普设县级法院(或县司法处)及新式监狱,增加了法院、监狱数量;确定司法经费概由国库负担等等,为取消外国在华治外法权打下了基础。1935年任中华民国法制会会长,被选为国民党第五届中央执行委员,并为南京与西南间的团结负责调停。

抗战后期,居正利用中国正式参加联合国共同作战的有利国际环境,为促使废除外国在华治外法权继续努力。1942年撰《收回法权之切要》一文,指出1926年调查治外法权委员会指责中国司法"民刑法典未臻完备"、"新式法院监狱为数过少"、"司法经费无保障"等四大缺点已经克服,"各国在华领事裁判权应即时放弃",至1943年1月11日中美、中英新约签订,英、美两国正式放弃在华领事裁判权。1946年国民政府确定1月11日为"司法节"。

1948年1月居正辞司法院长职,被选为国民政府监察院监察委员,并与蒋介石参加了当年的"总统竞选"活动。1949年他随国民党政府由南京迁广州,飞台湾,返广州,转重庆,妄图建立"根据地"继续反共,阻挠全国解放,至11月居正飞往台湾,任台湾国民党政府"监察院"监察委员。1951年11月23日,居正病逝于台北寓所。

居正著作有《辛亥札记》、《梅川日记》、《居觉生先生全集》等。

主要参考资料

《居公觉生行状》，黄季陆主编《革命人物志》第 2 集，台北"中央文物供应社"1969 年版。

吴相湘：《居正革新司法》，《民国百人传》（二），台北传记文学出版社 1971 年版。

胡春惠：《居正》，《中华民国名人传》第 1 册，台北近代中国出版社 1984 年版。

《居正传记资料》第 1 册、第 2 册，台北天一出版社 1979 年版。

阚 朝 玺

汪恩郡　王凤琴

　　阚朝玺，又名朝洗，字子珍，辽宁盘山人，1884年（清光绪十年）生于盘蛇驿钱坨子村。其父阚连城有六子，阚朝玺居五。父死后，家境萧条，他十六岁时，弟兄分居，因尚未成年，故与四兄同住。当时，阚朝玺正在表爷卢五先生处读私塾，生活虽感困难，但他一心想去外地求学，其嫂张氏见他刻苦攻读，毅然解囊相助，于1903年考入锦州中学堂。阚学习勤奋，渴望将来科举成名，但1905年科考停止，又有感于辽西一带盗匪蜂起，民不聊生，决意放弃学业，投笔从戎，于1906年投奔奉天前路巡防队统领张作霖，任该部司书（文书）。张作霖年青为匪时曾出入阚家，看中了卢五先生之女，经阚父从中周旋成婚，这种关系是阚朝玺投奔张的重要原因。

　　1910年4月，阚朝玺随张作霖讨伐土匪陶克陶胡。此后军队里推行新文化，学习笔算。当时的军官不是绿林出身，就是行伍出身，多数目不识丁，而阚读过中学，会笔算，受到张作霖的器重，被提升为统领部的书记长。

　　1910年腊月，阚朝玺回老家过年，看到钱坨子及傅家庄等村住满了土匪，杀猪宰羊，闹得百姓不得安宁。各股匪首听说他回家省亲，纷纷向他表示愿投降效命，阚假意满口应允，但春节过后，急忙赶到盘山厅，向通判马俊显详细说了匪情，并与马联名致电东三省总督赵尔巽和奉天前路巡防队统领张作霖，请求派兵剿匪。张作霖复电命就近调驻二道沟的原张作孚部骑兵，由哨官陈国保率领，阚朝玺协同往剿。在傅家庄等待收编的各股匪首没想到阚会率兵围剿,仓皇接触,二百余土匪几乎全被打死。事后阚怕其他土匪报复,携家眷迁居奉天。为此他深得张作霖的赏识。

1912年春,张作霖送阚朝玺入奉天陆军讲武堂第一期步兵科学习。次年春毕业,被任为陆军第二十七师少校参谋。他向张建议设立军事教育机构,培养人才,被张采纳,派阚创办二十七师军官团,后又让他办军士团,并兼任军官团的教育长。1914年秋,阚朝玺晋升为师部中校参谋,仍兼军官团以及军士团的教育长。1915年11月,改任二十七师炮兵二十七团二营营长。次年春,他创办了炮二营官兵子弟学校,办学经费由他出资一半,余者由该营军官共同负担。

1916年,张作霖驱逐段芝贵后,与二十七师五十三旅旅长汤玉麟产生尖锐矛盾。汤外倚二十八师师长冯德麟、旅长张海鹏的声援,内靠本旅官兵效命,企图拥兵倒张。阚朝玺积极在汤部军官中进行瓦解工作。他秘密联络汤部骑兵一营长郑殿升、三营长张荣、步兵营长邹芬等十二个营长,经阚晓以利害,都表示效忠张作霖,并焚香签名宣誓:绝不服从汤倒张的指挥。阚朝玺向张作霖详细报告,张嘉许说:"今后你好好去做,有我在,就有你的饭吃,我们一定和老汤拼一下。"[1]阚受宠若惊,进一步建议张把汤玉麟赶出奉天,并自告奋勇承担此任。阚先以师生关系给曾在二十七师军官团受过训的汤的次子佐辅打电话,让他劝其父和张作霖重归旧好。当汤佐辅表示为难时,阚又以恫吓的口吻说:"二十七师的官兵都受过张大帅的恩惠,就连你父部下的十二个营长都表示愿为张效命,你父想起事是极其危险的,这边的炮口早已对准你家,你们趁早离开奉天,否则,我也爱莫能助了。"[2]汤玉麟慌忙把全旅

---

① 熊维成:《阚朝玺的兴衰始末》,中国人民政治协商会议辽宁省盘山县委员会文史资料研究委员会编《盘山文史资料》第2辑,1983年版,第20页。

② 熊维成:《阚朝玺的兴衰始末》,中国人民政治协商会议辽宁省盘山县委员会文史资料研究委员会编《盘山文史资料》第2辑,第20页。

人马撤到新民县巨流河一带,使张的地位得到巩固。

汤玉麟离奉后,张作霖命阚朝玺率部驻防新民与汤部对峙,并提升其兄阚朝山为营长。阚朝玺驻防新民期间,属下贾连长因有机密报告,由于心情急迫而跑得满头大汗,当他掏手帕擦汗时,被阚弟朝俊拔枪击毙。阚朝玺为逃脱随意杀害部下的罪责,向张谎报贾受汤的指使行刺而掩饰过去。张欲任阚为督军署卫队混成团团长,遭到五十四旅旅长孙烈臣等的激烈反对而作罢。1917 年夏,阚朝玺继张作相之后升任炮兵二十七团团长。1918 年 2 月,张作霖编了三个混成旅,阚又升为奉军二十七师第二混成旅旅长。3 月,阚奉命率部入关,驻防株洲、长沙之间。不久,即撤回东北。

1919 年秋,黑龙江督军鲍贵卿转任吉林督军,阚朝玺奉命率本旅官兵进驻吉林、伊通、长春等地,12 月接替裴其勋任吉长镇守使。1920年春,他兼一面坡剿匪司令,8 月又兼东省铁路护路军司令。由于他在剿匪中嗜杀成性,中东路一带群众称他"阚铡刀"。阚所部有一团长王九江,驻防在七丈沟里一带,该团士兵多由土匪改编,阚怀疑该团不稳,派其表弟四团三营营长赵沛然率部驻于王团附近,监视王的行动。赵沛然常在阚面前说"王团想哗变",加上该团营长赵国臣想取王而代之,极力拉拢阚的左右,阚朝玺对王九江就起了杀机。当王九江听到风声,亲自到一面坡向阚表示忠诚时,阚一面假意好言抚慰,让他不要听信谣言;一面暗中布置,将王及其所带一连卫兵全部枪杀。事后,阚又派副官处长程广文率赵沛然营及王团之营长赵国臣去王团,声称王九江事与该团无关,命该团官兵缴械,但该团九百余人除赵国臣等数人外都被屠杀。这就是当时人们所说的"七丈沟里事件"。

1921 年春,阚朝玺率第二混成旅驻防双辽(郑家屯)、洮南一带。当时黑龙江督军吴俊陞的家眷住在郑家屯,阚对吴的家眷多方照顾,从而密切了与吴的关系。这时吴俊陞的亲信马龙潭由洮昌道尹调任四洮铁路督办,阚趁机将其副官处长程广文安插进四洮铁路工程局任警务科长,使他的势力扩张到该路沿线内。不久,阚部改番号为奉军暂编第一混成旅。同年7月，他被任为洮辽镇守使。

1922年夏，第一次直奉战争爆发，阚朝玺积极主战，通电全国，声讨吴佩孚。开战不久，阚奉命率第一混成旅进关，驻静海、独流、姚马渡一带，与直军彭寿莘部对峙。由于奉军张景惠、邹芬等部在廊坊、长辛店等处遭直军袭击惨败，阚旅也退出静海、独流，败退到滦州。张作霖命阚部退守九门口，当阚部退到此处，又被奉军败兵冲击，失去九门口。他亲自在前线督战，枪毙数名败逃的军官，转退为守，继而转守为攻，重新夺回九门口，保存了本旅实力，受到张作霖的嘉奖。第一次直奉战争结束后，阚朝玺部仍驻防郑家屯，鉴于奉军这场战争的教训，他深感加强军队训练和教育的重要，命参谋长王守中专门负责创办军官团和军士团，以提高军队的素质。

由于四洮铁路督办马龙潭的关系，阚朝玺的四兄阚朝山被聘为四洮铁路督办公署和铁路工程局的顾问，不干实事，而领高薪。当时四平在日本人设立的南满铁道株式会社附属地内有一个市场，范围较小，也不发达。因修四洮铁路骤集万余员工，原来的市场远远满足不了需要，阚朝玺接受梨树县县长尹寿松关于开辟新市场的建议，经与驻四洮铁路的日本顾问以及驻郑家屯的日本领事磋商同意，又利用这个机会在四平领了许多地号，开辟了铁路东市场。这对繁荣当地经济有一定的作用。

1923年夏，山东人卢占魁得张作霖的许可，拉起一支四百余人的队伍，企图骚扰不属奉系势力范围的热河开鲁。但卢的队伍反被热河军队打得无法在当地立足，流窜到奉系所属通辽一带抢掠当地百姓，驻通辽的奉军骑兵旅长穆春感到很难应付。阚朝玺亲赴奉天向张作霖报告一切，张命阚率兵剿灭卢部。他回郑家屯后，召开一次幕僚秘密会议商讨对策，决定采取假招抚、真消灭的策略，并取得穆春配合。当卢部按阚要求将枪械交出封存，把队伍开到通辽等待改编时，阚却暗设伏兵将手无寸铁的卢部四百余官兵全都打死，卢本人也在穆春房内被击毙。

1924年第二次直奉战争时，阚朝玺奉命率第一混成旅参战，该部

未经大的战斗。战后,张作霖命阚朝玺率部接收直系控制的热河,同年
12月11日,段祺瑞的北京政府任命阚为热河都统。次年,阚部第一混
成旅奉命扩编为第三师,他任师长。阚朝玺大肆推行种植鸦片政策,以
活跃当地经济之名,行中饱私囊之实。又派与其有裙带关系的夏魁一
任热河兴业银行的经理,该行以滥发纸币、购销鸦片为主要业务。阚
还极力扩张个人实力,1925年夏,曾派他的驻京代表刘理中赴日本
采购武器,拟扩编五个师军队,后因郭松龄反奉事件发生,只编成第
五师。

　　1925年秋,张作霖电令阚朝玺调所部主力至热河西部边界防御西
北军,郭松龄倒戈后,张又命阚火速率部援奉。他一面调回开往热西的
军队,一面为保存自己的实力,派邱天培代表他赴锦县和郭松龄联系,
在张与郭争斗中观望。阚朝玺带领第三师官兵连同在热河搜刮的480
驮烟土离开承德,经凌源、建平、朝阳抵达义县。他亲自与郭松龄通电
话,请求指示。郭深知阚朝玺系张作霖一手提拔起来的,不可靠,但有
一定实力,所以便虚与委蛇,而暗中派旅长滦云奎率部进行袭击,阚部
仓皇无备,损失很大,退到新民。阚怕与郭勾结之事引起张作霖的猜
忌,派第五师师长姜向春去沈阳向张面报离热援奉及被郭松龄在义县
袭击经过。不久,阚部由参谋长熊墨林率领开到郑家屯待命。阚弟率
卫队押运烟土去昌图八面城,途中被常荫槐的交通执法队将烟土扣留,
旋被阚弟抢回烟土并将执法队缴械。常荫槐向张作霖报告此事,引起
张对阚的不满,当阚赴沈面陈经过时,张作霖大发雷霆。张作霖战胜郭
松龄后,于是年12月免去阚朝玺的热河都统职。因怕被扣押,阚先后
躲进奉天满铁附属地一楼内和大连日本人开设的大和旅馆里。1926
年8月阚朝玺之母病故,经张作相、吴俊陞说情,才允其回奉奔丧。

　　1927年春,阚朝玺携罗振邦(伪满时任过驻意公使)赴日调查实
业。后来阚又以参加中日美术展览的名义再去日本。6月,张作霖就
任安国军大元帅,经直鲁联军总司令张宗昌的疏通,阚朝玺被任为大元
帅府军政执法处长,直至1928年6月张作霖遇害而解职。

阚朝玺两次去日本,见日本水力发电事业发达,他决定在黑龙江宁安县的镜泊湖建电站。1929年冬,带德国水电专家施乐雅、辽宁省建设厅电气科长尹介苏前后两次去该地勘察,并得到吉林省长张作相、辽宁省长翟文选的支持,但因工程投资太大,无法筹措,未能实现。

1931年,日本帝国主义发动"九一八"事变,占领沈阳。阚朝玺受怂恿,于9月24日出任伪奉天地方自治维持会(后改称辽宁省地方维持委员会)副委员长,28日又在日本关东军扶植下成立"四民临时维持会"。该会的参加者有穆春、姜向春等人。阚深知自己人望不高,故派姜向春赴锦县小岭子请在家居丧的张作相出面,遭到拒绝,遂自任该会委员长。阚与辽宁省地方维持委员会的委员长袁金铠互相猜忌,日本关东军司令官本庄繁召集二人开会,要袁金铠成立政府,专管行政,让阚建立军队,负责维持地方治安,但需以出卖东北主权为条件,让他们在事先准备好的议定书上签字。因事体重大,二人默然相视良久,终未敢签。日本于11月把押在宪兵队的前辽宁省长臧式毅放出,让他组织伪省政府,并以武力接收省维持会。因阚对此表示不满,被日本宪兵队逮捕,羁押43天,后由他出具一不进行政治活动的誓约书而获释,释放后他改名为阚朝洗。

1932年夏,伪满洲国政府没收张作霖创办的边业银行,阚朝玺在该行投资10万元,也属该行股东之一,没收该行时他的股金被退还。1933年春,阚被任为伪满中央银行监事,1937年,伪中央银行副总裁蔡运升调任伪经济部大臣,阚被任为该行副总裁。1940年秋,伪中央银行总裁日本人田中铁三郎任满,阚又充任总裁,直至1944年夏任满解职。1945年8月,日本战败投降。当苏军在长春逮捕伪满战犯民生部大臣吕荣寰时,阚正在吕家,他看情形不好,贿买吕的随从,让吕的随从谎称他是来吕家讨债的,骗过苏军而逃回沈阳,匿于妻弟穆继多家中。国民党政府接收沈阳后,阚朝玺又追随国民党当局。中华人民共和国成立后,在1951年的镇压反革命运动中,阚被人民政府逮捕法办。

主要参考资料

阚宇清:《阚朝玺的一生》,中国人民政治协商会议辽宁省暨沈阳市委员会文史资料研究委员会编《文史资料选辑》第 2 辑,辽宁人民出版社 1983 年版。

康 宝 忠

王 川 周茂江

康宝忠,字蝶庵,又字心孚,生于 1884 年(清光绪十年),祖籍陕西汉中府城固县人。因其父康寿桐曾在四川彭县、绵阳、什邡等地任知县多年,故宝忠兄弟皆生长于四川。康宝忠幼受父亲钟爱,康父为其聘请多位名师,让他受到良好的启蒙教育。1902 年和 1903 年,康宝忠两次赴陕西参加乡试,均得堂备。1904 年夏,康宝忠在维新思想的影响下克服重重困难东渡日本留学。

到日本后,康宝忠先后在同文书院和经纬学校补习日文和基础课程,并任陕西留日学生同乡会干事。康宝忠留日期间,正值孙中山等革命志士在日本鼓吹武装反满革命。1905 年 6 月,康宝忠加入同盟会①,7 月在东京参加同盟会第一、二次会议②,30 日参加同盟会筹备大会③。8 月 20 日,中国同盟会于日本东京正式成立。康宝忠任同盟会本部之评议部议员及陕西分会主盟人,协助孙中山从事革命活动④,对同盟会发展多有贡献,并勿幕、于右任即由康宝忠介绍加入该会。于

---

① 丘权政、杜春和等选编:《辛亥革命史料选辑》上册,湖南人民出版社 1981 年版,第 105 页。

② 中华民国史事纪要编辑委员会:《中华民国史事纪要》(1905 年),中华民国史料研究中心印行,1975 年 8 月 20 日,第 580、583 页。

③ 张玉法:《清季的革命团体》,中研院近代史研究院专刊(32),中研院近代史研究院发行,1975 年 2 月初版,1982 年 8 月再版,第 309 页。

④ 张玉法:《清季的革命团体》,第 322—323 页。

右任与康宝忠同是陕西人，1906 年康宝忠引荐于右任会见孙中山，于右任从此走上革命道路。同年 12 月，康宝忠积极参加中国留日学生反对日本政府颁布的《取缔清韩留日学生规则》的斗争，担任留日学生会总干事一职。清政府下令逮捕留日学生斗争中的骨干人物，康宝忠亦名列其中，经人力保后才得以幸免。此后又任留学生总干事数月。

1906 年初，同盟会派遣成员归国筹划反清革命斗争，康宝忠奉派与四川籍革命党人返川策动。甫抵成都，康宝忠即听说革命党人在上海、江苏、浙江、河北、安徽等省次第失败。康宝忠见四川形势不利于展开革命活动遂决定再赴日本。正当此时革命党人行踪暴露，事泄，一些革命党人相继被捕，康宝忠因而暂避家中。四川总督锡良面责康父，并责令交出康宝忠。不久锡良调任云贵总督，康宝忠才免于被捕。当年，康宝忠再抵日本，考入早稻田大学政治经济科，专攻法政。同年，章太炎东渡日本加入同盟会，主编革命刊物《民报》。12 月 2 日，《民报》创刊一周年庆祝大会在日本东京神田锦辉馆举行，黄兴主持大会，孙中山在康宝忠、景梅九的陪同下进入会场并发表演讲，受到与会者的热烈欢迎。

在日期间，康宝忠还参加了章太炎开办的"国学讲习会"，成为经常听讲的十余人中最认真的一个，从而"学乃大进"被人视为章的高足。1908 年康宝忠自早稻田大学政治经济科肄业①。1909 年，康由日本回国，遵从父亲意愿参加清廷举办的留学生考试，得法政科举人，授七品京官，分发邮传部，充当大清银行学堂教习（教员）兼学监，旋代理教务长。

1910 年 4 月 16 日，汪精卫、黄复生等人在北京谋炸摄政王载沣，事泄被捕，康宝忠亦被清廷怀疑跟踪，遂借年假以省亲为名返回四川成都。1911 年元旦抵家，不久，其父去世，故居忧于家。此时四川保路运动风起云涌，革命党人就以康宝忠家为聚集地点，部署反清的具体

---

① 张玉法：《清季的革命团体》，第 326 页。

工作。

1911年10月10日武昌起义爆发后，康宝忠偕友人东下至重庆，时革命党人张培爵已在重庆宣布独立，建立蜀军政府，请康宝忠担任政府内务部长，康宝忠坚辞不就，旋至南京，担任南京临时政府总统府直辖机关秘书处下设文牍科的科员[1]。经陕西省电举，康宝忠又被选为临时参议院议员。参议院第一次会议上讨论建都问题，康宝忠力主定都北京，与孙中山建都南京之主张相反。革命党人于右任（时任临时大总统府交通部次长）力劝康宝忠以大局为重，康同意放弃自己的主张，但未出席第二日的参议院会议。康宝忠既无力扭转政府意见，又对革命前途忧心忡忡，苦闷之中通电辞去议员职务，只身赴上海，发誓终生脱离政治，专力从事教育事业。

1912年7月，《东大陆报》在上海创刊，康宝忠任总编辑。9月章士钊在上海主办《独立周报》，康宝忠加入其中，撰写并发表了多篇文章。康宝忠文笔犀利，语言流畅，其文章影响很大，因而上海各家报馆纷纷聘请他担任记者。1913年7月，章士钊投身"二次革命"后，《独立周报》为袁世凯政府怀疑，遂中止发行。孙中山让位于袁世凯后，于右任到上海继续主持发行《民立报》，聘康宝忠兼任《民立报》记者。1913年9月4日，《民立报》被袁世凯政府查封。之后于右任为掩护自己与国民党人的联系，在上海筹办民立图书公司，以康宝忠为总经理，张季鸾任编辑[2]。

1913年12月，康宝忠在上海创办《雅言》杂志，1915年停刊。该杂志包括论说、纪事、文艺、杂录等内容。康宝忠以"逵窨""廖居"等笔名发表多篇关于政治、经济、社会伦理方面的文章、诗存、杂记、闻见录等。

---

[1]　郭卿友主编：《中华民国时期军政职官志》，甘肃人民出版社1990年版，第18页。

[2]　刘延涛编：《民国于右任先生年谱》，王云五主编《新编中国名人年谱集成》第20辑，台湾商务印书馆1981年版，第31页。

编辑《雅言》期间,1913 年康宝忠还担任吴淞"中国公学"的教务长,当时公学经费支绌,教师薪资多不能按时发放,在经费极端困难的情况下,康宝忠坚持办学,直到 1915 年学生毕业时方辞职。

1915 年康宝忠赴北京出任国立法政专门学校教员。不久,北京大学聘其为讲师,旋改聘为教授,后又兼任北京高等师范学校、朝阳大学、中国大学等校教师,讲授伦理学、社会学、中国法制史等。

1916 年,北京大学率先在国内开办第一班社会学,由康宝忠担任教职,自编讲义,印发学生参考。据著名社会学家孙本文回忆,此为中国人自己讲授社会学之始,由此他被誉为中国第一位社会学家。以前虽有浙江、广东、上海等地的大学开设有社会学课程,但无论哪种大学,讲授社会学的教师无一例外都是外国人。康宝忠所授课程,"讲解鲜明透彻,深得学生信仰,所编社会学讲义,文笔典雅,涵义湛深",以美国社会学家吉丁斯(Franklin Henry Giddings)的理论为主,而"参以己见,卓然成一家言"[1]。康宝忠为我国培养了一批早期的社会学人才,对于中国社会学的发展功不可没。

《韵学源流》是清代贵州巨儒莫友芝撰写的一部声韵学史著作,1871 年作者去世时该书尚未定稿。刘师培入蜀时,遵义人赵幼愚以自己所得的《韵学源流》校抄本赠予他。1918 年康宝忠根据此校抄本加以印行,但流传不广。1929 年著名语言学家罗常培在广州任教时,对康宝忠印本进行校勘、圈点及分段,重新印行[2]。

1917 年 1 月 4 日,蔡元培就任北京大学校长一职,在沈尹默等北大教授的提议下,决定组织教师评议会以共同治校。评议会会员在全体教授中产生,约每五人中选举一人,当时北大教授共八十余人,选举评议员十七人,校长任评议长。凡校中章程规定均须评议会通过,评议会掌握了学校实权。7 月张勋复辟后,北大教员又商量组织教员会,推

---

① 　孙本文:《当代中国社会学》,胜利出版公司 1948 年版,第 224 页。

② 　(清)莫友芝著、罗常培校点:《韵学源流》,中华书局 1962 年版,前言第 1 页。

举政治法律系教员康宝忠为主席，马叙伦为副主席，监督康宝忠，同时由陈大齐和沈士远跟随左右，起到互相牵制的作用①。

1919 年 1 月《国故》月刊社在刘师培私宅召开成立大会，刘师培、黄侃出任总编辑，康宝忠担任编辑兼总务主任②。

5 月 4 日，五四运动爆发，爱国学生在天安门前集会，反对政府的卖国行为。会后爱国学生举行游行示威，大批军警出动进行镇压，逮捕示威学生数十人，各校皆有，而北大学生居多数。当时，包括蔡元培在内的北京国立各校校长皆辞职，学生与政府互相对峙，势态蔓延几乎不可收拾。北京大学乃率先成立教职员干事会同情并支持进步学生的爱国行动，并维持秩序，康宝忠以其出色的活动能力被推为干事，"出与公私各校教职员相结集，于是有北京中等以上学校职教员联合会，而君被推为总务干事，任主席，君慷慨不谢"。康宝忠办事认真，不辞辛劳，"每侵晨从事，讫深夜；事急时，走寒星烈日下，未尝自休。数月之间，中更大小变，君始终无所谈"③，致使心力交瘁。11 月 1 日晨，在北京法政专门学校授课，课间休息时，康宝忠突发急病，猝然辞世。

康宝忠遗著有《社会与伦理》、《伦理学》、《社会学讲义》、《社会政策》、《中国法制史略》、《逢君讲演录》、《廖居诗存》近 10 种，译著有《经济学研究》等。

主要参考资料

张玉法：《清季的革命团体》，中研院近代史研究院专刊（32），1975

---

① 沈尹默：《我和北大》，选自《文史资料精选》第 5 册，中国文史出版社 1990 年版，第 436 页。

② 《国故》月刊第 1 期，1919 年 3 月 20 日，第 273 页。

③ 《康宝忠事略》，高平叔编《蔡元培全集》第 3 卷，中华书局 1984 年版，第 354 页。

年 2 月初版。

蔡元培:《康宝忠事略》,见高平叔编:《蔡元培全集》第 3 卷,中华书局 1984 年 9 月版,第 353—354 页。

康　心　如

周本渊　熊尚厚

康心如,名宝恕,字心如,以字行,1890年(清光绪十六年)11月生于四川绵阳。祖籍陕西城固县,祖辈世代做官。父亲康寿桐历任四川彭山、梓潼、什邡等县知事。

康心如幼年接受传统教育,十一二岁起,父亲就让他阅读新书新报。他的长兄康心孚因钦佩维新变法的康有为和梁启超,时常向他讲述康、梁的事迹,介绍《清议报》和《新民丛报》给他看。康心如不仅仔细阅读这些报刊,就连谈话和作文都模仿《新民丛报》的语调。1906年康心如到成都入中学堂,这时康心孚留学日本,已摆脱康、梁影响,参加同盟会从事革命活动,经常给他寄《民报》、《浙江潮》和《中国秘史》等书报。是年,康心孚从日本回国探亲,又向他介绍革命派和立宪派的论战,谓中国要自强,非推翻清政府不可。康心如受其长兄的影响,不再读《新民丛报》,转而热心阅读《民报》和《国粹学报》,思想开始倾向革命。1907年,康心孚从日本寄回《民报》、《革命军》、《黄帝魂》及《三十三年落花梦》等宣传革命的书报,叫他推销。康心如就退学在成都鼓楼北街开办了一家书铺,取名“粹记书庄”,后又于重庆设了分庄。在宣传革命思想及秘密联络革命党人方面,起过一定作用。

1911年春,康心如离开四川前往上海,经康心孚介绍加入了同盟会。不久去日本,入东京早稻田大学政治经济学专科。他在课余编辑杂志,宣传革命思想,参与革命活动。同年夏,因父亲病故回成都奔丧。不久,武昌起义爆发,11月27日,成都宣告独立,成立大汉四川军政府。12月初，康心如前往重庆联络蜀军政府，途中听说成都巡防军在赵尔丰等支持下哗变抢劫，即又折回成都准备反赵。旋兵变由各路同志军及大汉四川军政府平定，他便在成都留下。

1912年1月，中华民国临时政府在南京成立，宋教仁、章太炎派康心如和同盟会员李哲夫、饶伯泰等，在成都筹设中华民国联合会四川分会。次年春，康等以此为基础创办了《公论日报》，同时又与友人汪象孙、李澄波及胞弟康心之等，在成都创刊《国民公报》，宣传新合并成立的国民党主张。不久，他被《公论日报》派任京、沪特派访员，是为四川报界第一个专电访员。他在上海先后任民立图书公司、进步书局及上海浚川源银行经理，"二次革命"失败后，为了继续进行反袁斗争，康心如接受其长兄建议，于1913年12月在上海创办《雅言》半月刊。初先刊载学术性文章以取得邮递行销内地的许可，出至11期刊登了四川张铮写的一篇抨击袁世凯擅改《约法》、"违宪叛国"的文章，《雅言》便被迫停刊。

1915年春，袁世凯为了收买革命党人及其舆论工具，托人函邀康心如来北京，欲利用他将于右任骗来北京。康到北京后虚与委蛇，随即很快回到上海。12月，他在于右任指导下，约集张季鸾、曾通一、朱镜宇等创办了《民信日报》，自任经理，公开进行反袁斗争。袁世凯败亡后，1916年8月该报迁往北京继续出刊，康心如也随之到了北京，并在北洋政府侨务局任佥事，同时给上海《新闻报》投寄特约通讯，又任重庆《新蜀报》访员。是年9月，政学会张耀曾、谷钟秀在北京发刊《中华新报》，康心如应邀任经理兼编辑，此报成为政学会在旧国会复会后的一个言论阵地。1918年9月，《中华新报》转载北京新闻社所发通讯稿《呜呼！三大借款》一文，揭露段祺瑞政府签订卖国的满蒙五路大借款，报社被北京京师警察厅封闭，康心如和张季鸾一起被捕。康心如被关了将近一年，才被正式判处拘役二十日，缓期三年而释放。

康心如经过此次挫折，又因康心孚于1919年病逝，家庭重担落在他的肩上，便产生了"不做官，不入党，不办报"的所谓超政治思想，决心弃文经商，寻求发财致富之道。1921年，他为重庆大盐商邓芝如奔走，与美商上海美丰银行总理雷文（F. J. Raven）协议，创办四川美丰银行，资本额25万银元，美股占52%，华股占48%，于次年4月在重庆正式开业，经营商业银行的一切业务，并发行兑换券（通称"美丰券"）。邓芝如借12000元给康心如作股本，康担任协理。开业后，初因搬用美国银行的经营方式，业绩惨淡。1923年春，康向雷文建议采用北京中外合营银行的经营方法，加以改革整顿，营业大有起色。同时，康大力扩大美丰券的发行，由重庆几家钱庄代销，大获厚利。美丰券发行额最高时达150万元，超过资本额5倍。

1926年万县"九五"惨案发生后，四川反帝爱国运动如火如荼，外国商人纷纷离开重庆，雷文调走了美丰银行的大量资金。眼见四川美丰银行行将垮台，康心如乃请四川军阀刘湘出面，筹集银元13万元将全部美股买下，又由重庆盐商认股5万元。次年3月，四川美丰银行改组完成，康任总经理。

从此，康心如紧紧依靠刘湘的庇护，发展美丰银行。经川康边务督办公署和督办四川军务善后事宜公署会衔布告，美丰券受到特别保护，在刘湘军威所达之处通行无阻。四川美丰银行几年间，扩充分支机构达34处，并参与申汇和公债的投机买卖，大获其利。1935年8月，在重庆建成价值50万元的美丰大楼。抗战前夕，美丰银行资本额扩充至300万元，较创办时增长了11倍。同时，康心如尽力支持刘湘的"枪杆子与洋钱合作"政策，参加二十一军的各种金融活动，积极支持经营各种地方债券。他曾任二十一军顾问兼财政设计委员会委员、二十一军整理重庆金融库券基金保管委员会副主席以及四川地方银行理事、地方银行发行准备库委员等职。

随着四川美丰银行的迅速发展，康心如在抗战前已成为四川金融和工商业界的显赫人物。美丰银行资本先后投资重庆电力公司、民生实业公司、天府煤矿公司、渝新纱厂、重庆国货公司等企业，康担任这些企业的董事或常务董事。1931年9月他任重庆银行公会常务委员，

1937年秋任该会主席,并任重庆银行、钱业联合同业公会联合公库常委。

康心如在经营银行和工商业的同时,并没有完全像他说的那样"不办报",而仍然兼及新闻事业。"九一八"事变后,他与其弟康心之在重庆复刊《国民公报》,先后聘杜协民、姜公伟分任正副总经理。该报日销一万份,为当时重庆工商、金融界的民营报纸。

抗日战争爆发后,1938年8月国民政府迁至重庆,重庆顿时成了全国战时的政治、经济中心。康心如以其拥有的经济实力和社会地位,利用他与当时重庆市市长贺国光及一些国民党元老的旧交关系,于翌年10月当上了重庆市临时参议会议长,并和国民党大官密切往还,十分得势。

康心如根据战时交通梗阻、货币贬值的情况,组设"丰"字号子公司扩展业务。从1939年起,陆续开设了德丰、华丰、宝丰、新丰、群丰、兆丰等公司,分别经营进出口、房地产及农产品贸易,并扩大对工矿、交通、金融、保险等业的投资。在抗日战争时期,所营企业多达八九十家,形成美丰银行资本系统。

抗日战争胜利后,康心如为了谋取美丰银行的进一步发展,积极开拓市场,在长江南北各大中城市扩充分支机构达45处。他还前往美国、加拿大考察银行业务。由于蒋介石发动了全面内战,民生凋敝,百业萧条,金融紊乱,社会经济日趋崩溃。美丰银行在官僚资本的压迫下迭遭挫折,每况愈下。1948年8月,国民党政府发行"金圆券",借此收去美丰存金三千多两。同时,军阀退股,特务敲诈,明抢暗夺,使美丰损失惨重。次年7月,康心如虽大做银元存放、汇兑,企图挽回损失,但仍遭失败,美丰摇摇欲坠。重庆解放前夕,在康心如面前摆有三条路:一去香港,二去美国,三留重庆。他鉴于背离祖国寄人篱下之苦,乃决心留在重庆。

重庆解放后,康心如继续经营美丰银行。他担任西南军政委员会财经委员会委员,被选为重庆市第一、二届人大代表、市人民政府委员。

还任四川省和重庆市政协委员、全国工商联执行委员、重庆市工商联副主任委员、中国民主建国会重庆市副主任委员。1955 年任公私合营重庆投资公司经理。

1969 年 11 月 16 日,康心如病逝于北京。

主要参考资料

康心如:《我与报》(未刊稿)。

康心如:《忆心孚兄》(未刊稿)。

《重庆第三届第九次工商联扩大联席会议汇刊》,第 44—46 页。

康 有 为

耿云志

康有为,原名祖诒,字广厦,号长素,广东南海人。1858 年 3 月 19 日(清咸丰八年二月初五)生在一个官僚地主家庭。康的曾祖做过福建按察使,祖父曾任连州训导,父亲康达初,为江西补用知县;他的一个从叔祖曾随左宗棠镇压太平军,官至广西布政使,一度护理广西巡抚。

康有为自幼读书,十八岁起,受学于朱九江。朱强调"经世致用",对康很有影响。后来,康有为逐渐对传统儒学发生怀疑,认为"言道当如庄荀,言治当如管韩",并说"千年来文家颉颃作气势自负,实无有知道者"①。1879 年,他结识了在北京做翰林院编修的粤人张鼎华,从而得"知京朝风气,近时人才及各种新书……"②。这一年,他开始读了一些西书,并初游香港,"始知西人治国有法度,不得以古旧之夷狄视之"③。1882 年,他到北京应顺天乡试不中,归途经上海,"大购西书以归","自是大讲西学,始尽释故见"④。在西方资产阶级思想启发下,康

---

① 康有为:《康南海自编年谱》,中国史学会主编《中国近代史资料丛刊·戊戌变法》第 4 册,上海人民出版社 1957 年新 1 版,第 113 页。

② 康有为:《康南海自编年谱》,中国史学会主编《中国近代史资料丛刊·戊戌变法》第 4 册,第 114 页。

③ 康有为:《康南海自编年谱》,中国史学会主编《中国近代史资料丛刊·戊戌变法》第 4 册,第 115 页。

④ 康有为:《康南海自编年谱》,中国史学会主编《中国近代史资料丛刊·戊戌变法》第 4 册,第 116 页。

有为看到中国处于列强环逼之下,"兵弱财穷"、"人情偷惰"①,极感"忧愤迫切",希望学习西方,赶紧变法图强。1888年,他二次到北京应乡试时,"发愤上书万言,极言时危,请及时变法"②。这是他第一次上书,但没得上达,反被视为"狂生"而遭到攻击。

上书失败后,康有为离京回乡,"专意著述",为变法维新建立理论基础。他受到今文经学家廖平的影响,着手从统治阶级所崇奉的儒家"经典"中,寻求变法维新的"理论"根据。1891年,康有为在广州设万木草堂,开始讲学。来学者逐渐增多,著名弟子有陈千秋、梁启超、麦孟华等。这年,刊出了他的第一部代表作《新学伪经考》。

1893年,康有为中举人。1895年春,他偕梁启超等入京会试,正好赶上清廷与日本媾和,即将签订割地赔款的《马关条约》。康有为得讯,十分激愤,即同梁启超等鼓动各省在京会试的举人一千三百多人,于5月2日联名上书,要求光绪帝拒和、迁都、变法。这就是历史上有名的"公车上书"。从此,康有为作为资产阶级改革运动的领袖,正式登上了历史舞台。

不久,会试发榜,康有为得中进士,授工部主事,但他没有到任,继续活动变法。5月末,他再次上书,提出"富国、养民、教士、练兵"③等改革主张。这次上书,光绪帝看到了,表示"嘉许"。一个月后,他在第四次上书中,更提出"设议院以通下情"的建议。但此书又为守旧分子所阻止。书既不得上,他感到要变法,非先在上层制造舆论不可。8月,康有为创办《万国公报》(后改称《中外纪闻》),命梁启超主笔,日印千余份,分送朝官。稍后,更创立强学会,组织维新派的力量。会务颇

---

① 康有为:《上清帝第一书》,中国史学会主编《中国近代史资料丛刊·戊戌变法》第2册,第113页。

② 康有为:《康南海自编年谱》,中国史学会主编《中国近代史资料丛刊·戊戌变法》第4册,第120页。

③ 康有为:《上清帝第三书》,中国史学会主编《中国近代史资料丛刊·戊戌变法》第2册,第171页。

得光绪帝的老师翁同龢等人的支持,英国传教士李提摩太(Timothy Richard)等亦参与会事。10月,康有为离京去上海。11月,创上海强学会。他的弟子在次年初办起了《强学报》。但不久,北京强学会被劾解散,上海的强学会和《强学报》也因难于支撑而自行解散。

1896年1月,康有为以母寿回广州,随即在万木草堂继续讲学。是年,写成《孔子改制考》,这本书和《新学伪经考》同是康有为建立维新理论的重要代表作。

1897年11月,德帝国主义强占胶州湾。康有为看到外患日亟,赶忙到北京,再度上书,希望光绪帝能"因胶警之变,下发愤之诏……一意维新"①。这时,他在京一面为胶事奔走,一面积极联络同党,结成"粤学会"、"知耻会"等团体,为变法救国造声势。受此影响,"蜀学会"、"闽学会"、"陕学会"(又称"关学会")等相继出现于北京。这时全国各地的学会、学堂、报馆也纷纷设立,风气为之一变,维新运动渐入高潮。

1898年1月,光绪帝谕总理衙门召见康有为。在问对中,康当面驳斥了荣禄所谓"祖宗之法不可变"的谬论。随后,他奉命上《统筹全局折》,指出,中国处于当时的形势下,非变法不可,"能变则全,不变则亡,全变则强,小变仍亡"②。他要求光绪帝参照日本明治维新的经验,"大誓群臣,以定国是"③,立即着手变法。4月间,康有为与梁启超等组织保国会,标榜"保国、保种、保教"。这时,顽固派乘机散播流言,说保国会"保中国不保大清",攻击康有为,但攻击者受到光绪帝的申斥。当时的清廷官僚中分化为"帝党"与"后党"。后党即依附于西太后的一群顽固守旧的大官僚,他们得到帝俄的实力支持,其势力远较帝党为雄厚。

---

①　康有为:《上清帝第五书》,中国史学会主编《中国近代史资料丛刊·戊戌变法》第2册,第194页。

②　康有为:《应诏统筹全局折》,中国史学会主编《中国近代史资料丛刊·戊戌变法》第2册,上海人民出版社1957年新1版,第197页。

③　康有为:《应诏统筹全局折》,中国史学会主编《中国近代史资料丛刊·戊戌变法》第2册,上海人民出版社1957年新1版,第199页。

帝党虽也有英、美为背景,但得到的仅是表面的"同情",缺乏实力。他们中一部分人支持变法,含有引进维新派,壮大帝党力量,以与后党夺权的意图,与康有为的维新观点和主张并不完全一致。所以康有为所赖以推行变法的上层势力,是极为脆弱的。更不消说,他们是完全脱离群众的了。

1898年6月11日,光绪帝颁发"定国是诏",开始变法。16日,康有为受到召见,详陈变法要领。光绪帝本想重用康有为,但碍于"后党"阻挠,仅命"在总理衙门章京上行走"。后来,为推动变法进行,光绪帝提拔了维新派的谭嗣同、杨锐、刘光第、林旭四人为军机章京,参与新政。光绪帝的意旨通过他们转给康有为,康有为的奏议也通过他们上达到光绪帝。

康有为从1888年到1898年变法前夕,先后七次上书,在"百日维新"期间,又上了三十余道奏议。在这些上书和奏议中,他提出了一条在不根本改变现行帝制的条件下,发展资本主义的纲领;他指望用自上而下的改革办法来取得有限的民主权利;他幻想通过变法,使国家在列强面前取得平等独立的地位。这无疑表现了康有为及其所代表的维新派地主资产阶级和一部分知识分子,有一定的进取精神和爱国思想。但同时也反映出他们的脆弱:一方面,他们不敢反对帝国主义,不敢同卖国的顽固派进行针锋相对的斗争;另一方面,他们又十分害怕和反对人民群众的革命要求,这就注定了变法必然失败的命运。变法开始之日,也正是顽固派开始部署政变之时。在变法进行期间,顽固派多次发动反攻。在斗争最紧急的时刻,康有为等去向握有兵权而又曾一度同情维新运动的袁世凯求救,结果被袁世凯出卖。9月21日,西太后发动政变,囚禁光绪帝,逮捕维新派,废除新法,重行听政。28日,杀了谭嗣同等"六君子",康有为被迫逃亡日本,变法完全失败了。

戊戌变法前后,孙中山已在积极开展革命活动。戊戌变法失败为反清革命运动的进一步发展提供了新的契机。

康有为初到日本,正在日本从事革命活动的孙中山,热望和他联合起来进行反清革命。但他念念不忘他的"圣上知遇"之恩,拒绝孙中山建议,坚持改革立宪的主张,决心保皇。

1899年3月,康有为离日本去加拿大。7月,他在加拿大的千岛地方组织"保皇会",仍寄望于光绪帝重新掌政,推行变法。1900年,国内发生义和团运动,康有为与梁启超乘机鼓动唐才常、林圭等建"自立军",搞勤王运动。唐、林在国内主持军事,康、梁在海外募款。但康有为未能以充分的募款接济国内军事。对此,保皇会内颇多不满,指责康有为中饱私囊。是年8月,唐才常等以事泄被杀,勤王运动失败。此后,康、梁等放弃了暴力的尝试。

1902年,康有为发表《答南北美洲诸华商论中国只可行立宪不能行革命书》,极力反对革命,并说什么,只要"皇上一复辟"就会"立予国民自由自主"①。他的这种宣传受到革命派章炳麟等人的有力批驳(见章炳麟《驳康有为论革命书》)。

是年,康有为在印度大吉岭完成了他的《大同书》。

康有为和他的门徒在海外的头几年,奔走于北美、南亚和南洋各地,积极经营保皇会,并在多处集资办报,散布他那套"满汉不分,君民共治"的保皇主张,还颇能号召一部分人。1905年同盟会成立,革命潮流日趋高涨。革命派认为,只有从思想上大力摧毁改革派的宣传,才能把民主革命推向前进。是年11月,《民报》在东京出版,集中地宣传孙中山提出的三民主义的资产阶级革命纲领。当时正在日本主办《新民丛报》的梁启超便与《民报》展开论争。从而使前此数年在海外各地分散进行的两党的论战,这时集中于一个主战场,展开了激烈的大论战。

1906年9月,摇摇欲坠的清政府下了一道所谓"预备立宪"的诏书。对此,康有为欢欣鼓舞,认为"预备立宪"是开始"扫除中国四千年

---

① 康有为:《南海先生最近政见书》,第12页。

之秕政"，"从今切近之急务，莫如讲宪政"①。遂决定将他们的保皇会招牌换记，称为"宪政会"，继续其抵制革命和吁求实行宪政的政治活动。

当 1911 年 10 月辛亥革命爆发时，康有为在日本。他听到武昌起义的消息，"惴惴恐栗"②，连写《救亡论》和《共和政体论》两篇文章，攻击革命，反对民主共和。他说："积四千年君主之俗，欲一旦废之，甚非策也。"③提出他的所谓"虚君共和"的主张，想以"旧朝旧君"，或用孔丘嫡裔充当"虚君"，以收拾政局。这当然是不可能实现的幻想。

民国成立后，康有为以清室遗臣自居，念念不忘复辟清王朝。他连篇累牍地发表文章，极力丑诋共和政体，诬之为祸乱的根源。1912 年秋，他指使门徒陈焕章等在上海组织孔教会，大搞尊孔复辟活动。1913 年 2 月，又命其弟子在上海出版《不忍》杂志，一意鼓吹复辟。是年 11 月，康有为从日本回国，被门徒拥戴，当上孔教会长。他把定孔教为国教作为孔教会活动的中心目标，企图以此敲开复辟之门。1913 年 8 月，他的弟子陈焕章等联名上书国会，要求在宪法上明定孔教为国教。1916 年 9 月，康有为亲自上书北洋政府，要求"以孔子为大教编入宪法"④。

康有为鼓吹孔教是直接与张勋的复辟阴谋活动相联系的。早在 1913 年春，他就与张勋沟通关系，密谋复辟，"因事泄，中道而废"⑤。1916 年 6 月，袁世凯死后不久，康有为即致信张勋说："挟旧君即以安中国，将军其有意乎?"⑥力劝张勋乘时搞复辟。

---

① 　康有为：《布告百七十余埠会众丁未新年元旦举大庆典告藏保皇会改为国民宪政会文》，见《民报》第 13 号。
② 　康同璧：《续康南海自编年谱》(油印本)。
③ 　康有为：《共和政体论》，第 6、13 页。
④ 　《时报》1916 年 9 月 20 日。
⑤ 　康有为：《与大隈侯书》，《不忍》第 9、10 合册。
⑥ 　赵丰田：《康长素年谱稿》，《史学年报》第 2 卷第 1 期，第 232 页。

　　1917 年 6 月,张勋乘北洋政府大闹府院之争的混乱时机,假"调停"为名,率五千辫子兵进北京。紧接着,康有为化装入京,与张勋一道策划。7 月 1 日,他们拉出溥仪"登基",宣布清朝复辟。康有为受命为弼德院副院长。

　　复辟失败后,康有为躲进美使馆藏身近半年之久。这期间,他写了一本《共和平议》,攻击辛亥革命,诋毁民主共和,咒骂"中国若仍行民主……终遂灭亡"①。

　　1917 年 12 月,康有为离开美使馆。这时的康有为已丧失了任何政治活动的资本,但他却如同生活在梦幻里,野心不死。此后数年,他游散于国内各地,作为亡清的孤臣孽子,与许多反动军阀政客来往,对"猛志除孙"(即反对孙中山)的吴佩孚更是特意联络逢迎。时代越前进,康有为的思想越僵化,政治立场越反动。到了 1924 年初,他还在给溥仪的师傅庄士敦的信中梦呓般地讲他的一套复辟清室的计划。

　　1927 年 3 月 21 日,康有为抱着他那永远无法实现的复辟梦想病死于青岛。

---

　　①　康有为:《共和平议》,第 43 页。

康　泽

刘敬坤

　　康泽，谱名代宾，字兆民，四川安岳人，1904 年 5 月 25 日（清光绪三十年四月十一日）生。其父康历全，务农，有田数亩，每年可收谷数石。康泽七岁起就读私塾及本地小学，十五岁入安岳县高等小学校，一年后毕业，考入安岳县立中学。不久，其父病故，家中靠母亲何氏种地维持生计。康泽在校所需之学杂费、伙食费及衣服鞋袜等悉赖老师、同学接济和帮助。康学习勤奋，成绩优异，每学期均列全班第一。康在学校图书馆读到《中国国民党第一次全国代表大会宣言》，对于其中号召"打倒帝国主义"及"废除不平等条约"等深表拥护。

　　1924 年夏，康泽在安岳县中毕业，得悉广州黄埔陆军军官学校招生，且全系公费，即联络同学姚光熙等八人，经熊克武介绍赴广州投考，于 1925 年 2 月经上海到广州，参加军校第三期补考被录取，编入入伍生队第三连。不久，康所在连参加平定刘、杨叛乱，防守虎门要塞。军校第三期开学后，康泽编入步兵第七队，后改为第三队，并集体加入国民党。康学习努力，对于军校左、右两派的争论，表示："我不赞成左派，也不赞成右派，我要做一个不偏不倚的国民党员，做一个国民党正统派。"①这年 10 月，康泽被选派去苏联莫斯科中山大学留学。同去 30人编成一个班，组成黄埔军校特别党部莫斯科支部，康泽等三人为支部执行委员。康泽此时完全赞成戴季陶的《三民主义之哲学基础》和《中

---

　　①　潘嘉钊等编：《康泽与蒋介石父子》，群众出版社 1994 年版，第 6 页。

国革命与中国国民党》两书所宣扬的观点,认为"这是国民党员应该有的认识和觉悟"①,因而成为中山大学中反苏、反共的国民党顽固分子。1927年6月,康泽等人被苏联遣送回国。康泽回到南京后,向国民党中央党部报到,经谷正纲介绍进入中央党务学校训导处任训导员。在反对西山会议派把持的中央特别委员会的风潮中,康泽是南京"救党运动委员会"的常务委员兼秘书,在组织游行、抬尸请愿、联络各地响应、拥蒋复出等活动中十分活跃。1928年2月,康泽被蒋介石任命为第三十二军政治部主任,随即又改任中央警卫军政治部主任。康泽受到蒋介石青睐,不久又被调到徐州,担任国民革命军总司令部侍从参谋,在蒋身边工作。康任事兢兢业业又机智能干,日益受到蒋的重用。同年年冬,康被蒋指定与蔡劲军等人组成侍从室管理委员会,负责训练事宜;又任黄埔同学会训练委员会委员,有时还代蒋批阅部分公文与起草文电。1929年2月,康泽被派至第二师任政治部主任,进行部队的政训工作,并编成《朝集问答》,由团、营训练员在朝集时向军官和士兵讲解军人的职责;又以此为内容编印士兵识字课本。康还在政治部设立职业训练班,抽调士兵轮流受训,使之学习掌握一门生产技术。

　　1930年3月,康泽被蒋介石任命为陆海空军总司令部宣传大队长。宣传大队下辖三个队,每队有10名宣传员,队长由黄埔军校毕业的人员担任。此时中原大战爆发,康泽率宣传大队随军西进,驻归德,奉命调查豫东战区灾民损失情况,甚为细致周密和迅速准确,受到嘉奖。其时,蒋介石指挥战事,经常往返于归德至野鸡岗之间,宣传大队受命担负两地之间的护路任务。康泽定出奖惩办法,发给民间枪支弹药,规定铁路沿线两侧村庄和居民的护路职责,致使无需派出兵力,得以保证铁路的安全和畅通,并捕获了冯军破坏人员。康泽再获记功一次。

　　蒋介石在中原大战获胜后,筹划兵力"围剿"湘、赣等区的工农红

军。1930年12月,康泽被派往湖南,率领第二宣传大队至长沙、平江、浏阳一带活动,并创办《剿匪军》半月刊,宣传"共产主义不适合于中国国情","共产党已变成流寇"等等。这份半月刊还发行到全国各地以扩大宣传。

"九一八"事变后,康泽率领宣传大队回到南京。他接办亏损严重的《建邺日报》,向黄埔同学募捐集资,改组为《中国日报》,标榜以"发扬民族精神,代表真正舆论"为宗旨,于1932年元旦创刊。同年3月中华民族复兴社成立后,《中国日报》即成为复兴社的机关报。康泽此时在复兴社任宣传处长,又是复兴社内层组织"力行社"的成员和复兴社外围组织"革命青年同志会"的书记。

1933年6月,康泽被蒋介石召去江西临川,受命筹备组建政治警察队伍。康立即拟定计划报蒋批准后,于7月将在南昌聚集的军校失业军官,施以短期训练,配备武装,分发到原来的苏区各地去"组训民众","清剿散匪","建立地方秩序"。康泽向蒋介石建议这支政治警察队伍取名为"别动队"。10月,军事委员会委员长南昌行营别动队宣告成立,康泽为别动队总队长。总队下辖大队、中队、区队、分队。每个分队有队长、队员、队附各一,预备队员五至十名,配有左轮手枪、驳壳枪和步枪,还配有轻机枪一挺。每个中队配一个分队为便衣队,队员持有特别证件,可任意搭乘一切公私车辆,自由出入各种娱乐场所,还有权调动当地一个连的兵力。别动队是一支实行"三分军事、七分政治"的政治警察队伍,在赣、闽、皖三省原来的苏区清查户口,编组保甲,推行连坐法,训练壮丁,组织"剿共义勇队",督率地方修建碉堡,有时还与红军游击队发生小规模战斗。至1935年夏,别动队发展至七个大队和一个巡逻队,队员总数超过500人。

在工农红军长征临近四川之时,刘湘向蒋介石告急求援。1935年3月,康泽奉派以南昌行营驻川参谋团政训处长的身份率别动队入川,首先占据重庆战略据点浮图关。此后,康泽在四川先后兼任第二十一军政训处长、省保安处政训室主任、省国民军训总指导员、省禁烟缉私处主任,权势日益显赫。在康泽主持下,四川全省保安处和各专区保安处设政训室;川军的团以上单位设政训处,营连设指导员,多由别动队员担任;又开办壮丁干部训练班、公民训练班,吸收受训者加入复兴社。康泽联络四川各界代表性人物,收编川东南土匪;撤销国民政府对青年党人的通缉令,与青年党联手进行反共;破坏中共地下组织,杀害共产党员和进步人士。蒋介石开办峨眉暑期军官训练团,康泽任政治组副主任。1935年秋,军事委员会委员长重庆行营成立,原驻川参谋团并入行营,康泽即任重庆行营政训处长。

西安事变和平解决后,国共两党开始合作抗日的谈判。1937年5月,国民党方面派赴延安考察团时,中共方面指名康泽不得参加该团。7月,蒋介石指派康泽与陈立夫、张冲三人为代表,与周恩来等进行国共谈判,几经折冲,蒋同意红军改编为三个师,三个师以上设政治部负责联络,并提名周恩来任政治部主任,康泽任副主任。中共方面拒绝接受此方案。8月12日,周恩来、朱德与邵力子、康泽商谈《中共中央为公布国共合作宣言》内容,康泽主张《宣言》中不必提民主,删去对民族、民权、民生的解释,不提国共双方"获得谅解、共赴国难"。这些主张遭到周恩来、朱德的严辞驳斥①。9月中旬,康泽与秦邦宪商谈《宣言》修改事宜时,两人争论得面红耳赤,竟至互拍桌子。直至9月21日晚,康泽才代表国民党方面在宣言上签字。此后,康泽被蒋介石提名参加国共两党关系委员会为委员,并负责国民党方面与第十八集团军的联络。11月,蒋嘱康派人经营湖南,作为抗战的根据地,康泽说:"湖南不够做抗战根据地的条件,够条件的是四川。"②深获蒋之赞许。

1938年1月,军事委员会改组,康泽任军事委员会政治部第二厅厅长,主管民众组训及敌占区谍报活动;并兼财政部缉私室主任。同年

---

① 　中共中央文献研究室编:《周恩来年谱》,中央文献出版社、人民出版社1989年版,第376页。

② 　潘嘉钊等编:《康泽与蒋介石父子》,第44页。

4月，张国焘叛逃至武汉，康泽接到侍从室的通知，把张先接到自己家中住下，以后又安排秘密住处，每月给予生活费200元。

同年6月，国民党在筹备组建三民主义青年团时，蒋介石多次召集康泽等人谈话商讨。当时担任复兴社书记长的康泽向蒋请示："是不是可以把复兴社的精神移植到三青团？"蒋说："当然这么做！"康又建言三青团的组织应有一个核心，蒋答说："当然复兴社是核心。"①康泽在参加起草三青团章程时，定三青团为组训全国青年的组织。是年7月，三民主义青年团在武汉成立，康泽任中央团部组织处代处长（处长胡宗南），并兼武汉支团部主任。康泽把复兴社的骨干都转到了三青团，在中央团部各处、组及组建各地支团筹备处时，都以复兴社成员为核心力量，又把一部分别动队员和中央军校特训班的人员也转移到三青团，终于使三青团成了实际听命于康泽的组织，有力地抵制了陈立夫CC派势力的进入。康泽还于1939年春与国民党中央组织部长朱家骅共同负责中央训练团党政训练班的领导工作。1940年10月，康泽实任三青团中央团部组织处长，又任中央训练团青年干部训练班副主任，大量训练三青团干部。1941年秋，康泽在重庆青木关附近农村设"战时青年训导团"，并自任主任，沿袭"反省院"的手法，对有"思想问题"或有共产党嫌疑的青年学生以及公务员、教员、自由职业者、商人、农民、军人等进行为期半年的严格的军事管理和训练。受训人员需写出详细的自传，交代社会关系及所读之书籍，听各种政治课，谈自己的思想转变；半年后如果被审核认为"思想问题"还没有解决好的，则继续留团"受训"。受训人员结业出去工作或学习，必须向当地三青团部报到，继续接受考察。至抗战结束，重庆本团共办七期，受训人员超过五千人。其他地方的豫皖分团、五战区分团（老河口）、衡阳分团、东南分团（上饶）统归当地的三青团部管理，康泽加以指导。在江西上饶的东南分团，就是专门关押新四军人员的上饶集中营，受训者经常被打骂，或罚重劳役，如同

---

① 袁南生编著：《十大特务秘史》上册，华文出版社1996年版，第126页。

囚犯。

1943 年 3 月，三青团第一次全国代表大会在重庆召开，康泽任大会秘书长，并当选为中央干事会干事及常务干事，仍兼任组织处长。大会决议青年干训班扩大为三青团中央干部学校，蒋介石兼任校长，蒋调其子蒋经国从赣南来到重庆任该校教育长。康泽开始感到自己在三青团的地位受到威胁。

1944 年夏，日本侵略军发动豫湘桂战役，战局严峻。康泽提出由三青团发动知识青年从军运动的主张，与各地三青团负责人商议均获赞同。康在三青团中央干事会上提出关于知识青年从军运动的目标、发动步骤以及征集中的有关问题的报告。嗣后军事委员会专门召集会议进行研讨，康泽在会上作了详细阐述。10 月，蒋介石召集各方面负责人在中央党部举行会议，决定发动知识青年从军运动，当即成立全国知识青年从军运动征集委员会，以陈立夫、朱家骅、何应钦、张治中、吴铁城五人为常务委员，康泽为秘书处主任秘书。蒋面嘱康泽说：“要好好的去尽力，这是青年团的表现机会。”①康泽积极布置各地三青团发动从军运动，以“一寸山河一寸血，十万青年十万兵”号召知识青年从军抗战报国。从军运动历时三个月，有十三万余名大中学生激于抗日爱国热忱报名应征。后经检验合格者七万余人，分别编为青年军第二〇一至二〇七师。

在青年军七个师组成后，蒋介石指定蒋经国任青年军总政治部主任，实际掌管了青年军的一切，康泽只得黯然离去。康泽在 1945 年 5 月的国民党第六次全国代表大会上虽然当选为中央执行委员，却被张治中召去谈话说：“委员长骂你为什么把持青年团？是不是想造反？”②康泽知道事出有因，立即写了请辞三青团中央干事、常务干事及组织处长的报告，要求准予出国考察。

---

① 李以劻：《我所知道康泽将军之死》，《传记文学》第 61 卷第 1 期。

② 潘嘉钊等编：《康泽与蒋介石父子》，第 140 页。

　　1945 年 10 月,康泽去西欧、美国考察。他于 1946 年在美国接到 9 月召开三青团第二次全国代表大会的通知后,专电蒋介石请示,蒋复电命康"明春回国"。于是蒋经国在三青团第二次全国代表大会上当选为三青团中央干事会干事和常务干事,并任组织处长,康泽则在三青团内无任何职务,后来被安排为立法委员。1947 年 3 月康泽回国后,被选为国民党中央执行委员会常务委员;11 月被派往襄阳任第十五绥靖区司令官。

　　随着国民党军在内战中的节节败退,康泽的第十五绥靖区已成为战争前沿。康泽竭力想要固守所辖区域,但难以抵挡中原解放军的凌厉攻势。1948 年 7 月的老(河口)襄(阳)战役中,康泽想凭借襄阳的险要地势和大量堡垒工事固守,但解放军攻城部队以小部队佯攻十字架山和虎头山加以钳制,主力部队攻占山脚下的琵琶山、真武山两个小山头,打开通道直逼襄阳城下。康泽向蒋介石发电求救,表示"决与城共存亡"。7 月 15 日夜,解放军发动总攻,经一夜激战,第十五绥靖司令部及第一〇四旅全旅和第一六三、一六四旅一部共二万余人被全歼。襄阳于 7 月 16 日解放,康泽被俘,当时报端误传康泽自杀。

　　康泽被俘后,接受学习和改造 15 年,1963 年 4 月获特赦,担任全国政协文史资料委员会专员。在 1960 年代后期的政治运动中受到冲击,1967 年 11 月被关入北京秦城监狱,11 月中旬因脑血管旧病复发去世①。

---

　　①　潘嘉钊等编:《康泽与蒋介石父子》,第 151 页。

柯 劭 忞

娄献阁

柯劭忞,字凤荪,又字凤笙,晚号蓼园。山东胶州(今胶县)人,1850年(清道光三十年)生。父柯蘅是清末名儒,多年任教,通经史,长于诗。母李氏亦能诗文。

柯劭忞幼从父读,七岁会诗,稍长,广学经史、算术、天文、地理等常识。十六岁为生员,由于成绩优异,不久又被选入济南尚志书院学习。

1870年,柯劭忞得中乡举,受到名儒朱肯甫的赏识。不久,朱视学四川,柯随行并襄助科举事。此后他往来晋、粤、辽东等地,受聘担任书院主讲。

柯劭忞曾六次会试未中,仍刻苦攻读,1886年终于考取进士,入翰林院为庶吉士。散馆后授职编修。从此长期居住北京,潜心学术。他曾与郑东父共同研究《春秋穀梁传》,又为吴汝纶订正《尚书故》四册,并着手广泛搜集元史材料。这期间,柯同国子监祭酒盛昱经常诗酒往还,和袁昶、沈曾植等亦有交谊。

1900年,八国联军侵入北京,慈禧和光绪出逃,柯劭忞追随到西安,同徐世昌一起被派为政务处行走。1901年,柯出任湖南学政。1904年离湘回京,先后任国子监司业、贵胄学堂总教习和翰林院日讲起居注官、撰文、侍讲、侍读。1906年,他奉派赴日本考察教育,归国后任贵州提学使。1908年,柯再次调回北京,在学部任丞参上行走,一度署右参议并左丞;又由学部奏派充京师大学堂经科监督。

1910年,清政府迫于人民实行宪政的要求,成立资政院,柯为钦选各部院议员之一。同年,莱阳发生民变,他作为议员和乡绅,极力调解官民矛盾。翌年10月武昌起义,各省纷纷响应,清廷垂死挣扎,除起用袁世凯外,还派某些"声望夙著"的大员赴各省进行所谓宣抚,柯被派往山东,任宣慰使兼督办团练大臣。他带领同僚驻节兖州,在兖沂曹属各县活动。不久仍调回北京,为典礼院学士,派懋勤殿行走,赐紫禁城骑马。

1912年,中华民国成立,清帝被迫退位。面对清王朝的灭亡,柯劭忞痛哭流涕,此后一直"以孤忠自鸣"[①],隐居不仕。1914年他被任命为约法会议议员及参政院参政,但均未就职。袁世凯曾几次劝其出山,柯甘为亡清遗老,不肯为官。后徐世昌做总统,柯和徐本是同年进士,关系较密,一时常出入总统府,并参加了由徐出面设立的"晚晴簃诗社",但仍不愿问政。

1914年,清史馆成立,赵尔巽任馆长,柯应聘为总纂。他撰写天文、时宪、灾异三志和部分传稿,又总纂纪稿;赵尔巽去世后,柯兼代馆长,主持馆务。柯与一百多人参加编写的《清史稿》,到1927年大体完成,翌年印行,共536卷。该书内容文字均有错误,但它比较系统地汇集了清史素材,为后人研究清史提供了重要的参考资料。

与此同时,柯劭忞更致力于重修《元史》的工作,被人推崇为著名的元史学家。明初宋濂等编撰的《元史》,仓促成书,且出于众手,芜杂疏漏,谬误百出,一直为后人所诟病。明、清两代六百年间,试图重修元史者不乏其人,有关的书也出过多种,但均未能令人满意。柯继诸家之后,积三十余年之力,从《永乐大典》、金石文字和外籍、秘集中广搜博采,细心研究,又吸取了邵远平《元史类编》、魏源《元史新编》、洪钧《元史译文证补》等成果,"熔裁钩贯,校异订讹,衡其情事,按之时地,以定

---

① 王森然:《柯劭忞先生评传》,《近代二十家评传》,杏岩书屋1934年初版,第53页。

从违，补遗阙"①，对宋著《元史》作了大量的修订增删，于 1922 年完成
了《新元史》的编撰工作。全书共 257 卷，一百五十多万字，受到不少学
者的好评，一时被认为集元史研究之大成，"兼具'全部改造'与'详备博
洽'之二种长处"②；但也有人指出其体例陈旧，某些事实不确、取舍失
当、无序跋索引等缺点。徐世昌曾以大总统名义令将柯的《新元史》列
入正史；日本东京帝国大学尤赞赏该书，特赠他以文学博士学位。

　　1925 年 5 月，日本政府与段祺瑞政府在北京设东方文化事业总委
员会，柯劭忞出任委员长。他并主持撰修《续修四库全书提要》，自己整
理编撰经部易经类提要 152 则。

　　柯劭忞晚年继续研读古籍，并以著述为职志。他希望用"春秋大
义"针砭动乱的社会现实，精心纂注《穀梁传》，于 1927 年出版《春秋穀
梁传注》十五卷，曾被人揄扬"足与左传杜注、公羊何解方驾矣"③。柯
还努力校注其他经史书籍，出版的有《新元史考证》、《译史补》等，还有
《尔雅注》、《文献通考校注》、《文选补注》、《后汉书注》、《说经札记》、《蓼
园文集》等，均未刊印。1931 年，他搜采经注善本刻石，附以自己所著
的《十三经考证》，打算存于曲阜孔庙，但未及完成。1933 年 8 月 31 日
因病逝于北平（今北京）。

　　柯劭忞除治经史外，诗亦有名，但多已失传，今存者有《蓼园诗钞》
五卷，《蓼园诗续钞》二卷。

---

①　柳诒徵：《柯劭忞》，《国史馆馆刊》第 1 卷第 2 号，第 89 页。
②　李思纯：《元史学》，上海中华书局 1931 年第 3 版，第 76 页。
③　牟润孙：《柯凤荪先生遗著三种》，《图书季刊》第 2 卷第 4 期，第 237 页。

孔 伯 华

寿祝衡

孔伯华，名繁棣，字伯华，以字行，号不龟手庐主人①，山东曲阜人，生于1885年6月5日（清光绪十一年四月二十三日）。他父亲孔庆铣，清末曾在军谘府任职。

孔伯华六岁时开始在私塾就读。稍长，随其祖父宦游。因祖父善岐黄之术，他耳濡目染，便对中医发生浓厚兴趣。十六岁时，全家迁居到河北易县以南的白杨村，他随父亲读书的同时，向当地老中医蔡秋堂、梁纯仁学医。二十二岁时，孔伯华在易县正式行医。二十五岁时应聘到北京外城官医院任中医内科医官（即医师）。不久，他在京私人开业，全家迁北京定居。

1917年，孔伯华曾先后参加晋绥和廊坊地区的防疫工作，临床经验日益丰富。其后，他与同事曹巽轩、陈伯雅、杨浩如、张菊人、陈企董、赵云卿等合编《八种传染病证治析疑》一书，共十卷。

孔伯华在广为患者诊治过程中，注意医理的研究和医疗经验的积累，善于汲取各家之长，学术水平不断提高，从而声誉日隆，成为驰名全国的中医师，与萧龙友等同为北京四大名医。他擅长内、外、妇、儿各科，尤精于医治温热病。由于他善于灵活施用生石膏，曾有"石膏孔"的

---

① 不龟手，出自《庄子·逍遥游》"宋人有善为不龟手之药者"，孔伯华取其造福黎庶，有裨家邦之意，以明志自励。

雅誉①。

孔伯华崇尚正义，不畏强暴，热心中医界的社会活动。1929 年 2 月，国民政府召开"中央第一次卫生会议"，西医余云岫等人在会上提出"废止旧医以扫除医事卫生之障碍案"，说"旧医一日不除，民众思想一日不变，新医事业一日不能向上，卫生行政一日不能进展"等等。此案竟然得到通过，中医被明令取消。广大群众和中医药界闻讯莫不愤慨，纷纷抗议，于 3 月 17 日汇集于上海，召开大会，决议成立"全国医药团体联合会"进行斗争，并组成请愿团赴南京请愿，孔伯华被推选为临时主席。他率领请愿团前往南京，与政府当局据理力争，强烈要求取消这项荒诞的决定。在社会舆论的强大支援下，当局被迫收回成命。

1930 年，孔伯华与萧龙友合办北平国医学院，共任院长②。1944 年北平的日伪当局曾企图接管国医学院，孔伯华毅然将该院停办以为抵制。北平国医学院自开创到停办十四年间，共毕业学员七百余人，为我国中医药事业培育了一批人才。

抗日战争胜利后，国民政府又蓄意阻挠中医事业，南京考试院于 1946 年 10 月通知北平全体新照中医师，均须重新通过考试而定取舍。这一以考试为名而行取缔中医之实的阴谋，为北平中医师所识破，他们奋而组织起"北平中医师新照同仁福利促进会"进行反抗。孔伯华任该会顾问。他们四处请愿，进行说理斗争，终于迫使国民政府当局取消了这次所谓新照中医考试。

在医理方面，孔伯华坚决主张辨证论治。他认为："医之治病，首先在于认症，将症认清，治之则如同启锁，一推即开。认症之法，先辨阴阳，以求其本，病本既明，虚、实、寒、热则迎刃而解。辨证施治，参、术、

---

① 孔伯华深通药性，对生石膏的功能有全面深刻的理解。因而除以生石膏用于镇热外，往往通过灵活的佐使，发挥生石膏的解表功能，为一般医师所不及，故有"石膏孔"之称。

② 北平国医学院开办时，孔伯华、萧龙友二人皆为院长；1940 年萧告老引退，孔仍任院长职，直至最后决定停办该院。

硝、黄，并能起死；苓、连、姜、附，尽可回生。喻嘉言尝谓：'医不难于用药，而难于认症。故主张先议病，后议药'。朱丹溪亦主张'认症为先，施治为后'。若但知以执某方治某病，不论因时、因地、因人，不审何脉、何因、何证，是冀病以就方，非处方以治病。辨之不明，焉能用之无误。殊不知施治之妙，实由于辨证之真，寒、热、虚、实，不昧于症，而又不惑于症，汗、吐、下、和，不违于法，而又不泥于法。否则，疑似甚多，临症莫决，见病治病，十难效一。"①孔伯华的精当、明快、果断的医疗风格，为世人所称颂。

孔伯华一贯关怀患者的疾苦，以济世活人为宗旨，不计较个人得失。他在外城官医院供职时，虽所入不丰，仍常解囊资助贫苦患者药费，及至成名之后，更不计锱铢，对有困难的故旧一直坚持义务施治。晚年因求诊者众多，常应接不暇。他左右虽有不少生徒侍诊，但对危重患者一定亲自悉心诊断，不辞辛劳。

中华人民共和国成立后，孔伯华曾任中国人民政治协商会议第二届全国委员会委员、卫生部顾问、中国医学科学研究委员会委员、中华医学会中西医学术交流委员会副主任委员、北京中医学会顾问等职。他拥护中国共产党关于团结新老中西医，互相学习的方针政策，曾上书毛泽东主席，认为："医之活人，何分中西，存心一也，仅其理法不同耳。今逢主席洞察其旨，发扬数千年之文化，何幸如之！愿努力发挥，以期理法臻至善达于全球，使病者有所依，必先以教育人才始。"他建议大力发展祖国医药事业，培养中医工作者，得到了中国共产党和人民政府的关怀与支持。

孔伯华深以应诊过忙无暇著述为憾，晚年经常深夜执笔著书立说，著有《脏象发挥》、《时斋医话》等。他以古稀之年既忙于诊务，又勤于著述，终以体力难支，猝然卧病。他自知不起，遗嘱亲属说："儿和弟子等，凡从我学业者，务尽全力为人民很好服务，以承我未尽之志。"1955年11月23日孔伯华在京逝世。

---

① 孔嗣伯：《孔伯华先生学术经验简介》，《中医杂志》1962年第7期。

孔 祥 熙

朱信泉 闫 肃

孔祥熙，字庸之，号子渊，1880 年 9 月 11 日（清光绪六年八月初七）出生于山西太谷一个没落的商人家庭。孔家祖籍山东曲阜，其先祖孔宏开于明代万历年间到晋任职，后人遂落籍山西，经商谋生。到孔祥熙的祖父孔庆麟时，因接掌堂叔孔宪仁所经营的票号渐臻富有。孔祥熙的父亲孔繁慈是个贡生，曾在票号任过文案。清末票号式微，孔家亦渐衰落①。

孔祥熙五岁时由母亲庞氏启蒙教读，七岁时母亲去世。其父为减轻丧偶后的伤感，到太谷城西南张村设私塾授读。孔祥熙随父读书，从而打下国学知识的基础。1889 年，孔祥熙患疟腮，中医治疗未见功效，投太谷南街基督教所设仁术医院，经精心治疗，不久痊愈。治病期间，孔与医院的一些外国人处得很熟，曾被邀去参观教堂、医院、学校和其他教会机构。"他由参观而留连，进而渴望成为他们中的一员"②。

1890 年春，教会所办太谷华美公学招生，孔祥熙要求入该校读书，获得父亲同意，但为族人反对，最后以承诺"只准在教会学校读书，不准

---

① 山西票号在清末大清银行成立后，其存放和汇兑业务遂被银行和邮政部门所逐渐取代。辛亥革命发生后，票号放款无法收回，而存户则纷纷提款，票号因此搁浅倒闭时有发生，加之票号财东因循守旧不思变革，以及子弟们的奢侈淫佚，票号业因之迅速衰落。

② 孟天桢：《从政前之孔庸之先生》，台北传记文学出版社 1969 年版，第 8 页。

信奉洋教"才获允入学①。1894年底,孔在华美毕业,成绩优良,但对八股试帖之类的制艺却未学习。为将来计,孔繁慈支持儿子继续念新式学堂,走求新知的道路。1895年孔祥熙经华美公学教师魏禄义(George Louis Williams)推荐,入直隶通州美国公理会所设之潞河书院。孔在校学习勤奋,由于国学根底较好,在随同教士到校外讲道时,能把儒家思想与耶稣教义掺和起来以增加宣传效果,从而受到书院的重视。孔受潞河女传教士麦美德(S. Luella Miner)的影响最多,终于受洗成为基督教徒。由于接受教会所宣传的"自由、平等"观念的影响,他对清政府的专制腐败产生不满。在闻知孙中山的革命活动和兴中会革命宗旨后,孔和同学于1899年在校秘密组织"文友会",遥为响应。

　　1900年义和团反帝运动爆发,各地教会首当其冲,潞河书院亦被迫停课,孔祥熙暂回山西。在太谷他以重金买通看守人员,使被拘的公理会女教士麦纳等三人获释逃生。由于太谷捕索教民日亟,孔祥熙自身则依靠担任榆次知县的叔父孔繁杏的掩护,才得逃离险境。孔到北京后,为英国浸礼会传教士叶守贞(E. H. Edwards)和李提摩太(Timothy Richard)所悉,曾先后来访,探问山西情形。孔认为山西教案应由巡抚毓贤一人负责,与一般民众无涉,并提出"为求永息教案,必须先开通民智,提倡科学及兴办新文明教育"方能收效的意见②,为来访者所赞同,从而促进了山西教案的单独解决。此事旋为时任全权议和大臣的李鸿章所闻知,曾两次约见孔祥熙,并允诺孔去美国留学时发给护照,并修函驻美公使伍廷芳给以照拂。当孔从北京回到潞河书院时,从太谷逃出的女传教士麦纳等人已先抵达,孔祥熙于是被目为冒险援救教士的"英雄",受到潞河师生们赞扬。不久,经书院教务会议通过,由书院资送孔祥熙赴美留学。

---

①　郭荣生:《孔祥熙先生年谱》,台北1980年版,第10页。
②　郭荣生:《孔祥熙先生年谱》,第22页。

　　1901年秋,孔祥熙在学校派人护送下去美,入俄亥俄州欧伯林大学(Oberlin College in Ohio),前三年主修理化,后二年改修社会科学,毕业后于1905年考入耶鲁大学研究院,研习矿物学。1907年孔在耶鲁毕业,获理化硕士学位。孔自称对未来的抱负是:"提倡教育,振兴实业。"[1]

　　孔在欧伯林读书时,与美国同学保罗考宾最为友好,曾相约学成之后返太谷弘扬教会事业。孔离美返国前,欧伯林大学的中国学社为孔举行欢送会,有人提出由孔捎回捐款在太谷为死于庚子的传教士修筑纪念堂的倡议,孔则提出设立学校启迪民智、造就人才其纪念意义更佳的意见,当即获得一致赞同。随后为此募集到一笔为数可观的办学基金。

　　1907年秋,孔祥熙回到北京,正值清政府重用留学生之际,邮传部、北洋大学堂和长沙旅京士绅曾先后来人邀请,孔均婉辞,决心返太谷办学。起初,孔接办太谷南街基督教公理会明道院附设小学,继在原址扩充增加中学课程,成为太谷的第一所中学。学校取名"铭贤学堂"(英文名 Oberlin Sansi Memorial School),以寓纪念庚子死难教友之意。孔自任监督(校长)兼授史地、矿物等,教员多半由传教士担任,其父孔繁慈也在该校教授经史课程。到1909年春,铭贤学生增至一百数十人,原址不敷应用,遂将学校迁到太谷杨家庄孟氏别墅新址。

　　孔祥熙办学对德智体并重,并亲自教授体操。当时国内尚无现成体育课本,他取材美国步兵操典,自制木枪,操练学生。由于课程内容新鲜,颇受学生欢迎,同时也引起社会的重视。太谷商会会长亲往礼请孔祥熙担任商团教官,代为训练商团团员;不久,太谷警局也请他担任顾问,由此孔和太谷地方治安力量也有了密切联系。

　　1911年武昌首义,各省纷纷响应,10月29日太原光复。其时太谷的清吏早已闻风隐匿,地方群龙无首,从太原溃出的大队士兵直趋太

谷,士绅们要求孔祥熙出面维持治安,他慨然从命,称太谷义军司令,调集商团团员和铭贤学生组织的义勇队,执枪闭守四门,自率一队登上北门,向围城的溃兵作劝导并允给川资三千两,使溃兵绕城而去,太谷得以免遭劫掠。随后,各界集议将本县商团及铭贤部分学生武装起来,成立太谷营务处,推举孔祥熙为营务处长。附近各县闻知,纷纷仿效太谷办法,不久经榆次、徐沟、文水、交城、汾阳、平遥、介休、孝义等县士绅和地方当局集议,推举孔为山西中路民军总司令。当山西革命军与清军在娘子关作战时,铭贤有学生三十多人组成敢死队,奔赴前方参加抵抗清军,孔则维持地方秩序,直至南北和议告成。

孔祥熙留学归国后除致力创办铭贤学堂,并未忘情对"振兴实业"发财致富的追求。1912 年,孔以煤油为居民夜间燃灯所必需,有大利可图,于是与五叔孔繁杏共同设立祥记公司,向英商亚细亚火油公司交付一笔为数可观的保证金,从而取得了在山西全省经销亚细亚壳牌火油的总代理权。这一独家经营,每年给孔家带来可观的利润,使孔祥熙成为一个买办商人。

"二次革命"失败后国内政治形势恶化,孔祥熙又于上年丧偶心情不佳,遂应中华基督教全国协会之邀东渡日本,担任东京中华留日基督教青年会总干事。孔在东京除从事青年会的活动外,还为革命党人筹募经费,并帮助孙中山处理文书函电。其时,宋霭龄正为孙中山担任英文秘书,孔、宋接触了解,感情日增。宋称赞孔为人谦和,"赚钱赚得很得法","似乎天生有一种理财的本领"[1];而孔对宋则"在在佩服"[2]。由于彼此投契,孔祥熙与宋霭龄遂于 1914 年春在横滨结婚。婚后,宋霭龄辞去孙中山的英文秘书之职,推荐她的妹妹宋庆龄接替。

1915 年秋,孔祥熙夫妇从日本回到太谷。孔继续主持铭贤学校和经营商业。宋霭龄除主管家政、相夫聚财外,还在铭贤兼教英文。他们

---

[1]　欧阳宗等辑:《中国内幕》第 3 集,新中国出版社 1941 年版,第 62 页。

[2]　孟天桢:《从政前之孔庸之先生》,第 146 页。

有两双儿女：长女令仪，1915年生；长男令侃，1916年生；次女令伟，1919年生；次男令杰1921年生。

孔祥熙从日本回晋后不久，被山西督军兼省长阎锡山聘为督军公署参议。对阎锡山在晋所奉行的"从安定中求进步"和推行的蚕桑、植树、水利、天足、剪辫、禁烟六项"村政改革"，孔曾给以大力支持，并要求铭贤学生在假期返里时，向邻里广为宣传讲解。他认为阎的施政内容，和他本人所主张的"改革社会"，"提倡教育、振兴实业"是"殊途同归"的①。1918年，驻华各国公使来太原参观华北运动会，孔应阎锡山的邀请担任高级招待员。孔向来宾详细介绍山西的教育概况和省政措施，并作晋祠、五台山等名胜地的导游。由于孔的宣传鼓吹与热心接待，使洋人对山西"模范省"留下较深的印象，从而也博得了阎锡山由衷的赞许。1920年，美国驻华公使柯兰(Charles R. Crane)率领参赞、武官等来晋访问，阎再次面恳孔祥熙主持接待工作，孔欣然从命。

孔祥熙在太谷除办学外，还曾为地方做过一些有益的事。如1919年山西大旱，若干县灾情严重，哀鸿遍野。其时北京政府欠饷欠薪自顾不暇，遑论赈济；而阎锡山爱财如命，吝于拔毛。孔于是挺身代灾民请命，向华洋义赈会贷得赈款美金100万元，用以工代赈的办法，在晋南修筑公路来救灾。此举不仅全活灾民甚众，对发展省内交通、开发经济也起了促进作用，孔因此受到北洋政府、晋省当局和太谷民众的赞许。

1922年春，孔祥熙应耶鲁校友、时任鲁案善后督办王正廷之邀，赴济南担任督办公署实业处长，年底改任胶澳商埠电话局长，此为孔从政之始。次年秋，王正廷筹办中俄交涉事宜时，孔应邀任驻奉天代表。在孙中山广州大元帅府搞联奉反直斗争中，孔受命与张作霖、张学良父子交往，谋加强粤奉合作关系。1924年初，孔应孙中山之邀赴

---

① 孟天桢：《从政前之孔庸之先生》，第171页。

粤商量联络北方将领的工作,孔曾密携孙中山所著《建国大纲》手稿返京,联络陆军检阅使冯玉祥。其后,冯联合胡景翼、孙岳发动"北京政变"反对曹锟、吴佩孚,欢迎孙中山北上,就与接受《建国大纲》的影响有关。

1925年3月12日,为国是北上的孙中山在京逝世。当孙中山病危时,孔祥熙亦随侍在侧,是《总理遗嘱》的签字人之一。为了便于留京负责护灵事宜,孔应邀担任中俄会议督办公署坐办之职。嗣以北方政局更趋混乱,中俄会议时开时停,孔于1926年春赴美,接受欧伯林大学颁赠的法学博士名誉学位,并为铭贤学校筹募增办大学部的基金,很快就募得基金150万美元①。

孔祥熙旅美期间,正是国内政局发生剧烈变动之际。1926年3月20日,蒋介石在广州制造了"中山舰事件",将中共党员排斥出国民革命军第一军,篡夺了军权;5月举行的国民党二届二中全会,又提出"整理党务案",进一步限制、打击共产党,蒋从而夺得国民党中央的实权;7月广州国民政府誓师北伐作战顺利,北洋军节节败退。孔祥熙看准时机,于同年冬由美归国,抵粤后被任命为国民党中央政治会议广东分会委员、广东省财政厅长兼理后方财政部务,从此正式跻身于国民党政界。孔祥熙曾自诩当"做大官"的"时会机遇"翩然来临,自己是"最能把握时机"的②。

随着北伐的进展,在买办豪绅阶级的收买和帝国主义的软硬兼施威胁利诱下,蒋介石加快了背叛革命的步伐。1927年3月武汉国民政府增设实业部,任命孔祥熙为部长,但是孔却于是月底从广州赶到上海,为蒋介石做拉拢各方势力的工作。4月1日汪精卫由欧洲回到上海,孔祥熙和宋霭龄出面宴请汪精卫和蒋介石,捏合"合作"。蒋介石成

---

① 刘振东编:《孔庸之(祥熙)先生讲演集》下册,《近代中国史料丛刊》第82辑,台北文海出版社1972年版,第643页。

② 孟天桢:《从政前之孔庸之先生》,第173页。

立南京政府后,孔祥熙和宋霭龄极力劝诱内弟宋子文背弃武汉政府投蒋,为南京政府理财。在宁、汉分裂期间,孔暗衔蒋介石之命,奔走于沪、宁、豫、晋各地,拉拢冯玉祥、阎锡山等支持蒋介石。在蒋介石和宋美龄的婚事上,孔和宋霭龄说服了宋子文和宋母,促成这一影响深远的政治婚姻获得成功。蒋、宋联姻便于蒋介石通过宋子文和孔祥熙密切与江浙财阀的联系,对外则争取英、美政府的支持和外国资本的投资,以稳定南京政府的财政基础和外交阵脚;而孔、宋家族则通过蒋介石这个握有军政大权的杠杆,可以轻而易举地保持他们在南京政权中的影响,并为家族增殖财富取得可靠的保证。

1927年8月,南京国民政府因内部矛盾加剧,蒋介石曾被迫去职下野。其后在谋划蒋重新上台的活动中,孔祥熙曾衔命奔走于宁、汉、沪、粤、晋、豫间拉拢各方,"苦心疏解,历时数月,极尽调护斡旋之力"[1]。1928年1月,蒋介石恢复了国民革命军总司令职务。蒋为了酬答襟兄孔祥熙在公私两方面所作诸多贡献,于2月特派孔为南京政府工商部长,并选其为国民政府委员。从此,孔的官运、财运十分亨通。

孔祥熙于1928年3月27日正式就任工商部长,1930年工商、农矿两部合并为实业部,孔仍任部长。孔在就任之初,曾发表施政宣言,声称"自当以休养生息恢复元气为第一步,以积极准备力图发展为第二步","并以全民福利为主旨,以中外合作为方术","谨遵总理民生主义及建国实业计划,力谋发展国家富源,改善人民生计"等[2]。孔主持厘定了工商法规百余种,其中较重要的有工会法、商会法、票据法、公司法、海商法、工厂法、船舶法、商标法、交易所法和保险法等,其目的在于从工商方面来加强南京政权的统治,在当时工商法规类多缺略的情况下,是有一定必要性的。蒋介石于1928年将奉系势力逐往关外,在国

---

① 郭荣生:《孔祥熙先生年谱》,第66页。
② 刘振东编:《孔庸之(祥熙)先生讲演集》下册,第418页。

内搞军事独裁,与各实力派一再兵戎相见,以致内战频仍连年不断;对工农红军则进行"围剿"。1931年日本帝国主义趁机发动了"九一八"事变,侵占我国东北。内忧外患使百业凋敝、民生困苦,国民经济濒于破产,自然缺乏财力物力可供进行工商、实业建设,正如孔祥熙自己所承认的,"因时事多艰,未能多所建树"①。

"九一八"事变发生后,蒋介石政府采取不抵抗政策,使东北沦陷于敌,激起了全国各阶层民众的公愤,强烈要求全国团结一致对日。蒋在内外交困的局面下,于12月15日通电辞去国民政府主席、行政院长和陆海空军总司令的职务。是年底,行政院改组,为表示与蒋同进退,孔辞去实业部长职务。改组后以孙科为行政院长、陈铭枢为副院长的国民党政府,由于无力应付财政危机和外交危机,很快就陷入困境。蒋、汪经过密谋后合流,由汪精卫接任行政院长,宋子文任副院长兼财政部长。1932年3月6日,蒋介石经国民党三〇二次中政会推举为军事委员会委员长兼军事参谋部参谋长,重掌了军权。孔祥熙亦随之复出,于4月13日被特派为考察欧美各国实业特使。

孔祥熙此次赴欧考察实业之行,实际上是接受蒋介石的秘密委托,向德国和意大利接洽购买军械、飞机和在中国设厂自制等事宜。孔在意大利时,墨索里尼(Benito Mussolini)建议中国建设国防应从空军着手,因其发展较快,经费较海军为少,且将来战争胜负将取决于空军。孔立即将此意电告南京,为蒋介石所采纳。孔在德国和捷克时,为南京政府订购大批军械、聘请军事顾问。访问英国时,孔与英方财政专家商讨改进中国经济的方法。孔在欧洲逗留将近一年,于翌年3月回国。

1933年4月6日,孔祥熙被南京政府任命为中央银行总裁。其时,蒋介石对日本侵略者妥协退让,造成东北沦丧税收减少,而对内加紧"剿共"大量扩军使军费支出猛增。南京政府每月国库收入约为一千

---

① 刘振东编:《孔庸之(祥熙)先生讲演集》下册,第430、450、420页。

五百余万元,而每月支出则为二千二百万元,其中军费一项即达一千八百万元,每月不敷达七百万元,依靠发行公债和向江浙财团借贷暂时维持。对此巨额的财政亏空,财长宋子文和江浙财团颇为忧虑和不满。同年9月宋子文出席在华盛顿和伦敦举行的国际经济会议返国时,发现在他出国的半年里,因"剿共"军费又使国库增加了六千万元新亏空,使南京政府的财政危机更为严重。宋子文对蒋介石不恤财政困难十分不满,由龃龉而坚决求去。10月29日,蒋批准宋的辞呈,以孔祥熙继任行政院副院长兼财政部长并兼中央银行总裁①。

孔祥熙上任后,除继续采用宋子文理财时所使用的增税、借债等办法为蒋筹措军政费用外,在抗战前的主要财政措施则为:减轻田赋附加,废除苛捐杂税,创办直接税,从财政上增强中央对地方的控制;对中央、中国、交通三银行进行增资改组,以财政控制金融;实行法币政策统一币制,垄断金融操纵国计民生;整理旧债,恢复"债信",为举借新债做准备等。

1934年4月,孔祥熙赴长江中游皖、赣、鄂、湘等省考察民政和财政状况,不得不承认苛捐杂税的"剥削悉索",使"人民生活,日益穷困,社会经济,日益凋敝,国家财政,永无好转之日"②。他认为欲改善财政状况,增加收入,必须废除苛杂,使民众安居生产才能培植税源。5月下旬,孔在南京召开的第二次全国财政会议上,着重解决确定地方预算、整理地方财政、整理田赋减轻附加、废除苛杂改良税制和土地陈报中央等案。会后即由财政部明令各省执行,并规定今后不准再增加田赋附加和不合法捐税。对于地方税收的损失,则以烟酒牌照税收入及印花税收入的四成,拨归地方以资弥补。据统计至1938年底各省废除

①　孔祥熙就任财长的任命见《国民政府公报》1933年10月29日第1273号。孔任行政院副院长职,未见公报有正式任命,但《国民政府公报》11月7日第1280号内书有,"孔祥熙宣誓就行政院副院长兼财政部长"字样照片一帧。

②　刘振东编:《孔庸之(祥熙)先生讲演集》上册,第182页。

的苛捐杂税达五千余种,废除的税额年达六千七百万元①,客观上起了稍解民困的作用。南京政府除以此笼络民心外,使地方实力派不能再用苛捐杂税来予取予求,反得依赖"中央"的贴补来维持地方财政,从而增强了南京政府对各省的控制力。此举的效果,曾使蒋介石"深感惊奇意外"②。

孔祥熙在担任中央银行总裁后不久,很快就明白了光凭中央银行的实力,是无法担当起南京政府的"钱袋"任务的。当时,中央银行发行的纸币不过四千二百万元,较中国、交通两行的发行量少得多;以该行二千万股本而言,其中一千万元是由财政部拨给的公债而非现款,"存款虽名目上有二亿数千万,但多为国库转账,亦非现金"③。中央银行常因不能按期拨款而引起地方军政首脑的不满。孔接任财长后,就积极谋划如何去增强中央银行的实力,并把执金融业牛耳的中国、交通两行吞并过来。

1934 年 5 月,孔祥熙将中央银行资本由二千万元增加到一亿元以厚实力,其后又经过多方准备,于 1935 年 3 月 28 日向中国银行发出财政部训令,并附一纸二千万元的金融公债预约券,作为向该行增加官股的资本,从而掌握了该行过半数的股权④。三日后,孔即对中国银行进行人事改组,指派宋子文为董事长,任命宋汉章为总经理,将原任总经理张嘉璈调任中央银行副总裁。对交通银行,财政部则增加官股八百万元,占股份之半数。

中国银行是当时国内首屈一指的大银行,存款占全国银行业存款

① 孔祥熙:《国民党五届五中全会财政部财政报告》,南京中国第二历史档案馆档案。
② 郭荣生:《孔祥熙先生年谱》,台北 1980 年版,第 89 页。
③ 刘振东编:《孔庸之(祥熙)先生讲演集》上册,第 340 页。
④ 对中国银行进行增资改组,孔为缓和该行股东的不满,将原定官股占 55%改为增资 1500 万,使官股只占半数。

总额的四分之一，发行纸币占全体的三分之一①，早为中央银行所嫉妒。南京政府建立后，中国银行和江浙财阀曾在推销公债、通融借款等方面给予合作和支持，从而也为自己分得巨额债息。但银行家们对蒋介石政府内战军费开支无度、赤字庞大而心怀疑虑，眼看白花花的银子化为硝烟或落入军阀、政客们的私囊，而自身却承担着血本无归的风险，深为焦急。为了维护银行家自身的利益，对南京财政部的取求自不能"事事听命"②，有时反使南京方面不得不仰承银行家们的鼻息。这种情形是南京军事独裁统治者所不能容忍的，蒋介石在给国民党中央党部秘书长叶楚伧的密电中指责中国、交通两行"固执其历来吸吮国脉民膏反时代之传统政策……此事较军阀割据破坏革命为尤甚也"③。

　　孔祥熙在夺取中国、交通两行的时候，不只凭借所握的财政权力，同时也表现了他的老谋深算和工于心计。在对中、交两行进行增资改组前夕，正是国内白银大量外流、金融枯竭、银根奇紧之际，江浙工商业资本家因资金周转不灵而叫苦不迭。此时，孔祥熙一面饬令中国、交通、农民三行放出工商贷款二千余万元，但同时却暗中散布金融界其所以无法满足工商界贷款需求，是因为中国、交通两行不予合作的缘故。提出只有增资改组，使中、交两行与中央银行合作，则所需贷款自然不成问题，利息亦可降低。这个说法，为渴望得到贷款的江浙工商业家所乐闻并盼早日实现。孔就这样轻易地使银行家在工商界陷于孤立，减少了实行增资改组时的社会震动。在对中国银行增资的份额上，孔适时作出让步，从官股占百分之五十五，改为官商各半，以安商股资本家们之心。对总经理张嘉璈则采用软硬兼施的方法，一方面坚持张必须离开中国银行，免其掣肘；另一方面又委以重任，调张为中央银行副总

---

　　①　姚松龄编著：《张公权先生年谱初稿》（上），台北传记文学出版社1982年版，第140页。

　　②　姚松龄编著：《张公权先生年谱初稿》（上），第140页。

　　③　郭荣生：《孔祥熙先生年谱》，第96页。

裁,不久又命张兼中央信托局局长,同年12月复任命张为铁道部长,使张有为南京政府效力的机会。在南京政府内部,孔以去就力争对中国、交通两行的增资改组,抵制了行政院长汪精卫等人的反对和指责。汪因阻挠无效,一怒而拂袖去青岛"养病"。

在增资改组中、交两行同时,豫鄂皖赣四省农民银行改组为中国农民银行,蒋介石兼该行理事长,孔祥熙任董事长。至此,蒋、宋、孔、陈四大家族以"国家"的幌子达成了对中央、中国、交通、农民四大银行的充分控制,为南京政府下一步进行币制改革和控制整个金融界铺平了道路。

四行增资改组后,财政部对金融的控制力量较前虽大为增加,但仍无"点石成金"之术来弥补巨额财政赤字。1933年"废两改元"之后,国内的币制仍为银本位,银行发行的钞票是一种与银元等值的兑换券,国内银价常因国际市场涨落而影响币值的稳定,如果滥发钞票,更会因信用膨胀发生挤兑,以致使现银准备不足的发钞银行因之倒闭。因此,孔祥熙加紧谋划改革币制,最后决定以不兑现的"法币"来取代银本位币,以便垄断金融、操纵国计民生。

南京政府实施法币政策前夕,金融形势十分严峻。巨额的国际收支逆差和美国政府以白银列为美元发行准备而大量收购白银,使我国白银大量外流,南京政府财政部虽下令征收银出口税和加征平衡税,也未能使外流中止;加之日本人在华北和上海将大量白银私运出境,使形势更为险恶。国内公众对纸币能否继续兑现已失去信任,从而出现资金外逃和窖藏白银现象,沪、宁等地则发生提存挤兑。南京当局迫于形势,于1935年11月3日匆忙发布《国民政府财政部改革币制布告》,同日孔祥熙以财政部长身份发表关于币制改革的宣言。规定自次日起,以中央、中国、交通三行所发行之钞票定为"法币"①,逐渐收回三行以

---

① 所谓"法币"即"法偿币",是经国家规定的一种还偿工具,有"无限法偿"的能力。1936年2月,南京国民党政府将中国农民银行发行的钞票也列为"法币"。

外的钞票;将白银收归国有,限期以法币收兑;集中保管法币准备金;法币汇价由三行无限制地买卖外汇来加以维持。在国际上,改革币制虽然遭到日本的反对,但孔祥熙等人利用英、美在华利益受日本威胁的矛盾,以及法币在外汇比价上钉住英镑而获得英国政府的支持。其后,在解决了法币在汇率方面同时钉住美元之后,美国也表示给予支持。法币改革成功,避免了一场可能使南京政府垮台的财政金融危机,并成为其后我国进行八年抗战的财政重要支柱之一。以蒋、宋、孔、陈四大家族为首的新官僚资产阶级,正是在垄断了金融、实施"法币"政策的条件下,才使买办的封建的国家垄断资本主义得以加速膨胀的。

　　整理旧债,恢复"债信",也是孔祥熙在抗战前采取的重要财政措施之一。举债,是南京政府财政的重要进项之一。为了能顺利募集新债,必须对过去发行的名目繁多、偿期不一、手续繁多的旧债进行整理。1936年2月28日,孔祥熙被指派为整理内外债委员会委员长。是年春,南京政府财政部与"债券持票人会"共同议定:本年由财政部发行"统一公债",分甲、乙、丙、丁、戊五种,共十四亿六千万元,调换以前发行的39种公债中之33种,以资整理。此举对财政部而言,收到化零为整偿付便利、拉长债期减低利息和巩固债信的效果。至于所欠外债,孔尤注意北洋政府时期所欠外债之无确实担保部分的整理。此项外债本息历久未付,债信日堕,已成为南京政府举借新债的障碍。孔与有关国家分别交涉,先后达成减免欠息、陆续偿还的协议,从而恢复了债信,为抗战期间利用外资和举借外债铺平了道路。

　　在抗战前,孔祥熙在财政上源源供给南京政府的大量军政费用,使蒋介石终于能在第五次"围剿"中出动百万兵力,迫使工农红军撤离苏区辗转长征;在瓦解察哈尔抗日同盟军时,孔曾为蒋拉拢察哈尔省主席宋哲元;在镇压"福建事变"中,蒋能迅速集结兵力包围进攻第十九路军并收买其重要将领,都和孔能源源不断地为蒋提供经费分不开。但蒋介石的对内镇压异己,对日本侵略妥协退让的反动政策,日益激起全国各阶层人士的强烈不满,终于导致了1936年12月12日西安事变的发生。在西安事变解决过程中,由于张学良、杨虎城和中共坚持和平解决;孔祥熙则以代理行政院长的身份主持南京政府,运用其老谋深算,和宋子文、宋美龄以及响应和平解决事变的人士共同努力,终于遏制了南京政府内部以何应钦为首的"讨伐派"的图谋,促成西安事变的和平解决,使随后的停止内战、举国一致抗日成为可能。

　　西安事变后,国共合作的谈判开始进行,南京政府在对日战备方面也有所进步。1937年3月,孔祥熙被特派为中国特使赴伦敦参加英皇乔治六世的加冕典礼。孔此行,同时肩负着向外国洽商借款及购买军火的秘密任务。英国外相艾登(Anthony Eden)在向英皇乔治介绍中国特使时,称赞孔祥熙是"统一中国财政,整理中国税制,改革中国通货,恢复中国国际信誉,平衡中国政府预算"的"伟大理财家"①。孔在欧洲期间,还先后到意大利、捷克、瑞士、德国、法国、比利时参观访问。在捷克和德国订购了大批军火武器,随即装船东运,以备抗战之用。6月中旬,孔由欧洲去美国,23日接受耶鲁大学所赠博士学位;27日抵华盛顿,与摩根银行的拉门特(Thomas William Lamont))等银行家晤谈并成立协定,将太平洋建设银行借款五百万元美金事解决。28日会晤美国财长摩根索(Henry Morgenthau)、国务卿赫尔(Cordell Hull),次日会见罗斯福总统,就中日问题坦诚交换意见。孔还获得罗斯福的许可,订购了一批汽油,交由美轮从速运抵香港转广九路内运,以备战时之用。7月19日孔自纽约再抵伦敦,与英国有关部门商谈并签订建筑广梅铁路借款合约;8月4日签订建筑浦信铁路借款合约。此外,还与英方商定,俟机在伦敦发行债券三千万英镑。7月26日,孔收到蒋介石的"大战已开始,和平绝望,希在国际方面多所接洽"②的密电后,再去巴黎商洽借款;又去柏林与德国经济部长沙赫特(Hjalmar Schacht)洽谈。随后,孔因病在德国疗养一个月,于10月中旬回到国内。

---

① 郭荣生:《孔祥熙先生年谱》,第124页。
② 郭荣生:《孔祥熙先生年谱》,第134页。

1938年1月,国民政府为完善战时行政机构,实行改组,孔祥熙被任命为行政院长,仍兼财政部长和中央银行总裁,旋又兼四行联合办事处副主席,成为抗战时期国民政府主管财政金融的首脑。1939年11月,蒋介石兼行政院长,孔改任行政院副院长。

抗战初期,由于敌强我弱,日本侵略者处于战略进攻地位,华北、东南广大地区相继沦陷,占战前国民党政府财政总收入百分之九十以上的关税、盐税、统税、烟酒税等税源大都丧失。为坚持抗战,在财政上对军事、教育、经济、交通等各方面都须给以支持,孔祥熙在完成战时财政,保障供给方面,采取了一系列措施,主要有下列几个方面:

一、在促进战时生产方面。国民政府为维持国家资源,增加生产,曾于1937年9月在军事委员会下设立农产、工矿、贸易三个调整委员会,来分别指导进行。工矿调整委员会大力协助沿海沿江厂矿内迁,到1941年止计迁入后方各省的民营厂矿约为四百五十二家(公营和国营的在外),总计内迁机器和物资达十二万余吨,随工矿内迁的员工约十余万人。对内迁厂矿诸如厂址选择、机件补充、原料采购、技工聘用、资金调剂等,均予指导和协助解决;尤其在工贷方面,财政部给工矿企业以较大的帮助,仅1940和1941两年,工贷总数即达数亿元(国营厂矿在内),使内迁工厂得以较快复工。同期新建工厂亦达三千余家,促进了后方工业的发展[1]。又在内地成立工业合作协会,孔祥熙自兼该会董事长,以合作方式组织当地人力,利用各方物资,就地取材,在后方各地发展小型工厂,到1941年计设立工业生产合作社近两千个,参加生产者达十五万人,月产值二千多万元[2],颇具效益。

二、在推动战时农业生产方面。国家银行及农本局对农贷的大量增加,对提高后方农业生产关系甚大。1939年2月财政部饬令四行向后方各省发放农贷四亿元,而1941年度贷出的农业贷款总额则近五亿

① 谭煦鸿主编:《十年来之中国经济》(上),中华书局1948年,第A18—19页。
② 郭荣生:《孔祥熙先生年谱》,第144页。

元。农产促进委员会则主办农作物优良品种的推广,病虫害的防治,以及水利、垦殖、肥料、蚕桑、牧畜和农村副业的推进等,到1941年计使农业增加收入约达二亿元。粮食增产委员会主办粮食增产工作,据1941年公布增产总额为八千九百七十余万市担①。由于财政和农业主管部门注意促进后方农业生产,加之这几年自然灾害较轻,农产品有较明显的增加,使前方军需和后方民用赖以供应。

三、在加强金融管制和运用方面。"八一三"上海作战开始后,沪、宁等地发生提存风潮,财政部急令各行庄休业二日,随即于8月15日颁布《安定金融办法》七条,对提存作了规定和限制,以防止巨额提存和资金逃避。又令中国、中央、交通、农民四行组织联合办事处,成为战时金融枢纽。为建立战时金融网,命令四行于1939年底以前在西南、东南、西北之各省重要地点设立行、处。1942年7月,将四行业务进行调整,使之各归专业,将法币发行权集中于中央银行。对于普通商业银行则进行严格管理,限制新银行的设立,并在《非常时期银行法》中规定商业银行不得经商囤货或代客买卖货物,行员不得利用行款经营商业。加之对法币的增发持谨慎态度,发行额虽有增加,客观上尚适应于后方工农业生产发展的需要。

至于在管理外汇方面,孔祥熙所采取的措施则反映出按照大银行家、官僚买办们的私利行事,以及依附英美、不顾民族利益的劣根性的一面。财政当局迟迟不采取严格的统制措施,反以无限制照价供给外汇来维持法币和英镑、美元的汇率,致使大量资金得以逃避或为敌伪套购而去。其后虽停止无限制供应,实施外汇请核办法,先后成立中英外汇平准基金、中美英外汇平准基金,但有限的外汇很快又被套购一空。财政部在办理外汇上的错误做法,当时就受到各方面有识人士的批评。后来,蒋介石也不得不承认这种做法"实在无异给敌人操纵之柄,来摧

---

① 谭煦鸿主编:《十年来之中国经济》(上),第A17—18页。

残我们抗战的经济"①。

当抗日战争由战略防御进入战略相持阶段后,以蒋介石为首的国民政府的消极抗日、积极反共的一面也日益显露。在财经方面,除继续维持抗战军政需用外,其不恤民生、苛征重敛以及趁机扩展国家垄断资本的行径,导致国民党统治区的经济趋向衰落。这一阶段,孔祥熙所采取的主要财政措施,有下列数端:

一、改变战时税制和实施"公库法",建立国库网。为了增辟税源,财政部曾先后开征非常时期过分利得税、遗产税、财产租赁所得税和财产出卖所得税等;又扩大货物税范围,并将已往从量征收改为从价征收;属于直接税的,均采取分级累进制。如1941年1月,财政部接管原由各省市征收之营业税,加以整理,使本年度实征得税款五亿二千万元,较上年度省管时期实征一亿六千万元,超过数倍②。由于采用上述种种措施,虽税域日狭,税收总额却年有增加,而工商、民众税负之加重,亦可想而知。

至于"公库法"于1939年10月实施后,政府各机关的一切收支,均集中于各该级公库,不得各自为政,以祛除"虚伪浮滥、中饱渔侵"等积弊③。国库网则随公库法的实施而在各地陆续建立,至1944年计已有总分支库及税款经收处一千零二十八个之多④。

二、田赋征实与举办专卖。1941年4月,孔祥熙向国民党第五届八中全会提出"改订国家与地方财政收支系统案"、"接管田赋统筹整理案"和"实行专卖案",并获得通过。随后于6月召开第三次全国财政会

---

① 蒋介石1941年7月14日在中央纪念周上的演讲词,转引自谭熙鸿主编:《十年来之中国经济》(上),第A23页。

② 财政部直接税处编:《八年来之直接税》,中央信托局印制处1943年版,第16—17页。

③ 财政部参事厅编:《十年来之财务法制》,中央信托局印制处1943年版,第6页。

④ 郭荣生:《孔祥熙先生年谱》,第212页。

议,研讨实施办法。改订财政收支系统的结果,是将此前自成一级的省财政系统划入中央的国家财政系统,将过去依附于省的县级财政独立为自治系统。原属各省的财政收入,统由中央接管。此举增加了国库的收入,并使蒋、孔得以统收统支等手段加强对地方的控制。田赋在此之前为省级财政主要收入,至此自然改归中央。为了筹办战时军粮、公粮,自1941年下半年起,将全国田赋改征实物。征收标准,规定按照各省该年度田赋预算正附总额每元折征稻谷二市斗。1942年田赋征收额提高一倍,改为每元折征稻谷四市斗,此外还有"随赋带购"和"随赋带征"(县级公粮)等名目向农民勒收粮食。而四川、广西等地则经批准将"随赋带购"改为"借粮",更是不费一文便将农民的粮食强借而去。据官方统计,1941年征收稻谷二千四百余万石,1942年征购合计得稻麦六千五百余万石①。田赋征实的实施,对于解决重庆国民政府战时的军粮、公粮的供应,缓和粮价上涨,充裕国库,维持战时财政等功效是十分明显的,是抗战后期财政赖以支撑的另一重要支柱。但田赋征实以及"带征"、"带购"、"带借",无疑极大地加重了农业的负担。地主则想方设法通过加租加押等手法,将赋税负担尽量转嫁到佃农身上。加上征兵、工役和拉夫,农民负担之重,竟至难以维持温饱和进行简单再生产的地步。国民党统治区的农业生产,因之日趋衰落。

　　孔祥熙平日口头上也大谈"国计民生兼顾并筹",而事实是只顾增加国库收入而不恤民众生活,这在所实施的专卖和统制物资等政策中表现尤为突出。统制物资政策的实行,加强了国家垄断资本对商业的垄断,严重摧残了农业和工矿业的生产。如贸易委员会和各专卖机构,一面以低于生产成本的价格统购产品,以剥削生产者,使生产日趋萎缩以至无法维持而停产倒闭;一面又以专卖方式,抬价出售统销物品,以搜刮广大消费者,使民众生活更趋艰难。而孔祥熙却把这种杀鸡取卵

---

　　①　财政部田赋管理委员会编:《三年来之田赋整理与征实》,中央信托局印制处1943年版,第17页。

的行径,视为"理财的良策"①。民族工业,政府除在原料、产品和贷款上进行控制外,更用"加入股份"、"共同经营"和"接管"等手法予以吞并。据统计,抗战后期仅资源委员会下属的 79 个企业,其中吞并没收而来的就占 28 个(吞并后停闭的厂矿 15 个尚未列入),与各省地方官僚资本及其他机关合办的 30 个,而该会自办的只有 21 个②。国民党政府正是打着"抗战建设兼顾"的旗号,利用手中掌握的权力,横征暴敛,巧取豪夺,使所掌握的国家垄断资本得到进一步的膨胀,但它是以损害农业和民族工商业为代价而取得的,必然使国民经济更趋衰败,而孔祥熙所主持的财政,其来源不能不更多地依赖增发通货来支撑了。

国民党统治区的广大民众,对政府当局在抗战后期的独裁、贪婪、不恤民生的所作所为,日益不满。1944 年 5 月,中国西南实业协会、迁川工厂联合会、中国全国工业协会等五个工业团体共同拟就《解决当前政治经济问题方案建议书》,送交国民党五届十二中全会。其后,黄炎培等 30 人发表《民主与胜利献言》,要求国民党政府改弦更张,实行民主政策。抗战七周年纪念日,各地学生曾纷纷集会,揭露政府当局的腐败统治,要求改良政治。国民党内与孔家争权争利争宠的各派系也趁机而动,予以抨击。

1944 年 6 月,孔祥熙出席国际货币基金世界银行会议赴美,并向美国政府要求援助,曾提出归还美军在华费用的垫款问题。会谈中,因在所垫付法币折合美元汇率问题上与美方意见分歧,遭到美方的反对;在孔去美国的同时,国民党军队在豫湘桂战役中大溃退,大片国土沦入敌手,人民的生命财产受到巨大损失,使中外震惊,舆论哗然。美国政府曾向蒋介石提出由担任中国战区参谋长的史迪威来全权指挥中国战区的作战部队,以改善军事局势的强硬要求,被蒋介石、孔祥熙等顶了回去;其后罗斯福又通过宋子文转达提议,要求中国政府更换已成众矢

---

① 郭荣生:《孔祥熙先生年谱》,第 213 页。
② 陈真编:《中国近代工业史资料》第 3 辑,三联书店 1961 年版,第 869 页。

之的之军政部长和财政部长。11 月,蒋介石只好发表以陈诚、俞鸿钧接替何应钦、孔祥熙的命令。孔自受任财长到去职,在任长达十一年之久,可见受蒋介石宠信之专。1945 年 5 月孔辞行政院副院长,7 月辞中央银行总裁和四联总处副主席,10 月辞中国农民银行董事长,至此仅剩下中国银行董事长和国民党中央执行委员的头衔。

孔祥熙亦官亦商,聚集了巨额资财,在新官僚资本家中居于首位,是旧中国的首富。孔在从政前虽也有些资产,但真正发达起来是到南京政府做官之后。孔利用所掌握的国家财政金融大权,在使买办的封建的国家垄断资本不断膨胀起来的同时,也使自家的私财随之迅速增长。孔家的资本主要是商业资本,他家的金融机构如山西裕华银行等只是商业资本的保姆,工业资本则多半是他人依附或偶尔为之。抗战时期孔家的商业,主要由他的精明能干、长于敛财的妻子宋霭龄和长子孔令侃、次女孔令伟经营。宋霭龄在抗战前曾伙同宋子良、陈行、徐堪等在上海组织七星公司,专做证券、标金、棉纱、面粉等的投机,在交易市场上多次掀起风潮,引起对手的怨恨和舆论的抨击,但由于有着蒋介石、宋美龄的庇护,终能无事。

抗战初期,宋霭龄仅在套取外汇的投机中,据说就"捞了八百万英镑"①。1939 年时,宋霭龄在美存款,占重庆政府"所有要人在美国银行中的存款的第一位",被美国记者赛利文称为"中国人民的钱袋"②。孔的长子孔令侃在二十一岁时,便被蒋介石指派为中央信托局常务理事,肩负实际责任。孔令侃经商赚钱的本领,曾受到其父的夸奖③。孔的次女令伟为其父在重庆掌管祥记公司、广茂兴、晋丰泰等企业,利用当时工不如商、商不如囤的时机,以及豪门权势,大搞走私、囤积等投机买卖,大发国难财。又如 1944 年初,孔祥熙伙同央行国库局长吕咸私

---

① 恽逸群:《三十年见闻杂记》,金陵书画社 1983 年版,第 84 页。
② 陈真编:《中国近代工业史资料》第 3 辑,1011 页,
③ 陈真编:《中国近代工业史资料》第 3 辑,第 992、1016 页。

分美金公债案等。对此,社会舆论时有指摘。

抗战胜利后,孔祥熙虽不居高官,但认为宋子文推行的外汇开放政策和压低外汇牌价,实在是买办事业千载难逢的良机,于是大规模扩充商业资本。孔令侃主持的扬子公司和长江公司,孔令伟主持的嘉陵公司,都是异乎"祥记"而为现代化大型的国际贸易公司,并主要以推销美国货为职志。战后孔家的财富继续增长,孔家企业违法经营的丑闻也时有发生,如1946年长江公司的粮食案;1947年7月29日南京《中央日报》曾透露孔宋家族利用特权,在1946年3月至11月间,共结汇三亿三千四百四十六万余美元用以进口商品谋利的丑闻①;1948年扬子公司的囤积案,均曾受到舆论的抨击。孔家的"商誉"和以往的"官声"一样不佳。

孔祥熙去官后也曾进行一些活动,以谋东山再起,但遭到政学、CC等派系的抵制。1947年秋,孔以接获宋霭龄在美病重的电报为由,匆匆离沪赴美。1948年1月,孔辞去中国银行董事长职。1949年中华人民共和国成立,蒋介石集团退处台湾,曾聘孔祥熙为"资政",1962年孔赴台湾暂住,1966年以宿疾复发赴美治病,1967年8月16日因心脏病在纽约去世。

---

① 漆敬尧:《小数点玄机化解一场政治风暴》,台北《传记文学》54卷第1期。

寇遐

张应超

寇遐,字胜孚,号玄疵,1884年11月18日(清光绪十年十月初一)生于陕西蒲城县。其父早逝,由寡母抚养长大,家境贫寒。1906年考入西安师范学堂选科。在师范学堂读书时即加入同盟会,是当时西安进步青年中的积极分子。

1908年10月,蒲城县知县李体仁为了镇压当地同盟会员的革命活动,在陕西提学使余堃的直接指使下,捣毁县教育分会、县立高小学堂和学生自办的"自治公学",逮捕了县教育分会职员和县立高小学堂师生七十余人,酷刑审讯,致使年仅十七岁的学生、同盟会员原斯建伤重身死,造成了轰动一时的惨案(即"蒲案")。"蒲案"发生以后,省城西安及陕西所属八十余州、县的青年学生掀起罢课斗争高潮,寇遐被选为西安师范学堂总代表和西安各界学生代表,积极参加并领导了这场声势浩大的学生运动。他起草了陕西各校学生请愿书,并到巡抚衙门交涉。在陕西各校学生的共同努力和国内外进步力量的支援下,这场坚持了长达五个多月的学生运动终于取得胜利。

1909年,寇遐由师范学堂毕业,任同州中学堂监学。他和该校监督、同盟会员尚镇圭一起领导陕西东部各县同盟会的革命活动,同州中学遂成为同盟会的秘密机关之一。1910年秋到1911年春,同盟会员李仲三曾多次去朝邑县联络渭北著名刀客严飞龙,寇遐曾给李仲三多方帮助。后来严飞龙所率领的刀客成为陕西辛亥革命中一支重要力量。

　　1912年4月,陕西省临时议会成立,寇遐当选为副议长。8月,井勿幕改组同盟会陕西分会为国民党陕西支部,寇遐任评议员。12月,当选为国会众议院议员。在反袁护国斗争中,他奔走各地,反对袁世凯的复辟活动。1917年段祺瑞拒绝恢复《临时约法》和"国会",寇遐跟随孙中山赴广州,参加国会非常会议。1923年曹锟贿选,勾结众议院议长吴景濂,以重金收买议员。寇遐坚决反对贿选,并再次南下。1924年冯玉祥、胡景翼等发动北京政变,推翻曹锟政权。寇遐积极参与政变活动,因而在新政府中担任过短期农商总长职务,卸任后即在北京住闲。

　　1931年,寇遐应陕西省政府主席杨虎城的邀请回到西安,任省政府委员、高等顾问等职。他擅长书法,尤精隶书。1934年在邵力子、杨虎城的支持下,寇遐等人在西安组织西京金石书画学会,寇遐任会长,编辑出版《西京金石书画集》。同年冬,根据他的建议,杨虎城命进步人士成柏仁创办《秦风周报》(后改名为《秦风日报》),寇遐为之书报头和报社牌匾,并参与其中工作。1935年夏,张学良奉蒋介石命令率部入陕"剿共",蒋介石分别密令张、杨互相监视。后来杨虎城有所觉察。因寇遐和张学良也有交往,他受杨虎城委托,居间联络。在张、杨的合作中,他曾起过积极作用。

　　抗日战争期间,寇遐担任过陕西省临时参议会议员。他对蒋介石的独裁统治深为不满,主张取消苛捐杂税,减轻农民负担。他和陕西的著名进步人士杜斌丞、王菊人、武梦名等人关系密切,并掩护过地下党员杨晓初。1947年,陕西国民党军头胡宗南、祝绍周杀害了杜斌丞,王菊人、武梦名等人也先后被捕。寇遐对胡宗南杀害杜斌丞的行径非常愤慨,当面怒斥胡宗南,对在狱中的王菊人、武梦名则赠送衣物,并照顾其家属。还多方设法,保护成柏仁的安全。

　　1948年冬,"国大"代表竞选时,陕西省当局中有人为了利用寇遐声望,请他参加竞选,并愿承担竞选活动经费,遭到寇遐严词拒绝。由于寇遐思想进步、敢于直言,胡宗南之流曾在他家门外安插特务监视他的活动。

1949 年 5 月 18 日,胡宗南逃离西安时,以"保护安全"为名,把寇遐、张凤翙、马骧等人裹胁到汉中,准备经四川送往台湾。寇遐等人坚决拒绝去台,又被送往兰州。8 月,兰州解放,彭德怀司令员特派专人慰问他和张、马二人。8 月下旬,寇遐等三人返回西安,受到西安中共党政领导及各界人士欢迎。

中华人民共和国成立以后,寇遐任陕西省人民政府委员。抗美援朝战争爆发以后,他响应国家号召,出卖墨迹,把所得收入捐献国家作为抗美援朝经费。1953 年 9 月 6 日,他因脑溢血逝世。终年六十九岁。

寇遐对书法、金石很有造诣,喜画兰草,但手迹很少。他在古书收藏方面也下过工夫。此外,他对秦腔也有一定的研究,曾修改过《辕门斩子》、《周仁回府》、《葫芦峪》等秦腔剧本。

主要参考资料

《寇遐传》,陕西革命先烈褒恤委员会编《西北革命史征稿》,上海书店 1990 年据 1949 年版影印。

原清月辑:《"蒲案"纪念册》。

寇妙言:《我父回西安后的片断回忆》,手稿,存中国人民政治协商会议陕西省委员会文粤办公室。

段绍岩:《省临时议会成立》,手稿,存中国人民政治协商会议陕西省委员会文粤办公室。

尚重十:《尚镇圭事略》,手稿,存中国人民政治协商会议陕西省委员会文粤办公室。

《群众日报》1953 年 9 月 10 日。

笔者访问李宗祥、胡景通、寇若英笔记。

黄 延 芳

汪仁泽

黄延芳,1883年5月22日(清光绪九年四月十六日)出生于浙江镇海一个贫苦农民家庭。他的父亲黄柞德早年务农,后在上海某煤炭店当出店(送货杂务工)。黄延芳少年时读书不多,十四岁时随表兄到山东胶州当行栈学徒。

1902年,黄延芳到上海,经人介绍进德商亨宝轮船公司当职员。由于他办事干练,恪守信用,深受客户直隶井陉矿务局负责人的赏识,1907年被聘为该局及北票煤矿驻沪经理。1910年黄辞职,进入上海中华捷运公司任职,工作勤劳认真,1918年被提升为该公司总稽核。1920年经董事会推派,赴欧洲各国考察运输事业。他深感我国经济落后,其主要症结之一在于交通运输的阻塞。归国后升任该公司总经理,积极为发展国内铁路、轮船、长途汽车的客货联营业务而努力。

1925年,黄延芳为使托运客户的货物免在途中受损,主张把保险业务与运输业务联结起来。他独资开设了信平保险公司,承接客户投保,然后再向美商美亚保险公司转保,这一经营方式,深受客户欢迎。此时黄以经营运业为主,兼谋其他事业的发展。1927年独资开设了源大行,经营进出口业务。适值苏联商务代表来沪,黄与之签订合同,组织海轮三艘赴海参崴进口大批萨门咸鱼。货甫到沪入栈,即遭国民党官吏勾结商会败类,用"反日会"名义,诬指为日货,予以封存,谋图敲诈。黄不为所屈,一面延请律师申辩,一面将苏联出口及中国海关进口的凭证,制版刊于报端。但待事实澄清启封后,货栈咸鱼已经大半霉烂，损失甚重。此后黄继续经营萨门鱼的进口和国内销售业务，在16铺开设大成、源昌等8家鱼行，任上海鱼市场常务理事、中国渔业公司董事等职。1929年黄应友人所邀，担任浙江兴业银行董事兼地产部经理。地产部为独立经营，自负盈亏，他一面吸收储蓄存款，进行分红；一面做了几笔大的房地产生意，获得厚利。此时黄兼任上海市房地产业同业公会主任委员、上海市政府土地估价委员会主席、公共租界工部局房租公断委员等职。

1932年"一二八"事变淞沪战起，黄延芳为十九路军英勇抗日的爱国行为所鼓舞，担任抗敌后援会工作，负责支援前线物资和在后方安排、遣返难民等事项。1933年，比利时国银公司派代表来华推销五金、钢材，他与该代表在旅欧时已相识，遂被聘任该公司顾问兼五金部华经理，代理比利时钢业联合社在华销售业务，直至1941年太平洋战争爆发。与此同时，黄接任新裕纱厂总经理。后因经营失当，亏损累累；又与杜月笙在业务上发生法律纠纷，经调解后黄脱离了新裕纱厂。此后他又与人合伙开设捷成杂粮行；1937年起经销加拿大进口的咸青花鱼。

1937年"八一三"淞沪抗战开始后，黄延芳激于抗日爱国热情，与计健南等人共同建立第十一伤兵医院，热心救护抗日受伤的士兵。不久，日本侵占我江南大片国土，肆意烧杀掳掠，大量难民流入上海租界，风餐露宿，饥寒交迫，黄投入难民救济协会工作，任总务组长；该会主任潘公展撤离上海后，黄代理主任。难民救济协会开办了不少收容所，先后收容难民达四十余万人，黄奔走安排难民衣、食、住宿等事，后又遣送部分难民回乡生产①，并设置留沪难民生产自救工场、难童学校等。直至1941年底日军进占租界，该会被迫解散，黄仍将难胞妥善安置。

---

① 赵朴初：《抗战初期上海的难民工作》，中国人民政治协商会议上海市委员会文史资料工作委员会编《文史资料选辑》第4期（总第32辑），上海人民出版社1980年版。

1939年国际难民救济会成立,他是创办人之一。在此前后,他担任源大行总经理,光中造纸厂、中华毛纺织公司董事长,美伦毛纺织厂、中国国货公司等企业董事;并历任四明公所董事、四明医院及济民医院董事长、上海市商会副理事长兼福利委员会主任委员、中英协会常务理事、位育中小学校董会主席、宁波旅沪同乡会常务理事、理事长等职。他慷慨豪爽,凡教育、慈善等事业,无不奔走效劳,捐募垫款,悉尽义务。八年抗战期间,他留居上海,坚决不事敌伪,保持了民族气节。

抗战胜利后,李铭、厉树雄等人以美金60万元买进英商汇德丰洋行的扬子江拖驳公司,聘黄延芳任总经理,由浙江实业银行垫款美金5万元,作为黄入股股金。他受任后,业务颇有起色。此后厉树雄将自己的很多企业交由黄负责经营,黄相继担任了和新纱厂总经理、云飞汽车公司董事长、四明电话公司董事长、宁穿(宁波到穿山)长途汽车公司董事长等职。

1946年,蒋介石挑起全面内战,激起了全国人民的愤怒,纷起抗议。黄延芳以"国家兴亡,匹夫有责",亦经常参加民主人士集会,要求和平、民主,反对国民党的内战政策。是年6月,上海各界人民团体推派代表赴南京,向国、共和马歇尔(George Catlett Marshall)三方面呼吁和平。工商界推选代表时,大家认为黄延芳社会声誉甚好,推为代表,他慨然应允。此时有人以此去必有险阻,劝其取消此行。黄说:"我既已答应人家,岂能食言。"[1]并表示为万民求和平,虽赴汤蹈火也在所不辞,态度坚决。6月23日晚,代表们乘车到达南京时,发生"下关车站事件",代表马叙伦等竟遭国民党特务殴打;黄因在另一节车厢,未被殃及。后来蒋介石拒绝接见全体代表,只允黄延芳一人往见。黄见蒋时,表达了上海人民迫切要求和平的愿望,但蒋把内战的责任推到共产

---

① 《关于1946年6月23日下关事件》,1960年盛丕华在座谈会上的发言记录。(上海市工商业联合会史料编号31—130)。

党身上,仅仅谈了几分钟,即告结束①。通过这次事件,使他受到一次现实教育。他回到上海后,周恩来、邓颖超亲自来访。黄陪同他们参观了自己所办的事业,包括学校和医院,周对此甚予嘉勉。这件事对黄延芳晚年的影响是很深远的,此后他经常参加盛丕华等进步人士组织的红棉酒家叙餐会,进一步受到民主思想的影响,表现出明显的反蒋、要求民主和靠拢进步势力的倾向。

1948年12月3日,满载三千多乘客的招商局江亚轮,从上海驶往宁波途中,突然爆炸沉没,招商局未能及时组织营救,致使二千多名旅客遇难。事后招商局又未妥善处理后事,遇难家属自发组织示威游行,包围招商局,国民党当局出动军警弹压。此时宁波旅沪同乡会迅即组织以黄延芳为主任的"江亚轮惨案善后处理委员会",一面与招商局进行严正交涉,促使拨款救济,一面积极进行善后工作,处理遗留问题②。

由于黄延芳一贯热心公益,主持正义,且敢于直言抨击时政,多次在公开场合痛斥蒋介石及国民党弊政,因而招致当局的忌恨。上海解放前夕,国民党将其列入黑名单中,他被迫避居英国友人家中,直到解放。1949年秋,宁波解放后,国民党飞机对宁波轮番进行轰炸,造成大批房屋被毁,黄延芳组成救济委员会,在沪发起义演等,募集巨款进行救济。

1949年9月,黄延芳赴北京参加了中国人民政治协商会议。此后历任全国政协第一届委员、华东军政委员会委员兼华东生产救灾委员会主任委员、上海市内河航运局局长等职。他以古稀之年,不辞辛劳,常赴浙江、江苏、安徽、山东等灾区视察,了解生产救灾工作情况。此外,他还担任中国民主建国会中央委员、上海工商业联合会副主任委

① 吴耀宗:《下关事件日记一页》,中国人民政治协商会议上海市委员会文史资料工作委员会编《文史资料选辑(上海解放三十周年专辑)》1978年第3期(总第24辑),上海人民出版社1979年版。

② 上海市档案馆存《宁波旅沪同乡会档案》全宗卷117—4—51、117—4—66。

员。1954 年当选为第一届全国人民代表大会代表。同年,扬子江拖驳公司经申请批准公私合营后,黄任上海市交通运输局局长、公私合营上海轮船公司董事长。

1957 年 8 月 8 日,黄延芳因病在沪逝世。

赖 心 辉

马宣伟

赖心辉,字德祥,1884年8月(清光绪十年七月)生于四川三台县。父亲是小商人。赖心辉少时在家乡读私塾,后经他的岳父引荐,在曾伯和门下学习。曾伯和见赖心辉大可培养,1907年夏出任云南老鸦滩百货厘金局局长时,带他随同前往。到云南后,赖更加勤奋读书,1909年由曾伯和保送入云南讲武堂学习。1911年春,赖以优异成绩毕业,被分配到第十九镇见习。赖在第十九镇结识了任管带的四川同乡刘存厚,并参与第十九镇下级军官的秘密革命活动,加入了同盟会。武昌首义后,10月30日,以蔡锷、李根源为正副司令的云南革命军在昆明发动起义,赖在唐继尧、刘存厚的指挥下,参加攻打云南总督署。

11月1日,云南军政府成立,蔡锷派韩建铎、刘存厚率滇军两个梯团援助四川起义军,赖心辉随军回到四川。1912年初刘存厚在成都招募新兵成立四川陆军第四镇,赖在第四镇任炮兵标统[①]。不久,四川陆军改镇为师,刘存厚任第二师师长,赖心辉在炮兵第二团任营长。1916年1月,赖随川军第二师在纳溪起义,参加反袁世凯的护国战争立有战功[②],升任第二师炮兵第二团团长。

护国战争结束后,入川护国军滇军总司令罗佩金、黔军总司令戴

---

① 四川省文史研究馆编:《四川军阀史料》第1辑,四川人民出版社1981年版,第21页。

② 四川省文史研究馆编:《四川军阀史料》第1辑,第71页。

戡,于同年7月分任四川督军和省长,与以刘存厚为代表的四川地方势力发生利害冲突。加之驻川滇、黔军军纪败坏,四川军民均十分痛恨。1917年4月,刘存厚通电反对罗佩金,赖心辉等数十名旅团长亦通电控告罗佩金九大罪状①,遂发展为刘、罗成都巷战。不久,罗败走。7月,又发生刘、戴(戡)成都巷战。黔军退入皇城督军署内,刘存厚率部屡攻不下,赖建议先炮轰皇城内的军装库(即弹械等军用物资库)。刘同意,并命赖率部前往。赖率炮二团布阵于南门城墙上,亲自上炮,精心测量,第一炮即打中皇城的大门,接着命中军装库,顿时弹药爆炸,声响十里之外,守城黔军大为慌乱。戴戡弹尽粮绝,撤离成都。赖心辉从此得名"赖大炮"。

赖心辉在这场混战中立了大功,刘存厚补充赖部一批汉阳枪和大炮。11月12日,北京政府授予赖三等文虎章;1918年1月又授予少将军衔,委为川北边防军总司令。赖借机扩大了部队,占绵阳、梓潼、北川、罗江等县为防地。

滇黔军战败后,云南督军唐继尧以护法靖国之名,大力支持川军师长熊克武就任四川靖国军总司令,率部进攻依附北洋军阀的四川督军刘存厚,迫使刘于2月20日退出成都,撤向陕南。赖心辉于4月28日率部退守绵阳。5月3日,熊军第五师师长吕超欲彻底打垮刘部,率部向绵阳一线的赖部进攻。赖寡不敌众,退到陕西与刘存厚会合,驻防汉中。7月5日北京政府委刘存厚为中央陆军第二十一师师长,赖心辉为第四十二旅旅长。12月上旬,吕超率部将汉中城四面包围。刘存厚部困守城内,不久弹尽粮绝,刘打算弃城逃命。此时,赖心辉从陕西督军陈树藩处借来大批枪械、粮饷,率部赶到,打退吕超,解了刘存厚之危。

1920年初,唐继尧见熊克武不能成为他控制四川的工具,遂令驻川滇黔军向熊进攻。熊败退川北。不久,熊以驱逐客军相号召,联合刘

湘、邓锡侯及败退陕南的刘存厚等川军，分路进攻成、渝两地的滇黔军，10月将滇黔军全部驱逐出川。刘存厚部以赖心辉旅为前锋首先攻占成都。熊克武划什邡、金堂、广汉、德阳四县为赖部防地。什邡县有著名土匪头子张廷升，赖先派人去招抚，张不从，赖率部围剿，消灭了张部乌合之众。

1922年7月，四川爆发了以熊克武、但懋辛为一方的第一军和以刘湘、杨森为一方的第二军之战。赖心辉站在熊克武一边，任省军副总指挥，率部向第二军进攻。8月上旬第二军溃败。这时，赖对四川的军民两政颇思染指，只因资望较浅，自知无望，很想推一个软弱者上台，以便操纵，乃向熊克武建议以第三军军长刘成勋领四川军民两政，得熊同意。刘成勋任川军总司令后，为酬谢赖心辉，委赖任四川边防军总司令，驻防富饶的泸州一带。刘、赖两人还结为儿女亲家。

第一、二军之战后，第一军内部由于分赃不均，又爆发了邓锡侯、陈国栋、田颂尧等同熊克武、刘成勋、赖心辉之间的战争。1923年2月13日，刘成勋命赖心辉统率各军讨伐邓、陈，又电请川东边防督办但懋辛出师援助。两军混战到20日，邓、陈两师已前进到川西地界，开始围攻成都。刘成勋困守城内，正在恐慌之际，21日赖心辉率部攻占了简阳，24日前哨部队抵达成都，从侧背攻击邓、陈两师，遂解成都之围。赖心辉善战之名传扬一时，刘成勋对他更加倚重。

同年3月，吴佩孚见川军内讧，援助杨森回川。杨森于3月14日攻占万县，4月5日攻占重庆。与此同时，驻宜宾的第一混成旅旅长刘文辉进占成都，并自任成都卫戍司令。刘成勋在3月30日通电辞去川军总司令职，赖心辉率部退往内江、资中、隆昌一带。

5月，熊克武率原第一军及赖心辉的四川边防军、刘成勋部，合力反攻杨森、刘湘等部。赖先攻入成都，熊、刘率部相继入城。6月4日，孙中山以军政府大元帅名义任命熊克武为四川讨贼军总司令，刘成勋为川军总司令，赖心辉为四川讨贼军前敌总指挥，讨伐北洋军。赖心辉的四川边防军这时已辖有六个旅和一个炮兵团及特务营、机炮营、骑兵营等部队,实力达万余人。赖令其部分别由乐山、宜宾、泸州攻重庆的侧背;并亲自攻资中、内江一线。赖攻占内江后,6月14日乘胜下令总攻,双方激战一日,赖部伤亡惨重,连预备队也用尽。他当即召开军事会议,众人议论纷纷,莫衷一是。赖指出,敌我双方同样伤亡惨重,敌军可能也在今晚撤退,应采用两全之计。遂抽选精锐一营,于当晚夜袭隆昌;再派一加强连向隆昌侧面搜索,以牵制敌人,然后缓缓撤退。

当夜初时,赖部前沿部队陆续撤下。时值6月中旬,大路两旁都是稻田,秧苗已有半人高,撤退下来的士兵互相争路吵骂。赖心辉坐在六人抬的大轿内听见士兵们骂:"打了败仗还摆阔气,坐大轿子把路都挡完了。"他连忙招呼下轿,叫弁兵在路边坟地上铺好被褥,摆起鸦片烟盘子,躺下抽起烟来。退下来的士兵们见总指挥的轿子还放在路边,总指挥本人安闲地躺着烧烟,便回头向后面乱挤的官兵大声吼道:"你们慌什么? 往后传,总指挥还正在这里烧烟咧!"这一喊,果然军心大定,部队缓缓地撤退,秩序井然。待到拂晓,赖军侦击营传来捷报:"杨森部与袁祖铭两部已向荣昌、永川方向遁去,经我先遣侦击连虚张声势地跟踪追击,已溃不成军,沿途丢弃物资不少,请总指挥派大军火速前进,以期一鼓歼灭敌人!"赖心辉烟枪一撂,哈哈大笑,下令大军掉头向永川、璧山方向火速前进。10月16日,赖军攻占重庆。

联军攻下重庆后,熊克武等人发生意见分歧,赖心辉对战事意存观望。结果杨森部得喘息机会,反而乘势反攻熊军,12月13日占领重庆,继率部直插潼川熊军总部,并于1924年2月9日攻下成都。赖心辉见风使舵,于10日通电拥护北京政府,4月28日被北洋政府任命为四川陆军第一师师长兼四川边防军总指挥;9月10日被授予正威将军。1925年2月7日又被任命为四川省省长。是年初,杨森发动"统一之战",赖心辉率边防军驻资中、内江一带防御。7月赖率部至永川、荣昌,击溃杨军东路王兆奎部。

1926年7月国民革命军出师北伐,连战皆捷,四川各军阀纷纷准备改换旗帜。赖心辉也向国民政府接洽,11月27日被委为国民革命军第二十二军军长。但是他并未参加北伐,仍在四川境内与其他军阀互争雄长。1927年冬,他遭到刘湘与刘文辉的夹击,所属防地全被刘文辉部占领。赖耿耿于怀,1928年10月参加李家钰、罗泽洲和杨森等组成的同盟军,分路攻打刘湘、刘文辉两军。赖心辉率部独挡永川、重庆一线,击溃刘湘军的进攻,战事节节胜利。刘湘改变计划,集中兵力于江北、巴县,先打退罗泽洲师及杨森部,又用重金收买了郭汝栋,然后联合刘文辉军向赖心辉进攻。赖部孤军作战,寡不敌众,弃江津、内江等县防地,退到合江、赤水之间。1929年1月,赖心辉因早年曾援助过当时的贵州省长周西成,乃与周商定:赖部退入贵州遵义,由周西成援助再打回四川。5月,周西成在滇黔之战中阵亡,黔军毛光翔乘机出兵堵截赖部,赖只得退入四川秀山县城。为重新组建队伍,他招纳酉阳、秀山、彭水各县的土匪,号称六师之众,盘踞在酉阳、秀山一带。

不久,刘湘令第三师师长王陵基以剿办土匪为名,出兵酉阳、秀山一线向赖部发动进攻。赖部粮弹两缺,士气不振,而招来的土匪又是乌合之众,一触即溃。赖心辉被迫率部再退贵州边境,急向南京国民政府求救。蒋介石于1930年6月19日委赖心辉为新十一师师长。赖率部集中黔江,拟取道鄂西恩施、巴东一带,转到汉口待命。但王陵基又出兵截击,赖部被迫折回贵州,经龙里、贵定、八面大山等地进入湖南安乡、澧县,后进驻江西永丰。新十一师后来被陈诚改编,将老弱官兵遣散回四川,赖心辉部彻底瓦解。

同年秋,赖心辉奉蒋介石电令取道宜昌赴汉口,洽商改编事宜。甫抵宜昌,被刘湘密令独立旅旅长郭勋祺将其扣留软禁。半月后,郭勋祺私自将赖放走。赖乘飞机逃到南京见蒋介石。后经国民政府参军长吕超保荐,赖任国民政府上将参军,每月拿干薪八百元。不久,赖移住上海法租界,抽鸦片烟打发日子,入不敷出,久而久之借贷无门,当卖俱尽。1933年冬落魄还乡,在成都度其贫困生活。

1942年4月18日赖心辉病逝。死后他皮夹中仅余法币一元,尚有纸条一张,上书自挽一联:百战徒劳,愧对乡国;一事无成,负罪人民。

蓝　天　蔚

张奇林

　　蓝天蔚,字秀豪,湖北黄陂人,生于 1878 年(清光绪四年)。七岁丧母,随父就读于汉阳,童年好问军旅之事,喜交侠义之人。成年后且读且教,以膏火及束修收入维持生活。时张之洞在鄂编练新军,招募文理通顺者入伍,蓝投入工程营当兵,被选入将弁学堂。1902 年,由张之洞简派赴日,经成城学校入日本陆军士官学校深造。

　　1903 年春,留日学生在东京发起拒俄运动,组织拒俄义勇队,蓝天蔚为学生军队长,立即进行操练,准备强渡鸭绿江,助日攻俄。清驻日公使蔡钧勾结日本政府将义勇队强制解散,留日学生又组建军国民教育会继续反清。

　　1904 年,蓝天蔚毕业于日本陆军士官学校工兵科第二期。归国后,任湖北督练公所提调,兼湖北将弁学堂教习。此时,蓝天蔚列名为长沙日知会会员。他以将弁学堂为基地,培育革命种子,将学员中"思想进步,谋革新而入日知会者"集中起来,"倡办学友会,使知同盟会之宗旨与发展情形"①。蓝改调第三十二标统带后,"经常利用操课时间对本标官兵讲述改革的重要"②。后有人向第八镇统制张彪进谗:"天

---

　　① 许兆龙:《蓝天蔚》,中国人民政治协商会议全国委员会文史资料研究委员会《辛亥革命回忆录》(七),文史资料出版社 1982 年版,第 82 页。

　　② 湖北省档案馆档案资料编辑室等编:《辛亥革命湖北人物传资料选编》,1983年印,第 20 页。

蔚同谋革命,请杀之,不然或逐之。"①遂为张氏所疑,使人监视其行动,蓝天蔚乃辞职北上。1907年4月,蓝天蔚至奉天,和吴禄贞、张绍曾一起在东三省总督徐世昌手下任军职。1910年春,经吴禄贞推荐,东三省总督锡良派蓝天蔚赴日考察军事。其后蓝考入日本陆军大学学习,同年肄业归国,任陆军第二混成协协统,驻防奉天北大营。

　　1911年9月,清廷决定调集新军和禁卫军举行永平秋操,限10月上旬集中滦州待命。蓝天蔚与第六镇统制吴禄贞、第二十镇统制张绍曾所部均在调动之列。秋操尚未开始,武昌首义爆发。清廷于惊惶之余,下谕取消秋操,抽调新军开赴前线作战。蓝天蔚、张绍曾、第三镇第五协统领卢永祥等人密约商量对策,然后宣布:"湖北之变,为除专制,主共和,以此倡义号召天下,凡属同胞,谅皆赞助。今吾辈所统各部队,半属北人,虽未预约同谋,应皆晓然斯义,倘贸然而往,胜则自残同类,负则死无指名"②。拒绝领兵南下。当时有人提出"由滦州即行反正",但蓝天蔚极力阻止,"诚恐急则生变,事无成功",主张"因利顺导以俟其机"③。10月29日,蓝天蔚约同张绍曾、卢永祥及第三十九协统领伍祥桢、第四十协统领潘矩楹等联名致电清廷,提出"请愿意见政纲十二条"④,要求速开国会,改定宪法,组织责任内阁。30日,清帝被迫下诏"罪己",11月3日颁布《宪法信条》十九条;同时,清廷电令吴禄贞前往宣慰。吴禄贞驰抵滦州后,即密约蓝天蔚、张绍曾举兵反清。11月7日吴禄贞被刺身亡,9日张绍曾去职赴津,反清计划流产。

　　与此同时,东北革命党人积极策划成立关外革命军政府,拟推蓝天蔚为关外革命军大都督。11月6日,蓝与革命党人在北大营驻地秘密

---

　　①　罗正伟编:《滦州革命先烈事略》,中国史学会主编《中国近代史资料丛刊·辛亥革命》(六),上海人民出版社1957年版,第364页。

　　②　张国淦:《辛亥革命史料》,龙门联合书局1958年版,第201页、198页、265页。

　　③　张国淦:《辛亥革命史料》,第201页、198页、265页。

　　④　张国淦:《辛亥革命史料》,第201页、198页、265页。

集会,准备驱逐东三省总督赵尔巽,然后举蓝为关外都督,宣布奉天独立。次日,柏文蔚等举蓝为中华民国军政府临时关东大都督。赵尔巽在得到蓝部营长李和祥的告密后,迅即撤掉蓝天蔚协统职,而以与蓝不和的标统聂汝清接充。11 月 14 日,清廷准赵尔巽电奏,下谕撤蓝天蔚协统之职,“交赵尔巽差遣委用”①,“蓝到此才知道第二混成协已经不听他的调动了”②。但赵尔巽畏革命党势强,不敢加害蓝天蔚,乃以二千元暗赠予蓝,促其南行,并进行威胁。蓝天蔚被迫交出兵权,经大连赴上海。他在上海筹措军械,招募青年学生军,继续进行革命活动。

当时民军中湘、鄂两派不和,蓝天蔚见之,痛哭流涕,警告说:“清廷为最后之挣扎,已攻破汉阳,天下事,尚未可知。敌众我寡,协力御侮,犹恐不济;今忽内讧,蹈太平天国之覆辙,庸有济乎!”③言罢,欲以手枪自击,劝众人合力以御清军,其声望由此日隆。

1912 年 1 月中华民国临时政府成立后,孙中山组织六路北伐军,委派蓝天蔚为关外军政府大都督,节制“北伐之沪军暨海容、海琛、南琛三舰”④,拟赴东三省攻略各地。蓝天蔚率北伐军千余人从海路进抵烟台后,即与驻烟台的关外民军会合,以关外大都督名义照会列强各国,不得以武力助清政府,否则以敌国相待。同时致电陆军总长黄兴,“力催北面招讨使谭人凤火速统兵前来,以维大局”⑤;还命“海军轮番游戈登州龙口各处”⑥,以壮声势。2 月初,海军护送民军和沪军至辽东半

①　张国淦:《辛亥革命史料》,第 201 页、198 页、265 页。

②　宁武:《东北辛亥革命简述》,《辛亥革命回忆录》(五),中华书局 1963 年版,第 547 页。

③　罗正伟编:《滦州革命先烈事略》,中国史学会主编《中国近代史资料丛刊·辛亥革命》(六),第 364 页。

④　孙中山:《致蓝天蔚电》(1912 年 1 月 12 日),中国社会科学院近代史研究所中华民国史研究室等编《孙中山全集》第 2 卷,中华书局 1982 年版,第 19 页。

⑤　《黄兴致谭人凤电》(1912 年 1 月 30 日),湖南省社会科学院编《黄兴集》,中华书局 1981 年版,第 111 页。

⑥　南京《临时政府公报》第 3 号。

岛,蓝天蔚到大连主持关外都督府工作。随后在尖山口登陆,先后占领瓦房店、庄河城等地。赵尔巽忙以大军顽抗,激战数日,双方互有进退,形成对峙状态。不久,清帝退位,南北议和,蓝天蔚部奉令停止进攻,原地待命。袁世凯"嘱段军统与蓝都督代表接洽",谋求东北"和平"。蓝天蔚等发出通电,声明进军东北乃"为大局牺牲,非谋私人权利"①,并"业饬各路停攻",以"顾全大局"②。然赵尔巽部"仍多违反行动,双方对抗,险象毕呈"③。3月7日,黄兴分别致电赵尔巽和蓝天蔚,恳请双方"通饬三省部属保持现状,对待一切,总期和平,勿令再启纷扰"④。东北罢战后,袁世凯派人将蓝部收编,蓝天蔚被迫辞职南返。

蓝天蔚回到南京后,在定都问题上与浙督蒋尊簋、湘督谭延闿、滇督蔡锷、桂督陆荣廷、浙军总司令朱瑞、粤军总司令姚雨平等人联名通电,反对临时参议院定都南京的决定。1912年10月,蓝被袁世凯授予陆军中将和上将衔,但未受重用。蓝天蔚悠游于西子湖畔,聊以自娱。1913年他受袁世凯资助出国游历,经日本转赴欧、美各国。此间,国内发生"二次革命",蓝天蔚藏于上海新舞台的军械和军用钞票被军警搜出,1914年初返沪后因此坐罪。后得参谋次长陈宦说项,袁世凯任蓝为将军府参事,继授予将军府达威将军。

1915年,袁世凯密谋称帝,蓝天蔚离京返鄂,据三县之地宣布独立。次年初,与王天纵等组织讨袁联军,失败后,于夔州举枪自戕,未中要害。翌年,蓝天蔚入辽沈,计划推翻奉天督军张作霖取而代之,事泄。10月6日,北京政府总统冯国璋徇张作霖之请,下令通缉蓝天蔚,并褫夺其军职荣典。蓝天蔚被迫南下广州,参加南方军政府的工作。

1921年5月,孙中山在广州就任非常大总统,准备兴师北伐。蓝

---

① 《黄兴致赵尔巽电》(1912年3月7日),《黄兴集》,第138页。
② 《黄兴致赵尔巽电》(1912年3月7日),《黄兴集》,第138页。
③ 《黄兴致赵尔巽电》(1912年3月7日),《黄兴集》,第138页。
④ 《黄兴复蓝天蔚电》(1912年3月7日),《黄兴集》,第138页。

天蔚潜入湖北,于川鄂交界处组织鄂西联军,并任联军总司令,积极配合孙中山的部署。1922 年 1 月,为长江上游总司令直系军阀孙传芳所败,遁入四川,又为川军但懋辛部所获,随后被押往重庆。在被押解途中,蓝天蔚于 3 月 11 日以手枪自戕身亡。其遗体于 1926 年春葬于武昌卓刀泉。

劳 乃 宣

朱宗震

劳乃宣,字季瑄,号玉初,1843年11月14日(清道光二十三年九月二十三日)生于广平府(今河北永年)。其先世籍贯山东。他的曾祖父和祖父都曾在江苏做过小官。他的祖父寓居苏州时,入籍浙江桐乡。

劳乃宣青少年时,随父母旅居苏州、南京一带。他的父亲劳勋成曾任江宁布政司仓大使,太平军进军江南一带后,于1856年在镇江投入清军刘存厚营。是年6月,劳勋成因清军溃败,投水自杀遇救,但不久即患病死去。劳乃宣因此得承荫监生。1863年,他到曲阜与孔悦庭之女结婚,成了孔门的乘龙快婿。

1871年,劳乃宣考中进士。1873年李鸿章主持编纂《畿辅通志》,延请劳乃宣入局。他在志局多年,深受总纂黄彭年的影响,笃信程朱理学。1879—1900年间,劳乃宣先后在河北临榆、南皮、完县、蠡县、吴桥、清苑等县做知县。他在任内极力强化封建礼教,镇压人民反抗斗争,曾三次考绩被上司评为"卓异"。在这二十多年间,劳乃宣还写下了《变法论》、《谈瀛漫录》等一系列文章,抵制改良主义思潮,鼓吹"古胜于今"的儒家复古思想①。

1899年,义和团运动兴起,劳乃宣正在吴桥县任知县。他写了《义

①　劳乃宣:《古筹算考释续编序》,《桐乡劳先生遗稿》卷2,桐乡卢氏1927年版。

和拳教门源流考》一文,宣称义和团"实系邪教,久奉明禁"①。他颁发告示,严禁义和团在吴桥活动。劳乃宣深深地预感到义和团对封建统治的严重威胁,因而大声疾呼,要求清朝当局把义和团扼杀在萌芽阶段。为此,他刊刻了《义和拳教门源流考》、《奉禁义和拳汇录》等书,广为散发。是年底,袁世凯在出任山东巡抚的途中,召见了他,对他提出的镇压义和团运动的办法十分赞赏。1900 年 1 月 5 日,义和团在吴桥县的辛集活动。劳立即派兵镇压,当场杀死了 9 名团员,逮捕了义和团骨干节小廷。节被严刑拷打后处死。八国联军入侵后,劳乃宣在给袁世凯的禀文中,公然为帝国主义辩护,胡说八国联军出兵中国是"迫于不得不然",极力主张"剿拳和洋"②。清廷发布宣战上谕后,劳又向袁建议:"封疆诸帅似宜于将顺之中,隐寓匡救之意,在在预留转圜地步。"③

　　1900 年 6 月,清廷按常例调劳乃宣进京引见。他看到清廷已陷入严重的危机之中,对时局十分恐慌,因而乘机辞卸了吴桥知县的职务。他又以请修墓假为名,没有进京就跑到曲阜去了。是年秋,又跑到江浙一带。

　　1901 年间,劳乃宣在上海主持南洋公学三个月。是年底至 1903年,他又在杭州主持由求是书院改成的浙江求是大学堂。1904 到 1908年间,他连续充任三任两江总督(李兴锐、周馥、端方)的幕僚。

　　1908 年初,清廷正在"筹备立宪"。劳乃宣经两江总督的推荐,前往北京,是年 5 月 23 日,受到那拉氏的召见。他向那拉氏建议推广汉语拼音字母(当时称简字)。他认为,这样做后,可以使"中国旧学更要昌明"④。他被召见后,晋升为四品京堂,当上了宪政编查馆的参议。

---

① 劳乃宣:《义和拳教门源流考》,《桐乡劳先生遗稿》卷 2。
② 劳乃宣:《禀山东抚宪袁》,《拳案杂存》卷下,《桐乡劳先生遗稿》卷 2。
③ 劳乃宣:《又禀山东抚宪袁》,《拳案杂存》卷下,《桐乡劳先生遗稿》卷 2。
④ 劳乃宣:《劳京堂乃宣召对笔记》,未刊手稿。

1910年，又被清廷挑选为资政院"硕学通儒"议员。他是资政院中顽固派分子组成的宪政实进会的骨干。是年，清廷草拟了新刑律。劳乃宣对这个新刑律很不满意，说："新刑律有妨于父子之伦、长幼之序、男女之别者，吾不敢曲徇也。"①他坚决反对新刑律中违背封建礼教的无夫奸非罪等的规定，在资政院中挑起了一场激烈的争论。他修改无夫奸非罪的提案以多数通过。从此，他自号"韧叟"，表示要为维护封建礼教顽固到底。

1911年，劳乃宣到南京任江宁提学使。不久即卸任回京。武昌起义后，他在《民视报》上发表了《共和正解》一文，污蔑武昌起义是"为少数无知妄人所煽动，不轨军队所劫持"②，主张仿效周召"共和"故事，实行君主立宪，企图挽救即将灭亡的清朝。11月26日，清廷在风雨飘摇中任劳乃宣为京师大学堂总监督。后又兼署学部副大臣。1912年1月，他见大势已去，辞职携家跑到河北涞水居住，以清朝遗老自命。

1912年—1913年间，劳乃宣三次到易县朝拜光绪的陵墓。他竭力宣扬孔孟之道，宣扬"道则古胜于今"的复古思想③。1913年7月，根据孔教会头目陈焕章的要求，他让正在身边的外孙孔祥珂回曲阜参与筹备第一次全国孔教大会。他自己也替"衍圣公"孔令贻起草了一个演说词。是年秋，德国人尉礼贤（Richard Wilhelm）在青岛招集遗老搞了个尊孔文社，让周馥函招劳乃宣前来主持。劳应招移居青岛。

袁世凯就任正式大总统后，解散国会，设置参政院，极力网罗前清遗老。1914年五六月间，袁世凯函电交驰，请劳乃宣出任参政，又复派人敦促，劳复书辞谢不赴。不久，第一次世界大战爆发，青岛这个帝国主义卵翼下的遗老们的"桃源"，也成了帝国主义争夺的战场。劳乃宣为避战乱，于是年8月22日迁居济南，不久迁居曲阜。当时，袁世凯正

---

① 《诰授光禄大夫劳公墓志铭》，《桐乡劳先生遗稿》。
② 劳乃宣：《共和正解》，《桐乡劳先生遗稿》卷1。
③ 劳乃宣：《论古今新旧》，《桐乡劳先生遗稿》卷1。

在进行帝制自为的阴谋活动,劳乃宣以为有机可乘。他认为"目前至要之计,在转移当世之耳目,鼓动大众之心思"①。因此,他在是年7—9月间,先后写下了《续共和正解》、《君主民主平议》两文,与前著《共和正解》一起刊印。他异想天开地要袁世凯制定宪法,十年后"还政"于"宣统皇帝"②。又分别写信给徐世昌、赵尔巽等人,要他们将他的著作转交给袁。劳乃宣的谬论,遭到社会舆论的广泛谴责,正如民国初年的名记者黄远生指出的那样:"大抵复辟邪说,惟劳乃宣《续共和正解》一书为之厉阶。"③

袁世凯称帝失败后,劳乃宣并不甘心。清朝前期学者陈澧(东塾)曾写过一篇文章叫《说长白山》,是为满族统治中华服务的。这时,劳乃宣写了一篇读书笔记《书陈东塾先生说长白山篇后》,重弹"使旧朝复兴"的老调④。1917年7月,张勋复辟,授劳乃宣为法部尚书。但这个狡猾的老官僚,因为"传闻纷杂",不明"局中真相"⑤,未敢贸然进京就职。张勋复辟失败后,北洋政府命令逮捕劳乃宣,劳又从曲阜逃到青岛,并再次和尉礼贤一起,主办礼贤书院,并协助尉礼贤将《论语》译成德文。

1918年间,劳乃宣看到北洋政府不再追查复辟分子的罪行,又猖狂起来。他扬言:"我辈于是年之事(指张勋复辟),当视为天经地义之举。"⑥他甚至置备了当时的迁秩品服,准备"存为身后殡殓之用"⑦。他动员遗老们"勿拘小节,期成大业"⑧,主张"出山",也就是用到北洋

① 劳乃宣:《致刘潜楼书》,《桐乡劳先生遗稿》卷4。
② 劳乃宣:《续共和正解》、《君主民主平议》,《桐乡劳先生遗稿》卷1。
③ 黄远庸:《远生遗著》卷4,商务印书馆1924年版,第104页。
④ 劳乃宣:《书陈东塾先生说长白山篇后》,《桐乡劳先生遗稿》卷3。
⑤ 劳乃宣:《致章一山函》,未刊手稿。
⑥ 劳乃宣:《致柯凤荪、沈子封函》,未刊手稿。
⑦ 劳乃宣:《致柯凤荪、沈子封函》,未刊手稿。
⑧ 劳乃宣:《复章一山函》,未刊手稿。

政府里做官的办法,来逐步达到复辟的目的。当然,劳乃宣的种种倒行逆施,不过如当时的报纸所讥评的那样,"劳而无功"而已。

劳乃宣曾长期从事古代数学的研究,他对汉语拼音文字的提倡和推广作出过一定的贡献,在学术上是有成绩的。

1921 年 7 月 21 日,劳乃宣在青岛病逝。

老　舍

王行之

老舍,原名舒庆春,又名舒舍予,满族(正红旗)人,1899 年 2 月 3 日(清光绪二十四年十二月二十三日)生于北京。

老舍的父亲舒永寿是清王朝皇城护军的一名士兵,月饷甚微,1900 年八国联军侵入北京时,在反抗侵略者的巷战中战死。当时老舍不满两岁。此后,一家数口的衣食用度,全靠母亲为人拆洗缝补的微薄收入来勉强维持,生活极为贫困。苦难的童年,勤劳的母亲,给老舍以很深的影响。他从小就刚强,好学,像母亲那样"愣挨饿也不肯求人"①,对穷人则充满了同情。

老舍最早上的是私塾,后来有机会读完了小学;1918 年他毕业于供给膳宿的北京师范学校。因"品第特优",任京师公立第十七高等小学校长,从此开始了他由小学而中学、大学的将近二十年的教学生涯。

五四运动唤起了老舍对新文学的浓厚兴趣,他幼时所喜爱的桐城派和吴梅村等再也拦不住他对白话文学和新事物的喜爱与向往,自学英文和习写小说成为他教学之余的爱好。1923 年,他在天津南开中学任国文教员期间,在《南开季刊》上发表了第一个短篇小说习作《小铃儿》。同年夏,老舍回到北京,在顾孟馀主持的北京教育会当文书,兼任北京一中国文教员。工作之余,他去燕京大学旁听英文,认识了英籍教授艾温士(Robert Kenneth Evans)。

---

① 老舍:《我怎样写〈老张的哲学〉》,《宇宙风》创刊号,1935 年 9 月 16 日。

　　1924年秋,艾温士介绍老舍去英国,在伦敦大学的东方学院教授中文。在伦敦,老舍如饥似渴地阅读外国文学作品,对但丁、狄更斯、康拉德等人的作品尤为喜爱。欧洲批判现实主义作家笔下的社会弊端,引起老舍的强烈共鸣,每每在读小说时忆及自己的过去。异乡孤客的故国之思,好像在眼前呈现出一幅幅清晰的图画。于是,老舍用笔把它们写了出来。1925年底,长篇小说《老张的哲学》在伦敦脱稿了。老舍的这部长篇处女作,以幽默、辛辣的文笔,写了一个恶棍办学的故事,"老张"的种种卑劣行为,可作为旧中国学界的黑幕来读。《老张的哲学》写成后,老舍并未想到它可以发表,一直锁在抽屉内。后来,和老舍同住在伦敦的许地山看到了原稿,极为赞赏,鼓励老舍将该稿寄回国内。老舍将原稿投寄给郑振铎主编的《小说月报》,很快就发表了。此后,老舍在伦敦又接连写出长篇小说《赵子曰》和《二马》,均刊登在《小说月报》上。这三部长篇的问世,使老舍一跃而为名作家;他那独树一帜的幽默风格,给读者留下了深刻的印象。

　　1929年夏,老舍离英归国。途中因旅费不足,滞留在新加坡的华侨中学教国文约半年。新加坡中学生们反抗民族压迫的斗争意识之强烈,使老舍"开始觉到新的思想是在东方,不是在西方"[①]。为此,他毅然中止了爱情小说《大概如此》的写作,开始创作表现各被压迫民族儿童团结起来的长篇童话《小坡的生日》。1930年春,老舍回到上海,住在郑振铎家里写完《小坡的生日》后,即回到他的故乡北平。

　　旅居国外的老舍,饱尝帝国主义者对中国人民的偏见与歧视,他是怀着渴望祖国强盛的激情从海外归来的。不料,踏进国门,看到的却是笼罩全国的一片战乱,中国人民仍在水深火热中。黑暗中国的苦难现实,使老舍感到痛苦,激起他的义愤,也改变了他的创作风格。从1930年夏到1937年秋,他先后在济南齐鲁大学和青岛山东大学任教,课余坚持写作,先后发表、出版了长篇小说《猫城记》、《离婚》、《牛天赐传》、

────────────

①　老舍:《我怎样写〈小坡的生日〉》,《宇宙风》第4期,1935年11月1日。

《骆驼祥子》、《文博士》，短篇小说集《赶集》、《樱海集》、《蛤藻集》、《老舍幽默诗文集》和创作经验文集《老牛破车》等。这些作品的题材，绝大部分都是表现中国北方（特别是北平）穷苦人民的苦难，对旧中国提出了血泪的控诉；艺术创造方面也更加严格地遵循现实主义创作方法，作品力求真实生动，语言简洁明快，善于刻画人物个性，形成了具有鲜明独创性的老舍风格。其中，《骆驼祥子》、《离婚》和中篇小说《月牙儿》、《我这一辈子》，在思想性和艺术性方面所取得的成就尤为突出。

《骆驼祥子》写于1936年。这部优秀小说成功地塑造了祥子、虎妞、刘四爷、小福子等异常生动的艺术形象；围绕着洋车夫祥子的坎坷遭遇，展现了广阔的社会画面，控诉了军阀、特务、财主、恶霸给劳动人民带来的深重灾难。老舍通过祥子的悲剧，向不合理的社会制度发起了愤怒的挑战；同时，也向被侮辱与被迫害者深刻指出：幻想以个人奋斗来改变苦难命运的道路是行不通的。揭示社会问题的深刻性和艺术创造上的完整性与独创性，使这部作品不仅成为老舍个人的代表作之一，也为中国的新文学带来了国际声誉。《骆驼祥子》被先后翻译为英、法、德、意、日、塞尔维亚—克罗地亚、匈、捷、俄、丹麦、西班牙、瑞典等近二十种外文译本出版。

抗日战争爆发后，1937年秋，日本侵略军逼近济南。当时，老舍因子女幼小，夫人体弱，势难举家迁徙。在危急的情势下，他于11月15日忍痛弃家出走，奔赴国难。经徐州、郑州辗转到达武汉，投身到抗战的民族解放斗争中。在武汉，老舍与郭沫若、茅盾、田汉、阳翰笙、郁达夫等作家相识，在筹组全国性的文艺界抗敌组织的工作中，又得到了周恩来的指导与帮助。

1938年3月27日，文艺界人士数百人集会于汉口，正式成立"中华全国文艺界抗敌协会"（简称"文协"，后迁至重庆）。老舍当选为常务理事，兼总务部主任，此后连选连任，直至抗战胜利。老舍在"文协"工作的七年间，广泛团结各党派和无党派的作家、艺术家，坚持抗战、反对投降，坚持团结、反对分裂，坚持进步、反对倒退，同国民党的反动政策进行了不懈的斗争。同年底,《中央日报》发表文章,宣称文艺"与抗战无关",老舍代表"文协"写了致《中央日报》的公开信,对这种不利抗战的言论提出抗议。公开信被国民党当局扣押而未能发表,却在爱国文艺界引起很大反响。老舍拥护、执行中国共产党提出的抗日民族统一战线的正义行为,引起国民党反动派对他的畏惧和仇恨,屡屡加以迫害,特务盯梢成为常事,同时兼以利诱。国民党的一个要人曾授意老舍写一部为蒋介石"颂圣"的小说,许以很可观的稿酬,老舍断然加以拒绝。1939年秋,老舍以文艺界代表的身份,随全国慰劳总会组织的北路慰问团到前线慰问抗日将士,进入陕甘宁边区后,会见了毛泽东、朱德等中国共产党领导人。

1944年4月,由邵力子、郭沫若、茅盾等人发起,重庆文化界集会纪念老舍创作生活二十年。《新华日报》以《作家的创作生命》为题专门发表短评,称赞老舍"不因利诱而改行,不因困难而搁笔,始终为着发扬与追求真理正义而努力,在任何情况下总要尽可能说出自己要说的话"①。

整个抗战期间,老舍的文学创作均以爱国抗日、团结进步为主题,运用各种文艺形式来鼓舞人民的斗志,身体力行地实践"文协"提出的"文章下乡,文章入伍"的号召。1939年以前,他编写了许多抗战鼓词和抗战戏曲,大力普及通俗文艺,直接宣传抗战。1939年以后,开始创作话剧,先后写出《残雾》、《国家至上》(与宋之的合著)、《张自忠》、《面子问题》、《大地龙蛇》、《归去来兮》、《谁先到了重庆》、《桃李春风》(与赵清阁合著)、《王老虎》(又名《虎啸》,与萧亦五、赵清阁合著)。长篇小说《火葬》、《四世同堂》的第一部《惶惑》与第二部《偷生》,短篇小说集《火车集》、《贫血集》、《东海巴山集》,长诗《剑北篇》等,也是这个时期创作的。

---

① 《作家的创作生命——贺老舍先生创作二十周年》,《新华日报》1944年4月17日。

　　长篇小说《四世同堂》(第三部《饥荒》完成于美国),全书近百万字,不仅是老舍个人创作生涯中的第一部大书,也是整个抗战文艺中首屈一指的长篇巨制。《四世同堂》以北平小羊圈胡同的祁家祖孙四代为中心,写出了沦陷时期北平人民的苦难与斗争,写出了中国传统文化对人民的鼓舞与束缚。这部作品对那些富有民族气节的人物(主要是普通老百姓)寄予了崇敬与同情,而对那些汉奸败类则给以无情的鞭笞和揭露,全书洋溢着感人至深的爱国热情。《四世同堂》的艺术造诣较之《骆驼祥子》,有着大幅度的突破。

　　抗日战争胜利后,国民党的官僚政客们纷纷飞向上海、南京等地"劫收",老舍对此十分反感。1945年10月,在重庆举行的鲁迅逝世九周年纪念会上,老舍朗诵《阿Q正传》。朗诵前,他致辞说:"阿Q参加了革命,他说革命也好,到大户人家去拿点东西。今天,抗战胜利了,有人说胜利也好,到上海、南京发点胜利财,拿几只板鸭来吃。阿Q式的胜利是惨胜,惨胜比惨败还要惨。拿阿Q的精神来建国,国必会和阿Q一样是会死的。"①老舍的一生都是这样嫉恶如仇。

　　1946年3月初,老舍与曹禺应邀赴美讲学。老舍在美国写出了《饥荒》和长篇小说《鼓书艺人》,并分别帮助郭镜秋和艾达·普鲁伊特将《鼓书艺人》和《四世同堂》译成英文,在美出版。

　　1949年10月,老舍在纽约收到了周恩来邀请他回国写作的信,他不顾疾病未愈,立即赶到旧金山乘船归国。12月12日,老舍回到了新中国的首都北京。

　　中国人民的翻身解放,使贫苦出身的老舍感到欣喜万分。强烈的翻身感,激发了他空前的创作热情,从归国到逝世的十六年间,他在热心从事社会活动、帮助青年作家成长的同时,勤奋写作,创作出大量的优秀文艺作品,被誉为文艺界的劳动模范。他以创作戏剧作品为主,先后发表、出版了剧作《方珍珠》、《柳树井》、《龙须沟》、《春华秋实》、《青年

---

　　①　力扬:《纪重庆鲁迅逝世九周年纪念日》,《周报》第9期,1945年11月3日。

突击队》、《西望长安》、《茶馆》、《红大院》、《女店员》、《全家福》、《青霞丹雪》、《宝船》、《神拳》等，以及长篇小说《无名高地有了名》、《正红旗下》（未完）和《过新年》、《福星集》、《小花朵集》、《出口成章》等文集。其中以话剧《龙须沟》、《茶馆》和小说《正红旗下》最为著名。话剧《龙须沟》通过生动逼真的人物形象，感人至深地表现了新中国成立后，党和政府对劳动人民的关怀。这是解放初期我国话剧创作中的最佳剧作。北京市人民政府于1951年授予老舍以"人民艺术家"的光荣称号。写于1957年的三幕话剧《茶馆》，表现出从清末到全国解放前三个历史时期的社会风貌，运用艺术形式宣判了旧中国的"死刑"，充分显示了他的卓越才华和热爱新中国的深厚感情，被评论界目为三十年间话剧创作中艺术性最为完美的优秀作品。1979年，文化部授予《茶馆》以"建国三十年话剧创作荣誉奖"。1980年秋天，北京人民艺术剧院应邀赴欧洲演出《茶馆》，受到德国、瑞士、法国观众的高度赞誉，开创了我国话剧出国演出的第一页。

老舍以其卓越的创作成就，受到了中国人民的尊敬和爱戴，中国共产党和人民政府给了他很高的荣誉。老舍曾任政务院文教委员会委员，第一、二、三届全国人民代表大会代表，全国人民政治协商会议常务委员，北京市人民政府委员，中国文联副主席，中国作家协会副主席及书记处书记，中国民间文艺研究会副主席，中国戏剧家协会理事，中国曲艺工作者协会理事，北京市文联主席，中朝友好协会副会长等职，曾多次赴朝、苏、印、捷、日等国访问。

1960年代后期的政治运动中，老舍因不堪侮辱，于1966年8月24日自杀身亡。

老 洋 人

李国强

老洋人,原名张庆,又名张廷献、张国信,河南临汝人,1886年(清光绪十二年)出生于一个贫苦农民家庭。其父张扬高,依靠耕种两亩岭地,勉强维持全家人的生活。1896年,父母先后病故,他开始四处流浪,乞讨度日,农忙时帮长兄张林干些农活。艰苦的生活环境,被压迫的社会地位,使他从小就养成了胆大、刚强、爱打抱不平的性格①。

1911年夏,豫西一带遭受严重的旱灾和雹灾,庄稼几乎颗粒无收,但清政府的苛捐杂税反而有增无减,逼得贫苦的农民纷纷起来进行反抗斗争。这年秋季,老洋人跟着张林一起投奔白朗领导的农民起义军,先后转战豫、陕。1914年6月,张林在一次战斗中牺牲。不久白朗起义军失败,老洋人回到家乡。为避免官府捉拿,他将原名张庆改为张廷献,参加了河南督军赵倜之弟赵杰新建的宏威军,历任马兵、排长、连长,驻灵宝。他注意军纪,禁止部下抢掠百姓。因其身躯高大,黄头发、黄眼睛、深眼窝、高鼻子,貌似外国人,绰号"老洋人"②。

1922年5月,河南督军赵倜和当时驻在洛阳的直鲁豫巡阅副使吴佩孚有矛盾,趁直奉战争之机联奉反吴,命赵杰率宏威军进攻郑州的直

---

① 临汝县文化馆:《关于老洋人的史料》(未刊稿),河南省政协文史资料研究委员会藏。

② 关于老洋人的绰号,还有一种说法:有一次他听到别人说洋人厉害,就气愤地说:"我比洋人更厉害,我是洋人的老子!"人们遂称其为"老洋人"。

军,但被冯玉祥部打败,撤军至中牟,又逃往山东。老洋人"实恨军阀跋扈,思有以重创之"①,没有跟着赵杰逃跑,率宏威军散兵共三百多人,于 6 月 20 日打下扶沟县城,经许昌、襄城,回到宝丰县木中营、杨旗营一带进行休整,准备西进陕西,并提出口号:所到之地,不要银钱,不拉票。

同年 7 月 12 日,老洋人率众经鲁山、下汤、栾川、卢氏,直扑陕州(今陕县),守备陕州的丁保成率部缴械投降。丁保成曾充任灵宝县巡缉队副领官,老洋人与他相识,便留他充任参谋长。老洋人继续率众西进,围攻灵宝,逼近潼关。陕西督军刘镇华即令驻守潼关的憨玉琨部东进救援灵宝。为了避开憨部,老洋人放弃了西进的计划,于月底折向西南,过卢氏攻陷南原;复下商洛,长驱直入如入无人之境。他联络张得胜(德盛)、李明胜(鸣盛)、任应岐、崔二旦(邦杰)、李老莫、常建福、韦凤岐等大小三十余股,共约七八千人,被众人称为"老架子"(意为"总架杆",即首领),声势日盛。

直系军阀吴佩孚为要剿灭老洋人部众,与河南督军冯玉祥制定了一个三路合剿的计划,由冯玉祥任总指挥。在冯军围剿下,老洋人率众于 10 月 23 日由豫西突围撤往豫东南,号称"建国军",越鲁山、方城、叶县、舞阳、郾城,27 日粉碎了靳云鹗陆军第十四师在京汉线的堵截,28日攻陷上蔡县城。老洋人进上蔡后,部众在四街高喊:"老百姓不要慌,俺们是打富济贫,替天行道!"②并打开仓房,叫群众取粮拿物,不让空手出城。上蔡的三个大劣绅百尺镇团总葛培茂、县商会会长娄金鹏和陈海鹏被斩首示众。29 日,老洋人率众离开上蔡,连陷项城、沈丘、新蔡等县城,直驱皖北重镇阜阳。

阜阳是原安徽督军兼省长倪嗣冲的老家,倪搜刮百姓,家财万贯,

---

　　①　《民国日报》1922 年 2 月 10 日。

　　②　上蔡县政协:《关于老洋人攻占上蔡史料》(未刊稿),河南省政协文史资料研究委员会藏。

老洋人早已谋划袭取这个人们心自中的"金窟"。在攻打阜阳前,他预遣一部分人伪装成商贩,身藏武器,混入城内,俾作内应。11 月 2 日晚,老洋人大队人马突至阜阳西门城下。守城士兵稍事抵抗即弃械奔逃,县长陈祖荫被活捉。老洋人破阜阳后,获得了倪家所存子弹二百余万发,步枪三千支,机枪十三挺,大炮数尊,以及很多金银细软;还劫走阜阳教堂神甫意大利人马福波。安徽督理马联甲令皖北镇守使殷恭先率二十五营刻日进剿。老洋人见殷兵甚众,放火焚烧阜阳后,于 5 日拂晓弃城撤回豫境,又连陷息县、正阳、遂平、郾城,拆毁了京汉铁路从明港至信阳之间的铁轨,并架走在息县的美国传教士巴牧林牧师及其子诺尔和正阳伦敦会牧师贺尔门等。每当官兵进剿时,老洋人就将这些外国人置于前线,使得官兵不敢贸然开枪追击。

老洋人焚烧外国教堂,劫架外国人,引起了帝国主义列强的惶恐与干涉。他们威胁北京政府立即进剿老洋人,营救被掳外人。直鲁豫巡阅使曹锟乃令第十四师师长靳云鹗为"豫省剿匪总司令",指挥豫省各军进剿。

老洋人攻陷遂平、郾城后,11 月 14 日在汝南与靳云鹗所部激战六小时之久,势渐不支,遂由上蔡一带向西退却。河南督军张福来派其第二十四师一部,由开封向西华前进,企图与靳云鹗部夹攻老洋人;吴佩孚也加派一团兵力,在豫鄂边境设防堵截;湖北督军萧耀南令湖北陆军第二混成旅旅长潘守蒸自武胜关率两营进驻长台(属信阳),进行协剿。靳云鹗并发出布告,悬赏缉捕老洋人,谓凡能生擒者,赏洋一万元,击毙者赏洋七千元;如能救出外国人,从优给赏,加官晋级。

针对北洋军的四面围击,老洋人计划退入桐柏山中,再由南阳等处退回豫西。为此,老洋人将所部分为三路:一路由老洋人率领,进至方城、泌阳交界的母猪峡;一路由张得胜率领进入桐柏;一路由李鸣胜率领,退到光山、固始。各路互为犄角,忽东忽西,打乱了北洋军的围剿部署。正当北洋军调兵遣将,重新部署,高叫三个月内"一律肃清"的时候,老洋人已于 11 月底率众会聚于鲁山、宝丰、郏县一带。

12月初,因洛阳一带已有北洋军重兵扼守,老洋人率众三千余人由鲁山、郏县交界的郭店进入襄城,拟赴黄河北岸河南、直隶交界地区,再图大举。但由于连日来东突西闯,枪械子弹已严重匮乏,只得又退回鲁山东北耿集、朱家店等地进行整编,自称"河南自治军",老洋人为总司令,并制订了军歌,歌中有这样的词:"枪声锵锵,鼓声汪汪,老天不下雨,百姓去逃荒。枪声隆隆,鼓声通通,督军立大功,百姓血流红。枪声熊熊,鼓声同同,督军三天成富翁,全省百姓个个穷。"①

12月下旬,吴佩孚、靳云鹗、胡景翼、张福来为了迅速将老洋人消灭在豫西,决定采用"总攻、分击、外围、内捣"之策。靳云鹗率其第十四师,配备飞机、大炮、骑兵、工兵,直捣鲁山、宝丰、郏县老洋人所据之地。到郏县后,由于老洋人扣押着七个外国人,靳云鹗怕攻之过急会造成伤害,就一面对老洋人进行恫吓,一面进行诱降。老洋人为了保存实力,派人向靳表示愿意投诚。双方经过几天磋商后议定:"(一)老洋人一股投诚,愿受改编;(二)改编之始,老洋人先将所掳外人释放,以示诚意;(三)双方约定各不相侵,不得无故放枪,以免误会;(四)由靳氏改编老洋人部众为十二营,一律先发一月粮米及全副军装,以示诚意;(五)改编后暂由老洋人、张得胜两人统带;(六)由靳氏酌给枪械,以便戴罪图功;(七)由靳氏代向曹、吴两使、张督理请求准所部改过自新,编为正式军队。"②随后,老洋人释放了外国人,靳云鹗将老洋人所部改编为河南游击第一、二支队,由老洋人任第一支队长,张得胜任第二支队长,仍驻宝丰、郏县一带。靳云鹗还将两个支队中营长以上人员全部易名,以"国"字排列,老洋人改名张国信,张得胜改名张国威。

老洋人接受改编后,靳云鹗长期不给发饷。老洋人以"就地筹饷"为辞,积极扩充武装力量,收缴附近各县团防枪械,向地主官绅筹粮派饷,再度引起了统治阶级的恐慌。吴佩孚在当地官绅"恳求移防"的呼

---

① 《晨报》1923年2月4日。
② 《大公报》(长沙)1922年12月29日。

吁下,以"赴豫东就食"为借口,令老洋人部离开鲁、宝、郏地区。

1923 年四五月间,老洋人部由豫西移防豫东鹿邑、柘城、宁陵、永城、夏邑等县。老洋人率部到豫东后,释囚犯,筹军械,并联络苏、鲁、豫、皖边农民武装和绿林组织,"约期大举"。这不仅使当地豪绅惶惶不可终日,纷纷逃避,就是苏、皖等省的达官贵人,也感到极大的威胁,因而多次联电吴佩孚、张福来,请其"亟商良策,弥患无形"①。

10 月,吴佩孚想用调虎离山的手段,令老洋人南下援川,使其在军阀混战中被消灭。老洋人藉口饷械缺乏,部下蛮横难驯,抗不听命。吴佩孚恐老洋人被奉系或皖系军阀所运动,成为肘腋之患,便秘密计划调集苏、鲁、豫、皖、陕五省军力四万人将其包围解决。但因事机不密,被老洋人预先侦知,乃率其部于 10 月 17、18、19 日由永城、夏邑、宁陵、柘城、鹿邑分两支越京汉路突围回到豫西,活跃在宝丰、鲁山、南阳一带山中,声势复炽。

老洋人再起,使北京政府和军阀大为不安。贿选总统曹锟电令河南督军张福来速将老洋人"限期捕获,以绝根除"。吴佩孚、靳云鹗、张福来等也深感"不先行剿灭","难免燎原",遂决定集中全力镇压。11 月 1 日,张福来出驻许昌,亲自指挥各军进剿。老洋人派其部下姜明玉率二千余人向西北突围,借以牵制敌人兵力;自己率四千余人,谋向豫南进入鄂边。从 11 月 4 日起,经叶县、方城、南阳、泌阳,于 11 月 14 日进入豫鄂交界的湖阳镇。因受鄂军阻击,经桐柏入泌阳的母猪峡,联合当地民军,其势骤张。接着,西出唐河,经新野、邓县、内乡,于 11 月 23 日夜攻陷淅川县的李官桥,直驱荆紫关;因鄂军布防严密,又改向郧阳(郧县),拟由此进入四川,投靠四川反直派的熊炳琦、但懋辛。28 日,老洋人所部被鄂军截回。陕军张治公、贾济川、吴新田也派大军在商洛山设防。老洋人部被围困在陕边龙驹寨一带山中,周旋多日,未能摆脱北洋军围击,于是树起"河南救国军"的大旗,决定第二次回击鄂边,以

---

① 《晨报》1923 年 5 月 25 日。

图扰乱直系的援川军后路而冲入川省。

12月26日夜,老洋人率众攻陷湖北重镇枣阳,焚烧县署,释放囚徒,并枪伤美国传教士贺福夫妇,架走女传教士吉伦,再次引起帝国主义的震惊。

老洋人虽然攻下了枣阳,但面对鄂、陕、豫各路北军前堵后剿,苦战连日,人困马乏,已成了强弩之末,遂决计重回豫西恃险图存。豫南镇守使马志敏率军跟踪追击,豫西镇守使丁香玲严密设防,老洋人连战多败,部下逃跑甚众。1924年1月初,老洋人率残部二百余人退到郏县西北的老爷岭。北军层层包围,猛烈攻击。9日,老洋人在激战中饮弹身亡[①]。

主要参考资料

刘恺慈、施景伯、王慕韶、宝丰文化馆、枣阳文化馆:《老洋人拉杆片断》(未刊稿),河南省政协文史资料研究委员会藏。

---

① 《大公报》(长沙)1924年1月20日。关于老洋人的死,当时有的说系被其部下丁保成所杀,又有的说老洋人见大势已去,自缢而死。此据追剿老洋人的南阳镇守使马志敏真(11日)电。

冷　欣

张天政　成　凯

冷欣,字容庵,世人尊称容公,江苏兴化人。1900 年 11 月 7 日出生于一个小商人家庭里。冷欣出生时已经丧父,家中生活日渐贫困,其幼年是在两位哥哥帮助下,由母亲含辛茹苦养大的。因为幼年吃苦,懂得母亲的不易,所以冷欣对母亲极为孝顺。1907 年,冷欣入私塾接受启蒙教育。年纪稍长后,转入兴化文正高等小学读书。1917 年,冷欣顺利毕业后来到上海,经人介绍做了一名商栈学徒。从兴化水乡,步入十里洋场,年轻的冷欣眼界为之一开。为了使自己能适应这一新的生活,他广泛接触上海的知识青年,阅读各种新闻报纸。后来,又因受到五四新文化进步思想的熏陶,冷欣渐渐认识到,苦难深重的祖国亟待结束军阀割据的局面,以拯救人民于水深火热之中。同时,对于自己从事的商业买卖,冷欣并不感兴趣。学徒期间,他坚持自学,准备离开商界。1918 年,冷欣考进杭州浙江省立工业专门学校读书,后顺利毕业。

冷欣毕业时,江苏军阀齐燮元和浙江军阀卢永祥正在混战,兵连祸结,时局动荡。1924 年黄埔军校成立,并在上海秘密招生。江苏省国民党地下组织钮永键在上海主持黄埔军校招生工作。在钮的介绍和推荐下,冷欣决定投笔从戎,献身革命。接着,通过努力,他克服了种种困难,争取到家乡刘序堂给予的经济资助,赶赴千里之外的广州黄埔应考,并被录取,这成为其一生命运之转折点。冷欣是黄埔军校第一期毕业生,毕业后冷欣被分派到教导第一团(团长为何应钦)第三营第十二连任党代表(当时仿照苏联红军建制,连以上设党代表)。从此,冷欣开始了他的军旅生涯,走上了从戎救国之路。

冷欣参加的第一场战斗是第一次东征中攻打淡水的战役。1925年1月初,冷欣改任教导第一团第二营第四连党代表,随军攻下淡水城。初战告捷,增强了冷欣从军救国的信心和决心。接下来,冷欣先后参加过棉湖战斗、平定滇系军阀杨希闵与桂系军阀刘震寰叛乱的战斗以及攻占陈炯明老巢惠州的战斗。在最后这场惨烈的战斗中,冷欣不幸左腿中弹,被抬下火线。经过治疗,虽然痊愈,但从此留下了走路吃力的后遗症。

黄埔军校成立之初,以军校的共产党员和共青团员为骨干组成了"青年军人联合会",该会以后成为国民党右派组织的眼中钉。于是在第一次东征时,贺衷寒、缪斌等人就组成了反共的"孙文主义学会",以与"青年军人联合会"划上一道鸿沟。"孙文主义学会"的骨干有:王柏龄、贺衷寒、缪斌、何应钦、陈诚、顾祝同、胡宗南、吴铁城、冷欣、曾扩情、酆悌、桂永清、余程万等。1926年,冷欣出任"孙文主义学会"执行委员。1926年3月"中山舰事件"后,出任海军中山舰党代表。

1926年7月,国民政府誓师北伐,何应钦担任东路军总指挥,冷欣被任命为东路军第三路指挥部政治训练部主任。1927年1月,他兼任新编第一军政治部主任。3月,在周恩来领导的上海工人第三次武装起义的配合下,北伐军兵不血刃进入上海,冷欣出任淞沪警察厅政治部主任。

1927年4月12日,蒋介石发动"反共"政变,实行清党,通缉共产党和国民党左派。5月,冷欣兼任国民党中央"清党"委员会委员、"清党委员会"情报处长,以后又兼任上海特别市党部指导员、常务委员、组织部长、训练部长以及上海市党部"清党"委员会常务委员兼审查处长等职。8月13日,蒋介石突然通电下野赴日,暂避各方反对势力锋芒。淞沪警察厅随之改制,冷欣也被免去警察厅政治部主任职,专事国民党党务工作。1928年1月,蒋介石重新上台,宣布二次北伐。3月,冷欣兼任第一集团军第四军政治部主任。年底,张学良易帜,南京政府宣布统一。北伐完成后,冷欣解除军职,从事上海及江苏国民党党务工作。1929年,冷欣任教导第一师政治训练处主任。同年12月2日,石友三在浦口反蒋,炮轰南京。蒋任命冯轶裴为第二十二路军总指挥,镇压石友三。冷欣被任命为该路指挥部政治部主任,不久该部撤销。这一年,他回兴化探亲,亲自在城中租赁住房,安排母亲生活。不久,他买下兴化城内武安街口的一套房屋及配套的家具。在做了适当修理后,他让已经分开居住的兄长全部搬进新居重新团聚,照应老母,颐养天年。

1930年3月,何应钦任军政部部长兼任武汉行营主任,严防冯玉祥、阎锡山的异动。4月,冷欣任军政部参事兼任武汉行营参议、豫南行政委员。中原大战后,何应钦调任郑州行营主任,冷欣也跟随兼任郑州行营参议。1931年冬,冷欣当选国民党第四次全国代表大会代表。

1933年,冷欣调任第八十九师副师长,协助师长汤恩伯在湖北黄陂一带"围剿"红军。1933年11月20日,李济深、蔡廷锴等以十九路军为基干,在福建组织"人民政府",发表反蒋宣言。蒋调集嫡系部队入闽讨伐,以卫立煌为第五路军总指挥,率冷欣的第四师、李默庵第十师、宋希濂第三十六师、刘戡第八十三师、汤恩伯第八十九师,经金谿、资溪进入闽西的邵武、顺昌集结。冷欣的第四师是该部先锋,第一个到达邵武;随后,汤恩伯指挥第八十九师和第四师组成第十纵队,经将乐、永安、华安,向闽南前进。1934年1月6日,"中央军第四师冷欣、第三十六师宋希濂、第五十六师刘和鼎攻克福建延平,守军司徒非师降"①。1934年2月,第四师先头部队到达泉州附近,截断了十九路军的退路;2月底,十九路军退集到泉州的部队完全被包围,卫立煌派人到泉州和谈,达成了十九路军接受改编的协议,福建政府旋即宣告失败。

1934年2月,汤恩伯部参加对中央苏区的第五次"围剿",冷欣担

---

① 郭廷以编:《中华民国史事日志》第3册,台北中研院近代史研究所1984年版,第332页。

任第十纵队指挥部参谋长。3月,升任该指挥部副指挥官。1935年,冷欣入陆军大学正则班第13期深造。在校期间,一度兼任胡宗南部驻京办事处主任。9月,任军事参议院参议。11月,当选中国国民党第五次全国代表大会代表。1936年2月7日晋升为陆军少将军衔。

1937年"八一三"事变爆发,国民政府正式投入对日作战。上海遭到日军进攻,南京受到冲击。9月,陆军大学从南京疏散迁往长沙。10月16日,冷欣被任命第三预备师师长。当年12月,他正式从陆军大学第13期毕业。1938年4月,第三预备师奉命改为陆军五十二师,列入建制,于该年夏参加了武汉会战。1938年10月,冷欣调任军政部第二十二补充兵训练处处长,辖四个团,驻浙江省江山县。1939年1月1日,因为与顾祝同是同乡,冷欣调任江苏省政府委员兼江南行署主任,代行省政府职权,行署设于安徽屯溪附近的梅林。在军事方面,冷欣兼任江南挺进第二纵队司令、江南攻击军左路军指挥官、江南野战军指挥官。在此期间,冷欣先后组织创设江南医院、江南日报、江南修械所;同时恢复辖区内各县各级学校,以教育和培养有志抗日的青年,并帮助从沦陷区逃出的青年。冷欣对教育十分重视,先后创办的学校有:江苏省立第五临时中学,宜兴、溧阳、高淳县立临时中学,省立江南第一、第二、第三、第四、第五临时小学校,以及其他各县立中、小学。冷欣曾亲自兼任过省立第五临中校长,还在宜兴办念劬中学。

1939年6月,陈毅率领新四军第一支队到达江南,与粟裕的先遣部队会合。1939年冬,新四军江南指挥部成立,总部设于溧阳水西村,陈毅任司令,粟裕为副司令。这时,国民党第三战区成立第二游击区,第三战区顾祝同兼任司令,冷欣任副总指挥,负责实际指挥。双方开始时还能保持颇为融洽的关系,到1940年3月国共摩擦加剧之时,顾祝同把五个师加一个旅,连同地方保安团约18个团的兵力部署在皖南,企图切断新四军皖南、苏南之联系,造成围歼皖南新四军、威逼苏南新四军之势。冷欣也指挥部队开始步步进逼。他们诬蔑新四军"游而不击",进行反共宣传,并且不许新四军在金坛、溧阳、溧水境内开展游击战争,发动与组织群众抗战。实际上,是要将新四军孤悬于狭小的危险地带,让敌人包围消灭。此外,还扣发新四军的经费、弹药、被服等,派遣特务武装到新四军活动地区破坏,制造摩擦事件。1942 年 1 月,国民党第三战区发动皖南事变。冷欣的部队虽然没有直接参与战斗,但"第二游击区兼总指挥上官云相、副总指挥冷欣"指挥所部,负责"武力担任原阵地守备,肃清防区内匪军匪党,并适当控制机动部队,防止该方面匪军为策应其皖南方面作战向我袭扰或暴动等行为"①,也就是负责监视并阻止新四军对其皖南军队的救援行动。所以,冷欣也是皖南事变的罪魁之一。

1944 年,冷欣出任中国陆军总部军务处处长。1945 年 8 月 15 日,日军无条件投降。8 月 21 日,侵华日军总司令冈村宁次派遣副总参谋长今井武夫一行飞到湖南芷江,和国民政府要员举行无条件投降之前的受降会谈,这就是永载史册的"芷江受降"。下午 3 时 20 分,日军代表进入会场。会场正中桌旁就座的是中国陆军总部参谋长萧毅肃中将,右方为副总参谋长冷欣中将,左方为中国战区美军参谋长巴特勒准将(Smedley Butler)和翻译官王武上校,中国各战区长官及中外记者数十人环坐左右。会上,萧毅肃中将代表何应钦总司令,将第一号备忘录交给今井武夫,指示日军投降应准备的事项。据当时在场的记者严怪愚回忆,"在会谈中,冷欣时而站立,时而屈膝而坐,身体晃动不已,人又瘦小,简直有一点像一只猴子",因此"新闻记者们都认为他有失国格"②。22 日上午 11 时,冷欣中将和美国巴特勒准将及王武上校前往今井武夫住处,就关于在南京开设前进指挥所(为监视日军执行中方命令)、接收军需物资、装备以及美国战俘现状、待遇等问题进行了 40 分

---

① 《皖南事变资料选》编选组编:《皖南事变资料选》,上海人民出版社 1983 年版,第 169 页。

② 严怪愚:《芷江受降侧记》,中国人民政治协商会议全国委员会文史资料研究委员会"文史资料选辑"编辑部《文史资料选辑》(合订本)第 37 册,中国文史出版社 1989 年版,第 186 页。

钟的会谈。在这次会谈中,冷欣反复要求日军以誓约文书保证先期抵达南京开展工作的中国及美国人员的人身安全,致使今井武夫认为"有些滑稽",并且给今井留下了"作为军人在战场上有这类言行,总觉得有些不恰当"的感觉①。如果说今井武夫的回忆还有日本军人无法直面失败的心态在作祟的话,那么,中国记者的回忆就不应该有什么民族偏见的成分了。可见,冷欣的不严肃和胆小怕事,或多或少地给中国军人丢了脸面,使中国这个战胜国的形象打了折扣。

　　27日上午9时20分,前进指挥所的全体官兵,带无线电台一部、指挥车两辆,分乘七架飞机,由芷江机场起飞。下午2时40分,飞机在南京大校场机场陆续降落。冷欣等人下飞机后,驱车前往华侨招待所。当晚,冷欣在华侨招待所设立中国陆军总司令部前进指挥所。1945年8月28日上午8时,日本驻华最高指挥官冈村宁次率副总参谋长今井武夫等一行,到南京萨家湾一号和冷欣见面。在会谈中,冷欣指示日军不论如何必须确保南京、上海、北平、天津、青岛、武汉、广州及香港八大都市的治安②。此举也是为了预防共产党部队抢先接收地盘和装备。

　　冷欣受命组建的前进指挥所,从8月27日成立,到9月9日中国战区的日本签字投降仪式结束,存在虽然只有十多天时间,但却在与冈村宁次会谈、传达中国陆军总司令部命令,以及筹备中国战区日本投降签字仪式方面发挥了重要作用。

　　1945年9月9日9时受降典礼完成后,当天中午冷欣便奉何应钦之命,携带冈村宁次签字的受降书乘专机飞往重庆,代表总司令何应钦向委员长蒋介石(当时的国民政府主席)呈递。于下午4时抵渝,

---

　　①　[日]今井武夫著,天津市政协编译委员会译:《今井武夫回忆录》,中国文史出版社1987年版,第229、230页。

　　②　《冈村宁次大将资料》,第24页,引自吴相湘著《第二次中日战争史》(下册),台北综合月刊社1973年版,第1189页。

先见侍从室主任周至柔,再访中央党部秘书长吴铁城。经他们商量决定,第二日上午9时,在国民政府大礼堂举行呈递仪式,与中枢纪念周及国父广州起义纪念同时举行,如此安排,颇具深远意义。呈递后,冷与蒋留影纪念。礼成后,蒋召见了冷欣。同年10月,冷欣获四等宝鼎勋章。1946年5月,获干城甲种一等勋章和胜利勋章。在原籍以高票当选制宪国民大会军队代表。军事机构改制后任陆军总司令部副参谋长。11月,任参谋本部空军总司令部副参谋长,兼任三民主义青年团南京支团监察。1947年8月,冷欣任宪政实施促进委员会委员。9月,获光华甲种一等奖章。同年并兼任南京市党部监察委员会常务监察委员。

多年来,冷欣远在他乡,十分挂念家乡的老母亲。1939年,冷欣七十九岁的老母于沦陷区兴化武安街口家中病逝,因正值抗日战争时期,他不能回乡奔丧,就在驻地设灵以尽祭奠形式,陈毅还曾派人前去祭奠。为了表示永远不忘母亲养育之恩,冷欣首先在宜兴创办念劬小学一所。1947年春,他回故乡安葬亡母,在拜访老师的时候得知兴化教育落后,因此筹办兴化私立念劬中学,以造福当地。

1948年3月,冷欣又一次以高票当选第一届国民大会代表。8月,当选第一任宪政督导委员会委员。同年冬,任京沪警备总司令部副总司令。1949年1月,任京沪杭警备总司令部副总司令。5月,前往台湾。

抵台后,1951年6月,冷欣担任了台湾"国防部"参议;1952年7月,任私立强恕中学董事;1954年2月,任第一届"国民大会"第二次会议主席团主席;5月,任"行政院"设计委员会委员;10月,任"国防部"高级参谋,兼任"光复大陆"设计研究委员会委员。

1959年9月,冷欣以陆军中将衔退役。退役后的冷欣活跃在历史教育与研究领域。1964年后,先后应聘任"中央警官"学校、东吴大学、中国文化大学教授,讲授近代史。冷欣曾著有《汉高祖之成功战略》、《明太祖成功的战略》等文,其中《明太祖成功的战略》一文于1968年8

月,在国际华学会议上宣读。

冷欣退役后的业余爱好是藏书,他收藏的古今图书共计一万多册,其中也有许多善本、珍本。1987年2月6日,冷欣因心肌梗塞、肺衰竭于下午3时45分病逝于台北,遗体葬于台北县汐止五指山示范公墓。

冷 遹

史全生

冷遹，字御秋，1882年6月22日（清光绪八年五月初七）生于江苏丹徒黄墟镇。六七岁时丧父，靠大哥在镇江开设小杂货店维持一家人的生活，并供给他上了几年私塾。他十分用功，常常在明瓦下面借月光读书，深得老师和邻居的喜爱。他曾与邻居江月清等三个少年结成异姓兄弟，号称梅、兰、菊、竹，以风格节操相勉励。由于生计所迫，冷遹十三岁辍学，到宝应县城的一家钱庄当学徒，饱受老板的苛待，未及满师，愤而辞归，在他大哥店里帮助做些买卖。1902年春，安徽武备学堂招生，他与邻居江谦吾同赴安庆，考入安徽武备学堂练军营。

冷遹在安徽武备学堂读书期间，正值日俄战争前后，民族危机空前严重，民众革命激情高涨。安徽的革命志士在柏文蔚和陈独秀等人的倡导下，成立了革命团体"岳王会"。冷遹在反清革命思潮的影响下，与柏文蔚等人时相过从，关系密切。

1905年秋，冷遹从武备学堂毕业，分发在南京新军第九镇三十三标第二营任右队队官。第二营管带是后来升任三十三标标统的著名革命党人赵声，与冷遹是丹徒同乡。冷遹在赵声的带动下走上革命道路，积极参加了革命活动，如在明孝陵宣讲民族革命思想，在珍珠桥营部设立阅书报社，密谋发动武装起义等等。1906年，东京同盟会本部派吴旸谷来长江流域发展同盟会组织，冷遹和柏文蔚等人均加入①。后来，

---

① 柏文蔚：《五十年经历》，《近代史资料》1979年第3期，第41页。

三十三标的革命活动被两江总督端方侦悉，撤销了赵声的标统职务，并准备大兴党狱，赵声和柏文蔚等人相继潜逸。冷遹升任为第三营管带。冷遹通过赵声的兄弟、当时在南洋陆师学堂读书的赵驭六，继续与赵声秘密联系，掩护新军内的革命活动，保存了三十三标的革命火种。

冷遹与革命党人的频繁接触，引起了清政府的注意，1907年冬他被撤销管带职务。冷遹听说原三十三标管带顾忠琛已被友人推荐为安徽新军混成协协统，原三十三标的一些革命志士如倪映典、熊成基等人也都依附在他的麾下，于是亦往投效。冷遹先后被委任为督练公所教练处提调和六十一标三营管带。当时岳王会在安徽十分活跃。倪映典、熊成基等都参加了。因此，冷遹一到安徽，即与岳王会发生关系。1908年秋，清廷命令南洋新军和湖北新军集中在安徽太湖县举行秋操。岳王会决定利用太湖秋操的机会发动起义，并在安庆三祖寺的杨氏试馆内设立了一个策划起义的指挥机关，冷遹平素作风稳健，又果断善谋，被公推为起义总指挥，六十二标二营管带薛哲为副指挥。他们设想，届时只要义旗一举，湖北第八镇、南洋第九镇和江西新军一齐响应，就能直捣北京，推翻清朝。不料范传甲在赴南京与第九镇新军联络时，走漏了风声，被两江总督端方侦知。端方遂派其心腹余大洪去安徽监视新军，并以调虎离山之计，令冷遹回南京任转运局提调，当他一到南京时，即予以逮捕，投入囹圄。冷遹被捕以后，在狱中多次被严刑审讯，受尽折磨，曾昏厥三次，未供一词。端方查无实据，恰又值调任直隶总督，亟待办理移交，在亲友的营救下，冷遹得于1909年春获释。

冷遹获释以后，得知岳王会发动的起义已失败，乃先回丹徒老家完婚。新婚后刚刚八天，他得知赵声正在香港组织新军起义，把家属托付给结义弟兄江月清照料，只身奔赴香港，追随赵声参加革命。冷遹到达香港以后，恰值王孝缜受广西巡抚张鸣岐委托，到北方延揽新军人才，正取道香港回广西。两人相遇，一见如故，遂邀冷遹于1909年底一道入桂。从此,冷遹又成为"广西革命最初发动"①人物之一。

冷遹到达广西后,先任陆军小学提调,不久即因革命嫌疑被撤职②。1910年3月,何遂、耿毅受军谘府命令前往中越边境调查,他应邀同行,趁边境调查的机会,广泛联络了各地革命同志。其后,他又与何遂一起秘密转赴昆明,访问了云南革命党人李根源、方声涛等人,在云南讲武堂密谈,讨论了在起义中联合动作和协调作战的问题。密谈后,经香港回广西。1910年8月他和何遂、耿毅等一起创建了广西同盟会支部,统一领导广西的革命运动,并共同出资发行机关报《南报》(后改名为《南风报》),宣传革命思想。1911年春,黄兴和赵声等在香港筹备广州起义时,曾多次派员与广西支部联系,策动响应。冷遹则为中间联系人。可是广州起义刚一发动,即被镇压,冷遹因此受到广西当局的严密监视。他于是不得不韬光养晦,佯与演员相结交,出入娱乐场中,以示消极,被呼为"冷大爷"③。

武昌起义爆发后,风声所播,举国震动。广西同盟会支部也决定于10月30日起义响应。临举事时,忽然暴雨如注,起义受挫。旧官僚和立宪派得知新军异动的消息,惊恐万状,为了抢夺政权,决定与同盟会支部举行谈判,实行和平光复。谈判中,冷遹被同盟会员举为副支部长,主持支部工作。广西光复后,新军改称民军,冷遹任民军混成协帮统,率军援鄂。他率军经湖南,从金口渡江,绕道汉阳敌后准备发动进攻,旋南北实行停战,谈判开始。桂军暂驻孝感,略事休整后遂顺流东下,开抵南京。这时南京临时政府已经成立,柏文蔚所率领的驻浦口的军队正改编为中华民国陆军第一军,准备出师北伐。冷遹一到,即被委任为第一军第三师师长。接着,孙毓筠出任安徽都督。由于受到军界

---

① 黄绍竑:《五十回忆》上册,杭州云风出版社1945年版,第16页。

② 何遂:《辛亥革命亲历记》,中国人民政治协商会议全国委员会文史资料研究委员会编《辛亥革命回忆录》(一),中华书局1961年版。

③ 耿毅:《辛亥革命时期的广西》,《近代史资料》1958年第4期。

排斥,乃电邀冷遹赴皖任军政府参谋部长。南北和议达成后,孙毓筠辞职,柏文蔚继任皖督,冷遹改任第九师师长,驻军徐州。

当时徐州恰遭到张勋的江防营从南京败退时的肆行抢掠之后,"四民失业,哀鸿遍野"①。冷遹到达徐州后,即着手整顿军队,解决贫民生计,受到了人民群众的欢迎,也得到陆军部的通令嘉奖②。1913 年 3 月,第九师改编为江苏陆军第三师,冷遹仍任师长,驻防徐州。

1913 年 3 月发生"宋案"引起"二次革命",部分国民党员反对孙中山武装讨袁,主张"依法处置",冷遹积极拥护孙中山的革命主张,他在徐州发表谈话说:"我这里是前线,敌人来了我就打。我的队伍虽不算强,对付张勋的辫子兵还是可以的。"③第三师成为江苏讨袁军前锋,遭受北洋劲旅冯国璋军和张勋辫子军的联合进攻。冷遹率领全军与敌进行了多次激烈战斗,终因寡不敌众而败退,最后由于部下张宗昌、褚玉璞的投敌而全军瓦解。失败以后,冷遹流亡日本。由于不同意孙中山所定加入中华革命党时须在誓辞上按指印的规定,乃与程潜等人组织"欧事研究会",遥戴黄兴为领袖④。

1915 年冬,蔡锷发动护国战争,冷遹闻讯后立即返回上海,投入护国讨袁运动。次年 5 月,广东肇庆成立都司令部和军务院时,他任都司令部参谋处长。6 月 6 日,袁世凯死去,冷于 6 月 22 日致电徐树铮,敦促段祺瑞恢复《临时约法》,"召集旧国会,组织合法内阁,罢黜帝制祸首"⑤。这时他对段祺瑞尚抱有幻想。当 1917 年 7 月段祺瑞击败张勋复辟,重新掌握政权后,拒绝恢复《临时约法》和旧国会的建议,冷遹即投入孙中山所发动的护法运动,任护法军政府总参议和代理内政部长。

护法运动失败以后,冷遹对政治斗争表示厌弃,想专心致力于实业

---

① 李炳之:《调查徐州军队情形报告》,中国第二历史档案馆藏。
② 李炳之:《调查徐州军队情形报告》,中国第二历史档案馆藏。
③ 何遂:《辛亥革命亲历记》。
④ 柏文蔚:《五十年经历》。
⑤ 《冷遹致徐树铮电》,中国第二历史档案馆藏。

和教育,走"实业救国"和"教育救国"的道路。1921 年,他回到镇江,筹集股本创办了江北盐垦公司。1923 年,又先后创办均益、三益蚕种场和镇江女子职业学校。冷遹曾与黄炎培一起,在上海创办中华职业教育社,担任该社理事。

1925 年初,奉军张宗昌部南下江苏。当时的江苏省长韩国钧深惧张宗昌部的蹂躏,特邀请冷遹出任江苏省水陆警备司令之职,以维持社会治安(因张宗昌曾是冷遹部下)。半年后冷辞职回到镇江,继续从事实业和教育活动,并在 1936 年担任镇江商会主席和江苏省商会执行委员。

1937 年,日本帝国主义大举入侵,抗日战争爆发,冷遹主张发动民众抗战。1938 年春,他与黄炎培一起,向蒋介石面陈了发动民众的意见,随后又转赴徐州,向第五战区司令长官李宗仁陈递发动民众意见书。12 月,当汪精卫公开叛国投敌时,冷遹和黄炎培等于 1939 年 1 月 30 日联名通电,声讨汪精卫的罪行①。这时,国统区内抗日民主运动十分高涨,冷遹积极投入了抗日民主运动。自 1940 至 1945 年间,他与黄炎培、江恒源等先后成立了"国讯同志会"、"经济建设策进会"、"中国民主建国会"等民众团体和政党,宣传抗日救国,被举为国讯同志会副会长、经济建设策进会常务委员、民主建国会常务监事和常务理事。冷遹还利用他历任国民参政会参政员和赈济委员会委员的合法身份,拥护中国共产党的抗战政策,反对国民党的不抵抗政策。在 1944 年 9 月召开的三届三次国民参政会上,他积极支持中国共产党代表林伯渠提出的成立联合政府的主张,反对国民党的一党专政。为了促成联合政府的建立,冷遹在 1945 年 5 月与黄炎培等联名提出恢复国共谈判的主张,在征得蒋介石同意后,于 6 月 2 日致电中共中央毛泽东、周恩来,要求"继续商谈","促成团结"②,并于 7 月 14 日与黄炎培等一起飞赴延

---

① 《新蜀报》1939 年 1 月 4 日。
② 《黄炎培日记》1945 年 6 月 2 日,中国社会科学院近代史研究所藏。

安,接洽国共谈判的具体事项,受到中共中央毛泽东、周恩来和朱德的热烈欢迎。7月14日,当国民党准备单方面召开"国民大会",以抵制中国共产党关于建立联合政府的主张时,他即与黄炎培、江恒源联名声明反对,指出国民大会"必须在全国和谐空气中进行",否则"其后患将不堪设想"①,并拒绝出席关于国民大会的讨论会。

抗日战争胜利后,冷遹任国民党政府江苏省临时参议院议长、国民代表大会代表、江苏省农民银行监理委员和蚕桑协会会长,利用他的合法身份继续从事民主活动。由于他不断揭露国民政府的腐败劣迹,还掩护共产党地下组织的革命斗争,引起国民党特务的痛恨,1948年准备对他进行暗害,他不得不辞去议长职务,避居上海。上海解放前夕,国民党特务企图对许多爱国民主人士进行残酷迫害,冷遹得到共产党地下组织的关照,及时避往亲友家中,未遭国民党特务的毒手。

中华人民共和国成立后,冷遹历任江苏省副省长、第一届全国人民代表大会代表、全国人民政治协商会议委员兼江苏省政协副主席、中国民主建国会常务委员兼江苏省主任委员、华东军政委员会委员兼水利部长等职,为社会主义革命和建设贡献了自己的力量。1959年8月18日,冷遹在南京病逝。

---

① 《新华日报》1945年7月15日。

黎　锦　熙

白吉庵

　　黎锦熙是我国著名的语言学家。字劭西，湖南湘潭人。生于1890年2月2日（清光绪十六年正月十三日）。其父黎培銮是位秀才，爱好篆刻和诗画；其母黄庚午也知书识字。黎锦熙从小受家庭影响，喜爱读书写字。四岁时延师启蒙，十二岁时已读过《十三经》。次年，自学算术、世界地理，阅读时务、洋务书籍。十六岁赴童子试，补诸生。

　　1906年冬，湖南浏阳一带的民众举行武装起义，屡败清军，声势浩大。黎深受其影响，来到长沙，与张平子发起组织"德育会"，以"致良知"为宗旨，号召"牺牲个人，努力救国"。旋被清政府侦悉，逃匿回乡，翌年7月，在实业救国思想影响下，他考入北京铁路专科学堂。不数月学校遭大火，转入湖北铁路学堂。不久，奉父命返乡，考入湖南优级师范史地部，辛亥革命前夕毕业，名列前茅。

　　1911年10月22日，湖南响应武昌起义，成立军政府。黎锦熙的老师颜昌峣接办《长沙日报》，他被聘为报社主编。该报因持论常与湖南当局不合，次年1月被改组。此后他与朱让楠、任凯南等自创《湖南公报》，改推李抱一为主编。该报宗旨：主张"和平统一、绝对民主"①。黎常为该报撰写时评和社论。

　　1913年黎锦熙任湖南省立编译局的编译员，负责小学教科书的编辑。他曾将《西游记》的个别章节选入课文，是前所未有，为教育界所侧

---

　　①　黎锦熙撰、黎泽渝编：《黎锦熙纪事诗存》，中国文史出版社1998年版。

目。同年1月,被聘为湖南省立第四师范学校历史教员,次年"四师"并入"一师"。黎与同事杨怀中、徐特立等人创办宏文图书编译社,以介绍欧美新书及编辑中小学教科书为主要工作;同时办了《公言》杂志,发表文章倡言"自由"、"民主",提出进行学术研究,并批评了当时教育界的派别斗争。但为当局所忌,发行了两期就被迫停刊。后来,他们又组织了一个哲学研究小组,杨怀中为指导,毛泽东、蔡和森等同学经常参加小组讨论活动。

1915年,北京政府教育部设编纂处,审定小学教科书,黎锦熙被聘为编纂员。同年9月他离开湖南,从此定居北京。翌年,袁世凯复辟帝制失败后,黎与教育部内的同事陈懋治、彭清鹏等人,深感社会保守势力严重,想在教育上谋求几项根本改革来提高民众的认识,以适应共和政治的需要。当时他们"觉得最紧迫而又最普遍的根本问题是文字问题"①,因此主张"国语统一"(推广普通话)和"言文一致"(普及白话文),并要求教育部改小学国文科为国语科,废除文言文。由于他们的鼓吹,各省学者来信赞成,在北京成立了国语研究会,研究本国语言,选定标准,备教育界采用。1917年10月,国语研究会召开第一次大会,举蔡元培为会长,黎为委员之一。这时他开始与钱玄同相识。1918年在他与吴稚晖等人的要求下,教育部公布了1913年读音统一会议定的注音字母。后来黎为此创制了注音符号草体。

1919年五四运动前夕,国语运动与新文学运动蓬勃发展。黎锦熙等人认为须加强对国语运动的领导,于是成立了国语统一筹备会,作为教育部的一个附属机构。黎被教育部指派为该会会员兼教育部国语传习所导师。之后,他到各地讲学,并答复各方提出的有关注音字母的问题。这些答复,收入《国语学讲义》于同年出版,对当时新文化运动起了积极作用。第二年他就任北京高等师范学校国文系教员,后来曾兼任北京大学、中国大学、燕京大学等校的教授;高师改为师范大学后,任国

---

① 黎锦熙:《国语运动史纲》,商务印书馆1934年版,第66页。

文系教授兼文学院长。这时新旧两派斗争激烈，"国粹派"声称，你们虽有"文学"，却无"文法"；有"文"无"法"，终是无以为"文"等等。为了回答这种谬论，他在高师第一次开设"国语文法"这门课，从理论上和实践上捍卫了新文化运动的成果。继此之后，他又编著了一部《新著国语文法》，于1924年出版。这是我国第一部白话文语法，对学校的教学与研究均是一个贡献。此书后来印行竟达二十四版之多，足见其学术价值之大和影响之深远。

1922年由于黎锦熙在国语统一筹备会提出"废除汉字采用新拼音文字案"，引起了用"国语罗马字"代替汉字的研究。翌年该会成立国语罗马字拼音研究委员会，议定由黎锦熙与钱玄同、赵元任等11人为委员，负责研制国语罗马字。后来由在京的五位委员组成"数人会"，常聚会商讨有关改革汉字的事。为了扩大影响，他们又在《国语月刊》上组编了"汉字改革"专号，积极宣传以国语罗马字拼音代替汉字。在他的建议下，1923年国语统一筹备会还设立了国语辞典编纂处，后因经费短缺，只做了一部分收集资料的工作。

1925年4月，北京临时执政府任命章士钊以司法总长兼任教育总长。章到任后，提出复古读经的主张，并采取了一些强制性的措施。黎锦熙对此十分不满，在教育部部务会议上讨论小学生读经问题时，他公开反对，但无效。会后他又递上一道呈文，剖析读经"有百害而无一利"①。文章披露后甚得舆论界的好评。

这年，文言与白话之争十分激烈。章士钊利用《甲寅》周刊公开宣扬封建文化，在征文启事中宣称"不收白话"；而黎与钱玄同主办的《国语周刊》针锋相对提出"欢迎投稿，不取文言"。双方旗帜鲜明，展开了对垒战。在女师大学潮中，他与鲁迅等人站在一起，支持学生驱逐反动校长杨荫榆的正义斗争。

---

① 黎锦熙：《为反对设"读经科"及中学废止国语事上教育总长呈文》，舒新城编《近代中国教育史料》，中华书局1933年版，第89页。

1926年1月,国语运动大会在北京召开,黎在会上作了长篇讲演,指出今后国语运动的方针是国语统一和国语普及两件大事。他希望大家脚踏实地向前走去,目的是定能达到的。最后他作了一首《龟德颂》勉励大家,谓:"任重能背,道远不退。快快儿的慢慢走!不睡!"话虽不多,寓意深刻。9月14日,国语罗马字拼音研究委员会通过了他和赵元任等人提出的"国语罗马字拼音法式"呈请教育部颁行,但未获批准。后来他们利用国语统一筹备会的名义,自行刊布。同年他编撰的《国语四千年来变化潮流图》在美国费城世纪博览会上展出,曾获奖章、奖状。此图将我国语言文学发展的源流,以图解法勾画出来,来龙去脉,十分清楚,西方人士看后,对我国悠久的历史文化惊叹不已。

蔡元培任南京国民党政府大学院院长时,对汉字改革工作颇重视,特聘黎锦熙、钱玄同为国语统一会筹备员,并于1928年9月26日正式公布了《国语罗马字拼音法式》,这对国语运动是个巨大的推动。年底,国语统一会定名为国语统一筹备委员会,黎被选为常委。是年他被委任为北平大学第一师范学院院长。

由于形势的发展,黎锦熙认为,若要对中国文字进行根本改革,那就得将四千年来的语言文字和它所表现的学术文化等作一番详细的总结。因此他主张将国语辞典编纂处改名为中国大辞典编纂处,钱玄同同意他的意见。于是二人各处奔走,结果由政府拨给北平中南海居仁堂西四所为办公处。黎任总主任兼总编纂,钱为总编纂,下设五个部,预计出书十巨册,二十年完成。后来因为时局动荡、经费无着、人员星散等原因,书未能编出。但他们利用收集到的资料写出不少论著,当时称之为"副产品"。黎所撰写的《审音通说》、《论"将"》、《说"把"》及《比较文法》等论著,都是利用这里的资料写成的,影响较大。后来黎锦熙考虑到这部辞典工程浩大,一时不易编成,为了满足学校与社会需要,及时组织人力先后编纂了一些中小型字典,如1932年出版的《国音字典》,1936年开始出版的《国语辞典》等等。此外,黎还利用大辞典处的资料,编写了一部《国语运动史纲》于1934年出版,是书详细地记述了清末以来汉字改革、注音字母、国语罗马字及大众语等运动的始末，是一部研究我国文字改革历史的重要著作。

1934年，拉丁化新文字论者与国语罗马字论者，在上海就"大众语"中的阶级性等问题展开了热烈争论。黎锦熙连续撰写了《大众语短论》等19篇文章分送报刊发表，他认为："大众就是众人，不但阶级宗教种种限制都没有，并且也不必聚作一堆。"①这些文章后来辑为《建设的"大众语"文学》一书，即《国语运动史纲序》。

1935年，日本帝国主义由东北向华北大肆扩张，北平已处在日军监视和控制之下。为了唤起民众，挽救危亡，黎锦熙等人认为得先从扫除文盲做起，于是他和钱玄同约定停止"大众语"的争论，集中精力搞汉字改革和扫除文盲的工作。不久他设计了一副汉字带注音的字模，专程到上海请中华书局研制，计划以此来印识字课本和民众读物。同年8月，国语统一筹备委员会改为国语推行委员会，黎锦熙被举为委员兼常务委员。

1937年7月抗日战争爆发，教育部决定北平师范大学与北平大学、天津北洋工学院西迁，合组为西安临时大学。时黎锦熙在长沙讲学，知道消息后，于当年冬赶到西安。次年春日军逼近潼关，"临大"师生以行军方式，从西安越秦岭迁往汉中城固县，此后学校改名为西北联大，黎锦熙任联大秘书处主任、国文系主任及师范学院国文系主任。

1939年8月。国民党为了分化进步力量，教育部将西北联大改为西北大学，师范学院独立为西北师院。黎锦熙任师院教务主任兼国文系主任。1940年7月黎赴重庆，出席教育部召开的国语推行委员会，会议讨论了如何制定注方音字母等问题，并成立了全国方音注音字母修订委员会，推黎锦熙、魏建功、卢前为委员，按照国音编订"中华新韵"。是书1942年出版，为民国以来第一部韵书。

黎锦熙自西安到汉中后，即主持了城固县志的编撰工作，后来他以

---

① 　黎锦熙：《国语运动史纲》，第10页。

修城固县志的经验写了《方志今议》一书,论述了新修方志的要旨及其方法,于1942年出版。之后他又参与了关中的洛川、铜川、黄陵、宜川等县县志的编撰工作。此外,每到假期,他常被各地举办的中小学教师讲习班邀去讲学,这些活动对当时的教育发展和国语运动起了促进作用。

1943年3月,黎锦熙再次赴重庆,出席国语推行委员会与全国方音字母修订委员会会议,会上讨论了注方音字母的草案,即《全国方音注音字母总表》。此次在渝停留期间,他看到战时重庆官僚资产阶级政治上专横、经济上垄断控制及民不聊生等现象后,很有感慨,于是在《蜀中杂咏》诗中写了"民主与科学,宗旨毋游离"①的诗句,表达了当时的心绪和主张。

1944年10月,黎锦熙随西北师院搬迁到兰州。当时虽处在抗日战争艰苦环境中,他却充满必胜信心。他倡议在西北师范学院、白沙女子师范学院、璧山社会教育学院创办国语专修科,为将来推行国语教育培养人才,并获有成效。抗日战争胜利后,台湾光复,为了推行普通话,教育部在台湾设立了台湾国语推行委员会,将三校国语班的师生派去工作。此后,"黎门弟子"从各方面集中于台湾的有一百多人。他们积极开展活动,办《国语报》,出版普及读物等等,为国语运动做出了很大成绩。抗战胜利后,黎一度被任命为西北师院院长。

1945年冬,黎锦熙由黄国璋介绍加入"九三座谈会",翌年5月前往重庆出席"九三座谈会"改名为"九三学社"的成立大会,会上他被选为监事。7月他到南京亲辞西北师院院长职。不久,回到久别的北平,重整大辞典旧业。抗战时期,辞典处的工作没有发展,由汪怡等人留守,已迁出中南海。自黎返任后,才由西单迁回,改设在怀仁堂东四所。后来"九三学社"许多次重要会议曾在这里召开。1947年初,他曾多次会晤中共在北平军调部的代表。有一次徐冰告诉他"要追随全国人

---

① 黎锦熙撰,黎泽渝编:《黎锦熙纪事诗存》。

民”，他铭记在心并写在日记上，日期是 2 月 3 日。

1946 年 10 月，西北师院迁回北平，但南京教育部不准复用“北师大”的校名，改称北平师范学院。次年 7 月黎锦熙被“复校委员会”推为代表，与袁敦礼、焦菊隐二代表一起，到南京与教育部进行交涉。但久候无结果，于是他便应湖南大学借聘一学期之约，到长沙任该校国文系教授兼文学院院长。

1948 年 4 月黎锦熙离湘返平，继任师院国文系主任，后来师大校名恢复，他又兼任文学院院长。这年，中国人民解放军在各个战场上皆取得巨大胜利，6 月河南开封战役中，国民党飞机滥肆轰炸，“九三学社”发表宣言：呼吁停止轰炸开封古城，黎在宣言上签名表示拥护。同年 12 月，中国人民解放军包围北平，国民党当局想把一部分名教授劫走，给黎送来了飞机票，他拒绝离平。

1949 年 2 月北平解放后，北平师范大学成立了校务委员会，黎锦熙担任委员会主席，领导校务。不久他与吴玉章在师大邀集在平的语文工作者，共同发起成立“中国文字改革协会”，同年 10 月在北京召开成立大会，他被举为常务理事会副主席。会上他作了长篇讲话，以亲身经历论述了国语运动的历史，并提出了建设性意见。这个报告后来整理成《国语新文字论》一书，于次年出版。

中华人民共和国成立后，他除在师大任教，并担任“九三学社”中央常务委员外，先后被选为第一、二、三届全国人民代表大会代表，第一、二、五届全国政治协商会议委员，中国文字改革委员会委员，中国科学院哲学社会科学学部委员等职。

1978 年 3 月 27 日，黎锦熙病逝于北京。

黎锦熙治学勤奋，持之以恒，研究和探索领域很广，除语言学外，哲学、佛学、文学史、近代语、目录学、图书馆学皆有较高造诣。著作极富，有论文三百多篇，专著三十余部。黎任教六十余年，桃李满天下，为我国文字改革的先驱之一。

黎　烈　文

任嘉尧

黎烈文，1904年5月18日（清光绪三十年四月初四）生，湖南湘潭人。小名六曾，曾用笔名维克、林取、达伍、达六等。祖父曾任台湾知府，父亲也在福建做过官，是一个世代书香的封建家庭。

黎烈文小时在家乡读书。十八岁时到上海，报考录取到商务印书馆编译所任助理编辑，旋参加文学研究会，开始从事文学创作活动。1926年东渡日本留学。次年又转道法国，进巴黎大学研究院深造四年，得文学硕士学位。黎在法半工半读，课余为上海《申报》特约撰稿，并为商务印书馆翻译法国文学名著。

1932年，黎烈文偕妻子严冰之（蕴影）回国，到达上海。先在法国哈瓦斯通讯社上海分社翻译法文新闻稿兼编辑，因个性耿直矜持，与主持者意见不合，且对翻译新闻稿缺乏兴趣，乃拂袖而去。

其时，黎烈文的叔母黄渔仙为《申报》馆主持人史量才教授古琴①。经黄介绍，史获知黎曾留学法国，擅长文学，遂邀请他担任《申报》副刊《自由谈》助理编辑。

《自由谈》原系周瘦鹃主编了十多年的副刊，内容陈旧，与时代潮流

①　黄渔仙，名松，福建泉州人。与黎烈文叔父结婚，婚后到湘潭，生二女（曾昭、琼昭），丈夫逝世后携女到上海，为其同乡人中南银行总经理黄浴沂聘为家庭教师。史量才因黄浴沂之介绍，请黄渔仙教授操古琴。解放后，黄渔仙曾任上海文史馆馆员，擅绘画、弈棋，通昆曲。晚年归故里，1982年5月30日病逝。黎烈文原为黄渔仙之侄，因其叔无子，遂为黄之嗣子。（以上据原《申报》总经理马荫良口述）

大相径庭,而史量才当时意气豪迈,锐意革新《申报》,对《自由谈》确定"务以不违时代潮流与大众化为原则"的编辑方针①。黎烈文参与《自由谈》编辑工作一开始,就在 1932 年 12 月 1 日发表一篇《幕前致辞》,认定"世界上的一切都在进步中,都在近代化","我们对于进步和近代化的立足点,却是要牢牢站定的"。"我们只认定生活的要素,文艺,是应该而又需进步的,近代化;同时却也不愿离观众太远。"②当天的《自由谈》还发表了叶圣陶道破"自由谈"本质的杂文和冰莹祝贺《自由谈》新生的文章,以及严冰之翻译的法国梅里美的小说《托勒得的珍珠》等,面目为之一新。

　　黎烈文与周瘦鹃之间在编辑方针上立刻产生了矛盾。史量才支持黎烈文的革新行动,改任黎烈文为《自由谈》主编。为照顾老同事起见,史在《申报》上另辟一副刊,名曰《春秋》,由周任主编。

　　黎烈文主持《自由谈》伊始,即进一步表示:务使《自由谈》的内容"更为充实,成为一种站在时代前面的副刊,绝不敢以'茶余酒后消遣之资'的'报屁股'自限"③。基于这一立场,黎在选稿上,往往偏重于描写现实生活而寓意深长的杂文。当时,许多左翼和进步作家欢迎《自由谈》的革新,都纷纷投稿。鲁迅、瞿秋白、茅盾、郑振铎等许多进步作家,都是《自由谈》的撰稿人。

　　《自由谈》得到进步力量的赞助,在当时白色恐怖弥漫、文化"围剿"猖獗的上海,给广大读者打开了一个呼吸清新空气的窗口。特别是鲁迅(笔名何家干等)、茅盾(笔名玄)等人的文章,像匕首和投枪,针砭时弊,切中国民党反动派的要害,帮助读者认识到中华民族面临的危机,于万马齐喑中一新耳目,深受爱国人士及进步青年的欢迎。

---

　　① 《今后本报努力的工作——纪念本报六十周年》,《申报》1932 年 11 月 30日。

　　② 《申报·自由谈》1932 年 12 月 1 日。

　　③ 《编辑室启事》(一),《申报·自由谈》1932 年 12 月 12 日。

另一方面,《自由谈》的革新,却遭到国民党反动派及其特务机关刊物《社会新闻》的竭力反对。他们不惜恶意诽谤,造谣破坏。在黑暗势力的重重压迫下,主持《自由谈》编辑工作半年多之后,黎烈文在报上刊登了一则《编辑室启事》,说:"这年头,说话难,摇笔杆尤难","吁请海内文豪,从兹多谈风月"。"若必论长议短,妄谈大事,则塞之字篓既有所不忍,布之报端又有所不能,陷编者于两难之境,未免有失恕道。"①字里行间,表达了编者难言的苦衷。此后,《自由谈》在选稿方面,游记、随笔等散文小品较前多了些。但格调不变,左翼和进步作家仍源源投寄稿件,不过斗争策略有所改变,在隐晦曲折的字里行间包含着深刻的内容。

1934年,国民党反动派加紧推行其文化"围剿"政策,对《自由谈》视为眼中钉,一再向《申报》当局施加压力。5月9日,《自由谈》上登出了《黎烈文启事》:"烈文现因事忙,对于本刊编辑事务无暇兼顾,自即日起,关于本刊一切事项由张梓生先生主持。"黎主编《自由谈》共一年五个月零八天。在这一年多时间里,他全力贯注于《自由谈》的编辑工作,连他夫人临蓐也无暇照管,以致她独自死在医院里②。继他之后主编《自由谈》的张梓生,萧规曹随,风格依然,到1935年10月31日也被迫去职。

1935年,黎烈文与鲁迅、茅盾、黄源等组织"译文社",出版《译文丛刊》,介绍外国文艺作品。

1936年9月,黎烈文在上海创刊并主编《中流》文艺半月刊,着重刊登短篇作品,及反映当时政治斗争的文章。撰稿人大都是鲁迅、茅盾等进步作家。鲁迅逝世后,1936年11月5日的《中流》第1卷第5期刊出纪念专号,选登了许多人的纪念文章,黎以《一个不倦的工作者》为题,追忆鲁迅的忘我劳动。"七七"卢沟桥事变时,《中流》出了抗敌专

---

① 《编辑室启事》,《申报·自由谈》1933年5月25日。

② 鲁迅:《伪自由书·前记》,《鲁迅全集》第5卷,人民文学出版社1981年版。

号。8 月《中流》停刊,共出 22 期。

其间,1936 年在中国文艺界抗日民族统一战线运动中,巴金和黎烈文起草过由鲁迅等签名的《中国文艺工作者宣言》。10 月,黎又在《文艺界同人为团结御侮与言论自由宣言》上签了名。

抗战开始后,黎烈文到了福州。由福建省教育厅长郑贞文推荐,于1938 年担任福建省教育厅中等学校国文科视导员。1939 年到永安,抱着"推重车上峻坡的雄心",创办"改进出版社",自任社长,并由杜俊东、陈范予、陈占元、许天虹等协助,编刊了《改进》、《现代文艺》、《现代青年》、《现代儿童》等刊物和《改进文库》,出版了适应抗战需要的青少年学生通俗读物。

抗战胜利后,黎烈文于 1946 年初到了台湾,应台北《新生报》社长李万居(留法同学)之邀,一度担任台北《新生报》社的副社长,仅 20 天即去职。"二二八"事变发生后,黎烈文到台湾大学文学院任外文系教授。50 年代初,黎应《中华日报》台南部总编辑兼副刊主编于吉之约,撰写文艺专栏文章,题为《艺文谈片》,每周一篇,内容大抵为欧陆文坛掌故,如《名著的代价》、《华格纳访贝多芬》、《文豪的归宿》等。黎对外国文学研究有素,此时信手拈来,写得逸趣横生,颇为读者爱好①。

1972 年 10 月 31 日,黎烈文在台湾病逝,身后萧条。

黎烈文逝世后,巴金在香港《大公报》上发表《怀念黎烈文》一文说:"我不能不想起那位在遥远地方死去的亡友,我没有向他的遗体告别,但是他的言行深深地印在我的心上。埋头写作,不求闻达。不多取一分不属于自己的东西。这应当是他的遗言吧。"

黎烈文一生著作甚多,主要有:小说集《舟中》、散文集《崇高的女性》、《西洋文学史》、《法国文学史》;标点《大唐三藏取经平话》、《新编五代史平话》、《京本通俗小说》;译著有《冰岛渔夫》、《红与黑》、《脂肪球》等。

---

① 曹聚仁:《我与黎烈文》,曹聚仁《我与我的世界》,人民文学出版社 1983 年版。

黎 元 洪

张振鹤

黎元洪，字宋卿，湖北黄陂人，1864年10月19日（清同治三年九月十九日）生。他的祖籍原系安徽宿松，从祖父起即经商湖北，遂入籍黄陂，父名朝相，参加过清军镇压太平天国的战役，后又转直隶练军，由士卒升为游击。黎元洪十四岁时随家北来，先进私塾；1883年考入天津北洋水师学堂。卒业后，于1888年被派往海军服役。1890年，经水师提督丁汝昌调广东广甲兵船上充当三管轮，次年晋为二管轮。1893年，一度应调去湖北任炮厂监工，后又回广东。1894年，中日战争爆发，他从广州北上增援威海卫，遇敌于渤海口，所乘战舰被击沉。黎漂流海上，后在大连附近得救。

战后，黎元洪脱离海军，往南京投靠署理两江总督张之洞，先奉命监修新式炮台，后为狮子山等处炮台总教习，深受器重。1896年1月，张回湖广总督本任，又把他带到湖北，委以炮台监制、护军后营帮带，参与训练新军。1898年，黎东渡日本考察军工生产。1899年秋，再次赴日考察陆军教育及军纪。第二年夏回国，任护军马队第一营管带。1901年，第三次去日本，参观陆军大操演习。1904年任护军前锋一、二、三、四营督带。次年12月，张之洞遵照练兵处新章，改编湖北常备军为两镇，黎元洪任第二镇第三协统领官兼护该镇统制官。1906年4月，练兵处将该镇拟定名称为暂编第二十一混成协，黎任该协协统兼管马、炮、工、辎各队事务。同年秋，清政府于河南彰德举行新军秋操，分编南、北两军，南军由湖北第八镇和河南第二十九混成协组成。黎元洪以第八镇统制官名义,率军参加了这次演习,获得"军容盛强,士气健锐,步伐技艺均已熟练精娴,在东南各省中,实堪首屈一指"的评语①。

1909年,湖北人民为收回利权,发起粤汉铁路收回自办运动。各界推派代表组成"湖北铁路协会",共谋筹款,黎元洪以军界代表参加。这一年,湖北水灾严重,遍地饥民,成群结队四处吃大户,抢夺地主富商存粮。黎元洪奉命派二十一混成协所属官兵去江陵县驻扎,"随时认真弹压"②。1910年夏,他亲自带兵去沔阳州芦林湖,镇压饥民。同年,陆军将校讲习所改为讲武堂,第八镇统制张彪任总办,黎元洪和邓成拔任会办。

1911年10月10日,武昌起义爆发。革命军的领导者多普通士兵和下级军官,为了扩大影响和提高革命军的声望,黎元洪被抬出来充当中华民国军政府鄂军都督。其实,他对革命活动一贯惧怕和仇视,早在上年11月间,他即借故把倾向革命的队官潘康时撤职,而以亲信施化龙代替。施化龙秘密侦探军队内部革命团体"振武学社"活动情况上报,黎据此下令开除了大批革命士兵。武昌起义的那天晚上,他还亲手杀死革命士兵。之后,他又惶惶不安,逃匿不见。

11日黎明,起义军的领导人群集武昌阅马厂谘议局,通过拥黎元洪为中华民国军政府鄂省大都督,派人赴二十一混成协司令部觅黎,黎已匿避;复至混成协皮工厂,见黎穿短狭不适体的便服,默坐一室中。派去寻找他的人说:"请统领当都督!"黎瞪目而视,答道:"谁同你们造反?"即起身出走。后又逃往黄土坡他的参谋刘某家躲藏,并以身后事托付刘某。当起义军把他从刘家找出来时,他还忿忿地说:"这不是胡闹吗? 谁同你们胡闹呢? 事先既未与闻,事后又不通知,这不是儿戏,北洋兵一到,将如之何?"③直到他被拥到谘议局楼上,推他当都督,他仍拒绝在安民布告上签字,连喊"莫害我! 莫害我"。等到汉口、汉阳光

① 袁世凯撰、沈祖宪辑:《养寿园奏议辑要》卷41,1937年刻本。
② 《饬派陆军弹压灾区》,《时报》宣统元年十二月十六日。
③ 章裕昆:《文学社武昌首义纪实》,三联书店1952年版,第44页。

复,各国驻汉领事宣布"中立",他才勉强就职。

　　黎元洪当上都督后,继续施展危害革命的伎俩,密派前大清银行监督黎大钧,暗中和清大臣柯逢时约定:如革命成功,黎保柯之身家;如革命失败,柯保黎之身家。11月,他又假湖南立宪派首领谭延闿的手残害鄂军第一协统领宋锡全于长沙。宋系四十二标一营队官,早几年曾参加过革命团体"日知会",平日对"文学社"的革命活动积极支持,革命后遂被推为协司令。黎和军务部长孙武忌"文学社",对宋亦怀恨在心,故借刀杀人,从此埋下湖北各革命团体间互相仇视和分裂的种子。

　　革命军继在汉口失利之后,11月26日,汉阳又陷敌手。清军将领冯国璋坐镇指挥,自汉阳架炮轰击武昌,都督府曾中炮弹。黎元洪恐惧,私自乘所备垂帘小轿逃往距城六十里的王家店,一时城内秩序大乱。12月初,双方停战,他经多人劝驾,才返回武昌。

　　1912年1月,南京临时政府成立,孙中山当选为大总统,黎元洪被选为副总统,仍兼鄂督。2月,南北和议成功,改选临时总统和副总统,袁世凯代替了孙中山,黎又膺选连任。他为从事政党活动,参加竞选,组织"民社",自任理事长。"民社"的主要成员多湖北人,如孙武、刘成禺、张伯烈等。他们鉴于南京临时政府部长、次长席位都被别人获得,心怀不满,大肆中伤孙中山,煽动武昌和南京分裂;又借口反对建都南京,以讨好袁世凯。黎元洪为向袁献媚,2月间,通电南京政府,叫嚷"共和国立,革命军消"。袁为巩固自己的地位,也乐得挟黎以对抗革命派。袁、黎之间互相勾结、互相利用,恢复旧秩序、维护封建统治是他们之间结合的基础。黎为加强实力,开始在湖北实行恐怖政策。文学、群治二社社员组织"群英会",以反孙武为号召,于2月28日举行暴动,被黎镇压。事后,黎还发布停止集会结社的通电,以限制革命团体活动①。文学社和共进会的势力遭受严重摧残。黎元洪借缩编军队,排

---

　　① 天竺生:《武昌军队内哄详报》,《中华民国大事记》第3册,有正书局1921年版,第31—36页;《时报》1912年3月3日、5日。

除异己,将原来八个师的军队,改编为三个师。

黎元洪又借口汉口《大江报》鼓吹无政府主义,于8月8日派兵将该报查封,并下令缉拿该报主任何海鸣、编辑凌大同等。何等闻风先逃,凌大同被捕。14日,上海《民立》、《民权》、《民国新闻》等七报社联名致电黎元洪,抗议他"违背国宪,蔑视人权"①。黎不顾舆论激烈反对,9月把凌大同处死。8月16日,他伙同袁世凯杀害了湖北军政府军务司副司长张振武和湖北将校团团长方维。先是,他以卑鄙的手段把张、方等人骗往北京。随后密电袁,诬称张等"蛊惑军士,勾结土匪,破坏共和图谋不轨,鄂中几次风潮,伊等均为主动"②。张、方遂被袁世凯逮捕并遭杀害。这是民国成立后,袁、黎合谋制造的一件著名的政治谋杀案。

与此同时,湖北境内不断爆发的革命斗争,也都被黎元洪镇压。报载他"妄诛无辜之人甚多,武汉间几日有杀人之事"③。

1913年,黎元洪投向袁世凯,成为袁扑灭"二次革命"的有力帮凶。在他的同意下,北洋系李纯部队得以早在革命爆发前预先进入湖北,为袁日后击溃江西湖口李烈钧的讨袁军提供了基地。他又勾结湖南立宪派官僚谭延闿等,分化了该省反袁的力量。当宋教仁被刺后,江西、安徽、广东三省准备发动讨袁战争时,他为袁世凯辩护,说袁世凯是"识时之英雄,决不逆潮流而犯名义"④。

"二次革命"失败,黎元洪领衔通电全国,主张先选总统,后定宪法。10月6日,袁世凯挟持国会,选他为正式大总统,黎也当上副总统。随后,黎又支持袁世凯解散国会、破坏《临时约法》。

袁世凯对黎元洪继续留在湖北并不放心,于12月间,派段祺瑞以"磋商要政"为词⑤,把他从武昌"迎到"北京,住中南海瀛台,进而结成

---

① 《民国新闻》1912年8月15日。
② 易国幹辑:《黎副总统政书》第13卷,武昌官印书局1914年版,第11页。
③ 《民立报》1912年8月19日。
④ 易国幹辑:《黎副总统政书》第20卷,第15页。
⑤ 易国幹辑:《黎副总统政书》第34卷,第8页。

儿女姻亲,表示公谊私情都超过一般关系。从此,黎的行动都处于袁的监视和控制之下,无异政治俘虏,黎意志逐渐消极。

袁世凯为独揽大权,阴谋复辟帝制,1914年6月成立了御用参政院,任命黎元洪兼参政院院长,黎勉强就职。此后,黎请辞副总统未准。1915年,袁准备称帝时,黎由瀛台搬进东城东厂胡同寓所,这是袁特意为他购买的一处住宅。12月15日袁又册封黎为武义亲王,黎坚持不受,他对袁的帝制闹剧一直采取不合作态度。

1916年6月6日,袁死,段祺瑞掌握了北京政府的实权。是日晨,日、英、法、俄、比、意六国公使闻袁病危,共聚日本使馆策划继承人问题,一致同意由黎元洪任大总统。随后,将上述决定通告段祺瑞。在帝国主义的授意下,段于6日晚间表明了态度。7日,黎宣布就职,并任命段祺瑞为国务院总理。29日,黎宣布遵行《临时约法》,续行召集国会。8月1日,国会复会,黎在会上正式宣誓就任。

黎、段之间的利害冲突很快趋向表面化。袁世凯当权时,大小事都听命于总统,当总理的毫无实权;段祺瑞当了总理,却把总统看成签字盖章的傀儡。段祺瑞的亲信徐树铮任国务院秘书长,更不把总统看在眼里。黎元洪为此愤慨地说:"昔受项城屈辱,今又见侮于段。"①他周围的重要成员丁世峄、哈汉章、金永炎、黎澍等人,联结反段派议员、政客共同对抗段、徐,由此演成"府(总统府)院(国务院)之争"。1917年,因对德宣战案,导致双方的公开冲突。

赞成或反对对德宣战,不仅反映国内派系之间的矛盾,而且也反映日、美在中国的角逐。亲日的段祺瑞于4月25日召集各省督军到京开会,企图借督军团的势力,向黎施加压力,要他同意宣战。到会的各省督军及督军代表有曹锟、倪嗣冲、孟恩远、王占元、李纯、阎锡山、张怀芝等,陆海军总次长和参谋总长都列席会议。段祺瑞在会上提出对德宣

---

① 韩玉辰:《政学会的政治活动》,中国人民政治协商会议全国委员会文史资料研究委员会编《文史资料选辑》第48辑,中华书局1964年版。

战案后,经多数与会者赞成通过。5月1日,国务院也开会通过。段即率同阁员,面请黎元洪核准。黎则坚持等国会表决通过后,才能核准。安徽省长倪嗣冲偕督军团代表面见黎,要求对德宣战,黎当面加以训斥,责其擅离职守,干涉外交。

5月8日,众议院开始讨论对德宣战案。10日,段祺瑞的亲信率领自称"公民请愿团"的打手数千人到国会前示威,强迫议员通过参战案,并打伤议员十多人。暴行发生后,引起公愤,农商总长谷钟秀、司法总长张耀曾、海军总长程璧光等内阁阁员相率辞职,外交总长伍廷芳亦出京,以示抗议。19日,众议院以现内阁仅剩总理一人,不足信任,拒绝讨论宣战案。段祺瑞因而大怒,他唆使吉林督军孟恩远领衔,联合各省督军呈文黎元洪,要求解散国会。黎不允,召见孟恩远、王占元,告以约法上总统无解散国会之权,解决时局最好办法,唯有段祺瑞辞去国务总理职务。

23日,黎元洪下令免去段的职务,任命伍廷芳暂代国务总理,王士珍为京、津一带临时警备司令,江朝宗、陈光远为副。29日起,在段的授意下,安徽省长倪嗣冲、直隶督军曹锟等纷纷宣告脱离中央,造成"九省督军皆反,连名请解散国会"的混乱局面①。黎元洪束手无策,于6月初同意调长江巡阅使张勋来京调解。不料张率兵到天津后,突然以解散国会为先决条件要挟他。此时黎已引狼入室,欲罢不能,遂于13日同意下令解散国会,并通电全国承认违法。张勋于国会解散后入京,7月1日导演了一幕"大清帝国"复辟的丑剧。3日,黎逃往东交民巷日本使馆避难,并电请身居南京的副总统冯国璋代行大总统。

段祺瑞利用张勋解散了国会,又利用全国人民维护共和国的强烈愿望,在马厂起兵,迅速击败了张勋,重任国务总理。段于14日回到北京正式办公,并把黎元洪从日本使馆迎回,黎元洪表示不再回任。于是

---

① 章炳麟:《黎公碑》,见张难先著《湖北革命知之录》,商务印书馆1946年版,第294页。

冯国璋担任了大总统。黎元洪回到东厂胡同寓所，开始段祺瑞不许他离开北京，怕被人利用。一天，黎宅突然发生了行刺案，在汤化龙等人的说合与保证下，8月27日，黎元洪始获准回天津英租界寓所。

1920年7月，直系军阀曹锟、吴佩孚战胜了皖系军阀段祺瑞，1922年四五月间又战胜了奉系军阀张作霖。曹、吴控制了北京政府，他们为了政治上的需要，就在打败奉系不久，于6月间，赶走皖系支持的总统徐世昌，又把黎元洪拉出来复任大总统，并召集民国六年(1917年)旧国会，搞所谓"法统重光"的政治骗局。黎于11日到北京就职。

曹、吴拥黎元洪再次上台，目的是想借此恢复国会，通过国会正式选曹锟当总统，又可用"法统"名义抵制南方的护法政府，统一全国；而黎及其周围的人物则是想分享政权。所以，黎复位不久，为了任期问题便和曹家党徒发生争论。曹锟急于爬上总统宝座，直接唆使他的弟弟曹锐出面收买议员，为"驱黎拥曹"做准备。1923年6月6日，他们迫使国务总理张绍曾辞职，陷政府于瘫痪；7日，又指使北京军警官佐数百人，向黎索饷请愿；10日以后，连日雇用流氓和便衣军警出动，游行示威，围困黎的寓所，割断电话，破坏水源并让警察罢岗罢哨。陆军检阅使冯玉祥、京畿卫戍总司令王怀庆又联名以辞职相威胁。所有这些活动，都是为了逼黎让位。

黎元洪这个总统实在混不下去了，13日下午，才偕陆军总长金永炎、美国顾问福开森(John Calvin Ferguson)等十余人，乘车赴津。他的专车抵达天津车站后，又出现一场夺印闹剧。直隶省长王承斌带着军队把他围困了十多个小时，向他索取总统印章。直到他用长途电话通知北京，把藏在法国医院的印章交出，才被允许下车回家。

黎回天津后，各派政治势力都想利用他当反直系的招牌。张作霖邀他去奉天，一部分聚集上海的议员邀他南下，皖系政客力促其行。9月11日，他偕陈宦、李根源、金永炎等人从天津秘密抵沪，但各反直派势力意见难以统一,使他组织政府的计划流产①。10 月,曹锟在北京贿选为总统,粉墨登场。黎元洪感到已无再留上海的必要,便于 11 月买棹东渡,到日本别府养病。1924 年 5 月,再返津门。

黎晚年曾任中兴煤矿董事长。黎家早在该矿有巨额投资,据 1921 年《山东矿业报告》公布的数字为 60 万元,占第一位。他在武昌油坊岭等地还购有大量田产出租。

1928 年 6 月 3 日,黎元洪因患脑溢血在天津病故。

---

① 刘楚湘:《癸亥政变纪略》,泰东图书局 1924 年版,第 170 页。

李　　纯

张振鹤

　　李纯,字秀山,直隶天津人,1867 年 9 月 12 日(清同治六年八月十五日)出生在一个小官吏的家庭里。幼读私塾,二十二岁入天津武备学堂第二期。1895 年卒业后投袁世凯主持的新建陆军,任督队稽查先锋官。1902 年 5 月,袁奏设军政司于保定以编练常备军,自兼督办,委令冯国璋为教练处总办,派李纯在冯手下任提调。1903 年,以铁良为翼长的京旗常备军(后改为陆军第一镇)也在保定编练,李纯由军政司调该军任管带,后升统带。1907 年,李纯经铁良保举,由参将升副将,调任陆军第六镇第十一协统领①,驻保定。1911 年 4 月,清廷赏给他协都统衔。同年 10 月,武昌革命爆发,第十一协组成第二十一混成协,编入冯国璋指挥的第一军,李奉命率部南下,参与对革命军的战争。10 月 27 日,冯国璋指挥清军猛攻汉口,李纯自孝感绕道蔡甸,偷袭革命军侧翼。11 月 6 日,他继吴禄贞任第六镇统制,并被授以陆军副都统衔②。李纯于提升之后,参加了 27 日冯军攻陷汉阳之战,加倍为清廷卖力。

　　民国成立后,镇改为师,李任第六师师长,驻河南信阳。1913 年 3 月,宋教仁被刺案发生后,袁命李部进驻湖北境内,伙同黎元洪严密监

---

①　宣统三年清陆军部档案。
②　《镇协赏衔上谕》,《正宗爱国报》(北京)宣统三年三月十日。

视南方革命党人，并做好发动内战的准备①。6月上旬，袁首先下令免国民党人李烈钧的江西都督，随后又接连免了广东胡汉民、安徽柏文蔚两省的都督，令李纯特别重视江西方面国民党人的动向。7月12日，李烈钧于湖口起义，宣布讨袁。袁立即任命李纯为九江镇守使，催他火速向九江推进。沙河镇战役李纯击败了赣军林虎，25日占领了湖口。8月4日，李升任护军使。8月18日，他又攻陷南昌，27日，暂兼江西民政长②。9月29日，署江西都督。

李纯督江西后，采取极其严厉的高压政策：取缔国民党的各级组织，解散省议会，逮捕议员，严禁群众集会，查封报馆，钳制舆论，不准对袁世凯的倒行逆施有任何批评③。他更以各种政治嫌疑为借口，拘捕无辜群众，严加拷打，南昌出现"逐日刑人"的恐怖气氛④。袁对他信任日笃，恩宠有加，1914年6月，授为昌武将军，督理江西全省军务。

李纯也是一个唯利是图、见风转舵的军阀。1915年，袁党酝酿帝制，他先是积极附和，9月由江西赴京，追随段芝贵等人，向袁密呈劝进电⑤；但是，到12月底，护国军崛起后，全国出现一片反帝制声浪，连袁的心腹大将冯国璋、段祺瑞也露出了反对帝制的倾向，在此形势下，李纯又一变而附和冯国璋。1916年3月，他列名于冯国璋策动的五省将军联名密电（就取消帝制，征求各省意见）。4月16日，冯发出劝袁退位电前后，李纯暗中和段祺瑞、靳云鹏、陈宧等密电往返，与冯的活动相策应⑥。6月6日，袁死，黎元洪继任大总统。7月6日，改各省将军为

---

①　易国幹等辑：《黎大总统政书》卷19，上海晋益书局1916年版，第1页；《民立报》1913年5月11日。

②　《民立报》1913年5月23日，6月5日，6月21日，6月25日，8月24日；《时报》1913年9月16日。

③　《时报》1914年4月18日。

④　《时报》1913年9月10日，10月16日；1914年1月1日。

⑤　《时报》1915年9月6日。

⑥　《民国日报》1916年5月2日、3日。

督军,李纯被任为江西督军。

袁世凯死后的北洋军阀,随着英、美、日在中国的角逐,日益明显地分化为以冯国璋和段祺瑞各自为首的直、皖两系。李纯原为冯的部属,又与冯是直隶同乡,便成为直系的主要骨干。1917 年 8 月,冯入京代理大总统,为防止皖系夺取江苏地盘,任李纯为江苏督军。同年秋,"护法"开始,孙中山联合桂、滇、湘、粤各省实力派在广州建立的军政府,同北京政府形成对峙的局面。这时,以冯、段为首的直、皖两系,仍以帝国主义对华的利害矛盾为背景,在对护法各省和战问题上发生了分歧。李纯站在冯国璋一边,用"和平统一"的口号来反对段祺瑞"武力统一"的政策。九十月间,他对段祺瑞借日款、购军械、准备发动内战的行为,多次表示反对。10 月下旬,当段祺瑞决定派兵入湘时,他联络湖北王占元、江西陈光远形成所谓"长江三督",提出停止征湘、改组内阁等主张,向段施加强大的压力。11 月 14 日,进入湖南前线的北军师长王汝贤、范国璋在冯的示意下,通电撤兵。李又联合王占元、陈光远并拉上曹锟于 11 月 18 日联衔通电主和。他们的这些活动使段祺瑞对南用兵的计划迭受挫折,乃不得不辞去国务总理职务(由王士珍代理),退居幕后。李纯控制长江下游,一时成为被重视的风云人物。

当时,南方湘、桂军阀把李当做同盟者,极力拉拢他;北方主战的段派军阀、政客,则把他作为北洋派的"内奸",纷纷责骂他。因为他的活动受到冯国璋的支持,所以他仍声称自己是北洋派的一员。于是,南北的许多军阀代表都相继到南京来,和他商讨时局①;他派亲信南下,访问陆荣廷等②,企图实现冯国璋与南方军阀妥协的"和平混一"。12 月间,他利用驻浦口的冯玉祥旅,并策动地方团体出面,阻止北京派出征湘的第二路军过境,又一次引起了主战派的叫骂。他虽然扯住了主战

---

① 《民国日报》1917 年 11 月 26 日、27 日。

② 白坚武著,杜春和、耿来金等整理:《白坚武日记》,1917 年 12 月 4 日、8 日、12 日,江苏古籍出版社 1992 年版。

派的后腿,但"和平混一"的企望,终由于南北军阀的利害不一致,短期内无法达成协议。

1918年1月下旬,南方的湘桂联军,乘北洋军阀内部的纷争,突然攻占了岳州。岳州自古为兵家必争之地,这个军事要冲的易手,刺激了北洋派军人,主战派嚣张起来,形势顿时发生了变化。段的谋士徐树铮趁机分化直系,拉拢曹锟为皖系效力。同时又策动亲段派的各省督军,通电斥责主和政策,矛头更多地对准李纯。另外,徐又跑到关外去勾引张作霖。2月下旬,张作霖派大批奉军入关,一部分进驻北京近郊,向冯国璋施加压力,另一部分沿津浦铁路南伸,向李纯示威。随后,徐树铮与张作霖组织关内奉军司令部,由徐兼副司令。徐策动亲段军阀通电叫嚣:"欲求国事进步,非先更易阁王、苏李,万无着手之地。"[①]要求罢免李纯并再起用段祺瑞组阁。3月中旬,曹锟部下吴佩孚部趁湘桂军主动撤军之际,进占岳州、长沙,"捷报"传来,主战派越发嚣张。到此,冯国璋不得不低下头来,请段再任阁揆。在几经邀约之后,3月23日,段祺瑞再次组阁。这时,以李纯为首的长江三督也不得不随着冯的软化而消沉下来。段祺瑞一时踌躇满志,悍然派亲信去湖南夺取曹、吴抢来的地盘,引起曹、吴的不满。7月以后,吴佩孚忽从前线发动主和;有电致李纯痛诋段内阁的种种罪行。于是,李纯想利用时机,再度对时局有所主张。10月,冯国璋代理总统期满下台,李失去凭借,他高唱"和平"的调子才日趋于消沉。

1919年12月冯国璋死后,李纯和曹锟代表了直系两大势力;然而李的实力远弱于曹。一时李虽被视为长江三督的领袖,但鄂督王占元和赣督陈光远各有打算,并不完全信赖他,他的实力也局促江苏一省。上年吴佩孚从湖南前线发动向皖系的攻击后,李暗中和吴信使往还,引为同调。其后,曹锟、吴佩孚、张作霖暗中酝酿反皖,他也参与其中。

---

①　"阁王"指王士珍,"苏李"指李纯。《徐树铮致各省督军阳电》,中国科学院近代史研究所近代史资料编辑组编《徐树铮电稿》,中华书局1963年版,第3页。

1920年4月，曹锟在保定召开直奉两系八省反段的联盟会议时，李派代表参加。7月，直皖战争爆发，李纯因须防备浙江卢永祥，无力北上助战，仅能虚张声势，遥为呼应。到皖系战败后，曹、吴和奉张两系共同控制了北京政府，在政治分赃中，李纯无力染指。然而，当时的北京政府表面上仍然不得不把他摆在各省督军的地位之上，以示对他的尊重，特别是战后继续留任的大总统徐世昌，还想借重李纯作为与南方谈判的"和平"掮客。8月4日，徐任命他为北方议和总代表，时北方曹、吴和奉张正欲借武力扩张势力，南北议和一时无从谈起，他力辞不受。9月16日，又任命他为长江巡阅使，但他知道这只是个有名无实的虚衔，又坚辞。10月2日，北京政府改任他为苏皖赣巡阅使，10月10日又授以英威上将军的称号，他也不肯拜命。当时，江西督军陈光远早有不愿接受他节制的表示，对他是个极大的刺激。李纯本来患有精神失常症，时局的变化，又多次使他不如意，日益表现消极。这期间，江苏省各界又发动了反对财政厅长文和（他的干儿子）贪污的风潮，报纸连篇累牍地影射他任用非人，遗祸全省。在"内忧外患"中，他不时放声大哭，表示悲观绝望。10月12日晨，他写好遗书五封，于督署中自杀身死。

李　德　全

郭　烙

　　李德全,直隶通州(今北京市通州区)人,1896 年 8 月 9 日(清光绪二十二年七月初一)出生于一个信奉基督教的农民家庭。父亲当过运河码头工人。她出生三个月,即受洗礼入教。1904 年由教会资助进通州私立富育小学,1911 年升入北京私立贝满女子中学,1915 年入北京私立协和女子大学(即燕京大学前身的一部分)。

　　在中学和大学时代,李德全都是学生领袖,曾被选为协和女子大学学生会会长,是校内外宗教团体的学生代表。她具有讲演的口才,在各项活动中十分活跃。1918 年第一次世界大战结束后,从巴黎传来一句污辱中国人的话,说"中国不值二毛五",她十分气愤,就和其他同学一起写了大幅抗议书:"中国不值二毛五,全中国四万万五千万人,每人值 0.0000000005!"摊在美国校长的桌面上。1919 年五四运动中,她积极参加爱国活动。是年大学毕业后,她回到母校贝满女中,担任代数、西洋史等课程的教师。1922 年 1 月,她担任北京基督教女青年会学生部干事。

　　1924 年初,李德全经亲戚介绍,认识了冯玉祥。当时,冯在京担任陆军检阅使职务,夫人刘氏于 1923 年 12 月病逝。一时军政界人物争欲为他做媒,大总统曹锟亦欲将女儿许配于冯,但他选择了李德全,两人于 1924 年 2 月 24 日按基督教的仪式举行婚礼。婚后,李操持家务,教育子女,兼顾冯玉祥所属西北军官佐眷属的教育及伤兵的慰劳等事宜。冯对部下要求极为严格,犯了错误的人必加严惩,李往往为之缓颊,所以冯部官兵很敬重她。李生活俭朴,平易近人。

1924 年 10 月第二次直奉战争中,冯玉祥发动北京政变,电请孙中山北上商讨和主持解决时局问题,并将所部改编为国民军。当孙中山于 12 月 31 日到达北京时,冯玉祥因北京政局为奉皖军阀所把持,已辞去陆军检阅使职务,在京西天台山休养,由李德全代表冯到北京欢迎孙中山。孙中山在北京病重时,李又带着冯玉祥的亲笔信前往看望。孙送冯六千本《三民主义》、一千本《建国大纲》和《建国方略》,由李带回,发给国民军官兵当做教材。李曾亲自为国民军教导团讲解三民主义。

1926 年初,奉、直、鲁、晋诸系军阀联合围攻国民军,冯玉祥下野出国赴苏联访问,李德全随往,于 1926 年 5 月 9 日抵莫斯科。这次访问,对李德全的思想影响很大,她对苏联男女平等、人人自食其力,很为赞佩。她随冯玉祥受到苏联领导人和第三国际负责人的接见,并看望了列宁的夫人和妹妹。她在苏联初步接触到马列主义,对社会主义制度开始有了一些了解。冯玉祥于 8 月 17 日从莫斯科动身回国,李德全继续留在苏联参观访问,直到 1927 年 7 月才回国。有人说她"游俄归来,信仰忽移"①,"赤化"了冯玉祥。1929 年冯反蒋失败后,带着李德全和女儿入晋,被阎锡山囚禁于五台县建安村。1930 年阎联冯倒蒋,李德全被留在太原作为人质。

冯玉祥在 1930 年中原大战和 1933 年察哈尔抗日失败后,两度退隐泰山读书,邀请许多学者为他讲课,李德全经常随同听课,进一步学习马列主义,并对国际国内形势有了新的认识。

李德全早年认为中国积弱的原因之一,是人民缺乏文化,竭力从事普及教育工作。1925 年曾在北京创办求知中学,附设小学和幼儿园,自任董事长。在泰山期间,李德全变卖了结婚时的首饰,创办了十五所小学,使附近的农民子女得到受教育的机会。

1936 年 1 月,冯玉祥出任国民政府军事委员会副委员长,李德全

---

① 《张之江先生致冯玉祥夫人函》,《女铎》第 18 卷第 5 册(1929 年 10 月)。

随冯离泰山到南京,投身于妇女运动。5月2日国民政府立法院通过的"国民大会代表选举法"中,没有规定妇女代表名额。李德全带头向国民党五届二中全会请愿,要求在按区域、职业选举国民大会代表时,规定男女代表的比例,妇女至少应占三分之一。先曾持拒绝态度的张继等被迫答应代为转达①。李德全在一次会上演讲说:"女子结婚以后,即从事家庭琐事;而男子仍在社会工作,时时有进步。这样女子如何能和男子竞争呢?"②为了提高妇女的知识水平,她联络南京知识界妇女组织首都女子学术研究会,并担任该会的常务委员。她们开展学习和研究活动,开办俄文补习班,举行演讲会,组织参观工厂、天文台,学习驾驶汽车和实弹射击等,促进了上层妇女的联系和团结。李德全还曾参与营救被捕的共产党员和救国会领袖的活动。

抗日战争爆发后,李德全团结各界妇女,投入支援抗战前线的慰劳、救护和战时儿童保育工作。国民政府撤退到武汉后,李德全担任中国战时儿童保育会副理事长。到重庆后,她与邓颖超、曹孟君、刘清扬等人时相往还,继续从事妇女和儿童工作。至1939年秋,战时儿童保育会已设有保育院四十六所,收容儿童两万余人。

1945年8月抗战胜利后,李德全联络进步妇女,组织中国妇女联谊会,被推选为主席。该会广泛团结各阶层妇女,为争取民主而斗争。是年8月28日,毛泽东、周恩来、王若飞从延安飞抵重庆,与国民党蒋介石进行谈判,李德全代表冯玉祥到机场欢迎。她与刘王立明联名致电美国教会联合会主席波尔夫人,呼吁美国政府不要支持蒋介石打内战。1946年1月政治协商会议在重庆举行,李被选为军事考察团成员。为促进政治协商会议成功,重庆各界人士和有关团体成立了政治协商会议陪都各界协进会,李被选为理事。政协会议进行期间,协进会

①　《世界日报》1936年7月17日。

②　《从群众中成长的——李德全女士》,《现代妇女》第7卷第1期(1946年1月)。

在沧白堂连续召集各界民众大会,经常遭到国民党特务的捣乱破坏。但她不畏强暴,出席主持第五次民众大会,并举行记者招待会,愤怒揭露连日来特务逞凶破坏的罪行。2月10日,协进会与中国妇女联谊会等二十余团体在重庆较场口举行"陪都各界庆祝政治协商会议成功大会",李德全为大会总主席。国民党特务又大打出手,制造了震惊中外的"较场口事件",李与郭沫若、李公朴、章乃器、马寅初等六十多人被打伤。李于当天下午举行中外记者招待会,谴责国民党特务的法西斯暴行。在此期间,她与冯玉祥的行动受到特务的严密监视。为此,她见到蒋介石时,当面提出了抗议。

1946年9月,冯玉祥以"考察水利专使"的名义率考察小组赴美,李德全随行。在沪候船出国时,周恩来和邓颖超亲自登门看望他们,邓颖超并委托李代表她出席于10月中旬在美国召开的世界妇女代表大会。李在世界妇女代表大会上,愤怒控诉了蒋介石的法西斯暴行,提出"联合世界各国妇女为争取和平民主而奋斗"及"反对美国援助蒋介石发动内战"的提案。

李德全和冯玉祥在美国的两年中,到处公开演讲,谴责蒋介石集团屠杀人民的罪行,反对美国政府援蒋,要求撤退在华美军。蒋介石为此十分恼怒,下令冯玉祥回国。当时李德全在柏克莱写信给在纽约的冯玉祥说:"老蒋召你回国","证明你在人民心目中的威望更高了,高得使他怕极了,努力吧,光明就在眼前!"[1]蒋介石召冯回国不成,便以"冯玉祥在美国肆意诋毁元首"的罪名,于1947年12月撤销冯的"考察水利专使"职务,断绝其经济来源,使他们的生活陷于困境。李担任旅美华侨开办的国语班教员,以薪给补贴家用。在美国期间,由冯口述、李记录,写成《我所认识的蒋介石》一书,寄给在香港的翦伯赞出版。

1948年7月31日,李德全随冯玉祥乘苏联轮船"胜利号"离美,绕

---

① 冯洪达、余华心:《冯玉祥将军魂归中华》,文史资料出版社1981年版,第175页。

道苏联回国。9月1日,当"胜利号"航行至黑海北岸敖德萨附近时,突然发生火灾,冯玉祥及其十九岁的女儿冯晓达遇难身亡。李受伤脱险后,强忍丧失丈夫和爱女的悲痛,抱着冯玉祥的骨灰盒,于11月回到祖国东北解放区。她在哈尔滨发表广播演说,敦促原西北军官兵弃暗投明,起义反蒋。

1949年2月,李德全到达北平,把冯玉祥遗留的房产无偿地交给国家。她担任北京师范大学保育系教授兼系主任。同年3月,她出席第一次全国妇女代表大会,被选为全国妇联副主席;9月参加中国人民政治协商会议,被选为全国委员会委员。中华人民共和国成立后,李德全担任中央人民政府卫生部部长,兼任中国红十字会会长、中苏友好协会总会副会长、政务院文化教育委员会委员、国家体委副主任、中国人民保卫儿童全国委员会副主席等职。1954年以后被选为第一、二、三届全国人民代表大会代表。她以饱满的政治热情投入各项工作。1958年12月,她加入中国共产党。

1972年4月23日,李德全因病在北京逝世。

李 鼎 铭

李敬谦　熊宇良

李鼎铭,原名丰功,陕西米脂县桃镇人。1881年9月28日(清光绪七年八月初六)出生于一个中农家庭。曾任陕甘宁边区参议会副议长、陕甘宁边区政府副主席,是陕北著名的开明绅士。

李鼎铭幼年家贫,无力延师。1895年寄住舅父家中读书,学习勤奋,还兼习医学。1903年,赴绥德州应考,取为廪生。

1904年,李鼎铭在本地教私塾,1910年在绥德中学堂任教。辛亥革命后,他拥护孙中山先生的政治主张,曾在当地提倡放足、剪发、禁赌、破除迷信和兴办学校等。1913年任米脂县米东区区长期间,他利用临水寺庙宇开办米脂县第一所国民小学,并兼任校长。1916年,受聘于榆林中学,担任国文、数学教员。1918年返乡,在家乡一带行医,并和当地群众在桃镇创办国民高等小学,担任校长。他从事教育事业十余年,颇有成绩,在教学中主张给学生讲些科学知识,受到群众的欢迎。

自1923年起,李鼎铭担任榆林道尹公署顾问、科长等职。1926年因病返里,一面行医,一面为地方公益事业服务。例如当群众与陕北镇守使井岳秀部下一个专门敲诈勒索老百姓的所谓剧团发生冲突,并打死了一名坏头目时,李鼎铭挺身而出,站在群众一边,奔赴榆林找井岳秀交涉,终于使事态平息。他还经常为维护本乡群众某些利益,与官府及城内豪绅据理相争。1930年后,李鼎铭一直住米脂县城内,继续行医。尽管在这期间他经济拮据,但多次拒绝了杨家沟大地主马醒民等要他做总管家的邀请。李鼎铭为人公正,主持正义,因而在当地群众中颇有影响。

在第二次国内革命战争时期,国民党反动派对陕北革命根据地进行反复围剿。1934年至1935年上半年,米脂县长及反动军官孙绍山趁机镇压、破坏米脂县米东区共产党的组织,李鼎铭担任了米东区所谓"肃反"委员会主任。1936年他继续行医,还担任米脂县财务委员会主席。

1935年10月,中共中央和中央红军经过二万五千里长征,胜利到达陕北。这时,由于中共政策的影响和日本帝国主义侵略的加深,李鼎铭的思想开始转变。同时,由于他的学生共产党员郭洪涛、艾楚南、张汉武、曹力如等对他多次争取,以及他早年参加革命二儿子李力果①的影响,他的思想有较大的转变。1937年"七七"事变后,李鼎铭就逐步接受中共领导,拥护中国共产党团结抗日的政治主张,反对蒋介石消极抗战、积极反共反人民的政策。

1941年,陕甘宁边区为了加强根据地民主政权的建设,实行"三三制",开展普选运动,李鼎铭代表开明绅士被选为米脂县参议长,陕甘宁边区参议员、副议长。是年冬在边区第二届第一次参议会上,当选为陕甘宁边区政府副主席。他在《就职演说》②一文中,对自己的思想作了诚恳的自我解剖。1944年12月边区第二届二次参议会及1946年4月边区第三届第一次参议会上,均再次当选为陕甘宁边区政府副主席。

李鼎铭自参加边区政府工作以后,勇于负责,敢于大胆提出建设性的政见。1941年正当陕甘宁边区遭到日本帝国主义及国民党军队的围困封锁,经济处于严重困难时期,他在边区第二届一次参议会上,提出"精兵简政"的提案。毛泽东非常重视,说这个办法很好,是改造我们

---

① 李力果是李鼎铭的二儿子,1926年参加革命,1927年加入中国共产党。建国后曾任唐山市委书记、第一机械工业部副部长等职,1959年于北京病故。

② 《解放日报》1941年11月21日。

的机关主义、官僚主义、形式主义的对症药。精兵简政政策不但在陕甘宁边区实行,中共中央还把它推广到敌后各个抗日根据地,因而对战胜困难,提高工作效率起了积极作用。

1942年至1943年,李鼎铭还根据中国共产党的政策和陕北的特点,提倡精耕细作、多种洋芋、推广养蚕、移民开荒等措施,促进了农业生产的发展。

李鼎铭真诚拥护中国共产党的抗日民族统一战线政策。1942年7月,他在接见晋西北绅士参观团时说:"共产党是进步的政党,余今年虽六十,但已决心和共产党患难与共,休戚相关。……从共产党此次整顿三风中,可以看出共产党已切切实实谋与党外人士合作,对此我更深信不疑。"①1943年1月,他在中共中央西北局邀请党外人士座谈会上发言②,同年7月在《七七专刊》上发表文章③,热情帮助和盛赞共产党开展的整风运动。同年11月,李鼎铭在陕甘宁边区召开的劳动英雄代表大会闭幕式讲话中赞扬八路军说:"这样的军队,我是没有见过的。所以我们要尽心尽力的拥护军队。"④1944年1月,他看到边区部队在生产节约上取得巨大成绩,兴奋地对记者说:"几千年来,国家养的兵,都是穿老百姓吃老百姓的,唯独我们八路军,除了打仗以外,还进行生产,自给自足,并帮助人民春耕夏耘秋收。这是天下少有的。"⑤同年12月,在边区二届二次参议会上,他作了关于《文教工作的方向》⑥的专题发言,对边区消灭文盲、培养知识分子、普及卫生习惯等提出了许多有益的意见。

李鼎铭对全国政局的变化也十分关心,每当重要时刻,他都发表文

---

① 《解放日报》1942年7月12日。
② 《解放日报》1943年2月3日。
③ 《解放日报》1943年7月7日。
④ 《解放日报》1943年12月19日。
⑤ 《解放日报》1944年1月28日。
⑥ 《解放日报》1944年12月10日。

章或谈话。1943年,当蒋介石发动第三次反共高潮时,他义愤填膺地指出:"反共就是反对三民主义,进攻边区就是破坏团结抗战。"①同年他还发表了《驳斥关于我被"撤职"的谣言》一文②,有力地揭穿了敌人挑拨离间、破坏抗日民族统一战线的伎俩。

抗日战争胜利后,国民党蒋介石企图发动全面内战,天空出现一片乌云。中国面临两个命运、两种前途大决战的历史关头。李鼎铭继续坚定地站在中国共产党和广大人民一边,坚决反对蒋介石的反革命内战政策。1946年3月在接见记者谈到关于中苏友谊问题时③,以及同年4月在边区第三届一次参议会上作的《关于选举工作报告》④中,他斥责蒋介石指友为敌,发动内战,欺骗国民党统治区人民参加反苏反共反人民的卑劣行径,号召民主人士和全国人民团结起来,为和平民主而斗争。当蒋介石、胡宗南的国民党军进攻延安时,他随陕甘宁边区政府转战陕北。1947年10月,中共中央颁布了《中国土地法大纲》,他极表赞同,说:"共产党发动群众彻底平分土地,审查干部和党员,这两项政策伟大极了,有了这两项政策,它将保证共产党领导中国革命必然成功"⑤。

1947年12月11日,李鼎铭在陕甘宁边区政府临时驻地绥德县义合镇突患脑溢血症病故。边区政府举行追悼会表示哀悼。中共中央、毛泽东主席、陕甘宁边区政府都送了挽词。陕甘宁边区政府根据李鼎铭家乡群众的要求,决定将米脂县桃镇小学命名为"桃镇鼎铭学校",以资纪念。

---

① 《解放日报》1943年7月10日。

② 《解放日报》1943年9月9日。

③ 《解放日报》1946年3月14日。

④ 《解放日报》1946年4月12日。

⑤ 《陕甘宁边区政府副主席李鼎铭先生生平事略》,《人民日报》1948年2月11日。

李　鼎　新

陈孝华

　　李鼎新,字承梅,福建侯官(今福州市)人,出生于1861年(清咸丰十一年)。1881年(清光绪七年),李毕业于福州马尾船政局后学堂第四届驾驶班。同年,他作为船政第二批出洋学生,被派往英国留学,在格林威治海军学校专习驾驶,曾随英舰游历北海及西印度群岛。五年后学成归国,任北洋海军右翼中营游击,1889年升署"定远"舰副管驾。三年期满后,经李鸿章奏请,照章补授实缺①。

　　1894年甲午中日战争爆发后,在9月间的黄海海战中,李鼎新所在的"定远"舰重创日本舰艇多艘。当时海军提督丁汝昌在该舰指挥北洋舰队作战,不幸中弹受伤后,李鼎新和管驾刘步蟾曾代司督战。次年2月,在威海海战中,"定远"舰被日舰鱼雷击中,驶至刘公岛搁浅,只得做水上炮台使用。

　　北洋海军在甲午战争中全军覆没,全国震惊,李鼎新于翌年3月呈文清廷,陈述了北洋海军八个方面的弊端,诸如:"船不快","炮不快";"军械多系旧式,军火储备不全,且多有不能自制者,以致临敌无以接济";"南北洋各守一方,水陆各具一见,致军心不能划一";"海军提督无统辖之权,船坞局厂皆调动不灵,且多方牵制,号令所以难行"等等,致使北洋海军惨败。在呈文中李还对整顿海军提出了二十多条建议,其中包括:"必须仿照西法,方为妥善";"英国水师,欧西为最,中国要立海

---

① 张侠等编:《清末海军史料》下册,海洋出版社1982年版,第571页。

军,必用西人。须雇英国资深能干之大员"等①。但清廷在 4 月处分一批海军将官时,李鼎新亦被"暂行革职""听候查办"②。

1901 年 11 月李鸿章死后,袁世凯继任直隶总督兼北洋大臣。袁在大力扩充北洋陆军的同时,也着力整顿恢复甲午战争后一蹶不振的北洋海军。他以"水师人才最为难"为由,奏请重新起用部分被革职的海军将领,李鼎新因此"开复原官"③,历任海圻舰管带、山海关舰队副司令。1911 年春,清政府成立海军部,李鼎新被简授海军正参领,署理军法司司长,掌管军事司法惩罚等事宜。

辛亥革命后,袁世凯于 1912 年 4 月继孙中山任中华民国临时大总统,并把中央政府设置在北京,李鼎新在北京政府海军部任职,先任部参事,旋升海军参谋长。8 月被派往沿海各省检阅军舰,10 月授海军少将。同年 12 月,海军总司令黄钟英病逝,经由海军总长刘冠雄荐举,李鼎新接任海军总司令,授海军中将,驻节上海高昌庙。

袁世凯登上大总统宝座后,加紧摧残革命势力,于 1913 年 3 月暗杀了年轻的国民党领导人宋教仁。袁还先发制人,派兵南下进攻国民党人控制的江西等省。与此同时,袁世凯令李鼎新协同上海镇守使郑汝成共谋在上海镇压革命党人。李鼎新秉承袁的旨意,增调"楚泰"号炮舰、"海筹"号巡洋舰等到上海,加强驻沪海军力量。7 月 12 日,李烈钧在江西湖口兴兵讨袁,孙中山领导的"二次革命"爆发。李鼎新闻讯后,立即传令驻泊在高昌庙的"肇和"、"应瑞"、"镜清"等舰及鱼雷艇加强警戒。7 月 18 日,革命党人陈其美在上海宣布独立,并于 23 日率领讨袁军向江南制造局发动进攻。李鼎新将海军总司令部移到"海筹"舰上,指挥舰队开炮还击,致使讨袁军遭到惨重损失被迫撤退。李鼎新为

---

①　陈旭麓等主编:《甲午中日战争》(《盛宣怀档案资料选辑》之三)下册,上海人民出版社 1982 年版,第 410—412 页。

②　张侠等编:《清末海军史料》下册,第 582 页。

③　张侠等编:《清末海军史料》下册,第 585 页。

袁世凯镇压上海地区革命势力,效力甚著,8月获海军上将衔。

正当袁世凯加紧称帝活动时,1915年12月5日,陈其美等革命党人策动驻泊在上海高昌庙的"肇和"舰海军官兵起义。是日为星期天例假,李鼎新及驻沪海军将领当晚正在宴请到沪视察的萨镇冰。李得悉"肇和"起义的消息后,午夜即与萨镇冰等赶到江南制造局商议对策。他奉袁世凯"将该舰击毁"的命令,以十万元贿款促使邻近的"应瑞"、"通济"两舰攻击"肇和"舰。翌日,"肇和"舰官兵反袁起义迅即失败。事后,驻沪海军司令部裁撤,李鼎新则因"疏忽失职"受革职留用处分。在袁世凯称帝时,海军各舰队司令均受封晋爵,惟李鼎新向隅。

李鼎新受处分被冷落之后,深受刺激。这时,在上海护国讨袁人士张继等人的积极联络下,驻沪海军决定加入反袁行列,而且公举李鼎新为总司令。李既有怨于袁世凯,又见海军将士大多倾向反袁,便接受拥戴,并策划海军独立。他下令驻福州等地海军舰艇开赴上海吴淞口待命。不久北京传来袁世凯病死的消息,李鼎新当即取消前令,以静待大局和平解决。可是,继袁之后掌握北京政府实权的段祺瑞,拒绝恢复《临时约法》,不肯重开国会,从而引起一场新旧约法和国会的争论。在此形势下,海军重新酝酿独立。李鼎新商承唐绍仪等人后,再次向各舰发出了集中吴淞口的命令。1916年6月24日,第一舰队的四艘巡洋舰和三艘驱逐舰冲破福建督军李厚基的重重阻拦,由福州驶抵上海吴淞口外。25日,李鼎新亲率"海圻"、"通济"两巡洋舰和"飞鹰"、"永丰"两水雷舰自黄浦江开到吴淞口,与第一舰队会合。当天下午,李鼎新与第一舰队司令林葆怿、练习舰队司令曾兆麟联合发表宣言:"今率海军将士加入护国军,以拥护今大总统,保障共和为目的。"并表示:"非俟恢复元年约法、国会开会,正式内阁成立后,北京海军部之命令,概不接受。"①随后立即成立了海军驻沪临时总司令部,李鼎新为总司令。李

---

① 《中华民国海军举义记》,《中华新报》1916年6月26日。

声称:"暂以临时总司令名义驻沪,维持海军现状。"①26 日,李鼎新电告西南各省联合设在广东肇庆的军务院,表示海军"此后一本军务院宗旨进行,相与终始"②。军务院立即回电表示支持海军的行动,并宣布任命李鼎新为军务院抚军。而与此同时,李鼎新又致函松沪护军使署,表示海军"对于陆军,则各不侵犯","决不为军务院之傀儡,使大局糜烂"③。

海军的独立,严重威胁着北洋军阀在东南沿海各省的势力,直接给北京政府造成压力。6 月 29 日,段祺瑞被迫接受南方要求,声明遵行《临时约法》,召开国会。于是,军务院于 7 月 14 日宣布撤销。李鼎新经与萨镇冰接洽达成协议,于 15 日宣布取消海军独立,驻沪海军临时总司令部也即日撤销,所有舰队仍交各司令管理,直接听候中央调遣。

此后李鼎新常作为北京政府大总统的代表,被派往各地处理有关海军的事务。1918 年秋,他前往武汉、岳州、上海、厦门等地慰劳各舰队。1919 年 10 月,李赴日本参观阅兵典礼。这期间,林葆怿率第一舰队南下广东,参加孙中山领导的护法运动,海军发生分化。李鼎新曾奉命两次赴厦门、汕头等地,为促成第一舰队北归、南北海军统一而奔走。

1921 年 5 月,李鼎新出任北京政府靳云鹏内阁海军总长。在这以后,北京政府虽历经颜惠庆、梁士诒、张绍曾、孙宝琦等十五届内阁的交替,但李鼎新的海军总长职位一直未动。这固然是由于李在海军中的名望及能适应各方面的关系,更主要是他完全依附于控制着北京中央政权的直系军阀,因此在当时的各派军阀混争中,海军也成了直系军阀能够利用的力量。

1922 年秋福建政局剧变,闽北镇守使王永泉在段祺瑞亲信徐树铮策动下,联合粤军许崇智部进兵福州,驱逐叛皖投直的福建督军兼省长

---

① 《申报》1916 年 6 月 26 日。

② 《申报》1916 年 6 月 26 日。

③ 《1916 年驻沪海军宣布独立》,《安徽史学》1989 年第 3 期。

李厚基。驻福州马尾的海军亦起而配合，将李厚基残部缴械，并扣留了李厚基。此事震动了北京政府，深恐海军要塞马尾港落入粤军之手，威胁直系在福建的地盘。总统黎元洪于 10 月 15 日和 18 日两次传见李鼎新，商讨福建事态的处置，并要求李随时入府对福建军务条陈一切意见。李鼎新急忙采取对策，派出以海军部司长林葆纶为首的调查组，前往福州马尾调查处理李厚基被扣一事；同时命令其亲信杨敬修在马尾设立海军警备司令部，统一指挥驻在马江的舰队和陆战队。李还急调第一舰队"海容"等舰由上海驶往闽江口，增援马尾海军基地；派海军陆战队统带杨砥中率部南下，协同第一舰队和驻马尾的陆战队，守卫马江和长门地区。李惟直系政权马首是瞻，可见一斑。

1924 年 10 月，冯玉祥发动北京政变，直系在第二次直奉战争中遭到惨败，直系军阀控制北京中央政权的局面亦随之告终，李鼎新顿即失去海军总长职务。从此，他再没有在政军界担任职务，息影在家。

1930 年，李鼎新在上海病逝。

李　杜

颜　平

　　李杜,原名荫培,字植初,奉天(今辽宁)义县人,1880年8月4日(清光绪六年六月二十九日)生。父亲李万钟,半农半商。李杜在四个兄弟中居长,六岁入塾,天资聪颖,勤奋好学,童子试名列前茅。十九岁时家道中落,辍学至烧酒作坊当学徒。

　　其时清政府窳败,国势日衰,李杜决心从军救国,于1901年告别双亲和新婚的妻子,投入清军第二十镇,充任司书。1905年李杜得以入东三省讲武堂学习。毕业后不久担任连长、奉军左路教练官。他仍好学习,与革命党人多有接触。武昌起义爆发后,李杜所部驻锦州,一切尚听命于清廷,但他倡议所部剪发辫,并保护革命党人不受损害。1912年李杜任奉天后路巡防管带。1918年任陆军第二十九师步兵十四团第三营营长,不久转任奉军总司令部第四输送大队长。翌年李至北京,任步军统领衙门谘议、将校研究所所长、军事科科长。

　　1920年,李杜被任命为黑龙江山林警察局局长,负责清剿林区匪患。1921年8月,李署吉长镇守使署参谋长。越年,兼吉林陆军补充队队长,后改任东三省陆军步兵第五十六团团长。其时“蒙匪”骚扰祸害民众,虽屡加清剿,其首领巴布扎布被击毙,但余部仍扰民不止。李杜单骑直赴“匪巢”,劝其归顺,不避危险,谈判二十余日,终获成功,深获同僚称颂。1923年起,李杜出任吉林警备队统领,翌年兼长春戒严司令,多次率部征剿土匪。

　　1925年,李杜任东北陆军第十五师步兵第十旅少将旅长。是年11

月,奉军第三军团第十军军长郭松龄与国民军首领冯玉祥签订密约联袂倒奉,将所部改编为东北国民军,要求张作霖下野。12月5日郭部占领锦州,进兵巨流河。李杜奉命率部在山海关一带狙击。万家屯一役,李力主双方息战,减少无谓牺牲。接着郭军抄袭奉军左翼,兵撤锦西连山的李杜所部处境危急,但他不忍焚毁连山,下令所部严明军纪,保护百姓生命财产。嗣后张作霖得日本出兵援助,郭松龄兵败被杀。

1926年初,李杜转任东北陆军第九旅旅长,兼吉林依兰镇守使。由于李治军严明,爱民有加,甚受吉林督军兼省长张作霖之器重,乃以自兼之东北边防军第十五师师长一职委之。其时奉军与直军联手,以"讨赤"为名攻击国民军,但李杜不愿入关与国民军作战,认为国人自战,祸国害民。

李杜所兼依兰镇守使一职,管辖松花江下游十三个县。李杜力主地方宽柔于民,惩治邪恶;各级官吏各要奉公守法,对贪赃枉法分子严惩不贷,受到当地人民称颂。在1929年中东路事件中,李杜任松花江沿岸防俄军总指挥,率部开赴三江口防地抗击敌军,但力不敌众,连连失利。李深感国力贫弱,部队素质亦差,乃于战后着力训练整顿,设军官轮训班亲自讲授兵法,分析战例。1931年5月东北边防军改编为全国统一番号,李杜任陆军独立第二十四旅长,下辖第六六七、第六六八、第六六九共三个团。

"九一八"事变突然爆发,李杜深受刺激。他向全旅军官说:"日本人用武力侵占我国领土,我们也必须以武力将他们赶出去。守土抗战,保国卫民,是军人的天职。"并表示:我李杜决不当汉奸叫国人唾骂,更不做亡国奴任人宰割。部属亦纷纷表示,要在李将军率领下抗击日军。

其时,东北三省即将沦于日军铁蹄之下,一些汉奸粉墨登场,原吉林军署参谋长熙洽宣布成立伪吉林省长官公署。李杜下令所属十三县:拒不附遵,坚决抗日。并立即封存永衡官银号、农业银行及财政、税收部门的款项,不再向省缴纳。召集各县官员、绅商和民众团体代表,商议保境安民对策,请各界协助第二十四旅维持地方治安,并积蓄粮草和军用物资,以备抗日之需。熙洽等汉奸一再派员来游说,均为李杜竣拒,并及时处置投降分子。

为增强抗日力量,李杜在依兰成立自卫团督办处,派所部军官分赴各县,组织训练地方民团,并将地方武装团体编入战斗序列,以便与二十四旅协同作战。李杜还欢迎不愿附遵的富锦无线电台移来依兰,同时与抗日将领马占山、冯占海等取得联系,相约共同抗日。

1932年1月16日,附遵投敌的原吉军骑兵师师长于琛徵,督率五个旅人马向驻榆树的张作舟第二十五旅进犯;23日又在拉林击败邢占海部,前锋直逼宾县,兵临哈尔滨城下。李杜获悉后,于1月25日率主力部队出发,26日抵达哈尔滨市郊,与冯占海部协力对伪军实施突击奏捷。伪军在日机掩护下反扑,李部与冯部协同作战,将日伪军包围,并击落日机一架,击毙日军一大尉。日伪军迅即溃退。28日,李、冯两军进驻哈尔滨市区,在哈之外籍人士惊异抗日军队之用兵神速,称誉李、冯是飞将军。

哈尔滨为抗日军队克复,一时声威远播。日本侵略军派遣飞机到哈市上空来散发传单恐吓市民,还说要以武力保护侨民。伪东省特别区行政长官张景惠下令全市悬挂日本太阳旗,李杜则通令各部队和全市商民:为有撤换中国国旗者,以军法论处。1月31日,李杜在哈召集吉林省警务处长王之佑、第二十八旅旅长丁超、第二十二旅旅长赵毅等军政要员,共商抗日卫土对策,会上决定成立“吉林自卫军总司令部”,统一指挥抗日部队,公推李杜为总司令,王之佐为前敌总指挥。

日本侵略军必欲占哈尔滨而后快,乃派关东军多门第二师团长谷部第三步兵旅团协同五个旅的伪军以及满铁的四五百名武装人员向哈尔滨进犯;同时派混成第四旅团从齐齐哈尔东进,派第八旅团从长春北上,飞机、坦克、装甲部队亦齐上阵。面对敌人猖狂进攻之势,有的将领主张让出哈城,但李杜认为哈尔滨为“北满”的政治、经济中心,守住哈城是守住“北满”的重要屏障,发动军民齐心协力保卫哈尔滨。

1932年2月1日,哈尔滨西南的双城阻击战打响。李杜指挥守卫双城。自卫军赵毅第二十二旅于拂晓突击伪军刘宝林旅,迅速将其歼灭;当晚,赵指挥全旅展开阵势,阻击由长春北上的日军天野第十五旅团。夜晚,赵指挥所部用机枪、步枪突然发起猛烈射击,进驻双城车站的天野部队正架枪取暖用餐,猝不及防,在抗日官兵密集火力下死伤六七百人。翌日拂晓,敌第二师团主力田岛旅团由长春赶来增援,20架敌机在赵旅阵地轮番轰炸,困守车站的天野部队也伺机反扑,第二十二旅陷于苦战,团长、营长相继阵亡,余部不得不从双城退往哈市。日军在第二师团长多门指挥下,乘势进至哈市东郊,伪军五个旅也从哈市东南的阿城攻来。

2月3日,哈尔滨保卫战拉开帷幕,邢占海第二十六旅、赵毅第二十二旅、李杜第二十四旅、丁超第二十八旅共四个旅布防于哈市外围各据点;督署卫队团团长冯占海率本部五个营和张作舟第二十五旅余部担任敌后迂回。李杜亲赴前线布置防线,号召爱国官兵严阵以待,保城卫国。4日晨,日军在飞机、坦克的掩护下,分三路向哈尔滨市区进犯。抗日自卫军不顾敌人的疯狂和炮火的猛烈,以鲜血和生命奋勇抵御,歼击日军第二十九联队第七中队,击毙敌中队长以下百余人,打退了敌军的进攻。但时值隆冬,地冻三尺,无法构筑工事,只能利用民房和围墙作掩体与敌搏杀。自卫军在两天两夜的激战中,伤亡逾千,弹药几尽,又无增援,在5日日军总攻之下,各道防线均告危急。其时少数将领或临阵逃跑或阵前倒戈,使自卫军腹背受敌。李杜亲赴前线督战,激励抗日将士英勇杀敌。然而毕竟敌众我寡,几处防地相继失守,李率自卫军苦战至夜,不得不挥泪撤出哈尔滨退至宾县。嗣后,李、丁、邢三旅退往依兰,冯占海团退方正,赵旅退延寿。

李杜率第二十四旅经过一段休整后,与冯占海等部全力反攻哈尔滨。他在方正、珠河(今尚志)一线,指挥自卫军血战二十余役,全歼伪军一个旅,突破日伪军防线,进抵哈尔滨外围。日本侵略军施展缓兵之计,虚言"和议";同时调遣大量兵力向延寿、方正、珠沙反扑,形势骤转。李杜乃率部撤回依兰。他苦心经营,整训队伍,并收编大刀会、红枪会等地方武装,在依兰及下江十三县广泛开展抗日游击战争。

1932年4月,黑龙江将领马占山重举抗日大旗,倡议吉林、黑龙江两省抗日部队合力作战,反攻哈尔滨。4月3日在拜泉会商,李杜欣然赞成。他回到依兰,即主持召开自卫军总部会议,决定组织三路大军分别沿绥哈线、经方正、延寿和沿松花江向哈尔滨推进,相机夺取哈市。4月下旬,三路大军相继报捷,次第进抵哈尔滨郊外。日本侵略军急从日本本土调来重兵守城;同时由第十师团主力组成中村支队,在伪江防舰队协同下,沿松花江直下依兰。李杜指挥自卫军留守部队顽强抗御,终因寡不敌众,前方部队又回师不及,不得不于5月17日撤出依兰,经勃川退至梨树镇重整旧部。嗣后前方各部也难以抵御日军之凶猛攻势,先后失利。汉奸熙洽乘机四次派员劝降,均为李杜严正拒绝。李并电北平救国会表示:"只有杀敌李杜,以光我中华民族;决无降敌李杜,以污我中华战史。"

7月1日,李杜被国民政府委为东北边防军驻吉林副司令长官(张学良正)。李备受鼓舞,即召集吉、黑各地的抗日武装力量首领,筹建抗日联合军。吉林各地民间抗日武装经过一番整顿和扩充,迅速发展到四五万人,近十个旅。抗日联合军实际控制了勃利、林口、绥芬河、穆棱、密山、虎林、饶河、宁安、敦伦等广大地区。

日军在重兵击溃了马占山、苏炳文的"黑龙江救国军"后,于1932年11月下旬调集三个师团向吉东抗日联合军猛攻过来。李杜指挥联合军各部在穆棱下城子、磨刀石、勃利等地奋勇抵抗。时已入冬,天寒地冻,抗日勇士虽浴血奋战,但终不能扭转敌强我弱之阵势。穆棱河东岸的李杜总司令部所在地梨树镇亦难以固守,李杜率总司令部北撤,在往密山途中遭到敌军截击,经过一场激战,部队溃散。李将余部留交团长陈东山,委其为代总司令,于1933年1月9日由虎林渡乌苏里江退入苏联境域。4月抵莫斯科,5月由柏林赴罗马晤正在意大利治疗的张学良。

1933年7月初,李杜归国抵上海,被国民政府委任为军事委员会委员,授予上将军衔。8月,李杜写出收复东北的意见书交国民政府,并登庐山谒见蒋介石。但蒋正倾力部署"剿共"内战，对于李杜请求援助东北义勇军的建言敷衍搪塞。李杜抗日之志不泯，通过多种渠道与在东北坚持抗日的爱国义士取得联系，积极支持他们的抗日斗争。

此后，李杜在上海投身抗日救亡运动。1934年4月20日，他与宋庆龄、胡汉民等1779人签名于《中华人民对日作战基本纲领》。他参加宋庆龄、何香凝等倡议成立的中国民族武装自卫委员会，任武装部长。他办事认真负责，连日走访机关团体宣传抗日。

由于蒋介石国民党坚持"攘外必先安内"的方针，对日妥协退让，多方遏制民众抗日救亡运动，对武装自卫委员会也横加干涉和破坏。李杜深受刺激，破灭了期盼国民政府出兵收复东北的幻想，决心回到东北去重集旧部，训练民众，以抗击日寇，收复河山。张学良支持李杜之义举，派出亲信给予协助。1936年初，北平组建了东北人民抗日救亡总会，并成立东北抗日联军，李杜被举为总司令。李杜准备以出洋赴法考察的名义，借道苏联转回东北。中共地下党闻讯，即谋委托李把流亡在上海的毛泽东、杨开慧之子毛岸英、毛岸青带去苏联。李欣然允诺，即以亲属名义为他们领得了出国护照，4月登上法国邮轮离沪。但日本当局侦悉后即向苏联政府提出抗议。李杜一行在巴黎羁留了两个多月，他对毛岸英兄弟细微照料，陪同下象棋、看电影、逛公园、参观展览、下中国餐馆，并让懂俄语的秘书教给俄语单词。后来苏联驻法使馆只签发了毛岸英兄弟的入苏护照，李杜等人被迫返回上海。翌年，他北上隐居天津租界，秘密与东北抗日将领取得联系。日本军方买通汉奸派出凶手夜闯李宅企图行刺，结果错杀了他的侄子。

抗日战争全面爆发后，李杜亟谋回到东北抗日。他去新疆准备假道苏联进入东北受阻后，又化装乘法轮抵巴黎再入苏境。但在莫斯科等了四十三天后又被国民政府召回。1938年春，李杜在重庆设立东北抗日联军总指挥部，派员去香港、天津等地架设电台，沟通与东北抗日义士的联络。1939年3月，国民政府成立战地党政委员会，由蒋介石、李济深分任正副主任委员，李杜列名为十六位委员之一，但有职无权。

1941年又被委任为军事委员会参议官。在重庆,他与中共人士频频交往,增加了对中国前途和未来的信心。1942年6月,东北抗日联军总指挥部被诬为共党机关而遭查封,李杜的行踪亦受到特务监控。

1945年8月,日本帝国主义无条件投降,沦丧十四年的东北亦告光复。阔别故乡十余年的李杜兴奋不已,准备回到东北重建家乡。但蒋介石筹谋内战正急,竟然下令军政要员欲返东北必须公开发表反苏反共声明。李杜愤怒至极,昂然表示:"竹梅育精神,松柏知劲节;我怀全风心,岂为一官折。"甘愿留在重庆清贫度日。他不时撰文歌颂抗日将士在东北奋战的光辉业绩。

1946年4月,解放了的吉林省人民举行首届临时参政会,一致推举李杜为参议会议长。李杜不能去吉林解放区,只能在重庆投身反对蒋介石独裁统治的爱国民主运动。1947年7月他被提举为三民主义促进会与三民主义同志联合会合组的联席会议委员。他还参加红十字会从事社会救济和慈善事业。

1949年11月重庆解放,李杜热烈拥护中国共产党。只因他曾任过的军政职务,于1951年3月被重庆市公安局拘留了三个月。后得到妥善安置,先后被推选为全国政协委员、四川省政协委员、重庆市政协委员等职。

1956年8月23日李杜因病逝世于重庆。

主要参考资料

刘化南:《吉林抗日自卫军的斗争与瓦解》,中国人民政治协商会议全国委员会文史资料研究委员会《从九一八到七七事变》编审组编:《从九一八到七七事变——原国民党将领抗日战争亲历记》,中国文史出版社1987年版。

姜克夫:《民国军事史略稿》第2卷第10章,中华书局1991年版。

谭译主编:《东北抗日义勇军人物志》,辽宁人民出版社1987年版。

李 福 林

萧栋梁

　　李福林,原名登同,因其手持灯筒故名,广东番禺大塘乡人。1874年(又说 1876 年)出生于一个自耕农家庭。自幼轻财仗义,好打抱不平,常与江湖义侠之士游。清末番禺一带多盗,常事剽掠械斗,登同得物不归私有,而公平分给大家,故大塘乡草野之士,推其为头领。大塘附近各乡有失物者,登同能解囊相助。1899 年曾率乡民六人持手枪进入广州协领衙门,将被旗人劫财后扣押在衙门内的商人李胜救出,并顺手掠走库银八万元。劫狱成功,震动全省,遭到当局悬赏万金通缉。1905 年—1906 年岑春煊督粤,惩办盗贼甚严,登同与各县头领避往南洋。旋组织民国忠义军,自任统领。孙中山倡导反清革命,于 1907 年发动镇南关(今友谊关)之役,李福林与谭义等赴越南河内,由侨胞刘岐山等介绍加入同盟会,并会见孙中山,表示愿意在广州发难时,号召数千绿林借械斗为名在城郊响应。孙中山即写信介绍他回广东与冯自由、朱执信等人商议进行办法。1907 年 12 月 2 日与黄明堂等率绿林在广西镇南关(今友谊关)起义,一度攻占此关,后被清防军统领陆荣廷率众打败。李回广东在顺德龙冈设戏台演出“扬州七日”、“嘉定三屠”等排满故事,动员乡民数千人加入同盟会。1910 年李福林与陆领、谭义等参与孙中山、黄兴等在新加坡召集的会议,决定募款在广州起义。1911 年 3 月与朱执信、黄兴等焚烧广东都督署失败后,于 10 月 25 日与族人李沛基、李华暖等在广州城外厂前街用炸弹将清廷派来的广东将军凤山炸毙。

武昌起义爆发后,各省纷纷响应,而粤督张鸣岐等顽抗,李福林联合谭义、陆领等各路统领,组织三万余人,攻打西江、三水等地,与清军连战十二日,陈炯明、邓铿等占领惠州,莫纪彭占领香山,迫使张鸣岐离粤。11月9日广东宣布独立,李福林率所部福军进城维持秩序,推胡汉民任广东都督。其后,李福林奉命率部围剿自称"广东大都督"的张承德部,迅即予以制服。嗣后"福军"奉命改编为二十个营分驻广州郊外各要地维持省河治安,李福林并任琼崖绥靖处副处长、广阳绥靖处副处长等职。

1913年,"二次革命"失败后,李率部驻番禺、南海一带。1917年参与护法运动,负责拱卫孙中山大元帅府,10月任广惠镇守使。1918年1月3日,孙中山因不堪桂系压迫,命令海军炮击观音山莫荣新的督军署,李部曾捉获莫荣新派往电报局发报求援的副官,从而迫使莫荣新到大元帅府请罪。1920年陈炯明率粤军回粤,李福林与魏邦平宣布独立,阻止桂军援兵东下,驱逐莫荣新入桂。孙中山在广州重建大元帅府。

1922年4月,孙中山在平定广西后决定北伐,李福林亦奉命出师韶关北伐,后推进至赣州。同年6月16日陈炯明在广州叛变,25日孙中山密令粤军第二军、滇军、福军及粤军第一师返粤平乱。27日胡汉民自韶关抵赣州与北伐军各将领开会,决定班师回粤救难。经一个月的作战,北伐军在韶关失利,全线退却。许崇智、黄大伟、李福林三部绕道江西退往闽边。9月7日自瑞金出发与王永泉部合作图闽。29日到达闽边。10月6日北伐军攻占古田。11日夜,李福林部猛攻福州,次日占福州,经一周激战,始将敌军肃清。10月18日孙中山将北伐军改编为东路讨贼军,许崇智任总司令,任命李福林为东路讨贼军第三军军长。为暂解讨贼军冻馁之危,孙中山将上海环龙路私宅典质数万元,用备士兵冬衣。随后李福林奉命回粤重整旧部,不久便组成三个团,驻扎广州、河南。

1923年1月,讨贼联军驱逐陈炯明出广州,孙中山重建大元帅府,李部仍负拱卫之职。后协同友军击退沈鸿英叛军后,粤军改编为"建国粤军",李任建国粤军第三军军长,不久任广东全省警务处处长,兼广东全省民团统率处督办及广州市政厅厅长。1924年指挥所部参与削平广州商团与陈炯明勾结发动的叛乱。次年参与镇压杨希闵、刘震寰叛乱。

1926年国民政府成立后,李任国民革命军第五军军长,兼中央政治委员会委员、军事委员会委员,被选为国民党第二届中央候补监察委员。北伐战争开始后,李部第五军第十六师与程潜、许崇智一路,攻入南京,其余部队留在广东,拱卫后方。1927年12月,张发奎、黄琪翔受汪精卫指使,率部占据广州,李福林率部驻守河南。12月11日中共发动广州起义后,李率部进攻广州市,与李济深等将起义镇压下去。1928年李因屡患头痛,辞军长职,赴香港自建的康乐园隐居。

1938年,日本特务铃木等企图利用李福林取得广州,派汉奸多次试探李的意向。李将情况报告国民党当局,得到军统头子戴笠同意,将计就计并派人与日本特务周旋,李表面接受日本天皇特使在香港授予的"华南派遣军总司令"头衔和可以调动陆海空三军的象牙图章"平尚三",约定于农历正月初四进攻广州,李将日军与汉奸攻粤日期与兵力告知国民党广东绥靖公署主任余汉谋,由余汉谋派出部队于这天围剿汉奸机关十余处,抓获汉奸千余人,缴获一批日军文件及军用品等。事后李被国民党当局授予青天白日勋章一枚,并被任命为军事参议院上将参议、中央监察委员。

1949年,国民党政府在人民解放战争的强大攻势下迁往广州,李福林被任为广东游击总指挥,妄图阻挡解放军南下。海南岛解放后,李因病移居香港。中国共产党曾派人劝其回到广东,未成。1952年初,李赴台湾参加"反攻大陆"的活动,旋因病回香港。同年2月11日病逝。李曾先后担任国民党第二、三、四、五届中央候补监委,遗有《李福林从事革命经过》及《李福林革命史料》等。

主要参考资料

冯自由:《民国前之李登同(福林)》,《革命逸史》第 2 集,中华书局1981 年版。

《李福林从事革命经过》、《李福林革命史料》,杜元载主编《革命人物志》第 12 集,台北"中央文物供应社"1973 年版。

黄干甫:《我所知道的李福林》,中国人民政治协商会议广东省委员会文史资料研究委员会编《广东文史资料》第 9 辑,1963 年版。

王绍通:《李福林其人其事》,《广东文献》1981 年 11 号第 3 期。

李　根　源

马子华

李根源,字印泉,又字养溪、雪生,别号"高黎贡山人",1879 年 6 月 6 日(清光绪五年四月十七日)生于云南腾越(今腾冲)九保乡。李家祖籍山东益都,其先祖在明朝初年随沐英远征而留居云南。他的父亲李大茂,以军功获都司衔,后得"尽先补用守备腾越镇中营千总"①。

李根源幼年时,受到严格的家庭教育,其后又得塾师认真教读经史,在"甲午之役"那年,他还是一个十五岁的青年,通过阅读上海《新闻报》,已知关心国家大事。由于他生活在祖国的西南边陲,对当时英帝国主义者侵占缅甸以及不断侵犯我国边疆的种种罪恶深为痛恨。

1898 年李根源参加永昌府试,中秀才。1900 年春,英军侵略滇边小江地区,总兵刘万胜应负失地丧权罪,清政府派提督冯子材巡边到达腾越,李根源以一个弱冠的青年向冯上书,请奏参刘万胜,并要求另派贤能重勘国界,为冯子材所嘉许。

1903 年 6 月李根源到昆明参加乡试,未中;他即考入新创办的"高等学堂"为备取生。次年 6 月考取留日官费生,11 月 5 日到达日本,进入东京振武学校。1905 年中国同盟会在东京成立,李即参加。同年冬,在留日学生抗议日本文部省"取缔留学生规则"的运动中,李根源被推选为振武学校留学生代表。1906 年春,李根源被举为云南留学生同乡会会长,并担任《云南杂志》社经理。《云南杂志》出版后深得云南民

---

① 李根源:《雪生年录》卷 1,腾冲李氏曲石精庐 1934 年版,第 1 页。

众的称赞,起到了民报尖兵的作用①。

　　1906 年夏,李根源于振武学校毕业后,受云南留学生同乡会的推派,与吴琨、由宗龙等为代表回北京参加控告云贵总督丁振铎祸国误滇的罪行,清廷被迫将丁振铎调走。但清政府以为李根源是反丁风潮的首要分子,将要派警逮捕,他听到风声,急由天津乘轮潜返日本。

　　1907 年 1 月,李根源被分配到日本第八师团弘前步兵第三十一联队充士官候补生,实习一年。次年 1 月,入日本陆军士官学校步兵科第六期。同年 4 月底,云南河口反清起义爆发,他在日本东京倡议设"云南独立会"以为声援。黄兴倡议在士官生中成立"丈夫团",又倡议成立"大森体育会",李根源参加了这些组织,并担任大森体育会的教员。这一年的 12 月,他由士官学校毕业,编在日本陆军第八师团青森步兵第五联队担任见习士官。1909 年春,清护理云贵总督沈秉堃调他回云南任职。当他回到北京时,被同乡杨集祥告密是革命党人,经清吏寿勋、良弼传讯,不准离开北京。一个多月后,他趁监视松懈,潜往天津,经海道于 8 月底返抵昆明。

　　李根源回云南后,被委任为云南陆军讲武堂监督兼步兵科教官,后任总办。1910 年法国修筑的滇越铁路通车,李根源率领全体学员到昆明的火车站外,向学员们讲述法帝国主义者侵略我国的情况,以及国家积弱不振的原因,讲得声泪俱下,学员们也感愤得一起痛哭起来。讲武堂的学员在李根源等同盟会员教官的爱国思想教育下,后来在辛亥革命中大都成为云南武装起义的军事骨干。关于他在维护讲武堂中的革命力量所起的作用,朱德曾在《辛亥回忆》一文中说道:"清政府对于革命力量的压迫,是极端残酷的,对于讲武堂的摧残,是非常严厉的,李根源先生对于学校的维护,起了很大的作用。"②

　　1911 年 1 月,英军侵入云南边境片马地区,云贵总督李经羲命李

---

①　李根源赋《云南杂志》诗中有"良报挺生谁拱卫,云南杂志是尖兵"之句。

②　朱德:《辛亥回忆》,《解放日报》1942 年 10 月 10 日。

根源筹办片马边防外交事务。他曾为此遍历边境地区,并乔装少数民族,深入英侵略军驻地,绘制了"滇西兵要界务图"一百二十六幅,并向李经羲提出交涉中的上、中、下三策①。当时清政府只采用了他所建议的下策。

同年夏,蔡锷经李经羲奏调入滇,被任命为第十九镇第三十七协统领,受到李根源等滇省士官同学的欢迎,加强了军队中的革命力量,但李根源却因此遭到以靳云鹏、钟麟同等北洋派官员的疑忌和排挤。李根源被调离了云南讲武堂,改任云南督练处副参议官。当武昌起义爆发的消息传到云南,李根源便和蔡锷、罗佩金、李鸿祥、唐继尧等人密谋响应。其时清军第七十三标统带不肯附和这次革命行动,李根源率同李鸿祥、刘祖武等夺取了他的兵权,于 10 月 30 日从昆明城西北进攻。次晨 9 时唐继尧、刘祖武等攻占云贵总督署。10 时李根源、李鸿祥、谢汝翼等占领五华山、圆通山等制高点和皇城角的军械局。随即占领全城,取得了胜利。11 月 1 日,云南军政府成立,蔡锷任都督,李根源任军政部总长兼参议院院长。嗣因滇西武装起义以后大理起义军和永昌起义军发生武装冲突,11 月 30 日蔡锷任命李根源为陆军第二师师长兼国民军总统(后改称总司令),节制滇西文武官吏,处理滇西善后。1912 年 4 月起,西藏地方当局受英帝国主义的唆使,派兵进攻江孜等地时,李根源曾请求率领滇军入藏平乱,为袁世凯所阻止。8 月李根源卸去滇西善后事务,回到昆明。其时,同盟会改组为国民党,李被举为云南支部长。12 月初,李离昆明作京沪之行。1913 年 1 月底,李被选为众议院议员。2 月中旬李到达北京,袁世凯曾用"高等顾问"的名义及高薪进行拉拢,他予以拒绝。嗣后袁世凯窃国阴谋愈加暴露,李根源参加了癸丑讨袁之役,失败后亡命日本,入早稻田大学政治经济科。当时孙中山决定另组中华革命党②,黄兴等人因意见相左而反对,李则调

---

① 李根源:《雪生年录》卷 1,第 19 页。
② 李根源:《雪生年录》卷 2,第 10 页。

和于孙、黄之间。1914 年 7 月欧战爆发，8 月 23 日日本宣布对德作战，李根源、熊克武、章士钊等百余人起而组织"欧事研究会"，共同发表对时局的主张，成为当时国民党人组织的一翼。

1915 年 10 月，李根源从日本回到上海参加反袁斗争，随后到香港，策动广西陆荣廷独立讨袁。年底云南宣布护国讨袁时，唐继尧任命李根源为护国军驻粤港代表。1916 年 3 月，袁世凯被迫取消帝制，5 月初两广护国军在广东肇庆成立都司令部，李根源任副都参谋。不久，军务院成立，李任滇粤桂联合军都参谋。6 月，袁世凯死去，黎元洪继任大总统。不久实现了所谓南北"统一"，7 月 14 日，黎元洪任命李根源为陕西省长。10 月李到北京，以众议员的身份参加国会复会后的活动。当时国会中的国民党籍议员对副总统人选意见分歧，李以吴景濂等人不守党纪、不能理喻，把一部分政见相同的议员，以欧事研究会的成员为基础组成"政学会"，进行政争。

1917 年 2 月，李赴陕西省长任。4 月，总统黎元洪与国务总理段祺瑞之间因对德宣战问题矛盾尖锐化，黎则下令免段职，段祺瑞唆使督军团起而反黎宣布"独立"。5 月底，陕西督军陈树藩强迫李根源通电附和督军团，遭到他的拒绝，陈将李根源软禁了七个月后才释放。

1917 年 9 月，孙中山在广东组成军政府，领导护法运动。1918 年 1 月李根源应岑春煊等电邀到广东参加护法斗争，2 月下旬被任命为驻粤滇军总司令。恰在此时，盘踞在海南岛的军阀首领龙济光率军进犯广东雷州半岛，占领阳江、恩平四邑，广州震动。李就职后于次日出师，反击龙济光军。3 月初，收复恩平、阳江以及高州、化州等地。此时段祺瑞命赣南镇守使吴鸿昌率北军三万余人越大庾岭袭取南雄，滇军第三师败退，李即被任为粤赣湘边防军务督办，星夜旋师，反攻南雄，击败北军。至此广州的形势虽稍趋稳定。这时政学系在非常国会中成了重心。政学系的存在是凭借桂系的力量和依靠李根源有深厚关系的滇军为支柱。由于政学系的活动和西南各实力派的联合，于是有同年 5 月改组军政府、易大元帅一长制为七总裁会议制以排斥孙中山的事件发生。

1920年2月，驻粤滇军因云南督军唐继尧与桂系军阀争夺这部分军队的统率权而发生风潮。驻粤滇军分裂为两部分，大部分滇军投入李烈钧旗帜下；李根源率所余的一部分滇军移驻琼州与雷州，李改任督办广东海疆防务兼雷琼镇守使。同年8月陈炯明奉孙中山命率所部粤军回师攻粤时，李根源则奉岑春煊命将所部调往东江与粤军作战。后又经莫荣新任命为广州卫戍司令。当时桂系军阀在粤连遭败北，以岑为首的军政府摇摇欲坠。10月24日，岑春煊被迫通电去职，李根源因和桂系的关系而遭到所部军官的反对，被迫离开滇军。旋即离广州去上海，以后移居苏州。

1922年夏，北洋政府总统黎元洪派人到苏州邀李到北京任职，黎并亲书"关中贤相资王猛，天下苍生忆谢安"的对联相赠，李感为知遇，从此效忠黎元洪。李到京后，初任航空督办。不久，在汪大燮内阁中署理农商总长。次年1月张绍曾组阁，李仍任农商总长。6月曹锟窥伺总统位置，逼走黎元洪，李根源随同黎元洪出走天津。9月又随黎元洪去上海活动。10月曹锟贿选成功，黎出国去日本，李则在沪闭门读书。1924年6月李去苏州居住，常与章太炎、张一麐等相过从，成立"国学会"，并刻印《曲石丛书》。

"九一八"事变发生，东北沦陷。李根源激于爱国主义思想起而参加苏州人民群众的集会，发表反对投降政策的声明，又到各处作抗日救国的讲演。这些活动曾遭到国民政府的不满和特务的监视。"一二八"沪战发生，他和苏州爱国群众一道参加捐款和救护伤员等活动。

"七七"卢沟桥事变以后，全国抗战开始，李根源在苏州和马相伯、张一麐等人，创议组织"老子军"，号召老年人都来支持抗战。上海沦陷，日本侵略军逼近苏州，李方才去武汉，通过八路军驻汉口办事处与朱德总司令取得联系。

国民党的新疆督办盛世才，原先是李根源在广东韶关开办的讲武堂的学生，此时电邀李去新疆。李曾为此电告朱德征询意见，朱德由临汾前线回电,赞成前往。当时蒋介石也想通过李与盛的师生关系,调和他和盛世才之间的关系,任李为军事委员会参议官。李于1938年2月到乌鲁木齐晤盛,同年九十月间因患心脏病回昆明疗养。

1939年,国民政府任命李根源为云贵监察使,这是蒋介石政府安置元老的一种名誉职位。李利用这个机会,召集了一些旧耆宿儒整理云南地方文献,编印了一部《永昌府文征》。

1938年12月,汪精卫叛国投敌路经云南时,曾向云南省主席龙云鼓吹他的卖国主张。龙曾想通电主张中日媾和,并邀约李根源共同签名,李立予严拒,并劝说龙云不要上汪精卫的当,帮助龙云坚定了应持的立场①。1942年日军自缅甸侵入李的家乡云南腾冲一带,李根源发表了《告滇西父老书》,表示愿随滇西父老之后,保乡卫国。

1945年抗战胜利后,李辞去云贵监察使职务,被国民政府聘为国策顾问。他对蒋介石发动内战十分不满,曾致电国共双方呼吁和平,并要求蒋介石停止内战,重开政协会议。

1949年9月,李从腾冲来到昆明。当时,云南省主席卢汉在蒋介石胁迫之下,纵容国民党的特务制造所谓"九九整肃"事件,查封报馆、学校、议会,并大肆逮捕中共地下党员及爱国民主人士三百多人,蒋介石已决定杀害张天放、杨青田等十人。11月,国民党政府代总统李宗仁从重庆来到昆明,李根源面恳他下达了大赦令,使在"九九整肃事件"中被非法逮捕者获得自由②。

中华人民共和国成立后,李根源被中央人民政府任命为西南军政委员会委员。1953年后,历任全国政协第二、第三届委员。1965年7月6日李根源在北京逝世。李根源生前著有《曲石文录》、《曲石诗录》和《雪生年录》等。

---

① 《雪生年录续编》(未刊稿)。
② 《雪生年录续编》(未刊稿)。

李 更 生

萧致治

　　李更生,原名荃,字亘孙,江苏淮阴人,1883 年 1 月 23 日(清光绪八年十二月十五日)生。后因落水得救,遂号更生。1902 年入江北高等学堂肄业,1906 年结业后,毕生从事中小学教育,是教育实干家,也是教育革新家。清末民初,中国内忧外患频仍,激发了他的爱国热情。他认为:"自清道咸来,欧化东渐,而造成无量之隐痛者,皆教育事业不能与人争故也。"①因此,他决心献身教育事业。

　　1906 年,他应皖中当局之聘,历任繁昌、宣城、太和等县高等小学主事(校长),以善于办学受到各地人士的敬重。1909 年,他奉派"佐治亳州",因其父促归里,没有赴任。继返淮阴,任江北师范附属小学主事。1911 年淮阴光复后,兼任淮阴县学务科长。当时"城乡公私数十校,罤乱尽废,校具尽坏,几无着手地"。他"与诸校长缉理于颓败中,惨淡经营,比数月次第复业"②。次年秋,他又兼任省立第六师范学监(相当于教务主任)。校长徐公美对他"虚己以听",他则治校事如家事,因之校誉大起。一次,学校发生火灾,他深夜闻讯,冒火入室抢救图籍,几不得出。他对学生重视身教,认为"教师以言教人,不如以身教人"。他给自己订了八大戒条,即《更生八不箴》。这"八不箴"概括了李处世待

---

　　①　李更生:《赠六师本科毕业生序》,《李更生先生言行录》,扬州胜业印刷社1932 年印,第 22 页。

　　②　徐庶侯:《李更生君别传》,《李更生先生言行录》,第 6—7 页。

人的一些基本准则,曾传诵一时。其中一条为"终身不吸烟、赌博"。先是,公教人员于公余时,每每以打麻将消遣。他也曾逢场作戏,但忽觉其非,遂召集学生训话,大书"李荃之恶德"五字于黑板,痛自贬责,并告诫学生勿犯赌博恶习,诸生心服,没有敢犯禁的①。

　　1917年秋,江苏省教育当局任命李更生为扬州省立八中校长。时扬州省立五师为先进学校,八中则事事落后。李到校后,于私室里悬一横额,书"竖起脊梁担事"六字自勉。更备笔记本,题曰"更生思潮",每有所思考,都记录下来,随后便付诸实施②。如为了使更多的人能受教育,1919年他将单轨制改为双轨制,招生规模扩大一倍。又自二年级起分科授课,甲组偏重文科,乙组偏重理科,以利发挥学生所长。继之,又试行能力编级法,先对学生分课程进行测验,按其实际程度编入适当班级教学,这在当时江苏中等学校中是一种新尝试。他常亲自听课,并与教师共同研究改进教学内容和方法。他还重视实验,为文科设历史参考室和地理参考室等;为理科设物理实验室、化学实验室和博物参考室等;为文、理两科共设的有中文图书室和英文图书室。为使学生全面发展,他对美育、体育也很重视。当时学校就设有国乐队、军乐队及油画小组,并请专家指导,油画小组成员的作品,还有参加国际画展的。此外,还建有或准备建设雨天操场及运动场、弹子房、健身房、浴室、游泳池,以至印刷所等等。由于勇于改革和认真建设,使得后进的八中于三四年间一跃而为全省最优秀的学校之一。八中毕业生考入沪、宁等地交通大学和东南大学等著名高等学府的人数之多,为全省各校之冠,为改组以后成为驰名全国的江苏扬州中学奠定了较好的基础。其时八中校舍系借自地方,李更生谋建设永久校舍,曾迭请省当局拨旧府署为校址,而该处为驻军占用,拖延不让,从1918年起,纠缠四年,驻军才全

---

①　张震南:《八中校长之李更生先生》,《李更生先生言行录》,第8、10、11页。

②　张震南:《八中校长之李更生先生》,《李更生先生言行录》,第8、10、11页。

部迁出①。正当制定校舍建筑方案准备发展之际，不料他的妻子唐治英病故于淮阴，李匆匆回淮阴办理丧事；其时地方劣绅则勾结军人与李作难，他遂拂袖而去。学生闻风乃组织护校团，群起挽留②。

李回淮阴后，被任为省立六师附小主事。到职后他锐行新制，在不到四年时间中，就试行葛雷制、设计教学法、道尔敦制和特殊幼儿教育等等③。他曾经深入调查儿童习惯，为实施教育张本。他主张推行儿童本位教育，根据儿童特点进行教学。于是在读书外，还让儿童办《自治周报》校刊，举行足球比赛、风筝比赛、上海惨案募捐会等，让他们在实践中锻炼本领，增长学识。他还主张按照儿童个性差异，因材施教。对聪颖儿童允许跳级，对顽劣儿童施行特殊教育。他认为环境对儿童的成长有重大影响，教室庭院务使美化。他又为学校创办了博物馆和图书馆，经费不足，便捐献自己藏书数千册以充实之④。

当时淮阴小学较多，中学只有一所，远不敷青少年升学需要。邑人于1922年创办了一所私立成志中学，因多种因素影响，濒于闭歇，眼见莘莘学子行将失学。校董会上乃群推李更生继任校长。此时学校经费竭蹶，所租校舍简陋且居闹市，宿舍则赁于僧房，远在二三里外，教员则无专职，亦几无报酬可言。李不忍听其关闭，慨然允就，但提出三点声明：任校长而不受任何津贴；教员津贴于学期终了时视学校经费盈余多寡而定；租某校董之空地为操场，但缓付租金⑤。众校董及教员均赞同，李乃就职。上任后首先筹选校址，几经周折，始得长期承租劝棉场旧址为校址。但此处房舍已圮，更缺教室，于是又决定向社会募捐五千元进行修建。李为此"不惜卑躬屈己，沿门托钵，有一点办法可想，无不

①　张震南：《八中校长之李更生先生》，《李更生先生言行录》，第8、10、11页。
②　张通漠、张云谷致李崇淮信。
③　吴钊：《六师附小主事之李更生先生》，《李更生先生言行录》，第11—13页。
④　李崇祜等：《先府君行状》，《李更生先生言行录》，第1、2页。
⑤　张震南：《成志初中校长之李更生先生》，《李更生先生言行录》，第13—17页。

想到;有一点便宜可趁,无不去趁"①。但募集半年,仅得二千七百余元,不敷甚巨。而校舍已开工修建。不容中辍,李乃趁续弦之机,遍发请帖,说:"苟于不佞婚事欲有以贺之者,请悉移助成志。"②于是又得款约千元,新校舍始得以完成。成志为私立,按规定应向政府立案,但政府规定学校非拥有二万元基金不办。于是李又为筹措立案基金四处奔走。起先,他以自己承领的湖滩地二十五顷移赠学校,又为学校购皮家渡地二十六亩,但去立案的条件尚远;后又想出筹募公债券作基金的办法,惟所得亦不多,但他坚持不懈,继续劝募。他为培植"成志",真是做到"筚路蓝缕,艰困毕经"③。在六师附小任职时,每日必去成志一次,凡事亲为主持。他对教育管理力主从严,尤其重视教学,学生成绩遂蒸蒸日上,其第一、二届毕业生升入高中者,达百分之八十。对经费开支力求节约,每月必公布收支于众。他对成志未来远景,规划亦颇周到。

淮安省立第九中学,在江苏素以难治著称,于1925年宣告停办。1926年省教育当局徇苏北人士之请,委派李更生为校长加以整顿,李力辞不获而后就职。消息传出,推荐教师的信件多达四百多封。李概置不复,坚持聘用真才实学之人。他到校后对原有教职员一律解聘,择优者另发聘书。另于平时留意物色的人才,一一聘请。对原有学生一律重新考试,择优录取。开学后,九中气象一新,面貌顿改。是年起,为适应社会需要,李在高中一年级分设数理化和银行理财两科,更为全省的创举。为严肃学风,学生每晚必须在自修室自修两小时,虽走读生亦必到校。当时淮安尚无电灯,该校乃自备发电机为自修室照明。此外,如整顿食堂秩序及加强学校卫生,提高学生健康水平,他均有所措施。

---

① 张震南:《成志初中校长之李更生先生》,《李更生先生言行录》,第13—17页。

② 李更生:《为续娶沈夫人通启各界》,《李更生先生言行录》,第43页。

③ 李更生:《成志初级中学校募集国省库公债票作基金启》,《李更生先生言行录》,第44页。

不到一年,九中声誉大起。李之雷厉风行作风,获得全校师生的拥戴①。

　　李更生虽未参加任何革命组织,但他拥护革命,热爱祖国,并勇于接受新思潮。1911年武昌起义爆发后,淮阴城被民军包围,李"首倡反正议,偕代表十六人开门纳民军"②。到八中时,正值卖国的"二十一条"签订之后,他在校中竖石碑,刻"汝忘五月九日六时乎",用以告诫学生不忘"二十一条"国耻。为提倡国货,抵制日货,他身体力行,在其《八不箴》中即订有"终身不买日货"一条。五四运动爆发,他积极宣传新文化、新思潮。他鼓吹科学与民主,提倡白话文,推行注音字母,提倡演话剧,并亲自登台。他提倡阅读杂志并鼓励学生自编刊物多种。他不仅对待同事平等,而且平等对待学生和校工,校内举行庆祝会,多要请学生和校工上台讲演。在他的影响下,"五四"以后的新思潮"随着扬子的高潮输灌到运河流域",八中学生"无人不充满德谟克拉西的观念"③。1926年秋北伐开始后节节胜利,李极兴奋,曾订好计划积极准备欢迎北伐军。不幸,在北伐军到达淮阴前,李已遇害。

　　李更生性刚毅,不畏强暴,不阿权贵,为教育事业他不惜挺身斗争。1913年,他被选为江苏省议会议员,在议会中担任教育审查员,力主增加教育经费。对于权贵人物的不法行径,他在议会上每每痛加弹劾,以至"闻者咋舌",被称为"不背民意"的省议员④。他为八中申请到新校址,而驻军旅长黄振魁不允迁出,甚至扬言要置李于死命。李毫无畏惧,仍据理力争。终于1922年春迫使驻军全部迁让。1924年为修建成志校舍募捐,李首先向淮扬镇守使马玉仁劝捐。马出身"盐枭",嗜财如命,而李竟能设法使马捐款八百元。

①　张震南:《李更生先生事略》,《李更生先生言行录》,第4页。
②　范绍曾:《九中校长之李更生先生》,《李更生先生言行录》,第17—18页。
③　张震南:《八中校长之李更生先生》,《李更生先生言行录》,第8、10、11页。
④　徐庶侯:《李更生君别传》,《李更生先生言行录》,第6—7页。

　　李更生毕生从事教育,尤重身教,故律己甚严,对子弟亦要求严格。在《八不箴》中即有"教子女不分厚薄"及"遗产不必由子女继承"二则。其族弟李萃为无赖子,曾因强索遗产被他训斥,竟挟怨于 1927 年 4 月 5 日晨刺李于赴校途中,因伤重于 7 日晨去世①。

　　① 李有一个族弟李萃,不事生产,游荡成性。李屡加劝诫不听,反怀恨在心。1927 年 4 月 5 日,在李赴六师途中,李萃怀利刃相随,乘不意刺之。李重伤不治,于两日后逝世。凶手逃逸,不知下落。

李 公 朴

宗志文

李公朴，江苏常州人，1902年11月26日（清光绪二十八年十月二十七日）生。家境穷困，父亲给人家当仆人。李公朴小时候只念了几年私塾，十三岁时，他的三兄李公愚在镇江合兴盛五洋商店做店员，他也跟随做学徒。学徒生活又苦又忙，但他总是挤出时间读一些新书报，借以增长自己的文化知识，从而也朦胧地受到一些资产阶级民主思想的影响。

1919年五四运动爆发时，李公朴满师不久，他与许多青年店员一起，组织"爱国团"，上街演说，给报纸投稿，积极抵制日货，并揭发他的店老板贩卖日货的罪行，于是被解雇了。他失业后，幸得三哥的支持，于1920年秋季插班进入镇江润州中学念书。毕业后，1921年考入武昌文华大学附中高中学习，但也只念了一年余，又因参加反对学校校医虐待学生的学潮被开除。

1922年李公朴转学到上海沪江大学附中学习。高中毕业后，1924年升入沪江大学。因为他很穷，只能一面读书，一面在图书馆工作，过着半工半读的生活。1925年五卅运动时，他参加了学生的罢课游行，代表沪江大学学生任上海学联的工人科长，负责联络工作，并在这期间加入了国民党。通过这场斗争，他看清了北洋军阀政府和帝国主义政府是一丘之貉。反帝爱国的激情，使他无法继续在课堂里待下去，1926年初，他毅然抛开学业，到广东参加北伐，在国民革命军东路军总指挥部政治部工作。随军经过福建、浙江，1927年初他又回到上海。

　　"四一二"政变后,李公朴愤然离开了部队。他曾一度组织一个全球通讯社,搞新闻工作,因为国民党实行新闻检查,干不下去了。1928年,美国雷德大学(Reed College)给中国学生设奖学金,吸收中国学生入学,培养青年会干事。李公朴通过青年会应征入选。8月到美国,进了雷德大学政治系,在那里他一面学习,一面劳动来维持生活。美国的"民主政治"对李公朴有一定的吸引力,但他也看到,"其政府之大权与政策,实际上仍操在资本地主阶级的掌握之中"①。他一方面希望"中国的政治,不要重蹈美国为资本家所把持的覆辙"②;另一方面,又对南京国民党政府抱有幻想,认为当时"政治方面究竟已上了轨道,南北究竟已算统一……再过数年,社会现象自会逐渐进步,人民可以安居乐业"③。这种种想法,反映了当时一般具有民主主义思想的知识分子思想上的矛盾和幻想。1930年夏,李公朴在雷德大学毕业后,乘坐一艘货船离开波特兰德(Portland),靠在船上做工补偿船费,到纽约和欧洲进行了一次社会考察,到冬天才回到上海。

　　1931年"九一八"事变后,李公朴开始寻求抗日救国的道路。起初他对国民党的抗日宣传还有些相信,一度办起一个环球通讯社,自任社长,后来看到他们破坏"一二八"抗战,暗杀著名爱国人士邓演达等人,镇压爱国人民的抗日活动等一系列事实,就对国民党失望了。他决心开展社会教育,为抗日救国贡献力量。

　　1932年初,李公朴和邹韬奋、杜重远、戈公振等在上海发起筹办《生活日报》,由于国民党政府的阻挠,未能成功。12月,李得到《申报》总经理史量才的资助,创办了《申报》附设流通图书馆,"其目的在于辅

　　① 李公朴:《值得我们注意的顾虑》,《生活》周刊第4卷第22期(1929年5月19日)。

　　② 李公朴:《值得我们注意的顾虑》,《生活》周刊第4卷第22期(1929年5月19日)。

　　③ 李公朴:《五分钟的狂热与一夜天的高兴》,《生活》周刊第4卷第15期(1929年3月10日)。

助新闻教育之不及,而予社会大众以求得知识之机会"①。经常来图书馆借书的,多数是学徒、店员、职工等自修青年。这个图书馆还设立了读书指导部,指导大家读什么书,怎样读书。对于读者来信中所提出的带有共同性的问题,在《申报》的读书问答栏中公开给予回答。通过这些回答,宣传一些马克思主义的基本知识。当时负责回答问题的,主要有艾思奇、廖庶谦、夏征农等人。1933 年 2 月,在流通图书馆阅览室,创办了《申报》业余补习学校。6 月,创办了《申报》妇女补习学校。8 月,又增设补习学校分校。

1934 年下半年,由于国民党政府当局的限制与刁难,"读书回答"无法在《申报》上继续办下去,李公朴和艾思奇等一起转而创办了《读书生活》半月刊。这是一份通俗的理论性期刊,在上面开辟了各种学科的讲座,如艾思奇的哲学讲话,夏征农的文学讲话,高士奇的科学小品,曹伯韩的算术讲话,以及"读书写作问答"等。许多文章系统地介绍了一些马克思主义的哲学和社会科学的基础知识与基本观点。1935 年,《读书生活》半月刊扩充为读书生活出版社,印了很多马列主义的经典著作,如《资本论》等。

1934 年 11 月,史量才被国民党特务暗杀。这使《申报》流通图书馆和补习学校在政治上和经济上都受到很大的压力,但是李公朴没有退缩,他在朋友们的支持下,于 1935 年秋,把图书馆和补习学校改名为"量才流通图书馆"、"量才业余补习学校"、"量才妇女补习学校",继续办下去并得到发展。到 1936 年底,图书馆的书籍由最初的两千册增加到三万册,补习学校增加到八个,学生人数由开始的二三百人增加到四千五六百人。其中许多学生成为当时上海抗日救亡运动的积极分子。

1935 年"一二九"运动掀起了全国抗日救亡运动的新高潮。李公朴被选为上海各界救国联合会执行委员,积极参加了上海各界的救亡

---

① 李公朴主编:《读书问答集》第 1 集,上海申报流通图书馆读书指导部 1934 年版,第 229 页。

群众运动。1936年5月,全国各界救国联合会成立,李公朴又被推选为执行委员。他参与救国会宣言和《抗日救国初步政治纲领》的起草,提出救国会当时的主要任务,是促成全国各种政治力量的彻底团结,共同抗日,要求各党各派立即派代表进行谈判,停止内战,一致对外,制定共同的抗敌纲领,建立统一的抗敌政权。

李公朴对鲁迅很崇敬。1936年10月19日鲁迅逝世,他十分悲痛。22日举行葬仪时,他参加了送葬的群众队伍。

正当全国抗日救亡运动风起云涌的时候,11月23日凌晨,国民党政府逮捕了李公朴。和他同时被捕的,还有救国会其他负责人沈钧儒、邹韬奋、沙千里、史良、王造时、章乃器。这就是有名的"七君子"之狱。12月4日,他们被移解苏州江苏高等法院看守所。到了苏州,大家推李公朴向押送的人致"临别词",说明当前国难的严重性和救国会团结御侮的主张。他讲得慷慨激昂,声泪俱下,使那些押送的人大受感动。

"七君子"被捕入狱后,始终坚持爱国主义立场,团结一致,宣传"七个人是一个人",进行了顽强不屈的斗争。1937年4月3日,江苏高等法院以所谓"危害民国"的"十大罪状",向七人提起公诉,要他们承认救国"有罪"。他们在答辩书中义正词严地指出:"以被告等爱国之行为,而诬为害国;以救亡之呼吁,而指为宣传违反三民主义之主义,实属颠倒是非,混淆黑白,摧残法律之尊严,妄断历史之功罪。"①与此同时,国民党也进行了劝降活动。5月,由叶楚伧出面,通过杜月笙和钱新之等,要七人写悔过书,进反省院后出狱,但被他们断然拒绝了。接着,蒋介石又以请七人去庐山"晤谈"为诱饵,要他们写具悔过书,又被拒绝了。6月11日和25日,江苏高等法院对七人进行了两次正式开庭审理。在法庭上,他们严正地逐条驳回了审判长提出的问题和企图强加的罪名,驳得审判长理屈词穷,无言以对。

国民党政府对"七君子"的迫害,激起了全国人民的公愤,各界人民

---

① 时代文献社编:《救国无罪——七君子事件》,1937年版,第27页。

纷纷发起援救运动。西安事变时,张学良、杨虎城通电全国,提出八项主张,其中一项就是要求立即释放"七君子"。6月25日第二次开庭前后,宋庆龄、何香凝、胡愈之等十六人发起"救国入狱运动",一时响应者很多。宋、何等提出:"七君子"爱国无罪,应立即释放;如爱国有罪,则他们与七人同罪,也应该一起收押,并案处理。7月5日,宋、何等带头到苏州江苏高等法院请求入狱。这一援救运动,打击了国民党当局的反动气焰。接着,"七七"卢沟桥事变发生,国民党政府在全国抗日救亡运动蓬勃开展的形势下,于7月31日被迫释放了"七君子"。

李公朴出狱后,继续从事抗日救亡活动。8月底到山西抗日前线,担任山西民族革命战争战地动员委员会委员和宣传部长。12月他到武汉,和沈钧儒一起创办《全民》周刊,提出它的基本任务是:加强全民族的统一战线,变片面抗战为全面抗战,以克服当前的民族危机。李公朴还多次发表抗日演说,号召大家"各尽所能,去做巩固统一战线的工作"[1],"克服一切的艰苦,争取最后的胜利"[2]。7月,《全民》周刊和邹韬奋主编的《抗战》三日刊合并为《全民抗战》周刊。

抗战初期,阎锡山延揽进步人士到山西创办民族革命大学,约请李公朴任副校长。李于1938年初到山西后,看到学校的负责人全是阎的亲信,根本无意安排他负什么责任。而且在以后不久,阎锡山开始排斥李公朴和一些进步人士,李于是离开,再回到武汉。当时,武汉已有一些进步团体,如"蚁社"、"民先"等遭到解散。6月里,有一次李到汉阳兵工厂讲演,这个厂正在酝酿罢工,国民党军委会政治部长兼武汉卫戍司令陈诚抓了几个工人代表。李公朴去找陈诚,要他释放工人,两人发生了争辩。陈诚诬指李公朴是罢工煽动者,把他也扣留起来。经周恩来多次与陈诚力争,一个月后李始获释。

10月武汉沦陷,李公朴撤退到重庆,后与夫人张曼筠经成都转赴

---

① 李公朴:《民众动员论序言》,生活出版社1938年版。
② 李公朴:《怎样争取最后的胜利》,黑白丛书社1938年版,第50页。

延安。11 月 24 日到达延安,在这里,他们见到毛泽东和中共中央、陕甘宁边区的一些负责人,对边区的行政、生产、民众运动、教育进行了参观访问,并建议组织抗战建国教学团,到敌后去从事抗战教育和动员群众的工作。他的建议得到中国共产党的赞助,抗战建国教学团由抗大、陕公、鲁艺等学校的十几名青年组成。1939 年 6 月,李公朴率领他们到晋察冀边区和晋冀鲁豫边区一带去活动。每到一个地方,就举办短期艺术训练队或短训班,培训抗日宣传人才。蒋介石知道后,密电河北游击总司令部鹿钟麟,嘱他对抗战建国教学团的活动"严予查禁"。后来又密令国民党在敌后的反共将领朱怀冰,要他抓到李就地枪决,但在八路军的保护下,蒋介石的阴谋落了空。

1940 年,李公朴写成《华北敌后——晋察冀》一书出版,如实地反映了他目睹的抗日根据地的情况,戳穿了国民党对边区的种种污蔑不实之词。

同年 12 月,李公朴夫妇由解放区回到重庆。正反复考虑下一步去向时,皖南事变发生。他对当时的形势和工作环境进行分析后,决定把全家搬到昆明。在这里,他以青年会为活动基地,组织青年读书会,出版《青年周刊》,还经常作公开演讲,呼吁团结抗日,宣传反对独裁,争取民主。1942 年底创办了北门书屋。1944 年昆明民主运动蓬勃发展,他把北门书屋扩大改组为北门出版社,在张光年、赵沨等人帮助下,邀请闻一多等组成编委会,出版进步书刊。10 月,中国民主同盟在昆明成立云南省支部,李公朴立即参加,并被推选为支部执行委员。从此,李公朴和闻一多经常一起参加争取民主、反对独裁的群众性大会。

民主运动的发展,遭到国民党的仇视。1945 年春,特务头子刘健群找到李公朴,自称是蒋介石派来的,希望李到重庆去,可以在教育界委以"重任",李公朴断然拒绝了。

同年 4 月,中国共产党召开第七次代表大会,《论联合政府》、《论解放区战场》等文件在《新华日报》上刊载以后,北门出版社立即协助西南联大中共地下党组织翻印了数千册,在各阶层中广泛传播。这时,李公朴还是民盟机关刊物《民主》周刊的编委,因编辑部成员在编辑方针上意见不一致,他和闻一多等一部分编委商议,决定出版《民主》增刊,请中共地下党员担任编辑工作,贯彻了坚持抗战、扩大民主阵地的方针。

抗日战争胜利后,1945年10月李公朴赴重庆出席民盟临时全国第一次代表大会,被选为中央执行委员,兼教育委员会副主任委员。同时,救国会改名为中国人民救国会,在重庆召开会员大会,李公朴被推为中央委员。他还和陶行知一起,在重庆创办社会大学。这个学校是参照解放区的教育经验办起来的,没有固定教员,由当时在重庆的共产党内和党外的一些著名学者轮流到学校讲课。李公朴任副校长兼教务长,从借房子到请教员,许多具体工作都是他办的。12月1日,国民党特务在昆明制造“一二一”流血惨案,杀害学生。消息传到重庆后,李公朴多次发表演说,愤怒谴责国民党镇压学生运动的暴行。

1946年1月10日,政治协商会议在重庆召开。2月10日,重庆各界在较场口召开大会,庆祝会议成功。李公朴是大会主席团成员,又是大会总指挥。国民党特务为破坏这次大会,当场殴打了主席团成员多人。李公朴头被打破,伤口宽两厘米多。住进医院后,周恩来特地到医院看望他,他说:“为了和平民主,为了祖国统一,我受点伤算不了什么,我要更加坚强起来,力争人权、民主和自由。”①

5月,李公朴回到昆明,他不顾国民党特务的恐吓和威胁,仍积极投入民主运动。6月以后,蒋介石发动全面内战的部署接近完成,民主运动面临的形势越来越险恶。李公朴说:“为了爱国,我们得随时准备死。”②6月下旬,昆明各界人民组织争取和平联合会,发起争取和平签名运动。国民党特务们大肆散布谣言,说李公朴、闻一多等人“要搞暴

---

① 张曼筠:《回忆李公朴》,中国社会科学院近代史研究所中华民国史组编《中华民国史资料丛刊》增刊第4辑,中华书局1978年版。

② 张曼筠:《回忆李公朴》,中国社会科学院近代史研究所中华民国史组编《中华民国史资料丛刊》增刊第4辑。

动"、"搞暗杀",民主势力和反民主势力的斗争日益尖锐起来。民盟昆明支部由李公朴、闻一多、楚图南等出面,于26日、28日、29日三次举行记者招待会,阐明民盟的政治主张和对时局的态度,声明民盟并非暴力革命的团体,只以和平方式争取民主,决不搞暗杀暴动。但特务分子却加紧了对他们的暗害活动。7月初,经常有形迹可疑的人到北门书屋附近活动。李公朴预感到自己可能会被暗杀,曾对家里人说:"我跨出了门,就不准备再跨进来。"①他没有畏惧,仍然天天为和平奔走。

11日晚10时许,李公朴在昆明街上遭国民党特务枪击,至12日清晨逝世。

四天以后,15日,闻一多又被国民党特务暗杀。"李、闻惨案"激起了全国人民的无比义愤,争取和平民主的运动,更是风起云涌,不可遏止了。

---

① 张曼筠:《回忆李公朴》,中国社会科学院近代史研究所中华民国史组编《中华民国史资料丛刊》增刊第4辑。

李 国 杰

侯鸿绪

　　李国杰,字伟侯,号元直,安徽合肥人,1881年(清光绪七年)出生在一个大官僚家庭中,祖父李鸿章为清末重臣,长期掌管清政府外交、军事、经济大权;父亲李经述有足疾,在合肥主管家产,坐拥厚赀,过着豪门奢侈的生活。

　　李国杰幼年在合肥家中聘师求学,七岁应祖父之命,移居天津,随侍身旁读书。1901年李鸿章死,李经述系长子①,得承袭一等侯爵位。翌年,经述亦病逝,由李国杰再袭一等侯爵勋位,时年仅十一岁。

　　1903年,慈禧太后念及旧臣情谊,召李国杰入宫,授二等侍卫。1906年,十五岁的李国杰被特旨授任广东汉军副都统,满朝震惊。翌年,调任镶黄旗蒙古副都统,掌一旗户口、教养、训练大权。

　　1908年11月,光绪帝、慈禧太后相继死去,宣统继位,摄政王载沣当权。载沣忌恨权势日益膨胀的袁世凯及与其有关系的人,罢斥袁世凯,集军政大权于皇族;李国杰也受牵连,被解除兵权,调农工商部任左丞。李因家族关系,素与清室亲贵来往密切,一日探知清廷将有不利于东三省总督徐世昌之举措,而李的岳父张瑞荫正在徐左右任事②,恐受

---

　　①　李鸿章长子经毓幼殇,由胞弟李昭庆之子过继,取名经方。1864年李鸿章继配夫人赵氏得子,名经述,立为长子。

　　②　张瑞荫系张之万之子,而徐世昌则是张之万门生,关系甚密。徐授任东三省总督后,曾向慈禧太后面奏,保举张瑞荫为督署一等秘书官兼宪政调查局总办。张瑞荫长女适李国杰,不久病死,李又娶清末御史杨崇伊之女为继配。

连累,遂急函密告:"醇邸(指醇亲王载沣)深恶菊帅(徐世昌号菊人),大人最好竭力摆脱,早日回京为宜。"①张得免一难,而徐也引起注意,随即施展各种手段,取得载沣的信任。

1910年,清廷派遣李国杰出使比利时王国钦差大臣。在比国,李大兴土木修建使馆,并常去柏林、巴黎游览,纵情声色,一掷千金,过着纸醉金迷的生活。

辛亥革命爆发后,袁世凯出任内阁总理,召李国杰回国。但他积欠公款数万元无法向外务部交卸,便持天津李公祠契纸作押,向曾任汇丰银行天津分行首席买办的吴懋鼎借银三万两。吴说:"我受中堂(指李鸿章)之恩甚重,这个东西(指契纸)我绝不敢要。"随后奉送李三万两银子②。

李国杰向外务部交卸完毕,即去晋见袁世凯。此时宣统已退位,袁正谋民国大总统位,李不识时务,在谈话中提出:"我要进宫向隆裕太后和皇帝请安,事可行吗?"袁答道:"太行啦!别人不行,你还不行么!"李随后便进宫,见到隆裕太后,跪伏地上,涕泪俱下,隆裕称:"念及先臣鸿章,引用非人,以致如此,不知涕泪之何从也。"③弦外之音,有责袁之意。但李不知此时袁已嘱接近清宫的徐世昌,在暗中监视清室行动,李的举止言行已为徐侦知,便召李谈话,说:"设若你不是李文忠公嫡孙,咱们就不能有今日之会面了。"李惊恐不已,请教疏解之计。徐说:"速走为宜。"④当夜,李即离京赴沪隐居。

---

　　①　张达骧:《我所知道的徐世昌》,中国人民政治协商会议全国委员会文史资料研究委员会编《文史资料选辑》第48辑,中华书局1964年版。

　　②　吴焕之:《关于我父吴调卿事迹的回忆》,《文史资料选辑》第49辑,中华书局1964年版。张达骧在《我所知道的徐世昌》一文说:"在南北议和时,李向袁请款弥补积欠,袁汇寄四万元,李即以余款作路费回国。"与吴焕之的说法不同。

　　③　张达骧:《我所知道的徐世昌》,中国人民政治协商会议全国委员会文史资料研究委员会编《文史资料选辑》第48辑。

　　④　张达骧:《我所知道的徐世昌》,中国人民政治协商会议全国委员会文史资料研究委员会编《文史资料选辑》第48辑。

袁世凯就任民国大总统之后,施展阴谋权术,极力拉拢各方。时李国杰堂叔李经羲应袁邀聘由沪赴京,任政治会议议长,不久又为袁氏高等顾问。他受袁之托,为袁的侄儿袁克义与李国杰之女婚配事张罗。从此,李国杰不安之心始定。

李国杰原继祖业任轮船招商局董事,至1918年被选任董事会会长。但他只知享受摆阔,在事业上并无作为,常邀聚众友在一起吟风弄月,终日沉溺在灯红酒绿之中。

1928年,南京国民政府对招商局加以整顿,委赵铁桥为总办,李国杰为董事会会长。赵一上任,即着手革新除弊,废除陈规陋习,公布"整理招商局暂行条例"。从此,董事会已非昔比,总局一切人事、财务和经营业务,统由总办一揽全责,而董事会会长不过一虚衔而已。为此李、赵之间矛盾日益加剧,形如仇敌。1930年初,李买通徽帮首领王亚樵,于同年7月24日将赵砍死。随后,交通部派次长李仲公赴沪暂行署理招商局事宜,将招商局改归国营,不久任命郭外峰为总经理。李国杰除掉政敌,而自己并未得利,但又不敢贸然行动,只好对李仲公、郭外峰虚与委蛇,等待时机。

"九一八"事变后,国民政府改组,陈铭枢出任行政院副院长兼交通部长。李国杰之族兄李国凤(少川)平日与许世英、黄居素颇多交往,乃通过他们的疏通,请陈免去郭外峰,而由自己接任总经理之职。李如愿以偿,特制一名片,其上刊印总经理衔外,又署"前清世袭一等侯爵"字样,令人匿笑不置。

李国杰接任后的招商局已是千疮百孔,负债累累。在与交通部政务次长兼招商局监督陈孚木、交通部航政司长蔡培、交通部参议黄居素等人共同密谋下,经美商"中国营业公司"总经理沙得利(F. W. Sutterle)撮合,李以招商局在上海的金利源、北栈、华栈等几座码头作抵押,借款三千万元,租给美商大来轮船公司,并从中获得回扣佣金一百万元,折合白银七十万两。当时商定:"陈孚木得银二十万两,陈真如

(铭枢)得银四十万两,其余十万两由经手人均分。"①事后被人举发,国民政府委派财政部长宋子文、交通部长俞飞鹏(此时陈铭枢已辞职出洋),上海市长吴铁城等组成中央调查组,约集黄金荣、杜月笙及银行界多人,在上海市政府开会,传李国杰到会备询,会后即将李扣押起来。此时,陈铭枢远在法国,"致电国府行政院,为招商局舞弊案声明",表示"本人并不知道"②。经核查,所谓陈铭枢分得四十万两银子,均由黄居素用化名分存在上海各家银行,转汇香港。不久李国杰被移交上海地方法院。1933 年 4 月,上海地方法院判处李有期徒刑八年;陈孚木、黄居素潜逃,被明令通缉。

李国杰被收监后,以患病为名,通过上海银行公会会长林康侯出面担保,获保外就医,在董家渡上海医院包下几个大房间,携眷陪住,并自带厨佣,成为当时一大奇闻。1934 年,客居上海的段祺瑞向蒋介石说项,李始获释。此后,他在新闸路寓中事佛念经,匿迹沪上。

1937 年冬上海沦陷,翌年 3 月,以汉奸梁鸿志为伪行政院长的"中华民国维新政府"在南京成立,头目多系原北京政府的一批旧官僚,李国杰与他们频繁往来,不甘寂寞,蠢蠢欲动。

1939 年 2 月 21 日,李国杰在寓所被军统特务刺杀身亡③。

---

① 刘叔模:《1931 年宁粤合作期间我的内幕活动》,《文史资料选辑》第 17 辑,中华书局 1961 年版。

② 《时事日志》,《东方杂志》第 30 卷第 5 号(1933 年 2 月 7 日)。

③ 张子静:《我的姐姐张爱玲》,季季、关鸿编《永远的张爱玲:弟弟、丈夫、亲友笔下的传奇》,学林出版社 1996 年版,第 48 页。

李 国 钦

萧栋梁

李国钦,字炳麟,湖南长沙人,1887年9月(清光绪十三年七月)生于一个贫寒的家庭,父亲李月波以教书为业。李国钦在兄弟中排行第三,从小白天跟着长兄李希易在田间劳动,夜间在父亲督促下苦读"四书"、"五经"。后来希易自学数学,担任数学教员,李国钦才得以跟着入学读书。

1910年,李国钦以优异成绩从湖南高等实业学堂(湖南大学前身)矿科第一班毕业,为华昌炼锑公司董事长梁焕奎所赏识,被派赴英国伦敦皇家矿业学院留学。李在选矿专家楚斯克教授指导下,在康瓦邦雷德拉斯城担任磁力分离工作,在处理浓化锡时取得了百分之二至三的钨铁,获矿冶工程师职称。1914年毕业回国,任华昌炼锑公司业务部副经理。

华昌炼锑公司因购得法国人赫伦士米蒸馏炼锑法专利,并由杨度联络在京湘绅呈请北京政府批准专利十五年,业务迅速发展,所产纯锑成色超过英国杰克逊厂。但是,华昌纯锑的国外销售权却被英商所垄断。为了打破垄断,开拓国外销售局面,李国钦力主乘英商在第一次世界大战中不能按时付款之隙,取消英商包销,在纽约设立分公司。这一建议被董事长梁焕奎采纳而付诸实施。李于1915年底被派往美国,担任纽约分公司副董事长兼总经理,掌握经营管理实权。他利用当时锑价因世界大战爆发而暴涨、美国急需这种战略物资的有利条件,勤奋工作,经常奔波于纽约与旧金山之间,广交美国企业界人士,谙熟美国行情。旋与一华侨巨商的女儿结婚,并加入美国国籍,使纽约分公司获得纽约市政当局承认,也使他很快成为左右美国锑产品市场的人物。不久,国内纯锑已全部集中于华昌,而华昌又全部以寄售方式出口美国,从而形成了中国纯锑垄断世界锑产品市场的局面。李国钦运用掌握锑市的能力和中国纯锑垄断世界锑市的条件,使华昌出产的双环牌纯锑畅销世界各国,开创了中国有色冶金产品由出口初级产品变为出口成品的新局面。李国钦也利用锑市场价格多变的情况,套购得利甚厚,成为百万富翁。

1916年,李国钦向美国友人借款增资,将华昌炼锑公司纽约分公司改组为华昌贸易公司,自任董事长兼总经理,并经纽约市政厅批准,在纽约伍尔沃思大厦第51层设立办公处。李国钦此举受到华昌炼锑公司股东杨度等人反对,并向最高法院提起诉讼,企图将李引渡回国,但未成功。李事后约其连襟、梁焕奎的三弟梁焕均到日本会晤,赠以厚银而私了此案。国内华昌炼锑公司从此一蹶不振,终致破产倒闭,对李国钦追究之议也不了了之。

李国钦建立华昌贸易公司后,利用原有的国内外关系,全力开拓业务,为开发湖南矿业,沟通中美经贸往来建树甚多。他先受华昌炼锑公司梁焕彝委托,将瑶岗仙矿采掘的钨矿做了进一步化验,证明中国所产钨砂是世界上纯度最高的钨,从而吸引美、英、日等国专家来华勘探开采。他与梁焕奎兄弟及章克恭等集资一百万元,合伙经营了一个专门经营钨砂出口贸易的钨矿公司,从湖南瑶岗仙和赣南大庾岭等地收购钨砂,运往美国由华昌贸易公司包销。同时,他推介老同事章克恭担任美华银行长沙分行经理,以利用美国金融资本开发湖南矿业。此后,李国钦在天津、上海、长沙、青岛等地广设华昌贸易公司分支机构,从中国各地收购钨、锑、锡等矿产品以及桐油、猪鬃、黄麻草等农副产品销往美国,使中国五金矿产品第一次直接进入国际市场;同时将美国的化工、采矿、纺织、炼钢机械和钢材等工业品输入中国,沟通了中美之间的贸易渠道。他所独资经营的华昌贸易公司,在20年代和30年代前期逐步发展成为中美之间最大的一家进出口贸易公司,在国际实业界享有一定声誉和信用。李国钦不仅拥有伍尔沃恩大厦第51层整层作为办公处,还在纽约长岛地皮最昂贵的地方住家,并出任美国中华协会董事兼副会长,成为当时华人在美国商界最著名的人物之一。

李国钦的商业生涯并非一帆风顺,他在经营中美贸易的同时,曾插手股票和债券等证券买卖,在1929年美国经济危机中,他几乎倾家荡产,在绝望中一度萌发轻生的念头。后为事业心所驱使,并得其岳父帮助,才渡过难关,重新发展起来。

1935年起,国内钨、锑等战略物资由国民政府资源委员会垄断,李国钦的华昌贸易公司在国内的钨、锑、锡来源一时受到影响。资源委员会在纽约设立办事处,想拉李国钦为其效劳,派了李在华昌炼锑公司的老同事、冶金专家王宠佑到美与李接洽。李向资委会要求承担包销,未获同意,即采取商业竞争手段予以抵制,迫使资委会就范,最后达成了由华昌贸易公司包销国内钨、锑、锡的协议,这为华昌贸易公司在第二次世界大战期间的迅速发展打下了基础。

随着1937年中日战争的爆发,中国对外贸易中断,李国钦的华昌贸易公司经营业务发生了很大变化。由于钨和其他稀有金属成为重要的急需的战略物资,德、日法西斯与英、美争相抢购。日本勾结其轴心伙伴德国希特勒政府,指挥法国维希政府免去当时法属安南(今越南)的法国总督,而代之以愿与日本"合作"的德古担任总督,企图夺取中国政府储存在安南准备出口的巨量钨砂。李国钦于1940年6月得悉此举,即建议美国政府火速收购中国储存在安南的钨砂,并由美国海军军舰抢运到美国,击败日本抢购钨砂的阴谋。这时,德国通过日本从南美和墨西哥等国大量进口劣质钨砂,致使美国从这些国家进口钨砂的计划受到威胁。李国钦看到战争发展下去,将使中国对美国钨砂的供应完全中断,南美的钨、锑矿砂也将被德、日购去,乃建议美国复兴银公司(世界开发银行前身)向南美的钨、锑矿投资,就地设立炼厂,将矿砂炼成成品再运往美国。美国政府采纳了他的建议,并由美官方投资,委托他管理。1940年8月,李又敦请美国政府买进南美所产的全部钨砂,而不管品质好坏。李国钦也应美国政府之请,赴南美各国采购劣质钨砂,在纽约市斯泰登岛的国际贸易区,建成唯一能处理世界各地劣质钨砂的炼钨厂,既使南美劣质钨砂有了销路,又保证了美国在世界反法西斯战争中的需要。为了摆脱美国战略物资短缺的严重威胁,李国钦又建议美国政府在国内寻找资源,在内华达州、加利福尼亚州、科罗拉多州发展和加强了贫矿的开采与冶炼。

李国钦在经营以上事业的同时,还在墨西哥索拉诺省诺加斯城设立墨西哥钨矿公司,采购和提炼钨砂;在巴西经营钨矿场和铌钽矿,后者是居于世界前列的大矿。李国钦的华昌贸易公司由于在折射金属方面处于世界领先地位,在纽约建立了锆铪金属厂,在俄勒冈州的阿巴尼建立了规模宏大的锆厂,开展了钼、铪、钶、钳、钽等稀有金属的冶炼制造。他还取得了美国得克萨斯州冶炼锡的特许权,并将钛的冶炼技术引进到印度,以华昌名义在那里设厂,取得经营专利权。

李国钦在矿冶科学上,精研钨矿学,发明“炭化钨李氏冶炼法”,并与王宠佑合著《钨》一书,被列为美国化学学会专著第95种,成为该项研究的权威著作,在国际冶金学界有很大影响,曾多次再版。

李国钦的事业在第二次世界大战期间达到了顶峰,不仅将原来经营的锑、钨矿产扩展到钛、钼、铪、铌、钽等稀有金属,而且经营活动遍及北美、南美、东南亚和南亚等地区;更在折射金属、炼钨等技术方面取得世界领先地位;还为解决美国战略物资作出了贡献。他在国际和美国实业界以及冶金学界名声大噪,被聘为美国政府战备物资顾问,任纽约五金同业公会主席、美国矿冶工程师学会会员,获得美国克拉克大学博士学位、巴西政府“南十学座”勋章、意大利“最高荣誉勋章”、泰国“王冠勋章”等。

第二次世界大战后,李国钦收购了上述美国政府所设冶炼厂,并在纽约长岛克林科维地区设立华昌钨厂(又名“李钨公司”),生产炭化钨等钨制品,使该地区一度有“世界钨都”之称。同时,李还向食品制造和房地产方面发展,1946年在泰国设立泰华公司作为华昌子公司,年产20万吨玫瑰牌木薯淀粉、50万吨木薯粒、3000吨冬粉(亦称"奉用玻璃面");输出的黄麻草和木棉在国际市场上享有盛誉。

李国钦作为美籍华人,对中国工业的发展提供过合作与支持。他曾在20至30年代为中国十八家纺织厂、十二家化工厂、八家矿场、两家钢铁厂、两家造币厂、两家糖厂,共计四十四家工厂雇聘美国工程技术人员,协助购买和安装机器设备,引进技术和资金。其中为协助玉门石油的勘探和四川泸州化工厂的建立,做了大量工作;特别是对范旭东创办天津永利碱厂、南京永利硫酸铵厂、永利川厂和湘厂等给予的多方面帮助,效果显著。李还资助过他的老师曹典球创办湖南文艺书院,设立奖学金资助中国留美学生,在美国哥伦比亚大学设置"李国钦奖章",奖励研究钨产品有成就的人才等。

已入美国籍的李国钦,关心中国民族解放事业,曾在抗日战争时期多次帮助国民政府采购军工设备和军火,并多次充当中国向美国借款的中间人,使中国从美国得到大批贷款。上海银行总经理陈光甫,曾以国民政府财政部贸易委员会主任的身份,先后两次到美国洽商,以中国桐油和钨、锑作为抵债物资向美国金融机构借款,均因美国人不同意外国人用政府机构出面谈判,不得要领。李国钦洞悉美国内情,建议陈光甫在美国设立环球贸易公司作为代表国民政府的一方,与美国复兴银行为一方进行交易。李作为见证人,担保环球按时偿债,使借款成功。他曾于1939年10月捐款10万美元慰劳湘北前线抗日将士,受到国民政府的嘉奖。还出版中文《商情报导》寄回国内,介绍美国朝野同情中国抗日的友谊。国民政府行政院长孔祥熙等,一度要他担任中央银行理事和中央信托局局长,他未受任。

中华人民共和国成立后,李国钦曾表示要回国观光访友,并向国家捐赠炼钨机械,但愿望未能实现其,于1961年3月病逝。其亲属在美国哥伦比亚大学设立李氏基金会,为中国赴美留学人员提供奖学金,并与我国合资建立企美有限公司,继续经营华昌矿冶精炼公司。美国政府为表彰李国钦的功绩,将他的名字镌刻在纽约港口自由神像的基石碑上,永志纪念。

主要参考资料

李国钦、王宠佑:《钨的发现小史》(英文),1955 年第 3 版。

《华昌国际集团》(英文版)。

李　汉　魂

周兴樑

　　李汉魂,字伯豪,号南华,广东吴川人,1895 年 11 月 23 日(清光绪二十一年十月初七)出生①。他的父亲李次颜是晚清秀才,母亲庞氏生有三子,汉魂居长。他少年时家境富有,十六岁丧父后家境渐趋贫穷,由母亲继续抚育成人。

　　李汉魂年少时从同邑老秀才李品珊求学,稍长考入县立高等小学堂就读,研习诗书,广涉经史子集。1911 年,入广东大学堂专门部法科学习。这期间,他开始接受革命思想,立志参加反清革命运动,并经黄元贞介绍成为一名孙中山领导的中国同盟会会员。

　　1912 年,李汉魂考入广东黄埔陆军小学第六期,与叶挺、张发奎、缪培南等人同学,三年后以第二名的优异成绩毕业;继而考升湖北武昌南湖陆军第二预备学堂第二期学习。1917 年入河北保定陆军军官学校步兵第六期深造,1919 年毕业后到阎锡山的部队中任见习官,次年因病返家乡,病愈后进入粤军中任职。在以后的四五年间,孙中山领导的国民革命在国共合作后获得了迅速的发展。由于李汉魂能顺应革命潮流,加之能武善文,故在粤军中升职颇快,由排长而后升迁为连长、参谋、少校副官等职。1925 年 7 月广州国民政府成立后,着手组建国民革命军,粤军第一师遂于 9 月间扩建为国民革命军第四军,李升任为该

------

　　① 关于李汉魂的生年尚有 1894 年、1896 年两说。今根据《李汉魂将军日记》(朱振声编,香港 1975 年版)所记,其出生应为 1895 年 11 月 23 日。

军第十二师中校参谋处长。

　　1926 年 7 月,国民革命军由广州出师北伐,第四军作为进军两湖战场的主力首先由粤北上入湘。当时李汉魂任第十二师三十六团参谋长随军北征。第十二师攻占醴陵、浏阳后,于 8 月 19 日进逼平江,在叶挺独立团和三十六团主攻平江城的战斗中,李汉魂亲率一营出击,协同各部占领平江。8 月 25 日,第四军以独立团为先锋进抵汀泗桥。26 日第十师、独立团及三十五团、三十六团等环攻汀泗桥不果,形势危急。李汉魂与三十六团长黄琪翔,向第十师长陈铭枢提出在吴佩孚援兵到来前,不顾任何牺牲,夜袭合歼守敌的作战方案,并在夜战中率三十六团协同独立团及第十师二十九、三十五各团抢占高地,与守敌展开肉搏战,终将敌人击溃,于 27 日上午攻占汀泗桥。而后,三十六团紧随独立团占领咸宁直逼贺胜桥,是时吴佩孚亲率督战队扼守该桥作困兽斗。在攻打贺胜桥的战斗中,李汉魂指挥团机枪连猛扫敌群和压制桥北敌火力点,为各部队冲锋歼敌创造了有利条件。8 月 30 日第四军占领贺胜桥后,直逼武昌城下,李汉魂则协助团长黄琪翔部署三十六团攻打武昌宾阳门的战斗。10 月 10 日,攻克武昌,至此吴佩孚在两湖的军队基本被歼殆尽。20 日,第四军第十二师奉命东征援赣,参加消灭孙传芳主力的战斗。在 11 月初该师切断南浔路援助友军攻击南昌的战斗中,李汉魂指挥的三十六团先后在孤山、德安、马回岭、九江等地重创敌人。南昌克复后,第四军于 11 月 19 日从九江撤回武汉驻防,不久后李汉魂升任第四军干部教导队军官队上校队长,旋又奉调任第二十五师参谋长。

　　1927 年 4 月 12 日,蒋介石在上海发动“四一二”政变,实行“清党”反共,随后在南京成立国民政府,宁、汉分裂。此时,奉系军阀张作霖部拟由河南南下袭击武汉国民政府。4 月 19 日,武汉国民政府在武昌南湖召开第二次北伐誓师大会,21 日,武汉的北伐军开始沿京汉路北上。第十二师作为先遣队占领驻马店后,面临数倍强敌的不利局面。当时苏联顾问鲍罗廷等主张退却待援。时任第三十六团团长的李汉魂力排众议,建议固守待援,掩护北伐军第一纵队各部迅速集结,当即决定第十二师各团急切布防,严阵以待,奉军不明底细按兵郾城不动,从而使北伐军稳住了阵脚,赢得了机运。北伐军集结后,5月13日,第一集团军司令张发奎下令开始攻打西平与上蔡。李汉魂率三十六团在上蔡、唐按、西洪桥等地进攻和狙击敌人,俘获奉军旅长富双英;27日,李又率部参加围歼临颍奉军的战斗,经反复激烈战斗:李亲率所部冲入临颍城南门,将北伐军旗插上城头。临颍战后,李之三十六团随第一纵队各部乘胜占新郑、克郑州、入开封,与冯玉祥的第二集团军胜利会师。是年6月,李汉魂积功升任第二方面军所辖第四军第二十五师师长,7月随军东征讨蒋进驻江西。

1927年7月15日,武汉的汪精卫集团步蒋介石之后尘实行"分共",国共合作完全破裂。8月1日,周恩来、贺龙、朱德、叶挺、刘伯承等在南昌发动起义。南昌起义军南下广东潮汕时,张发奎的第二方面军尾随追击,李汉魂奉命率二十五师经樟树、吉安沿赣江南下至广东,并固守惠州石龙,以阻遏叶、贺所部起义军南进。12月12日,张太雷、苏兆征、叶剑英等领导发动了广州起义,张发奎急令李汉魂部会同教导第一师薛岳部前往广州,镇压了广州起义。1928年4月,李汉魂卸师长职东渡日本治疗耳疾,年底归国时蒋介石的后期北伐已告完成。后第四军奉命缩编为第四师,由缪培南、朱晖日任正、副师长,李汉魂任参谋长。1929年3月,蒋桂战争爆发,蒋介石命张发奎任讨伐桂系的第一路右翼军司令兼陆军第四师师长,李汉魂时任第四师副师长协助张平息了武汉的桂系之乱。同年9月,蒋令在湖北宜昌休整的张部,克日移防陇海路沿线,实则准备途中将之缴械。张发奎在汪精卫支持下出任护党救国军第三路司令,通电反蒋,并率部经由湖南入广西,联合桂系于12月和次年3月两次合力攻打广东,力图重占广州以求发展,李汉魂当时率部参加攻粤;结果张、桂联军先后在广东花县和广西北流大败于陈济棠所部粤军,被迫退往广西休整。1930年5月中原大战爆发后,张发奎、李汉魂再与桂军联合入湘,占衡阳、长沙、岳阳等地,策应冯玉祥、阎锡山称兵反蒋。蒋急调粤军北上攻击张、桂军,张、桂军回师衡阳迎战失利,李汉魂于7月随军败退广西。其后,第四师经过整编归薛岳统领,李汉魂与薛不合而被迫离队避居香港赋闲。

1931年2月,蒋介石因约法问题与胡汉民矛盾激化,将胡软禁于南京汤山,由此引发宁、粤分裂。5月间,两广反蒋派人士汪精卫、唐绍仪、孙科、陈济棠、李宗仁、古应芬等联名通电要蒋下野,并在广州成立国民党中央执监委员非常会议和广州国民政府,与南京方面对抗。8月,李汉魂经缪培南引介由港回穗,被广州国民政府委为中将军事参议,旋又兼任第一集团军总司令部中将参议。从此,开始了他在广东日趋显赫的军政生涯。是年冬宁粤复合,李汉魂乃继余汉谋接任粤西北区绥靖委员,旋又兼任广东陆军独立第三师师长,驻防粤北韶关,管辖广东西北区共二十五个县和一局。1935年独立第三师改编为陆军第二军第六师,李汉魂仍任师长,驻军汕头,并兼任广东东区绥靖委员,管辖粤东二十四县和市局的军政事宜,权重一方。他深恶日本帝国主义的侵华行径,曾在汕头严惩过一些抗纳米税的日本不法商人。

1936年5月,陈济棠对李汉魂有所猜忌而将其明升暗降,免李之师长职,只给予第二军副军长的空头衔,引起李的不快。6月1日,陈济棠、李宗仁、白崇禧等以请缨抗日为名通电反蒋,发动了“两广事变”。他们将两广的军队改称为“抗日救国军西南联军”,并进军湖南。李汉魂对陈济棠这种以抗日为名、实打内仗的做法极为不满,认为陈这是“要带我们走死路”,遂生倒陈之心,坚请余汉谋“负起领导倒陈的责任”①。7月6日,李汉魂发出“鱼电”敦劝陈济棠悬崖勒马,指出抗日之领导仍仰中央,广东不应在强邻虎视之际为兄弟阋墙之举,令日本坐收渔人之利,心耻陈之所为,故封金挂印拜还大命。他同时还通电粤中

① 胡铭藻:《李汉魂封印挂金与信息港汉谋回粤倒陈》,广州市政协文史资料研究委员会编《南天岁月——陈济棠主粤时期见闻实录》(《广州文史资料》第37辑),广东人民出版社1987年版,第507页。

将校,望联合对陈进行劝谏。当天他在卫士和秘书等陪同下,避往香港九龙。7日,李汉魂令部属按计划发出"虞电",向南京政府蒋介石与林森表达拥护中央之诚意,并请蒋等"对西南之此举,因势利导,纳诸正轨,一分歧之军令,宏御侮之远谟"①。8日,李再电在韶关的第二军军长张达,望率部对陈氏实行"兵谏"。李之通电得到国民党军政要员何应钦、孙科、程潜、王宠惠、唐生智等及广东第一军军长余汉谋的赞同响应,对陈济棠部起了很大的分化作用;加上此间蒋介石又通过多种渠道对粤中各将领及空军、海军进行收买瓦解,使陈氏处于众叛亲离之境。18日,陈被迫通电下野,离穗赴港,余汉谋即由大庾回到广州任广东绥靖主任兼第四路军总司令。20日,国民党中央电令委派李汉魂为广东东区绥靖委员、第二军副军长兼第六师师长;陈诚随即又转达蒋介石给李之嘉奖令,约李至广州面谈。于是李从香港返广州与陈诚恳谈粤局,并宣布就职。不久李汉魂任新番号的国民革命军第一五五师师长,驻兵汕头市。是年底,李被授予三等云麾勋章。

1936年12月,张学良、杨虎城将军发动西安事变,迫使蒋介石答应停止内战,一致对外;1937年"七七"事变后,全面抗战开始。9月国共两党再度携手合作,共赴国难。这期间,李汉魂已升任第六十四军军长兼一五五师师长,驻防潮汕一带。他于8月30日宣布就任军长职后,积极扩军备战,轮训各级军官,并组织广东第五区战时民众训练委员会,自兼主任委员,大力组建民众抗日后援组织,随时准备抗击日寇的侵犯。

1938年4月,李汉魂奉命亲率一五五、一八七两师北上增援,抵武汉亲谒蒋介石后,遵令于5月开赴河南开封归德,参加豫中战役。他旋任薛岳第一兵团的第一路总指挥,率部防守陇海线内黄、仪封、兰封一线,并指挥第六十四军主攻和夺取罗王寨。李部作战英勇,浴血奋战,

---

① 王成斌等主编:《民国高级将领列传》第4辑,解放军出版社1989年版,第217页。

于 27 日攻下罗王寨，给日军土肥原部以重创，国民党当局为此授予"华胄荣誉勋章"。6 月 15 日，李汉魂军奉调赴武汉参加会战。当时李任陈诚第九战区第二兵团总司令，率部镇守江西九江、马头镇、马当等一线，负责狙击溯江西上之日军，以保卫武汉。李部从 7 月 23 日起在九江英勇抗击日军两师团兵力之进犯，三天后撤守南浔铁路一线；后在德安等地屡败日军，并顽强狙击沿铁路南下之敌，相持月余，日本侵略军竟未能前进一步。李汉魂因在武汉会战中卓有战功，被国民政府授予"忠勇无双"锦旗一面，并升任为第八集团军副总司令兼第二十九军团军团长；他统率的第六十四军也受到第一集团军总司令薛岳传令嘉奖，并授予"钢军"锦旗一面。

1938 年 10 月 21 日，广东省会广州弃守，随李汉魂北征的粤籍将校纷纷要求回师援救桑梓。12 月 23 日，李被国民政府委为广东省政府主席兼民政厅长后，率部南归广东。次年元旦，他在粤北连县宣誓就省府主席及民政厅长职，并兼广东省保安司令，以韶关为临时省会。25 日，他发布《告广东省各界同胞书》，提出全省应造成人人抗战、处处抗敌的局面。

1939 年 3 月，国民党广东省党部改组，李汉魂任省党部主任委员；11 月，李又兼任第三十五集团军总司令，下辖第六十三军、六十四军。至此，他已集广东的政、党、军权于一身。是年，占领了广东沿海一带的日寇以五万大军北犯粤北各地，李汉魂指挥所部协同第四战区副司令长官兼第十二集团军总司令余汉谋对日军实行各个击破，于 1940 年 1 月取得了粤北大捷，粉碎了日寇的北犯阴谋。此后，李汉魂辞去第三十五集团军总司令职，全力从事广东政务，广东军事则归余汉谋主持。

李汉魂在任广东省政府主席兼民政厅长、建设厅长的六年半时间里，忠于职守，对广东全省的政治、经济、文化及抗战等事业，颇多建树。他亲自制订《县长须知》，亲录《从政语范》等条规，勉励各级公务人员恪尽职守，清明吏治；他鼓励广大侨胞投资垦荒植林等事业，注重繁荣地方经济；他组织力行学会自兼会长，创办力行中学，并捐资建成毅慈医院;他于1943年兼任三民主义青年团广东支部干事长后,组建了广东知识青年从军征集委员会,自任主任委员,积极动员青年抗日,并带头将三个儿子送入抗日军队之中。李汉魂的政绩受到蒋介石的赏识,蒋曾为此授予他忠勤勋章和二等景星勋章,并颁给他耕工竞赛第一名的奖状。1945年8月,国民政府升任李汉魂为第三战区副司令长官,改派罗卓英接替他出任广东省政府主席。李接令后发布《留别广东各界同胞书》,办好移交手续离开广州前往陪都重庆报到。抗战胜利后,他就任第三战区副司令长官职。

1946年6月,蒋介石政府在美国支持下,挑起了反共内战。为保障浙赣铁路安全运输,蒋曾委李汉魂兼任衢州绥靖公署副主任。李对蒋大打反共内战不满,遂于1947年1月辞去本兼各职并告假,在家属陪同下远赴美国纽约治疗耳疾。病愈后,李汉魂为避免参加内战,在南北美洲和欧洲二十四个国家游历了两年。

1949年1月,李汉魂独自由美归国。他抵达广州时,蒋介石已被迫宣布下野,由副总统李宗仁任代总统。2月9日。李被国民政府委任为海南岛特别行政区长官兼海南省筹备委员会主任,未到职。旋又被任命为总统府参军长,并授予陆军上将军衔。参军长管辖总统府军务、总务、典礼三局及侍卫、机要二室,位置显要。李就任后不久,南京政府迁往广州,后又撤往重庆。9月,李汉魂在重庆谒见蒋介石时力主死守大陆,表示不愿渡海去台湾,受到蒋的训斥,10月13日,李汉魂飞抵香港后,宣布辞参军长职,并谒见居港准备赴美的李宗仁,表示愿一同去美国。

1949年12月15日,李汉魂随李宗仁夫妇乘泛美公司的包机由香港直飞美国。从此开始了全家侨居美国的赋闲生活。

1982年5月,八十七岁高龄的李汉魂接受中华人民共和国全国人大副委员长廖承志的邀请,偕夫人吴菊芳及儿女飞归大陆观光访问。

抵北京后,受到邓小平、叶剑英等党和国家领导人的亲切接见。随后,他一家人游历了北京、上海、广州、韶关等地后,返回美国。

　　李汉魂虽系一员武将,但却擅长诗文,一生笔耕勤而不辍,著书颇多,计有《吴川将军李汉魂》《梦回集》《我是沙场一过客——北伐战争回忆》《东游散记》、《欧游散记》及《拉丁美洲游记》、《李汉魂将军日记》等。1987年6月30日,李汉魂在美国纽约市病逝。

李 厚 基

李锡贵

李厚基，字培之，江苏铜山县人，生于1869年（清同治八年）。其父曾任清军管带，于1900年在天津与八国联军作战时阵亡。李厚基少时随父在营念书，1889年任李鸿章的亲兵。1890年入天津北洋武备学堂学习军事，同年毕业，充当直隶总督署的卫队长。1896年在管带任内，作为钦差头等出使大臣李鸿章的随员，参加俄皇尼古拉二世的加冕典礼，继而跟从李鸿章游历欧美六国[①]。1904年为北洋陆军第二镇第三协第五标第二营管带。1909年擢调为新建陆军第四镇第七协第十四标标统，随第四镇统制吴凤岭在小站练兵。

辛亥武昌起义爆发后，李厚基随清军进攻武汉，升任第四镇第七协协统。民国建立，军队改制，李改任陆军第四师第七旅旅长，驻马厂。1913年7月"二次革命"发生时，李厚基奉北京政府命率全旅由海道增兵上海。8月13日，李指挥本部人马与海军总长刘冠雄率领的舰队协力攻占讨袁军据守的吴淞南北塘、狮子林各炮台，迫使吴淞要塞司令居正、宝山讨袁军首领钮永键率部千余人退守嘉定。此后，袁世凯任命李为吴淞要塞司令。

同年11月间，袁世凯派刘冠雄兼南洋巡阅使，督率李厚基带兵入闽。李到福州后，首先赶跑了福建都督孙道仁，继又解散了国民党人许崇智率领的第十四师，捕杀了李烈钧的参议龚永图。此时，李的资望尚

---

① 日本外务省情报部编：《李厚基》，《支那现代人名鉴》，1924年版，第299页。

浅，对刘冠雄巴结奉承备至。于是，刘冠雄把福建原有的军队改编为中央陆军第十一混成旅，以王麒为旅长，归李统辖，并向袁推荐，盛赞李忠贞能干。12月底，袁世凯派李厚基为福建镇守使。第二年7月18日，又晋升李为福建护军使督理福建军务。李厚基从此独揽了福建全省的军权。

1915年袁世凯策划恢复帝制，李厚基积极追随附和，献款资助"筹安会"，与十四省将军联名密呈袁世凯"请速正大位"，并强迫省国民大会全体代表上推戴书。10月10日，袁世凯授李厚基加陆军上将衔，12月底，袁在准备"登基"之时，封李为一等子爵。李当即将福建政府的一切文告改用"洪宪"年号。

1916年3月，袁世凯被迫取消帝制，改任李厚基为建武将军，仍命督理福建军务。这时，李厚基添招了福建第一旅，派姚建屏为旅长。4月，李厚基撵走许世英，袁世凯任命他兼署福建巡按使，并且接管了以臧致平为旅长的中央第十四混成旅，以加强统治地方的力量。6月，袁世凯死去，李厚基在将军行署设灵堂，率文武官员默哀致祭。

袁死后，段祺瑞掌握北京政府实权，7月6日，段祺瑞特任李厚基为福建督军，暂兼省长。李厚基由旅长擢升至督军，历时不到三年。他在黎元洪与段祺瑞争权夺势期间，支持段祺瑞，在督军团中大肆活动。1917年4月，李厚基赴北京，参与段祺瑞召开的军事会议。他拥护段祺瑞对德宣战的主张，向协约国公使表示参战的决心，强行参加国务会议，要求国会议员们通过对德宣战案。5月23日，他专程前往徐州参加张勋召开的第四次徐州会议。会上，他既表示"倒黎拥段"，又赞成张勋复辟。但在同一天，大总统黎元洪下令免除段祺瑞的国务总理职务，28日命令李经羲组阁。于是李厚基继皖、豫、浙、陕、鲁等省之后，于6月1日宣布福建独立，以示抗拒。

当时独立各省都趁机赶走北京政府任命的并无多少实力的省长，李厚基回到福州后，也于6月4日驱逐了福建省长胡瑞霖。这样，福建全省的军政大权终于全部落入李厚基的手中。

6月22日,张勋率兵入京,李厚基就赶紧宣布福建取消独立。7月1日,张勋拥戴溥仪复辟,任命李厚基为福建巡抚。李命令在督军署大堂前后左右挂起龙凤宫灯,以示庆祝。他还向日本驻闽领事大谈恢复帝制的必要性,说只有一统太平,中日邦交才会得到巩固。但不料当天晚上,段祺瑞在马厂誓师讨逆的消息突然传来,他临机应变,急令停葺万寿宫,停制黄龙旗,并通电各省,大骂张勋,吹捧段祺瑞,表示坚决拥护共和①。7月18日,即段祺瑞重新组阁的当天,段明令李厚基以督军兼省长。

此后,李厚基积极推行段祺瑞的武力统一政策,加紧筹饷制械,扩军备战。他在福州黄店先后扩建了六个军事工厂,还在制造局内办了一个造币厂,仿铸广东毫洋。为讨好段祺瑞,李厚基不等准备就绪,就拉开闽粤战争的帷幕。10月24日,李厚基发电支持潮梅镇守使莫擎宇叛变广东护法政府,并电令旅长兼汀漳镇守使臧致平饬队进援;还企图再联络龙济光和李耀汉,一鼓荡平粤境②。然而事与愿违,11月间,粤军、滇军攻闽节节胜利。李一面派兵增援兴(宁)、梅(县),一面电北京政府告急。当臧致平部被粤军紧逼包围在潮(州)、揭(阳)之时,李望援不至,急如热锅上的蚂蚁③。

1918年初,李厚基到天津参加十六省区的督军团会议,电请北京政府明令讨伐南方政府。4月,段祺瑞命令李厚基与浙军师长童葆暄为援粤军正副总司令,李厚基到厦门设立援粤军总司令部,派臧致平、童葆暄、唐国谟为左中右三路司令,姚建屏为省防司令兼闽北防务总指挥,并将十八个补充营编为四个支队(团),派胡思光为援粤军预备队司令官,率队分赴各县填防,并协同各路作战。

6月,北京政府三路出兵南方,令李厚基、童葆暄率闽浙联军进兵

---

① 《李厚基支电》,《近代史资料》1979年第3期,第99页。
② 《李厚基致北京国务院齐电》,《近代史资料》1979年第3期,第107页。
③ 《李厚基致冯国璋佳电》,《近代史资料》1979年第3期,第118页。

广东。此时,驻闽南之北军营长朱德才、陶质彬联合宣布护法,粤军乘机占领龙溪,厦门危急。李厚基大为震惊,迭电北京政府请兵援救,并饬童葆暄部由饶平出击,向粤军发起反攻。正当双方争夺激烈之际,浙军第一支队司令陈肇英于 8 月在诏安前线倒戈,闽浙联军望风奔溃,粤军、滇军长驱直入,李厚基失地二十余县,丧师两万余众。9 月 22 日,李厚基逃回福州,终日惶惶不安,深恐北京方面出现对己不利的局面。时新任参战督办段祺瑞的参谋长徐树铮发"皓电"向李劝释,并派参战军第二十四混成旅旅长王永泉率部援闽①。李疑神疑鬼,唯恐他人取而代之。

　　是年 10 月,由于国际形势(欧战将结束)的影响,全国呼吁和平声浪日益高涨,新任大总统徐世昌按照事前的默契解除了段祺瑞国务总理职务。李厚基权衡利弊,选择了"和平统一"的道路,与粤军妥协,从11 月 1 日起双方停战,12 月 6 日与陈炯明达成停战协定。

　　1919 年,当五四运动的浪潮扩展到福建之时,李厚基严禁学生集会,包庇奸商,逮捕《求是报》主笔王醒才,压制学生的爱国反帝运动。11 月 16 日,爆发了震动全国的福州台江事件,李厚基慑于日本帝国主义的淫威,不仅不敢出面与日方交涉,而且于 28 日下令封闭福建学联及其机关刊物《学术周刊》,取缔民众爱国反帝宣传和抵制日货的行动。

　　1920 年秋,李厚基看到皖系已在直皖战争中失败,遂与陈炯明进一步订立了互为利用的协定,接收了粤军在福建所占的地盘。同时,试探着向直系靠近,于是年冬派胡思光为代表去向曹锟、吴佩孚输诚。1921 年春,徐树铮又衔段祺瑞命秘密来到福州,劝李与卢永祥合作,共倒曹(锟)吴(佩孚)。李虚与委蛇,阳奉阴违。次年 4 月,直系在第一次直奉战争中又获全胜,独掌了北京政府大权,李厚基更觉得有恃无恐,

①　徐树铮:《致李厚基童葆暄佳电》,中国科学院近代史研究所近代史资料编辑组编《徐树铮电稿》,中华书局 1963 年版,第 347—348 页。

遂想借直系声势除掉异己的臧致平、王永泉两部。6月5日他到漳州解除臧致平的第二师师长职务,嗣后又想调离王永泉。

1922年8月,徐树铮在上海策划孙(中山)皖(系)同盟,派人到福州与李厚基商洽。李因已弃皖投直,拒不接见来人。徐遂促王永泉联合北伐军许崇智等部驱李。9月上旬,在王永泉的掩护和牵引下,许崇智、李福林、黄大伟等部顺利到达闽北,徐树铮也潜抵延平,李厚基还蒙在鼓中。9月18日王永泉用重兵在长汀将王献臣部缴械,李厚基才惊惶起来,向曹锟乞援饷械,急派唐国谟部到古田、水口一带布防。10月6日,北伐军许崇智等部与王永泉部联合进攻水口的战斗发起后,李厚基倾省城的兵力增援水口,至白沙遭北伐军孙本戎旅拦江截击。11日夜,北伐军李福林、黄大伟部由古田绕过水口袭击福州,12日李厚基率卫队退至南台仓前山,突被海军扣留,软禁于马尾军舰上,要李付清积欠造船所的协款。24日,北京政府任命李厚基为"讨逆军司令",但在此时,徐树铮、王永泉、许崇智等已进驻福州八天了,李厚基身陷马尾,一筹莫展。28日,李厚基交清海军协款后乘运输舰经沪到南京,与杜锡珪、齐燮元商讨反攻福州。11月5日,李携款及大批枪弹抵厦门,讵料臧致平已先达厦门,于11月7日夜发动兵变,李仓皇逃至鼓浪屿,托庇于日租界会审公廨。

李厚基仍不甘心失败,于11月11日到汕头向陈炯明乞援,谋联合粤军反攻。虽然北京政府支持李厚基,派刘冠雄为福建镇抚使,并遣豫军常德盛师援闽,但是福建各界因仇李而拒刘入闽,臧致平与改为东路讨贼军的许崇智、张贞率领的自治军以及李的残部周永桂合作,在永安一带击溃了陈炯明的援闽粤军钟景棠师,又将李的残部张清汝旅在泉州围歼;常德盛师也被王永泉部赶出闽境。

至此,李厚基已是穷途末路,于1923年1月15日,带卫士三十余人取道汕头,遁逃南昌。李将随从的人枪馈赠赣督蔡成勋,蔡谢以程仪数千元。次年11月11日,北京政府特派李厚基为山西援军副司令;后为奖励齐燮元、孙传芳底定浙沪,于15日改派李厚基南下宣抚,妥筹善后①;24 日又任李厚基为全威将军。然而,随着直系政权的倒台,段祺瑞窃踞了临时执政的职位,李遂心灰意冷,由沪转往天津,在日本租界定居,开木行谋生。1942 年 9 月卒。

①　《东方杂志》第 21 卷第 21 号,第 149—150 页。

李 璜

李义彬

　　李璜,别名幼椿,号学钝,党号八千。祖籍陕西三原府泾阳县,后迁入四川成都。1895年2月8日(光绪二十一年正月十四日)生。其父李春舫在成都开设庆协泰号,经销洋广杂货。李璜八岁入私塾读"四书"、"五经",从十三岁起每日上午到英法文官学堂上课,下午仍在私塾念书。1913年离川赴沪,考入震旦学院,学习外文和科学知识,在此结识了曾琦、左舜生等人。1916年从震旦学院毕业后返回四川。1918年在日本留学的曾琦因反对中日秘密军事协定归国,他致函李璜约其在北京会面。李璜于1918年8月从成都赶到北京,在京结识了陈淯、王光祈等人。此时的北京已是新文化运动中心,站在潮流前头的先进青年纷纷成立各种社团,探讨救国救民的道路,王光祈、曾琦、李大钊等人发起成立了少年中国学会。9月,李璜参加了这个五四时期的著名社团。12月,他离京赴沪,搭船赴欧留学。

　　离国前,李璜在上海写给少年中国学会会友的留别信中攻击社会主义"是一种假道德",说近代欧洲工人运动"所用的手段,都过于猛烈,平民未获其利,先受其害";对马克思主张的阶级斗争学说更是放肆攻击,说它"不知连累了多少平民",说俄国的十月革命是"彼此相杀,闹得无有人道了"[1]。

---

[1]　李璜:《留别少年中国学会同人》,《少年中国学会会务报告》第1期(1919年3月)。

　　1919年3月,李璜到法国,入巴黎大学文科就读。时值第一次世界大战结束后在巴黎凡尔赛召开和平会议。李璜与旅法的四川同乡周太玄合办"巴黎通讯社",每周向上海《新闻报》等报刊投稿一次,报道巴黎和会的进展情况。1919年10月至1921年秋,李璜曾两度离开巴黎,到外地学习。1921年秋重返巴黎大学,继续攻读历史学和社会学。

　　当时旅法共产党人周恩来、赵世炎、聂荣臻、邓小平等在留学生中积极开展革命活动,而李璜、曾琦等则百般抵制和破坏,于1923年12月2日在巴黎成立中国青年党。李璜是该党的发起人之一。他在胡国伟主办的巴黎《先声周报》上撰文,阐释他们所标榜的国家主义,进行反共反苏宣传。1924年李璜获巴黎大学文科硕士学位。同年4月20日,青年党在巴黎举行第一次全体党员大会,选举领导机构,曾琦当选为委员长,李璜当选为外务部长。

　　1924年7月,李璜、曾琦、张梦九作为青年党代表一道离法回国。此前,李璜已收到武昌大学发来的教授聘书(由其少年中国学会会友余家菊推荐)和三百元大洋的归国路费;曾琦见旅法共产党人周恩来等纷纷回国,国内的革命形势日益高涨,便急欲把青年党活动的重心移到国内,因而极力催促李璜回国。7月27日他们离开巴黎,到马赛乘船。在从马赛到上海的三十多天旅途中,李、曾"共商回国以后,宣传国家主义与民主政治,组织青年党及其活动方针",他俩还做了分工:曾"先行办报,从主义与政策的宣传,以吸引青年知识分子,期之三年……站稳脚跟,然后再将青年党公开出来";李则"安心努力在国内有名的最高学府教书三年,以博得优秀大学生之信仰,然后宣传国家主义与民主政治"①。李璜还在回国的船上撰写了长达三万余言的《释国家主义》一文,后由曾琦1924年10月创刊的《醒狮》周报分期刊载,并以《国家主义浅说》为名印制单行本。

――――――――――

　　①　李璜:《学钝室回忆录》上卷,台北传记文学出版社1973年版,第112—115页。

1924 年 9 月 4 日，李璜船抵上海，很快就转赴武汉，到武昌大学讲授西洋史。在武大，他一面教书，一面笼络学生中的右翼分子，扩充青年党的势力。他后来回忆说：对那些"不满于左派学生之夺去学生会领导权，打算结合同学与之相抗"的学生，"我便因势利导，指示他们先组织国家主义研究会，有十人以上，我便来为之讲演主义、政策以至活动方针"①。经过李璜一个多月策动，有十几个学生参加了这个组织，李璜给它起名为"国铎社"，后来把它扩大为中国国家主义青年团湖北团部。这是国内出现的第一个青年党的外围组织。

1925 年暑假，李璜赴沪，与曾琦、左舜生、陈启天等会晤。鉴于成都、北京、上海、宁波等地也出现了标榜国家主义的团体，他们决定采取"扩大组织与声势"的方针，具体内容是：将设在巴黎的青年党中央党部迅速移到上海，在法国的骨干分子早日回国；在国内组织"国家主义各团体联合会"，在联合活动中物色和吸收党员；扩大国家主义教育协会的组织。

1925 年 9 月，李璜到北京大学任教，并兼职在中法大学讲授法文。讲课之余，他仍从事青年党的党务活动。他把北京标榜国家主义的小组织"国魂社"扩大为中国国家主义青年团北京团部；纠集部分右翼分子，于 1926 年 3 月 10 日举行所谓"反俄援侨大会"，自任会议主席，进行反苏反共活动。

1926 年 9 月，李璜到成都大学任教，并在成都高师兼课，主要讲授社会学与教育学。在成都，他仍一面教书，一面从事青年党的活动。李璜回川前，成都已出现了一个以高师学生为主的青年党外围组织——惕社。李璜到成都后，极力扩大这个组织，到处物色党徒，安插到重要部门，并成立了中国国家主义青年团四川团部。为了使青年党能在四川立足，李璜与刘湘、田颂尧、邓锡侯、刘文辉等川中军阀联络，企图以他们作为靠山。

---

① 《学钝室回忆录》上卷，第 119—120 页。

北伐军挺进到长江流域后,鉴于国家主义派的活动日益猖獗,中国国民党中央于1926年10月16日发出"反对国家主义派的命令",后又下令通缉国家主义派头目,有的地方出现了"捉拿李璜"的标语。面对这种形势,李璜被迫于1927年3月离开成都,经川北、重庆,于10月到达上海。此前,曾琦一度被国民党当局逮捕,获释后出走日本,设在上海租界内的青年党总部无人负责。李璜到上海后,受曾琦委托,代理青年党主席职务。他在这里结识了张君劢,并与其合办《新路》杂志,抨击国民党的一党专政。1929年春,他在上海创办"知行学院",自任院长,聘请名流张君劢、张东荪、梁实秋、潘光旦、罗隆基等任教,为青年党培训了一批骨干。同年秋,李璜将院务交给陈启天,开始去外地视察党务。在近一年的时间内,他到过华北、东北、广西等地,到处勾结地方实力派,发展党徒。在沈阳,曾会晤张学良、冯庸等人,经他们帮助,使青年党的势力在东北得以发展;在山西,先后会见赵戴文、阎锡山;在天津,专门拜访梁启超,极力拥戴并鼓动梁重新出山,组织新党,与南京国民党政府抗衡;在广西,他周旋于马君武、白崇禧、黄绍竑之间。

"九一八"事变爆发后,青年党主张抗日。李璜于1932年4月离沪北上,组织东北抗日义勇军。他以东北军中的青年党员和东北讲武堂二百多名学员为骨干,组织学生队伍,出关抗日。他还把淞沪战役中的抗日名将、十九路军旅长翁照垣引荐给张学良,使翁在长城抗战期间在冀东一带为抗日效力。

"塘沽协定"签订后,李璜于6月出走青岛,8月应曾琦要求回四川主持青年党党务。面对川陕红军力量的壮大,李璜主张用当年曾国藩、胡林翼对付太平天国起义军的办法来围剿红军。在他的极力促使下,四川成立了"安抚委员会",发动和组织土豪劣绅协助四川军阀进攻川陕红军。他作为"安抚会"委员曾亲自率队前往川北"剿共"前线,给邓锡侯、田颂尧、杨森的"剿共"部队鼓气;并组织地方豪绅出钱出力支持军阀的"剿共"战争。

受"安抚会"委托,李璜于1934年9月19日乘机离开成都,前往庐山晋见蒋介石,请求南京支持四川的"剿共"军事。在杨永泰的安排下,李璜9月23日在庐山晤蒋,提出了四川方面的请求。这正中蒋的下怀,因蒋可乘机将嫡系势力派入四川,所以对李的请求当即答应"即行办理"。几个月后,南京派出的参谋团进驻重庆,指挥四川的"剿共"军事。李璜这次庐山之行,应蒋邀请还到赣南的临川、广昌、黎川参观,返川后写了一本《江西纪游》并广为散发,称赞和传播蒋在"剿共"战争中所实行的"三分军事、七分政治"谋略。

1935年10月,李璜从四川到达北平。他们从东北军内青年党员的报告中得知,中共正在争取张学良和东北军联合抗日的情况,深为蒋在西安的安全担忧。1936年11月,李璜奉曾琦之命前往洛阳,以祝寿为名,向蒋进言。经陈布雷安排,于27日晤蒋,转告曾琦对西安现状的忧虑,劝蒋勿去西安,以防发生"肘腋之变"。蒋对此不以为然,对李说红军实力已大大削弱,用不了一两个月时间他即可将红军剿灭。西安事变和平解决后,蒋一方面有感于曾琦的厚意,同时又考虑实现国内团结,便邀曾琦等到溪口一谈。1937年1月,曾琦、李璜和左舜生如约到达溪口,双方长谈甚欢。

卢沟桥事变爆发后,李璜与曾琦、左舜生一起,作为青年党方面的代表参加了7月15日的庐山谈话会,后又代表青年党参加国民参政会。1939年3月,李璜率队到川康各地视察,重点考察吏治、兵役、治安民生等方面的情况。

1942年10月,第三方面政治势力为反对国民党独裁统治,争取民主自由,成立中国民主政团同盟(后改为民主同盟),李璜与曾琦、左舜生作为青年党代表参加了这个组织的发起。1942年4月,李璜任国民参政会川西办事处主任,负责征兵、征粮等工作。

1945年4月,李璜作为中国代表团成员之一,到美国旧金山参加联合国成立大会。会后遍游美国各地,考察侨情,至12月15日才返回重庆。1946年10月,他作为第三方面代表到南京参与国共两党代表会谈的调解,调停未果。

1946年11月，蒋介石召开"国民代表大会"，李璜作为青年党代表之一出席了这次会议。会后，青年党参加南京国民政府，李璜被任命为经济部长，但他以健康状况不佳为由未就。

1949年9月，在解放前夕，李璜自成都去香港，1951年移居东南亚的北婆罗洲达七年之久。同年5月，曾琦病死华盛顿后，在台湾的青年党发生分裂，直到1956年才又重新成立中央党部，设五名主席轮流执政，李璜是五主席之一。1959年李璜重回香港，与左舜生等人合办《联合评论》杂志，并在珠海书院文史研究所、新亚研究所任教。

1978年末，李璜移居台湾。在1979年和1983年青年党召开的两次代表大会上，均当选为主席。1984年9月，受聘担任"总统府"资政。1991年11月15日病逝于台北。

主要参考资料

李璜：《学钝室回忆录》（上卷），台北传记文学出版社1973年版。

沈云龙辑：《曾慕韩（琦）先生日记选》，《近代中国史料丛刊》正编第2辑，台北文海出版社1966年影印版。

《醒狮》周报（上海）。

陈正茂：《中国青年党创始人李璜先生传》，台北《传记文学》第59卷第6期。

李　济

李光谟

　　李济，字济之，1896年6月2日（清光绪二十二年四月二十一日）生于湖北钟祥双眼井故里。李济天资敏慧，自幼在家塾由族叔启蒙，并由父亲课以诗史。稍长，进县立新制小学堂就读。

　　1907年李济随家迁至北京，先后就学于江汉学堂及五城中学，曾从林琴南学国文。1911年考入留美预备学校清华学堂，当时以学英文为主，辅以各种知识之训练，亦有名师教读国文。李济曾参与组织以砥砺品德为宗旨之"仁友会"及演说、演剧等活动，但无心参加政治及宗教活动。1918年暑期毕业，随即由官费派送留美。

　　1918年9月，李济进入美国麻州克拉克大学三年级攻读心理学。一年后，他以第二名成绩毕业，获文学学士学位并受褒奖（第一名为读银行学之徐志摩）。翌年，李济作为研究生改读人口学专业。1920年以《人口的质的演变研究》为题的论文获社会学硕士学位。

　　1920年暑期到1923年暑期，李济在哈佛大学攻读人类学专业博士学位。他选的论文题目是《中国民族的形成》。在狄克森、虎藤等业师的指导和哈佛的环境影响下，决心用人类学方法研究中国文化的发展及若干历史现象。李济经过三年苦心钻研，完成了博士论文的初稿；后经数年改定最终在1928年由哈佛大学和耶鲁大学同时出版。

　　1923年暑期，李济获中国第一位人类学博士学位后，应聘回国到南开大学教社会学。他在南开两年，除任社会学教授外还担任了一年的文科主任。1925年夏，李济受聘回到清华，任国学研究院人类学特约讲师。当时被聘为国学研究院导师的王国维、梁启超、陈寅恪、赵元任四位的头衔是教授，而李济则因为不是专任（校外另有工作），不能聘为教授而只能任讲师（他也是初期受聘的唯一讲师），先后讲授"人文学"、"普通人类学"、"考古学"、"人体测量学"等课程。

从 1924 年开始，美国弗利尔艺术馆驻北京的专门委员毕士博（C. W. Bishop）约请李济参加该馆的考古发掘队。经与丁文江磋商后，决定在保持本方发掘权、采集权、保管权和论文发表权，只向对方提供发掘报告英文本的条件下与之合作。弗利尔艺术馆与清华大学在 1925 年签订有上述内容的协议后，遂由李济主持并邀地质学家袁复礼参加，一道对山西夏县西阴村作了一次调查和一次发掘（这即是上面所说的"校外工作"）。掘获出土遗物共计六十余木箱，内中大部分是新石器时代的陶片和小件陶制品，另有半个已腐蚀的、切割口平直的蚕茧（经几次鉴定确认为家蚕——Bombyx mori 的祖先的茧壳）。据此，得以把中国蚕丝业之起源上推至有史以前。这次发掘的意义还在于：（一）它是中国人自己主持的第一次现代科学考古发掘；（二）它所用的"三点记载法"和"层叠法"虽然简单，但很精确。这在中国考古学史上具有开创的意义。对李济本人来说，这次发掘则是他从体质人类学研究转向考古研究的一个转折点。

1928 年底，李济应蔡元培之聘担任新成立的中研院历史语言研究所专任研究员兼考古组主任。此后李济大半生的主要活动都是跟中国现代考古事业和博物馆事业分不开的。随着李济进入中研院，他与弗利尔艺术馆的合作关系也带了过去。

李济进入史语所伊始，就参观了董作宾领导的安阳试发掘（通称安阳第一次发掘）的成绩，并与董商量了今后的工作方案。自第二次发掘起，安阳的历次发掘都是在李济领导下进行的。在第三次发掘时（1929年冬），出土了刻满贞卜文字的大龟四版以及大宗陶器铜器，两万种什物中赫然出现了一片仰韶式彩陶。此片彩陶之发现，得力于终日亲手挖掘、亲眼目睹的结果，由此揭示了仰韶文化与殷商文化之关系，完全证实了最初所悬的关于有文字之始期与史前文化相连贯的鹄的；这一发现震动了国内外考古学界。

1930年，因与河南有关方面意见不一，中研院考古发掘一度被迫中断。李济应早年学生吴金鼎之请，率考古团转至山东历城县龙山镇城子崖发掘，乃有黑陶及供贞卜用之兽骨发现，此一发现足证山东在殷商文化之前有不同于仰韶而独具之文化体系存在。李济将其命名为"龙山文化"。

1931年，中研院恢复了在河南的发掘，系采取史语所与河南地方合作发掘之方式，此一方式一直延续用到1937年春季的第十五次发掘。1931年起，安阳殷墟发掘自小屯扩至后岗，发现了小屯、龙山、仰韶三期文化之叠压现象，足以见三期文化之沟通，并确定其存在顺序。

安阳发掘报告陆续发表后，引起各国考古学者如伯希和、叶慈、高本汉、梅原末治等之极大关心，或著论介绍或追踪研究，蔚为风气，日本京都大学人文研究所之《东方学报》更刊发了殷墟专号以记其盛。李济于1932年为前六次发掘作一总体估计，指出：一、殷墟文化层是一长期的堆积，但也有明显的变迁（例如版筑）。二、殷墟文化是多元的，明确始于东方的有骨卜、龟卜、蚕桑、装饰艺术等，但也确有与中亚、西亚、南亚文化有关的重要成分，其结合已有一大段历史。三、殷墟文化是进步的，每一种出土物都表现有变化状态，很少固定样式。在李济此后的许多论著中，既根据事实验斥中国文化西来说，又从不无理地否定中国文化对外来影响的吸收和融合。在此前后，鉴于日人侵华野心益显，李济曾为傅斯年等所撰《东北史纲》写成英文节略，斥日人所谓满洲非中国领土之谬说，以正国际视听。1933年李济曾当选为中国民权保障同盟北平分会副主席（主席为胡适）。

1933年，李济曾短期任史语所副所长兼社会科学所副所长，并筹划将所址南迁上海、南京事。1934年起，李济兼任中央博物院筹备处主任（至1947年）；1935年6月起，当选为中研院首届评议员（一直连选连任,直至逝世)。

自第七次安阳发掘(1932年秋季)以后,李济即因所中事务及编辑出版发掘报告和研究论文的冗忙而无法具体领导田野工作,但每次发掘都要抽时间到现场视察和进行指导。殷墟多年发掘的成果,将中国的信史向上推进了数百年,为世界所瞩目,一时间安阳被称为远东考古圣地。殷墟出土之铜器于1936年春参加了伦敦的中国艺术展览会,引起轰动。1936年冬至1937年夏,李济应邀赴英国14处学府作学术演讲,随后又应瑞典王储、考古学家阿道尔夫·古斯塔夫之邀赴瑞典及欧洲各地讲学并访问,后获得英国皇家人类学会名誉会员荣誉称号。

安阳的第十五次发掘直至中日战争爆发前18天才收工。李济这时正从英国和欧陆讲学返回南京,他立即转入了史语所和中博搬迁西南后方的工作。抗战时期在昆明和四川李庄等地的流亡生活,打乱了学术研究的平静秩序。李济领导下的考古组和中博的学术工作只能维持一个较低水平,但他仍然带领同事努力工作,凡能做的室内工作都开展了。董作宾的巨著《殷历谱》即完成于此时。中博还在极简陋的条件下办起了石器、铜器展览,学术刊物只能出成很粗糙的本子,还有一些研究成果根本印不出来。在经费十分拮据的条件下,尽量派人到云南大理、西北和四川当地参加各种学术调查和小规模的发掘活动。如大理南诏文化遗址的发现和四川彭山崖墓的挖掘,都是当时较好的成绩,其科学水平达到相当的高度。

1946年抗战结束后,李济参加中国政府驻日代表团为文化顾问,前去日本调查和接收被日本掠去的我国重要文物,收获颇大。他最觉遗憾的是:经过五次探寻,最终未能查明"北京人"头盖骨的下落。

1948年,李济当选为中研院首届院士(终身名誉职),同年年底,他随中研院迁去台湾。1949年,任教于台湾大学历史系,同年8月创办台大考古人类学系,并兼任主任10年。自1955年起,他担任史语所所长17年,并两度代理中研院院长。1973年退休后,仍主持中国考古报告集的编纂工作,以及《中国上古史》文集的编写工作。在台30年间,李济除教书和偶尔参加田野工作外,一直继续他的室内工作,尤其是殷墟陶器、铜器和石器的研究。他组织全组(一段时期包括全所)同人的研究工作和出版编辑工作。除抗战前后在大陆出版的由他主编的四册《安阳发掘报告》(1929—1933)、四册《田野考古报告》(又名《中国考古学报》)(1936—1949),以及《中国考古报告集》之一的《城子崖》一巨册和之二的《小屯》两巨册外,在台期间由他主编出版或任总编辑的学术成果有:《中国考古报告集》之二《小屯》和之三《侯家庄》共计二十三巨册,《古器物研究专刊》计五巨册,他担任主编的史语所集刊及台大考古人类学刊共三十五册左右,还有《中国上古史待定稿》(文集)第一册。这些成果反映出李济和他的同事们对中国考古学的重要贡献。此外前后出国讲学访问开会达十数次,但从不接受高薪聘请滞留国外,他认为自己最后的学术根据地还是在国内。

李济为开拓和建立科学的中国考古学筚路蓝缕,竭尽心力,他把中国历史当做全人类历史的部分,坚持在中国境内做现代学术工作,主张自己动手动脚,以真实材料为根据,"宁犯天下之大不韪,而不为吾心之所不安"。值得特别提出的是他从领导殷墟发掘开始,就与全体同事约定:"一切出土物全属国家财产,考古组同人自己绝不收藏古物。"并身体力行,终生不渝,真正做到了把科学探求和无私奉献融为一体,实属难能可贵的高尚品德。

1979年8月1日,李济因心脏病猝发在台北温州街寓所去世。

主要参考资料

李济:《我的初学时代——留学前所受的教育》,台北《传记文学》1967年第11卷第3期。

李济:《六十年前清华大学的回忆》,台北《传记文学》1978年第32

卷第 6 期。

《李济之先生行述》,台北《湖北文献》1979 年第 13 期。

冯人:《考古学家李济传略》(附:专著、论文、杂著、翻译、书评介绍),《晋阳学刊》1981 年第 6 期。

李　济　深

周兴樑

　　李济深，原名济琛，字任潮，广西苍梧县人，1885 年 11 月 6 日（清光绪十一年九月三十日）生。祖父李炳光是秀才，父亲李均尚是廪生，均以教书为业。李济深六岁丧父后，随叔父李均良念书，十二岁入馆，习八股文和策论。1901 年十六岁时考入梧州中西学堂就读。

　　1904 年，李济深入广州黄埔陆军中学学习，两年后转入陆军速成学堂步兵科。毕业后，先到广东新军中任见习官，后入学兵营当排长，与连长邓铿相交莫逆。不久，他入广东讲武堂继续学习。时逢清廷军咨府开设的保定军官学校招收各省学员，李于 1910 年入保定军校（后改名为陆军大学）深造。辛亥革命武昌起义爆发后，他和军校部分师生投入反清斗争。1912 年初，李从北京南下至上海，求见广东北伐军总司令姚雨平，旋被委任为作战参谋，参加固镇、宿县、徐州等战斗。不久南北和议告成，广东北伐军回南京接受编遣，该部被编为第四军第二十二师，他升任师参谋长。1913 年陆军大学由保定迁北京开学，李济深重返陆大第三期学习。毕业后，他留校担任教官五年，尔后不少陆军将校均出自他的门下。

　　1921 年春，李济深回家探亲，在广州见到了阔别多年的挚友邓铿。时孙中山在广州重建革命政府，进行第二次护法斗争，李被粤军参谋长兼第一师师长邓铿挽留，先后任第一师副官长、师参谋长等职。从此，他笃信三民主义，追随孙中山革命。1922 年 6 月陈炯明在广州发动武装叛乱，第一师为陈收买而倒戈，李愤然离开第一师。不久，孙中山派人到广州告诉他,千万不可消极而离开第一师,李乃返任师参谋长,与师长梁鸿楷率部驻防肇庆一带。12月滇军杨希闵、桂军刘震寰东下讨伐陈炯明,李济深所部与滇桂联军合力克三水、下广州,将陈炯明叛军逐至东江一带。李又率部进驻江门,收服了隶属于陈炯明的陈德春部,负责拱卫广州。

1923年3月,李济深升任粤军第一师师长兼第一军参谋长。4月,驻西北江的桂军沈鸿英部发动叛乱,李即奉命率部平叛,7月被孙中山委任为西江善后督办处督办、梧州善后处处长。李积极绥靖地方,整顿税收,筹集饷款,减轻了广州大本营的财政负担。同时他又致力于整军经武,在肇庆开办西江陆军讲武堂,培训两广军事干部,并努力支持中央讨贼军第五师黄绍竑联络李宗仁的广西定桂军进行讨沈斗争,以收拾广西政局。他扶植李宗仁、黄绍竑等新桂系势力的壮大发展,与新桂系的关系日深。

1924年初,孙中山创办黄埔军校,李济深被委任为军校教练部主任,后升为副校长,对军校的创办及培养军事人才起了重要作用。10月广州商团叛乱,李为平定这场叛乱出了力。

1925年1月,陈炯明叛军趁孙中山在北京重病之际阴谋反攻广州,革命政府军于2月初出师东征。李济深派所部陈铭枢第一旅参加东征右路军作战,自己则率陈济棠等部赴梧州,支持李宗仁、黄绍竑等集中全力大败沈鸿英部于桂林、柳州一带,从而为新桂系统一广西奠定了基础。是年6月,滇桂军在广州发动叛乱,李奉命率第一师会同湘军等由西北江回师戡乱,歼灭溃败之桂军残部。8月20日,国民党左派领袖廖仲恺被刺后,李当机立断扣押了涉嫌“廖案”的粤军军长梁鸿楷,并接替其军长职务。月底,广州国民政府发布命令统一军政,李被任命为国民革命军第四军军长。10月,广州国民政府第二次出兵东征陈炯明部,李任东征军第二纵队司令,率部协同第一、三纵队消灭了陈炯明叛军,收复东江全境。12月初,李出任南征军总指挥,讨伐邓本殷部,于1926年1月最后消灭了邓部残余,为广东全省的统一立下重大战功。在国民党第二次全国代表大会上,李当选为中央执行委员。当他于2月凯旋广州后,兼任了国民革命军总参谋长。

国民革命风云激荡之际,蒋介石于3月20日制造了"中山舰事件"。李济深等对蒋的行径甚为不满,要其"自请处分"①。5月,广州国民政府决定派兵入湘援救退守湘南的唐生智第八军,李派副军长陈可钰率第四军第十、十二两师及叶挺独立团,会同国民革命军第七军钟祖培旅进军湘南,一路奏捷。7月,北伐军大举出师北上,李被增补为中央政治会议委员,以国民革命军总参谋长兼第四军军长、国民革命军总司令部留守主任的身份留守广州,同时负责北伐各军的后勤补给工作,使北伐无后顾之忧。当广州国民政府迁往武汉之前,广东省政府改组,李又兼省主席及军事厅厅长。12月,国民党中央政治会议设广州分会,他任主席。

在北伐胜利的高潮中,以蒋介石为代表的一批国民党人对中共的政策措施日益怀疑和不满,李济深对国共合作亦生芥蒂。李支持蒋发动上海"四一二"政变,之后又追随蒋在广州发动"四一五"清党,捕杀了不少共产党人和工农群众,并支持蒋在南京另立国民政府,反对武汉国民政府。后来李对自己参与清党反共的这段历史一直深感愧疚。

李济深在广东的领导权维持未久,1927年11月汪精卫利用张发奎等发动政变,使他多年经营的地盘毁于一旦。12月,李在蒋介石的支持下,与陈铭枢等联合,将共产党领导的广州起义镇压下去,并将张发奎等赶出广州,重新夺回对两广的控制。1928年2月,国民党在南京举行二届四中全会,李当选为军事委员会常委。3月,国民党中央政治会议重设广州政治分会,李任分会主席、国民政府委员兼国民革命军总参谋长,积极推动对奉张的北伐。同年10月任国民政府参谋部总参谋长。

---

①　李济深口述,张克明笔录:《李济深的略历》,中国人民政治协商会议广东省委员会文史资料研究委员会编《广东文史资料》第26辑,广东人民出版社1980年版。

1929年初,蒋介石与桂系李宗仁等在"编遣"裁军等问题上发生了尖锐矛盾,蒋桂战争有一触即发之势。3月下旬,李济深到南京调停蒋桂矛盾。在国民党中央政治会议上,他不同意政府下令讨伐桂系,触怒了蒋介石。蒋遂以蓄意勾结桂系对抗中央的罪名,将李扣押在汤山,并宣布开除其国民党党籍,免去本兼各职,后又将他移南京鼓楼软禁达两年半之久,直至1931年"九一八"事变发生后蒋介石被迫下野,李才获释恢复自由与党籍,任军事委员会常务委员兼总务厅长。11月,在国民党第四次全国代表大会上李当选为中央执行委员,12月任训练部训练总监。在国难当头之时,李曾要蒋发布"罪己诏"和在政策上改弦更张,蒋非但不听,还派人杀害了国民党左派邓演达。从此,李济深逐步认识了蒋介石独裁误国面目,开始走上抗日反蒋的道路。

1932年"一二八"事变爆发,第十九路军奋起抗战,李济深满怀一腔爱国热忱,建议蒋介石下令调东北义勇军入关参加抗日,并为此亲往北平劝说张学良。蒋表面上应诺,暗中却派人携信令张学良不要让义勇军进关。淞沪抗战结束后,蒋介石仍然推行"攘外必先安内"政策,于5月委任李为豫鄂皖"剿匪"副司令(司令由蒋兼任),命其指挥进攻红军;同时蒋又命第十九路军调往福建进攻红军。李反对蒋之所为,愤而辞职去香港。

1933年11月,第十九路军的领导人决定实行联共抗日反蒋方针,得到李济深的赞同。18日,李由香港返抵福州,与陈铭枢、蒋光鼐、蔡廷锴等联合发动"福建事变"。20日,福建人民政府成立,选李为人民政府主席和军事委员会主席。福建人民政府在李济深的领导下,发动民众掀起抗日反蒋运动。可惜未及两月,即被蒋介石武力镇压,李因此被国民党中央第二次开除党籍,并受到蒋介石的通缉,再次被迫亡命香港,继续进行反蒋抗日斗争。

1935年夏,李济深得共产党人宣侠父等的支持,在香港与陈铭枢、蒋光鼐、蔡廷锴、梅龚彬等一起组建了中华民族革命同盟,任同盟主席兼组织部长,并出版《大众日报》宣传抗日反蒋。1936年6月,李积极支持陈济棠和李宗仁等发动反蒋抗日的"两广事变"。同年12月张学良、杨虎城发动西安事变后，李通电呼吁一致对外，挽救国家危亡。次年3月，周恩来派人到梧州，向他转达中共关于建立抗日救亡统一战线的十点主张。李听后甚为振奋，表示赞同。

1937年7月"卢沟桥事变"后，国共两党再次合作共赴国难，李济深在蒋光鼐等陪同下由广西来到南京。国民党中央宣布恢复其党籍，并派他复任国民政府军事委员会常委。他曾到太原会见阎锡山，促阎努力实行抗战。南京沦陷后李到武汉，写信建议蒋介石实行政治民主和全民抗战，延请毛泽东、周恩来、冯玉祥、白崇禧等组织最高国防委员会，共商抗日救国大计。蒋介石对李的建议不予接纳，李遂离汉而去桂林。

1939年1月，国民党五届五中全会确定"溶共、防共、限共"方针后，国共关系日趋紧张，蒋介石为缓和矛盾，请李济深赴重庆出任战地党政委员会副主任（主任由蒋自兼）。李向蒋提出大力起用抗日志士，同时延聘了一批共产党人到战地党政委员会任职，并推荐不少进步人士任国民参政会参政员，坚持团结抗战。李的这些做法引起蒋的不快。1940年4月，蒋改派李为军事委员会桂林办公厅主任。

李济深在桂林期间，尽力影响国民党的高级将领张发奎、薛岳、顾祝同等坚持抗战，大力保护民主力量在桂林开展抗日宣传活动。桂林地区呈现的一片抗日民主景象，令蒋介石感到不安。蒋于1943年底下令撤销军委会桂林办公厅，调李回重庆任军事参议院院长。李坚辞不就，留在广西坚持敌后抗日斗争。

1944年4月，日本侵略军发动豫湘桂战役大举南下。李济深组织募款劳军活动以激励士气，还在桂林发表广播演说，呼吁消除失败主义，实行民主和依靠民众抗战到底。8月，李到贺县八步，与何香凝、柳亚子等共商如何坚持敌后抗战问题，向民众宣讲团结抗战的道理。桂林、梧州相继失守后，他回到苍梧大坡山，组织建立苍梧县抗日自卫委员会等机构，指导桂东南人民进行抗日民主斗争。1945年初，他先后至岑溪、容县、北流、玉林等地，发动民众投身抗日保卫桂东南斗争。同时，他派人沟通与中共广东临时省委及东江纵队的联络，协助中共进行争取张炎所部高雷人民抗日军的工作。3月间，李到广东罗定县找蔡廷锴，协同推动谭启秀等建立和扩充三罗地区的抗日武装。在国民党"六大"上，他当选为中央监察委员。

抗战胜利前夕，李济深与何香凝商量组建民主派政党问题，分头进行筹备工作；1946年初到广州联络国民党内民主力量，于3月12日在广州成立了国民党民主促进会。接着至重庆参加国民党六届二中全会，与冯玉祥、黄炎培等多次商讨，反对蒋介石发动内战。他派王葆真等人去北方联络爱国军人反对内战。他应蒋之邀登庐山，与蒋谈话两次，并写长信劝蒋实行孙中山的革命政策建设中国，不打内战。但蒋敷衍应付。李看透蒋无意实行民主和停止内战，遂离开庐山避居上海。

1946年11月，蒋介石在南京召开国民大会，通过陈诚暗中许诺李济深将来为副总统候选人，拉他出席会议。李不为所动，拒绝出席。次年2月，他以归乡扫墓为辞离开上海赴香港，在港多次发表反蒋言论，并发表对时局的七项主张，要求蒋介石结束独裁政治，实行和平民主建国方针，以孙中山的革命精神来改造国民党。他还与何香凝等致电苏、美、英三国政府，要国际社会不要支持南京的独裁政权，并在告海外同胞书中痛斥蒋氏误党祸国的种种罪行。李的这些言行引起各界强烈反响。蒋恼羞成怒，操纵国民党中央执委会以"勾结共党、诋毁政府"等罪名，第三次开除李的国民党党籍，李对此一笑置之。

蒋介石指挥的国民党军队在内战中节节败北，国民党统治加速走向崩溃。李济深与何香凝等在港进一步集结国民党内的民主力量，筹组新的民主派政党，以推动革命形势向前发展。经过周密紧张的筹备，李济深于1947年11月12日在香港主持召开了中国国民党民主派联合代表大会，决定由国民党民主促进会、三民主义同志联合会及其他民主派人士，联合组建新的政党"中国国民党革命委员会"。

1948年元旦,中国国民党革命委员会(简称"民革")在香港召开正式成立大会,李济深当选为中央执委会主席。同年春,蒋介石在南京召开国民大会,李济深以"民革"主席名义发表声明,不承认南京"国大"选出的总统。5月1日,中共中央号召召开新政治协商会议,成立联合政府,李热烈响应。5日,李与何香凝等致电毛泽东,谓中共的号召"密合人民时势之要求,尤符同人等之本旨",特通电海内外激励国人一致"共同策进"①。此后,民革成立了军事策反小组,其成员分往各地,联络国民党的爱国将领,晓以大义及利害,进行策反工作。李本人除劝说桂系将领外,又派人去做卢汉的工作和策动刘昌义起义;他还嘱赖慧鹏辞去广东怀集县长职务,返广西组织力量,积极开展推翻国民党统治的活动。

1948年12月,李济深应中共中央邀请离港北上,于1949年1月10日抵达东北沈阳。旋发表《对时局之意见》,表示要在中共领导下贡献绵薄,共策进行,支持中共将革命进行到底。他参观东北解放区后,到北平参加新政协的筹备工作,当选为新政协筹备常务委员会副主任。9月,李济深在中国人民政治协商会议第一次全体会议上,当选为政协全国委员会副主席、中华人民共和国中央人民政府副主席。

此后,李还在1954年召开的第一届全国人民代表大会上当选为全国人大常务委员会副委员长,并任中苏友好协会总会副会长等职。他晚年作为国民党民主派的代表和国家领导人之一,大量参与国事活动。

1959年10月9日,李济深因患胃癌和脑血栓医治无效而病逝于北京。

---

① 香港《华商报》1948年5月6日;何香凝著,尚明轩等编:《双清文集》下卷,人民出版社1985年版,第497页。

主要参考资料

中国人民政治协商会议广西壮族自治区委员会编:《李济深纪念文集》,广西人民出版社 1986 年版。

民革中央军事宣传部编:《中国国民党革命委员会历史资料选编》,1985 年版。

姜平、罗克祥:《李济深传》,档案出版社 1993 年版。

李 剑 农

萧致治

李剑农,又名剑龙,号德生,1880 年 6 月 10 日(清光绪六年五月初三)生于湖南邵阳西乡滩头(今属隆回县苏塘乡)。早年在农村私塾念书,后就读于邵阳经正书院。戊戌变法时期,李剑农受到湖南著名维新派樊锥(南学会邵阳分会负责人)的影响,同情变法维新。1904 年春,李剑农入湖南中路师范史地科,专攻历史。1906 年,由同学曾广缄介绍,加入中国同盟会①。1908 年秋师范毕业,留校任教,暗中向学生传播革命思想。

1910 年春,李剑农东渡日本,入早稻田大学学习政治经济学。留日期间,曾参与同盟会的一些革命活动。第二年武昌起义爆发,李停学回国,参加革命活动,曾撰写《武汉革命始末记》②一文,在上海《民国报》第一号上发表,热情赞扬武昌起义。

1912 年初,李剑农应汉口《民国日报》发起人张秉文之邀,任新闻编辑。后来,该报由于反对袁世凯推行独裁统治,于 1913 年 6 月 24 日被查封,报社人员遭到通缉。李剑农在国内无法活动,同时感到要建立民主共和国,需要有欧美民主政治知识,乃于同年 7 月赴英,入伦敦政治经济学院旁听并作自由研究。留英期间,李对欧美的政治理论和政治制度、政治史和宪法史,都进行了广泛的探讨。

---

① 李剑农自填高等学校教师登记表(李剑农档案,藏武汉大学档案室)。
② 《民国报》第一号,黄帝纪元四千六百零九年十月一日。

　　1916年夏,李剑农由英返国。这时国内军阀割据,政治紊乱,国力凋敝,疮痍满目,他深感要求得国家富强,必须先使国家统一。他主张仿行联邦制,采取联省自治方式实现国家统一。当时,曾经赞助过武力统一的进步党首领梁启超、熊希龄等人,亲睹武力统一无法实现,也在鼓吹由分省自治进而采用联邦制统一全国。李剑农的主张和梁启超等人的想法不谋而合。回国后,他担任上海《中华新报》编辑员,专写政论,揭露军阀暴行,鼓吹政治改良。不久,他又联合王世杰、周鲠生、杨端六等创办政论刊物《太平洋》杂志,自任编纂主任,介绍西方政法知识,积极宣传联省自治。

　　1917年冬,李剑农在《太平洋》杂志第一卷第八、九两期上连续发表以《民国统一问题》为题的政论文章,指出中国已到了地方势力增长、中央政府不能统驭的时候,不采取联邦制,不能恢复中央政府的实力,得到真正的统一,并发表《时局罪言》、《地方制之终极目的》等政论文多篇,从各个角度阐述了他的联省自治的观点和主张。

　　1919年8月至1922年冬,李剑农受聘担任汉口明德大学教授。1922年,李又在《太平洋》杂志第三卷第七期上再次以《民国统一问题》为题发表政论文章,指出根据民国成立以来的经验,采用武力统一办法,"不惟南北不能统一,并且南也不能统南,北也不能统北","要中华民国真正的统一,只有采取联邦制的一个办法",继续鼓吹联省自治。

　　在这前后,南北军阀混战不休,人民深受其害,联省自治的思潮风行一时。湖南政要谭延闿、赵恒惕利用湖南人民由于厌战而产生的自治要求,在境内推行制宪自治活动。1921年,湖南省长赵恒惕特聘李剑农等十三名省内外知名人士组成省宪起草委员会,由李任主任委员,负责起草湖南省宪法①。1922年1月,湖南省宪法正式公布。按照省宪规定,省长以下设内务、财政等七司,由七司司长组成省务院,互选一人为院长,辅佐省长工作。同年12月,李任省务院长兼教育司长。当

　　① 李剑农:《我的社会关系》(李剑农档案,藏武汉大学档案室)。

时地方实力派不过是打着联省自治的幌子,实行割据自雄,并无自治诚意。赵恒惕也不例外。所以,李虽担任省务院长,其联省自治主张依然无法实行。后来李深有感触地说:"想在军阀混战中联结邻省保持苟安局面,脱离混战局面,妄想以此挽救国家危亡,事实证明,纯属舍本逐末的书生之见。"①1924 年 10 月,赵恒惕修改省宪,由省长兼任省务院长。李于 11 月离职,从此不愿再写政论。他渐悟自己对中国社会历史了解不深,决心研究中国历史,想当一名超政治的学者②。

1925 年,李剑农和友人彭一湖在长沙办了一所晨光学校,以不介入政争相标榜。入学前,学生须保证不加入任何党派。入学以后,每人置一部《资治通鉴》,限一年读完,并做出笔记。晨光开办不到两年,北伐军进入湖南。校内早已渗入各种党派人物。彭、李等的设想被现实粉碎,感到办学宗旨无法贯彻,就停办了。李剑农继政治上失意,办学又受挫,对北伐持旁观态度。但他赞成国民党改组,认为中国国民党在广州召开第一次全国代表大会,是"中国政治新局面的开始"③。

1927 年夏初,李剑农离开湖南,再赴上海,担任太平洋书店编译主任。这期间,除书刊编辑工作外,他专心于戊戌以来中国政治史的研究。

1930 年秋,李剑农接受武汉大学聘请,讲授中国近代政治史课程,以后曾任武大文法学院教授兼史学系主任。1938 年,日本帝国主义侵入湖北,武汉大学迁往四川乐山。他因家庭牵累不能入川,回到湖南老家。在家乡居留期间,李倡办松坡中学于隆回桃花坪,又发起编印蔡松坡遗集,并亲为之作序;还与友人倡议募资建立松坡图书馆。该馆与中山图书馆、船山图书馆为湖南三大图书馆。从 1940 年夏到 1945 年冬,李一直在蓝田(后迁溆浦)国立师范学院任教,主讲中国经济史和中国

---

①　梁希杰:《有关李剑农先生的点滴事迹》(原稿存萧致治处)。

②　李剑农:《我的社会关系》(李剑农档案,藏武汉大学档案室)。

③　李剑农:《中国近百年政治史》线装本,第 4 册,启明书局版,第 35 页。

近百年政治史等课程。他不满国民党的消极抗日、积极反共,但持明哲保身态度①。

1946年,李剑农借聘于湖南大学。1947年以后,一直在武汉大学执教。在这两校他仍讲授中国经济史和中国近百年政治史。抗日战争胜利后,李就接触过一些进步书刊,逐步认识到共产党是真诚的爱国力量,而国民党统治区的政治腐败,贪污成风,物价飞涨,人民愤懑,使他益加寄希望于共产党②。淮海战役后,他更断言"蒋党必垮台,中共必胜利"③。国民党逃往台湾时,他表示决不离开祖国大陆。湖南解放前夕,李回到邵阳,参加唐生智组织的湖南人民自救委员会和争取湖南和平解放的活动。

中华人民共和国成立后,1950年7月,李剑农受聘为湖南军政委员会顾问。1954年至1963年,担任全国政协第二、三届委员。1963年12月14日,李因患动脉粥样硬化症在武汉去世。

李剑农从1925年起,长期从事中国历史的研究和教学工作。1928年,他以"半粟"笔名出版了《中山出世后中国六十年大事记》。1930年,写成《最近三十年中国政治史》,由太平洋书店出版。该书出版后,受到中外学者的重视。后又将鸦片战争到中日甲午战争期间的政治斗争补写了三章,由蓝田国立师范学院史地学会合印成《中国近百年政治史》,1946年由启明书局出版。1947年,又由商务印书馆改排重版。解放以后,他将《最近三十年中国政治史》删去《导论》和第十二章《最近三十年中国政治史的解释和今后去路》,改名《戊戌以后三十年中国政治史》,于1965年由中华书局重新出版,1979年重印。得到国内外学术界的好评。

1956年,《中国近百年政治史》一书由美籍学者邓嗣禹和 Jeremy

---

①　梁希杰:《有关李剑农先生的点滴事迹》(原稿存萧致治处)。
②　梁希杰:《有关李剑农先生的点滴事迹》(原稿存萧致治处)。
③　《李剑农小传》(油印草稿,藏武汉大学档案室)。

Ingalls 依据商务版译成英文在美国出版，先后印行三次，共发行五千二百册。美国著名中国近代史学者费正清（John K. Fairbank）对该书作了较高的评价，认为"对西方的学者来说，作为一种可靠的记事和重要资料的简编具有重要的价值"①。另一名中国近代史学者林伯格（G. C. Linebarger）则说："李剑农的政治史对于中国问题专家来说，是必不可少的书。"②

李剑农的另一部著作是《政治学概论》，1934 年由商务印书馆出版，被列为大学丛书。该书对西方资产阶级政治学作了综合的通俗的介绍。

李剑农从 1921 年起就注意研究中国经济史。他在讲授中国古代经济史时，对中国古代经济资料作了系统的搜集和整理，编成《中国经济史》讲义印行，1943 年由蓝田中国书局出版。解放后重加整理，1957年至 1959 年间由生活·读书·新知三联书店分先秦两汉、魏晋南北朝隋唐、宋元明三册经济史稿出版。1962 年后转由中华书局据原纸型重印。该书文字通畅，体裁严谨，对各代农业、手工业、商业和财政等方面均有清楚的讲述，勾勒了中国三千多年经济发展的概貌，是解放后出版的第一部有系统的中国经济史专著。李自认为此书较《中国近百年政治史》有保留价值。1990 年—1991 年，经彭雨新等校改，又以《中国古代经济史稿》第一、二、三卷由武汉大学出版社出版。

李剑农治学态度谨严，言必有据。他为编写中国古代经济史稿，三十年如一日，夜以继日，浏览古代文献，参考各家著述，勤学苦思，力求从中国古代经济发展的史实中，探求中国社会发展的规律，得出合乎实际的结论。书中确有不少创见。在治学方法上，他主张自学，常以"自学为主，勤奋努力"等语勉励后学。

---

① *Am. Hist. R*（《美国历史评论》），AP，57.

② *Current History*（《现代历史杂志》），Jan，57.

主要参考资料

李剑农档案（藏武汉大学档案室）。

《中国近百年政治史》，蓝田国立师院 1942 年版，蓝田启明书局 1946 年版，商务印书馆 1947 年版。

《戊戌以后三十年中国政治史》，中华书局 1965 年版。

《政治学概论》，商务印书馆 1935 年版。

《中国经济史》，蓝田中国书局 1943 年版。

《先秦两汉经济史稿》，三联书店 1957 年版，中华书局 1962 年重印。

《魏晋南北朝隋唐经济史稿》，三联书店 1959 年版，中华书局 1963 年重印。

《宋元明经济史稿》，三联书店 1957 年版。

李琮池、梁希杰等回忆录及访问刘寿祺记录等。

《明清史讲稿》（手稿）。

李　经　羲

张树勇

　　李经羲,字密生,一字仲仙(仲轩),号悔庵,晚号蜕叟,1857年(清咸丰七年)生,安徽合肥人,出身于官宦世家。祖父李文安中过进士,授刑部郎中,父亲李鹤章在家乡办过团练,官至甘肃凉州道员,和李鸿章是同胞兄弟。李经羲幼年和青年时攻读"四书"、"五经",1879年由廪膳生考取优贡,之后参加朝考获一等以知县用。1885年,他报效海防经费,得以道员尽先选用,越二年授四川永宁(叙永)道。在其任职期内以镇压马边、屏山等地彝族起义有功加授二品衔。1891年顺直地区发生水灾,他赈灾有功,着服阙后以道员记名简放,1893年补授湖南盐法长宝道。1897年补授按察使,次年任福建布政使,1899年1月改任云南布政使。

　　1901年4月,李经羲升任广西巡抚,旋调云南巡抚,1902年奉旨开缺,返回合肥家乡,是年被赏给三品顶戴,年末接任贵州巡抚并兼贵州提督。1904年5月,再调任广西巡抚,赏给头品顶戴。在其任内整顿广西团练、保甲,稽查户口,实行治匪与治民合一;并招募新兵组建一个营,还开办随营速成学堂,以整顿兵制。次年10月以病免职,后任安徽铁路矿务总理。

　　1909年1月,李经羲升任云贵总督,为了控制军权,他起用留日士官生,调原在广西任巡抚时的部属蔡锷、唐继尧等任新军的协统。任职期间,他提倡兴办实业,主张开矿产、筑铁路、办工厂,用以充实边区。为此提出试办滇矿公债,用以筹集办矿资金;还开办新式学堂;并计划修筑滇桂铁路。但他对云南人民掀起的第三次争回东川铜矿等七府矿产运动却奉命查禁,驳回云南人民的废约请愿书,允许英法的兴隆公司"依约开矿"。之后,兴隆公司准备以铁路投资换取废除七府矿约,索取大量废约补偿时,他又立即赞成,准备以滇桂、滇蜀两铁路向英、法、德、美四国银行团借款收回矿权,结果是出卖了路权。当英国强占片马时,他指斥英方为非法,要求及时补立正式界碑,向英国进行了严正交涉。在全国立宪运动高涨之时,李经羲领衔各省督抚奏请朝廷,请开国会实行宪政,并请准予在云南提前筹办宪政。

辛亥武昌首义爆发后,李经羲命陆军小学堂总办李烈钧为赴北洋观操员,命第七十四标统罗佩金前往越南接运军械,将第七十三标之第三营裁并,采取调虎离山之计;另调一部巡防营到省城防范,于总督衙门和五华山等要地构筑工事,甚至企图搜捕革命党人。是年10月27日腾越爆发起义,李等非常惶恐,于次日下令收缴新军枪械严加防范。29日晚,新军第七十三标李鸿祥部在北校场提前发动起义,他下令第三十七协统蔡锷进城救援,并以巡防营两个营及辎重营、宪兵营、机枪队等占领五华山以东的武侯祠、劳公祠等高地,向起义军反击,同时加强总督衙门的守卫兵力。蔡锷接李经羲命令后,得知起义军提前行动乃整队出发攻城,次日各路起义军攻占五华山、总督府,他逃往谘议局躲避,后经蔡锷让李根源放其出境,前往香港暂避,后赴上海。

1913年2月,王芝祥、于右任等在北京组织国事维持会,李经羲参加该会。同年袁世凯镇压"二次革命"后,加紧建立其独裁统治,于11月另设政治会议代替国会,李任政治会议议员,随后被指定为议长。政治会议开会时,李秉承袁的旨意提出解散国会建议案。翌年1月袁世凯颁布约法会议条例,3月李又兼任约法会议议员资格审定委员会委员长。5月袁世凯设参政院为大总统最高咨询机构,李被聘为参政,10月又任审计院院长。之后,袁公布《文官官秩令》,1915年1月授给他中卿加上卿衔。袁世凯加紧复辟帝制,12月封他为"嵩山四友"之一,享有在袁面前免称臣免跪拜、赏乘朝舆、临朝时赐矮凳儿,以及赏特种朝服和岁费银二万元等特殊荣宠。1916年初，云南护国军兴起，袁世凯称帝遭到全国各地更加强烈的反对，袁示意李前往云南对蔡锷实行宣抚，李不愿贸然前往，没有追随袁世凯。因此，当袁世凯病死后，北京政府下令惩办帝制祸首，李不但未受牵连，且还为严复、刘师培等出面说情。

1917年春，李经羲先后任段祺瑞和伍廷芳内阁的财政总长兼盐务署总办。当北京政府发生府院之争，总统黎元洪免去段祺瑞国务总理职，邀请徐世昌、王士珍出来组阁未果时，李出任国务总理。原因是，黎元洪与李经羲和淮军将领张勋等有些瓜葛，由他组阁可望拉拢张勋和安定北洋派。黎元洪取得冯国璋、王士珍的同意后，由王向国会推荐李任国务总理。李经羲鉴于两派斗争激烈，局势十分复杂，待在北戴河一面打电报给张勋询问行止，一面给黎元洪打电报表示不能马上进京。5月28日，倪嗣冲在安徽宣布独立，继后河南、山西、山东、陕西、直隶、奉天、黑龙江、浙江、福建等省纷纷宣布独立，而段祺瑞则在天津成立"各省军务总参谋处"，宣布另立临时政府和临时议会，与北京的黎元洪分庭抗礼。在此严峻局势下，李经羲虽已到了天津，但也只能待在英租界里。黎元洪再三催他赴京上任，并派秘书夏寿康和军事顾问金永炎前往劝驾，李则请黎元洪让张勋进京调停并保驾，然后始可前往。6月上旬，张勋率辫子军进了北京，中旬李才在张勋伴随下赴任。李经羲到了北京，仍然遭到日本及各地督军的反对，曹锟、张作霖、倪嗣冲等都劝他退职。张勋赶紧联合王士珍替李疏通，冯国璋亦出面调解。时督军团对内阁发生意见分歧，段祺瑞想利用张勋赶走黎元洪，于6月下旬宣布撤销"各省军务总参谋处"，各省反对之声渐趋缓和。22日李经羲勉强上任，声明愿三个月即行让贤，随即宣布王士珍为陆军总长兼总参谋长，伍廷芳为外交总长，萨镇冰为海军总长，张耀曾为司法总长，谷钟秀为农商总长，龙建章为交通总长，而自兼财政总长。李内阁虽勉强凑成，但因有的人不愿入阁，以致阁员残缺不全。

1917年7月1日，张勋在北京复辟帝制，李经羲内阁随之瓦解，成为北京政府历届最短命的内阁。李趁张勋复辟混乱之际,化装成搬运煤炭的工人逃到天津。4 日李经羲发出通电,历述张勋复辟经过,自认"躬与其事"应受"重诛",张勋"造恶构乱","罪不容诛",但要求网开一面,"容其穷蹙知归"。6 日,代总统冯国璋宣布免去李经羲的职务,他从此离开政坛,嗣后由天津移居上海,长期做寓公。

1925 年 9 月 18 日,李经羲病逝于上海。

主要参考资料

方裕谨:《李经羲》,郭汉民、徐彻主编《清代人物传稿》下编,第 8 卷,辽宁人民出版社 1993 年版,第 132—135 页。

李新、李宗一主编:《中华民国史》第二编第二卷,中华书局 1987 年版,第 69—97 页。

张朴民:《昙花一现——李经羲》,《北洋政府国务总理列传》,台湾商务印书馆 1984 年版。

徐友春主编:《民国人物大辞典》,河北人民出版社 1991 年版,第 300—309 页。

李 景 林

娄希彦

李景林,字芳宸,又字芳岑,直隶(今河北)枣强人。1885 年 3 月 28 日(清光绪十一年二月十二日)生。其父在乡务农,目不识丁。李景林少时任侠尚义,爱好击剑,受业于岳丈朱作哲门下,博涉群书,深得朱的器重。在县立高等小学就读时,正值八国联军进犯北京,他投笔从戎,入北洋新军当兵。继而入保定北洋陆军速成武备学堂,为"协和"头班学生。1907 年毕业后充禁卫军下级军官。

1911 年 10 月武昌起义,李景林随禁卫军南下镇压,任清军第二敢死队队长,率队抢先占领汉阳龟山,得清廷赏穿黄马褂。1912 年,中华民国建立,李景林应鲍贵卿之招,充黑龙江巡防队军官,隶许兰洲部下。1914 年,许兰洲任黑龙江暂编陆军第一师师长,李擢升参谋长。镇守黑龙江期间,曾挫败沙俄侵犯阴谋,所部被誉为"东北长城"[1]。1917 年秋,李随许兰洲投奉军,驻防奉天西安(今吉林东辽)县。1918 年,任援陕奉军司令部参议。1919 年 1 月,任皖系参战军曲同丰师第一旅第一团团长。任事未久,与徐树铮龃龉,转投曹锟,1920 年直皖战役中攻徐甚力。事后潜往奉天投效。李练兵以善于"疾行军"著称,屡有战功,受到张作霖的重用。1921 年,任奉天陆军第七混成旅旅长。

1922 年 4 月,第一次直奉战争爆发,奉军分兵三路与直军激战。李景林任奉军东路军第三梯队司令,在马厂旗开得胜,张作霖为其记大

---

[1]　贾恩绂纂修:《枣强县志》卷上、中,1935—1936 年版。

功一次,升任奉天陆军第一师师长。

1924年9月,第二次直奉战争爆发,李景林升任奉军第二军军长,张宗昌任副军长。李率部进入热河,占领朝阳。9月末,占领建平、凌源,其先头部队抵冷口附近。在接连击败米振标的毅军、龚汉治的直军等部后,10月28日占领滦州,并向天津方向急进。由于冯玉祥倒戈反直,发动"北京政变",直军很快在主战场山海关溃败。李景林抢占天津,并在大名、保定一线布防。11月13日,直隶绅士边洁清、贺湘南等以各界代表名义,公推李为直隶保安司令。1925年1月17日,段祺瑞征得张作霖同意,发表李为直隶军务督办。李任督办后,力图自兼省长,以谋军政统一,经过与吉、黑榷运局局长阎廷瑞等激烈争夺,直至1925年6月30日才由段祺瑞明令发表李景林兼任直隶省长。

李景林督直后,恣意掠夺财富,在各部门安插亲信、同乡。当时天津民间流行顺口溜:"李景林坐天津卫,鸡狗都上税","会说枣强话,就把洋刀挎","沾着枣强边儿,大小坐个官儿"。李景林为筹付奉军军饷,聚敛财富,采取增捐加税,压榨盐商,没收、查抄某些人的所谓非法收入等各种手段进行敲诈勒索,各处勒索来的款项,均由李景林直接支配。1925年上海发生"五卅惨案",天津民众起来声援,工人罢工,学生罢课,商人罢市,声势浩大。李景林连日召集军警、绅商商量对策,并派军队严加戒备,重点保护日商在津的各纱厂,镇压游行群众。8月11日,裕大纱厂两千多工人罢工,李景林派军警镇压,工人与军警冲突,当场被打死八人,伤数十人。裕大工人又联合其他纱厂工人前来声援,缴获一些军警的枪支,并将工事房和部分机器砸毁。当天李景林逮捕天津各界联合会代表和工人数百人,打死工人十余人,伤百余人。此后许多工人失业,缺衣少食,天津一时处于白色恐怖之下。

当时张作霖一方面向南方扩展势力,但其内部也逐渐出现了复杂的矛盾和斗争。李景林虽然做了直隶督办兼省长,但仍受制于张作霖,如张不准他扩编军队,又屡索巨款等。还由于这时郭松龄部常驻天津附近,李误认为是奉张派来监视他的,随时会有夺取直隶地盘的可能,时常对其左右说："我要扒掉胡子皮，不扒掉胡子皮，我是出不了头的。"①

同年11月12日，张作霖召开军事会议，决定李景林、郭松龄部进攻冯玉祥国民军，郭、李则坚持反对战争，力主和平。郭还秘密串通冯玉祥，联合倒奉，并要李景林参加。李态度犹豫，加之老母在奉，恐被加害，因此未在郭冯密约上列名，仅要求事成后黑龙江归他管辖。郭未置可否，只答应保证他的直隶地盘不动。郭松龄在赴滦部署倒奉前，曾到督署晤李，郭对李说："这一回你要扒掉胡子皮了。"李答道："你真行，我不如你，我一定跟着你走。"②11月22日。郭冯正式签订密约，并把李列为丙方，规定胜利后，"直隶、热河归丙方治理"③。23日郭在滦州召开军事会议，李派代表参加。25日，李景林在郭松龄发出讨奉通电后，亦通电要张作霖下野，但言词缓和，劝张"庶政付诸少帅，借息仔肩，以娱天年"④。李将所部军队暗改为北方国民军，自称总司令，印制了北方国民军的符号、证章和旗帜等；并令大名、保定防军让出防地集结天津附近。但是李军在保、大撤退时，忽然受到国民二军的袭击，李认为冯玉祥背信弃义；且郭冯密约中，有冯军可自由出入海口之辞，李怀疑冯有攻占天津、夺取直隶地盘的意图。与此同时，张作霖加紧了对李的拉拢，而李这时又探听到天津日本驻军司令官小泉转来关东军方面的电讯："东三省与日本有特殊关系……郭冯的军队，决不能进入奉天。"⑤于是李景林态度急剧变化，决心背郭阻冯，遂以荣臻为第一军军

①　张同礼：《李景林督直及其附蒋经过》，中国人民政治协商会议天津市委员会文史资料研究委员会编《天津文史资料选辑》第6辑，天津人民出版社1980年版。

②　张同礼：《李景林督直及其附蒋经过》，中国人民政治协商会议天津市委员会文史资料研究委员会编《天津文史资料选辑》第6辑。

③　张同礼：《李景林督直及其附蒋经过》，中国人民政治协商会议天津市委员会文史资料研究委员会编《天津文史资料选辑》第6辑。

④　《益世报》1925年12月30日。

⑤　张同礼：《李景林督直及其附蒋经过》，中国人民政治协商会议天津市委员会文史资料研究委员会编《天津文史资料选辑》第6辑。

长，胡毓坤为第二军军长，在马厂、汉沟之线布防。

12月3日，李发出"力主和平通电"，云"只问赤不赤，不问敌不敌"①，正式与国民军开战。12月4日，李将郭松龄送来拘押的赵恩臻等四名师长放回奉天。战事开始后，冯玉祥指挥国民军分南北两路进攻李军；国民二军邓宝珊部为南路，于4日由保定攻马厂；国民一军张之江部为北路，于5日由落垡攻杨村；国民三军孙岳由陕西赴保定为一、二军声援。李景林于8日先到马厂击退邓部；10日回津又向杨村进兵。10至15日，李冯两军在杨村展开了极其猛烈的争夺战，京津、京浦两路火车停驶。在这次争夺战中，双方都有重大伤亡，仅杨村一地就遗下尸体四千余具。李景林虽然竭尽全力拼杀，但是国民军调兵遣将于20日发起反攻，天津陷于半月形包围之中。22日，李打电报问吴佩孚应否死守天津，吴叫他保全实力，退往山东。李遂于24日放弃天津，先避入日租界，后于29日乘舰抵济南与张宗昌会合。

在这次冯李交战中，日本除增兵东北外，又调兵增援天津，日舰开到中国达二十七艘之多。李景林在避入租界后，曾到日本驻屯军司令部向司令官小泉详述战败经过。小泉说："目前尚有日军八百余人，可乔装李军模样，把国民军入津先头部队赶出天津。"李落泪说："谢谢盛意，但我大势已去，不必多此一举。惟要求退入租界的我部属，请予以保护。本人将赴济南，以后还望多予协助。"②离津时，李顿足挥泪，不胜感伤。

李景林失败后，国民军势力不但控制了京、津，夺取了直隶、热河，而且逼近山东。在南方，广东革命政府日趋巩固，北伐战争正在准备之中。中国革命形势的发展，日益引起帝国主义和奉直军阀的惊慌。1926年初，在日英帝国主义策动下，张作霖与吴佩孚打着"反赤"的旗

---

① 《益世报》1925年12月7日。
② 张同礼：《李景林督直及其附蒋经过》，中国人民政治协商会议天津市委员会文史资料研究委员会编《天津文史资料选辑》第6辑。

号联合起来。他们的企图是:"先扑灭北方的赤化,然后再扑灭广东之赤化,以期实行全国的刷新。"①张、吴联合后,立即会同李景林、张宗昌对国民军实行夹击。李景林虽然和张宗昌组成直鲁联军,实际上则两人都在为自己争夺直隶地盘。李景林急欲收复天津,回任直督及省长,即于同年2月指挥所部北攻,先后攻占了沧州、献县和青县,于2月23日到达马厂。李景林从德州赶到沧州,在车站办公。国民军以鹿钟麟为总指挥,猛烈反攻,李军不支,部分败军退到沧州。李景林急电张宗昌请援,但援军迟迟不到。李在车站办公室痛哭,对其左右说:"什么都完了,张宗昌的军队先入天津,就没有我们的了。"②张宗昌见李军已损失过半,即令徐源泉军北上,并派褚玉璞为前敌总司令,大举反攻。此时日本军舰直抵大沽口,向国民军射击,国民军不得不解除对大沽口的封锁。奉军由张学良率领入关,逼近天津,直鲁联军转败为胜。国民军见形势不利,于3月21日下令总退却,22日夜全部撤出天津。

张学良召开会议决定:一方面由直鲁联军追击国民军,一方面由李景林、张宗昌署名电请张作霖、吴佩孚来津共商国是。张作霖于3月29日车抵秦皇岛,在列车上召开会议,张学良、李景林、张宗昌、褚玉璞等人均前往参加。李心里明白,天津之战自己实力损失殆尽,此次反攻天津多赖鲁军,因此在会议上表示自己不再回直,推荐褚玉璞为代理直督,自己专负前线军事之责。李原想以此谦让取得张作霖的谅解,孰知张作霖顺水推舟,当即任命褚为直督。李景林无奈,但他未就张作霖任命之训练督办之职,仍以前敌总司令名义,指挥以荣臻为军长的所部,伺机而动。此时张作霖与吴佩孚、阎锡山联合打着"讨赤"的旗帜进攻冯玉祥国民军,李景林不甘心为奉张继续效命,遂密派参谋长潘敦与靳云鹗、孙传芳联系,秘密结成李、靳、孙和冯玉祥国民军的大联合,密谋

---

① 《向导》第151期。

② 张同礼:《李景林督直及其附蒋经过》,中国人民政治协商会议天津市委员会文史资料研究委员会编《天津文史资料选辑》第6辑。

共同讨伐张作霖,约定各个具体行动。正当这个秘密结合渐臻成熟之际,阎锡山截获了冯、靳磋商的密电,立即电知张作霖;李景林派潘敦联靳之事,亦被部下荣臻向张作霖告了密。张作霖于6月底令张学良第三军包围了李景林部,驻杨村李军之赵杰部由褚玉璞解除其武装;其余仍由荣臻统领,并任命荣臻为镇威军第十二军军长,李景林企图破灭,仍潜返天津,通电下野。

李景林下野后,寓居津门,伺机而动。1926年9月间,北伐军两湖奏捷,迫近江西,李景林见有机可乘,乃修书孙传芳建议北洋各派大联合,共同抗御北伐军,并表示自己可以亲赴九江。孙传芳夜郎自大,说北伐军没什么了不起,他的军队正在胜利前进。未理睬李的建议。1927年3月,北伐军次第占领南京、上海,李又派潘敦赴南京求见张群,商讨投蒋计划。潘敦回津报称:蒋介石"欢迎李芳辰即日南下"①。4月初,李秘密乘日轮"长安丸"离津。张作霖得知李出走的消息,急派褚玉璞检查"长安丸",欲逮捕李景林。由于得到日人的掩护,李景林等安然离津,先至日本门司、长崎,随又换船到达上海,由张群陪同前往南京,受到蒋介石的设宴招待。4月10日,李被任命为直鲁军招抚使,并成立招抚使署,收容旧部。当时张作霖在北京组成了安国军元帅府,奉系势力盛极一时,直鲁军趋炎附势,李景林的招抚工作毫无进展。8月,蒋介石下野,李景林只好至沪当寓公。

1928年4月,李景林被任命为国民政府军事委员会委员。后国民政府成立国术研究馆,张之江被任命为馆长,李景林因精于剑术而任副馆长。1931年1月,李景林为调处韩(复榘)刘(珍年)对胶东之争夺,应韩复榘之邀,移居济南,成为韩的座上宾。同年11月13日②,因痢疾不治,病逝于济南。

---

① 张同礼:《李景林督直及其附蒋经过》,中国人民政治协商会议天津市委员会文史资料研究委员会编《天津文史资料选辑》第6辑。

② 李景林的逝世日期,有1931年12月3日、1932年等说,现据《枣强县志》。

李 康 年

汪仁泽

李康年，1898 年 9 月 11 日（清光绪二十四年七月二十六日）出生于浙江宁波。父李国盘，清末秀才。李康年少年时由父教读，有较好的古文和书法基础。十五岁时，进宁波乾大昌纸号当学徒，满师后任该店司账，使用当时尚属罕见的改良中式账册，为当地商界所称道。1921 年进宁波棉业交易所任秘书。1925 年经人介绍，赴沪进方液仙创办的中国化学工业社，任总务科长，逐渐结识方的友好胡厥文、蔡声白、黄延芳、徐永柞等工商界名流。

"九一八"事变后，全国人民抗日情绪高涨，掀起抵制日货、提倡国货运动。李康年为爱国心所驱策，亦为谋求推广国货厂商产品的销路，向方液仙建议：集合部分国货工厂，举办联合商场。方欣然采纳，交李主其事。李首先觅得上海市中心南京路、福建路原崎华公司旧址作为场地；复与各厂联系，共有中国化学工业社、美亚织绸厂、五和织造厂、华生电器厂、中华珐琅厂、胜德织造厂、一心牙刷厂、章华毛呢厂、华福帽厂等九家参加，名为"九厂国货临时联合商场"，于 1932 年"九一八"周年纪念日开幕。商场开办虽仅两个月，但营业一直很好，替各厂推销了不少产品。李康年由此看到长期、固定设置国货销售商场的可能性和发展前景，再次起草了一份筹设中国国货公司的计划书，又得到方液仙等人的支持。集资十万元后，经李康年的积极筹划，租得南京东路大陆商场（后改称慈淑大楼，即现今的东海大楼）的铺面和二楼北部。李亲书"上海中国国货公司"八个擘窠大字，于 1933 年 2 月正式开业。初由方液仙任董事长兼总经理,李任经理。不久方因忙于本身企业,辞去总经理兼职,由李全权负责经营。

上海的南京路上商店林立,大型百货商店有永安、先施、新新、大新四大公司,还有丽华及洋商惠罗公司,都有较悠久的历史,以推销环球华洋百货相招徕。中国国货公司欲求立足其间,必须具有自己的经营特色。李一面以专销国货、"国人请用国货"相号召,除现进畅销商品外,又吸收国货厂商的寄售商品,售后付款;另一方面采用科学管理,建立健全的会计制度,采用复式簿记。百货业商品众多,进出频繁,他支持会计部门设立商品分户账册,每笔进销都有记录,库存与账面相符,一目了然。因此即使不盘存货,也能随时编造各种决算书,及时反映经营管理、业务盈亏情况。这样既可防止弊端,加强管理,同时也赢得了寄售厂商的信任,同业也纷来借鉴学习。李还严格要求营业人员熟悉本身业务,热情向顾客介绍商品知识,上柜佩挂编号的公司徽章,衣着整洁,礼貌对待顾客。此外,他还重视广告宣传和灵活的经营方式。专辟橱窗陈列各厂新产品,在报上刊登大幅广告,举办时装展览吸引顾客参观。又设"九九商场",将几种小商品搭配成扎,售价仅九角九分。其中有的商品虽略有亏蚀,但可搭销一些冷背货,且给人以国货公司售价低廉的印象。后来他还开办一个规模颇大的饮食部,高薪聘请清宫御厨名师指导烹饪技术,售价只求保本,从而招徕大批顾客。此外,他还以送货上门、货到收款,发行礼券,代送婚丧礼仪等等办法以招徕顾客。这样,国货公司终于站稳了脚跟,李也成为沪上闻名的百货业巨子之一。抗战前夕,除在上海太平桥及新闸路设两支店外,并在湖南长沙增设分店。

1937年"八一三"事变后,三友实业社杭州织造厂遭日机炸毁,该社出品的"西湖毛巾"一时脱销。李康年看准市场需要,集资开设萃众织造厂,生产钟牌毛巾。他选用优质棉纱、染料,讲究工艺技术,使产品质量好,外形美观。钟牌毛巾的目标是,"柔软耐用,拔萃超众",其中"414毛巾"成为畅销国内外的名牌货。

1939年间，生产狗头牌纱袜的鸿兴袜厂，因经营不善而搁浅。李康年应叔父、该厂经理李铭鼎之邀，集资接办，任董事长。后来该厂易名"上海针织厂"改产针织布，成为沪上大型针织厂之一，仍聘其叔任经理。经整顿后，扭亏为盈，渐见起色。

1941年12月太平洋战争爆发后，日本侵略军进入上海租界，日商强迫一贯抵制日货的中国国货公司代销日货，李康年以公司章程规定只售国货而拒之。此后，李为对付日人之步步进逼，在公司三楼辟一密室，约会知友及公司董事等人，聚餐商讨对策。其后约定每周五聚餐一次，遂名"星五聚餐会"（是抗战胜利后李与王性尧等合作，扩大为五百余人的大型"星五聚餐会"的前身）。中国国货公司在惊涛骇浪中勉力维持下来。

抗日战争胜利后，大量美国商品涌到上海市场倾销，使国货厂商受到严重威胁。1947年，李康年在继续维持国货公司的同时，另谋出路，与王宽城、毛式唐三人合资创办中国钟厂。李先任董事长，后兼总经理，聘工程师设计制造轴芯细、摩擦力小、上一次发条能走十五天的三五牌挂钟、台钟。这种钟用活摆装置，可以倒顺拨时，虽挂摆歪斜也能照走不停。李拟了两句广告用语："挂歪摆歪虽歪不停，倒拨顺拨一拨就准。"三五牌钟问世后，博得社会好评，成为同类产品中的畅销名牌。

解放战争期间，上海各界反蒋民主运动不断高涨，李康年以"在商言商"自我标榜，"不问政治"。淮海战役后，国民党统治摇摇欲坠，李康年在中共地下组织的教育和争取下，思想认识有所提高，对于中国国货公司职工从事反蒋民主活动和出入苏北解放区等情事，曾给予掩护和资助。

中华人民共和国成立后，李康年主持的中国国货公司因长期资金枯竭，经申请批准于1952年夏歇业清理。萃众、鸿兴、中国三厂，经李申请，于1954年被批准为公私合营企业。是年，李加入中国民主建国会。1957年李被错划为右派分子，1961年摘掉右派帽子。1963年3月24日因病去世。1979年他的错划右派问题得到改正。

主要参考资料

上海中国国货公司职工运动回忆史料:《迎接上海解放》(未刊稿)。

林炳伟:《上海中国国货公司史略》、《钟牌414毛巾是怎样创名牌的——略谈李康年经营思想》(未刊稿)。

原上海中国国货公司职工胡志甫等人访问记录稿。

李 苦 禅

姜克夫　李　侃

　　"余门下弟子数百人,人也学吾手,英也夺我心。英也过吾,英也无敌。来日英若不享大名,天地间是无鬼神矣!"通过半个多世纪艺术实践,李苦禅在国画艺术上的造诣,完全证实了我国写意画大师齐白石的上述预言。

　　李苦禅,原名英杰,后改名英、超三,字励公。1922年考入北京"国立艺专",时常在夜晚租洋车拉客挣钱,以购买绘画材料,每日仅以窝窝头和稀粥为生,穷且益坚,学习勤奋。同学林一庐怜其清苦,赠名"苦禅"。从此遂以"苦禅"为艺名。李苦禅1899年1月11日(清光绪二十四年十一月三十日)生于山东高唐县城西李奇庄一个农民家庭。童年时代,在偏僻的鲁西北农村无处娱乐,李奇庄前一座庙宇就成了他和小伙伴经常玩耍的地方。庙里有许多泥塑神像和壁画,是供村民顶礼膜拜的精神偶像。李苦禅一面听老年人讲述画上的故事,一面以树枝在地上画着英雄的形象。当时庙里住着一位穷困潦倒靠画庙宇壁画为生的远房爷爷李宾,他见李苦禅酷爱绘画艺术,经常把笔教习,这位农村老艺人成了苦禅习画的启蒙老师。

　　1906年,在乡亲们的援助下,李苦禅入本村私塾读书,经过五六年的苦读,打下国学和书法的基础。1913年苦禅考入高唐县城高等学堂,因学习成绩优异,获得免交学费的奖励。李苦禅家境清寒,其父李名题仅有盐碱薄田二十余亩,丰年也只能以红薯高粱饼子维持一家生计,无余力供应子孙读书。故在李苦禅读私塾时,即欲令其与同龄长孙辍学务农,但因李苦禅系父亲的幼子,又特别聪慧,最后还是决心节衣缩食,供李苦禅进县城念洋学堂。

1916年,李苦禅在高等学堂毕业,向其父要求升中学。对此老父颇感为难,不允报考感觉委屈了孩子的优良成绩,让考则又财力不济。经李苦禅挽亲朋再三向父亲请求,始允许其去聊城投考,居然考取了官费的山东省立第二中学。其父从此持家更加俭省,并向亲朋借贷,维持李苦禅读完三年中学。东昌府在鲁西北素以文风盛而著称,李苦禅在此读了不少书,眼界大开;特别是当地的大戏、民间艺术、庙宇和古代建筑,给了李苦禅以极大的感染力。他课余经常前往临摹、写生,绘画才能初露头角。老师和同学都认为李苦禅有绘画天才,鼓励他去杭州或北京报考艺专深造。

第一次世界大战后,法国人曾来我国招工,当时我国贫穷学生为追求知识,曾由国民党人李石曾组织勤工俭学会,介绍贫苦青年以半工半读方式到法国留学。立志学习绘画的李苦禅到处奔走借钱做路费,遂于1919年考取了北京大学附设的"勤工俭学会",从此以半天时间学法语和绘画,以半天时间在铁工案子上干活,同时有机会在北大附设的"业余画法研究会"里,向比他年长两三岁的徐悲鸿学素描,有时还在北大中文系旁听,从而打下了坚实的造型功底和文学基础。

1922年春天,李苦禅考进了北京国立艺专西画系。艺专为欧化最深的学校,学生大都为富家子弟,穿着为西服革履,而李苦禅成年穿着家乡寄来的棉布长衫和布鞋。时值军阀混战,鲁西北饱受兵匪蹂躏,李名题更挤不出余钱供儿子读书。李苦禅仰仗其自幼习武锻炼成的结实身体,经常一晚拉四个小时的洋车挣钱维持生活,白天到校坚持学习。当时艺专学生除家居北京的同学走读外,外地学生大都寄宿在阔绰的公寓内。而李苦禅则借住古庙,长期过着夜晚拉车白天上课堂的苦行僧生活。故同学们以"苦禅"名之,他认为"名之固当"。

李苦禅来自民间,酷爱国画艺术,早年生活在古朴的鲁西北平原,熟悉农村的一草一木和花鸟鱼虫,尤其在秋冬之际农民架鹰猎兔的雄姿,和渔夫以小舟载鱼鹰在古运河潜水捕鱼的风采,给了他以很大的艺术感染。虽然他的油画人体与风景的成绩,得到艺专捷克教授齐蒂尔、法国教授蒙日与克罗多的称赞,但他还是在第二年即欲转学国画。由于"四王"①的模式长时期统治着国画界,陈陈相因,使艺术生命日趋枯萎,当时只有齐白石等极少数"非主流派"的画家不守旧,喜创新,爱画民间生活题材和自己的内心感受。然而齐白石当时在画坛地位一般,但李苦禅喜爱齐白石富有乡土生活气息的作品和不巴结权贵的高尚品德,遂于1923年登门拜齐白石为师。当年拜师要送为数可观的贽敬,而李苦禅身无长物,仅凭那深重的山东乡音和一片仰慕虔诚之心,却博得了白石先生的青睐,欣然纳于门下。此后,师生常在一起琢磨绘画艺术,李被齐视为门下第一位知音者。正如齐白石在李苦禅一幅画上题的那样:"余初来京时,绝无人知,陈师曾(字槐堂)已名声噪噪,独英也欲从余游。"李苦禅的绘画艺术由于不断受到白石的指点而颇得真传,再加上他的刻苦磨炼,在艺专将毕业时其作品已超越侪辈。1925年艺专校长林枫眠观看毕业生画展,忽然发现署名"苦禅"的几幅国画,惊奇地问:"我怎么不知道咱们艺专还有位苦和尚?"当陪同参观的教师告之"苦和尚"即穷学生李英杰时,林枫眠赞叹不已,展出的作品遂被参观者选购多幅。从此,李苦禅的画名即蜚声京城。

李苦禅于北京艺专毕业后,即于1925年开始了近半个多世纪的教学生活,先后应聘在北京市立师范学校和保定河北省立第二师范学校任美术教师,1930年被国立杭州艺专校长林枫眠聘任为国画系教授。李苦禅在山清水秀、柳堤荷浪的西子湖畔生活了将近四年,使其在艺术水平上获得进一步的提高。他在教授水墨花鸟与山水画时,多带领学生到野外写生。在锻炼学生的基本功的同时,结合古代写意画大师和齐白石的笔墨,创作自己的画稿。李苦禅创作的雄鹰、鹭鸶和鱼鹰等,为其写意画的代表作。在国内美术界被誉为南潘(天寿)北李(苦禅),

① "四王",系指明末清初传统派画家王时敏、王翚、王原祈、王鉴四人。

同为写意画的巨擘。

1935年冬，李苦禅因不同意杭州艺专开除进步学生沈福文，以及去"苏州反省院"保释被捕学生凌子风、张仃，被学校当局停聘而携眷迁回北平，先后在私立华北美专和华北大学艺术系任教。"七七"事变爆发，北平学校多被日本侵略者控制。他激于民族义愤，宁肯饿死也不就任敌伪大学的教职，隐居于西城柳树井民居，以鬻画为生。当时敌伪亦有附庸风雅者，曾有一汉奸求画扇面，他即以狂草书"日月已沉海，蛟龙乱升天"以阴斥之。1940年李因"私通八路罪"被捕入狱后，一家生计更为拮据，长子李杭与小贩一道赴张家口趸菜，受尽伪警欺诈，家人常到寺里排队领取慈善团体舍施的救济粥。因为长期过着饥馑的生活，李苦禅身体日渐衰弱。1943年冬，李苦禅传染上斑疹伤寒和脑膜炎，被送进医院，病势沉重，经诊断"非注射德国进口药针不能挽救"，但此药价昂，因李苦禅平素为人豪爽能舍己助人，朋友闻讯纷纷解囊相助，始获药石转危为安。

日本投降后，徐悲鸿来北平接任国立北平艺专校长，与齐白石联名聘李苦禅为国画系花卉翎毛教授。他正振作精神投身教学之际，不料内战爆发，贪官污吏横行，物价飞涨，广大人民又处在饥饿线上。李苦禅在"戏丑官图"上题道："千里来做官，意的在何焉？无非金钱与美女……"以表达对那些发国难财的"接收大员"的憎恨。

1949年1月北平和平解放，李苦禅以当年曾与毛泽东、徐特立等中央负责人在勤工俭学会有同窗之谊，上书反映美术界压制国画的情况。毛泽东曾亲笔致函中央美术学院为之关说。这时他虽已年逾五旬，仍报名参加土改工作队，亲身投入四川省的土地改革运动。返校后仍在中央美术学院任职。

李苦禅生长于农村，养成了农民的淳朴作风和爽直性格，从不隐瞒自己的观点，有话必说。曾对1957年以后某些"左"的政策表示异议，故长期遭到不公平待遇。1960年代后期的政治运动中，被目为"右派教授"、"反动学术权威"，遭到批斗。1970年被下放河北磁县农村劳动,1971年因病回北京。

1972年,周恩来总理为布置装饰我国驻外使馆和国内宾馆,指示国务院请国内著名画家在北京饭店等处作画,同时借此机会为画家们恢复名誉。两年中,李苦禅为国家义务作画三百余件。李苦禅曾画有一幅荷塘巨制,江青等人把它说成攻击八出"样板戏",组织美术界对李苦禅进行批斗,使其精神上受到极大的创痛。

李苦禅勤奋劳动,一生创作了数以千计的优美画卷,为海内外爱好者所珍藏。他的画磅礴大气,沉郁雄浑,笔墨豪放纵逸,及至晚年更加雄健苍劲,为民国以来花鸟写意画派继齐白石后又一最享盛名者。写意画鼻祖为宋代的石恪、梁楷、苏轼、法常等大师,经明代的徐渭,清代的石涛、"扬州八怪"与八大山人以及清末的任伯年、吴昌硕诸位大师弘扬光大。民国以来,齐白石以民间艺术家之身份,刻苦精进,集前人之精粹,奇峰峻立,成为一代写意派之宗师。而李苦禅亦崛起于民间,从不登"大雅之堂"的民间艺术中汲取营养,又投拜齐白石门下和师承历代大师,领悟先贤之美学精神、笔墨玄奥与自然意趣,融合自己的意匠创造,将写意花鸟画发展到一个新的境界。同时苦禅于绘画之外,更关心祖国的安危和人民的苦乐,他爱憎分明,抒发其情感于花鸟鱼虫之间。故其画很有时代色彩和富有人民性,因而为广大人民所喜爱,被赞为写意画的一代大师。

中国传统绘画与书法堪称双璧,李苦禅幼年时经塾师教导,已打下楷书的基础。及长,临摹沈曾植、黄道周、张瑞图、怀素、颜真卿、李北海、郑道昭以及汉魏名碑法帖,逐渐形成了自己的书法风格,质朴浑厚而又风神婉转,和他的绘画互为表里,深受国内外书法家的推崇。李苦禅来自山东戏剧之乡,于绘画之余爱好京剧,并擅演武生。他认为"京戏是写意戏,是传统的综合艺术,要画好中国画一定要知京戏"。

李苦禅虽系国画艺术家,但能随着时代的步伐不断前进。五四运动时,他参加爱国演说、游行与火烧赵家楼的斗争。其后支持中国共产党领导的革命事业,早在20年代末期,现河北省妇联主任郝冠英(鲁伟)等在女师大读书,遭受军阀警宪追捕,即藏匿李家,并获赠转移路费。30年代初期,现"北影"导演凌子风在北平被国民党宪兵第三团逮捕,李苦禅日夜仆仆平、沪道上奔走营救。抗日战争中,李苦禅与中共北平地下工作者黄浩有联系,曾掩护冀中抗日根据地来平治病的袁祥峰。后因被汉奸密报,李苦禅于1940年被日本宪兵逮捕,关押在沙滩北大红楼底层,受尽了酷刑,但他坚贞不屈,保持了高尚的民族气节。

1978年中共中央十一届三中全会拨乱反正,文化部党组推翻1960年代后期政治运动中强加给艺术家们的诬蔑不实之词,认为苦禅一生无私无畏,高风亮节,长期支持党领导的革命事业。在绘画艺术上,含辛茹苦,继往开来,精研邃思,继承传统,变革古法,扫除蹊径,另辟幽异,创出自己的风格。他从事绘画教学六十年,诲人不倦,循循善诱,桃李满天下,为艺苑大放异彩。1977年李苦禅被再次选为"中国美术家协会"理事,1980年被特邀为第六届全国政协委员。党和国家的关怀,更激发李苦禅为祖国的统一和为"四化"建设献身的积极性。1983年1月13日,首都美术界同人二百余人为他举行从事艺术教育六十年的纪念会上,李苦禅还豪迈地说:"虽然去年夏天我得了脑血栓,住进医院,现在又和大家在一起啦!脑血栓它拴不住我,我想再画它二十年。"不料6月11日李苦禅旧病复发,与世长辞。

李苦禅一生绘画甚丰,代表作品为"山岳钟英"、"鱼鹰"、"松鹰"、"鱼"、"鸟语花香"、"红梅怒放"、"盛夏图"等。

出版著作有:《苦禅画册》(第一集)、《李苦禅画辑》、《李苦禅画集》(上海版)、《李苦禅画集》(山东版)与《苦禅画鹰》等。他一生的绘画技巧被拍成教学影片《苦禅写意》、《苦禅画鹰》与《中国花鸟画》。

主要参考资料

王森然:《苦禅画集序》,北平1936年版。

曹禺:《李苦禅画集序》,山东人民出版社1980年版。

李嫦:《回忆父亲早年在家乡的生活》(1984 年 2 月 3 日)。

李燕:《风雨砚边录:李苦禅及其艺术》,上海书画出版社 1984 年版。

范曾:《但留清气满乾坤》,《中国青年报》1983 年 6 月。

黄奇南(天秀):《回忆李苦禅老师在沦陷区》。

魏隐儒:《忆与先生同狱时》,《北京晚报》1983 年 7 月 20 日。

蒋兆和:《悼我老友苦禅》,《人民日报》1983 年 7 月 18 日。

许麟庐:《苦去甘来兄离去》,《北京晚报》1983 年 6 月 30 日。

王朝闻:《领异标新》,《人民日报》1983 年 7 月 18 日。

沈福文:《著名画家李苦禅教授》。

《李苦禅教授追悼会在京举行》,《人民日报》1983 年 7 月 6 日。

黎朗:《画不惊人死不休》,台北《雄狮美术》1984 年 6 月。

李 良 荣

李锡贵

李良荣,别号良安,福建同安县人,生于 1909 年 1 月 6 日(清光绪三十四年十二月十五日)。他原姓杨,父母早丧,由姑母抚养。稍长,随祖母生活,过继给邻里基督教长老李算为孙,遂改姓李,并受洗为基督教徒。

1916 年,李良荣进同安圳头启悟小学读书。两年后,随继祖父李算乔居鼓浪屿,先后入养元小学和浔源中学攻读。李家在同安英村和兑山乡交接的渡口开一店铺。李良荣中学肄业后在小店铺管账,不时驾船到厦门办货。继母见他勤俭耿直办事有方,认其为婿。嗣因继祖父李算去世,家境日蹙,李良荣外出流浪,先以弹弓打鸟卖钱为生,后在厦门至集美的班船上卖报。

1922 年,闽南一带军阀混战,土匪猖獗。同安当地土匪叶定国横行乡里,鱼肉人民。李良荣甚为愤恨,曾只身潜入莲花山匪窝窥探虚实,企望有朝一日扑灭这股土匪。翌年,原自治军领导人许卓然和秦望山,被孙中山委任为东路讨贼军第二军(军长许崇智兼)第三路统领和泉州警备司令。许等为改造民军,举办干部训练所,李良荣毅然投军,入该所第一期受训。1924 年夏季结业后,又由许卓然、秦望山等人保送入黄埔军校第一期培养。李良荣此时尚不足十七岁,个子矮小,举止活泼,人们昵称李为"小孩子"①。

---

① 《新任福建省主席李良荣怎样红起来》,《厦门日报》1948 年 10 月 7 日。

　　李良荣在黄埔军校于是年 11 月毕业,派在第二教导团任排长。1925 年他参加第一、二次东征,讨伐盘踞东江的陈炯明。北伐开始,李良荣被编入国民革命军第一军第一师,先后任上尉参谋、连长、第一团第二营营长等职。1926 年 10 月,该团在南昌附近的牛行车站与北军孙传芳部作战,李良荣勇敢机智,负伤后又收容败兵,因功升任第一师第二团团附。江西敉平,他随师移驻上海。蒋介石发动“四一二”政变,李良荣目睹这场大屠杀,认为“国共合作乃有北伐的胜利,如今国共相争,北洋军阀就会卷土重来”①,愤然离开部队,返回闽南养伤。伤愈后,至晋江“宣传员养成所”任队长,与许卓然、秦望山等人过从甚密。他自感学识浅薄,萌志继续求学。是年冬,进上海劳动大学,半工半读,专攻政治、经济及英语。

　　1929 年,李良荣于劳动大学毕业,返回原籍拟兴教办学。其时,被福建省政府编为省防军第一混成旅旅长的陈国辉,竭力扩展其武装,在兴(化)泉(州)永(春)等地到处设关立卡,强取豪夺,烧杀抢掠。李目睹乡里受害,遂改变主意,应秦望山、郭其祥之邀,襄助办理泉永民团,防御陈国辉部骚扰。翌年随团编入张贞第四十九师,先后任少校参谋、营长、军士教导队大队长等职。其时,著匪叶定国在同安迫种鸦片,敲诈勒索,民怨沸腾。李良荣率一连士兵进驻同安,到匪患最为严重的莲花山和西山一带剿匪、铲烟。然而,号谓“闽南王”的张贞却与陈、叶之流相互勾结、狼狈为奸,李良荣在与恶势力的冲突中,深感地方政治腐败,自己无能为力,决意另觅途径。1931 年 9 月,李良荣部两个连的士兵发生“山城兵变”,投向工农红军,李之独立团第一营营长职务被撤。12月李前往南京,考入陆军步兵学校第一期。1933 年 2 月毕业,调升为第八十八师补充团团长,旋编入第三十六师(师长宋希濂)为二一团团长。是年秋末,第三十六师开赴江西抚州,参加对工农红军的第五次军

---

　　①　李以劻:《李良荣的一生》,中国人民政治协商会议福建省委员会文史资料编辑室编《福建文史资料》第 5 辑,福建人民出版社 1981 年版,第 121 页。

事"围剿"，李良荣团驻于距抚州二十公里的浒湾。10月，与红三军团一部血战三昼夜，保住了该师的前哨阵地，获蒋介石的嘉奖，并记功一次。

闽变事起，蒋介石调第三十六师等十个师以上的兵力入闽，讨伐第十九路军。1934年1月5日，在攻占延平（今南平）的战役中，李良荣率部夺取要地九峰山的制高点第八、第九两峰，使战局急转直下，获记大功一次。接着，李良荣奉命为先锋，进古田，抵白沙，迫福州，趋福清、莆田、惠安、南安，追击第十九路军。1934年2月，李良荣部进驻莆田涵江，收缴第十九路军的枪械，旋即调驻泉州，升任第一〇六旅旅长兼城防司令。李良荣分兵永春，进剿著匪尤赐福，又在泉州逮捕了土匪头目卢贡，不久又奉调闽西"围剿"红军。后得东路"剿匪"总司令蒋鼎文的推荐前往南京，充任蒋介石的侍从武官。1935年，调任航空特务警备团团长，驻于南昌，担任空军地面警卫任务。不久，调至中央军校任特务旅旅长。翌年冬，李良荣带职入陆军大学特别班第三期进修。

"八一三"事变后，李良荣被派为第二十七军第四十六师副师长，参加了保卫南京的战役。1938年春，晋升为师长。是年夏，李良荣师调至豫东战场，在兰封地区防堵日军土肥原第十四师团时，因孤战无援，遭到惨败，被撤职。李良荣再入陆大学习。嗣后被调任军事委员会委员长侍从室少将参谋，曾代表蒋介石赴两湖巡视各伤兵医院。武汉失守后，李良荣随同去重庆。

1939年，李良荣请求组训新兵，被任命为军政部第十三补训处处长。未及一周，又奉调任福建南平新兵训练处处长。他精心组训壮丁，晓以抗日大义，训练出一批批能打仗的人补充部队。在此期间，有数百名爱国华侨青年亦回国来南平受训，成为后来南洋抗日联军的骨干力量。

日本侵略军于1941年4月20日侵占福州后，企图进犯闽北。李良荣向福建绥靖主任陈仪请战，率一个补充团由邵武趋大湖，与敌周旋一个星期，击溃来犯之敌，古田、南平等闽北重镇赖以保全。9月，福州克复,李良荣被调任第八十师师长,并兼福州警备司令。这时,他执行"限制异党活动办法"甚力,对所属部队控制很严,对闽北武夷山区还采取了"清乡"及编组保甲等措施。

1944年10月,日军再度进犯福州,李良荣率第八十师奋力抗击,予敌重创。后撤入小北岭,继至闽东与敌周旋。翌年6月,日军撤退,李良荣率部追击至霞浦,颇多斩获。8月,日本无条件投降,李良荣是接收福州日伪投降的中国代表。1946年春,李良荣奉令率部赴浙、皖接统第二十八军,升任军长。嗣后,李良荣部调至苏北,走上内战前线。国防部长白崇禧检阅李部时,誉其为蒋军"最优秀"的部队之一。翌年2月台湾"二·二八"事变后,李良荣被委为台湾警备司令,但因陇海东路告急,未及赴任,又奉令进犯淮阴、淮安、涟水等处解放区。

1947年春,蒋介石的全面进攻失败,改为重点进攻,在进犯延安的同时进犯沂蒙山区。李良荣率部由苏北进入鲁南。是年夏孟良崮战役中,任第一兵团(司令汤恩伯)第二纵队司令,辖整编二十八师(师长李自兼)、整编五十七师(师长段霖茂),后任整编二十三军军长。是年冬,李良荣奉令率部开赴鄂北进攻大别山革命根据地。1948年2月,奉命开回鲁南临沂,任第九绥靖区司令官兼行政长官,辖苏北、鲁南地区二十余县。8月,李良荣兼第十二兵团副司令。9月,升陆军中将,并加委为国防部第一训练处处长。

其时,国民党军队在内战中节节败退,国民党统治摇摇欲坠。蒋介石想要保持东南半壁,在10月13日委任李良荣为福建省政府主席。李良荣走马上任后,立即裁汰冗员腐吏,微行私访,整饬纪律,督征壮丁,扩充军队,力图挽狂澜于既倒。他拒绝酬酢,不讲情面,连蒋经国荐严灵峰为福建民政厅长、孙科介绍汪泮请予重用,也加抵制。然而,面对国民党腐败统治和重重的派系斗争,李良荣处处受到掣肘,一筹莫展。1949年1月20日李被免去福建省政府主席职,由朱绍良继任。2月,改任第一编练司令官、第二十二兵团司令官,并兼任厦门警备司令;5月任福州绥靖公署副主任(主任朱绍良兼)。8月,他率二十二兵团主力移驻金门,任金门防卫司令。10月17日人民解放军解放厦门后,于25日曾一度跨海在金门登陆,李良荣的部队在古宁头遭到沉重打击。

金门战后,李良荣被调到台湾,不再受到蒋介石的重用,仅挂"光复大陆设计研究委员会"委员的虚衔。1957年4月。被选为台湾省第三届临时省议会议员。是年7月,李良荣离台,前往马来亚吉隆坡,与华侨建筑学家林添良联合筹办马来亚工矿公司。1962年成立大石水泥公司,任常务理事兼总经理。1967年6月2日在马来西亚怡保因车祸身亡。

主要参考资料

宋希濂:《李良荣在三十六师时期》,《福建文史资料》第5辑。

李 烈 钧

宗志文

李烈钧,原名烈训,字协和,别号侠黄,江西武宁人。1882年2月23日(清光绪八年正月初六日)生。其父骏兴曾投身太平军,事败后潜回故乡,耕种自给,后兼营茶叶运输,家境逐渐富裕。李烈钧自小读书习武,1902年入江西武备学堂学习,1904年被选送日本学习陆军。到东京后先入振武学校学习,两年后毕业,入四国炮兵第十二联队实习一年,又入日本陆军士官学校学习。这时,他结识了在日本鼓吹反清革命的同盟会员张继、王侃等人,经常阅读同盟会机关报《民报》。1906年12月,他听了孙中山在日本阐述三民主义思想的演说,"倾服之念,油然而生"①。1907年,经张继等人介绍加入同盟会。不久,又先后加入士官学校中国留学生组织的"武学社"、"丈夫团"等反清团体。

1908年,李烈钧在士官学校毕业后回国,任江西混成协第五十四标第一营管带,因有向士兵宣传反清思想之嫌,被上级借故拘捕,经原江西武备学堂总教官吴介璋大力开脱,始获释放。于1909年春到昆明,任云南讲武堂教官,兼兵备道提调。不久,任陆军小学堂总办,仍兼兵备道提调。曾协助同盟会云南支部长李根源在学堂和军队中宣传反清,进行革命活动。

1911年夏,李烈钧奉派北上参观永平秋操。他从云南到上海,然后溯江西上,途经武汉时,武昌起义已三天。到北京后,吴禄贞邀集数

---

① 李烈钧著:《李烈钧将军自传》,三户出版社1944年版,第6页。

十人宴请他,这些人都是支持武昌起义的。李烈钧也决心响应武昌起义。考虑到江西混成协已有革命基础,又有电报促他速归,乃迅即离开北京,经天津、上海返回九江。这时,九江已光复,他被推为江西都督府总参谋长,随即部署占领长江要塞金鸡坡炮台及马当炮台,把长江拦腰截断。停泊在九江的北洋舰队主要舰艇仓皇下驶,企图逃往上海,被金鸡炮台截住。经李烈钧与林森等人联络动员,舰艇宣布起义。李烈钧又被都督府任命为海陆军总司令。这时,安徽、南京、武昌都先后来人或来电要求支援,李烈钧率舰队先往安徽,到安庆后被推为安徽都督。随后因北洋军攻武昌,武昌告急,乃率舰队西上。到武昌后,黎元洪任命他为苏、皖、粤、鄂、赣五省联军总司令。李烈钧一面命舰艇防守长江江面,一面亲率陆军迎击北洋军,从而稳定了武昌的阵势。

1912年年初,江西省议会选举李烈钧为江西都督,并经临时大总统孙中山正式任命,李烈钧乃回江西赴任。他在江西进行了一系列军事、政治、经济上的改革。首先整编部队,扩充为两师一旅,并接办军事学校,大力培养军事干部。同时,改组都督府,罗致了许多同盟会会员担任各司、厅、处长。又整理财政,成立民国银行,活跃地方经济。此外,还处决了几个洪门会(地方封建势力)的首要。至此,江西秩序逐渐恢复。同年10月,李烈钧邀请孙中山莅临南昌巡视,军民举行盛大欢迎仪式。袁世凯对此颇为嫉视,曾派大员邀李往北京面谈,并以二百万元和晋勋一级为诱饵,遭李拒绝。

1913年3月宋教仁被刺。4月初,孙中山派张继、邵元冲等到江西动员李烈钧发动反袁。5月5日,李烈钧与湘督谭延闿等通电反对袁世凯与五国银行团签订善后大借款。6月9日,袁世凯下令免除李烈钧江西都督职务。接着,又免除了广东胡汉民、安徽柏文蔚的都督职务。这月中旬,李烈钧赴上海见孙中山筹商反袁事宜。7月8日回江西湖口组织讨袁军。12日成立讨袁军总司令部,就任总司令,宣布独立,通电讨袁,斥袁世凯"帝制自为,意图破坏共和,为全国之公敌",并与人民约法三章:"一、誓诛民贼袁世凯;二、巩固共和政体;三、保障中外人民生命财产。"①袁世凯派北洋军第六师入江西,交战后,讨袁军初战获胜,但终因力量悬殊,连连失利,两团长阵亡,援军不继,25日湖口被袁军攻陷。8月10日,李烈钧退守南昌,不久转移丰城。8月底率千余人退驻临江,在此又与袁军激战数日,毙袁军数百。后以敌军大集,败局已成,退离江西。是役在民国史上称为"二次革命"。当时响应孙中山号召者,虽有湘、粤、皖、闽等五六省,而敢于兴兵举义者,除黄兴在南京有所动作外,只有江西一省。

同年9月李烈钧亡命日本。当时,因"二次革命"失败逃到日本的中下级军官多约七八十人,李烈钧创办了一所法政学校及一所军事训练班——浩然庐,收容上述军官,加以军事训练,以备再起。

1914年春,李烈钧与张继、陈炯明赴欧洲。乘船经过南洋时,曾在槟榔屿小住,多次在欢迎会上演讲,鼓吹讨袁革命。抵巴黎后,与张继等寄寓巴黎郊外,学习法语。

1914年8月,第一次世界大战爆发。在此之前,孙中山已要李烈钧赴云南策划反袁;这时,李烈钧遂决定回国,10月启行。船到西贡时,原拟假道入云南,为法国海关所阻,不得已转赴香港,又侨居新加坡。1915年2月,袁世凯与日本商谈"二十一条"时,李烈钧曾与黄兴等两次联名通电指斥袁世凯独裁卖国。12月初,袁世凯称帝的闹剧即将开锣,李烈钧奉孙中山之命,偕熊克武乘船至海防转河内,在老开等候入云南。时唐继尧尚怀犹豫,李电促唐继尧说:"此来为国亦为兄,今到老开已多日矣,三日内即闯关入滇,虽兄将余枪决,向袁逆报功,亦不敢计也。"②唐继尧立即派其弟继虞迎李入昆明。随后,蔡锷亦到昆明。12月25日,唐继尧、蔡锷、李烈钧在云南揭起了护国讨袁的旗帜,宣告云南独立,发表《讨袁宣言》,历数袁世凯二十条罪状,组织护国军出兵讨袁:蔡锷任第一军总司令,出兵四川;李烈钧任第二军总司令,出兵两

①　《民立报》(上海)1913年7月18日,第10页。

②　李烈钧著:《李烈钧将军自传》,第38页。

广;唐继尧任第三军总司令,主持后方。李烈钧于 12 月下旬率滇军从昆明向滇桂边境进发。1916 年 2 月间,在广西百色附近击溃袁世凯派来的龙觐光部。3 月 15 日广西都督陆荣廷宣布独立,李烈钧部进入广西。5 月,经南宁沿江直下广东肇庆。然后经三水、芦苞,沿粤汉路北上,6 月初到韶关,与伪称独立的广东都督龙济光部发生战斗,迫使龙部纳关投降。接着回师南下,指向广州,7 月初在源潭附近又与龙部相遇,大败龙军。时桂军莫荣新部也乘机攻入粤境,龙被迫退回广州困守。

6 月 6 日袁世凯死,段祺瑞继承了袁的家底,成为北洋派的首领,他拥黎元洪继任大总统,自任国务总理。为了收拾时局,除与护国军方面讨价还价外,段在处理广东滇粤军冲突问题上,故意压制李烈钧,甚至授意北洋军阀,叫嚣讨伐李烈钧。为分化西南实力派,他还故意委任陆荣廷为广东督军。陆早存觊觎广东地盘之念,立即带兵入粤。李烈钧感于形势压力,遂于 8 月通电解职,离广东转赴上海,其部队仍留粤北,成为后来孙中山南下护法的一支力量。

1917 年 7 月,张勋复辟失败后,由于国务总理段祺瑞拒绝恢复《临时约法》和国会,孙中山南下护法,在广州召开国会非常会议,联合滇、桂、粤各省成立中华民国军政府,就任军政府海陆军大元帅;李烈钧被任命为大元帅府参谋总长。

军政府成立后,南北对峙,从此进入护法战争时期。1918 年 3 月,段祺瑞委退据琼崖的龙济光为两广巡阅使,命令他渡海进攻广州。李烈钧奉命率滇、桂、粤军迎战,大败龙军,迫使龙济光逃往香港。与此同时,段祺瑞复派兵从江西直下广东南雄。李烈钧又奉命移师抵御。李部 5 月 3 日自韶关出发,6 月 3 日克南雄,正欲乘胜前进夺取赣南时,忽奉军政府召返回韶关。原来这时桂系军阀利用政学系操纵国会,改组军政府,排斥孙中山。孙中山被迫辞去大元帅职,准备离开广州赴上海。在此情况下,前方战斗不得不收束。李烈钧回韶关后,为防止段祺瑞实行“武力统一”政策,着手兴建韶关要塞。1920 年 2 月,军政府总裁岑春煊与粤督莫荣新利用李根源争夺滇军领导权,与李烈钧在韶关、南雄之间打了一仗。4月,李烈钧赴港转沪,奉孙中山命往云南与唐继尧会商消灭桂系势力的办法。这时,李烈钧所属驻粤滇军数旅,已取道湖南到达四川边境,他从云南到四川与他们会合,原想驻扎四川,为四川军阀所拒,不得已移驻贵州镇远。

同年11月,陈炯明率粤军攻克广州,赶走了桂系军阀,孙中山再到广州。1921年4月,广州非常国会通过成立中华民国政府,选孙中山为非常大总统,李烈钧仍被任为参谋总长。7月,孙中山命粤、赣、滇、黔各军讨伐岑春煊与广西陆荣廷的联合势力,李烈钧率部出镇远到广西,8月下旬,击溃桂系沈鸿英部占据桂林。12月,孙中山抵桂林,成立北伐军大本营,部署北伐。李烈钧以大本营参谋总长,积极做北伐准备。他原拟定的计划是从桂林出衡阳,先取江西,相机东下南京,西定武汉。但到1922年3月,传来粤军参谋长邓铿在广州被刺,陈炯明勾结北方军阀的消息,李烈钧遂不得不急率滇、桂两军回师广东。4月,他从桂林出发,经梧州,顺西江东下,抵广东三水,听说陈炯明要在那一带布防,急赴芦苞,转向韶关。5月6日,孙中山到韶关研究北伐步骤,决定改道韶关出发,继续执行北伐计划。李烈钧会同粤军第二军军长许崇智分途北进。部队经南雄,出大庚,月余之间,前锋已达江西吉安,有直下南昌之势。不料6月16日陈炯明在广州叛变,围攻总统府。19日,孙中山电令李烈钧等入赣的北伐各军迅速回粤,讨伐叛逆。北伐军班师回粤,仅留赣军保持现有阵地,防止北军反击。李烈钧因病留在南雄。不久,陈炯明军向粤北推进,李烈钧率赣军退驻湖南,他本人随即转赴上海。

1923年1月,滇桂联军击败陈炯明。2月,孙中山重返广州,再建大元帅府,就任海陆军大元帅职。李烈钧也回到广州,仍任参谋总长。当时,陈炯明部盘踞在东江惠州及潮汕一带。3月,许崇智从福建率东路讨贼军到达闽粤边境,陈炯明所部洪兆麟、赖世璜、林虎等亦通电宣布"独立"。孙中山以林、赖等过去是李烈钧的旧部,乃命李兼闽赣边防督办,赴潮汕收编洪兆麟等部,并与许崇智换防。6月,李烈钧收编完上述诸部赴闽驻防。许崇智回防广州时,在揭阳、兴宁一带突然遭洪兆麟等的袭击,损失很大。李烈钧救应不及,离闽去香港。7月,奉孙中山命仍回广州。11月,陈炯明对广州进行反扑,孙中山亲自指挥滇、桂、粤军进行抵御,李烈钧辅佐孙中山很快打败了陈炯明,守住了广州。

　　1924年1月,中国国民党在广州举行第一次全国代表大会,李烈钧被选为中央执行委员,对孙中山提出的"联俄、联共、扶助农工"三大政策表示拥护。会议期间,孙中山下令筹办黄埔陆军军官学校,李烈钧极力推荐蒋介石任该校校长,向孙中山说:"校长一席,非蒋莫属。"[1]9月,孙中山在大元帅府召开会议,筹备北伐,并设大本营于韶关,亲往督师,发表《北伐宣言》,举行誓师典礼。北伐军分两路向湘赣出发。这时,北方第二次直奉战争爆发。10月,直系军阀内部分化,冯玉祥发动北京政变,贿选总统曹锟被囚,段祺瑞任北京政府执政。接着孙中山应冯玉祥等电邀北上,共商国是。孙中山动身前派李烈钧往日本了解大局的演变情况,李于24日到达东京,与各方接谈后,11月中旬回到上海。下旬,又随孙中山经日本往天津。不久,北伐军已进入江西,孙中山乃命李烈钧南下部署军事。1925年1月下旬,李烈钧在上海闻孙中山病危,又复北上,3月孙中山在北京病逝,李参与主办丧事。不久,应冯玉祥邀请,往张家口晤冯,"彼此均有相见恨晚之慨"[2],被冯聘为国民军总参议。年底国民军与奉军作战时,李亲往张家口指导。当时,国民党右派谢持、邹鲁等在北京西山举行非法的一届四中全会,进行反共活动,李烈钧对他们的决议曾通电表示赞许。

　　1926年5月,国民军因受直奉军阀的压力,被迫准备离开北京,旋与直鲁联军大战于南口。8月国民军战败,李烈钧离开国民军南下。这时,北伐战争开始了,同年11月初北伐军占领南昌。1927年初,李

①　李烈钧著:《李烈钧将军自传》,第81页。
②　李烈钧著:《李烈钧将军自传》,第90页。

烈钧到南昌见蒋介石，被蒋任为江西省政府主席，从此李烈钧的政治态度明显地右转，向蒋介石靠拢。接着国民党内发生了迁都问题的争执，李烈钧与谭延闿由南昌赴武汉进行所谓"调解"。3月7日，武汉国民党中央在汉口召开二届三中全会，大会的决议削弱了蒋介石的权力，有利于革命形势的发展。李烈钧对此大为不满，没等会议结束就回南昌向蒋汇报，指责武汉会议，并向蒋建议从速攻取南京，定为新都。3月24日北伐军占领南京，4月12日蒋介石在上海发动政变，4月18日在南京成立蒋记国民政府，李烈钧任国民政府常务委员，兼军事委员会常务委员。8月底，北军孙传芳利用国民党新军阀蒋、桂矛盾发动攻势，在南京东面的龙潭一带渡江，李烈钧坐镇南京指挥联络，打败孙军。9月，国民党宁、汉、沪三方在一致赞成"清党""反共"的反对革命基础上统一起来，组成中央特别委员会，由三方各派六人参加，李烈钧是宁方代表之一。

1928年以后，李烈钧虽然名义上是国民党中央委员、国民政府委员，但长期住在上海养病，没有担负实际工作。1931年"九一八"事变后，民族危机日趋严重，李烈钧主张对日抗战，一再致电蒋介石，主张尊重言论自由，改良政治，"以维系人心，一致御侮"。1933年5月，冯玉祥在张家口组织抗日同盟军，不到一个月，把日伪军赶出察哈尔，蒋介石、汪精卫大为恼火，调集十余万中央军包围抗日同盟军。李烈钧十分支持冯玉祥的举动，曾致电国民党中央表示："冯委员玉祥，举义张垣，志在收复失地"，"请授大权，俾当大任"[1]。

1936年12月西安事变发生时，李烈钧同情蒋介石，谴责张学良、杨虎城"劫持主帅"，致电敦促他们"立送蒋委员长回京"，"并肉袒负荆请罪"。蒋被释返南京后，组织军事法庭审判张学良，李烈钧被任为审判长，曾出席审判。

1937年2月，国民党召开五届三中全会，宋庆龄、何香凝、冯玉祥

---

① 《李烈钧之言论》，1935年版，第7页。

等十三人提出"恢复孙中山先生手订联俄、联共、扶助农工三大政策案",张继在提案上签了名,后来又要抹去。冯玉祥找李烈钧说了此事,李马上研墨提笔在张继的名字上写上"李烈钧"三个字,并说:"姓张的怕,姓李的不怕。"①

卢沟桥事变后,李烈钧移居昆明,后迁居重庆,一直患病休养。1946年2月20日在重庆病故。

主要参考资料

卓仁机:《李烈钧》,中国社会科学院近代史研究所中华国史研究室编《中华民国史资料丛稿·人物传记》第6辑,中华书局1979年版。

---

① 冯玉祥:《我所认识的蒋介石》,香港七十年代杂志社1975年版,第55页。

李　弥

荆德新

李弥，名炳仁，号文卿，云南盈江县人，1902年11月23日（清光绪二十八年十月二十四日）出生于地主家庭。少年时就学于莲山太平镇两级小学堂，继去腾冲县城举人王承谟塾馆受业。

1924年，李弥离家去广州，在驻粤滇军第七师师长李根沄处当勤务兵。李见他精明能干，先提拔为副官，后又送去黄埔军校学习。李弥在黄埔军校第四期毕业后，被分往国民革命军第三军朱培德部任职。

1927年"八一"南昌起义前夕，李弥在第三军军官教育团任排长，团长朱德多次劝导李认清大局，跟随起义，李执意不从，只身离赣去南京，任总司令部警卫团连长。不久被派入川，到第二十二军赖心辉部，先后任营特派员、营长、副团长等职，曾参与四川军阀混战。1930年后，李弥随第五十一师师长张英在鄂西、赣南多次参与"剿共"战争。1932年秋，陈诚以驻防江西永丰的张部"纪律太坏"①为辞，将该部包围缴械。李弥拒不受命，带领该团官兵冲出重围，到南昌见何应钦。蒋介石在庐山召见李弥，问他为何不服从陈诚的缴械命令，李弥答称，过去校长只教学生如何打仗，未曾教过缴械，故将部队带来交还校长。李弥此举深得蒋的赏识，遂被编属熊式辉部周浑元第五师任团长，继续与红军作战。1936年，李弥到南昌江西省县政人员训练班受训一月，后出任江西瑞昌县长，继调宁都任保安副司令兼保安十六团团长。

---

① 李心武：《回忆叔父李弥》（未刊稿）。

1938年起,李弥先后任副旅长、旅长、副师长、第八军"荣誉第一师"师长。1941年4月,荣一师奉命增援宜昌,在天皇寺、雨台山一线与日本侵略军对峙,击退日军多次进攻,并以山炮轰击日军宜昌机场,命中油库,击毁敌机二十一架。1942年,李弥升任第八军副军长兼湖南芷(江)绥(宁)师管区司令。同年,该军移防云南河口、马关。1944年,该军为增援滇缅战场,6月奉命开赴龙陵,渡过怒江,进至松山。该处层峦叠嶂,地势高耸,日军侵占此地后多次加强工事,因而易守难攻,曾反复争夺两月余。李弥亲临前线,针对日军的坚固工事,集中火炮近距离轰击,与美军飞机低空投弹配合,遂将敌人工事摧毁。10月克复松山,全歼守敌,李弥升任第八军军长。1945年1月,该军由于伤亡过重,调回滇东陆良、路南、师宗等地整补训练。8月日本投降,该军调往两广。

1945年11月,第八军由九龙船运青岛。在胶东,李弥指挥该军多次向胶济线的八路军进行挑衅,1946年1月侵占潍县、昌乐等地。国共停战协定于1月10日公布后,中共胶东军区代表会见李弥,义正词严地指出,胶东是八路军经过浴血奋战从日本侵略军手中夺回的,国民党军无权进入。但李弥拒不撤兵停战,还向部下示意:"打打再说吧。"①

7月,蒋介石发动了全国规模的内战。李弥指挥第八军先后向淄博、益都、平度、掖县等地进犯。在平度、掖县被解放军围歼两个营。

1947年5月,第八军改为整编第八师,李弥任师长。他将第八军到山东时收编的伪军编成独立旅、独立团。7月,国民党军发动"南麻战役",李弥率六个团在临朐阻击解放军被围。华东野战军司令员陈毅三次派人送信,促其弃暗投明,李弥拒不作答,负隅顽抗。这次战役,该师死伤五千余人,但蒋介石嘉奖李弥,授其"青天白日"勋章。李弥被蒋

---

① 李心武:《回忆叔父李弥》(未刊搞)。

介石召见后,踌躇满志地说:"这回算是通了天了。"①9月,整编八师在昌邑、掖县又被解放军消灭两个团。11月,整编八师扩编为整编第八军(兵团编制),李弥再任军长。

1948年7月,整编第八军开往徐州,李弥升任第十三兵团司令。11月初,淮海战役开始,当黄百韬第七兵团在徐州以东的新安镇、碾庄地区被围之时,李弥、邱清泉两兵团受命解围。李指挥所部多次受阻而无法前进时,抱怨蒋介石不听他的建议,不在淮河而在徐州决战,是战略上的失策。他对战事丧失信心,经常大叫大吼:"该死,该死!""完了,完了!"②11月底,徐州"剿总"副总司令杜聿明率领李弥第十三兵团、邱清泉第二兵团、孙元良第十六兵团共三个兵团放弃徐州向西南逃跑,12月4日被围于永城东北。6日孙元良兵团突围被解放军歼灭,15日黄维第十二兵团被歼于宿县双堆集,李、邱两兵团已成瓮中之鳖,但李弥仍然执迷不悟,再次拒绝陈毅派人送去的劝降信,杀害带信的蒋军排长,枪毙丢失阵地的团长,下令射杀向解放军投诚的国民党军官兵。1949年1月10日,拒不投降的李、邱两兵团被全部歼灭,淮海战役胜利结束,李弥只身化装潜逃。

李弥判断直接南逃可能凶多吉少,遂北走已获解放的徐州、济南,取道青岛南下。蒋介石在浙江奉化召见他,决定重建第十三兵团,任李弥为司令兼第八军军长。该兵团调至衡阳时,改称第六编练司令部,奉令开云南。6月,李弥经广州到昆明,向云南地方当局和各界人士疏通,欲驻昆明,遭到拒绝,只得改移重庆。蒋介石为控制云南,又令第六编练司令部所辖第八军开入滇境。9月,李弥率领所部经泸州进入云南,驻沾益、曲靖,原驻滇东南的第二十六军亦拨归他指挥。

李弥依照蒋介石的意图,到滇后竭力笼络地方人士,借以站住脚

---

①　李心武:《回忆叔父李弥》(未刊稿)。

②　淮海战役纪念馆编:《淮海战役资料选》,山东人民出版社1978年版,第403页。

跟。对于云南各界人士劝其投归人民的忠告,李弥充耳不闻,甚至公然叫嚣与共产党水火不容,"就是打到野人山,也要与共产党周旋到底"①。

12月9日,云南省主席卢汉率部起义,李弥等人在昆明被扣。云南人民临时军政委员会为争取在滇的国民党军队参加起义,特意安排李弥等人为委员。李弥在被扣留期间,经过多次劝导,被迫口头上表示愿意参加起义。为了解除国民党军队对昆明的围困,卢汉将李弥放回。但李弥回部队后,即率残部逃到滇南。

1950年1月,李弥离部去台湾。9月,李弥奉蒋介石之命潜至缅甸北部,纠集外逃的国民党军残部和部分土顽武装,组成"反共抗俄救国军滇南边区游击第一纵队"。12月,李弥被蒋派为"云南省人民反共救国军总指挥"、"云南省政府主席兼云南绥靖公署主任"。1951年5至7月,逃缅的国民党军残部两次窜扰云南边境,遭到解放军边防部队在耿马、沧源、孟连等地的迎头痛击。1953年1月,李弥残部改称"云南反共救国军游击总部",活动于中缅边境一带。在缅甸政府的武装清剿和国际舆论的压力下,蒋介石将逃缅国民党军改称"东南亚自由人民反共联军",于年底至1954年将残部主力陆续撤往台湾。

李弥到台湾后,先后充任"国民大会"代表、"中央评议会"委员和"光复大陆设计研究委员会"委员等职。1973年12月8日在台湾故去。

---

① 李镜天访问记录。

李　铭

江绍贞

李铭,字馥荪,浙江绍兴人,1887年(清光绪十三年)出生在一个经营银钱业的商人家庭。李铭幼时入私塾学习,1902年到杭州入美国浸礼会所办学校中读书,毕业后于1905年赴日本,入山口高等商业学校习银行学,于1910年毕业回国。

辛亥革命浙江光复,李铭受浙江军政府都督汤寿潜派遣,参加接管浙江银行,开始进入银行界。先当练习生,后任稽核。该行原为1909年由浙江官钱局改组而成,官商合办,资本额一百万两,经理库款、发行钞票,为省银行性质。1915年7月,浙江银行改称浙江地方实业银行,李铭被派任该行上海分行副经理,旋升经理。1916年5月,袁世凯被迫取消帝制后,上海中国、交通两银行发生挤兑风潮,袁竟下令停止兑现,李铭支持中国银行上海分行宋汉章、张嘉璈拒停兑令的活动。这一行动,提高了他在金融工商界的声誉。1918年上海银行公会成立,李铭当选为董事。

浙江地方实业银行名为官商合办,实权则操于浙江省当局之手,李铭等商股股东深感银行由官府把持,前途发展不易,便极力扩大商股。商股在该行的优势地位确立后,遂策动商股退出。嗣因增资问题,官商股东意见不一,李铭作为商股代表与官股进行谈判,乃于1923年3月达成协议,订约划分,各自营业。官股称浙江地方银行,商股称浙江实业银行,由李铭出任总经理,资本额为180万元,设总行于上海。他认为在政治不稳定的地区设立分行易于受累,而不易盈利,仅在汉口、杭州和上海设立三个分行。其经营方针着重外汇业务及投资股票、债券，同时也办理押放及信托业务。总行设有国外汇兑部，聘外国人为顾问，与上海的外商银行、外资企业建立广泛业务来往，得到外商的大量存款。该行又先后投资外商经营的众业公所、沙逊公司等企业。不几年，营业得到迅速发展，在江浙财团中处于举足轻重的地位，李铭在金融工商界的地位也就更加提高，1926 年起连任上海银行业同业公会委员、主席等职务达九年之久。

1927 年"四一二"政变之后，李铭向蒋介石进言，以"取蛋必先养鸡"之喻，要求南京国民政府对金融工商业实行扶助政策，同时他们保证在财力上支持国民政府，深得蒋介石的赞许。这年，国民政府为大量发行公债，建立公债基金保管委员会，其成员大部分是金融工商界人士，李铭担任该会主任委员。这一内债基金保管权，正是金融资产阶级在北洋军阀统治时代所梦寐以求的，因而在内战期间，他们大力承销国民政府发行的巨额公债，浙江实业银行每年持有的有价证券（大部分为政府公债），数额均在五六百万元以上。国民党新军阀与江浙财阀的结合，使前者获得了打内战的资本，而后者则得到在内战期间的畸形繁荣。

1928 年 7 月，李铭受国民政府财政部委派，任华俄道胜银行总经理处总清理员，并兼管上海分清理处事宜。10 月，国民政府建立中央银行，李铭被派任为该行监事会主席。11 月，中国银行改组为特许国际汇兑银行，交通银行改组为特许发展全国实业银行，李铭任中国银行董事长和交通银行董事。

翌年，中美合资盘购上海公共租界工部局所属之发电厂和电话公司，分别组成上海电力公司和上海电话公司，李铭担任美方顾问。上海电力公司成立后，需要资金从事扩充，适值世界经济危机爆发，美国国内筹资困难，李铭便在上海联合中外银行及英美在上海的投资经纪人组织银团，承销该公司所发行的优先股及公司债券，使上海电力公司的资金迅速得到扩充。

浙江实业银行自 1927 年该行董事长胡济生去世后，李铭即兼任董事长，掌握了该行的整个大权，这年增资到二百万元。在往后一个较长的时期内，该行的固定资本虽然没有增加，但存放款数都有较大的增长。自 1927 年至 1930 年，存款增加零点八倍，放款增加一倍，每年都有大批款项存放国外，1931 年持有的有价证券达一千万元左右。

"一二八"事变后，李铭与张嘉璈等人一起，推动各银行合组上海银行业联合准备委员会，用以巩固上海各商业银行的应变力量，李铭担任主席。同年李铭等人出面组织国民实业银团，收购杭州电厂，组成杭州电力公司，由李任董事长。日本扶植的伪满洲国成立，国民政府失掉东北关、盐税的大宗收入，财政支绌。李铭和张嘉璈等顺从国民政府旨意，制定公债展期还本、减低利息的办法，帮助国民政府解决财政困难。1933 年，又在上银联合准备会属下成立上海银行票据交换所及票据承兑所。1934 年，他又代表浙江实业银行投资创办上海鼎新纱厂。

1935 年发生全国金融危机，国民党政府为垄断金融，乘机用发行金融公债的办法，增加中国银行的官股，修改该行章程，改总经理制为董事长负责制，派宋子文任董事长，李铭与总经理张嘉璈同被排挤。

到 1937 年抗战前夕止，浙江实业银行的资本虽然仍为二百万元，但公积金则达三百五十余万元，存放款均在四五千万元左右，连同它所投资的企业，资产总额达六千四百余万元。

抗日战争爆发后，李铭曾再次出任上海银行公会理事长。国民党军队放弃上海西撤后，李铭经财政部长孔祥熙指派，留在上海与浙江兴业银行总经理徐新六一起，以民间金融业身份负责维持上海的金融事业。李铭利用这个机会，将浙江实业银行的大批存款以及上海电话公司的往来款变换成外汇，作大量的外资逃避。汪伪政权建立后，伪财政部长周佛海拉拢他与之合作，由于他与英美有较深的关系，拒绝了周佛海。1940 年他被南京汪伪政府下令通缉，避往上海美国领事馆，于次年 3 月由美领事馆送往美国，与其家属一起居住在纽约。

李铭在美期间，继续担任浙江实业银行和上海电力公司的职务，曾由国民政府派为参加国际货币基金会议中国代表团顾问。1944 年李铭出席在美国召开的国际通商会议。会后，他与张嘉璈、陈光甫一起与美国资本家进行战后合办企业的商谈，筹建了中国投资公司。该公司由上海银行、浙江实业银行与美国两家投资公司共同投资五百万美元，从事发行公司证券，吸引外资流入中国，并代美国资本家办理在华放款等业务。1945 年 8 月 20 日该公司正式在纽约成立。

抗日战争胜利后，李铭由美回国，即向国民政府提出奖励发展私人企业等要求。但是，以蒋介石为首的国民党政府，再次挑起内战，给国民经济带来极大的破坏。这样，连李铭等原已组成的中国投资公司，在国内投资办厂的计划，也未能真正实行。

1946 年，李铭担任全国最高经济委员会委员。1947 年，随着蒋介石对解放区进攻失败，军费浩大，通货膨胀，带来财政经济上不可克服的危机。这时，政学系张群出任行政院长，张嘉璈任中央银行总裁，采用各种办法企图挣扎挽救。其办法之一是由中央银行建立输入管理委员会来控制外汇和物资，李铭任主任委员（后改为输出入管理委员会，任副主委）。这个机构不但不能挽救危机，难以控制走私，且极易从开放的外汇市场牟利，因此招致 CC 系官僚的垂涎。李铭自知难敌 CC 系，便将副主任一职自动让给宋系官僚资本人物霍宝树担任。这年，由浙江实业银行、上海银行与美国资本家合办的国泰保险公司在纽约注册成立。

1948 年，李铭将浙江实业银行改名为浙江第一商业银行。随着法币极度贬值，国民政府于是年 8 月发布"财政经济紧急处分令"，发行金圆券，限期收兑民间所有金银外汇。李铭以全国银行公会理事长身份，担任金圆券发行准备监理委员会主任委员。他为维护民族金融工商业者的利益，与国民政府当局苦力周旋。为上缴金银外汇事，浙江第一商业银行险遭查封。他预感蒋家王朝将灭亡，陆续将资金向国外转移。1949 年上海解放前夕，李铭前往香港。他到港后招募资本开设浙江第一商业银行，自任董事长。

1966年10月22日李铭在香港病故。

主要参考资料

《李铭》,〔美〕《中国名人传辞典》,哥伦比亚大学出版。

姚崧龄:《张公权与陈光甫、李馥荪、钱新之结识及彼此合作经过》,台湾《传记文学》第33卷第5期。

戚再玉:《上海时人志》,展望出版社1947年,第50页。

《李馥荪先生小传》,海上名人编辑部编《海上名人传》,上海文明书局1930年版,第16页。

《李铭》,中国人民政治协商会议全国委员会文史资料委员会编《工商经济史料丛刊》第4辑,文史资料出版社1984年版,第102页。

李 鸣 钟

陈 民

李鸣钟,字晓东,河南沈丘人。1887年(清光绪十三年)出生于一户贫寒人家。幼年失学,至十七八岁,投考冯玉祥所在的新建陆军第六镇当兵。1909年毕业于陆军随营学堂,任排长。1913年冯玉祥升任陆军第十六混战旅旅长时,李鸣钟被任命为学兵连连长,他对学兵认真训练,严格要求,为冯部培养了一大批骨干。如韩复榘、石友三、吉鸿昌等,当时都是李部学兵,李本人追随冯玉祥南征北战,成为冯玉祥军事集团的重要将领,与张之江、鹿钟麟、刘郁芬、宋哲元并列为西北军"五虎上将"。

1917年,李鸣钟任第十六混战旅第三团团长。是年7月,张勋拥清宣统复辟,是时,已于当年4月被北京政府段祺瑞免去旅长职务的冯玉祥在北京西山疗养,李鸣钟与张之江、鹿钟麟等坚决反对张勋复辟,迎接冯玉祥回混成旅主持大计。7月12日,李鸣钟率部向天坛发起总攻,一举粉碎了复辟。

1920年,冯玉祥奉命与阎相文入陕,武力驱逐皖系陕西督军陈树藩。李鸣钟率部进攻潼关,配合友军夺取西安,陈树藩败逃。第十六混战旅因功扩编为第十一师,冯任师长,李鸣钟升任第二十一旅旅长。

1922年,李鸣钟参加第一次直奉战争,因战功卓著,北京政府授予"刚威将军",任豫东镇守使。是年10月,北京政府任命冯玉祥为陆军检阅使,所部扩充为第十一师及三个混成旅,即第七混成旅旅长张之江,第八混成旅旅长李鸣钟,第二十五混成旅旅长宋哲元,第十一师包括两个旅,分别由鹿钟麟、刘郁芬任旅长。不久,冯部奉命驻防北京南苑,从此开始为时两年的南苑练兵,使冯部的军事素质大为提高。

1924年,李鸣钟参加冯玉祥发动的"首都革命"(亦称"北京政变"),翌年春,被任命为国民军第一军第六师师长,兼绥远都统。李鸣钟主政绥远期间,得何其巩、邓哲熙、吉鸿昌、李兴中等人辅佐,励精图治,团结少数民族和蒙古族上层人士、剿灭土匪、查禁烟馆、修路植树、兴办学校,多有建树。1926年,升任甘肃军务督办(未到任)。1925年底,直系军阀吴佩孚与奉系军阀张作霖组织"讨赤联军",企图消灭冯玉祥部及南方革命势力,冯玉祥在北京及河北、河南两省的地盘,处于直系与奉系的大包围下,形势险恶,冯玉祥为转移视线,保存实力,于1926年元旦通电下野,赴苏联考察。当时,李兴中等劝李鸣钟就任甘肃军务督办,李鸣钟回答说,"我随冯至久,患难与共。冯既去,岂能独留"①,遂随冯赴苏联。是年8月,冯玉祥得悉西北军南口溃败,即动身由莫斯科回国。李鸣钟与刘骥代表西北军偕徐谦南下广东,与南方国民革命军商谈合作事宜。蒋介石极力拉拢李鸣钟,对他优礼有加。

1927年,冯部进军河南,与南方国民革命军北伐部队会师郑州。不久,冯玉祥又赴徐州与蒋介石义结金兰,称兄道弟。李鸣钟出于拥护孙中山三民主义的愿望,认为蒋介石是孙中山革命事业的继承者,又是北伐的中坚力量,遂抱定"联蒋拥蒋"的立场,被蒋介石特任为南京国民政府军事委员会委员。1928年李鸣钟出任郑州市市长,后又任西北政治工作委员会委员长。

1929年蒋桂、蒋冯战争后,一场更大规模的蒋、冯、阎中原大战即将爆发,李鸣钟既忠于冯玉祥,又依附于蒋介石,不赞成蒋、冯再战,而又劝阻无效,遂自费出国考察,游历欧美各国。

1930年底,李鸣钟回国后,被南京国民政府军事委员会任命为豫、皖、鄂三省边防绥靖督办,奉命率吉鸿昌的第二十二路军"围剿"大别山

---

①　李泰棻:《国民军史稿》,台北文海出版社1971年版,第410页。

区的红军。李不愿再打内战,借肺病留在上海疗养,由参谋长王同生代行其职,而吉鸿昌更不愿对红军作战,他暗访苏区,抵制"剿共"。蒋介石得密报后,欲对吉下毒手。李鸣钟为保护吉鸿昌,急派人劝吉交出兵权,暂避风头,其第二十二路军指挥职务,由李本人兼任。"九一八"事变后,蒋介石坚持对日不抵抗政策,加紧反共。至此,李鸣钟自知难医国是,于是辞去本兼各职,赴北平隐居养病。

"七七"卢沟桥事变后,北平沦陷,李宅被日伪查封。日伪维持会会长汤尔和亲自出面,拉拢李鸣钟参加伪政权。李化装成商人,经天津乘船转烟台返回河南老家。此后,曾上书国民党中央政府,请缨杀敌。1939年9月,李鸣钟被任命为河南省政府委员,1948年,任南京政府行宪第一届监察院监察委员及军事参议院参议等空衔。

1949年6月29日,李鸣钟因食道癌病逝于上海。

主要参考资料

李泰棻:《国民军史稿》,台北文海出版社1971年版。

来新夏主编:《北洋军阀史稿》,湖北人民出版社1983年版。

沈丘县志编纂委员会编:《沈丘县志》,河南人民出版社1987年版。

李 品 仙

萧栋梁

李品仙,字鹤令。1890 年 4 月 22 日(清光绪十六年三月初四)生于广西苍梧县平乐乡一个望族之家。幼读"四书"、"五经",赋诗属对。十三岁考入苍梧县高小,并参加清末最后一次科举考试,落榜。1907年考入蔡锷创办的广西陆军小学。1910 年由广西保升湖北第三陆军中学第二期,次年参加武昌起义,后回家乡任广西梧州军械局委员。1913 年 1 月入保定军官学校第一期学习,与白崇禧同学,1914 年底毕业,回广西陆军第一师第一团见习。次年 3 月随第一团参加护国战争,从柳州向衡阳进击湖南督军汤芗铭部。1916 年 6 月,经湘军独立营连长张湘砥引荐,从桂军转入湘军,任中尉排长,一月后升任连长。该连旋即编入保定军官学校同学唐生智任营长的督署卫队营,后改为湘军第一师第一旅第三团第三营,李品仙紧随唐生智参加护法战争、湘直战争、护宪战争,屡建战功,升任营长、团长等职。1924 年,任湘军第四师第八旅旅长。

1926 年 6 月 2 日,李品仙随唐生智转入北伐军序列,任国民革命军第八军第三师师长,率军参加克复衡阳、攸县、长沙等战役。8 月 23日李部第八、十五团攻克羊楼司,9 月进占汉阳龟山和汉口,并追击吴佩孚部至豫鄂边境,击败援吴军田维勤部,攻克河南战略要地鸡公山。1927 年 2 月升任扩编后的第八军副军长(唐生智兼军长),4 月 22 日升任军长,后又兼任武汉三镇卫戍总司令、湖北省政府委员。"四一二"政变后,1927 年 5 月李品仙下属驻鄂西的部队即首先调转枪口,收缴农会枪支。7月李指挥警卫人员搜捕武汉地区的共产党员,查封中共机关,解散汉口总工会及农会,收缴湖北总工会纠察队武器,看管苏联顾问。同年秋随唐生智"东征"失败,退往湘西。1928年2月,在李宗仁新桂系包围下,李品仙返投桂系,发布通电表示接受南京政府改编。4月任第四集团军(总司令李宗仁)第十二路军总指挥,兼第八军军长,参加对奉系军阀张作霖的第二期北伐。9月率部在滦河前线解除直鲁联军残部三万余人武装,李部移驻唐山一带。1929年3月,蒋桂战争爆发后,蒋介石重新起用唐生智,派唐携巨款赴唐山收编旧部,李品仙即重投唐,通电讨伐白崇禧,唐将第十二路军改编为第五路军,任总指挥,李任副总指挥兼第八军军长。1930年1月因第八军随唐生智反蒋失败,该部被缴械,李只身去香港经营农庄。同年4月,中原大战爆发后,李被桂系起用,担任湖南善后督办。桂系兵败后,李退回广西,任第四集团军总部参谋长。1930年底李品仙改任南宁军官学校校长,后被撤职,到龙州任广西边防对讯督办兼左江区行政监督及龙州区民团指挥官。1935年,李复任第四集团军总司令部参谋长,11月当选为国民党第五届候补中央执行委员。1936年1月23日授予中将衔,7月25日特派广西绥靖公署副主任。1937年3月13日授予中将加上将衔。

　　1937年"七七"事变爆发,12月李品仙被任命为第十一集团军总司令,下辖第七、三十一、四十八三个军,所辖第四十八军曾奉命开赴淞沪战场,参加上海保卫战,其余两军由李品仙率领前往徐州,李升任第五战区副司令长官仍兼第十一集团军总司令,协助李宗仁、白崇禧部署徐州会战。12月下旬,日本以十个师团南北夹击徐州,日本华中派遣军第十三师团又三个联队沿津浦线北上,1938年1月向明光进攻。李品仙指挥三十一军及安徽境内于学忠、杨森、徐源泉等部,负责津浦路南段作战,阻敌于淮河南岸。2月,日军沿铁路两侧向蚌埠推进,李品仙令三十一军一部对沿铁路北进之敌侧面攻击,将敌截成两段;另一部则在张公岭、明光一带游击,拖延敌人前进的计划。旋令四十八军协同三十一军攻击侵入刘府、考城、蚌埠之日军,毙敌千余人,击毁战车十余辆,收复凤阳、考城,渡过淮河的日军主力害怕腹背受敌、后路被断,遂退回南岸,在津浦南段寻找中国军队决战,敌我双方呈对峙状态。3月初,津浦路北段日军攻击我界河阵地,李品仙将三十一军移至淮河北岸防守,十一集团军总部北上移驻安徽宿县。日军为攻占徐州,于3月24日猛烈轰击台儿庄阵地。李品仙部在枣庄、峰县与敌激战,收复临城、枣庄、峰县、韩庄。李指挥三十一军多次击退北进之敌,稳住固镇南方一带阵地,拖住北上日军,延缓了日军南北对进会攻徐州的计划,为李宗仁集中第五战区主力在台儿庄围歼日军创造了有利条件,促成了台儿庄歼敌精锐矶谷、板垣两师团主力一万余人的重大胜利。

1938年6月,李率部参加武汉会战。当月日军为夺取武汉,集中四个师团和大量装甲部队沿陇海路向西进犯。下旬,李品仙被任命为武汉防卫军第四兵团司令,即将兵团司令部移至湖北广济,担负大别山及其以南地区防守任务。他不顾敌机轰炸,驱车上黄梅前线视察,座车被敌炸毁,本人幸免于难。8月初,李率部在潜山、太湖、黄梅、广济一带与日军反复激战;日军攻占宿松、黄梅后,李令八十四军与六十八军拖延日军西进;8月29日指挥十一军重创黄梅日军。30日,日军利用空军和海军优势,以重炮猛轰,用毒气攻击,李被迫退出广济,占据高地反攻。9月1日,李率部收复广济,并缴获大量辎重,还在潜山、太湖等地与敌展开反复争夺战。10月24日,武汉失守,李奉令率部驻湖北枣阳休整。

1939年4月,李部奉命参加随枣会战。当月底,日军集中四个师团一个骑兵旅团十余万人发动随(县)枣(阳)会战,企图围歼第五战区主力。李亲率左集团军三个军防守桐柏山、大洪山一带,巩固这两个游击根据地,对日军逐次抵抗,打消耗战,诱敌深入,拖住敌人。4月底,李率部与从湖北安陆、应山正面攻击四十八军之日军第三师团激战,经过该军一七五、一七四两师在郝家店、徐家店一带昼夜争夺后,退往塔儿湾守卫。两天后,日军在飞机大炮掩护下,猛攻塔儿湾,李部与敌反复争夺过七次,重挫日军攻势。后因日军施放毒气,塔儿湾于5月4日陷敌。5日以后,日军连续向天河口、白庙镇、江家河、庐山一带我军阵地展开猛攻,均被守军击退。5月6日,由钟祥北窜之日军切断了襄樊与随、枣间公路。7至9日日军进至湖阳镇、枣阳附近,情况危急。李品仙指挥八十四军在唐河、南阳之间阻敌北进,并令十三军一部留驻桐柏山开展游击,其余部队在泌阳附近构筑工事,配合八十四军阻敌北进,总司令部亦随即移驻河南南阳。5月10日,日军攻占新野后继续北进。5月12日,李下令全线反攻,河南保安部队与民众武装协同正规军日夜袭敌,驻守桐柏山、大洪山的部队则从南、北两面切断日军后方补给线。第三十三集团军亦从汉水两岸向东猛击敌军。敌军在连遭攻击、补给线中断后,被迫于5月20日撤退。随枣一役,李品仙率部击退日军四个师团进攻,歼敌一万三千余人。此役李被授予"干城勋章"。

　　1939年11月,李品仙任安徽省政府主席,后又兼国民党安徽省党部主任委员、豫鄂皖边区游击总司令、安徽省保安司令、二十一集团军总司令,制造了一系列反共、祸皖事件。1940年1月8日,李到安徽战时省会立煌县上任后,即与CC派合流,指使杨绩荪等制造反共舆论,清除"异党分子",撤换、通缉进步县长和专员,暗杀、活埋中共党员,下令取消安徽人民抗日自卫军番号,撤销与新四军合作抗日领导者职务,调动军队进攻新四军部队。同年3月7日,李派主力部队配合皖北部队进攻皖东新四军江北指挥部,被击退。11日派部队进驻皖中无为县,断绝江北新四军与皖南军部的联系。后又扣押并杀害新四军干部二十余人。4月,李部四千余人突袭新四军江北游击纵队,造成惨重伤亡。经新四军张云逸、李先念部有力反击,李部才被迫签订以淮南铁路为界的停战协定。同年9月,李部一三八师进攻皖东根据地。1940年11月至1941年初,李率部参加围攻新四军皖南部队,参与制造了震惊中外的皖南事变。

　　1940年5月,日军发动第二次随枣会战,从豫南、鄂北、鄂中三路向西进攻,李品仙率部在平汉线南段重创日军。1941年3月,李率部反击日军对皖系游击区的"扫荡";以一三八师一部在内线依靠坚固工事吸引敌人,将主力迂回外线待敌;并令一七二师进击合肥一带,一七一师进击淮南铁路以东地区,配合一三八师作战。3月7日至8日,日军在梁园附近受到内外夹攻,战斗激烈,伤亡惨重,被迫溃退。同年8月,李率部配合第二次长沙会战,牵制日军,取得胜利。1944年李率部在皖东围攻陈毅、张云逸所部新四军。年底李任安徽省军管区司令,1945年1月升任第十战区司令长官,5月当选为中国国民党第六届中央执行委员。

1945年8月,日本投降,李品仙任徐州、蚌埠地区受降主官。1946年4月奉命专任安徽省政府主席。1946年11月参加在九江召开的"剿共"军事会议,策划围剿刘伯承部队。同年李品仙兼任徐州绥靖公署副主任,曾以安徽省地方银行的二百七十多亿元法币支持李宗仁竞选副总统。1948年6月辞安徽省政府主席,任华中军政长官公署副长官;9月先后任徐州"剿总"副总司令和华中"剿总"副总司令。1949年5月被代总统李宗仁任命为桂林绥靖公署主任,到广西负责反共作战,11月任广西省政府主席。

1949年12月李品仙前往台湾,次年3月任"总统府"战略顾问委员会顾问。1953年退休,任台北水源里邻长。1987年3月23日在台北病逝,著有《李品仙回忆录》。

主要参考资料

李品仙著:《李品仙回忆录》,台北中外图书出版社1975年版。

军事科学院军事历史研究所著:《中国抗日战争史》,解放军出版社1994年版。

李 盛 铎

王 川

李盛铎,字椒微,号木斋,江西德化(今九江)人。1859年(清咸丰九年)生。李盛铎出身于书宦之家,其曾祖父李恕,道光时贡生,喜藏书,建有著名的藏书楼——木犀轩,藏书有十多万卷。其父李明墀,曾任知县,后改授户部员外郎,简放湖南辰州府知府,升督粮道加按察使,兼署布政使,以后又调任湖北总办粮台加布政使衔。同李恕一样,李明墀"生平好聚书,廉俸所余辄购置小籍,所藏多至数十万卷"①。李盛铎受家庭影响,"五岁入学,过目成诵,十七岁名噪江西文坛,为世瞩目"②。

1889年(光绪十五年),李盛铎参加殿试,中进士一甲第二名,即"榜眼及第",授翰林院编修,旋任国史馆协修。李盛铎曾一度住在大学士徐桐家里,深得信任。1891年7月在徐桐的推荐下任江西乡试副考官。中日甲午战争爆发后,李盛铎在督办军务处任文案。慈禧太后和李鸿章等人对战争持消极态度、竭力求和,其妥协行径引起国内人民和部分清廷官员的不满和愤慨。翰林院三十余人联名奏参李鸿章。李盛铎时以侍读学士的身份也积极参与了弹劾李鸿章的活动。甲午战争

---

① 《德化李大中丞行状》,李传梓:《李盛铎爱书成癖》,鄢鹤龄主编、江西省文史研究馆编《豫章史撷》,上海书店1994年版,第59—60页。

② 李传梓:《回忆祖父李盛铎》,江西省九江县政协文史资料委员会编《九江县文史资料汇编》第3辑,1993年版,第141页。

后,随着民族危机空前严重和民族资本主义的初步发展,维新救亡运动应运而起。1895 年,康有为、梁启超等联合在京参加会试的数千名举人上书清光绪皇帝,提出变法救亡主张,被认为是维新派登上历史舞台的标志。同年 10 月,康有为等人在北京组织"强学会",呼吁官僚士大夫们起来挽救民族希望。李盛铎曾参与强学会。

1897 年冬,德国强占胶州湾以后,外患极为严重,国人痛感被瓜分危机已迫在眉睫。1898 年 3 月,李盛铎赴江苏扬州任江南道监察御史。4 月,乘各省举人会试于京城之机,和康有为"同谋开演说恳亲之会于北京,大集朝士及公车数百人,名其会曰保国"。保国会提出"保国、保种、保教"宗旨,以救亡图存为号召。李盛铎是保国会的主要发起人和组织者。保国会的活动从一开始就遭到守旧势力的攻击,他们上奏要求严禁保国会的活动。在恶劣的政治形势下,许多人纷纷退会。李盛铎在徐桐、荣禄等人的压力下"乃除名不与会"①,没参加以后的会议,甚至在 5 月 3 日上奏弹劾保国会。后来尽管保国会受到光绪帝的保护,但在成立两个月后仍被解散。

李盛铎对于教育改革十分重视,在 1898 他曾多次上书,提出一系列学习西方教育制度、改革中国传统教育体系的建议。作为戊戌变法"新政"措施之一的京师大学堂开办后,时任管理大学堂事务大臣孙家鼐于 8 月 21 日保荐李盛铎接任京师大学堂总办一职,获朝廷允准。8 月 26 日,孙家鼐再次奏请派李氏领队前往日本考察学务②。正当李盛铎积极筹划日本学务考察之际,清廷又于 9 月 19 日谕署原江南道监察御史李盛铎为驻日公使,接替并未到任的黄遵宪。李于 10 月 3 日到任,1901 年 11 月 27 日卸任。

李盛铎出使日本期间,资产阶级革命思想在留日中国学生中迅速

---

①　中国史学会主编:《中国近代史资料丛刊·戊戌变法》(一),上海神州国光社1957 年版,第 269 页。

②　孔祥吉:《晚清史探微》,巴蜀书社 2001 年版,第 92—93 页。

传播。戊戌变法失败后流亡到日本的康有为、梁启超这时也在日本扩大了自己的宣传活动，引起了清政府的极大关注。1899 年 6 月，山东道监察御史张荀鹤即看到康、梁"每觊可乘之隙，思炀既烬之灰"，上书清廷弹劾李盛铎查防不力，请"将李盛铎撤回，毋使驻倭，以息奸慝之谋，而保太平之局，天下幸甚"①。戊戌变法失败后，义和团运动蓬勃兴起，清政府内部对义和团的态度形成剿、抚两种意见。1900 年 6 月，李盛铎自日本发电清廷，认为利用义和团对抗列强，将会带来巨大灾难，主张一面镇压义和团，一面与各国示好。1901 年李盛铎驻日公使一职任满，旋即回国，被授予顺天府丞一职，1904 年 7 月署太常寺卿。

清朝末年，外国科学技术传入中国，铁路的作用已被朝野上下所认识。1903 年清政府成立商部，是年冬颁布《铁路简明章程》，向民间资本开放路权。紧接着各省爱国人士纷纷创办本省铁路。1904 年 10 月，李盛铎联合江西籍京官如内阁侍读学士蔡钧、户科给事中陈田、刑科给事中吴煦等 110 人上奏申请南浔（南昌—九江）铁路由江西本省自行修筑②，并倡议成立江西全省铁路总公司，推荐在籍头品顶戴前江宁布政使李有棻督办兴修铁路。10 月 12 日，商部奏派李有棻为总办。

20 世纪初年，革命形势蓬勃发展，在中国同盟会的领导下，资产阶级民主革命浪潮迭起，清王朝内部立宪呼声日益高涨。清廷迫于内外舆论的压力，于 1905 年决定派载泽、戴鸿慈、徐世昌、端方、绍英五大臣前往日、美、欧"考察政治"，为"仿行预备立宪"做准备。9 月 24 日，正当五大臣准备启程的时候，在北京正阳门车站遭到革命党人吴樾谋刺，五大臣出洋被迫改期。为了防止再生不测，考察团重组人马，清廷改派顺天府丞李盛铎、山东布政使尚其亨替代徐世昌、绍英，于 1905 年 12

---

① 国家档案局明清档案馆编：《戊戌变法档案史料》，中华书局 1958 年版，第 507—508 页。

② 《商部奏江西绅士筹筑铁路并请派员总办折》，《东方杂志》第 2 卷第 1 期，1905 年 1 月。

月会同载泽、戴鸿慈、端方出使考察。李盛铎已于8月27日被清廷授命为驻比利时大使，赏给二品顶戴，行将赴任，此时兼负考察重任。考察团分两路进行，一路是载泽、李盛铎、尚其亨等人赴日本、英国、法国、比利时考察；一路是戴鸿慈、端方等人前往美国、德国、意大利、奥地利等国考察。1906年6月，除李盛铎外其他考察大臣先后回国，李盛铎于6月17日赴任比利时大使①。5月李盛铎在英国考察期间，还接受牛津、剑桥大学博士名誉学位之赠②。

　　1909年三四月间驻比使馆随员王慕陶在比利时首都布鲁塞尔创办了中国人自办的第一家海外通讯机关——远东通讯社。李盛铎虽未在创办人之列，但他给予王慕陶极大支持，赞助也最多。李盛铎本人也向外务部报告了这年"三月在比京捐廉创办远东通讯社"之事③。10月李盛铎从驻比利时公使位置上卸任归国后，继续回顺天府任府丞，并一直负责综理远东通信社在国内的事务，继续给予远东通信社支持和帮助，直到1911年2月被调任山西任职为止。

　　1911年3月24日，清政府改任李盛铎为山西提法使。武昌起义爆发后，全国各地纷纷起义响应。10月29日，山西新军中的革命党人发动起义，杀死巡抚陆钟琦，组成山西军政府。10月30日，李盛铎被推举为民政长④。

　　武昌起义后，11月袁世凯出任清政府内阁总理大臣，命令张锡銮为山西巡抚，许世英为山西布政使，统率北洋精锐第三镇曹锟部及武卫

---

① 故宫博物院明清档案部、福建师范大学历史系合编：《清季中外使领年表》，中华书局1985年版，第15—16页。

② 《李盛铎木犀轩》，苏精：《近代藏书三十家》，台北传记文学出版社1982年版，第25页。

③ 王彦威、王亮编：《清季外交史料》（宣统元年正月——三年十二月），《清宣统朝外交史料》卷7，沈云龙主编《近代中国史料丛刊》第三编第2辑（18册），台北文海出版社1987年版，第31页。

④ 山西省政协文史资料研究委员会编：《阎锡山统治山西史实》，山西人民出版社1984年版，第24—25页。

军王汝贤部进攻山西。在清政府的反攻下，山西军政府崩溃，旧政权复辟，1911 年 12 月 21 日，李盛铎被清政府任命为山西布政使、按察使，1912 年 2 月 1 日署巡抚①。

1912 年 3 月，南京临时参议院同意袁世凯在北京就任中华民国临时大总统。3 月 15 日，袁世凯命阎锡山署理山西都督，李盛铎为民政长。李盛铎不久辞职，被袁世凯聘为总统府政治顾问。1913 年 6 月，袁世凯派李盛铎与孙宝琦同任特使，赴日进行经济外交活动。1914 年 1 月，李盛铎任高等文官甄别委员会委员。3 月兼任约法会议议员。5 月任参政院参政。7 月因欧战爆发，奉命与孙宝琦、梁士诒等人草拟局外中立条规，次年 8 月公布。

1916 年袁世凯复辟帝制失败死后，黎元洪继任大总统，李盛铎与熊希龄等人组织了"民彝社"。1917 年 5 月，黎元洪与总理段祺瑞因参战问题发生纠纷，李盛铎被黎元洪派赴徐州邀请张勋出面担任调停人。6 月 29 日，李盛铎出任北洋政府农商部总长，6 月 30 日又被任命为全国水利局总裁。7 月 1 日张勋复辟后，李盛铎被任命为农商部尚书，但他均未就任。

张勋复辟失败后，段祺瑞以"再造共和"之功臣重任国务总理，企图独揽政权推行其"武力统一"全国的政策。段祺瑞等人认为必须首先在国会选举中取得多数席位，才能操纵总统选举，进而把持政坛。于是便收买了一批官僚、政客，组织起"安福俱乐部"来策划选举等事宜。1918 年 3 月 7 日，皖系政客在北京成立"安福俱乐部"，李盛铎担任俱乐部政务研究会会长。8 月，第二届国会开幕，安福议员占议员总数的三分之二以上，国会完全由安福系把持。安福俱乐部包办国会选举，又包揽了国会的事务，时人谓新国会为"安福国会"。李盛铎于 1918 年 7 月任参议院议员，12 月任参议院议长。1920 年直皖战争后，北京政府解散安

---

① 魏秀梅编：《清季职官表附人物录》（下册），台北中研院近代史研究所 1977 年发行，第 731、822、588 页。

福国会,李盛铎从此退隐不问政事。

1919年1月,巴黎和会开幕,中国代表在和会上提出取消"二十一条"、归还山东、取消列强在华特权等正义要求。2月11日,李盛铎、王揖唐等在北京发起成立"国际联盟协会",声援中国代表。

1921年11月1日,李盛铎与叶恭绰、王树枏、罗振玉等人组织"敦煌经籍辑存会",并以主要负责人的身份前往去挑选残存古卷。1925年9月,李盛铎出任段祺瑞临时执政府的"国事商榷会"会长。1927年听说外国人要高价收购罗振玉收藏的重达十二万斤的清代内阁大库档案后,李盛铎立即以一万六千元把这批档案收买,此举对于这批内阁档案得以保存下来意义重大。

李盛铎不仅在政界颇有影响,还是近代很有名望的收藏家、藏书家。李盛铎藏书有着渊源的家世,其藏书堂"木犀轩"最早建于他的曾祖父李恕时期。李恕,字卉园,道光年间贡生,喜藏书,建"木犀轩"于江州(今九江)谭家畈,藏书凡十万卷,太平天国起义时,这些书籍被烧毁。他的祖父李文涅,字晓峰,又继续藏书。他的父亲李明墀,字玉楼,号晋斋,承兄难荫袭知县,后官至湖南、福建巡抚,他生平好藏书,所藏书籍至数十万卷。由于其父的努力,使"木犀轩"的藏书得以恢复旧观。木犀轩藏书到李盛铎已是四世藏书,李盛铎继续收藏敦煌所出写经等珍贵文献[①],成为了名重海内外的巨藏。

李盛铎藏书是从二十岁未入官前开始的。其所藏之书除继承祖藏之外,主要有以下几个来源:一是光绪初年李盛铎随父宦游长沙时,尽得湘潭袁芳瑛"卧雪庐"的精华,奠定了李氏藏书的重要基础。其藏书绝大部分为珍本。二是李盛铎出使日本期间,结识了日本目录学家岛田翰,在岛田氏帮助下购买了不少书,其中有大量日本和朝鲜的古刻本、活字本和旧抄本;还有不少流传到日本的宋、明刊本和抄本。三是

---

① 荣新江:《李盛铎藏敦煌写卷的真与伪》,载荣新江《鸣沙集——敦煌学学术史和方法论的探讨》,台北新文丰出版公司1999年版,第65—102页。

1923年山东聊城杨氏海源阁书散出后,为李盛铎收购不少。再加上李盛铎平日访书购书,使其成为享誉海内外的著名藏书家。

20世纪30年代,"木犀轩"藏书陆续有些散出,或质于个人,或押于银行。等到李盛铎病逝后不久,日本书商欲以重金收购"木犀轩",教育部得悉后为防国宝外流,计划以30万元归公,正在讨价还价之时抗战爆发,此事遂搁浅下来。后来在1939年,由伪临时政府以40万元整批收购,交北京大学文学院典藏。北京大学图书馆对这批书的整理与编目工作从1946年开始,当时由著名版本学家赵万里主编,到1950年基本完成。1955年由常芝英完成收尾工作,向达先生撰序,1956年印成《北京大学图书馆藏李氏书目》上、中、下三册①。其藏书总计有9087种,58385册,其中名贵的旧刊本和罕见本约占全书三分之一强,这批书成为北京大学图书馆馆藏中最有学术价值的专藏之一。

李盛铎不仅是收藏家,还是学者,尤其在版本学和校勘学方面有很深造诣,其藏书中很多都经他亲手校勘,每书后多有自写题跋,述记得书经过、介绍作者生平、考证版本源流、指出内容讹误,或对作品作出评价,日积月累所写题识多达十五万余字,学术研究价值极高②。

除藏书外,李盛铎还刊印过图书。近代自铅字排印、石版印书方法由西洋传入中国后,即有很多人设立石印书局刊印各类书籍。1887年,李盛铎向国外订购十余部石印机器,在上海开设"萤英馆"印书局,专门石印"场屋用之夹袋书,所谓巾箱本之兔园册子"③。此外,李盛铎以传统木刻印过两部丛书:一部是《木犀轩丛书》二十六种,1883年至1889年刊行,以经、史两部占绝大部分,除一种外全是清代的著述;另

①　张玉范:《李盛铎与木犀轩藏书》,《中国典籍与文化》1992年第2期,第37页。

②　李传梓:《李盛铎爱书成癖》,鄢鹤龄主编、江西省文史研究馆编《豫章史撷》,第59—60页。

③　王汉章:《刊印总述》,张静庐辑注《中国近代出版史料》第2编,中华书局1957年版,第362页。

一部虽称为《木犀轩丛书续刻》六种,其中却有早自 1882 年刊印的①。

李盛铎晚年出于对桑梓热爱之情,独立编纂《德化备志稿》,辑存了一册很有价值的史料,还应商务印书馆王云五先生之请,参与编纂《续编四库全书提要》一书②。

1935 年李盛铎病逝于天津。

主要参考资料

李传梓:《回忆祖父李盛铎》,江西省九江县政协文史资料委员会《九江县文史资料汇编》第 3 辑,1993 年版。

张玉范:《李盛铎与木犀轩藏书》,《中国典籍与文化》1992 年第 2 期。

---

① 《李盛铎木犀轩》,载苏精《近代藏书三十家》,第 29 页。
② 李传梓:《回忆祖父李盛铎》,《九江县文史资料汇编》第 3 辑,第 141 页。

李 石 岑

娄献阁

李石岑,名邦藩,字石岑。1892年12月(清光绪十八年十一月)生于湖南醴陵。五岁入塾,勤奋好学,读了中国古代典籍。稍长,入长沙湖南优级师范学校习理化科学,对几何产生了浓厚兴趣,自谓:"余少时初习几何学,莫审所指;其后习论理学,始稍稍能言其故,仍未克举其内容,乃复重习几何学,如是者数岁,遂得略窥其义蕴,盖思想方法之达于绝诣者也。"①

1912年底,李石岑留学日本,入东京高等师范学校。他初到日本,儒风犹存,被同学讥为"李圣人"、"假圣人"。但后来,他对西方哲学如饥似渴的钻研,并笃志佛家因明唯识之学。在日本求学六年间,李还积极参加各种挽救民族危亡的活动。1915年李与潘培敏等在东京发起"学术研究会",翌年6月编辑出版《民铎》杂志,因揭露日本侵华和国内军阀专制,被日本警方查封。1916年他参加"丙辰学社",1918年参与"华瀛通讯社"事务,继续坚持斗争。同年,留日中国学生反对"中日共同防敌军事协定",遭日本警察镇压,中国留学生纷纷回国,李亦回到国内。

自1918年起,李石岑任上海商务印书馆编辑达十年之久,续编《民铎》杂志,以"阐平民精神,介绍现代思潮"为主旨。当时正处在五四运动时期,李石岑一方面对新文化运动持欢迎态度,认为运动使"自动之

---

① 李石岑:《自序》,《李石岑论文集》第1辑,商务印书馆1924年版,第1页。

精神出焉","组织之能力合焉","营团体生活之兴趣波焉","求新之欲
望富焉"①。另一方面又觉运动思想浅薄,希望青年不去参加政治活
动,而专心读书,努力提高学术水平。他没有直接加入新文化运动,只
提出"第一,在督促国人注重学问生活;第二,在联络富有学识之人,共
营翻译之事业"②,大力介绍西方资产阶级思想。不久,《民铎》杂志出
版了"尼采专号",李发表了《尼采思想之批判》一文,同期还刊登有朱侣
云、白山等介绍尼采的文章。李虽声明:"愚为尼采之说明者,而非尼采
之主张者",但又说:"细究尼采之思想,实未敢抹杀其真价","欲救济此
种黏液质之顺氓,或即在国人所詈之骂之非议之尼采思想欤?"③此后,
他多次在讲演中鼓吹尼采学说,并在大学里开设尼采哲学课程,后来出
版《超人哲学浅说》一书以宣传尼采思想。

　　1920 年 1 月至 1921 年 7 月,李石岑任上海《时事新报》副刊《学
灯》主笔,其间加入文学研究会上海分会。1920 年 10 月,李陪同美国
哲学家杜威(John Dewey)、英国哲学家罗素(Bertrand Russell)及章太
炎、蔡元培、张东荪等到湖南讲学,历时一月,共讲五十多场。李建议杜
威重点讲教育哲学,罗素重点讲社会哲学,李自己也讲了五场,内容庞
杂,主要介绍西方资产阶级哲学思想。在《杜威与罗素之批评的介绍》
中,他分析了二人优缺点后说:"我对他们两人的学说,都不十分赞成。
我比较赞成且加佩服的,便是法国柏格森的哲学。……可谓取杜、罗两
人的长处,去掉他们的短处"④。在李石岑看来,柏格森颇具独创精神,
柏氏"仅凭洞识以建立一种有统系之哲学,皆为不及之天才。康德而
外,吾仅见柏格森焉","柏氏哲学足以转移学术界,而为吾人所不可不

---

　　①　田伏隆:《李石岑》,李振霞、付云龙主编《中国现代哲学人物评传》下卷,中共
中央党校出版社 1991 年版。
　　②　李石岑:《李石岑论文集》第 1 辑,第 307 页。
　　③　李石岑:《尼采思想之批判》,《李石岑论文集》第 1 辑,第 21、58 页。
　　④　李石岑:《杜威与罗素之批评的介绍》,《李石岑讲演集》第 1 辑,商务印书馆
1924 年版,第 50 页。

精研之者"①。1921年,《民铎》杂志出"柏格森专号",发表李特意撰写的长文《柏格森哲学之解释与批判》等,系统介绍柏格森的《时间与自由意志》,旁及柏氏《物质与记忆》、《创造的进化》诸思想,使柏氏的学说逐渐流传于中国。后李又在《民铎》杂志出"康德专号"。

1922年1月到1928年夏,李石岑兼《教育杂志》主编,主张教育独立,提倡美育、体育及职业教育,研究设计教学法,智力测验、评论国内教育状况,介绍世界教育新潮。同年,又在中国公学讲演《评梁漱溟东西文化及其学说》,对梁著作内容、态度和生活进行了批评,尤针对梁尊孔复古思想,指出孔子到今日"只剩下一个'糟粕形势呆板教条'","孔家哲学,此时暂可不必提倡"②。当时李为了深入研究佛学,曾拜欧阳竞无为师,在南京支那内学院研究佛学,李在讲演中提到要用因明唯识学来"订正"科学和哲学。

李石岑还在上海大夏大学、光华大学、民国大学、上海美术专门学校兼任哲学、心理学教授,主要是介绍西方各派学说,除柏格森、尼采、康德等人外,还有黑格尔、贝克莱、柏拉图、亚里士多德、达尔文、克鲁泡特金、斯宾塞、孔德诸人的观点,以及基尔特社会主义。李把这些论文和讲演分别整理成册,1924年由商务印书馆出版。

1924年暑假,李石岑应山东省教育厅之邀前往讲演《人生哲学》,后经整理成《人生哲学》上卷一书,于1926年出版。李石岑的人生哲学比较全面系统,他认为"人生哲学是探求'人生的究竟'的一种学问",以往人们讲人生只着眼于"人",其实"生"才是根本问题。生有五个意思,一是"动",二是"变",三是"顿起顿灭",四是"扩大",五是"交通","这五个意思是一刹那同时有的"。"我的人生观就是表现生命,而其方法就是无为","无所为而为,即是大有为",这需要四气即剑气、奇气、骨气、义气的修养。"生机如果顺着势……我们便帮助他增入顺境","生机如

---

① 李石岑:《柏格森哲学之解释与批判》,《李石岑论文集》第1辑,第89、59页。
② 李石岑:《评东西文化及其哲学》,《李石岑论文集》第1辑,第18、19页。

果被别的遏抑,我们便设法把遏抑东西弄开"。"对于善便助长,对于恶便利导","善和恶都是向善的方面走,走到至善的境界为止"①。李的人生哲学是主观唯心主义的,有唤起人们反抗精神的一面,反映了资产阶级争取民主自由的思想。

李石岑是爱国有正义感的,1926年"三一八"惨案后,他立即在《教育杂志》上发表《悼三月十八日北京被杀学生》一文,声讨段祺瑞政府的罪行。大革命前后,马克思主义广泛传播,李受他的几个进步学生的影响,对以往的信仰发生动摇。为解决思想上疑团,李决定去欧洲进行学术考察。李石岑留居法、德两年多时间里,埋首阅读各家哲学书籍,重点研究了马克思、恩格斯的著作,还拜会了柏格森,并有机会接近辩证唯物论的实践者,同时还对两国的社会生活、教育、文化等进行全面考察。他亲身感受了当时欧洲的经济危机,体会到了尖锐的阶级矛盾和斗争,经过认真思考,逐渐摆脱了唯心主义的束缚,开始接受辩证唯物主义(他称为新唯物论)。

李石岑根据在欧洲的考察,对新唯物主义(即辩证唯物主义)有较多认识,指出新唯物论同旧唯物论的根本区别,主要有三点不同:(一)旧唯物论机械地看一切事物,认为事物是不变的;而新唯物论认为事物是不断变化的,马克思、恩格斯推翻了黑格尔的唯心论,把辩证法用唯物观点填充起来,把一切事物看作由低级到高级的发展过程。(二)旧唯物论关于历史问题仍陷入唯心主义,新唯物论则发现了历史独有的规律:物质生产力。(三)旧唯物论至多只能解释世界,新唯物论还要改造世界,强调实践的重要意义。李对苏格拉底、柏拉图、亚里士多德、里格尔、康德等持否定态度,对所谓的新浪漫派特别是对柏格森、尼采仍有留恋,甚至说应"在尼采哲学里加多唯物史观的成分"②。其时,李对德国哲学家朗格的《唯物主义史》一书甚有兴趣,曾用四年多时间与人

---

① 李石岑:《人生哲学大要》,《李石岑讲演集》第1辑,第65—66页。
② 田伏隆:《李石岑》,第337页。

合作翻译此书。

1930年底,李石岑回到上海,先后任大夏大学、中国公学、暨南大学的哲学教授。他讲课深入浅出,很受学生欢迎。同时继续从事学术研究,出版了《哲学浅说》、《人生之意义与价值》等书。1932年的"一二八"淞沪抗战中,暨南大学属于战区,他的居室财产毁于战火,加上陷于爱情纠纷,精神上受到打击。3月,暨南大学取得广州中山大学同意,在该校设立临时办事处,李应邀去中大担任哲学系教授。4月,国民政府召开国难会议,邀他参加,他以该会议掩饰安内攘外政策,拒绝与会。

1932年暑假,福建教育厅主办讲学会,邀李石岑讲演中国哲学史,历时两月,后整理成《中国哲学十讲》一书。他对中国哲学有所创见,阐明老庄思想富于辩证法思想,以诗的观点说明孔子学说,强调墨家的实践,尤对各时代的社会背景、阶级对立进行分析。1935年3月,为纪念马克思逝世五十周年,在上海青年会举办的科学社会主义讲座上,李讲了《科学社会主义哲学》。同年暑假,上海教育会主办的讲学会,邀请他在每周二、五两天讲人生问题,亦分十讲,从古典派、自然派、理想派、新理派、快乐派、功利派、实证派、唯识派讲到新唯物派。暑假后,他任暨南大学教育系行政组主任,主讲哲学概论、中国哲学史、辩证法史、西洋教育思想史等课。同年秋相继出版《哲学概论》、《西洋哲学史》(第一卷)等书,标志辩证唯物主义立场的确立。

当时中国哲学界围绕哲学是否要消灭、本体论与认识论的关系、唯物辩证法的地位的论战正处高潮时期,李石岑以唯物主义的立场投入论战中,发表了《辩证法与形式逻辑》、《未来的哲学》、《三十年来世界哲学之进展》、《世界思潮的动向》、《世界文化的前途》等多篇文章,针锋相对地予以批驳,为辩证唯物论在中国的传播作出了贡献。

1934年10月21日,李石岑因肾炎去世。

李 世 甲

李锡贵

李世甲,又名渚藩、德声,字凯涛。1894 年 4 月 25 日(清光绪二十年三月二十日)生于福建侯官,祖籍长乐。父亲李复礼在福州开设生花堂笔店,靠制笔为生。李世甲六岁入塾,1905 年入自治学堂读书。越两年,赴沪投考海军,被选入烟台海军学校,习航海科,每试均列前茅。1911 年 6 月毕业,派在"通济"练习舰见习。辛亥武昌首义,海军顺应潮流,李世甲加入革命阵线,随舰参加光复南京等战役。

1913 年 1 月,李世甲入南京海军军官学校进修。12 月以第一名毕业,补海军少尉,派为"海容"舰候补副官,随舰实习。1915 年被派公费留学美国,在美国新伦敦电船制造厂研习驾驶潜水艇专科,对潜艇构造及潜航技术等均有心得。翌年 10 月毕业返国,派为海军第一舰队司令部差遣员,补海军中尉,旋充"海容"舰鱼雷副。

1917 年春,李世甲升任海军第一舰队司令部中尉副官,在该舰队的上海办事处随办。在北京政府对德奥宣战后,李参与接收德国留在扬子江的军舰和停泊在上海的德奥商船,管理战俘,补海军上尉。1918年,苏俄对德缔结《布列斯特和约》后,以英国首相劳合·乔治(Lloyd George)为首,邀集十四个协约国组织干涉军,对苏俄进行武装干涉。段祺瑞内阁也派出"海容"舰及边防军一个团,由新擢海军代将林建章率赴海参崴,设海军代将处,李世甲以第一舰队上尉副官身份随从参与其事。10 月,协约国干涉军组织参谋团西进,他以中国干涉军少校参谋身份随团行动。次年 11 月,德国投降,签订《凡尔赛和约》,中国干涉军由俄撤兵,海军代将处以"保护侨民"为名仍驻海参崴,李世甲留代将处任随办。

李世甲于1920年1月奉调回国,升海军练习舰队少校教练官,驻"通济"练习舰(舰长陈绍宽)。1922年充北京政府海军部中校副官,旋调海军马尾警备司令部参谋,兼警备队管带。

1923年,李世甲升为海军练习舰队司令部中校参谋,督导操练,纠察军纪。同时,兼代"豫章"驱逐舰、"华乙"运输舰舰长。1924年3月6日,孙传芳由延平(今南平)突然回军迫福州围缴王永泉部军械时,李则奉兼海军闽厦警备司令杨树庄之命,于3月9日率领海军警备一中队和要塞兵两连,驾"吉云"轮驶往乌龙江峡兜截击王永泉部,俘获其炮营官兵二百余人,山炮四尊,以及枪械弹药等。9月初苏浙之战开始后,厦门海军亦由杨树庄率领开向浙海及吴淞。10月苏浙之战告终,李世甲晋升"楚同"舰舰长,驻防东山。

1926年北伐军兴,湘、鄂相继为国民革命军所占,福建亦在革命军攻击之下。大势所趋,李世甲随从海军总司令杨树庄和第一舰队司令陈季良,意欲归附北伐军。是年10月,何应钦率领国民革命军东路军由广东潮、汕向福建进军,福建陆军第一师师长张毅部节节败退,由厦门向福州退却,李世甲奉陈季良电令,率"楚同"舰向闽江口以南海域港湾搜索,以截留张毅部队及其辎重船只为目标。不久李世甲奉命星夜兼程开赴乌龙江,给尾追张毅部的北伐军和海军陆战队助战,促使张毅部向南港逃窜,全歼于瓜山。嗣后,引导北伐军向福州城区压进,并将"楚同"舰驶泊闽江大桥下,炮口朝向市内警戒,胁迫福宁镇守使兼省防司令李生春向国民革命军投降。

1927年2月,李世甲接海军总司令杨树庄电调,率"楚同"舰驶沪,在第二舰队司令陈绍宽的督率下,驶入长江扼要屯防。3月,李世甲参加杨树庄在上海吴淞口"海筹"舰上举行的军事会议,赞同海军易帜,正式归附国民革命军。会后,李世甲奉命率"楚同"舰与"楚谦"、"楚有"舰一同由吴淞口溯江上驶,以与国民革命军总司令部取得联络。三舰驶抵九江后,李世甲等人登岸乘车往南昌,在乐化晤见蒋介石,同车返九江。正欲东下的蒋介石,即乘坐李世甲的"楚同"舰顺江而下。3月24日,国民革命军克复南京,美、英帝国主义悍然炮轰南京城,制造事端。"楚同"舰载蒋介石于3月25日中午抵达下关,但蒋害怕局势不稳,在"楚同"舰召程潜、何应钦等人商讨战局,于当晚7时即命李世甲指挥"楚同"舰载送他去上海。李在孙传芳军与北伐军于两岸严密布防、不时交火的险势下,驱舰猛冲疾驶,于26日抵达上海。

短短数日,李世甲初侍蒋介石,颇获蒋的青睐。4月李奉调至蒋介石的总司令部任联络参谋,专为蒋介石联系海军,凡海军的煤炭、枪弹和饷糈等等,都由他接洽交办。蒋介石并委他为总司令部参议。5月,李世甲参加国民党。8月蒋介石下野,李返回"楚同"舰仍任舰长,参加了攻打孙传芳的龙潭战役和西征唐生智之役。1928年2月,李世甲升任"通济"练习舰舰长,补海军上校。4月,被选为海军国民党特别党部执委。

1929年6月,国民政府成立海军部,李世甲升任海军部总务司司长,叙少将,兼海军江南造船所监造官。李选日本播磨造船厂代造"宁海"舰,兼任监造官,先后三次去日本。

1932年1月,李世甲以总务司长兼代海军部常务次长。"一二八"事变骤起,第十九路军奋起抵抗,李世甲奉行蒋介石的不抵抗政策以及与日本海军维持"友谊"的命令,竟与日军司令野村海军中将同坐汽车参观各处战壕。2月初,江南造船所的哨兵为自卫,击毙日本商船船长福田,日本海军第一舰队司令官盐泽蛮横提出惩凶、道歉、赔偿、限二十四小时内答复等强硬要求。李在上海秘密会晤日本海军武官北岗大佐,委曲求全,社会舆论哗然,纷纷指摘他为亲日分子。

1934年2月,李世甲调任海军马尾要港司令,兼福建省政府委员及海军陆战队第二独立旅旅长。在马尾之海军学校、海军造船所、海军陆战队讲武堂、海军练营、海军医院、海军修械所、海军监狱,以及海军陆战队第一、第二两个独立旅,长门要塞,海军陆战队补充营等,均归其节制指挥。次年,海军部长陈绍宽于马尾创办海军学校,派李世甲兼教育长。时值日本帝国主义步步侵略我国之际,李世甲却向日本海军省接洽聘请两名教官,来讲授军事学和国际公法,因而引起一部分舰长的强烈反对,拒绝入学。社会上对李的指责也相当激烈。但他却受到国民政府的安抚,于 9 月被正式补叙为海军少将。次年 11 月,又以"努力国民革命勋绩",获得奖章和褒状。

1937 年全面抗战爆发,李世甲改变亲日姿态,投身抗日战争。他奉行蒋介石的单纯防御战略,下令撤除闽江航道标志,征用大量商轮民船、警艇等,装满沙石沉没于长门港道,并在其他两个通航港道填筑石挡一百六十一挡,构筑起了闽江口阻塞封锁线,在阻塞线外沿又多布水雷,以阻遏敌舰深入。

1939 年 6 月,占领金门、厦门的日本侵略军,派出一部分兵力进占闽江口的川石岛,与长门要塞相对峙,不时发生炮战。马尾要港迭遭敌机狂轰滥炸。李世甲一方面与陆军构成联合阵线,加强重要港道布雷设施,增设辅助封锁线,严加戒备;另一方面向闽江上游南平等地疏散非战斗人员,转移重要军需物资。

1941 年春,日本陆海空军大举进攻福州,李世甲率驻闽海军部队扼守马(尾)长(门)地区,与敌战斗,周旋三月,颇多伤亡。福州陷落后,马、长孤立无援,李奉令弃守,转至鼓岭地区,被敌围困两昼夜,最后突围,移驻古田水口。5 月,李任闽江江防司令,仍兼陆战队旅长。9 月 1 日,侵占福州的日军开始撤退,李率队星夜向福州推进,于 4、5 两日先后收复马尾、长门,仍在马、长要港区域部署防务。

1944 年 9 月,日军再度进犯福州,李世甲率部抗敌,在长门至岭头之间作战七昼夜,嗣后大北岭陆军主阵地被敌攻破,乃奉令撤退,布防桐口、白沙一带,以消耗战略与敌相持九个月之久,大小战斗达数十次,互有伤亡。1945 年 5 月,陆战队与第八十师分三路进迫福州,敌军撤退后,又收复马尾、长门地区。6 月,李调任海军第二舰队司令。8 月,日本无条件投降,李世甲奉派兼任接收专员,负责接收厦门和台湾的日伪海军。9月下旬,李率队进入厦门,主持日本海军受降仪式。嗣后又率陆战队一团,前往台湾,接收台、澎日本海军,并负责遣俘一万八千余人。11月,李世甲调任海军台澎要港司令。

是年冬,国民政府改组军事机构,裁撤海军总司令部,在军政部下设海军处,军政部长陈诚自兼处长,还动用武力接管海军部。海军总司令陈绍宽被迫去职,李世甲深感海军处境窘困,亦于1946年5月辞职离台返榕,不久转赴上海休养。

李世甲卸却海军本职后,只挂名为福建省政府委员。1948年他出任福州市粮食配购审核委员会主任委员、省“戡乱建国动员委员会”委员、省经济管制督导委员会秘书长。在福建省政府主席刘建绪申请辞职去厦门的短期间里,李曾被推举代拆代行省主席职务。1949年8月初,李赴厦门,让妻小先渡海去台湾。不久得知人民解放军已迫近福州,海军前辈萨镇冰、陈绍宽等拥护共产党,拒去台湾,迎接解放,并悉知长子李作健在沪策动海军之事已泄、被台湾电令指名追捕等内情,意识到国民党反动派的垂死挣扎绝无希望,自己去台定无出路,遂于8月15日返回福州,等待解放。

1951年李世甲被判管制四年,在劳动中求改造,同时注意阅读马列和毛泽东著作,提高自己的思想认识。1956年,李被安排为福建省政协委员,任省政协台湾工作组组员兼秘书,并参加了中国国民党革命委员会。

1970年4月11日李世甲去世。1979年福建省政协和民革召开追悼大会,肯定他解放以来的进步和贡献。

主要参考资料

李世甲:《我在旧海军亲历记》,中国人民政治协商会议福建省委员会文史资料编辑室编《福建文史资料》第1辑,1962年版。

李世甲:《我在旧海军亲历记》(续),中国人民政治协商会议福建省委员会文史资料研究委员会编《福建文史资料》第 8 辑（海军史料专辑），福建人民出版社 1984 年版。

《海军大事记》（清同治元年至民国三十年），福建省政协文史资料办公室 1965 年翻印本。

李 士 群

黄美真　石源华

李士群,浙江遂昌县人。生于 1905 年 4 月 24 日(清光绪三十一年三月二十日)。李早年丧父,依靠母亲种田为生。少时在本乡读私塾,20 年代初到上海,先后入美术专科学校、上海大学读书。曾游学苏联,肄业于东方大学,"值国内北伐军兴,投袂回国"①。在第一次大革命高潮影响下,李士群经上海大学同学方山介绍,加入中国共产党。

大革命失败后,李士群以蜀闻通讯社记者的身份,在上海从事共产党的地下工作。李士群曾被公共租界巡捕房逮捕,为避免巡捕房将自己移交给国民党当局,李即向青帮大流氓季云卿投了"门生"帖子,由季将他保释出来。1932 年,李又被国民党特务逮捕,随即叛变,被委为国民党中央组织部党务调查科上海工作区直属情报员;并与另外两个叛徒丁默邨、唐惠民在上海新光书局编《社会新闻》杂志,对共产党、进步人士以及国民党内反蒋派系进行诬蔑诋毁。

1933 年,李士群在特务内部的争斗中,因参与谋杀上海工作区首任区长马绍武,被逮捕押解南京受审,饱尝酷刑,险些丧命。后由他的妻子叶吉卿打通了党务调查科科长徐恩曾的门路,李士群才获释,但仍不准擅离南京。此后,李先后被委为党务调查科编译员、南京区侦察员,以及国民党办的"留俄同学会"理事、"留俄招待所"副主任,很不得志。

---

① 汪精卫:《李士群墓碑铭》,《中华日报》1943 年 10 月 14 日。

1937 年 12 月南京沦陷前夕，李士群与另外两个特务石林森、夏仲高奉命"潜伏"。此时，日本特务头子土肥原贤二已在上海设立特务机关，派一女特务到南京活动，并与李姘居。具有强烈领袖欲和政治野心的李士群感到自己在国民党特务系统中爬不上去，遂决心投靠日本侵略者。1938 年夏秋之间，李士群趁中统委派他为"国民党株萍铁路特别党部特务室主任"的机会，席卷了全部特务经费，逃到香港，拜见日本驻香港总领事中村丰一。中村把他介绍给日本驻华大使馆书记官清水董三做情报工作。就这样，李士群由中共叛徒、中统特务又变为叛国投敌的汉奸，成为日本侵略者手下的鹰犬。以后，李常对人说："蒋介石依靠英美，我李士群什么都没有，就依靠日本人。你说我是汉奸也好，流氓也好，反正我现在有的是钱，有的是力量。"①活露出一副无耻汉奸的嘴脸。

李士群到上海后，为了站稳脚跟，首先把手伸向国民党市党部等机构，将中统上海区情报员唐惠民、国民党中宣部特派员章正范和国民党上海市党部的刘坦公拉下水，一起搞情报。接着，又与国民党上海市党部委员杜月笙的"学生"汪曼云取得谅解，进而与当时已到香港的杜月笙接上头。同年底，军统派上海区行动股长于松乔谋刺李士群，汪曼云将此消息透露给李，使他免于丧命。

随着李士群在上海情报活动的开展，日特机关对他越来越重视。1938 年 12 月汪精卫逃离重庆，不久公开发表投敌的"艳电"。日特机关示意李由情报活动转向特工行动，以便策应汪的"和平运动"。李深知自己在国民党特务圈子里的声望不足，便把原军统第三处处长丁默邨从昆明邀来入伙，并允推戴他为首领。

1939 年 2 月上旬，在清水董三的陪同下，李士群、丁默邨拜见了土肥原贤二，表示为了"收拾时局"，他们要"纠合国民党同志""推进和平

---

① 马世淦：《我所知道的李士群》，全国政协文史资料委员会编《文史资料存稿选编·日伪政权》，中国文史出版社 2002 年版。

运动"，"希望取得日本方面的谅解"；并强调说："为对付重庆的恐怖活动，我们也有必要建立特工组织。如有日军援助，我们俩人组织特工。"①3月20日，日本参谋总长给土肥原的助手晴气庆胤发出训令，决定"援助丁默邨一派的特务工作，作为对上海恐怖活动的对策的一部分"②。每月贷款30万元，出借手枪500支、子弹50000发以及炸药500公斤。李士群当即开始在上海招兵买马，扩充队伍：一方面，通过季云卿收买了以吴四宝为首的大批地痞流氓和以潘达为首的公共租界华籍特别巡捕"十兄弟"，作为特务打手；另一方面，利用丁默邨过去的老关系，招纳了一大批国民党特务、党棍以及失意军人，作为特务骨干，初步形成了一支特工队伍。李士群和丁默邨、唐惠明、茅子明、蒯建午、叶耀先、章正范为核心人员，即所谓"七人委员会"，对外以"中华扬子轮船公司"为掩护。

　　为了在政治上进一步打开"局面"，李士群、丁默邨在日特机关的授意下，开始投靠汪精卫集团。1939年4月，当汪精卫还在河内时，他们就派汪曼云在香港和周佛海接上头，表示愿为汪的"和平运动"效忠。5月，汪精卫一伙抵达上海，进行建立伪政权的活动。经日特机关同意，李士群、丁默邨一伙便划归汪精卫集团领导，并正式成立了"特工总部"，由丁默邨任主任，李士群、唐惠民任副主任。他们成立了警卫大队，负责汪精卫、周佛海、梅思平等汉奸头目的安全保卫，成为汪精卫集团进行叛国活动的第一支武装力量。8月底，汪精卫集团召开伪国民党第六次全国代表大会，李士群被指定为"中央委员"。9月5日，汪记国民党六届一中全会决定成立"国民党中央特务委员会"，由周佛海任主任委员，丁默邨、李士群任副主任委员；"特工总部"成为它的下属机

---

① ［日］影佐祯昭：《曾走路我记》，载《日中战争》（二）（《现代史资料》9），1965年版，第196页。

② ［日］益井康一：《汉奸裁判史》（1946—1948），すず书房1977年版，第200—201页。

构,仍由丁默邨、李士群、唐惠民分任正副主任;李士群并兼"肃清委员会"副主任。

汪伪特工总部虽以丁默邨为首,但实权却操在李士群之手,丁、李为了争夺这支特工队伍的控制权,展开了激烈的争斗。1939年底,李赴东京,与日方进行更加紧密的勾结,取得了日本参谋本部对他的信任。同时,他又向汪伪集团内实力派周佛海靠拢,获得了周的支持。1939年底,他先将唐惠民调任"特工总部"南京区区长,使自己与丁默邨并驾齐驱,继又架空了丁,独揽了"特工总部"的大权。

在日特机关的全力支持下,李士群的势力得到了迅速发展。他将"特工总部"的组织机构大加扩充,设立八个处(第一处专管军统,第二处专管中统、附设CP股对付中国共产党和新四军,第三处专管"忠义救国军,第四处专管租界,另有机要、总务、电务、情报处);四室(即督察、专员、审讯、化验室);二所(招待、修械所);又将特工武装队伍编组为一个行动总队(下辖六个行动大队)、一个警卫总队(下辖五个警卫大队),以及一些直属总部的警卫队、行动组;还建立了不少外围组织,如负责"学生运动"的"海社",拉拢租界司法人员的"法院同仁会",负责宣传舆论的"国民新闻社",筹措特务经费的"立泰银行"、"上海实业银行"等,并先后在南京、杭州、青岛、武汉以及其他沦陷区设立分支机构,形成一个规模庞大、组织完备、行动诡秘的特工机构,成为日本侵略者的凶恶鹰犬和汪伪政权的重要支柱。1940年3月,汪精卫集团成立伪国民政府时,李士群在周佛海的支持下,依靠手中的实力,将丁默邨排挤出"特工总部",自己出任汪伪政府警政部政务次长兼"特工总部"主任。同年12月,周佛海辞去警政部长职,由李士群升任,权势更盛。

在李士群的直接指挥下,汪伪特务在上海制造了数不清的惨案。他们先后袭击了当时还保持抗日立场的《中美日报》、《大美晚报》等报馆,用浸过毒液的子弹暗杀了进行抗日义卖活动的"上海职业妇女俱乐部"负责人、共产党员茅丽英,还刺杀了不肯听命于汪伪的"江苏高等法院第二分院"刑庭长郁华、"第一特区法院"刑庭长钱鸿业等。在大量血腥事件中,最为惨烈的要数"银行血案"。为了报复军统特务对汪伪中央储备银行上海分行的袭击,李士群不仅派特务炸了中央银行驻在租界的两个办事处,而且于1941年3月22日午夜,派遣大批特务包围了"中央银行别墅",抓走中央银行职员一百九十余人,并从中提出三人枪决(其中一人未死)。同一天深夜,李士群又派另一批特务包围了中国农民银行职员宿舍,用盒子枪扫射,致使六人死亡,五人重伤。至于绑票勒索,更是他们的家常便饭,如绑架杀害中国化学工业社总经理方液仙、勒索协大祥绸布店老板数十万元等均是。上海市民无不提心吊胆,不知何时横祸临头。沪西南一带的沦陷区,由汪伪特务开设的赌台、烟馆、妓院林立,其数量之多、规模之大,创上海开埠以来的最高纪录。总之,李士群指挥下的汪伪特务,依仗日本侵略者的势力,横行不法,无恶不作,把上海搅得腥风血雨,乌烟瘴气。"特工总部"所在地极司菲尔路(今万航渡路)七十六号臭名远扬,附近沪西一带,被称为"歹土"。

1941年春,日本侵略者为了建立巩固的战略后方,在华中占领区实行"清乡"。李士群掌握的特工力量,再次受到日本方面的重视,他被任命为汪伪清乡委员会秘书长,实际主持"清乡"工作。他将"警政部"、"特工总部"的大批特务、警察头目以及亲信爪牙,安插进"清乡委员会",控制了各部门。李先后与日方签订了关于苏州地区、苏北地区"清乡"协定,规定由日方担任"关于作战及封锁事项",汪方担任"政治工作";伪保安队和警察等"在清乡工作实施期间"由日方指挥调遣等等①。李士群利用"清乡",从伪江苏省政府接管了"清乡区"的行政、赋税、教育、卫生等机构。

1941年8月,汪伪警政部与内政部合并成立伪军事委员会调查统计部,李士群任部长。12月李挤走了伪江苏省主席高冠吾,自己继任。李一身兼任伪军委会部长、省政府主席、特工总部主任三要职,踌躇满

---

① 中国科学院历史研究所第三所南京史料整理处选辑:《中国现代政治史资料汇编》第3辑,1958年版,第100页。

志,频繁往返于上海、苏州、南京三地,权势发展到顶峰。但他飞扬跋扈,胡作非为,引起了日本侵华当局的疑虑和反感,与汪伪集团中其他人的矛盾也进一步激化,同周佛海、罗君强、林柏生等都发生激烈的权力冲突,而"特工总部"的一批骨干如丁默邨、苏成德、马啸天等也先后离他而去,有的甚至成了他的政敌。

1943年5月,蒋介石下达了除去李士群的命令,交周佛海执行。周"历四月之久,费了千多万"金钱①,终于在9月4日勾结日本驻上海宪兵队特高课长冈村,借口调解李士群与伪税警总团副总团长熊剑东的矛盾,由冈村出面邀李、熊两人至上海百老汇大楼(今上海大厦)赴宴。冈村妻子于食物中投下毒药,殷勤请李品尝。第二天,李士群回到苏州开始发病,挣扎至19日毙命。

---

① 周佛海:《简单的自白》,南京市档案馆《审讯汪伪汉奸笔录》(上),江苏古籍出版社1992年版,第95—110页。

李　守　信

万江红

　　李守信,原名李义,蒙古族。1892 年 7 月 11 日(清光绪十八年六月十八日)出生于内蒙古卓索图盟土默特右旗。早年在热河北部"拉杆子",纠集胡匪及马贼,创立"信"字号的"杆子"。1919 年给土默特右旗的喇嘛旗官充当"炮手"(卫士),继后给热河游击队的统领张连同担任差官,并成为其马队中的骑兵连连长。1922 年初,巴布扎布余党所率的匪部进犯热河开鲁(今属吉林省),李守信奉命出击,打散该匪部,升任营长。

　　1922 年 4 月,第一次直奉战争爆发,热河地方部队驱赶奉军,李守信率部袭击奉军汲金纯部,歼灭了汲部的一团炮兵,夺获其新从德国买来的八门野炮。直系新任的热河都统米振标,将游击马队调驻开鲁,防守热河北部门户,李守信部驻开鲁正西九十里的爱根庙(现辽宁省的绍根)。1925 年,李守信所在的独立第九旅旅长张连同被宋哲元击败俘走,独九旅由团长崔兴武与李守信带领,而以李部的人马最多最强。1928 年,东北易帜,独立第九旅改称东北军骑兵第十七旅,崔兴武任旅长,李守信任第三十四团团长。

　　李守信任团长后,在其驻防的赤峰、经棚、开鲁等地,结交三教九流,经商牟利,投机倒把,走私贩毒,无所不为。对待人民革命,他心狠手辣。1930 年前后,李带兵残酷地镇压了嘎达梅林的牧民起义。

　　"九一八"事变时,李守信驻防开鲁。1933 年初,日军侵占山海关,威胁热河边境,李守信部击落一架日本飞机。李为了获取枪炮弹药,把飞机上的机枪、电台以及被俘人员送到长春作为交换。日本关东军小矶高兴地给他子弹22万发，手提机枪15挺，步枪25支，另外还送钱3万元，从此李守信和日军挂上了钩。日军侵犯热河，李守信于3月7日竟然迎日军和伪军开进林西。几天后，日军开往赤峰，他又甘愿为其指路。结果，田中玖犒赏李17000元。不久，日本关东军委派李为"热河游击师司令"，至此李守信完全投靠了日本。同年所部改编为察东警备军，李任司令。

1935年12月，李守信的伪军在日本飞机配合轰炸下，很快占领了察东的张北、宝昌、康保、尚义、沽源、商都、化德、崇礼八县，同时完全控制了察哈尔东部的正蓝、镶白、正白、镶黄、明安、太仆寺、商都等八旗，并在张北建立了李的伪军司令部和日本特务机关。在察绥分治以后，日本关东军唆使李于1936年元旦前夕进驻张北县城，将察北完全控制。

1936年2月12日，德穆楚克栋鲁普（简称德王）领导成立了伪蒙古军总司令部，李守信参与其中，并被选为副总司令，兼任军务部长。德王为使伪蒙古军总司令部向着政权性的机构转化，4月24日在锡盟乌珠穆沁右旗"索王府"召开了第一次"蒙古大会"。李守信以蒙古军总司令部的军政首脑资格参加了大会，并被推为大会五人主席团成员之一。会议讨论了建立"蒙古国"、成立"蒙古军政府"以及与"满洲国"缔结互助协定等一系列问题。5月12日，伪蒙古军政府在德化市（化德县改称）宣告成立，李守信被任命为军政府参谋部部长。同时，他兼任军政府总裁帮办，协助处理日常军政事务。伪蒙古军政府成立后，立即招兵买马，扩充军队。除李守信原有部队外，又从伪满东三盟各旗、锡察两盟的各旗招来一批新兵，编为两个军，第一军军长由李守信担任。伪蒙古军编成后，全都是骑兵，军费、武器多由日本关东军供给；从军部至连队，多配备有日本顾问、指导官、教官，对部队进行监督和指挥。

伪蒙古军编成后，在日本关东军的指使下，李守信等于1936年10月配合日本发起了侵犯绥远的计划。日本侵略军豢养的汉奸王英首先率兵进攻绥东的红格尔图，李守信率领伪蒙古军第一军进占南壕堑。11月中旬，由德王、李守信率领的伪蒙古军万余骑兵、王英率领伪大汉义军五千余人，在日本指挥官的直接督战下，向绥远的红格尔图发起了新的进攻。战争从14日开始，在傅作义第三十五军和宋哲元第二十九军的猛烈还击下，至17日以伪军的失败而告终。进攻绥远失败后，日本对伪蒙古军进行了整顿，在伪蒙古军政府之下，设立伪蒙古军总司令部，由德王任总司令，李守信任副司令。

1937年抗日战争全面爆发后，李守信积极配合日军进攻。9月，当傅作义的部队从察绥东撤退时，德王、李守信便纠合伪蒙古军，配合东条带领的日本侵略军沿平绥线西犯。李守信率领伪蒙古军作为日本侵略军的前驱，进占集宁、旗下营，很快迫近归绥城（今呼和浩特市）。10月14日，日伪军共同占领归绥城。

进占归绥后，伪蒙古军政府准备成立"蒙古联盟自治政府"。10月27日，第二次"蒙古大会"在归绥市召开，东条亲临操纵，李守信被指定为"蒙古军"总司令。1938年7月1日第三次"蒙古大会"召开，李守信为"蒙古联盟自治政府"副主席。同年秋天，李守信与德王、于品卿、夏恭等一起到日本参与筹划"蒙古建国"的活动。因为此计划违背了日本帝国主义的"蒙疆联合"愿望而未实现。1939年9月1日，经过日本军部和金井章二等精心策划后，"蒙疆联合自治政府"宣告成立，德王为主席、李守信为"蒙古军"总司令。

"蒙疆联合自治政府"成立后，李守信先后到南京、长春等地活动，宣扬日本帝国主义的"东亚共荣"。1940年1月24日，在日本侵略军头目西尾寿造、板垣征四郎等操纵下，北平、南京两伪组织与汪精卫党羽在青岛举行联席会议，讨论在沦陷区内组织全国"中央政治会议"和"中央政府"等事，建立一个在日本帝国主义直接操纵下的统一的伪政权。李守信以伪蒙疆联合自治政府代表的身份前往青岛，先于1月23日上午与汪精卫的代表周佛海举行了会谈，最后达成两点协议：一、汪精卫方面承认在蒙疆地区实行高度防共是必要的；二、"蒙疆联合自治政府"方面对即将成立的新中央政府给予协力。3月,汪伪南京国民政府成立后,日本为了确定伪蒙疆政权和汪伪南京"国民政府"的关系,在青岛举行了伪蒙疆政权与南京汪伪政权缔结协定的秘密会议。最后,李守信作为伪蒙疆政权代表与汪伪代表周佛海达成协定:一、伪蒙疆联合自治政府承认汪伪南京政府是继承中国法统的正统政府,认重庆国民政府为地方政权;二、汪伪政府承认伪蒙疆联合自治政府的高度自治。同时还有一个协定附件,内容有:汪伪政府承认伪蒙疆联合自治政府沿用成吉思汗纪元年号;承认四色七条旗帜为其政权旗;承认其在长城各口的驻兵权。

　　李守信还积极到伪满从事联络活动。1942年春,适逢伪满洲国建国十周年之际,李守信同伪蒙疆联合自治政府各方要员计十四人,赴新京(长春)访问,参加庆祝活动。溥仪还单独召见了这名在东蒙"起家"的部下。1941年6月,伪蒙疆联合自治政府改为伪蒙古自治邦,李守信在张家口召开的第五次"蒙古大会"上当选为伪蒙古自治邦副主席。

　　1945年8月,抗日战争取得最后胜利,而李守信仍然想着升官发财。他先从日本驻蒙军那里得到11万两烟土后,派秘书唐成良带了3000两向达拉特旗的森盖林沁买了一部分药材运到天津套购黄金,再赴上海购买枪械弹药。8月15日,传来日本无条件投降的消息,李守信先把家眷财物运往北平。21日,李守信一行潜至北平,匿居在什锦花园。

　　抗战胜利后,李守信又投靠蒋介石。8月下旬,李守信陪同德王乘飞机先到西安,两天后再转机抵达重庆。在重庆,国民党军统特务首领戴笠与他们进行了会谈。德、李二人向戴报告了日本投降后伪蒙疆政权瓦解及张家口和各盟旗、县当前的情况;还向戴报告了有关伪蒙古军残存部队人数、防地、装备,以及是否容易集结掌握、可否进攻八路军等问题。会后,戴设宴招待了德王、李守信等人。随即李守信被任命为"热察先遣军总司令"。9月末,德王、李守信一行又去重庆,蒋介石召见时询问了有关情况,并在其主席府官邸与他们共进了午餐。10月,李守信再次到重庆活动，又被蒋接见。经过一番活动，李守信终于获得陆军总司令何应钦和蒋介石侍从室主任商震等人的任用。不久，李便被任命为第十路军总司令，负责集结散住各地的伪蒙、伪满的残存军警部队，扩大进攻八路军的实力。

1949年初，当国民党统治覆灭已成定局时，李守信逃往台湾。此时，一直妄想建立"蒙古王国"的德王，在4月初打电报给李守信，要他回阿拉善旗定远营参加各盟旗代表会议。李回来后，正值他的旧部国民党新编骑兵第一旅要被宁夏省主席马鸿逵收编，李守信匆匆前往，整顿队伍，部署防务，并着手进行改编事宜。李守信随即前往阿拉善旗，出席8月5日所谓"蒙古自治政府"成立大会，被选为九人主席团之一。会后，被任命为"蒙古自治政府"政务委员，兼保安委员会副委员长。此时，宁夏已临近解放，李守信带领部队由宁夏石嘴山渡过黄河，北经磴口县，窜入阿拉善旗境。11月底，李部窜到该旗拐子湖一带时，宁夏以及甘肃的大部已经解放。李守信与德王在阿拉善旗北部图克木庙相会后，仍假借"蒙古自治政府"名义，继续向该旗西北部前进。德王不顾人民政府劝其投诚的期望，于12月下旬越界逃往蒙古人民共和国，李守信等二十余人随后也一起前往。

李守信于1950年9月从蒙古被引渡回国监禁。1964年受到人民政府特赦，任内蒙古自治区文史馆馆员，1970年5月在呼和浩特病故。

主要参考资料

李守信：《我出生前后的热河南都蒙旗社会》，中国人民政治协商会议内蒙古自治区委员会文史资料研究委员会编《内蒙古文史资料》第20辑，《李守信自述》，1985年版。

李守信：《我是怎样镇压嘎达梅林起义部队的》，《内蒙古文史资料》第10辑，内蒙古人民出版社1983年版。

刘映元：《李守信投敌经过》，中国人民政治协商会议全国委员会文史资料研究委员会编《文史资料选辑》第 63 辑,中华书局 1979 年版。

李守信:《伪蒙政权的回忆》,《内蒙古文史资料》第 1 辑,内蒙古人民出版社 1979 年版。

卢明辉著:《蒙古"自治运动"始末》,中华书局 1980 年版。

何兆麟:《"西蒙自治运动"始末纪要》,中国人民政治协商会议内蒙古自治区委员会文史资料研究委员会编《内蒙古文史资料》第 1 辑,内蒙古人民出版社 1979 年第 2 版。

李 书 城

李丹阳　刘建一

　　李书城,字晓园,亦名小垣、筱垣,湖北潜江人。1882 年 6 月 24 日(清光绪八年五月九日)生。祖辈务农,父亲李凤亭系秀才,在农乡做塾师。李书城自幼随父读书,十六岁时中秀才,经省学使王同愈保荐,于 1899 年入武昌经心书院学习,初步接触到新学知识①。次年,八国联军入侵北京,慈禧太后挟光绪帝出逃;长江流域自立军起事失败,唐才常和傅慈祥(李父的学生)被戮,使他思想上受到很大震动。

　　1902 年,李书城因学习成绩优异被两湖总督张之洞选送日本留学,就读于东京弘文学院速成师范科。他遍览中外书籍,常与同学讨论救国问题。是年秋,经兴中会会员程家柽、刘成禺介绍,李在东京竹枝园与孙中山会面,亲聆其反清革命主张,使他进一步认识到:"清廷是中国复兴的障碍,爱国志士要救亡图存,必须首先推倒清廷。"②他将这些

---

① 甘鹏云:《潜江李府君墓表》,《潜庐类稿》卷 11,《近代史料丛刊续编》第 34 辑,台北文海出版社 1976 年版(影印 1932 年潜江甘氏崇雅堂版);《李书城致觉明的一封信》,中国人民政治协商会议全国委员会文史资料研究委员会编《革命史资料》第 2 辑,文史资料出版社 1981 年版,第 197—200 页。

② 李书城:《辛亥革命前后黄克强先生的革命活动》,中国人民政治协商会议全国委员会文史资料研究委员会编《辛亥革命回忆录》(一),中华书局 1961 年版,第 181 页。

革命思想传布给一些留日学生①。不久，李与刘成禺、蓝天蔚等人组织
了湖北同乡会，并于次年1月创办《湖北学生界》杂志。他在该刊发表
了《学生之竞争》等文章，痛述帝国主义侵略中国的危局，抨击清政府
"治内专务压制，对外只知唯诺"；认为学生是"下等社会之指向针"，
应肩负起救国重任，内争自由民主权利，外与各国竞争。他还撰印《潜
江李书城与鄂中友人书》，号召湖北学子"慨然发奋，无畏艰辛，献此
身为中国用"。在日本，李与黄兴、蓝天蔚等"密结排满盟约"，准备回国
后从事革命活动②。1903年春，留日学界为反对沙俄侵占东北而掀起
拒俄运动，李参与发起拒俄大会，发表激烈演说，报名加入了拒俄义
勇队。

　　1903年夏，李书城归国，随即与吴禄贞等在武昌花园山设立一秘
密机关。他们议定投入新军，努力改换士兵脑筋，进而发动军队起义
的革命方略。李负责秘密联络军队③，并介绍刘敬庵等有志青年
参军。同年冬，李与吴禄贞、耿觐文应黄兴之邀到长沙，筹划在湖南
发动起义。经过这段革命实践，李书城深感革命须靠武力，于是在翌
年再次东渡日本，入振武学校学习陆军，后升入陆军士官学校兵
步科。

　　1905年夏初，李书城等接到在欧洲留学的原花园山机关同志通
知，为孙中山来日本组织同盟会"预为筹划"④，遂与黄兴等人为迎接
孙中山共组革命团体做准备。7月，李参加了同盟会的筹备工作，并

---

　　①　据宋教仁所撰《程家柽革命大事略》，黄兴、刘揆一在弘文学院学习期间，"革
命思想，君(指程)与李书城实开其牖，遂深中于其心"。见陈旭麓主编《宋教仁集》下
册，中华书局1981年版，第436页。
　　②　李廉方：《辛亥武昌首义纪》，湖北通志馆校刊委员会1947年版，第146页。
　　③　冯自由：《贺之才述欧洲同盟会成立始末》，《革命逸史》，中华书局1981年
版，第135—136页。
　　④　中国人民政治协商会议全国委员会文史资料研究委员会编《辛亥首义回
忆录》第3辑，中华书局1962年版，第228页注释。

于同盟会正式成立时化名李唐秘密入盟。遵黄兴之嘱,他在留日学军事的同盟会会员中组织"丈夫团",以为将来回国掌握兵权培养骨干。

李书城于陆军士官学校毕业后,于1908年秋应邀前往桂林筹办广西陆军干部学堂,次年任该学堂监督,并一度兼任陆军小学堂监督。他用多种方法激发学生的革命情绪,积极在学生中发展同盟会员,以期培植军事人才使广西成为反清起义的基地。他曾与同志策划乘陆军小学堂毕业典礼之机,刺杀巡抚张鸣岐宣布起义,因事机不密而未成①。为掩护其他在桂同志,李辞职赴京。1910年初,李书城因好友吴禄贞推荐任军谘府科员兼官报局副局长。他建议时任镶红旗蒙古副都统的吴禄贞谋任一省巡抚,后设法筹到两万两白银助吴贿通庆亲王谋得北洋第六镇统制之职。虽然吴请李为该镇标统或参谋长的呈文未获清政府准许,仍偕李赴任整顿军队。

辛亥武昌首义爆发后,李书城随吴禄贞再赴保定,企图举兵响应,并约张绍曾、蓝天蔚率部相机起义,合兵攻打北京。后李因军谘府命他与黄郛南下调停战事,遂乘机携眷出京前往南方。11月2日,李书城抵武昌,随即由黄兴提议出任湖北军政府革命军战时总司令部参谋长。在设于汉阳的总司令部,他协助制定作战计划,训练新兵,准备迎战清军。因考虑到湘省援军赶到,汉口之敌不断增多,李建议乘民军士气方盛和敌兵力尚未充实之机收复汉口。总司令黄兴遂命令6日晚渡江攻打汉口。终因敌强我弱汉口未克,民军复退守汉阳。虽然汉口、汉阳之役相继失败,但黄与李指挥民军与清军鏖战二十余日,为各省起义赢得了时间。

1912年1月,中华民国临时政府成立于南京,李书城出任总统府

①　李书城:《辛亥革命时期广西的陆军干部学堂和陆军小学堂》,中国人民政治协商会议广西壮族自治区委员会文史资料研究委员会编《辛亥革命在广西》上集,广西人民出版社1961年版。

秘书处军事组长兼陆军部顾问官,协调处理总统府和陆军部需办的军事事务。南北议和告成后,南京临时政府撤销,设立留守府,李任总参议,黄兴离宁时代行留守职权。其间,袁世凯为扼杀南方革命势力不给留守府拨汇军费,引起军队哗变。李边责北京政府的失信,边襄助黄兴缩编、裁遣南方军队。同年秋,李随黄兴到北京,被授予陆军中将衔,任总统府军事处次长。次年3月宋教仁被刺后,李借送客之名离京南下。在上海,他参加了孙中山主持的布置各方起兵讨伐袁世凯的会议,随后被派赴南京策动第八师出兵。因在广东、湖南、南京拥有军队的国民党人都因兵力弱而未能起兵,李也赞同黄兴等人用法律解决"宋案"的意见。7月,当江西、南京等地举兵,李再赴南京参加讨袁之役。

"二次革命"失败后,李书城被通缉流亡日本。1914年,孙中山改组国民党为中华革命党。黄兴、李书城等因反对写誓约、按指印等效忠领袖的规定而未加入。为避免革命阵营分裂,黄偕李等于7月赴美。在美国,他们联络美国友人,在华侨中宣传反袁,还考察了美国的政治和社会状况。第一次世界大战爆发后,黄、李参加了由聚集在东京的部分老同盟会员发起的"欧事研究会"。次年,袁世凯公然违背民意,与日本签订"二十一条",继而废共和,行帝制。李在替黄兴起草的函电中怒斥袁的倒行逆施,声言"定返中国,再执干戈,随革命军同事疆场"以"驱逐国贼"①。1916年,李随黄抵日后受托先期回国从事讨袁。6月,袁世凯毙命。李进京代黄兴与新任总统黎元洪商讨国是。黄兴病重期间,李在沪代其处理各种事宜。12月,迨黄丧事毕,李始到北京任总统府顾问。

1917年9月,孙中山在广州建立护法军政府,10月,李书城弃职赴南北军对峙的湖南前线,组建湖北护国军,并由孙中山任命为湘西防务

---

① 黄兴:《致美国驻华公使电》(1915年12月14日),湖南省社会科学院编《黄兴集》,中华书局1981年版,第412页。

督办,率部御敌。李后来到广州任护法军政府军事委员会委员、遣送敌侨事务局督办等职。

1919年夏,李书城回到上海。这时他的胞弟李汉俊留日归国后正致力于马克思主义的宣传。李书城因对民国以来"群雄扰攘,国困民蔽"①的状况深为不满,故认为救国之路不只一条,对其弟的活动从不反对。1921年7月中国共产党第一次代表大会在他的寓所举行。其时,主张"废督裁兵"的李书城在湖北各界力邀下,回鄂主持驱逐湖北督军王占元运动。以他任总司令的湖北自治军在援鄂湘军帮助下,于8月将王逐出湖北。他表白自己"既不恐惧威势,更不希冀权力,为争个人与全人类之生存,与恶魔奋斗所不辞也"②。"黄、庞惨案"发生后,李通电谴责湖南督军赵恒惕③,并不因赵曾派兵援鄂驱王而对之姑息。

1922年6月,黎元洪复任总统,李书城应邀再度进京任总统府顾问兼国务院参议。次年,他反对曹锟贿选总统,出任冯玉祥的高等政治顾问。1924年10月,冯玉祥发动"北京政变",率部进京囚禁曹锟,驱逐清逊帝溥仪出紫禁城,李均参与策划,并力促冯电孙中山北上共商国家大计。在新成立的临时摄政内阁中,李任陆军总长。段祺瑞当临时执政后,他避居天津。李曾向路过天津的孙中山汇报北京情况,并为在张家口的冯玉祥出谋划策。

1925年上海"五卅"惨案后,接踵发生"汉口惨案"。在北京的"湖北旅京同乡会"同人在李书城组织下成立了"汉案后援会"。7月初,李冒酷暑到汉口支持工人学生们罢工、游行及要英方惩凶、赔款等反帝要求,面斥湖北督军萧耀南惧外压内的行径,要他取消禁令,

---

① 《李书城为黄兴的一封信所作的题跋》,《近代史资料》1983年第3期,第52页。

② 《大公报》(湖南版)1921年8月21日。

③ 《晨报》(副刊)1922年3月23日。

"予人民以充分的自由"①。他还亲率"汉口惨案调查团"进行实地调查。

　　1926年北伐前夕，李书城奉广东国民政府命前往湖南策动唐生智、夏斗寅率部投向革命阵营，随后出任国民革命军前敌总指挥唐生智的参议和北伐军总司令部顾问。1927年蒋介石发动"四一二"政变后，李参加武汉各界讨蒋大会。7月15日汪精卫在武汉实行分共、清党，他拒不重新登记，自动脱离了国民党。李利用担任改组后的湖北省政府常委兼建设厅长的职位，联合政府中的其他左翼人士竭力"保护共产党之身体自由，保护农工之生命财产的安全，防范反动派之乘机扰乱"②，先后逮捕反动军官刘佐龙等人，解散国民党右派组织"三民社"，释放被关押的共产党员和革命分子。11月，南京方面的"西征军"开入武汉，大肆捕杀革命人士。李书城在其弟李汉俊被枪杀后，亦以"倾共"罪名被关押。因他在被押期间只准读佛经，加以在大革命失败后心灰意冷，遂研习佛学。

　　1928年春，李书城经多方营救获释。到上海后，他与邓初民、李伯刚等组织"湖北革命同志会"，支持许德珩、李达等创办《双十月刊》。他们站在中间立场，既抨击国民党的血腥屠杀，又批评共产党的某些做法。1929年，国民党各军事实力派间矛盾日益激化，李希望借机打倒蒋介石。他应邀担任唐生智的总参议，随即前往联络阎锡山、冯玉祥共同反蒋。冯在太原遭阎软禁时，李陪同"坐监"。1930年春，阎、冯终于联手倒蒋，爆发中原大战，李任讨蒋军顾问。1932年，李返鄂重任湖北省政府委员兼建设厅长，以武汉市政建设，整顿省营企业，倾注了大量心血。后因他拒不批准修筑从武昌通往蒋介石青山行营的公路，1933年被撤去建设厅长职，改任民政厅长。不久又由于反对实行保甲制等因被免职，变成空头委员。1935年李被赋予省通志馆馆长闲职。是年

①　《大公报》1925年7月8日。
②　《民国日报》(汉口)1927年8月19日。

湖北发大水,李率团赴灾区主持赈灾。

1937年抗日战争爆发后,李书城赞同国共合作一致抗日,与董必武等共产党人时相往来。他主张坚决保卫武汉。次年武汉撤守前,有人因李是留日生劝他不要走。李表示自己宁可去摆测字摊,也不会留下来给日本人做事。省政府迁恩施后,他以省银行监察人身份建议开办生产、贸易企业,发展了当地经济,提高了军力,使鄂西得以成为陪都重庆的屏障。1943年,李因不愿与陈诚共事,只身上峨眉山学佛,但他仍常与军事委员会副委员长冯玉祥联系,促其积极领导抗战。

抗战胜利后,李书城回到武汉。重庆谈判和政协会议后他一度希望国共两党能真诚合作,共建和平、民主的新中国。内战的爆发打破了他的幻想。1946年初,中共南方局派他的侄子李声簧到武汉开展工作,随后武汉地下党负责人曾惇也与李书城建立了关系。在他们帮助下,李逐步认识到,中国人民要翻身,必须打倒美帝国主义扶持的蒋介石集团。是年春,潜江县选举李为省参议员,他拒不应选以抵制国民党包办的国民大会,并劝一些老朋友不要当国大代表、为蒋介石抬轿子。

解放军的节节胜利,加速了国民党集团内部的分崩离析。在湖北握有重兵的华中"剿共"总司令白崇禧企图借打开和谈局面的时机达到逼蒋下台、拥李宗仁当总统的目的。在白的示意下,湖北发起和平运动。1949年1月,湖北人民和平促进委员会成立,李书城被推举为总主席。李虽不愿为桂系效劳,但怀着普度众生使人民免于战火的愿望,积极促进和谈。他先到长沙劝说留日老同学程潜在湖南开展和平运动,联合倒蒋;不久又以湖北和促会代表身份,携白崇禧表示愿停战言和的手函同共产党员李伯刚冒严寒前往中原解放区,与刘伯承、陈毅会谈。虽然李的湘、豫之行未获结果,但刘、陈的谈话和在解放区的实地观察使他对共产党和解放区有了进一步的了解。回武汉后,李不顾个人安危向各界报告他在解放区的见闻。4月,他与张难先等将和平促进会改为武汉市临时救济委员会,在国民党军队撤出武汉前后,为保护重要设施和物资、档案,维持社会秩序,迎接解放军入城做了大量工作。

5月16日武汉市解放,李被任命为市军管会高级参议。7月他应邀赴北平,以特邀代表身份参加了中国人民政治协商会议。

中华人民共和国成立后,李书城担任中央人民政府政务院财经委员会委员、农业部部长,当选为第一届全国人民代表大会常委会委员,第二至第四届全国政协常务委员。

1965年8月26日,李书城因病在北京逝世。

李　叔　同

熊尚厚

　　李叔同，名广侯，字叔同，号漱筒，以字行。别署甚多，可靠的即有七十余个①。他家祖籍浙江平湖，祖父寄居天津经营盐业，是天津的著名富商。父亲名筱楼，是进士，在清政府吏部做官，晚年笃信佛教。李叔同1880年10月23日（清光绪六年九月二十日）生于天津。五岁那年父亲去世，六岁跟着兄长受启蒙教育，七岁起从师学千家诗、唐诗和说文解字，习石鼓文篆字，打下了文学和书法的基础。

　　中日甲午战争之后，清政府更加腐败，民族危机愈趋深重。康有为等一再要求维新变法，联络同党在各地组织团体，开办学校、报馆，掀起维新变法运动。李叔同积极赞同康有为、梁启超的维新变法主张，认为"老大帝国，非变法无以图存"②，并刻了个图章，文曰"南海康君是吾师"③。

　　1898年9月，康、梁戊戌变法失败，京津有人怀疑李叔同是康梁同党，为了避祸，10月，他随同母亲离津南下至上海。11月，加入许幻园、袁希濂等组织的城南文社，研讨宋儒理学与诗赋。许幻园是上海当时新学界的领袖，创办学会设奖征文。李叔同撰文应征三次都得了第一名，许十分钦佩他的文才。次年春，许邀请他把家迁入城南草堂，李叔

---

　　①　李叔同因为害怕为名所累，出家后便随手签署，故此别署很多。
　　②　上海弘一大师周年纪念会：《弘一大师咏怀录》，弘化社1941年版，第8页。
　　③　林子青：《弘一大师年谱》，中日文化协会上海分会1944年版，第10页。

同遂与许幻园、袁希濂、张小楼、蔡小香常在一起吟歌赋、作诗词,结下金兰盟谊,成为文坛好友。

1900年3月,李叔同与常熟乌目山僧黄宗仰、上海名画家任伯年、书法家高邕之等,组织了上海书画公会,每周出版一张书画报。同年,李叔同将其所藏名刻与自己刻的印章,编辑出版一本《李庐印谱》。冬天,又编辑出版了他的诗作集《李庐诗钟》。他的诗画、金石出众一时,颇负声誉。

1901年,李叔同遵从母命入南洋公学肄业,改名成蹊,读经济特科,是蔡元培门下的高足;课余兼任一家报社编辑。1904年,李叔同毕业后,与穆恕斋等在上海南市组设"沪学会",宣传讲究卫生和移风易俗、广开风气等,并提倡办学堂,培养人才,想以此使国家独立富强。

1905年秋,李叔同奉母携家眷回到天津,不久母亲病故。李叔同返回上海后以自费留日。至东京,进上野美术专门学校,学习西欧油画,并去音乐学校兼习钢琴;又主编出版《音乐小杂志》,寄回上海发行。他学习十分用功,成绩优秀。对音乐用功最勤,认为"乐律与演奏皆非长期炼修,无由适度"①。

李叔同目击日本政治进步和国家复兴,受到强烈的刺激,决心投入革命,1906年加入了同盟会。同年在日本戏剧家藤泽浅二郎的帮助和指导下,与曾孝谷、李道衡、吴我尊等,发起组织"春柳社",演出话剧。1907年春,在东京演出据法国小仲马小说改编的话剧《茶花女》,李叔同扮演女主角玛格丽特,受到日本戏剧界的好评。接着又演出根据美国斯托夫人小说改编的话剧《黑奴吁天录》,也是扮演女主角。他还扮演过一些独幕剧中的角色,名噪一时。"春柳社"的艺术作风十分严肃,开创了中国话剧运动的新风。然而不久,他对戏剧的兴趣逐渐淡薄,不再参加"春柳社"的活动,而专心致力于钢琴与油画,尤善作图案画。

---

① 夏丏尊:《清凉歌集序》,《清凉歌集》,开明书店1936年版。

　　1910年，李叔同从日本毕业回国，在天津任模范工业学堂图画教习。次年因家产为票号所倒，几乎破产。乃于春天至上海，任城东女学音乐教习。3月，他加入"南社"，参加愚园雅集，与柳亚子、苏曼殊等用诗文宣扬民族主义思想，举起反清革命文学的旗帜，提倡民族气节，以文学鼓吹革命。辛亥革命胜利后，李叔同填《满江红》词："双手裂开鼷鼠胆，寸金铸出民权脑，算此生，不负是男儿，头颅好。""从今看，一担好山河，英雄造。"①字里行间可看出李叔同对中国的未来抱着无限希望。

　　1912年春，陈其美、叶楚伧等在上海创办《太平洋报》，李叔同任文艺广告编辑，兼主编副刊画报。与此同时，他与柳亚子等创办"文美会"，并主编《文美杂志》，刊印会员所作书画及印章拓本在内部传观。数月后，《太平洋报》社因负债停刊，文美社杂志也随即解体。

　　《太平洋报》停刊后，李叔同于同年秋转至杭州，任浙江两级师范学校（次年改名浙江省立第一师范学校）音乐、美术教员，与夏丏尊、姜丹书、马叙伦等同事。他在该校特设的图画手工专修科任教七年，对学生严格要求，培养了一批美术、音乐人才。他的画讲究整体，水彩画简笔雄健，油画擅长西欧秦比亚诺画，略带印象派色彩。他的音乐创作以作词配曲为主，歌词典雅，作有《春游》、《送别》等数十首。同时热情介绍西欧音乐，是最早在中国传播西洋音乐的人。对中国近代音乐、美术教育作出了一定贡献②。著名画家丰子恺、音乐家刘质平等都是他的学生。他又于1915年在南京高等师范学校（后名东南大学）兼图画教师，假日组设"宁社"，借佛寺陈列古书字画金石。

　　李叔同的家庭信奉佛教，家里常作佛事，他从小就受到佛教的影响。七八岁时，跟着家里的人背诵《大悲咒》和《往生咒》，常唱"人生犹似西山日，富贵终如草上霜"③之句。成年后，他又叹息自己"堕地苦

---

①　林子青：《弘一大师年谱》，中日文化协会上海分会1944年版，第39页。

②　丰子恺：《回忆李叔同先生》，《天津日报》1956年10月6日。

③　上海弘一大师周年纪念会：《弘一大师咏怀录》，第23—24页、94页。

晚,又撄尘劳","言属心声,乃多哀怨"①。其母逝世后,"益觉四大非我,身为苦本"②,曾谓"眼界大千皆泪海"③。在北洋军阀袁世凯的反动统治下,他更加苦闷,十分悲观。1915年开始阅读宋元理学和道家的书,信仰道教,从此更加多愁善感,产生了"众生无常"的思想。

1916年冬,李叔同经夏丏尊介绍,从日本杂志上看到"断食修养法",就于寒假去杭州虎跑大慈寺试验断食三星期。这时,李叔同受理学家马一浮的启发,舍道信佛。次年1月,李叔同入虎跑大慈寺拜老和尚了悟为皈依师,作为在家弟子,受居士戒。回到学校后他开始素食,带念珠,供佛像,读佛经,1918年8月,正式入虎跑大慈寺削发出家,从此结束了他前半生文艺艺家的生涯。他皈依法师了悟和尚为剃度,法名演音,号弘一。马一浮赠他《灵峰毗尼事义集要》和《宝华传戒正范》。李叔同发愿学戒,9月,在灵隐寺受戒。

李叔同出家后,抛却了他爱好的文学艺术,常在杭州、永嘉、上虞等地佛寺学律,逢人赠法语,劝人念佛经。他自己一心学佛,崇奉佛教净土宗。1920年他居住新城贝山(新城一名新登,今属浙江富阳),借到《弘教律藏》三帙,并求得《南山戒疏》和《羯磨疏》等,便开始改修南山律宗,将其摘要列表编纂,1924年在永宁下寮完成《四分律比丘戒相表记》。

1927年春,北伐军打到杭州。有人谣传革命政府要封闭寺院,驱逐僧众。正在杭州的李叔同得知这一消息,立即请当时在北伐军中的他的学生宣中华、徐白民等,交谈关于保护寺庙的问题。共产党员宣中华讲了革命政府对宗教的保护政策后,他的疑虑顿时冰释。事后,他还写信给蔡元培等,提出对佛教的改革建议。

1928年秋,李叔同由温州至上海,与丰子恺等商订《护生画集》的

---

① 林子青:《弘一大师年谱》,第13页。
② 容天圻:《弘一法师李叔同》,台北《传记文学》第7卷第5期,第59页。
③ 林子青:《弘一大师年谱》,第18页。

编辑工作。事后听说尤惜阴、谢国梁欲往暹罗(今泰国),遂结伴前往。行至福建厦门,为僧俗所阻,当即留居南普陀寺,常往来于泉州南安小雪峰。次年4月,他经福州云游杭州,在鼓山发现清初刻本《华严疏论纂要》,到杭州后加以整理翻印,10月重返厦门南普陀。1930年4月,李叔同再去浙江上虞白马湖,圈点《南山钞记》,致力于对华严宗的研究。1931年2月,在白马湖法界寺发愿专学南山律。1932年11月,他重返厦门妙积寺,此后即芒鞋藜杖,游方于厦门、泉州各地讲律。1933年秋,他在泉州继续圈点《南山钞记》,编撰《南山道宣律祖略谱》,续编《戒本羯磨随讲别录》。次年,他在南普陀创办佛教养正院,并在那里任教,培养青年佛徒。

　　1937年初夏,李叔同应邀去青岛湛山讲律。7月,卢沟桥事变后,他激于民族义愤,说:"吾人所吃的是中华之粟,所饮的是温陵之水,身为佛子,于此之时不能共纾国难于万一","自揣不如一支狗子"①。回到厦门后,他到处书写"念佛不忘救国,救国不忘念佛"②送人,勉励佛徒对宗教和国家二者应有同样深的爱护热忱,并表示"以护法故,不怕炮弹"。在所居处题"殉教堂"三字,决心以流血殉③。1938年5月厦门沦陷之后,他拒绝了朋友劝他去大后方的劝告,仍在泉州、惠安、漳州等地讲经说法。他的好友柳亚子针对他的消极态度赠诗道:"闭关谢尘网,吾意嫌消极;愿持铁禅杖,打杀卖国贼。"④李不以为忤,仍然继续讲经辑律,或闭关潜息。

　　李叔同出家后埋名遁世,专心从事佛学南山律的编撰宣讲活动。编撰有《寒茄集》、《四分律比丘相表记》、《南山律在家备览略编》、《南山律宗传承史》及《南山律文集》等佛学著作十余种。在佛门宗下属净土

　　①　上海弘一大师周年纪念会:《弘一大师咏怀录》,第251页。
　　②　上海弘一大师周年纪念会:《弘一大师咏怀录》,第53—54页。
　　③　林子青:《弘一大师年谱》,第166页。
　　④　林子青:《弘一大师年谱》,第189页。

兼律宗,对佛学律宗的贡献很大,为中国近代佛教律宗的代表人物,被佛门称为"重兴南山律宗第十一代祖师"。

1942年10月13日,李叔同圆寂于福建泉州温陵养老院。

李　四　光

娄献阁

李四光，原名仲揆，英文名 J. S. Lee，1889 年 10 月 26 日（光绪十五年十月初三）生于湖北黄冈回龙山镇下张家湾一个贫寒的农村塾师家里。祖父库里为蒙古族人，祖母汉人，父亲改姓李，名卓侯，字康爵。祖父和父亲均为塾师。父亲同黄冈革命党人吴贡三、殷子衡来往密切，曾为吴写的反清小册子《孔孟心肝》润色过文字。1906 年革命党人萍浏醴起义失败后，受牵连而逃往安徽躲避。

1894 年，五岁的李四光开始入私塾读书。1902 年冬，十四岁的李四光考入武昌西路高等小学堂（又称第二高等小学堂）。报名时因紧张错把姓名栏当成年龄栏，写了一个"十四"发现后他机灵地改成李四光。第二小学学生全部寄宿，伙食、服装、用品等由学堂供给。李在这里学中文、算术、历史、地理、自然科学等几门功课，成绩始终名列前茅。

1904 年 7 月，李四光因优异成绩被破格选送日本留学。他在日本先入弘文学院普通科学日文和数理化，1907 年又考入大阪高等工业学校舶用机关（船用机械）专业。虽然专业课程繁重，有数学、物理、无机化学、力学、材料强弱论、舶用机关、制图、冶金、造船、电气功等将近二十门功课，但他集中精力于主课，取得了较好的成绩。留日期间，李四光关心政治，同革命党人宋教仁、马君武来往密切，并由孙中山监督成为第一批同盟会会员。

1910 年 7 月，李四光从大阪高等工业学校毕业，回到武汉，被派往武昌花林湖北中等工业学堂当教员，兼日籍理化教员的翻译、学校附设工场负责人。1911年9月，李在北京参加游日学生考试，结果被列为最优等，获"工科进士"称号。

10月10日武昌起义爆发，李四光迅速返回武昌，被委为湖北军政府理财部参议。在战事吃紧之际，李四光组织码头工人和人力车夫运送军火，支援前线。民国建立后，李四光被任命为南京临时政府特派汉口建筑筹备员，后又任同盟会湖北支部书记。2月，被选为湖北军政府实业部长，实业部改为实业司，仍任司长，负责全省农林工商矿的一切行政事务。李四光拟订一个振兴实业的计划，设法使原有企业恢复生产和营业，并在实业司下分设立了农事试验场、全省模范林事试验所等十多个附属单位，使湖北各项出现生机。

1912年4月，袁世凯继任临时大总统，黎元洪亦在湖北打击、排挤革命党人。7月，李四光以"鄂中财政奇绌，办事棘手"为由迭次提出辞职。1913年7月由临时稽勋局资送英国留学，先入英国伯明翰大学预科，补习英语和数理化，后转大学采矿科，1915年又转入地质系，在地质学家包尔顿（W. S. Boulton）教授指导下学习，并与威尔士（L. J. Wills）等教师来往密切。学习期间，正值第一次世界大战爆发，生活条件十分艰苦，李四光假期总到矿山去做临时工，赚取些生活费。1917年，通过了学士考试，1918年又以论文《中国之地质》获得硕士学位。毕业后，为获得更多英国矿山的实地知识，李四光到康卫尔锡矿工作，又去欧洲大陆做地质考察。1920年，李四光应巴黎留法勤工俭学会之邀作《现代繁荣与炭》的讲演，说明研究能源的重要，鼓励留法同学为祖国建设而努力。

1920年秋，李四光任北京大学地质系教授，主讲岩石学、矿物学和地质测量及构造地质学等课程。李四光讲课认真，还常带学生到野外实习，采集标本，做地质调查。为解决实验和地质旅行费，他多次与校长蔡元培协商，通过了有关议案。在北大期间，李四光先后担任全校庶务、财务、聘任等委员会委员。1922年被选为学校决策机构评议会评议员。同年，中国地质学会成立，李四光被选为副会长。

　　李四光结合教学大力进行科学研究。1920 年秋,他带领学生到河北省六河沟煤矿实习,采集了很多石炭二叠纪含有的微体古生物科化石标本,对此做系统研究,于 1923 年 1 月提出了《䗴蜗鉴定法》,一年后又写出《䗴蜗的新名词描述》、《山西东北平定盆地之䗴蜗》、《葛氏䗴蜗及其在䗴蜗族进化程序上之位置》三篇文章。通过对大量科化石的鉴定、研究,李四光创立了䗴科鉴定十条标准,定出包尔顿、丁文江、翁文灏等二十多个新属,并解决含煤地层的时代划分问题。1927 年,李四光的第一部科学专著《中国北部之䗴科》,是中国地质调查所出版,后伯明翰大学据此特授予他自然科学博士学位。

　　1922 年,在南北军阀的混战、国会及法统之争时,李四光和丁燮林、王世杰等六位北大教授在《太平洋》杂志上发表《分治与统一商榷书》,指出时局的解决依靠的"仍是实力派",提出"分治的统一"方案。1925 年五卅运动中,北大成立沪案后援会,李四光被推选为委员及临时干事。9 月,李四光作为北大的代表参加苏联科学院成立二百周年纪念会。李四光有强烈的民族情感,曾先后发表《黄种人还有生存的余地么?》、《国防与北防》等文,指出中国的"一线生机,还是在我们的民族,在家打起精神举起锄头向前挖去"。在此前后,李四光曾卷进北京女师大学潮,成为拥杨荫榆攻入女师大的"三勇士之一",受到鲁迅的批评。

　　1927 年冬,应蔡元培之邀,李四光南下上海筹组中央研究院地质研究所。1928 年 1 月,地质研究所在上海成立,李四光任所长(仍兼任北京大学地质系主任、教授)。李四光提出,地质研究所"应特别注重讨论地质学上之重要理论",以"解决地质学上之专门问题,而不以获得及鉴别资料为满足"。同时,重视实地调查,尽可能地完成各公司机关委托的有关问题。李四光为研究所的房屋、图书、仪器花费大量心血,又尽量发挥研究人员的专长,把他们分配在不同的专业岗位上。同年,李参加武汉大学的筹备工作,任新校舍建筑设备委员会委员长。1929 年在中国地质学会第六次年会上,李四光被推选为会长。这一时期他对东亚地质构造进行探讨,同年发表了《东亚一些构造型式及其对大陆运动问题的意义》,明确地提出了"构造型式"的概念,指出东亚地质构造共有七种型式,其中"山字形可能是发育最广泛,最容易认识,也是对地壳运动的研究最有用的"。

早在 20 年代,李四光就发现了河北沙河和山西大同等地的冰川痕迹,并将考察结果发表于英国《地质杂志》,引起国内外专家的争论。30年代,李四光多次在庐山考察,发现许多冰川遗迹,确定庐山为"中国第四纪冰川的典型地"。1933 年 11 月,李四光在中国地质学会第十次年会上,作《扬子江流域之第四纪冰期》的讲演,详细论述了庐山的地区冰川遗迹,使一些中外专家感到惊讶。1934 年春,李四光与丁文江、翁文灏、巴尔博(C. B. Barbour)、诺林(E. Norin)、德日进(Teihard de Chardin)等学者到庐山查看,李就冰川遗迹一一做了讲述,但一些外国学者仍然固持己见,认为这只是融冻泥流。后来李四光在江浙一带发现更多的冰川遗迹,1936 年在黄山考察,发现了冰川的确凿证据,并写成《安徽黄山第四纪冰川现象》一文,得到外国冰川学家时在南京大学教书的费思曼(H. V. Wissinann)教授的肯定。1937 年,李四光撰成专著《冰期之庐山》,全面系统地论述了庐山地区的第四纪冰川遗迹,为我国第四纪冰川地质研究作出了范例。

李四光富有正义感及爱国心,他对李大钊"铁肩担道义"的精神十分佩服,1933 年春曾参加捐款为其公葬。同年秋,又将新鉴定出来的一个筳科新属定名杨铨筳,以纪念被国民党特务暗杀的杨铨。1934年,李四光在武汉大学作学术讲演,一次讲庐山冰川,另一次讲《东亚恐慌中中国煤铁供给问题》,开首就说"今天要谈的不是一般的供给问题,而是中国在日本人侵略之下,中国自身供给煤铁问题",指出日本占领了东三省后,"倘山西一带煤田落入日本人之手,则吾国工业之前途,可想而知矣",更指出日本人已实际控制了中国百分之九十以上的铁矿,呼吁"国人早日醒悟,急起图之",表达了对国家前途和民族命运的关切与忧虑。1935 年,李在英国伦敦、剑桥、伯明翰等八所大学讲《中国地质学》，为了回敬英帝国主义对西藏主权的挑衅，第一讲就从西藏高原讲起。讲稿经整理修改后，在伦敦出版。

抗日战争初期，蒋介石在庐山召集谈话会，李四光看透了蒋介石、汪精卫等国民党领袖的所作所为，拒绝参加。不久，地质研究所内迁桂林，决定今后以鄂西、湘西、广西为工作范围，除研究地质构造外，特别注重矿产资源的寻找和开发，并关心广西各个方面的开发建设。广西省政府与中央研究所合办的桂林科学实验馆，作为"研究解决广西省建设上实际问题之实验及设计机关"，李四光参与筹备并任馆长；参加广西建设研究会，成为该会经济部和文化部研究员，后又被推举为广西建设研究会名誉会长。1939 年 9 月，李四光发表了《建设广西的几个基本问题之商榷》一文，检讨此前国民政府建设的方针上的错误，指出各种物质建设既没有使一般民众受益，也没有增强整个国家民族的力量，但"事到今天，怪甲怪乙，终无用处。我们只有一德一心，认清目标，往前干去"。李四光指出建设广西的重要性，而抗日战争期间广西的防御设施"决不可以地方建设事业看待"，而应该"当作整个国防上重大问题，作有效的处置"。同时，李四光在文章中，对广西建设的土壤保存、肥料供给问题、燃料和动力问题、粮食问题、教育问题作了具体的说明。

1939 年，李四光被任命为湖北省临时参议会副议长，但他对此没甚兴趣，只主持 1940 年参议会的一半议程，便离会去湘西考查冰川遗迹，遂后力辞该职。1941 年夏，李为躲日机轰炸和蒋介石抓他的传言，暂时避居架桥岭清平乡，在这里草拟了《山字型构造之实验理论和研究》等重要著作。同年秋，与孙殿卿等至赣西、闽西、粤北考察地质，1942 年又与邓玉书等到资兴等地考查，取得了不少调查资料。3 月，中国地质学会第十八次年会和二十周年纪念，会上公认李四光是"地质界的楷模"，授予他第二届"丁文江先生纪念奖金"。

1944 年夏，日军侵犯广西，李四光及地质研究所再次迁移，7 月在贵阳万松阁设所办事处，着手考察这一带地质及第四纪冰川遗迹。11

月，地质研究所再迁重庆，用小龙坎四川地质调查所房屋安顿下来，由于事务繁忙，李四光请俞建章代理所长。1945 年 1 月蔡元培诞辰纪念，李四光作《从地质力学观点看中国山脉之形成》的学术讲演。这年四五月间，在重庆大学和中央大学联合举行的报告会上，李四光系统地讲述了他二十多年来悉心研究的地质力学，1947 年 1 月，中华书局作为中国科学社丛书之一出版发行。这本书包括序言、概说、应变应力与弹性柔性等六大部分。这是李四光第一次总结地质力学这门学科，对地质力学这门科学的建立，"具有里程碑的意义"。

报告会后不久，李四光心脏病发作，卧床一段时间，后由夫人陪同去北碚休养。8 月 15 日，日本投降，李非常高兴，决定派赵金科先回南京探看，准备把地质研究所迁回南京。11 月，李四光离重庆，没在南京停留，在上海、杭州两地休养看病，期间撰写了《关于"震旦运动"及华夏式新华夏式构造线三个名词》一文。1948 年 2 月，李四光赴伦敦参加第十八届国际地质学会，在 8 月下旬的正式会议上宣读论文《新华夏海的起源》，阐明了产生新华夏海的主要应力性质及构造运动的类型问题。会后，他继续留在英国静养并观察国际国内形势。1949 年元旦国民政府迁至广州，并令各机关南迁，地质研究所被通知迁到广州中山大学。由于李四光的力阻和地质研究所留京同人的努力，取得反搬迁斗争的胜利。4 月初，郭沫若出席布拉格世界维护和平大会，给李四光带去一封信，希望他早日回国。接到郭沫若的来信后，李四光马上订好了回国的船票，因国民政府驻英大使馆阻挠，改道巴塞尔，于 1950 年 4 月回到国内。

1950 年 5 月，李四光在北京受到周恩来总理和其他党政领导的欢迎，出任中国科学院副院长，并参加政协第一届全国委员第二次会议及第一次中国科学院院务扩大会议，在高教会议上受到毛泽东主席的接见。李四光在组织地质工作方面花费了大量心血，于 9 月组成地质工作计划指导委员会，1952 年 8 月又出任地质部部长。1954 年 12 月，李四光被选为全国政协副主席。1956 年 12 月，李四光加入中国共产党。

　　解放后,李四光不懈坚持地质科学研究,接连发表《受了歪曲的亚洲大陆》(1951年)、《地质构造的三重基本概念》(1953年)、《旋转构造与中国西北部大地构造体系及其他构造体系复合问题》(1954年)、《地壳运动问题(讨论提纲)》(1955年)等文章。1959年1月,李四光开始写《地质力学概论》,并于1962年初完成这部地质力学方面的代表作。

　　李四光十分重视石油地质普查工作,对新中国石油开发方面有极大的贡献。1953年12月,毛泽东、周恩来请李四光谈石油问题,李四光不同意中国贫油论,认为中国石油地下蕴藏量很大。1954年初,地质部成立了由李四光任主任的石油普查委员会,参加石油普查工作,组成新疆、柴达木、鄂尔多斯、四川、华北五个石油普查大队,后又组织松辽平原石油踏勘组。1956年3月,由地质部、石油部、中国科学院联合成立全国石油普查委员会,李四光担任主任委员,他对石油普查有许多具体意见。1959年大庆油田、1962年胜利油田的发现,均和李四光的指导分不开。他还为新疆、西藏、四川、陕北、茂明、北部湾、东海石油远景规划指明方向。

　　李四光晚年还把地震预报台工作时时放在心上。1953年,中国科学院成立地震工作委员会,李四光任主任委员。1966年邢台地震后,他立即派出地震地质考查大队,并不顾身患重病亲赴震区指导工作。1969年渤海地震后,中央决定成立地震工作领导小组,由李四光任组长。他对地震预报充满信心,直到逝世前一天还对医生说:"只要再给我半年时间,地震预报的探索工作,就会看到结果的。"

　　1971年4月29日,李四光因动脉肿瘤破裂,在北京医院逝世。

主要参考资料

　　北大六教授:《分治与统一商榷书》,《太平洋》第3卷第7期(1922年)。

李四光:《李四光全集》第 8 卷,湖北人民出版社 1996 年版。

马胜云等编著:《李四光年谱》,地质出版社 1999 年版。

陈群等编著:《李四光传》,人民出版社 2009 年版。

李燮和

萧栋梁

李燮和,原名柱中,派号代钧,湖南安化蓝田镇(今属涟源市)人。1873 年 11 月 16 日(清同治十二年九月二十七日)生于一个小康之家。李燮和幼读私塾,继补县学生员,又就学长沙求实书院,受到维新和反清思潮影响,忿恨清政不纲,痛心外侮频仍,因而常与会党及忧时志士交游。1904 年(光绪三十年),约集同志立"黄汉会",由六人发展到省内各地,浸及赣西。旋参加黄兴、陈天华等组织的华兴会,黄汉会遂成为华兴会的外围组织。华兴会以运动军队为主,与谋长沙起义。事泄失败后,于 1905 年隐身于宝庆学堂任教员。又与谭人凤、刘德佩、唐鉴招集被湖南巡抚俞廉三镇压的贺金声余部,密谋在宝庆起事,进窥长沙,因事机泄露,以致百余人牺牲,李幸免于难。1906 年任安化驻省师范学堂教员,招集党人谋在长沙起义,又被湖南巡抚庞鸿书侦知,幸得友人告之才避走上海,结识陶成章,与谈天下事,极为投洽,加入光复会。不久,因国内无法立足而东渡日本,进警官学校学习,并由黄兴介绍加入同盟会。

1906 年冬,姜守旦、龚春台领导的萍浏醴起义爆发,李燮和回国响应,刚到上海闻起义受挫,即潜入江宁,谋刺两江总督端方,以为声援。事败,端方悬赏购缉,李即遁入上海。后因追捕甚紧,乃沪去香港,期与黄兴商量今后大计。因黄赴东京,未能晤面。得冯自由劝说,暂避海外,待机而动。1907 年 2 月,经冯自由介绍,去南洋荷属爪哇岛榜甲(邦加)府槟港中华学堂和双溪、烈埠、启智学堂任教三年,深得华侨信任。在槟港创设中华会馆,建立同盟会分会。又周游爪哇全境及英属新加坡、缅甸,创设爪哇全境同盟会分会,招集国内志士前往担任报馆主笔和学校教员者百数十人。

1909年7月,李燮和与华侨林亚华结婚。同年9月,陶成章到南洋筹措经费,因与孙中山意见不洽,邀李燮和等共同上书同盟会东京总部,指责孙中山,要求改选黄兴为总理,受到总部黄兴等人抵制。于是李等商议恢复光复会。1910年1月,光复会总部在日本东京重新建立,推章炳麟、陶成章为正、副会长,李任南部执行员,负责南洋会务。后黄兴至南洋,力劝李"捐除意见,同任艰巨",他示同意。同年11月13日,孙中山到槟榔屿庇能召集黄兴、赵声、胡汉民及李燮和等南洋各埠代表会议,议定广州举义及筹款方法。会后,李向荷属侨胞积极筹款达三万余元。次年2月,李偕陈方度等到香港,与黄兴会商广州起义。旋与陈方度、柳聘农、胡国良、黄一欧等先入广州,准备参加起义。及起义失败,他得湘人夏寿华等协助,掩护脱险,到达香港。旋与陶成章赴上海,借教学进行反清活动,于锐进学社设立光复分会机关,李任总干事,联络淞沪各地湘籍防营官兵,准备起义。

1911年10月武昌起义爆发后,李急电南洋捐输助饷银一万元,加紧联络军学各界响应武昌起义,完成上海起义准备工作。李被黎元洪委为长江下游招讨使,与同盟会陈其美等策划上海起义。他加紧联络防营,策动吴淞巡官湘乡人黄汉湘、上海闸北巡逻队队官陈汉钦、水师教练官龚泽第、巡防营管带章豹文及江南制造局附近的炮兵弁卒等,在吴淞、闸北起义。李燮和还串通海盐巡捕营统领朱廷燎、巡警区长杨承溥、清济军统带黎天才等做光复军内应。11月3日,陈其美率敢死队进攻江南制造局,为守军所俘,李闻讯立即率闸北军警赴援,市民亦纷纷助战,遂克制造局,救出陈其美。上海光复,李被各防军推为临时总司令,移驻制造局。时黄兴在武汉复函称:"沪事如何进取,乞酌裁主持。"未几,吴淞旋亦底定。11月6日,沪军都督府成立,绅商各界多属意陈其美为都督。及吴淞军政分府成立,李任都督,将广东调来上海协防的济军黎天才部两千余人编为光复军,李任光复军总司令,黄汉湘为副司令,准备北伐和西征。

淞沪光复后,苏州、镇江、杭州等地相继反正,苏、浙共组联军,推徐绍桢为总司令,会攻南京。李燮和派黎天才劲旅驰援。10 月 12 日攻克南京后,闻张勋逃遁,李即自吴淞率军北上,分兵截击张部于浦口。因武汉战事失利,黄兴至上海,促苏浙联军西援,李被推为援鄂军总司令,以黎天才为统制,克日西征。

1912 年元旦,南京临时政府成立,孙中山任临时大总统,欲谋北伐,李燮和被任为光复军北伐总司令。同年 2 月,南北和议达成,袁世凯任临时大总统,李即向孙中山"自请辞职","栖息回里","枕书抱膝",孙中山批复照准,温词慰勉。4 月中旬,李被南京留守黄兴委为长江水师总司令,节制湖南、湖北、江西、安徽、江苏各水师,驻节安徽采石矶。未几,李举黄汉湘自代,辞职归里,妻子亦于是年归国与之团聚。

1913 年 3 月,宋教仁被刺后,李燮和由湖南经上海、南京至北京,以调和南北自任,后闲居北京,失意穷困。1915 年,袁世凯阴谋复辟帝制,李在杨度巧言邀约下,与胡瑛等列名发起筹安会,暗中又帮助蔡锷潜出北京。1916 年袁世凯死后,李愧见故人,退隐家园,不闻政事。1922 年应岳父母之召,携全家去荷属榜甲(邦加)与岳父母相聚。1923 年,单身返回故里。

1927 年 8 月 16 日李燮和病殁。

主要参考资料

冯自由:《光复军总司令李燮和》,《革命逸史》第 2 集,中华书局1981 年版,第 234—237 页。

余焕东:《李燮和沪宁革命之经过》,中国人民政治协商会议全国委员会文史资料研究委员会编《辛亥革命回忆录》(四),中华书局 1962

年版。

　　李兴潇、李兴藻:《李燮和生平》,中国人民政治协商会议湖南省
委员会文史资料研究委员会编《湖南文史资料选辑》第 15 辑,1982
年版。

李 延 年

王家鼎

李延年，字吉甫，山东广饶人。1904 年 3 月 11 日（清光绪三十年正月二十五日）出生于一个地主家庭。父亲李之权是个熟读孔孟经书的乡绅。李延年十岁入本村初等小学，继入邻村刘集振华高等小学堂就读，1920 年 9 月，考入济南山东公立商业专门学校附设甲种商业讲习科读书。此时，国民党人王乐平在济南创办"齐鲁书社"，宣传进步文化思想，李延年常与这个书社接近。

1924 年春，王乐平在广州出席国民党"一大"后，回济南为黄埔军校秘密招生。李延年闻讯，弃学潜赴上海应试，被录取入黄埔军校第一期，同年 11 月结业，任教导团排长。1925 年 2 月，李延年参加第一次东征讨伐陈炯明，充任教导团第八连连长；10 月又参加第二次东征，攻打惠州城，旋班师广州，升任国民革命军第一军第二师第四团第三营营长。

1926 年 7 月，国民革命军誓师北伐。8 月中旬，李延年所在的第二师紧随第八军唐生智部从长沙沿粤汉线北上，李延年营参加了汀泗桥战斗和武汉之役。9 月下旬，北伐军三路攻入江西，李延年营属东路军左翼军序列。11 月江西底定后，李升任第二师第四团中校团附。1927 年 1 月，李部随东路军第三纵队进入浙江，李升任第五团团长。3 月下旬，北伐军抵达南京、上海，第二师布防宁沪线上，李团驻守丹阳。

8 月，孙传芳部强渡长江占据龙潭，威胁南京。李延年团奉调驰援，奋力堵击，全团兵员伤亡过半，仍坚持不退。11 月，该团与直鲁联军鏖战于临淮关,受敌三面包围,死守三昼夜,终于突破重围,守住阵地。李延年因战功晋升为少将团长。1928 年 4 月底,蒋介石率第一集团军三十余万人北伐到达济南。日军出兵干涉,制造了"五三"惨案。蒋介石作出屈辱忍让的决策,令李延年团和邓殷藩团"留守"济南做掩护,大军则撤出绕道北上。李延年部扼守济南旧城,与攻城日军福田彦助第六师团激战逾三昼夜,伤亡几达三分之二,仍坚守旧城。5 月 11 日,李奉令突围而出,掩护后撤的一个排全部殉难。李延年此举备受蒋介石赏识,战后晋升第二师副师长。

蒋介石占据平津后,实施军队"整编",李延年任蒋鼎文第九师第二十六旅旅长,移驻江苏新安镇。翌年,他率部随蒋鼎文开赴武汉参加讨伐桂系的战争,后又参加讨伐石友三的战争。1930 年 5 月中原大战爆发,李部随第九师属平汉线何成濬第三军团,进抵杞县,攻取兰封。1931 年初,李延年调任陆海空军总司令部攻城旅旅长。同年 6 月国民党政府成立警卫军,李调任警卫军第二师副师长。1932 年初,警卫军第二师改编为八十八师,李任副师长,驻防沪杭线上。

是年"一二八"淞沪抗战爆发后,李延年列名于八十八师师长俞济时领衔发表的"团结御侮,请命杀敌"通电,赴沪参战,并于 2 月 18 日接替江湾、庙行一带的十九路军防务。20 日拂晓,李部与来犯日军激战达两昼夜,大挫敌锋。22 日,李部在友军支援下再次包围、击退来犯之敌,为沪战中的最佳战绩。5 月 5 日《淞沪停战协定》签字后,李延年由蒋鼎文保荐,接任第九师师长,驻浙江嘉善。嗣后李率第九师移防徐州,7 月李就任徐州警备司令。

1933 年 2 月,李延年第九师开赴江西,参加对中央苏区第四次"围剿",编入陈诚指挥的中路军序列,与陈诚嫡系第十一师交相掩护,南犯广昌。3 月 21 日,红军在草台岗地区一举围歼了第十一师,李延年在东陂企图增援,遭到红军阻击,被歼一个团,仓皇北逃。同年秋,李又参加第五次"围剿",衔北路军前敌总指挥陈诚之命,率第九师第二十六旅前往大雄关地区与红军激战,于 11 月 20 日进占党口。

这时,十九路军在福建揭橥抗日反蒋旗帜,成立"福建人民革命政府"。蒋介石急调嫡系部队十个师入闽"讨伐"。李延年第九师奉命由赣东开进闽北建阳、建瓯集结,旋会同第三师李玉堂部沿闽江北岸东进。李延年探知水口守军内部空虚,遂以一个团的兵力一举攻占水口。1934年2月初,李延年率第九师和第三师占领福州。

蒋介石镇压"闽变"后,又命所部转入对苏区继续"围剿"。3月,李延年任东路军第二路军第四纵队指挥官,辖第三、九、八十三、三十六各师,从漳州、龙岩向上杭、新泉、连城一带推进,半年间修筑大量碉堡、公路,准备进攻闽西苏区。9月1日,李延年令第三师第八旅自朋口进犯白衣洋岭山麓温坊地区,突被红军重重包围,全旅覆没。3日,李延年率第九师再举进犯,又被歼一个团,因而受到蒋介石申斥。27日,李指挥三十六师攻占白衣洋岭主阵地。10月上旬进占长汀。此时红军主力已撤离中央苏区北上,开始长征。

1935年春,"剿匪"东路军总司令部更名驻闽绥靖主任公署,李延年任驻闽绥靖第三区司令官兼第九师师长,驻泉州。他大量收编泉、漳两属地方武装,竭力推行"清乡",镇压在闽南坚持游击战争的红军部队。旋兼任驻闽绥靖第四区司令官,驻福州。

1937年"八一三"上海抗战爆发后,李延年率第九师开赴上海,参加左翼军刘行、罗店一线对日作战,隶属第十九集团军序列。11月10日,左翼军退守吴(县)福(山)防线。此时李延年已晋升为第二军长兼第九师长,率部撤往芜湖,旋开汉口整补。1938年5月,李延年第二军在台儿庄以东地区对日作战,中旬奉命突围,经亳州撤往漯河整训。6月初,李部担负郾城至漯河一带守备,开封失守后转赴湖北花园、孝感集结。8月,李延年升任第十一军团长兼第二军长。9月,率甘丽初军及第九、五十七、六十一各师在田家镇要塞与日军激战。11月,李率第二军调衡阳,是年底开赴四川秀山整训并绥靖地方。

1939年11月,日军为切断越桂间国际交通线,自广西钦州、龙门港登陆,占领南宁后以3万重兵守卫南宁北昆仑关要隘。军事委员会桂林行营遂组织 27 个师的兵力,发动昆仑关战役。第二军奉命抵达迁江,在宾阳以东布防。12 月 18 日,杜聿明第五军发起总攻,经旬日激战,所部郑洞国荣誉师伤亡殆尽。1940 年 1 月 7 日,李延年率第九师奉命接替荣誉师投入一线战斗。李又指挥第二军猛攻侧翼九塘,击毙敌旅团长中村,在苏联空军十八架轰炸机配合下一举攻占昆仑关①。下旬,日军大举增援,昆仑关得而复失。2 月 2 日宾阳失守,李延年率第二军移驻湖北宜昌。

同年 5 月,李延年任长江上游江防总司令部副总司令兼第二军军长,指挥所属第二、九十四、十八各军攻占宜昌,6 月 14 日西撤鄂西建始整训。9 月下旬,为策应长沙会战,李部再次攻击宜昌,10 月 8 日一部突入宜昌,因敌投放烈性毒气,遂退出。入冬后李部转移重庆附近永川,翌年春移防泸州。

1942 年夏,李延年调任第三十四集团军副总司令(总司令胡宗南),在大荔设陕东河防指挥部,布防大荔、朝邑、郃阳一带。1943 年秋,李升任第三十四集团军总司令。1944 年 4 月,日军发动豫湘桂战役,迅占郑州、渑池,前锋到达陕州。李延年率部东出潼关对日作战,战地扩展到灵宝、卢氏、临汝一带。

嗣后,蒋介石任命李延年为山东挺进军总司令,辖山东境内国民党各挺进纵队,不断袭击八路军抗日武装。1945 年 2 月李兼任山东省政府军事厅长,驻皖北阜阳。5 月,李延年当选为国民党第六届中央监察委员。

抗战胜利后,李延年任第十一战区副司令长官兼山东挺进军总司令,负责济南、青岛、德州等地受降、接收事宜。他命令济南等地日军"守备原防"②,一面接收、受降、整编地方游杂部队,一面与日伪合流向

---

① 陆学藩:《昆仑关战役亲历记》,中国人民政治协商会议全国委员会文史资料研究委员会编《广西文史资料选辑》第 7 辑,1978 年版。

② 《中国陆军总司令部命令》(军字第 31 号),1945 年 9 月 26 日。

解放区进攻。他诬蔑说"鲁南'奸匪'猖獗",鼓动所部"早灭匪氛"①。10月25日,他指令新编第五路军吴化文部"集中兵力与日军协同"予共军有力之打击②。11月3日,吴部自界河北犯。

国民政府于1946年2月任李延年为徐州绥靖公署副主任兼淮海指挥部指挥官。内战全面爆发后,李延年8月会同鲁南冯治安部、豫东王敬久部三路向人民解放军发动进攻。9月,李指挥七十四师等三个整编师经宿迁沿运河南犯两淮解放区。人民解放军在全歼其五个团之后,主动撤退。19日李延年进占淮阴。他沾沾自喜地吹嘘说:"有十个七十四师,就可以统一全中国。"③12月中旬,李延年率部自两淮进犯涟水。

1947年3月,国民党军因全面进攻遭到挫败,转入重点进攻陕北和山东解放区。蒋介石调汤恩伯等三个兵团开进山东。李延年接任汤恩伯第一兵团副司令官,驻临沂指挥七个整编师与人民解放军作战。5月11日,蒋军分三路北犯鲁中。李延年力主慎重,建议勿使精锐主力先头深入沂蒙山区,汤恩伯未纳此议,七十四师师长张灵甫又骄傲自负,率部冒进,深入蒙阴以东孟良崮地区,结果于16日被全部歼灭。同年秋,李延年任第二兵团司令官,兼任陆军总部徐州司令部副司令。

1948年春,国民党军被迫转入重点防御,李延年率部由豫东移驻徐州,旋改编为第九绥靖区,守备海州、连云港地区。6月,徐州"剿总"成立,李任徐州"剿总"副总司令兼第九靖绥靖区司令官。

9月,人民解放军攻占济南后,蒋介石以徐州易攻难守,决定退守淮河,命李延年固守海州战略据点。11月2日令第一○○军增防海州。4日,蒋忽而改变决策,决定在徐州决战,第一○○军中途折回。

---

①　《李延年给王洪九的信》,引自延安《解放日报》1945年11月3日。

②　延安《解放日报》1945年11月12日。

③　临沂行署出版办公室编:《孟良崮战役资料选》,山东人民出版社1980年版,第28页。

李延年抱怨说："举棋不定,亡国之征。"①6日,李延年奉命放弃海州,西撤徐州,于10日就任徐州"剿总"蚌埠指挥所主任,指挥四个军和刘汝明第八兵团守备淮河。28日徐州"剿总"刘峙抵蚌后,李延年专任第六兵团司令官,奉命率部进出淮河,占领固镇以北地区,企图解救被围于宿县双堆集地区的黄维兵团,但遭到解放军阻击,迁延半月,仍无进展。12月15日黄维兵团全部被歼。次日李延年兵团退守淮河南岸。1949年1月10日,杜聿明率领的邱清泉、李弥、孙元良三个兵团在永城东北陈官庄地区全军覆没,淮海战役结束。李延年兵团于16日炸毁淮河铁路桥梁,南撤滁县、浦口一带。

蒋介石为阻止人民解放军渡江,加强长江防线,在下野前成立京沪杭警备总司令部,命李延年充任副总司令。李积极协助总司令汤恩伯部署湖口至上海间的长江防务,率第六兵团驻浦镇、浦口,守卫南京。李视察上海至南京一线江防,在江阴要塞督令构筑沿江营据点和申港团据点。他到处鼓吹打气说："等二线兵团建成,即可反攻",要部下"放心固守"②。4月20日,人民解放军发起渡江战役,直捣南京。23日,李延年逃离南京,率部南撤杭州,就任金华指挥所主任,统一指挥第十七兵团(侯镜如部)、第七绥靖区(张世希部)、第八兵团(刘汝明部)、第九编练司令部(张雪中部)等,企图沿浙赣线继续顽抗。但此时国民党军各部只顾仓皇南逃,早已溃不成军,李延年无法控制部队。李率残部在浙南丽水碧湖附近遭到解放军游击队阻击,丢弃全部辎重行李,舍车步行,于5月中旬到达福州,旋任福州绥靖公署副主任兼第六兵团司令官。

李延年在福州面对国民党战败残局,意气消沉,以吸鸦片、打麻将

---

　　①　李以劻:《淮海战役蒋军被歼概述》,中国人民政治协商会议全国委员会文史资料研究委员会编《文史资料选辑》第21辑,中华书局1961年版。

　　②　李子亮、邹彬等:《京沪地区蒋军的江防守备及崩溃实况》,中国人民政治协商会议全国委员会文史资料研究委员会编《文史资料选辑》第65辑,文史资料出版社1979年版,第75页。

消磨时日。曾对人言:国民党"战也亡,不战也亡,这是中华民国国运问题"①。6月21日,蒋介石企图守住福建以固台湾外围,召开福州军事会议,令李延年死守福州并迅速攻占闽北重镇古田。李受命后,表示"死不足惜"。7月,李令所部向古田进攻,被解放军阻击。8月中旬,人民解放军分三路进军福州。17日全歼福州绥靖公署和第六兵团直属部队7万余人,解放福州。李延年只身乘飞机逃离,率残部防守平潭岛。9月16日解放军攻占平潭岛,李率残部撤往台湾。

李延年到台湾后,以擅自撤退的罪名,受军法审判,被判刑十年,出狱后隐居于台北市郊新店,生活贫苦,常以告贷度日②。1974年11月17日,李因病在台北去世。

---

① 李以劻:《蒋介石下野后在福州召开军事会议前后》,《文史资料选辑》第32辑,中华书局1962年版,第145页。

② 台北《传记文学》第26卷第6期;香港《大公报》1975年7月22日。

李 仪 祉

娄献阁

李仪祉,原名协,字宜之,后以仪祉通行。1882 年 2 月 20 日(清光绪八年正月初三)生于陕西蒲城县。祖业农,父亲桐轩是个廪生,曾任陕西谘议局副议长;伯父仲特曾任川汉铁路工程师,为关中有名学者。

李仪祉自幼在家读书,1889 年入塾。以后数年,除在塾读"四书"、"五经"外,还从父亲和伯父学作文和数学等。1898 年赴同州府院考,中第一名秀才。得督学叶尔闿赏识,被拔入崇实书院,和于右任同学。

崇实书院提倡新学,李在该院读过《天演论》等书,并撰写了《论权》、《神道设教辟》、《女子不缠足歌》等文。1902 年崇实书院并入宏道书院,改为高等学堂,新任督学沈卫令学堂加重科举文字,李认为无裨实际,尤反对教师令学生背书、打手心等,因而托词祖母有病退学。

1904 年,于右任为商州中学堂总教习,荐李仪祉任教。当时清廷因于右任所作《半哭半笑楼诗草》有讽时政,下令捉拿。于闻讯避往上海,不久李亦辞职。

同年秋,李仪祉考入京师大学堂预科德文班,1908 年毕业。

1909 年,李仪祉由西潼铁路局资遣德国留学,入柏林皇家工业大学学习土木工程。他在校勤奋好学,深得同学好评。辛亥革命发生后,李闻讯赶回国内参加革命,抵沪时,南北和议已成。1912 年返回陕西,与友人倡办三秦公学。翌年复往德国留学,进但泽工业大学专攻水利。李早年即以献身水利事业自矢,这时得与德国水利学家、德莱斯登大学教授恩格尔斯((H. Engels))交游,恩格尔斯常为李质难析疑,使李的学业更加猛进。

1915年,李仪祉由德回国。时值张謇任全国水利局总裁,在南京创办河海工程专门学校,聘李任该校教授,主讲河工学、水文学、大坝设计等,后任校长。李在该校从事教育七年余,造就出一批水利工程人才。他对教学认真负责,一丝不苟,曾对学生说:"水利事业,关于国计民生,至深且巨……愿诸君努力奋进,抱人溺己溺之怀。有所疑,必尽所问,毋稍讳! 余必尽我之职,倾我所知,莫隐乎尔。"①教学之余,他还经常对黄河、长江间水土情况进行实地考察和研究。

1922年秋,李仪祉自南京返陕,任陕西省水利局局长兼渭北水利工程局总工程师。他一方面着手计划和测量泾惠渠工程,另一方面提倡民间开修小渠,同时还创立了水利道路专门学校,亲自授课。1923年李得陕西省长刘镇华同意,筹了少许工款,开始疏浚渭北泾阳之龙洞渠。1924年又派人到汉南办汉江水利工程。不久西北军阀战起,经费无着,渭北、汉南工程均停。他对此深有感慨,但寄希望于未来,继续为所属人员讲授河工原理,提高他们的技术水平,以待时机。

当时,李还先后兼任陕西教育厅长和西北大学校长。为筹措引泾工程和扩充学校经费,1925年他曾奔走于北京、天津、南京、上海,虽多方设法,但毫无所获。1926年李一度任北京大学教授,入冬仍回陕任水利局长,曾勘察无定河水利,但因兵荒战乱,水利事业发展无望,遂辞职。1927年秋,李再至南京,任第四中山大学教授,不久赴川,应刘湘聘请,任重庆市政府工程顾问,设计成渝公路老鹰岩工程,构思精妙,后被誉为巧夺天工之杰作。

1928年9月,华北水利委员会成立,李任该会委员长。同年底张学良在"东北易帜",全国表面上暂时统一。国民党政府为标榜重视建设和治水事宜,于翌年初组织导淮委员会,以蒋介石为挂名委员长,派

---

① 宋希尚:《李仪祉传》,台北"中央文物供应社"1954年版,第5页。

李仪祉任委员兼工务处长及总工程师,李率队至江、淮、运、沂、沭、汶各处进行勘测,拟定了十七条导淮工程计划纲要。这时受聘来华协助李工作的德国水利专家方修斯(Otto Franzius),对李的品德学问也很佩服。

1929年上半年开始的新军阀战争,到1930年发展为蒋、冯、阎中原大战,使导淮计划根本无法实现。鉴于这种情况,同年李仪祉辞去导淮工作,回陕任建设厅厅长兼水利局局长。此前陕西连年大旱。他面对灾民死亡流离,啼饥号寒的悲惨景象,叹曰:"移粟移民,非救灾之道,郑白之沃,衣食之源也。"[①]于是决心兴修泾惠渠,重审计划,奔走呼号,合陕省各方之力,又得华洋义赈会和檀香山华侨等方面的资助,终于开始兴工。泾惠渠工程以恢复郑国渠旧观为目标,在泾阳张家山谷口筑坝拦河。引泾水以灌溉泾阳、醴泉、三原、高陵、临潼数县土地,但工程进度颇缓慢。

1931年夏,运河泛滥,苏、浙、皖等省受灾。李仪祉曾赴上海参加救灾工作。同年中国水利工程学会成立,李被推为会长。1932年夏,李亲往汉南考察水利。秋间大病,辞建设厅长职,专主水利局事。为培养水利人才,曾呈准由西安高级中学代办水利专修班。

1933年4月,国民党政府任命李仪祉为黄河水利委员会委员长兼总工程师,仍兼任陕西省水利局局长。8月黄河决口,有五省五十余县被淹,人民生命财产遭受极大损失。李奔赴各处,求见权要,急谋救济,不只一次遭到冷遇。9月黄河水灾救济委员会成立,他任委员兼总工程师,负责堵口工程。任职期间,曾视察黄河上游三省,并提出根治黄河的意见。在忙于治黄的同时,李仍时时关心陕西水利工程的进展。1934年曾组织引洛工程处,开始实测和兴建洛惠渠工程。同年夏,西安高中代办的水利专修班并入陕西武功农林专科学校,改名水利组,由他兼主任。1935年初,李进一步拟就《陕西水利工程十年计划纲要》,

---

① 宋希尚:《李仪祉传》,第33页。

"期此十年内,使农田水利,普及全省成一模范农田水利区,以为他省之倡,而后及航运、水力等他项水利工程之设施"①。接着李又指导渭惠渠兴工,同年 4 月泾惠渠也完成了。秋,李辞黄河水利委员会委员长职,专任陕西水利局局长,着手筹划梅惠渠工程,翌年秋兴工。

1936 年 12 月西安事变时,李仪祉对形势的发展极为忧虑,曾以和平解决方案上书南京政府秘书长翁文灏。后事变得到解决,李对此感到十分高兴,称"此次事变,系国家出净内毒之日",表示"吾人更当振起精神,为增加西北生产事业而迈进"②。

1937 年春,李仪祉作为扬子江水利委员会的顾问,曾到江汉、巴蜀做短期调查,对长江的整治有所建言。同年夏参加庐山谈话会,为庐山暑假训练团讲农田水利之真义,又被聘为中研院评议员。"七七"事变后李仪祉回陕,领先参加了陕西抗敌后援会,对抗日战争的最后胜利充满着信心,同时也有"作十年二十年长期抗战之准备"③,曾积极从事西安市的防空建设和募集救国捐款等项工作,还经常写文章作演说,宣传抗日思想。同年 10 月,李在一次对武功农林专科学校水利组同学的讲话中说道:"抗战期间,前方将士用枪炮去和敌人拼;后方人民的责任,就在尽量的供给粮食","旱灾水灾,学水利的更应设法防止"④。从此,他更抓紧水利事业的进行,迅速筹划并实施的有织女渠及怀宁河等灌溉工程,到本年底渭惠、梅惠两渠大部完工。

1938 年 2 月,李仪祉病重卧床,仍不忘水利工程的进行,且手书"土坝"二字问渭惠渠土坝打桩情况。此后病势日危,至 3 月 8 日与世长辞。临终遗嘱有:愿国人"共赴国难,求最后之胜利"和"切望后起同

---

① 李仪祉:《陕西水利工程十年计划纲要》,《陕西水利月刊》第 3 卷第 1 期,第 11 页。

② 胡步川:《艮斋忆剩》,《李仪祉先生纪念刊》,国立西北农林专科学校水组 1938 年印行,第 4 页。

③ 李仪祉:《勖水利组同学》,《李仪祉先生纪念刊》,第 32 页。

④ 李仪祉:《勖水利组同学》,《李仪祉先生纪念刊》,第 32 页。

仁,对于江河治导,本余之素志,继续致力"①等语。李把毕生精力用于
治水,尤其对陕西水利作出了大贡献:他生前亲自筹划修建的有五渠,
其中已完成的三渠灌溉面积共有 78 万多亩。3 月 15 日李被安葬在社
树泾惠渠上的两仪闸畔,附近各县群众纷纷赶来吊唁。

---

① 宋希尚:《李仪祉传》,第 44、45 页。

李 烛 尘

熊尚厚

　　李烛尘,原名华揩,湖南永顺人。1882 年 9 月 16 日(清光绪八年八月初五)生。其父在县城开旅店,乡间略有田产。李烛尘生长在农村,从小受私塾教育,十二岁曾到县城,得知中国在甲午战争中失败,非常感叹。十五岁去县城参加童子试时,购得《盛世危言》一书,读后产生了"出乡窥见世情"①的念头,想去大城市见见世面。但父母不愿他远离家乡,只好仍在家乡读"四书"、"五经",二十岁考中秀才。

　　1902 年,李烛尘在岳父及妻子的支持下,放弃旧学,去县城读书。翌年春,考入常德湘西优级师范学校理化科,在校加入湘江学会,与林祖涵(即林伯渠)等结识,受到一些新思想的影响。1909 年,他在湘西优级师范学校毕业后出游北京,继而转往天津,乘轮去上海。沿途所见所闻,深感帝国主义野蛮侵略是国家衰败之最大祸根,心里无限感伤,曾写下《在渤海湾中》一诗,抒发忧思。辛亥革命爆发,李烛尘非常高兴。1912 年初,他留学日本,在东京补习功课后,考入东京高等工业学校(后称工业大学)预科,一年后升入本科电化专业。

　　1918 年,李烛尘毕业回国,经大连至北京,寄住湖南地方会馆谋求职业。他怀着"实业救国"和"科学救国"的理想,将其在日本考察盐碱工业的收获,写成旅游日记向北京《盐政杂志》投稿。该刊主办人景本白对李甚为赏识,遂向天津久大盐业公司主持人范旭东推荐。

---

① 《海王》旬刊第 8 期(1934 年 11 月),第 161 页。

　　1918年8月,李烛尘入久大盐业公司任技师。他安装了第一部发电机,使久大开始用电力生产。当时,范旭东正着手经营永利碱厂,派他去四川考察井盐,寻找生产氯化钾的原料。1919年春,他在自流井、五通桥、南充等地作了历时大半年的实地考察,受到范旭东的赞赏。1920年即被任命为永利碱厂经营部部长,之后又任厂长。1921年他又前往内蒙伊克昭盟等地探查天然的苍海碱资源,回厂后向范旭东建议创办一个专门的化工研究机构,开展对盐碱的研究。范采纳了他的建议,遂设立黄海化学工业研究社。

　　李烛尘长于管理,知人善任,深得范旭东的信赖,自1924年起,永利、久大两公司的经营管理和人事任用等内部事务,均由他主管。当时永利碱厂仍在试验制碱阶段,资金、设备、技术等各方面困难重重。李烛尘肩负重任,兢兢业业,从不懈怠。他竭力改善职工生活福利,改进食堂,兴建宿舍,设置医院,还兴办补习学校和子弟小学等,鼓励职工各守其职,共同支持对“苏尔维法”的试验。为了培养技术人才,他和永利化学技师陈调甫去各地职业学校和高中招收人才,开设艺徒班培养技工。当时一些盐滩的恶势力依仗军阀、官僚的支持,经常制造事端向永利、久大取闹,李从容应付,机智周旋,消除了不少纷争,维护了企业的权益。

　　1931年4月,李烛尘与津沽化工界人士沈舜卿等一行六人前往日本,参观东京第三次化工博览会,同时在一些化工厂进行考察,学习其经营管理经验。回国后曾在天津《大公报》连续发表考察报告,以推动我国化工事业的发展。1934年3月,永利、久大、黄海等单位合组永利化学工业公司,范旭东赠股5000元给他,使他当选为公司董事。11月李烛尘升任公司副经理,对永利公司的全面经营管理担负起更大的责任。其后,范旭东和侯德榜为了兴建永利硫酸铵厂,主要精力用于南京,津沽地区则由李烛尘负责。李不顾日本侵略势力加紧侵略华北的恶劣环境,应付各种困难。1937年夏,日本帝国主义将向我国发动大规模侵略战争的局势日益严峻,李奉范旭东之命入川考察,在四川选定自流井、五通桥建厂，以备日后内迁。

"七七"卢沟桥事变后，平、津迅速沦陷。永利公司决定津沽地区各厂首先内迁，绝不为日伪生产化工原料，李烛尘任永利公司内迁总负责人。他除调度一切可运物资、设备迅速内迁外，并将公司三百余名技术人员撤往武汉，自己则仍留天津处理善后。是年年底，日本侵略者提出"合作"，他不畏日人的恫吓，坚决拒绝，毅然于1938年初离津去川。3月，他在重庆设立了永利、久大公司华西办事处，妥善安排两公司来川人员及家属，随后在自贡市张家坝建立久大制盐厂。由于卤水原料不足，他组织开凿卤井，在自流井为久大建立起华西新的基地。接着，还推动黄海化工研究社对"枝条架晒卤法"进行科学研究，扩大受晒面积；又设计一种"塔炉"，充分发挥燃料的热力。他积极推进这些川盐生产设备的改革，对于久大的发展，对于具有千百年历史的川盐复兴，都作出了贡献。

1942年10月，李烛尘参加西北工业考察团，由重庆去兰州，经青海湖、河西走廊前往新疆等地考察。嗣后著有《西北历程》一书，叙述考察经过。

李烛尘性格刚直，敢于直言。他对重庆政府将盐实行垄断式的专卖深为不满，谓"军阀政府能免盐税二十余年，但战时政府却改行专卖，这可谓盐政史上的倒行逆施"[1]，对国民党统治腐败无能、不顾民间疾苦的行径甚为愤慨。由于他热心公益，仗义执言，中国工业协会重庆分会成立时，即被推举为理事长；并任中国工业协进会总会常务理事、迁川工厂联合会监事；此外还是许涤新、沙千里等创办的中国经济事业促进会对外出面的负责人。在共产党人的影响下，他更多地参与社会政治活动，积极团结工商界爱国人士。抗战胜利前夕，他提倡"国农民工论"，主张战后由政府推进农业的发展，将工业交给民营，替广大的工商界人士讲话。

---

[1]　徐盈：《当代中国实业人物志·李烛尘传》，中华书局1948年版。

1945 年 8 月抗日战争胜利后,国共两党酝酿重庆谈判,李烛尘在《大公报》撰文欢迎毛泽东亲临重庆。9 月,毛泽东在重庆佳园举行招待会,对范旭东和李烛尘等创办永利公司在化学工业方面的贡献予以赞扬,使他受到鼓舞,更加激发了投身爱国民主运动的热忱。当时,国民党接收大员四处抢夺抗战胜利的果实,李烛尘十分气愤,要求当局将中纺公司全部转卖给民营,"分别标售,听任民主选择"①。12 月,他参与民主建国会发起活动,任该会常务理事。

1946 年 1 月,李烛尘以工商界代表在重庆出席政治协商会议,参加施政纲领组。他向会议正式提出了"国农民工论"主张,要求由各党派及无党派代表组织"最高经济指导委员会",推动全国经济事业的发展,做到工业由民间经营,农业由政府帮助发展,实行二五减租,使得耕者有其田,人民安居乐业。他指出:现在收复区的工厂都被政府当局拿去了,而把一些破烂厂子标卖给民营,这是大事放着不做,专与人民争小利②。这表达了民族资产阶级的愿望以及对国民党统治和官僚资产阶级的不满。政协代表在沧白堂举行讲演会,他再次阐述了这些主张。政协会议讨论修正"宪法草案"时,他说,"中国较多的企业是买办资本和官僚资本,真正的民族资本很微弱,对它应是扶植而不是节制"③,希望尊重并扶持民族资本,不必将"节制资本"一语笼统订入宪法。在闭幕会议上,他还提出了请求政府撤销硝石和硫磺管制的要求。指出硝磺管制"实不啻将重要原料全部封禁","致使一般化工无从发展,其关系实在太大"④。此案被载入会议议案的附件中,使他曾一时产生过错觉,感到满意。他在重庆文化艺术团体招待政协代表的谈话会上,听到洪深、曹靖华等人悲愤地控诉国民党蒋介石实行独裁专政的暴行时,深

---

① 社会问题研究会编印:《民主建国会》,1949 年版,第 25—26 页。
② 《划时代的会议——政治协商会议》,桂林时代出版社 1946 年版。
③ 《划时代的会议——政治协商会议》。
④ 徐盈:《当代中国实业人物志·李烛尘传》。

受感动，难过得流出了眼泪，当即表示工商界与文化界一样，也要争取基本人权①。对于国民党特务公开制造"沧白堂事件"等恐怖行动，更是气愤。当冯玉祥、沈钧儒等人发起人民自由保障会时，他积极参加，出任发起人会议主席②。2月下旬，李烛尘离开重庆返回天津，任中国工业协会平津分会理事长。

李烛尘回到天津后，一如既往地悉心经营永利、久大。自永利公司总经理范旭东于1945年10月去世后，他任公司副总经理，全力支持和协助总经理侯德榜。他不仅急谋久大、永利生产的恢复，更致力于继承范旭东生前提出的"建设十大化工厂"的计划，争取实现范旭东与美国进出口银行所订1600万美元的贷款合同，以谋发展永利公司的事业。

1946年夏，蒋介石挑起全面内战，国内和平遭到破坏。6月下旬，李烛尘在国民政府经济部计划委员会的会上呼吁："目前当务之急，首在全国人民齐心争取和平、民主、团结，停止内战，才是解除目前经济危机的唯一出路。"并指出："国内经济面临总崩溃，物价狂涨，生产缩减，外货涌入，政府不但熟视无睹，且在欢迎、奖励，实在是大错特错。"③面对国民党的专制统治，李烛尘作为民族资产阶级的左翼代表人物，为民族工业的生存和发展奔走呼号，不遗余力。同年8月，他组织天津工业界前往南京请愿，向国民政府经济部要求组织外货统销机关、保障工厂主权完整、改订关税、由国家银行给民营工业贷款、发起大规模提倡国货运动等，竭力为民族工业的生存和发展争取一些有利条件。翌年6月，他与杨天受、朱继圣等组织成立天津经济调查所，任该所评议会主席，他又组织天津工商金融请愿团赴南京请愿。当时，美国收购粗盐输往日本扶植日本碱业，对我国化学工业构成极大威胁，为此他主张中国的盐除本国自用外，所余者宁肯倒在大海也不能卖给美国输往日本，并要求将日本的部分碱厂作为战争赔偿拨给中国。1948年1月，他以平

---

① 重庆《新华日报》1946年7月8日。
② 《海王》旬刊，1948年（第二十年）第35期，第560页。

津工业协会理事长名义致电蒋介石,要求恢复工矿贷款和押汇以救济工商业;还组成华北工商请愿团往南京,要求奖励出口、增加棉粮生产、开放粮食运输、增加南粮北运和开放工贷等以救济北方工业。他反对征收法人财产税,7月向立法院表示这是袒护豪门、摧残实业的行径。在上海发表《为反对征收法人财产税敬告立法院同人书》,指出:国民政府对工矿事业法人征收种种税金即为取卵,现又征收法人财产税,实不啻剥此生卵之鸡的肉,鸡萎卵竭,其势必至。8月,他强烈反对蒋介石"偏枯北方"工业的政策,要求规定禁止输出物资的品种,放宽管制,简化机构,主张城乡物资交流,由地方拟定具体办法,促进工商交流。为此,他联合北方部分立法委员举行记者招待会,又组织经济座谈会,奔走呼吁数十次,对平津工商界起了稳定人心的作用。1946年8月,蒋介石于庐山发表"八一三"文告,声称将召开国民大会,李烛尘始初坚持重庆政治协商会议的原则,对文告表示反对,但在国民党的强大压力下,未能抗争到底,被迫接受任"国大"代表,只是借故不出席会议。1948年夏,他出任立法委员。在全国反美扶日运动中,他虽然内心对蒋不满,但处于彷徨苦闷之下,也感到无可奈何。由于蒋介石的统治陷入全面崩溃之中,对民族资产阶级的摧残日益加紧,全国民主爱国运动不断高涨,他在共产党人和进步人士的影响下,跟随时代的步伐前进,把国家民族的前途寄希望于中国共产党和人民解放战争的胜利,满怀信心迎接解放。曾在《海王》旬刊赋诗道:"水面常被风生浪,天朗时为云覆晴。众口铄金金不毁,是非终局必分明。"⑧

　　1949年1月天津解放后,李烛尘协同侯德榜大力整顿永利公司,努力恢复生产。4月,刘少奇去天津对工商界发表重要讲话,并和他作了三次长谈,使他受到了极大的教育和鼓舞。9月,他任天津民主建国会主任委员,代表工商界出席全国人民政治协商会议第一次会议。中华人民共和国成立后,他任中央人民政府委员,并先后任华北行政委员会副主席、食品工业部部长、第一轻工业部部长;同时任民主建国会副主席、全国工商联合会副主任委员。1954年9月,久大公司公私合营,他任总经理。1955 年 1 月任中国国际贸易促进会副主席。他还当选为第一届全国人大常务委员,历任全国政协第二、三届常委,第四届副主席。

　　1968 年 10 月 7 日,李烛尘病逝于北京。

李 紫 云

徐凯希

李紫云,原名凌,1867年(清同治六年)生于湖北武昌县永丰乡。少年时代在汉口商号中做学徒,满师后自立门户,经营匹头棉纱,兼营烟土。

1894年,李紫云接办汉口福康隆土膏店。初因资本不济,营业仍以门市零售为主。其后在上海、郑州、沙市、长沙四地开设分店,收购烟土。1906年,汉口最大的土号"祥丰厚"因存货过多,资金见绌,以赊购方式转让烟土1000担给"福康隆",作价20万两。嗣后清廷下令禁种罂粟,烟土价格猛涨,福康隆从中获得厚利,自有资金已超过100万两,居汉口土业八大家之首。李紫云因此成为汉口商场上的知名人物,先后被推选为汉口商务总会议董和汉口四官殿商防保安会会长。

1909年,保路运动兴起,李紫云参加"湖北商办铁路协会",投身收回路权运动。湖北商办粤汉、川汉铁路公司成立,他当选为十三名董事之一,积极动员各商家、商号踊跃认股。1910年初,第一次国会请愿失败,汤化龙、张国溶等发起组织汉口宪政同志会,集合研究宪政士绅,以促进实行君主立宪为宗旨。李紫云以汉口商务总会商董身份,列名三十六位基本会员之一。他目睹清廷种种倒行逆施,又受到反清宣传活动的影响,逐渐倾向革命,并极力促成将负责消防、商警事务的各地段商防保安会,联合组成汉口各团联合会。

1911年武昌首义爆发,李紫云闻风响应。10月12日汉口光复,流氓地痞乘机劫掠,湖北官钱局及各钱庄典当均遭洗劫。当晚,起义领导人詹大悲将李紫云、蔡辅卿等请去，商议维持社会治安，协助民军等问题。"紫云侃侃陈论，愿负责协助"，当即决定将汉口各地段保安会加以充实，发给枪支，组成商团，配合革命军维持地方秩序。"于是由李召集商界人员，组织商团，担任巡缉匪徒，保卫全市治安"①。各商家每户出壮丁一人，无壮丁者出钱募役。划全市为十区，每区一组，各负专责。李紫云并于当天深夜送去馒头、酒肉数十担，慰劳枵腹终日的革命军。13日，由李紫云等人出面，号召维持市面，以安定人心。同时发动汉口各商团积极组织供应军食，动员全市蒸馍店，每日送馒头数百担上前线。

10月12日，汉口军政分府正式成立后，李紫云即捐送十万元以应急需，同时号召工商各界慷慨解囊，筹款拥军。为了巩固和扩大首义战果，湖北军政府下令于5日内扩军四协，筹集军费之任务甚急。李紫云竭力促成汉口商务总会筹措供招新军一镇之薪饷，并以私人财产作抵，"代筹巨款数十万元"②。其后，他又与韦紫封、刘子敬等共同发起国民捐，募得款项十余万元。10月17日，革命军与南下清军在刘家庙一带激战，商团武装与革命军协同作战。李紫云带领四官殿保安会成员，"或荷枪助战，或资送军粮，或帮运炮弹"③。

同年11月，清军攻陷汉口，邀集地方绅商出来维持市面，李紫云因赞助民军，编组商团而走避租界，既为寻求安全，又表现对清军的不合作态度。南北议和达成，湖北军政府任命徐金声为夏口县知事兼警察总办，胡祖舜任帮办。徐、胡二人渡江后，密邀李紫云、蔡辅卿等计议，"商定以步兵一标，乘夜潜渡汉口，伪装商团，指定路线及敌军驻点而占

---

①　董必武：《詹大悲先生事略》，刊本。关于《詹大悲先生事略》作者的考证，参看张宣沅《董必武的〈詹大悲先生事略〉》，《文物天地》1985年第3期。

②　卢智泉等撰：《记詹大悲办大江报和汉口军政分府》，中国人民政治协商会议全国委员会文史资料研究委员会编《辛亥革命回忆录》（二），中华书局1962年版。

③　中国人民政治协商会议湖北省暨武汉市委员会等编：《湖北革命实录馆：武昌起义档案资料选编》上卷，湖北人民出版社1981年版，第262页。

领之"①。翌晚如议进行,在汉口商团协助下,清廷军警全被缴械。鄂军都督黎元洪题谢李紫云:"实力雄厚,协助共和;事理明通,赞同起义。"北京政府后授予李紫云二等"嘉禾章"。

1912年5月,李紫云被推选为汉口商务总会总理。上任后即会同汉口各自治会、善堂、会馆及各团体代表着手筹办地方警察与商团,竭力恢复汉口市场的正常秩序。同年,徐荣廷筹办楚兴公司,李紫云以同乡之谊,经徐介绍投资二万两,不到五年获利近十万两。

1915年9月,筹安会为助袁世凯恢复帝制,电催各大商埠华商选派赞成帝制代表,组成请愿团赴京。杨度派员来汉游说,协助梅宝矶等拼凑起武汉筹安分会,将三镇工商各界名流一一拉入名单,组成湖北请愿会。10月6日,李紫云、殷尔黎等公开登报声明,不承认参加湖北请愿会,对列名一事予以否认。

第一次世界大战期间,中国民族工业得到较快发展,李紫云借武汉交通便利、棉花来源充足的有利条件兴办纱厂。适逢福康隆土号奉命收歇,烟土作价销毁,李紫云分到三十余万元。他邀集程栋臣、毛树裳、刘季五等,集资二百万元筹办纱厂,议决不收官股,定名为"商办汉口第一纺织股份有限公司"。李紫云投资六十万元,被推为筹备负责人。

1915年正式成立股东会,李紫云被选为董事长兼总经理。汉口沿江一带地价高昂,李紫云选定厂址于武昌武胜门外江边,占地一万余平方米,每平方米50元的价格购入,开始建造厂房。在选定厂址的同时,李紫云于同年春即向汉口英商安利英洋行订购纺机设备。原计划成立四个厂,因筹资所限,先期购置一厂的设备,计纱锭44000枚,布机500台,价款180万元,合同规定英商应于1916年交货,计划最晚于1917年开工投产。

1916年春,第一纱厂所订购部分纱锭、布机运抵上海,此时国内兴

---

① 中国科学院近代史研究所史料组编辑:《辛亥革命资料》,中华书局1961年版,第621页。

建纱厂热潮方兴未艾,纺织机器现货价格走俏。第一纱厂向上海安利英总行提货时,英商借口合同期限未到,不肯交付,暗中则将这批纺机加价卖给上海鸿章纱厂。同年末,第一纱厂厂房落成,李紫云多次派员赴沪催交机器,均未有结果。由于英商屡次拖延交付机器设备,致使第一纱厂始终处于边建厂、边安装、边生产的状态。因所剩股款不敷使用,不得不向银行钱庄举借,又无法按期偿还,使信誉蒙受损失。至1919年8月,所订机器设备全部到齐,待安装完毕,已失去两年多的宝贵时光。

1920年初,第一纱厂正式开工投产,是时大战甫定,欧美各国忙于恢复本国经济,洋纱、洋布尚未大量进口。第一纱厂在原料采购和推销产品等方面均未遇到有力竞争,投产两年即盈利180万元。李紫云带头将红利转为股金。为了解决熟练技工严重不足问题,他特派徐凤传专程赴沪,以待遇从优,可携带家属为条件,广为延揽。建厂初期,从上海招来的技术工人,总计有数百名之多。

1921年,李紫云因病不能来厂主持,推荐原义康隆匹头号经理陆德泽代理总经理工作。是时棉贱纱贵,营业发达,惟厂内资金短绌。经股东大会决议,号召股东增资100万元,连同原有资金和两年的盈利,合计股本总额增至480万元。1922年第九届股东大会选举李紫云继任总经理,但厂内事务仍由陆德泽等人代理。

第一纱厂投产最初二年的盈利,使李紫云等人对市场形势作出错误判断,盲目扩大生产规模。1921年末,第一纱厂以全部固定资产作抵,向安利英洋行举借白银200万两,作为开设南厂之用。同时委托安利英洋行向英国阿萨里斯公司订购纱锭44,000枚、布机600台。英商利用厂方不熟悉机器性能的弱点,用美制低劣布机夹带充数。几经交涉,无法解决,只得将这些布机搁置在仓库中,挤占了大量的资金。

1923年南厂投产,第一纱厂已有纱锭88,000枚,布机1,000台,成为华中地区规模最大的棉纺织厂。这时国内棉纱市场的有利形势已发生逆转,洋纱大量涌入,廉价倾销。第一纱厂产品货不如人,大量滞销，积压棉纱竟达上万件，资金无法周转，累计亏损 1000 万元。所欠安利英洋行第二次购机价款更无法偿还，不得不于 1924 年关厂停产。李紫云与董事会商议后，被迫决定将工厂交给安利英洋行管理，用全部厂房、设备作抵向该行借款，以维持开工。李紫云就此辞去总经理职务，很少再过问纱厂事务。

1926 年，李紫云创办燧华火柴厂于汉口仁寿路，招收男女工人一千五百余名，主要生产"醒狮"牌安全火柴。他还先后投资或独资经营德康、安康、承德、同德钱庄，华丰银行，德润康、义康隆匹头号，公济、福丰当铺，大生、福隆米厂，以及鸿彰永绸缎店、新凤祥银楼、裕泰隆木器号、仁寿堂药店、白康酒店等各类工贸企业，并拥有汉口同善里一百一十八栋房屋及其他不动产几十处。个人资本额最多时达二百万元左右。

李紫云热心公益慈善事业。1916 年，他以汉口体仁里的房产作为基金，投资万余元，在家乡武昌永丰乡兴建小学六所。1917 年，萧耀南督修武昌西北浒湖堤防，李紫云出资 30 万串，与官钱局各占工程费一半。工程完工，当地居民为他修建生祠。李还经常对汉口慈善会、汉口梅神甫医院予以捐助，多次受到官方和各界的表彰和褒奖。徐世昌曾为他资助辛亥首义，捐款兴学、修堤，赠送"正蒙有法"匾额。

李紫云经营企业过多，管理不善，用人失察，所办的工贸企业最后大多是资本亏尽。到 1927 年，燧华火柴厂已亏损 20 万两，德润康匹头号亏赔 20 万元，第一纱厂股票竟亏蚀八折，汉口同善里房产不得不押给中南银行，李氏家族的社会信誉蒙受严重损害，其他工贸企业因受到波及而相继停业。李紫云心情忧郁，积劳成疾，卧床不起。同年秋，李紫云在汉口去世①。

① 武汉文史资料编辑部编：《武汉人物选录》（武汉文史资料 1988 年增刊），武汉市政协文史资料委员会 1988 年版。

李 宗 仁

李静之

　　李宗仁，字德邻，广西临桂县人。1891 年 8 月 13 日（清光绪十七年七月初九）出生在一个耕读人家，父亲李培英是位乡村塾师。李宗仁六岁从父读书，1908 年入广西陆军小学堂（后改为陆军速成学校）。1910 年加入同盟会。1913 年秋毕业后到南宁将校讲习所任下级军官，曾随桂系陆荣廷所部参加过护国战争和护法战争，1918 年升任营长。1921 年粤桂战争时，李宗仁与他的陆小同学黄绍竑从旧桂系中分化出来，另树一帜。1922 年，广西各地自治军蜂起，互不统属。李宗仁自称广西自治军第二路总司令，委黄绍竑为第三支队司令，实力共 3000 人枪，与旧桂系陆荣廷、沈鸿英两股势力争夺广西统治权。在革命潮流影响下，李于 1923 年同广州军政府建立了联系，并加入国民党，旋将所部改称"广西定桂军"，驻在桂平。李部占据广西最富庶的梧州、玉林和浔江一带，与占领桂林、柳州、南宁的陆荣廷和占领平乐、贺县、蒙山一带的沈鸿英成鼎足之势。李利用陆、沈矛盾，采取先联沈攻陆，再各个击破的策略，于 1924 年 6 月取得南宁，然后联合组成定桂讨贼联军，李任总指挥，黄绍竑任副总指挥，消灭了陆荣廷所部 2 万余人，占据了左、右江至南宁以北四分之三地区，迫陆荣廷于 9 月 23 日通电下野，广西境内遂成李、黄与沈鸿英对峙局面。

　　1924 年 11 月，孙中山任命李宗仁为广西全省绥靖公署督办，黄绍竑为会办，白崇禧为参谋长。所属军队改编为广西陆军第一军和第二军，李、黄分任军长。1925 年 2 月到 4 月，他们在粤军李济深师协助下,集中全力讨伐沈鸿英,占领了桂林、柳州。5月至7月,又与粤军合作,将假道广西企图进攻广东的唐继尧部驱回云南。自是,李、黄、白统一了广西,"新桂系的统治,从此开始"①。

广西统一,结束了长期战乱,有利于广西经济文化的发展,也为广东革命根据地的统一和北伐战争的发动,创造了有利条件。在1926年1月召开的国民党第二次全国代表大会上,李宗仁被选为候补中央监察委员。3月,李宗仁等宣布将广西统一于广东革命政府。广西军队被编为国民革命军第七军,李宗仁为军长,黄绍竑为党代表,白崇禧为参谋长。

1926年春,湖南人民掀起讨吴(佩孚)驱赵(恒惕)运动,湘军第四师师长唐生智参加驱赵,与吴部作战失利。5月,李宗仁应唐之请,派钟祖培旅入湘增援,揭开了北伐战争的序幕。7月初,国民革命军正式誓师北伐。李宗仁率第七军二万余众,同第四军陈铭枢、张发奎两师进入湖南,会同国民革命军第八军唐生智部,对直系北洋军发动正面进攻。第四、第七、第八军占领长沙、岳州后,又沿粤汉路北上攻取武汉。李宗仁指挥第七军先后参加了汨罗河之战、贺胜桥之战,并担任武昌攻城战总指挥。当时蒋介石指挥的北伐军在江西与孙传芳军相持不下,第七军在9月又被调去增援,击败孙传芳的精锐谢鸿勋等部,扭转了江西战局。江西底定后,李宗仁任中路军江左军总指挥,率部沿长江东下攻取安徽,1927年3月初进驻安庆。白崇禧也以东路军前敌总指挥率部到达上海。

李宗仁顺应潮流加入了国民革命行列,但反对中国共产党和工农群众运动,先制造了1926年1月的"东兰惨案",下半年又迫害梧州工人运动的领导人。北伐军占领武汉后,李宗仁对迅猛发展的工人运动

①　黄绍竑:《新桂系的崛起与两广统一及大革命北伐》,中国人民政治协商会议广西壮族自治区委员会文史资料研究委员会编《广西文史资料》第6辑,1964年版,第63页。

视为"越轨闹事"。1927年3月10日,国民党二届三中全会在武汉召开,李宗仁被选为国民政府委员、军事委员会委员。他对于武汉国民党左派反对蒋介石军事独裁的斗争,认为是"同室操戈",主张"顾全大局,尽量忍让"①。1927年3月下旬,李宗仁到南京,视共产党和工农运动为"心腹大患",对上海高涨的革命气氛忧心忡忡,认为"如不加抑制,前途不堪设想"。这时蒋介石正在布置"清党",李建议"以快刀斩乱麻的方式","把越轨的左倾幼稚分子镇压下去"②。3月底,他应蒋介石之邀到上海,参加4月2日"中央监察委员紧急会议";参与讨论通过"处置各地共籍叛乱分子咨文";又和白崇禧一起参加蒋介石召集的清党反共秘密会议,伙同蒋介石发动"四一二"政变。

　　7月15日,武汉汪精卫集团也叛变革命,蒋、汪虽然在反共上一致了,但互争正统,斗争仍十分激烈,武汉并布置东征讨蒋,要求蒋下野。这时以李宗仁为首的新桂系已将第七军扩充为第七、第十三、第十九三个军,在蒋、汪斗争中举足轻重。新桂系早有问鼎中原的野心,他们利用蒋在徐州作战失利和为武汉所憎恨,联合何应钦,以宁汉合作压蒋,责蒋"不宜用个人地位而牺牲党国大计"③。蒋介石乃于8月13日宣布下野。但这时北军孙传芳、张宗昌陈兵江北,随时准备南渡,武汉东征军仍在向下游移动,为摆脱困境,李宗仁作出拥汪姿态,要求武汉停止东征,李并亲赴庐山欢迎汪和武汉政府其他领导人赴宁"柄政"。在击败孙传芳部队,稳定了南京政权后,李等同"西山会议派"控制了9月15日组成的宁、汉、沪合作的"中国国民党中央特别委员会",使汪精卫通过宁汉合流攫取党政实权的企图落空。汪返回武汉策动唐生智反对特委会。李等又发动西征讨唐,乘胜收编了唐部,获得了两湖地盘。11

---

　　①　《李宗仁回忆录》(上),中国人民政治协商会议广西壮族自治区文史资料研究委员会1980年版,第437—438、449页。

　　②　《李宗仁回忆录》(上),中国人民政治协商会议广西壮族自治区文史资料研究委员会1980年版,第456页。

　　③　《晨报》1927年8月17、24日。

月蒋介石从日本回国,伙同汪精卫进行复职活动,谋以汪、蒋合作打击桂系势力。由于蒋的复职还得到阎锡山、冯玉祥等实力派支持,李宗仁不得不表示拥护。尔后经过1927年底到1928年初粤桂战争,新桂系黄绍竑的势力从广西伸展到广东。

1928年1月蒋介石复职,从新桂系手中夺回了最高统治权,但桂系仍据有两湖和两广地盘。李、白担任国民政府和军事委员会常务委员,李宗仁为武汉政治分会主席,所属各军编为第四集团军,以李宗仁为总司令。蒋、李关系表面缓和。4月初,国民党军队继续北伐,第四集团军沿京汉线北上。李宗仁将收编的唐生智部编为第十三路军,交由第四集团军前敌总指挥白崇禧率领,一直打到天津至山海关一带。李自己坐镇武汉,控制两湖。6月,北伐作战结束。10月,蒋介石改组南京政府,李宗仁被任命为国民政府委员、军事参议院院长。

北伐军事结束后,蒋介石召开编遣会议,引起各实力派强烈不满。李宗仁掌握的桂系军队,通过西征讨唐和继续北伐两仗,兵力扩充到20万人,地盘已由广西发展到冀东,南北遥相呼应。李设第四集团军总部于武汉,虎视长江下游,威胁着蒋的统治。1929年3月,因争夺湖南地盘,蒋、桂矛盾激化,双方调兵遣将,战云密布。蒋重新起用唐生智,令其策动在冀东的旧部叛离白崇禧,使桂系在平津的势力首先瓦解。蒋又以调停湘事将广东的李济深骗到南京,拘留在汤山,以此拆散粤桂联盟。对付武汉地区桂系主力则采取分化收买和武力进攻的两手。3月26日,蒋以国民政府名义下令讨伐李宗仁,并免去李的本兼各职,又在次日国民党第三次全国代表大会上通过决议,开除李宗仁、白崇禧的党籍。4月,桂系在武汉的将领李明瑞、杨腾辉受蒋收买倒戈,武汉为蒋军所占领。

李宗仁在蒋、桂战争中失败,回到广西,与改组派发起的"护党救国"运动结合,继续攻粤反蒋。1930年中原大战爆发,李宗仁响应阎锡山、冯玉祥的反蒋军事行动,率桂军倾巢入湘,企图与阎、冯会师中原。虽一度占领衡阳、长沙、岳州,前锋进入湖北,但在蒋军压迫、粤军尾追的情况下，全军溃败，退回广西。1931年5月，反蒋各派再度麇集广州，组成"中国国民党中央执监委员非常会议"和"国民政府"，桂系加入这个反蒋联盟，李宗仁重任第四集团军总司令。只是由于"九·一八"事变发生，全国一致呼吁团结御侮，才没有酿成大规模战争。经过协商，蒋介石下野，广州方面结束"非常会议"和"国民政府"。11月，李宗仁、白崇禧的国民党党籍被恢复，李并在第四次全国代表大会上继续当选为中央监察委员。12月29日，国民党中央政治会议决议，在广州设立国民党中央党部西南执行部和国民政府西南政务委员会，由陈济棠和李宗仁分掌实权，形成对蒋介石控制的国民党政府半独立局面。

以后数年，李宗仁锐意经营广西，准备应变。1934年李召开全省"扩大党政军联席会议"，通过了"广西建设纲领"，实行"三自"（自卫、自治、自给）"三寓"（寓兵于民、寓将于学、寓征于募）政策，以"振奋民众，效力国家"相号召，在各地遍设民团，对青壮年实行军事训练；整顿军队，充实军需，并用关余收入从外国购进大批枪炮弹药武装部队，并买了十余架飞机。李利用西南半独立局面，使广西休养生息，在普及国民教育、发展地方工农业、发展对外贸易方面也取得一定成绩，社会秩序相对稳定，曾获得"中国模范省"的声誉①。

这期间，蒋介石为了集中力量对付共产党，对西南半独立采取了容忍态度。李宗仁也曾派兵入赣，协助蒋"剿共"。红六军团和中央红军长征路经广西北部时，李宗仁曾派廖磊率第七军一直跟到贵州都匀。为保存实力，未同红军发生激烈战斗。

面对"九一八"以来日本帝国主义步步进逼，李宗仁主张奋起抵抗，认为"必须发动整个民族解放战争，本宁愿全国化为焦土亦不屈服之决心，用大刀阔斧来答复侵略者"②。1936年日本帝国主义进一步侵入华北，蒋介石继续执行"攘外必先安内"政策。6月1日，李宗仁和陈济

① 《广西日报》1937年5月25日，并见《李宗仁回忆录》（下），第672页。
② 南宁《民国日报》1936年4月18日。

棠联合,发动了抗日反蒋的事变。他们通电请中央领导抗日,并将所属军队改称"抗日救国军",由陈、李分任总、副司令,出兵湘南,准备北上。蒋介石对陈济棠的部下实行分化、收买,使这次抗日反蒋行动在广东迅速失败;继后又在 7 月 10 日召开的国民党五届二中全会上通过决议,撤销了西南政务委员会和西南执行部。然后以大军围困广西,迫李、白离开广西。李、白拒不从命,准备另组抗日反蒋政府。蒋、桂双方秣马厉兵,战争一触即发,但在全国人民一致反对内战的形势下,蒋桂冲突最后和平解决。

"七七"事变抗战爆发后,李宗仁统率所部开赴抗日前线,受命为第五战区司令长官,负责指挥津浦线防御战,其辖区包括山东全省和长江以北江苏、安徽两省大部。1938 年 1 月李又受命兼任安徽省主席,直到 10 月由廖磊接任。

日军在 1937 年 12 月 13 日侵占南京后,急谋打通津浦线,连贯南北战场,第五战区首当其冲。1938 年 1 月,敌板垣师团在青岛登陆,沿胶济线西进。李宗仁调庞炳勋军团与张自忠第五十九军在临沂与板垣师团激战五昼夜,打破了该师团与矶谷师团会师台儿庄的计划。3 月 23 日,矶谷师团自峄县循津浦线临枣支线而下,直扑台儿庄,在滕县遭到第二十二集团军邓锡侯部的阻击。第一二二师王铭章师长率部死守滕县城,与敌血战三昼夜,迟滞了敌军的进展,为我军增援赢得宝贵时间。李宗仁亲自指挥孙连仲第二集团军、汤恩伯第二十军团与敌在台儿庄血战两周,取得了歼敌万余的重大胜利。台儿庄之战,是抗战爆发后正面战场取得空前胜利的一次战役,大大振奋了民族抗战精神,李宗仁也因此成为颇有影响的抗战将领。此后,李宗仁还率部参加了武汉保卫战及鄂北、豫南诸战役,并在桐柏山、大洪山创立了游击基地。

李宗仁在抗战中,直接指挥过近百万军队。除第十一、二十一两集团军约十万人为桂系部队,胡宗南、汤恩伯部为蒋的嫡系外,其余则为原西北军、东北军、直鲁军、川军、粤军等杂牌部队。他不同于蒋介石亲己薄彼的做法,能在一定程度上发挥这些部队的战斗力和爱国热诚。

他指挥的部队中涌现了不少浴血奋战、效命疆场的爱国官兵,1940年5月第二次随枣战役中,在前线壮烈牺牲的第三十三集团军总司令张自忠,便是突出的代表。

抗战期间,广西当局采取了比较开明的政策,以广西建设研究会名义,延聘了一些进步的学者、教授,参加广西经济、文化建设,其中包括一些知名的共产党员。广州、武汉失守后,桂林集中了许多进步文化机构,成为大后方著名的文化城。1938年李宗仁兼主皖政期间,同共产党人、爱国民主人士团结共事,对第二次国共合作在安徽形成起了好的作用。但在国民党掀起反共高潮的时候,桂系在安徽的部队挑起了同新四军的武装摩擦。"他们在抗日战争中虽然有时表现进步,不久仍然反动起来"[1]。

1943年9月,李宗仁升任军事委员会委员长驻汉中行营主任,负责指挥第一、第五和第十战区。但汉中行营是个架空机构,并无实权。

抗战胜利后,李被任命为军事委员会委员长北平行营主任,1946年9月改称国民政府北平行辕主任。他支持蒋介石发动全面内战,曾在1946年10月调傅作义部攻占了张家口。但他对北平的学生运动没有硬性镇压,和教育界人士关系较好。由于他"弭息学潮"、"礼遇贤士"[2],被认为政治作风比较开明,"有儒将之风"。

国民党军队在发动内战一年后,已由全面进攻转为重点进攻。美国对蒋介石已经失望,有意以李宗仁为"换马"对象。在这样的背景下,李宗仁决定参加1948年3月"行宪国大"的副总统竞选。由于蒋、李关系二十多年一直处在矛盾之中,蒋介石把李参加竞选视为插向他心脏的"一把利刃"[3],先是以国民党员参加竞选应由国民党中央提名,迫李

①　毛泽东:《目前抗日统一战线中的策略问题》,《毛泽东选集》第2卷,人民出版社1952年版,第742页。

②　梁升俊:《蒋李斗争内幕》,亚联出版社1954年版,第2页。

③　梁升俊:《蒋李斗争内幕》,第6页。

退出；后又发动 CC 系和黄埔系支持孙科同他竞争。4 月 23 日副总统选举正式开场，斗争更加激烈。李宗仁以退为进，以选举不民主、幕后压力太大为由，声明退出竞选，引起舆论大哗。蒋不得已，只好对李表示支持。29 日，李以微弱多数战胜孙科，当选为副总统。

经过辽沈、平津和淮海三大战役，国民党军主力丧失殆尽，解放军饮马长江。美国再次策动"和平"谈判，企图以李宗仁代替蒋介石主持同共产党和谈。为逼蒋下台，1948 年 12 月白崇禧电蒋主张恢复同共产党谈判。蒋介石在内外形势逼迫下，1949 年元旦发表求和声明，说"只要和平果能早日实现"，他"不计个人进退"①。蒋介石的假求和被中国共产党戳穿后，不得不在 1 月 21 日宣布"引退"，由李宗仁代行总统职权，但实际上蒋介石仍以国民党总裁身份在溪口操纵一切。李宗仁上台后，急于以"和谈"阻止解放军渡江，1 月 27 日致电毛泽东，表示愿以中国共产党提出的八条作为谈判基础。但此举却遭到国民党顽固派的反对。在蒋介石的策动下，行政院长孙科将行政院迁往广州，南京国民党政府四分五裂。2 月 14 日，李宗仁派出一个"上海人民和平代表团"到北平，试探共产党的反应。鉴于"南京政府方面在这个谈判中的推动力量是桂系、国民党主和派和上海资产阶级"②，中共中央决定以李宗仁为和谈对象。

4 月 1 日，南京政府派出以张治中为首席代表，邵力子、黄绍竑、李蒸、章士钊、刘斐为代表的和谈代表团到北平。行前李宗仁指示代表团要坚持就地停战，解放军不渡江，不追究战争责任（即不要惩办战犯）等要求。中共代表团提出《国内和平协定草案》八条二十四款，拒绝了南京代表上述要求，粉碎了李宗仁"隔江分治"的美梦。由于蒋介石幕后

---

①　《先总统蒋公思想言论总集》第 32 卷，台湾国民党中央党史会 1984 年版，第 207 页。

②　毛泽东：《在中国共产党第七次中央委员会第二次全体会议上的报告》，《毛泽东选集》第 4 卷，第 1437 页。

操纵和桂系实力派白崇禧的掣肘,李宗仁最后拒绝在《国内和平协定最后修正案》上签字。

21 日人民解放军强渡长江,23 日占领南京。毛泽东、朱德签署的《向全国进军的命令》指出,人民解放军包围南京之后,如果李宗仁政府愿在和平协定上签字,可以再给一次机会。但李宗仁在 22 日飞杭州同蒋介石商讨继续顽抗之策,由于他不满蒋介石背后牵制,没有随南京政府跑到广州,而径飞桂林。当时广西省内高级官员中的开明人士正在积极推动李补签"国内和平协定",李也认为"仗是不能打了,非和不可",想请广西民主人士李任仁到北平为他斡旋,争取"重开和谈"①。但白崇禧极力反对,美国政府又作出了支持地方实力派反共及不再援蒋的表示,使李宗仁重新做起了组织粤桂联盟、抗蒋反共的旧梦。由于阎锡山等一再调解,蒋介石也作了不再干政的表示,李宗仁在 5 月 8 日飞广州,声言"戡乱"到底。

蒋介石并不兑现他的许诺,反而于 7 月成立了以他为主席的"非常委员会"作为国民党的最高决策机构,并瓦解了李的粤桂合作计划。这使李宗仁无法忍受,蒋、李关系更加紧张。10 月广州解放,国民党残余势力流窜到重庆,蒋介石紧锣密鼓地进行复任总统的活动,派人说服李宗仁参加"劝进",李以蒋"欺人太甚"坚决拒绝,以出巡为名,离开重庆,然后于 11 月 20 日飞香港,12 月 5 日再飞美国争取美援。1950 年 3 月 1 日蒋在台北宣布"复职",李不得不在纽约城郊长期留居。1954 年 3 月 10 日台北的"第一届国民大会第二次会议"罢免了李的副总统职。

离开政坛后李宗仁跳出个人恩怨和集团私利,以一个爱国的炎黄子孙立场看待一切,承认"尘埃已经落定,室内红光耀目,焕然一新"②。面对国内建设蒸蒸日上,世界威望与日俱增的新中国,他"私心弥觉可

---

① 李任仁:《国民党崩溃前夕的和谈内幕》,《广西文史资料》第 4 辑,1963 年版,第 43—44 页。

② 《李宗仁回忆录》(下),第 1045 页。

喜"，"愿红色政权好自为之"①。1954 年，周恩来在万隆会议上就台湾问题发表声明后，李宗仁于 1955 年在美国公开提出和平解决台湾问题的建议，反对"台湾托管"和"台湾独立"，主张国共两党再度和谈，中国问题由中国人自己解决。1960 年李宗仁写信给美国总统肯尼迪，促他转变对华政策，同新中国建立外交关系，1962 年又撰文指出西藏是中国领土不可分割的一部分，谴责尼赫鲁政府的侵略和美国的反华活动。1963 年接见意大利女记者奥古斯托·玛赛丽时说："我由于自己的失败而感到高兴，因为从我的错误中一个新中国正在诞生。"②

　　李宗仁在 1962 年完成的《回忆录》中，对自己戎马生涯、宦海浮沉三十多年的历史进行了反思，未泯的理想和爱国之情使他终于作出了正确选择。1965 年 7 月 20 日，他冲破重重险阻，回到祖国，受到中国共产党和中国人民热烈欢迎。

　　1969 年 1 月 30 日，李宗仁在北京病逝。临终前写信给中国共产党和国家的领导人，对他回到祖国后受到的关怀和照顾表示感激；还深以留在台湾和海外的国民党人和一切爱国知识分子的前途为念，希望他们回到祖国怀抱③。

---

①　《李宗仁回忆录》（下），第 1047 页。
②　程思远：《李宗仁先生晚年》，文史资料出版社 1980 年版，第 177 页。
③　《人民日报》1969 年 2 月 2 日。

连　横

陈碧笙

连横,字武公,号雅堂,又号剑花,台湾台南人。1878 年 2 月 17 日(清光绪四年正月十六日)生。父亲连永昌,是一个好读旧史、喜谈忠义故事的富裕商人①。连横自其祖上于明亡后从福建龙溪迁入台湾起,七世皆不应清廷科举,遗命以明代衣冠入殓。

连横幼时在家读书,孜孜不倦。乃父曾购《台湾府志》一部给他,说,"你是台湾人,不可不知台湾历史",他十三岁时即读毕,但嫌其疏陋。甲午战后,清廷割台湾于日本,连横甚为悲愤,家居终日手抄《杜甫全集》,学作旧体诗;并留心搜集台湾文献。因向往祖国,1897 年曾到上海、南京求学,旋因婚事回台南,入日本报人富地近思所办之《台南新报》,为汉文部记者。1905 年日俄战起,连重回大陆,在厦门同盟会员主办的《福建日日新报》任编辑。旋因该报鼓吹反清和攻击美国虐杀华工而被迫停刊,连仍回台,先后任《台南新报》和台中《台湾新闻》汉文部编辑、主笔。

当时在日本占领军的严密钳制下,台湾一部分不愿臣服日本殖民统治的知识分子多逃于诗,一倡百和,南北并起,盛时有诗社六七十所。连横于 1897 年与陈少痕等十人结浪吟诗社,后以社友零落,复与陈少痕、胡南溟等于 1906 年改组南社;1908 年移家台中后,又被邀参加林

---

①　连横:《雅堂文集》,台北台湾银行经济研究室《台湾文献丛刊》第 1 册,1964 年版,第 87 页。

痴仙所创的栎社。在诗社活动中,他纵情吟咏,痛写家国凄凉之感,所作诗篇驰荡雄壮,多能联系当时民族民主革命斗争,热情歌颂抗日义士林昆岗和同盟会秋瑾、唐才常诸先烈的英勇献身精神,宣扬抵抗侵略、伸张人权、男女平等的爱国民主思想;而对于当时台湾诗界中"竞逐浮华"和"歌舞湖山、润色升平","而仅以诗人自命"①种种现象深感忧虑。其时,他计划编撰《台湾通史》。

辛亥革命胜利,连横在无限兴奋之余,于1912年托词医病,绕道日本回国,畅游南北各地。他在南京登雨花台,作诗吊洪秀全,有"民族精神在,重见国旗新"②之句。他初至上海时,曾由同盟会员陈楚楠介绍,为上海华侨联合会主编《华侨杂志》;旋北上入《新吉林报》及《边声报》社为编辑,入清史馆整理台湾建省资料,尽阅馆中所藏有关台湾之档案。1914年冬因母丧回台。

由于对国内政治失望日深,连横回台后,除一度重入《台南新报》社外,多家居致力于台湾文献的搜集和整理,自谓"忍垢偷生……欲为此弃地遗民,稍留未灭之文献耳"③。连横潜心编著,历时十年,于1918年完成《台湾通史》,凡为纪四、志二十四、传六十,共三十六卷,近六十万字。全书起自隋大业元年(公元605年),迄于清光绪二十一年(公元1895年),凡一千两百九十年之事,网罗旧籍,博采遗闻,旁及档案、外书,资料丰富;而对于台湾同胞英勇顽强反抗外国侵略和艰苦奋斗战胜大自然的光辉事迹,尤详加叙述,以明台湾乃中国人筚路蓝缕所开辟。章太炎读后,许为"民族精神所附"的"必传之作"④。1921年,连就撰史中所得有关台湾历史、山川的诗篇近千首,编为《台湾诗乘》。1924年创刊《台湾诗荟》杂志,以载汉诗汉文笔记掌故为主,向读者灌输爱国

---

① 《台湾诗荟发刊序》,《雅堂文集》第1册,第40页。

② 《至南京之翌日,登雨花台,吊太平天王,诗以侑之》,《剑花室诗集》,第1页。

③ 《与林子超先生书》,《雅堂文集》第1册,第127页。

④ 《连雅堂先生家传》,《台湾通史》下册,台北中华丛书委员会1948年版,第789页。

思想甚力,每月一期,计二十二期。1925 年,他搜集前人有关台湾的孤本三十八种,编定《雅堂丛刊》,自办雅堂书局出版。

1926 年夏,连横移居浙江杭州,编定《宁南诗草》。旋以时局纷乱,于翌年春返台居住。所办之雅堂书局,专卖中国书籍,以抗议日本殖民当局之禁止中文。1931 年遣其独子震东回大陆,写信与友人说:"弟仅此子,雅不欲其永居异域,长为化外之民。"①"九一八"事变后,日本当局厉行所谓"皇民化"运动,禁止台湾同胞使用台语、汉文。连横忧虑台语日渐泯灭,乃殚思竭力,在旧作《台湾考释》的基础上,于 1933 年撰成《台湾语典》四卷,凡台湾日用方言,无不博引旁征,穷其来历,共得 1176 条。他说:"台湾之语传自漳泉",而漳泉之语传自中国②,"其中既多古义,又有古音,有正音,有变音,有转音";"所谓有音无字者,或为转借语,或为外来语,不过百分之一二耳"。故"台湾之语,无一语无字,无一字无来历"③,"且有出于周秦之际"④者。他还拟撰《台湾通史续编》,记载台湾沦陷以来史实,以明国耻,而扼于文网严密,未敢动笔。他后来抱恨说:"此愿未偿,徒呼咄咄……别有难言之余痛也。"⑤

连横晚年好佛,1933 年春移家上海。1936 年 6 月 28 日病逝,遗嘱说:中日终必一战,那时台湾光复就有希望了。

连横热烈眷怀祖国,毕生尽瘁于维系和发扬中华民族文化和精神之不堕,其著述除上述《台湾通史》、《台湾诗乘》、《台湾语典》和《宁南诗草》外,尚有《剑花室文集》、《剑花室诗集》、《大陆诗草》、《大陆游记》、《台湾赘谈》、《台湾漫录·台南古迹志》等。他编印前人有关台湾的三十八种著作为《雅堂丛刊》,使海内孤本得以流传于世。

① 《与张溥泉书》,《台湾通史》上册,张继序。
② 《台湾语典自序一》,《台湾文献丛刊》,1953 年版,第 1 页。
③ 《雅言》,《台湾文献丛刊》,1953 年版,第 2 页。
④ 《台语考释序一》,《雅堂文集》第 1 册,第 36 页。
⑤ 《与徐旭生书》,《雅堂文集》第 1 册,第 132 页。

良　弼

梁旭毅

　　良弼，字赉臣，满族，爱新觉罗氏，镶黄旗人；系清宗室多尔衮之后，两广巡抚伊里布之孙。其父在四川做官，他于1872年（清同治十一年）生于成都[1]。他少年丧父，对母亲很孝顺。后来他到了湖北，由该省官派留学日本陆军士官学校。留学期间，结识了张绍曾、吴禄贞等许多士官生。由于吴禄贞等倡言革命，他起来反驳，常常争论得面红耳赤，各不相让。当时吴禄贞便觉察到，将来二人一定会分道扬镳[2]。

　　1903年，良弼于日本士官学校第二期步兵科毕业回国，即投奔清室效劳。时值清廷采纳袁世凯的建议，于12月成立练兵处，作为陆军的参谋本部，督练考察全国新军；当时清廷派庆亲王奕劻为总理练兵大臣，袁世凯为会办大臣，铁良襄办。良弼先被分配为练兵处调处差委，翌年又调升该处军学司监督。清政府本来是在"非练兵无以卫国"的幌子下，裁汰各省绿营，把军权集于中央，加强宗室对全国军队的控制，袁世凯却借有权势的庆亲王奕劻作掩护，把军权集中于自己手里。当时铁良、良弼对袁世凯怀有戒心，袁竭力拉拢他们为己所用，保奏铁良为兵部侍郎，破格提拔良弼为第六镇第二十三标标统。良弼拿着标统的

---

　　① 　常顺：《赉臣被炸追记》，中国人民政治协商会议全国委员会文史资料研究委员会编《辛亥革命回忆录》（六），中华书局1963年版，第389页。

　　② 　钱基博：《吴禄贞传》，中国史学会主编《中国近代史资料丛刊·辛亥革命》（六），上海人民出版社1957年版，第370页。

薪俸,并不就职替袁办事。

1905年,良弼被提升为练兵处军学司副使,并历充考察迁安、保定、马厂陆军各镇大臣随员,掌校阅参议、太湖秋操中央审判官长、考试陆军游学毕业襄校官、提调官等职。这时,许多留日士官生陆续回国,被派往北洋新军中充任下级军官。士官生中的部分革命党人,为了取得军权,利用铁良、良弼和袁世凯的矛盾,参与铁良、良弼的排袁斗争。铁、良原是清皇族集权的捍卫者,他们站在排汉的立场上,想利用汉人士官生以排挤北洋系,从而削弱汉人的势力来加强皇族的统治;因此,在表面上是士官生与北洋系的斗争日益尖锐化了。接着,清政府于1906年6月兴办贵胄学堂,培植宗室八旗子弟,以便日后输送到军队中充任高级将领,使皇族能够直接控制全国军权。良弼推荐士官生张绍曾担任贵胄学校的学监,因为皇族中无人能胜此重任。

同年秋,清廷议论改革官制时,在削减督抚权限的问题上,铁良与袁世凯争论激烈,清皇族排挤汉人的斗争也日益表面化。良弼曾主张杀掉袁世凯,但怕慈禧太后不允许,又怕北洋系军官起来造反,未敢下手。11月,奕劻等奏准把兵部改为陆军部,铁良任陆军部尚书,统辖各省新军,练兵处撤销,良弼的军学司并入陆军部。接着,袁世凯遭到朝中御史的公开弹劾,被迫交出了四个镇的兵权给铁良,这是皇族掌握军权的重要步骤。铁良、良弼为了利用士官生反对袁世凯而收渔人之利,不得不起用一批士官生为新军中的将领,这又为革命党人进入北洋六镇开启了方便之门。

1907年,良弼升任陆军部军学司司长兼参议上行走,他积极协助铁良振兴清室武备,改革军制,训练新军,创立武备学堂等,"举凡陆军章制,教育规则,靡不悉心赞划,期收成效"①,竭力把军权集中于清廷

---

① 良弼:《奏为身遭炸弹,医治无效,谨缮遗折,以示忠效》,农民运动类第1725号卷3号《军机处录付奏折》(清宣统三年十一月二十九日至十二月十九日),存中国第一历史档案馆。

皇族手中。此时良弼已成为陆军部出谋划策的核心人物了。

1908年11月，光绪帝和慈禧太后相继死去，溥仪嗣位，载沣摄政，袁世凯被放逐"回籍养疴"。清廷为了加强皇族集权，总揽全国军权，于12月设立禁卫军，成立一支驾驭一切军队之上的皇室武力，良弼任禁卫军第一协统领。

1909年7月，军谘处从陆军部分出，独立成为陆海军联合参谋总部性质的机构，清廷先委毓朗管理，后又派载涛接管。载涛是一个胆小又不懂军事的庸人，只有依靠良弼为他出谋划策。1910年2月，良弼随载涛赴欧美考察军政事务。回国以后，正是革命运动风起云涌之际，军谘处拟订一切镇压革命运动的作战计划，都是出于良弼之手；一切军事训练的规章制度，也由他规划拟订。他施行以"尽忠节"为中心的封建奴化教育，训练军队为清王朝卖命，自认为三年成效，稍有可观。

辛亥武昌革命爆发，各省相继响应。良弼于10月11日为军谘府制订了武装镇压的计划："二、四两镇及六镇之一协，作为第一军，荫昌统之；二十镇及三、五两镇各一协，与驻奉之第二混成协，作为第二军，载涛统之。一、二两军赴前敌，第三军留守京城，以备后援。"[1]他计划调动北洋新军攻打武汉革命军，遭到第二十镇和第二混成协及其他部队中革命势力的抵制，张绍曾在滦州按兵不动。良弼看到当时的立宪派一批一批靠近革命方面，便主张以立宪消弭革命。他利用与士官生的关系，和在滦州的张绍曾暗通声气。10月29日，张绍曾领衔联合四个统领署名，向清政府提出十二条立宪政纲的要求，在保持"大清皇帝万世一系"的前提下，采取一些必要的立宪措施。在当时革命火焰猛烈发展的形势下，这是扑灭革命势力和挽救清王朝覆灭的阴谋手段。清廷中的顽固派也不得不答应实现这十二条立宪政纲的要求。

---

① 张国淦编著：《辛亥革命史料》，上海龙门联合书局1958年版，第198页。

　　清政府为了瓦解革命势力,特派吴禄贞到滦州宣抚第二十镇,良弼则暗派军谘府第三厅厅长陈其采秘密监视。吴到滦州以后,不但没有"宣抚"第二十镇,反而鼓吹革命,并与张绍曾秘密商定第二十镇与第六镇联合进攻北京的计划,准备第二十镇乘坐清廷派去的二百辆汽车直取北京。由于陈其采是汉人,又是留日的士官生,也参加了这次秘密会议,会后陈立即把这二百辆汽车调回北京,又向清廷密报吴、张进攻北京的计划,清廷马上扣发开往滦州的火车,阻止第二十镇向北京进军。嗣后,吴、张又秘密商定联合山西革命军进攻北京的计划,又被清廷探悉。良弼献呈诡计,清廷当即采纳:假意派吴接任山西巡抚,同时派人监视,若吴有与山西革命军联合进攻北京之行迹,则立即将吴杀掉。吴禄贞没有识破这个阴谋诡计,自滦州回到石家庄后,即潜入娘子关与阎锡山会谈,表示决不就任山西巡抚。吴被推举为燕晋联军大都督后,回到石家庄,又发一电报给张绍曾,请张协同动作,以践前约。这些情况皆被良弼侦悉。此时,吴在石家庄又向清廷发一言词激烈的电报,弹劾荫昌督师无状,申斥清军"焚烧掠杀,惨无人道"的罪行,要求清廷对他们"严行治罪",并请停战议和;否则,他就屯兵石家庄、堵塞南北交通,斩断第一军的后路,并截留了一列由北往南运送军火的列车。

　　吴禄贞的革命行动,不仅引起了清廷的极大慌乱,也使已出任湖广总督、镇压武昌革命的袁世凯异常忌恨。良弼与袁世凯从不同集团的利益出发,在暗杀吴禄贞的问题上采取了一致的行动。良弼派陈其采、袁世凯派周符麟分别赶到石家庄,合谋暗中收买吴禄贞的卫队长马蕙田和夏文荣、吴豫章、苗得霖四人,于11月7日凌晨一时许,在石家庄车站站长办公室枪杀了吴禄贞,并把吴的头颅割下,逃到北京向良弼领得赏银3万两。

　　辛亥革命风暴席卷全国,袁世凯乘机要挟摇摇欲坠的清廷,促使奕劻皇族内阁垮台,袁则带着卫队赶到北京,于11月16日组成了袁氏内阁,清政府的军政实权终于落入袁的手中。12月9日,袁派冯国璋接任禁卫军总统,良弼也被解除了禁卫军第一协统领的职务,调任镶白旗汉军副都统兼任军谘府军谘使,被剥夺了实际兵权。袁并没有就此罢休,又进一步施展诡计,密令冯国璋向良弼表示效忠清廷,愿与良弼、铁良等共生死,而不与袁合作。良弼信以为真,与冯联系密切,幻想利用冯去分化袁的势力。

袁世凯在列强各国和国内立宪派官绅的支持下,取得了当总统的确实保证后,采用多种手段逼迫清帝退位。对此,良弼、铁良等少壮亲贵再也无法忍受了。1912年1月12日,清廷王公亲贵秘密集会,奕劻提出清帝退位,良弼与铁良、载涛、毓朗等坚决反对。在18日御前会议后,铁良、良弼等便纠合三十余名皇族亲贵,齐赴庆亲王府包围奕劻,表示强烈反对清帝退位。19日,这些皇族亲贵以"君主立宪维持会"的名义,发表反对清帝退位的宣言,正式成立宗社党。他们秘密计划乘袁世凯以内阁总辞职相要挟时,断然解散袁内阁,再由毓朗、载泽等出来组阁,由铁良统率清军南下与革命军决一死战,良弼也自请随军南下作战;如果战败,则迁都热河,退保东北,内联蒙古,外结列强,伺机卷土重来。良弼把宗社党这个秘密计划告诉冯国璋,冯立即向袁告密。袁确认了良弼是清帝退位的阻力,也是他谋权的主要障碍;但他又不敢贸然对良弼下手,于是把宗社党的计划向革命党人透露,以便借刀杀人。此时在北方主持暗杀的革命党人彭家珍,知道了良弼不仅是暗杀吴禄贞的主谋,又是阻止清帝退位的重要人物,奋然对人说:"有军事知识且极阴狠者为良弼,此人不除,共和必难成立,则此后生民涂炭,何堪设想乎!"①他决心挺身暗杀良弼,筹划十多天,设法获得了良弼的好友崇恭的名片,于1912年1月26日(十二月初八日)往红罗厂良弼私宅,待良弼归家下车刚进门时,乘其不备,投掷炸弹。良弼当即被炸断左股,晕绝卧地,同时毙命者还有良弼的卫兵八人、马弁一人。当时弹片触石反击彭家珍的头部,彭也英勇牺牲。2月1日,良弼伤势严重,自知命危

---

① 《烈士彭家珍绝命书》,王暨英、曾茂林纂修:《金堂县续志》卷十"传",1921年版,第23—25页。

旦夕,乃缮写遗折,上奏清廷,遗言:"尊重信条,实行宪政,以挽将倾之国势,而收已涣之人心。"①两日后,良弼不治身死。

① 良弼:《奏为身遭炸弹,医治无效,谨缮遗折,以示忠效》,农民运动类第1725号卷3号《军机处录付奏折》(清宣统三年十一月二十九日至十二月十九日),存中国第一历史档案馆。

梁　鸿　志

涂上飙

梁鸿志，字众异，1882年（清光绪八年）出生于福建长乐。六岁随其家人旅居日本，两年后回国，循科举之路读经诗书籍。1903年，他赴省城参加乡试，中了举人。1905年，清政府实行新政，宣布废除科举制度，兴办学校，梁鸿志未能遂殿试之愿，于是年秋入京师大学堂（北京大学前身）学习。

1908年，梁鸿志学业期满，先被分到山东登莱高胶道尹公署任科长。次年被调到奉天优级师范学堂当教员，不久又至北京学部任职。辛亥革命爆发后，梁鸿志携家眷离开北京。中华民国成立后，他回到北京，在唐绍仪主持的国务院任职；并兼任袁世凯授意下创办的《亚细亚报》新闻编辑，写些政论文章。

1916年6月袁世凯死后，黎元洪继任总统，段祺瑞出任国务总理，实际控制北京政府大权。梁鸿志见段祺瑞声势显赫，便走访福建同乡、段祺瑞的亲信曾毓隽和在国务院任秘书的陈征宇。经曾、陈推荐，梁鸿志进入段祺瑞的幕府，凭借文才和灵敏的政治嗅觉，竭力攀援。在皖系势力极盛之时，梁当上了段祺瑞手下第一大将段芝贵京畿卫戌总司令的秘书长。

梁鸿志与皖系其他政客一样，精神颓废，生活奢侈。每逢星期六，即早早下班，搭乘北宁路快车去天津度假，尽情享乐挥霍。一次他在火车上与王揖唐相遇，两人以诗文为媒，结成莫逆之交。梁得到王揖唐的提携，加入了"安福俱乐部"，并当上了参议院议员。

梁鸿志机警多智,处事圆滑灵通,文笔又雅,逐渐受到段祺瑞的赏识。他担任安福国会参议员、参议院秘书长期间,极力为段祺瑞政府奔波效劳。他在对日外交方面的许多献策,多为段所采纳,段乃酬梁为安福俱乐部会计副主任。他因会计主任王郅隆不常到俱乐部上班,乃与俱乐部交际部主任曾毓隽将交际部的公款朋比侵吞,数以万计①。

1920 年直皖战争中皖系大败,梁鸿志因参与出谋划策而为直系所痛恨,大总统徐世昌于 7 月 29 日下令通缉,要求"步军统领京师警察厅一体严缉"②。梁鸿志逃入日本兵营,不久又乘火车逃往天津,住进租界当了寓公。

1924 年第二次直奉战争中,由于冯玉祥倒戈发动"北京政变",直系统治迅即垮台。段祺瑞再度出山,梁鸿志立即当上了段祺瑞临时执政府的秘书长,"常参与段氏的大计"③,并把家从天津迁往北京。可是好景不长,1925 年 11 月,梁被迫辞去临时执政府秘书长职务。翌年 4月,国民军将段祺瑞赶下台后,梁转赴天津依附日本人,任日人主办的"东方文化事业总委员会"中国委员。

梁鸿志蛰居天津,间或去青岛、南京、上海、庐山、哈尔滨等地游玩,以饮酒作诗自娱。期间还到过日本、朝鲜游历。1927 年,他受日本的派遣前往东北,秘密策划反对张作霖,因被发觉无法活动而返。1928年 6 月,北伐军进入北京,南京国民政府下令通缉北洋军阀余孽,梁亦被列其中。是年底,他移居大连,在大连海滨黑石礁筑临海小楼一幢,起名"爱居阁"。"九一八"事变后,段祺瑞离开天津南下,梁也跟随南下,在上海赁屋而居。1936 年 11 月段病死后,梁移居杭州西湖之畔。

1937 年 7 月,日本帝国主义发动全面侵华战争。梁鸿志从杭州跑

---

①　刘冰天:《关于徐树铮和安福俱乐部》,中国人民政治协商会议全国委员会文史资料研究委员会编《文史资料选辑》第 26 辑,中华书局 1962 年版。

②　丁中江:《北洋军阀史话》第 3 集,中国友谊出版社 1992 年版。

③　邓汉祥:《我所了解的段祺瑞》,《文史资料选辑》第 26 辑。

到上海观战,以寻重返政坛的机会。12 月,王克敏等一批北洋遗老在华北沦陷区成立"中华民国临时政府"事敌,邀请梁北上共事,梁看到已没有合适的位置而婉言谢绝。随即他开始谋划在华中沦陷区组织一个独立的伪政权。他与到上海谋划组织汉奸政权的日本军部代表松泽寿良等人勾搭,反复商议,终于在日本华中派遣军直接操纵下,于 1938 年 3 月 28 日在上海成立"中华民国维新政府"。伪维新政府 10 月迁南京,梁任"行政院院长兼交通部部长"。伪政府决定采用五色旗,建立伪军,实行"绥靖",横征捐税,帮助日本"以战养战",充当日本的侵华工具。但梁的汉奸行径均在日方的监视和控制之下,日军以照顾他的生活和安全为名,派遣女特务田中贞子作随员,又由一名叫园部的宪兵作警卫。

1938 年 9 月,梁鸿志与华北汉奸王克敏合组伪中华民国政府联合委员会。11 月他去日本活动,回国后发表媚日卖国的《告国人书》。他与日本先后签订了铁矿、水电、铁道、通讯等一系列卖国密约;"合营"华中铁道、电气、通讯、盐业、轮船等公司,施行"统制统销";设"戒烟局",公卖鸦片;设"苏浙皖税务局",替日本搜括钱财;与日合营"华兴银行"发行伪币,还招募伪绥靖军四个师,在江南一带专门骚扰抗日游击队等,犯下种种罪行。

当汪精卫从重庆叛逃经河内到上海,为建立伪国民政府而四处活动时,梁鸿志在日本方面的控制下响应汪的"和平运动"。1939 年 6 月 29 日,梁与汪在上海举行了第一次会谈,就华中、华北的地位问题进行了讨论。梁要求华中与华北一样,保持其特殊性,抵制汪的吞并企图。7 月 5 日,双方在南京举行第二次会谈,梁要求新的"中央政府"以"维新政府"为基础,各部长维持原状,由他来担任"行政院长"。梁自恃投敌资历比汪早,并且"历尽艰辛",不愿把政权交出来。9 月 19 日,汪精卫再次将王克敏、梁鸿志请来开会,就召开中央政治会议、成立中央政府问题进行谈判。经过一番激烈争吵,在日本帝国主义的操纵下,20 日梁无可奈何地在组织南京汪伪政权的协议上签字,向汪俯首称臣。

21日,"维新政府"发表声明支持汪成立伪中央政府。1940年1月24日,梁出席青岛会议,参与了伪中央政府大纲、政纲及政策、政府名称、国旗、首都和成立日期等问题的讨论。南京汪伪国民政府于3月30日成立,梁鸿志为"监察院"院长、汪伪中央政治委员会委员。同日,伪维新政府发表声明,宣布即日起解散。梁鸿志的汉奸地位下降,掌握实权的梦想破灭。

梁鸿志与汪精卫合流后,仍积极为日本帝国主义效劳。1941年2月1日,"东亚联盟中国总会"在南京成立,梁为总会的常务监事。1944年11月,陈公博在汪精卫死后任代"国民政府"主席,梁鸿志改任"立法院"院长。此后,梁鸿志眼看日本败局已定,为寻找后路,托靠伪江苏省长、已被重庆秘密任命为先遣军司令的任援道。因为他们有多年交往,且共事时间甚长。1945年8月日本无条件投降,梁鸿志卖国罪行昭著,被国民政府列入通缉名单。他因任援道在苏州掌管军事,乃举家去苏州匿居,但其妾在返回上海料理私事时被军统特务察觉,于是在苏州藏匿的住所暴露。10月19日,梁鸿志被捕,后被关进上海福履理路(今建国西路)楚园。

1946年4月3日,梁鸿志被押往江苏高等法院第二分院(即上海高等法院)的临时看守所提篮桥监狱。6月5日、14日,法院两次开庭审理梁案。6月21日,法院作出判决,判处梁鸿志死刑。11月9日,梁被处决①。

---

① 　上海《新闻报》1946年6月6日、15日、22日、11月10日。

梁 墨 缘

伍 锦 张鸣皋

梁墨缘,原名源,1893年9月(清光绪十九年)出生于广东顺德。父亲是当地一个酿酒小作坊主。因兄弟姊妹众多,生活困难,梁墨缘只读了两年私塾。

1910年,梁墨缘离家去三水源和安布店当学徒,因做事勤奋,能说会道,学徒期满后升为"行街",开始与当地商人结识。时值第一次世界大战爆发,帝国主义各国忙于战争,无暇东顾,我国的民族工商业获得了发展。而广东又取消了封建势力的轮渡专利经营,实行自由经营。源和安布店老板和当地许多商家都认定航业大有可为,决定集资开办航业,派梁墨缘筹办招股。梁在清远—三水—广州沿途一些布业行家劝说集资,每股五元,开办了一家航业联商公司,自任经理。公司自装了几艘蒸汽机动力船,航行勒流至西南之间。不到一年,业务大有发展,又开辟"广州—三水—清远"一线。

当时,联商公司的蒸汽机船比一般民船已有进步,但装备仍很落后。鉴于北江水浅,秋冬以后必须改用"明车"汽轮。所谓"明车",就是把蒸汽锅炉安装在船头,机器安装在船尾,车叶板(螺旋桨)半露出水面运转。船中间堆放柴煤燃料,一条四五十吨的船也只能用三分之一的地方载运客货,利用率很低,升火时间又长。为了进一步求得发展,梁墨缘锐意改革。1917年间,梁墨缘得悉广州协同和机器厂试制成功柴油内燃机,就到该厂参观。该厂经理陈拔廷介绍柴油机的好处,表示准备装置柴油内燃机电船,行走内河,并请梁参加,梁欣然答允。但联商公司的老板们墨守成规，不同意参加。梁乃退出联商公司，与陈拔廷筹组粤海轮船公司。

为筹建粤海公司，梁墨缘计划集资10万元，陈拔廷等认股3万元，其余由米机行业和其他机器行业的商人认股，也有一小部分是华侨资金。粤海公司自己造机器，自己装备船只，又有自己的货运，业务很快获得发展。仅仅1918年、1919年前后不到两年的时间，已拥有柴油内燃机电船10艘，大的164匹马力，小的45匹马力，成为当时广东内河航业界一支新兴力量。梁墨缘经营出色，遂由主管业务升任经理，在同业中亦享有较高声望，1920年被选为广东内河商船总公会的董事，1928年被选为广东商船公会副会长。

粤海公司装置的十艘电船，航行于北江及珠江三角洲其他浅水河道，是经营客货运输的定期交通船，燃料省、员工少、成本低、航行快、远非旧式轮渡所能比拟。因此抢去了同业的不少生意，遭到保守势力的妒忌，十艘电船被咒骂为"十大害"。这些守旧航商初则勾结省航政局，以"从来没有停泊这种船的码头"为借口，不给码头停泊，继则企图用"单行船不能载货"的行规陋习来迫使粤海公司停航。粤海公司的电船虽然被迫停在河中心，要用小艇接驳人客往来，但搭客因为这种新船航速快，座位舒适，仍乐意乘搭。为了增强与同业的竞争力量，打破守旧航商在货运方面的排挤打击，梁墨缘与股东决定扩大对米业的投资。几年间，陆续开设了"公德成"、"晋德成"等"成"字号的米机（碾米厂）、米行十家之多，时人称为"十大成"。有此"十大成"的货源，粤海公司的船就不愁没有货运，也不受行规陋习的限制了。此外，梁为了保证船上需用的食品什项等供应，于1922年开办了德源行。至此粤海公司自成系统，除石油以外一切不需外求，业务发展得更快，1925年已拥有二十多艘船。梁为缓和同业之间的竞争，向同业公开介绍柴油内燃机电船的燃料成本仅及蒸汽机船烧柴煤费用的四分之一，至于航速快和利用率高这些优点，均属有目共睹。至此，其他航商逐步认识落后的设备是无法与新兴的电船竞争的，才心悦诚服地与梁合作，一部分加入粤海公司共同联营,一部分改装为柴油内燃机新船。粤海公司有了别的航商合作,不但码头和载货等问题得以解决,而且使全行业的面目焕然一新。1925年以后,广东内河上柴油内燃机电船逐步代替了旧式的蒸汽机船,大大促进了广东航业的发展和进步。

旧社会的航运业从来都是官厅、土匪、恶霸、关卡、洋行敲诈的对象,为了"自卫",梁墨缘想过很多办法,如请防军随船保护、悬挂外国旗帜、自备自卫枪支等。当时由李福林的军队特别组织一个"保商卫旅营",专门"保护"船只。但军和匪相通,大股的土匪与李军有勾结,碍于李的情面,没有拦船抢劫;小股的则与驻船李军相勾结,由李军做引线,船只被劫,事后分赃,还诬陷船家通匪,勒索罚款。至于官厅封船劫骑,就更不是李军所能管辖的了。1923年滇军封了三十多艘内河船,其中包括粤海公司的多艘,内河商船总公会推梁墨缘去见孙中山请求解决,孙当即下令滇军二十天内放船,但滇军并没有切实执行。无奈之下,他们找外国人来"保护",各船每月用150元港币买一面外国旗帜悬挂在船上。

当时中国的石油都靠外国洋行供应,粤海公司成立后,与亚细亚石油公司订下了供油合同,油价每吨30元,言明保证供应。待粤海公司有所发展后,亚细亚逐步抬高油价。至1925年亚细亚忽片面废约,提出取消供油合同,骤然把油价提到每吨80元,使燃料成本竟和烧柴煤的旧式蒸汽机船相差无几。这对粤海公司是一个重大的打击。梁墨缘一气之下转向美孚和德士古两公司请求供应,谁知这两家公司和亚细亚沆瀣一气,借口粤海公司与亚细亚已订合同,他们即使有油也不能供应。为了摆脱亚细亚的控制,梁墨缘于1933年开设"永源行",代理德国孔士洋行销售机器和机油,后又开设"生源行"代理美孚公司销售柴油。从此购买亚细亚的油就一天天减少了。后来亚细亚也要求梁代为销售,梁用提高回佣的办法,油价表面上没有降,但各轮船公司的开支却因而降低。即使如此,航业成本仍高,一般只能维持现状,难以有大的发展。

　　梁墨缘为了摆脱亚细亚、德士古、美孚三大公司的控制,设法和美国旧金山一家没有参加柴油垄断集团的小公司洽商,另立商号与该公司签订合同,由该公司供应柴油,在香港交货。第一批柴油运到广州后,每吨才30元。可是当第二批柴油运到广州时,三大公司串通海关,把船扣留起来,硬要这批柴油缴了2万余元税款,这样一来,柴油成本每吨达80元。而当这批柴油还未起岸入仓之前,亚细亚和美孚竟将他们的柴油价由每吨80元骤降至40元,大量抛售。梁遭此打击,深感关税不能自主,是中华民族的莫大耻辱,更痛恨国民政府之无能。梁在同业中以善于经营著称,但在柴油问题上,仍然逃不出外国垄断资本的魔掌。

　　1938年10月广州沦陷前夕,梁墨缘出于爱国热忱,不愿船只沦落敌手,亲自带领船员把十多艘船沉没江底,其余或被日机炸毁、或支援抗战军用,剩下在日伪统治之下能航行的已为数不多。他携眷逃难至南海官山时,又被匪徒掳去幼子,勒索了巨款。最后,他带着几艘船和部分员工逃到北江、清远一带。根据当时的航规,梁参加了撤至西江的轮渡行商召开的会议,组织成立了西江航业战时服务社的联营组织,惨淡经营,维持战时后方交通。

　　1945年抗战胜利后,梁墨缘返回广州,打捞起沉没江底的十多艘船,加以修复,连行驶中的几艘,粤海公司的总船数不及战前的三分之一。其时,用油厂商要向国民政府申请配给外汇才得进口柴油,而外汇管理全操在官僚资本之手。因此,内河船只多用国产松香油代替柴油,以蓖麻油、茶油代替润滑机油。

　　国民党政府发动全面内战后,物价暴涨,百业萧条,为应付政府当局对工商业的横征暴敛,1947年,梁墨缘特意聘请广州市公安局长何彤之弟何桥雨为公司经理,他自任董事长;后又改请前兵站总监、后任省参议员的简作祯继任经理,凭借他们与当局的关系,以庇护粤海公司的利益。

　　广州解放前夕,梁墨缘在中国共产党地下组织的推动下,先后将全部船只疏散往澳门，避开国民党的劫掠和毁坏。

中华人民共和国成立后，梁墨缘响应人民政府号召，最早把船只由澳门驶回广州。内河航船一时用不上柴油，但人民政府协助航商更改船机的部件，改用燃料油，梁高兴地同意采用。自此，航运事业获得迅速恢复和发展。

1954年11月粤海公司参加公私合营，梁墨缘被选为广州市政协委员。

1976年10月6日梁墨缘病逝于广州，终年八十三岁。

梁　启　超

耿云志

梁启超,字卓如,号任公,广东新会人。1873 年 2 月 23 日(清同治十二年正月二十六日)生在一个乡绅的家庭里。他的祖父梁维清,太平天国时在乡中组织"保良会",与农民军对抗。其父梁宝瑛,也曾长期主持乡政,在当地颇有势力。

梁启超幼时在家读书,1887 年进广州学海堂就学,1889 年考中举人。次年入京会试,但没有考中。在南归途中,于上海见到《瀛环志略》以及若干西书,他从此开始接触西学。回到广州后,他拜康有为为师,对康的维新思想异常倾倒。他曾参与协助康有为编撰《新学伪经考》、《孔子改制考》等重要著作,是"万木草堂"弟子中最杰出的一个。后来,他与康有为一起成为资产阶级改革运动的领袖。

1894 年,梁启超旅游京师,恰逢甲午战败,"惋愤时局,时有所吐露"[1]。第二年入京会试时,又适值中日议和,清政府割地赔款,激起了爱国知识分子的愤慨。康有为、梁启超发动一千三百多在京会试的各省举人,向光绪帝上万言书,提出拒和、迁都、变法的主张,这就是历史上有名的"公车上书",梁启超说这是"清朝二百余年未有之大举"[2]。

这次上书虽没有被接受,但起到了激励士气、开导舆论的作用。是

---

① 梁启超:《三十自述》,《饮冰室合集·文集》之十一,中华书局 1989 年影印本,第 16 页。(以下《饮冰室合集》之引文皆简注《文集》或《专集》)

② 梁启超:《戊戌政变记》,《专集》之一,第 114 页。

年8月间,梁受康指示,主办《万国公报》(不久改称《中外纪闻》)。该报专主议论时政,鼓吹变法,每期印千份左右,分送朝贵,冀得其同情。在这同时,梁又协助康有为组织强学会,并担任该会书记。梁启超后来回顾说:"强学会之性质,实兼学校与政党而一之。"①强学会的活动遭到顽固派的攻击,没有多久即被封禁,《中外纪闻》亦随之停刊。

是年,梁启超在京师结识了许多同情变法的志士,其中最重要的是谭嗣同。梁对他非常敬佩,称誉他"才识明达,魄力绝伦,所见未有其比"②。

1896年四五月间,梁启超离北京到上海。8月,他会同汪康年、黄遵宪等创办《时务报》(旬刊),担任主笔。他所发表的《变法通议》洋洋数万言,批评顽固派和洋务派,力倡维新变法。由于他思想明快,议论畅达,对全国思想界发生了很大影响。《时务报》成了宣传维新变法的主要阵地,而梁启超则成为维新运动中最著名的宣传鼓动家。后来,梁的言论渐为资助《时务报》的湖广总督张之洞所不容,遂不得已离开报馆,并于1897年11月前往湖南长沙,就任时务学堂总教习。

甲午战败后,湖南的一批略通西学、倾向变法的志士如谭嗣同、熊希龄、唐才常,以及在湖南任事的黄遵宪等,即积极谋划先在本省筹办新政。到1897年秋冬至1898年春间,在湖南巡抚陈宝箴的实力赞助下,湖南新政已粗具规模:《湘学报》《湘报》作舆论的鼓吹;南学会类似省议会,可供咨询;而梁启超主讲的时务学堂,则一意培植维新人才。梁在学堂中极力宣传变法救亡的思想,批评清廷失政,并不时发表赞誉民权的言论。这引起了守旧势力的反对。思想比较守旧的王先谦以及一向比较顽固的叶德辉等群起攻击维新派,甚至提出了驱梁出境的要求,新旧党争遂日渐激烈起来,为以后的戊戌政变预埋了一条伏线。

1898年1月,梁启超离湖南到上海,不久北上入京。当时,俄国强

---

① 梁启超:《莅北京大学校欢迎会演说辞》,《专集》之二十九,第38页。
② 梁启超致康有为书,见《梁任公先生年谱长编》上册,第28页。

租旅大,梁随同康有为奔走呼吁,力图阻止清政府答应俄国的无理要求。梁还同麦孟华一起联络数省在京会试的举人,联名上书请拒俄变法。但此书没有上达。随后,他协助康有为发起和组织保国会,在会中发表过动人的救国演说。他说:"使我国四万万人者,命知我国处必亡之势,而必欲厝之于不亡之域,各竭聪明才力之所能及者,以行其分内所得行之事,人人如是而国之亡犹不救者,吾未之闻也。"①这篇演说反映出了当时维新志士们的爱国热情和对人民群众怀着某种朦胧的希望。

5月间,梁启超联合应试者百余人,上书请废除八股取士制度。

6月11日,光绪帝发布"定国是诏",开始变法。当时有侍读学士徐致靖奏荐康有为、梁启超等人。光绪帝继6月16日召见了康有为之后,于7月3日召见梁启超,赐六品衔,命他"办理译书局事务"。他还曾受军机大臣及总署的委派,仿照日本学校制度,草定大学堂规则,但却受到顽固派的嫉视。

由于以西太后为首的顽固派极力抵制,虽变法之诏屡下,而新政之实效却无所表现。梁启超在京颇知维新力量孤弱,难敌守旧势力的压迫,曾劝康有为适时出京。但历来革新志士终不肯示弱于人,况又有君臣之义,他们何忍抛下光绪帝不顾?康、梁和他们的战友们在万分困难的局面下继续奋斗。但"帝党"与"后党"之间的斗争日益表面化。9月21日,西太后猝然发动政变,囚禁光绪帝,逮捕并杀害谭嗣同等维新志士,重行听政,撤废维新诏令,变法全归失败。康有为于政变前夕出京,得英人救护经香港逃日本;梁启超则在日人救助之下也逃到了日本。

康、梁逃日本后,正在日本进行革命活动的孙中山,主动提出与康、梁联合反清的诚恳建议。但康有为以"受皇帝知遇"为辞,拒绝合作。次年3月,康离日本去加拿大,随后在那里开始组织保皇会,幻想争取光绪帝重新执政,完成变法未竟之志。梁启超仍留在日本,办起《清议

---

① 天津《国闻报》光绪二十四年四月十二日。

报》,鼓吹"斥后保皇"。该报于 1898 年 12 月创刊,十日一出,共出一百号,至 1901 年 12 月停刊。

康有为离日本后,梁启超与孙中山续有往来。1899 年 12 月,梁持孙中山的介绍信前往檀香山,在取得当地兴中会骨干分子的信任的情况下,积极展开活动。他以"名为保皇,实则革命"相号召,几乎使孙中山亲手建立起来的檀香山革命组织为之瓦解,给兴中会的革命活动造成了很大损失。

梁启超在檀岛活动半年多,一面竭力扩大保皇会的组织,一面为国内的"自立军勤王"运动筹款。1900 年 8 月,临近预定的"自立军"起事日期,梁离檀香山回国。但他刚到上海,"自立军"首领唐才常等以事泄被杀,勤王计划失败。于是梁启超转赴南洋与澳洲,继续从事保皇会的募捐活动。次年五六月间,复去日本。

1902 年 2 月,梁启超在横滨创办《新民丛报》(半月刊)。这时,梁启超放弃"斥后保皇"的口号,改以"稍从灌输常识入手"①,继续鼓吹和平改革。他宣称:"本报以教育为主脑,以政论为附从……故于目前政府一二事之得失不暇沾沾词费也",并保证"不为危险激烈之言论"②。

《新民丛报》早期,梁启超曾着力介绍过·些资产阶级的思想学说,对国内青年起了很大的启蒙作用。而且由于对清廷腐败、改革无望而产生的愤懑,还曾一度高谈"破坏主义",但其基本的和平改革的思想立场从未改变。《新民丛报》是梁自认一生办报最得意的时期,曾自诩"其文条理明晰,笔端常带情感"③,时人誉之为"新文体",国内士子争相仿效,差不多影响了一代文风,也影响了一代青年人的思想。

1905 年 8 月,孙中山在日本创立同盟会,随后发刊《民报》,宣传资产阶级民主革命的纲领,批判康、梁保皇派和其他立宪派。这时,梁启

---

①　梁启超:《鄙人对于言论界之过去及将来》,《文集》之二十九,第 3 页。

②　梁启超:《本报告白》,《新民丛报》创刊号。

③　梁启超:《清代学术概论》,《专集》之三十四,第 62 页。

超以全力同《民报》展开论战，使早已开始的两党的思想斗争达到高潮。论战主要围绕两个问题展开，一个是政治方面：革命党人坚持反满革命的立场，主张一定要实行暴力革命推翻清政府，改行共和制度。梁启超认为满人亦中国人，中国要解决的主要问题是改革专制制度，而无须民族革命，无须暴力革命。他又认为中国国民程度不适合建立共和制度，而应循君主立宪途径，逐步达到改专制为民主的制度。第二个问题是经济方面：革命党人要求实行某种社会主义式的经济制度即民生主义的经济制度，极力避免在中国发展资本主义。梁启超认为，中国正苦于资本不曾发展，所以无力抵御外资，无力摆脱贫困。中国应当毫不犹豫地发展资本主义。他认为在中国目前社会状态下，而贸然实行民生主义，只能是"酿乱"，而绝不能达到富民的目的。

论战持续了一年多，后来梁启超的注意力转向实际的立宪运动，《新民丛报》停刊。而《民报》方面，因革命党内部分歧，严正的论战文字亦不再见于报端。多数革命党人亦将注意力转到实际的革命运动上面，论战遂渐归于沉寂。

为了缓和人民的不满情绪，抵制革命势力的发展，清政府于1906年9月1日下诏宣布所谓"预备立宪"。梁启超马上响应，宣称："从此政治革命问题可告一段落，此后所当研究者，即在此过渡时代之条理何如。"①不久，他便与康有为决定，将他们惨淡经营的保皇会改名为宪政会。梁启超积极展开活动，与当时在日本的杨度、蒋智由、徐佛苏等联络，筹划建立政党式的团体。后因杨度与蒋智由互不相能，且在策略上也略有分歧，杨遂别创宪政公会，梁启超则主使蒋智由、徐佛苏等出面做发起人，于1907年10月正式成立政闻社，并发刊《政论》杂志。在《政闻社宣言书》中，梁启超特别声明："其对于皇室绝无干犯尊严之心，

---

① 梁启超：《致蒋观云先生书》，见《梁任公先生年谱长编》上册，第212—213页。

其对于国家,绝无扰紊治安之举。"①争取求得清廷的容纳。对于以孙中山为首的革命党,他明确提出了斗争的方针。梁在给康有为的信中说:"今者我党与政府死战,犹是第二义,与革党死战,乃是第一义;有彼则无我,有我则无彼。"②这既反映了和平改革与暴力革命两条道路的对立,同时也反映了同以海外为基地,同以华侨为经济后援的这两党之间激烈争夺的情况。

1908 年初,政闻社本部内迁到上海,梁启超把徐佛苏、汤觉顿等许多重要骨干都派回国内,与各地立宪派联络,参与策动国会请愿运动。有些政闻社社员则竭力钻营幕府,争取官僚的同情。

尽管梁启超向朝廷做了忠顺的表示,但统治集团对康、梁的活动却始终怀有疑忌。特别是戊戌政变以来,与康、梁结怨甚深的袁世凯,对康、梁的活动尤有戒心。1908 年夏,曾出现一次国会请愿的高潮,当时政闻社员、法部主事陈景仁上朝廷一电,不但奏请三年召集国会,而且要求把主张缓行立宪的赴德国考察宪政大臣于式枚革职以谢天下。这激怒了朝廷及所有守旧大臣。袁世凯乘机进言,陈景仁背后有康、梁操纵,要求对政闻社采取严厉措施。当时,清廷正苦于无计应付请愿运动,遂即下令将陈景仁革职,查禁政闻社。这一打击大出梁启超意外,他曾力谋挽救,终无效果,政闻社宣告解散。

但康、梁及其同党并未就此停止活动,他们在继续参与国会请愿运动的同时,特别加紧进行倒袁和谋求开放党禁(即赦还康、梁)的活动。为此,梁启超曾打算以重礼联络满人贵族和某些军机大臣,他还为某些朝廷大员代拟立宪奏折与说帖,借以加强同上层的联络。1910 年 2月,《国风报》创刊,梁启超又得以发挥其影响舆论的特殊作用。1910年秋,梁委派他最得力的助手汤觉顿以日本华侨商界国会请愿代表的名义进京,活动开放党禁。但直至清朝灭亡,梁启超的"乞赦"要求始终

① 《文集》之二十,第 28 页。
② 梁启超:《致康有为书》,《梁任公先生年谱长编》上册,第 218 页。

未得清廷的许可。而袁世凯的一度被罢斥，也只是当时统治集团内部斗争的结果，非只康、梁活动之力。

1911年10月10日，武昌起义爆发。梁启超在日本闻讯，惶惶然不可终日，他与康有为抛出所谓"虚君共和"的主张，企图要革命党与清廷妥协，保住清廷的地位。他派遣人员在南北两方面进行活动，他本人也于11月间潜赴沈阳，等待时机，准备入京。后因时局对他不利，又折返日本，在一段时间里，陷入进退维谷的窘境。

1912年2月，南北议和后，清帝退位，袁世凯取得了临时大总统的地位。袁氏希望得到梁启超一类名流的支持，曾向梁表示邀其回国予以借重之意。这时，梁启超看到十几年前出卖维新运动的仇敌已成了控制时局的中心人物，遂不计宿怨，回书袁世凯，称颂他"功在社稷，名在天壤"，"率土归仁，群生托命"，表示"以逋越余生，感非常知遇，又安敢徒作谀颂之辞，而不竭其刍荛，以图报称"①。信中详陈关于理财、治政、组党等项建议，并极力为其同党谋取地位。但那时同盟会的政治力量仍很大，许多革命党人反对梁启超回国。梁启超及其同党有所畏惧，许多人写信劝他暂缓回国。后来，同盟会的势力日趋散漫，而由一部分清末官僚政客和立宪派团体所组成的党派纷纷出现，它们虽然互有矛盾，但在对付同盟会的问题上却有相当的一致性。在这种情况下，梁启超的同党加紧活动，争取到各党派首脑对梁的同情，袁世凯也想利用这一情况来提高自己的政治声望，表示欢迎梁启超回国。

1912年10月，梁启超结束了十四年的流亡生活，从日本回国。到京后，曾受到官僚政客及各种党派和社会团体的相当热烈的欢迎，袁世凯也以优礼相待，梁启超十分得意。他积极着手组党，得到袁的慷慨资助。12月，梁在天津创办《庸言》报，发表过许多关于行政、理财、司法等方面的文章，实际很像给政府上的条陈。

梁启超在归国前，曾列名于汤化龙、林长民等人组织的共和建设讨

---

① 梁启超：《致袁项城书》，《梁任公先生年谱长编》上册，第380页。

论会。回国后,他于 1913 年 2 月,又加入了以黎元洪、张謇等为首的共和党。5 月,共和党与章炳麟的统一党、汤化龙的民主党合并组成进步党,推黎元洪为理事长,梁启超、张謇等为理事。实际上,梁是该党的精神领袖。他直言不讳地以孙中山领导的国民党为敌党,特别反对其左派,诋为"乱暴派",时时加以攻击。

　　1913 年 7 月,孙中山领导一部分革命党人发动反袁的"二次革命"。这时,梁启超发表《革命相续之原理及其恶果》一文,激烈地加以攻击。随后,就在镇压"二次革命"的硝烟未散之际,进步党人熊希龄为首的内阁出现了,梁当上了司法总长,从此更加频繁地出入总统府,为袁世凯出谋划策,用他自己的话说,是力求把袁世凯引上政治轨道。10 月,在进步党支持下,袁压迫国会举他为正式总统。11 月,袁下令解散国民党,取消国民党员议员资格。这时,袁自觉独裁总统的位置已经坐稳,接着便于 1914 年 1 月悍然下令解散了国会,梁启超及其进步党也就形同敝履,被抛到一边了,梁启超的政治幻想再度失败。2 月,梁辞去司法总长职务,袁世凯改任他为币制局总裁,至 12 月也辞职,于次年 1 月避居天津。

　　1915 年初,袁世凯开始阴谋复辟帝制。5 月,袁为换取日本帝国主义的支持,竟承认其灭亡中国的"二十一条"要求的绝大部分内容,激起了全国人民的反对。梁启超一方面不赞成变更国体,一方面对袁取敷衍态度。7 月间,梁还参加了袁所指派的宪法起草委员会,对帝制活动态度尚不明朗。到 8 月间,复辟帝制的丑剧由隐蔽而公开,这时,梁启超看到袁世凯已经如坐火山口上,再不能持以暧昧态度。他在致其同党的一封信中说:"当此普天同愤之时,我若不自树立,恐将有煽而用之,假以张义声者,我为牛后,何以自存?"①于是他赶紧发表《异哉所谓国体问题者》一文,公开竖起反袁的旗帜。紧接着,他邀蔡锷到天津密商反袁计划,决定借重蔡在云南旧部的势力,组织武力讨袁。梁启超打

---

　　① 梁启超:《致籍亮侪、陈幼苏、熊铁厓、刘希陶书》,《专集》之三十三,第 28 页。

算在讨袁斗争中造成自己的武力和地盘，以便谋取更大的政治利益。在蔡锷潜回云南时，梁启超也于12月离天津赴上海。12月25日，蔡锷在云南宣告独立，揭橥护国的旗帜，发兵讨袁。随后，贵州、广西等地相继响应。梁应广西都督陆荣廷的邀请，于1916年3月离开上海，在日本人帮助下历经艰险和困难，绕道越南进入广西，在陆的"两广护国军都司令部"中任总参谋。广东"独立"后，5月1日于肇庆成立"两广都司令部"，梁任都参谋。在此期间，他协助陆荣廷与假独立的广东龙济光达成妥协。5月6日，西南各省联合组织的军务院在肇庆成立，梁任抚军兼政务委员长。军务院初期所发的各种布告、文电等，大抵皆出梁启超之手。

5月中旬，梁启超离广东去上海，随即到南京与冯国璋协商迫袁退位等问题。不久，他以居父丧为名，辞去军务院本兼各职，留居上海，等待时机。

是年6月，袁世凯帝制破产，忧愤而死，段祺瑞成了北洋军阀最有实力的首领。梁启超于袁死的第二天，就致电南方讨袁的各都督司令，声称："收拾北方，唯段是赖，南方似宜力予援助，毋使势孤，更不可怀彼我成见，致生恶感。即对袁，似不妨表相当之哀悼而揽同情。"①为了取悦段祺瑞，他极力劝促西南军阀的首领唐继尧尽早解散军务院，免与北京国务院对立。

8月，旧国会在北京复会。这时进步党的骨干林长民等组织宪法研究会，随后与汤化龙等人的宪法讨论会合并，结成了以梁启超为首的所谓"研究系"政客集团，依附北洋军阀，从事政治活动。

1917年1月，梁启超到北京。当时任国务院总理的段祺瑞与总统黎元洪之间，正围绕着"参战"问题展开权力之争。梁启超积极支持段祺瑞，要挟黎元洪和国会批准对德宣战。在黎、段矛盾日益尖锐的情况下，5月23日，黎元洪下令解除段祺瑞的总理职务，引起段派督军的激

---

① 梁启超：《致各都督司令电》，《专集》之三十三，第54页。

烈反对。6月，长江巡阅使张勋借"调停"的名义，率领"辫子军"进北京，一手导演了清室复辟的丑剧。梁启超遂又支持段祺瑞讨伐张勋，为他起草讨张檄文。在驱逐了张勋之后，冯国璋就任总统，段祺瑞重新组阁，拥段有功的梁启超乃出任财政总长兼任盐务总署督办。他曾献策，拒绝恢复在张勋武力胁迫下解散的旧国会，而召集便于段祺瑞控制的临时参议院，以便排斥国民党，为研究系谋取有利的地位。但后来在四川内战问题上，梁启超支持原蔡锷的部下戴戡，与段祺瑞的武力统一政策发生矛盾。当戴戡被段所支持的川军打败身死之后，遂于是年11月辞职回天津私寓，深居不出。

1918年底，梁启超与张君劢、蒋百里等，以半官方的身份（名义为巴黎和会中国代表团的会外顾问）去欧洲旅游，历时一年多，于1920年3月回国。那时，因五四运动而更加扩展的新文化运动方兴未艾，在这种情况下，梁启超决心放弃实际政治活动，改而致力于文化教育事业。他在《欧游心影录》中表现出批评欧洲文明和张扬中国固有文明的倾向。

梁启超回国后，立即与张君劢、蒋百里等着手组织以编译出书为主要业务的共学社，改组《解放与改造》杂志（1919年9月创刊，改组后，从1920年9月第三卷起改名为《改造》），又派人接办中国公学，并设法向南开大学等校推荐人员，梁本人则不遗余力地撰文著书和到处讲学，全力以赴地争夺文化教育阵地。1921年，他发表《复张东荪论社会主义运动》一文，挑起了一次有关社会主义问题的论战；1922年10月至年底，他在东南大学讲述《先秦政治思想史》。以后几年，他又先后在南开大学、清华学校等处讲学，并发表了许多鼓吹尊孔读经的文章。但在这期间，他也写出了《清代学术概论》、《墨经校释》、《近三百年中国学术史》以及《中国历史研究法》等几本颇有价值的学术著作。1925年，他受聘为清华学校国学研究院工作导师，培养了一批很有造诣的国学人才。

梁启超晚年，正值中国革命的高潮时期。1926年国民革命军开始北伐,在中国共产党领导下,工农革命运动空前高涨。梁启超对此既恐惧又敌视。

1925 年 12 月,梁启超就任京师图书馆馆长。次年春,又就任以美国退还庚款筹立的北京图书馆馆长;秋间,就任司法储才馆馆长。1927年 6 月,在北洋军阀行将覆灭的关头,梁启超仓皇出京,到天津匿居。1928 年 11 月,以重病入北平协和医院,1929 年 1 月 19 日病死。

梁启超生平著述极多。他死后,其友人林志钧编辑出版了《饮冰室合集》,共一百四十八卷。

梁　士　诒

郑则民

梁士诒,字翼夫,号燕孙。1869 年 5 月 5 日(清同治八年三月二十四日)生于广东三水县冈头乡。其父梁知鉴,号保三,曾在三水、广州、香港等地书院讲学,晚年于廉州、钦州、北海出任商董。

梁士诒幼年随父读书,十六岁时,读于广州马鞍街青云书院,与梁启超同学,开始结识。1889 年(清光绪十五年)应乡试,考中举人。1890 年和 1892 年两次赴京会试不中。当时中国已出现一些近代企业,资产阶级改良思潮也有所发展,西洋的近代科学、政治思想等逐渐传入,这些对他有影响。当他南归经过上海时,搜求购买了一批译本新书,返乡后认真攻读,并与友人共同研讨,特别留心于财政、河渠、道路方面的问题。1894 年进北京考中进士,次年授翰林院编修。继而告假南归,在家乡凤冈书院讲学。1897 年又赴京任国史馆协修。1900 年八国联军入侵,京中战乱,还乡仍讲学于凤冈书院。这时,他感到内忧外患,力倡"学归实用"①。

1903 年,梁士诒应清廷经济特科试,成绩名列前茅,在复试前,因他的名字和康有为(祖诒)、梁启超的姓名各同一字,有人在慈禧太后面前说他是"梁头康尾",慈禧因而认为他是康梁同党,不予录取。直隶总督袁世凯听说他通"时务",经过唐绍仪介绍,当年 10 月聘他到天津,任北洋编书局总办。这是梁士诒投入袁世凯门下的开始。次年,他以参

① 凤冈及门弟子编:《三水梁燕孙先生年谱》上册,1946 年版,第 35 页。

赞身份随议藏约全权大臣唐绍仪赴印度与英国谈判。1905 年冬,随唐回国,被任为管理铁路的总文案,由此走入了交通部门。1906 年,梁士诒被调入外务部,以五品京堂候补,记名丞参。同年,清廷新设邮传部,总管轮、路、电、邮四大系统。1907 年,他出任京汉、沪宁、正太、汴洛、道撤五路提调处提调。因上述铁路当时经济效益良好,开辟了巨大的财源,梁也得了个"五路财神"的外号。同年 11 月,他向邮传部尚书陈璧建议,奏请设立交通银行,认为"交通银行之设,外足以收各国银行之利权,内足以厚中央银行之势力"①。为此,梁预订了章程三十八条,奏准依议。当年交通银行成立,梁奉派为该行帮理。实际上这个银行由他一手操办而成。不久,邮传部裁撤五路提调处,改设铁路总局,由梁士诒出任局长。他利用实权在交通部门安插党羽,培植个人势力。

1908 年,梁士诒筹款修筑京汉铁路,并同英国公司订立沪杭甬铁路借款合同,还参加收回京汉铁路管理权的工作。同年底,清光绪帝和慈禧太后相继去世,袁世凯被新上台主政的摄政王载沣以"患足疾"勒令回原籍养疴,陈璧、唐绍仪也相继去职。梁得新任邮传部尚书徐世昌的保护而继续任职。1909 年(宣统元年),他补邮传部左参议。次年梁改组铁路总局,使其规模更加完备,还奉命查勘广九铁路全线。1911 年初,盛宣怀任邮传部尚书,有意清除梁士诒的势力,借故有给事中和御史七人奏参梁把持路政,任用私人,虚靡公款等由,奏请清廷撤去梁的铁路总局局长之职,并派人对他进行清查。

1911 年 10 月,以保路风潮为导火线的武昌起义发生后,盛宣怀成了众矢之的,被清廷革职;接着清廷又起用了袁世凯,这给了梁士诒再出头的绝好机会。果然不久袁派人到北京秘密告知他:"南方军事尚易结束,北京政治头绪棼如,正赖燕孙居中策划一切,请与唐少川(即唐绍仪)预为布署。"②于是,他秉承袁世凯意旨,积极活动和策划。11 月 16

---

① 凤冈及门弟子编:《三水梁燕孙先生年谱》上册,第 66 页。

② 凤冈及门弟子编:《三水梁燕孙先生年谱》上册,第 100 页。

日袁内阁成立,梁先署理邮传部副大臣,后又署理大臣。为了配合袁世凯逼宫的需要,他同外务大臣胡维德、民政大臣赵秉钧等多次进宫,声称财源枯竭,大局难保。袁通过他们对清室软硬兼施,退位条件也代为传达商议。梁士诒还布置清驻俄公使陆徵祥联合驻外使节及段祺瑞等四十七名北洋将领,电逼清帝退位。

1912 年 3 月,袁世凯当上了中华民国临时大总统,梁出任总统府秘书长,受袁信任,参与机密,人们叫他"二总统"。5 月,他兼任交通银行总理,利用职权,使交通银行取得代理国库、发行纸币的特权。1913 年 5 月,他又署财政部次长,代理部务。8 月 24 日,孙中山至北京,与袁会谈十三次,只有梁士诒列席。他还奉袁之命到孙中山住处,讨论过去铁路的历史及共同拟订未来的计划,并陪同孙中山游览明陵、居庸关等名胜。当袁世凯急于变临时总统为正式总统,在国会中策动议员"先选总统、后制宪法"时,他奉命组织了御用的公民党,替袁活动。1914 年起,袁世凯已由大权独揽逐步做着复辟帝制的安排,梁在这过程中,又大卖气力。3 月,他以总统代表身份到孔庙祀孔,讲演"圣道"。到 5 月,他因与袁党皖派首领新任政事堂左丞杨士琦之间的矛盾激化,调离了总统府,改任税务处督办,又任"参政院"参政。但他并不因外调而灰心,仍然积极向袁献媚争宠。7 月他领衔向"参政院"提出修改总统选举法,使袁世凯能任期十年,并可连选连任。同时,他凭借垄断的交通事业与银行事业,和税务督办的职权,对外借款,对内搜刮,为袁世凯筹措帝制经费。8 月他被任为内国公债总理,为袁政府发行民国三四年"国内公债"约 5000 万元;又在一年之内由他洽成了数笔对外借款,这就使袁世凯从财政上得到支持而可以放手地为帝制而加紧活动。

梁士诒是袁党中的粤派首领。粤派与皖派争宠,互相攻击。1915 年 6 月,皖派策动肃政厅发动了"五路大参案",矛头指向了梁士诒及其亲信叶恭绰。此案开始声势很大,但在袁世凯的庇护下,最后轻轻了结,但这毕竟是对粤派的一次打击。8 月杨度等人组织"筹安会",打着"研究学术"的幌子,作为推行帝制的机关。9 月梁士诒为向袁表示"忠心"，急忙发起组织"各省请愿联合会"，向参政院请求变更国体，并准备借"国民"之名，把袁世凯推戴为中华帝国皇帝。他的这一招，手续上较筹安会为简便，博得袁的欢心。1916年6月，袁世凯的帝制失败并死去后，梁士诒等被列为帝制祸首，受到继任的黎元洪和段祺瑞政府的"通缉"。这种"通缉"是虚假的，令下之后，他从容地避往香港。

梁士诒在香港住了一年之后，应日本财阀涩泽和大仓的邀请，于1917年10月赴日本，受到盛大的接待。日人视梁为可供利用的人物，如涩泽以为"中国要人中，有经济的充分知识，而又了解日本者，北方推（梁士诒）先生，南则张季直（謇）也"①。梁在日本游历了将近三个月，参观各地工厂、商行，与日本财阀、政客如头山满、犬养毅等人广泛接触，并就在华合办银行、设企业等进行了秘密洽谈。

1918年初，正是北京政府中冯国璋、段祺瑞暗斗并在对南方问题上发生和战分歧的时候，经皖系政客们的活动、疏通，北京政府取消了对梁的通缉。2月梁回到北京。先是，为调解冯、段之争，徐世昌从河南原籍北来，进行一些游说活动，成为时局中瞩目的人物。梁进京前先去天津同徐世昌秘密商谈。接着，他奔走于北洋各派和南北各军政要员之间，以和事佬的姿态进行周旋。6月，交通银行开股东大会，梁被选为董事长。他原为交通系的首领，当受通缉外逃期间，曹汝霖在交通部门中，乘机安插私人，培植个人势力，形成了所谓"新交通系"。梁归国后，又纠集旧部，恢复了势力，人们称之为"旧交通系"。其实，新、旧交通系并无多大区别。当时，皖系政客组织了安福俱乐部，8月间召开了所谓新国会（亦称"安福国会"），新旧交通系在这个国会中占据了仅次于安福系的席位，梁士诒当上了国会参议院议长。9月4日，徐世昌在安福系和交通系共同支持下，当选为北京政府大总统。

徐世昌上台后不久，欧战结束。美、英等国为遏制日本支持皖系军阀的"武力统一"政策，对中国政局倡导"和平"，徐世昌愿借南北妥协巩

---

①　凤冈及门弟子编:《三水梁燕孙先生年谱》上册，第388页。

固自己的地位,南方军阀也想从和议中分得一定的地盘和权力,1919年春,南北和会在上海得以召开。在此之前,梁士诒为徐世昌暗中献策,其要点是:1. 副总统让南方选出;2. 内阁由北方组织;3. 恢复旧约法,新旧国会同时解散,再根据旧约法所定选举法选举总统,组织正式国会①。这样可以使北方选出的新国会不负违法的名义,从而使新选出的总统不再是非法总统。徐世昌对此主意很赞赏,对梁便委以促进和谈的重任。因此徐、梁结合起来,"成为不可分离之局","梁得徐而胆益壮,徐得梁而志益坚"②。梁曾南下广州等地向西南各省疏通,又到香港同南方的总代表唐绍仪等接洽,竭力促进和谈的实现。但南北和会,双方代表经过几个月的谈判,终以无结果而破裂。在此期间,梁士诒为首的交通系的态度是和徐世昌一致的。

　　1918 年 12 月梁士诒辞去参议院议长的职务。次年 1 月,任外交委员会委员和战后经济调查委员会委员。这时,中英银公司代表梅尔斯与交通部铁路会计顾问美国人贝克(John Earl Baker),向北京政府提出由美、日、英、法统一对中国铁路贷款,并由这四国和中国共同管理中国铁路的方案,引起我国各阶层人士的关注。梁士诒等对此表示反对,并采取了抵制措施。他出面募集资金一千余万元,成立中华银公司,出任董事长,以承修铁路为主要业务。又组织铁路救亡会,呼吁抵制列强夺占中国路权。同时发表了车、路分离的主张,提倡加速发展交通事业,促进交通辅助事业。

　　南北和议破裂后,北方直、皖两系以东西方帝国主义为背景发生了1920 年 7 月的直皖战争。战后,直、奉两系军阀共同控制着以徐世昌为总统的北京政府。他们分别在美、英和日本的扶植下,进行着激烈的争夺。战后的靳云鹏内阁是直、奉两系保持均衡的产物。梁士诒很想

　　① 　唐在礼:《辛亥前后我所亲历的大事》,中国人民政治协商会议全国委员会文史资料研究委员会编《辛亥革命回忆录》(六),中华书局 1963 年版。
　　② 　黄远庸:《远生遗著》卷 4,商务印书馆 1920 年版,第 29 页。

组阁,便策动交通系阁员叶恭绰、周自齐从财政上倒靳阁的台。又经叶恭绰的活动,他们的计划取得了张作霖的支持。1921 年 12 月下旬,奉系与交通系迫使靳云鹏辞职,张作霖接着便推荐梁士诒出任内阁总理。梁内阁出现的背后,实际上又是日本策动的结果。日本为了与英、美争夺对北京政府的控制,把奉系与新旧交通系拉在一道,以便供它利用。因此,梁士诒的组阁激化了英、美与日本的斗争,也激化了直、奉之间的矛盾。这时在美国控制下的华盛顿会议,正就山东问题进行争论。日本为保持其在华的侵略权益,就派驻华公使小幡见梁士诒,声称愿提供借款给北京政府,诱使梁士诒接受山东问题改由中日双方直接交涉的主张。梁同意了借日本款赎回胶济路,将该路改为中日合办,聘用日人为车务长及会计长的条件。梁当即电令中国出席华盛顿会议的专使,接受日本要求。这消息一经传出,立即激起全国人民的愤慨,各地群众纷纷抗议,上海工人举行示威游行。这时,善于观看风向、利用民意的直系军阀吴佩孚,乘机发动反奉的运动。他大骂梁士诒"卖国媚外,甘为李完用、张邦昌而弗恤"⑦。到 1922 年 1 月 25 日,梁在全国人民的反对以及直系军阀的攻击下,不得不请假出京,躲往天津。

　　1922 年四五月间第一次直奉战争终于打响,结果奉军失败。徐世昌赶快褫夺叶恭绰、梁士诒职务并下令通缉。但下令前,梁士诒已得到通知,5 月 7 日,他和叶恭绰一同逃往日本,数月后回香港家居。

　　第一次直奉战后,直系军阀控制了北京政府的全部政权。1923 年 5 月发生了津浦铁路上的临城劫车案,有国内外旅客三百余人被孙美瑶匪部劫持,带往抱犊崮山麓,作为人质,引起了美、英等国对直系的不满。直系政府借此攻击梁士诒说此案与交通系有关,曹锟电告国务院知照香港将梁等逐出香港,港方没有置理,梁等也通电反驳。9 月间黎元洪在直系胁迫下被迫离京,曾从天津至上海,拟重新组织政府,派人请梁士诒协助,未被接受。

　　1924 年 3 月 5 日,梁自香港起程到英、法、德、意、美、日等国漫游。此行名为实地考察,实际上是通过与有关国家政要人物和资本集团的接触,扩大影响,谋求东山再起的机会。五六月间他到德国,遭到柏林的部分中国留学生愤怒斥责。由于交通系主要人物对张作霖、段祺瑞、孙中山反直三角同盟是支持的,而且同南方政府有某种合作,故当梁到达美国时受到国民党人的接待与保护。9月1日,他回抵香港。

1925年2月,梁士诒应临时执政段祺瑞的约请,赴北京参加善后会议。5月任财政善后委员会委员长。8月兼任宪法起草委员会主席委员。以后又任关税特别委员会委员并再次任交通银行总理。随着临时执政府的终结,梁于次年回至香港。

1926年5月,梁士诒应张作霖的约请前往奉天(今沈阳),商讨救济金融的办法。1927年初任北京政府海关附加税保管委员会委员,当张作霖在北京就任"安国军"总司令后,聘梁为"政治讨论会"会长。5月,他曾访英驻华公使兰浦生(Miles Wedderburn Lampson),希望通过蓝氏促成奉张与蒋介石合流,但无结果。

1928年2月2日,梁士诒受命为北京政府税务处督办。4月,张作霖自北京退往奉天,在皇姑屯被日人预埋炸弹炸死。梁看到北洋军阀面临末日,遂返香港。不久国民政府以附奉罪名下令通缉梁士诒。6月1日,又用改选方式,使梁脱离交通银行。

1932年1月,蒋介石召开"国难会议",梁也被邀参加,至沪后,因会议展期,返回香港。1933年2月,蒋介石邀段祺瑞南下,段氏函请梁前往面商大计。3月梁自港抵沪。他曾就抵抗日本侵略及后方给养问题对记者发表谈话,但不久病发,于4月9日在上海逝世。

梁 漱 溟

白吉庵

梁漱溟,原名焕鼎,字寿铭,又字漱溟,后以字行;笔名寿民、瘦民等,广西桂林人。1893 年 10 月 18 日(清光绪十九年九月初九)出生于北京。其父梁济,字巨川,光绪十一年举人,曾任塾师,后官至内阁中书等职。

梁漱溟五岁时,其父请一位姓孟的老师来家教他读《三字经》及《地球韵言》等书籍,1899 年将他送入北京第一所洋学堂,即中西小学堂读书。次年因爆发义和团运动,学校停办。1901 年起梁先后入北京南横街公立小学堂、蒙养学堂、江苏小学,一度在家课读。

1906 年夏,梁漱溟考入顺天中学堂,五年半的学习过程中,梁读国文、英文及数理化各门课程,同时他对时事很有兴趣。那时北京出版的《北京日报》、《顺天时报》、《帝国日报》及上海出版的《申报》、《新闻报》等都是他每天的读物。此外《新民丛报》也是他喜欢读的刊物。在政治上他主张走和平的道路,进行改良,反对排满与革命。

1911 年秋,梁漱溟从顺天中学毕业。同年武昌首义成功,全国人心振奋。在此形势下,他与一些同学参加中国同盟会在北方的革命组织——京、津、保支部,并担任该部在天津创办的《民国报》编辑和外勤记者,常驻北京。由于工作的关系,他常出入临时参议院、国会及各党派之间,与各方面人物交往,因此对官场中的丑行、鄙俗心理,以及尖刻、狠毒、凶暴之事,感到厌倦和憎恶。而他父亲对他的革命行为又不予支持,所以思想很苦闷,矛盾日益加剧而无法解决,故于是年冬及次年冬,两次自杀未遂,均被友人挽救回家。人虽得救,可从此产生了皈依佛家的心愿。1913 年春,他毅然辞去记者的工作,在家闭门读佛典,并从此戒荤吃素,同时还读过一些医书。

经过三四年的自学,梁漱溟对佛学有了较深的体会与认识,于是撰写了一篇题为《究元决疑论》的论文,发表在 1916 年的《东方杂志》第6、7 期上。该文从"究元"(究宣元真)与"决疑"(决行止之疑)两个方面,阐述佛家对宇宙和人生的看法,引起当时学术界的重视。蔡元培看了很感兴趣,出任北京大学校长后,请梁到北大哲学系讲授"印度哲学"这门课程。

1919 年 12 月,他撰写的《印度哲学概论》由商务印书馆出版。蔡元培在其《五十年来中国哲学》一文中评论说,过去讲佛教是不用哲学的方法来研究的,但从梁漱溟在北大开设印度哲学课程,并"印布所著的《印度哲学概论》,站在哲学家地位,来研究佛法同佛法以前的印度学派,算是从此开端了"①。

梁漱溟自进入北大之日起"就抱定一个誓为孔子、释迦打抱不平"②而来的想法,是因那时新文化运动中胡适、吴虞等人提出打倒"孔家店"的口号,在社会上激怒了一些人,梁就是其中之一,因此他一进北大就对蔡元培说了上述的话。在讲印度哲学课程外,又在校内创立了一个"孔子哲学研究会",以研究孔子思想为题,在校内外进行演讲,并应邀到山东济南去讲座。

1921 年梁漱溟出版了《东西方文化及其哲学》一书。书中批判了三种倾向:一是盲目倡导西方(指新潮派);二是反对西方文化(指国故派);三是希望东西文化调和(指折中派)。他认为正确态度是:"第一,排斥印度的态度,丝毫不留情;第二,对西方文化是全盘承受,而根本改

---

① 蔡元培著,高平叔编:《蔡元培全集》第 4 卷,中华书局 1984 年版,第 366 页。
② 梁漱溟著,中国文化书院学术委员会编:《梁漱溟全集》第 1 卷,山东人民出版社 1989 年版,第 251 页。

过，就是对其态度要改一改；第三，批判地把中国原来态度重新拿出来。"①结论是：只有孔家哲学最为精明透辟，"世界未来文化就是中国文化的复兴"②。是书出版后，引起学术界的轰动。

1924年梁漱溟辞去北大教席，应邀到山东曹州办学，随行者有熊十力、陈亚三、黄艮庸等人，任务是主持曹州中学，并拟筹办曲阜大学。之前，梁写了一篇《办学意见述略》谈其教育主张。他认为，当时的学校只讲一点知识技能，而没有照顾到一个人的全生活，因此有必要改变这种教育制度，而着眼于一个人的全生活，即生理、心理各方面；方针是"以青年为友"。后来因当地军阀内部纷争，学校办了不到半年便停办了。1925年梁等回到北京，他本人深有所悔，于是作三年不出之计，谢绝各方来聘，闭门读书，整理父亲的遗著。同年，因有几位学生来到，所以在什刹海附近赁房而居，师生一起讲学共勉，心情倒也舒畅。

1926年春，梁漱溟拜访了刚从外地来京的德国学者卫中（西琴，S. A. Westharp），之后双方结合在一起，搬到西郊大有庄住，共同研讨儒家哲学与心理学。1927年5月，梁应老朋友李济深、陈铭枢等人之邀到广州。时李任国民革命军总参谋长兼后方留守总司令，希望在政治上得到梁的帮助。梁建议李在广东推行"乡治"，指出：宪治应以地方自治为基础，而地方自治又应由基础乡村自治入手；即从乡村自治入手改造旧中国。李表示同意，便请梁在广东试办"乡治"，并委他为广东省建设委员会委员兼省一中校长等职。

1928年春，梁漱溟到南京参观平民教育家陶行知在晓庄办的乡村师范学校。回广州后大力推行其"教学做合一"的办学方针；同时在一中内设立了"乡治讲习所"，听众达千余人之多。为提高举办"乡治"的能力，他获得广东政府的资助，于1929年2月偕冯炳奎等人，外出到一些举办乡治的省市去参观。他们先到上海，参观了黄炎培等人在昆山

---

① 梁漱溟著，中国文化书院学术委员会编：《梁漱溟全集》第1卷，第528页。
② 梁漱溟著，中国文化书院学术委员会编：《梁漱溟全集》第1卷，528页。

办的乡村改进会及一所小学。旋即北上,参观了河北定县晏阳初等人办的乡村改进事业。之后又转向山西,参观沁源、汾阳等县乡村自治情况。梁参观后,原本想回广州大干一番"乡治"事业,但由于李济深不同意蒋介石讨桂而被蒋软禁于南京汤山。时局有变,梁因此未回广东而留在北平。

1929年秋,梁漱溟应彭禹廷、梁仲华之邀,到河南辉县办村治学院任教务长;同时接办《村治》月刊,并发表《河南村治学院旨趣书》一文,略谓:中国社会是一村落社会,因此谈到国家建设就要着眼于农村问题之解决。一乡一村的自治搞好了,宪政基础就有了。这是梁第二次办"乡治"之始。因该院与冯(玉祥)有关,翌年蒋、冯、阎中原大战,冯、阎失败,村治学院被封闭,梁也不得不收拾行囊回到北平。

1930年4月,胡适在上海《新月》杂志发表了《我们走那条路》一文,文中说,我们真正的敌人是贫穷、是疾病、是愚昧、是贪污、是扰乱。这五大恶魔是我们革命的真正对象,而它们都不是用暴力的革命所能打倒的,打倒这五大敌人,只有一条路,充分采用世界的科学知识,作自觉的改革。梁漱溟即在《村治》月刊上发表《敬以请教胡适之先生》的公开信,对其进行反驳。他说:疾病、愚昧,皆与贪污为缘;贪污则与扰乱有关;贫穷则直接出于帝国主义的经济侵略;扰乱则间接由帝国主义所操纵的军阀而来,故帝国主义实为症结所在。

1931年6月,前河南"村治学院"院长梁仲华在山东邹平又办起了"乡村建设研究院",梁漱溟被聘为该院研究部主任。是时他撰写了一篇《山东乡村建设研究院设立旨趣及办法概要》,该文认为中国贫穷落后等问题,只有走乡村建设的路,振兴农业才能得到解决。而在乡村建设中,经济、政治、教育文化三个方面,当先从教育入手。因此,在其研究院下设立了三个部:一是研究部,招收大专院校毕业生,研究乡村建设理论;二是训练部,招收中等文化青年,训练为乡村服务人员;三是实验区,以邹平为实验区,该县的全部事务概由研究院管理,包括县长提名等。教学方法,一般不取讲授办法,而采用个别谈话或集体讨论。课程设置,从农村实际出发,需要什么,就学什么,如农业常识,等等。

梁漱溟这套改良主义办法,虽在山东省长韩复榘的大力支持下,经过几年的努力取得了一些成绩,如实验区从一个后来竟发展到了十三个;在各个区内又进行了广泛的集政治、经济、文化教育为一体的乡农学校的试验,校长即乡间有威望者,教员即乡村服务人员,学生即本乡乡民,但不能解决农村的根本问题,广大农民对此反应冷淡。他的"乡治"在山东推行时间最长,大约六年多时间。这是他搞村治的第三阶段。1937年"七七"抗战爆发,梁漱溟以乡治派代表身份参加了国民政府在南京召开的"国防参政会议"(后为"国民参政会")。会后返回山东处理"乡村建设研究院"善后工作,号召同事、学生积极投入抗日救亡活动。此后,他便随着国民政府辗转迁往武汉后至重庆。

1938年1月,为了全国团结抗战,求国家之进步与统一,梁漱溟奔赴延安,进行考察和交换意见。他拜会了中共领导人毛泽东,以国事问题与之晤谈多次,并将两种小册子和40万字的《乡村建设理论》赠给毛泽东。当时梁对抗日有悲观情绪,经毛泽东以《持久战论》示之以后,心情豁然开朗。后来谈到阶级斗争问题,梁表示有不同看法,认为中国社会与西方不同,中国贫富贵贱不明显,阶级对立不强烈。毛泽东说:梁先生你是过分强调中国的特殊性了。梁则回答说:你是强调社会发展一般性,没有认识到特殊性。二人互不相让,争论没有结果。此行梁在延安待了十八天,延安给他的印象是:生活条件差,但精神面貌却朝气蓬勃,与国民党地区大不一样。

1939年,日军已深入我华中地区,但山东、河南敌占区仍有我游击队与之周旋,其中有不少原山东乡村建设研究院的人员。梁漱溟也想到敌后战区巡视一番。他征得国共双方领导人的同意与支持后,于是年2月率其同人黄艮庸、王靖波、王福溢等人由重庆出发,经西安、洛阳进入山东,在鲁、豫、苏、皖各游击区巡视。所到之处皆代表后方民众向前方战士表示敬意与慰问。此行前后八个月,艰苦备尝,同时梁也发现国共双方在敌后根据地内的驻军时常发生军事摩擦,这使他感到惊讶和苦恼。

梁漱溟回到重庆后即向各方呼吁和平,并在国民参政会议上提出质问,要求国民党当局停止对八路军的军事活动,但国民党顽固派置若罔闻。1941年又制造了反共的皖南事变。梁深感忧虑,认为有必要联合国共两党以外的抗日团体及爱国人士,组织一个党派,一起来反对内战。于是他与黄炎培、章伯钧、张君劢等人商议,并决定将原先的"统一建国同志会"扩大组织为"中国民主政团同盟"(此为"民盟"之前身)。同年3月19日正式召开成立大会,选举梁漱溟、黄炎培、左舜生、张君劢、章伯钧等为中央常委,黄为委员会主席(后因黄辞职,改由张澜继任)。因在国内没有言论自由,同年5月梁受组织委托到香港筹办报刊。9月18日,中国民主政团同盟的机关报《光明报》在香港正式创刊,梁自任社长,萨空了任经理。该报作为中国政坛上第三方面势力出现,它要求民主、希望团结、坚持抗战,得到海内外各界人士的同情与支持,可惜只办了八十天因香港沦陷而停刊。

1942年初,梁回到广西桂林,他在这里一边从事写作,一边主持民盟工作,配合李济深等人进行抗日反蒋活动。是年末,有人由重庆带来周恩来的密信,劝梁往苏北等地建立"乡建"或"民盟"据点,他感到困难未往。次年,国民党方面邵力子邀梁往重庆共商国是,也被他拒绝。后来桂林失守,他避难到贺县。

1945年8月15日,日本政府宣布无条件投降。随后的国共重庆谈判签订《双十协定》,梁漱溟为此甚为兴奋,认为国难已纾,团结在望。11月他从广州飞往重庆,当晚周恩来来访,谈及形势,才知国共两党虽然在《双十协定》上签了字,但内战仍未停止。因此梁又不得不投入争民主、反内战的行列。

1946年1月10日,中国政治协商会议(旧政协)在重庆开幕,梁漱溟作为民盟代表之一出席会议,并参加"军事组"、"国民大会组"的工作。这次大会通过了召开全国国民大会、实行宪政的方案。梁对此大不以为然,认为宪政在清末时自己曾主张过,但入民国后逐渐觉悟其不可能行于中国了,于是他在 30 日的闭幕会上宣布自己今后要退出现实政治,专门去搞文化研究。

同年 3 月梁漱溟第二次访问延安,希望自己的主张能得到中共方面的支持与同情。在延安他与中共领导人毛泽东及朱德等人进行了座谈,梁认为多党制政府在中国行不通,希望能建立一个超党派的政府,党派可以存在,但参政人员不可站在自己党派立场行事;军队、警察属于国家,作为政府执行治权的工具,等等。座谈没有结果,后来他说,虽未求得具体答案,但能在延安畅所欲言,这也是值得高兴而感到欣慰的。4 月初梁漱溟回到重庆后,正是东北内战打得不可开交的时候,蒋介石撕毁停战协定向解放区进攻,内战越打越烈,后来在各方面奔走呼吁下,蒋不得不敷衍一下,坐下来谈谈,但要价很高,因此出现谈谈打打、打打谈谈的局面。民盟内的朋友都劝梁漱溟不要走,说内战不停,你还能搞什么文化研究。听了这些话,梁改变主意,又鼓起勇气加入到政治行列,为和平奔走,担任"民盟"秘书长住在南京。民盟主席张澜不愿离开四川,所以盟内事务概由梁做主处理。

1946 年 7 月 11 日和 15 日,国民党特务在昆明先后暗杀了民盟昆明支部负责人李公朴及西南联大教授(民盟成员)闻一多,妄想用恐怖手段镇压人民"反内战"要"民主"的声势,但适得其反,昆明学生及爱国人士不畏残暴,又发动了"七一五"爱国学生运动。"李闻惨案"发生后,梁漱溟于 7 月 18 日以"民盟"秘书长名义发表书面谈话,控诉国民党反动派惨无人道的暴行,并在读完书面谈话后,大声怒喝道:"你们有第三颗子弹吗? 我就在这里等待着。"①之后,"民盟"总部委托他与副秘书长周新民到昆明调查此事件真相。他们抵昆明后,国民党地方当局搞了一次一二十人出席的"公审"应付一下门面,就算了事了。梁对此深为不满,在昆明待了十六天,写出一份"李闻案调查报告",公诸于众,要

---

① 李渊庭、闫秉华:《梁漱溟先生年谱》,广西师范大学出版社 1991 年版,第 170 页。

求将此案转交南京特别法庭处理。

同年 10 月 11 日,国民党军攻占张家口。次日,蒋介石认为军事已取得优势,于是单方发出召开伪国大的命令,遭到中共断然拒绝,"民盟"也表示不愿参加,从此和谈彻底破裂。

和谈破裂后,梁漱溟于 1946 年 6 月离开南京到重庆北碚,闭门著书,但他对国内政治问题还是关心的。1947 年在《观察》上发表《树立信用,力求合作》一文,略谓:在此广大社会中,遍处皆是彼此不信任的空气,尤其政治上为甚,尤以政府当局为最甚。同年 5 月,曾到南京出席最后一次国民参政会议。

1948 年梁漱溟在北碚创办了勉仁文学院,从事教学与研究工作,1949 年 1 月 21 日蒋介石宣布"引退",由副总统李宗仁代行总统职权。次日,梁在《大公报》上发表《内战责任在谁》一文,指出:过去内战责任不在中国共产党,而在国民党方面,希望今后各方共谋和平统一中国。

同年 11 月,梁漱溟所撰写的《中国文化要义》一书,由四川成都路明书店出版,在序言里他说:这本书主要是叙述我对中国历史和文化的见解;认识老中国,建设新中国,这是我的两句口号。继这本书后,我将写《现代中国政治问题研究》。不久重庆解放,应毛泽东、周恩来之邀,梁漱溟于 1950 年 1 月到北京。毛主席询问梁可否参加政府工作,梁漱溟答应愿在政府外效力。曾去东北、山东、河南等地参观,并一度赴四川合川县从事土改。1951 年 10 月任政治协商会议全国委员会委员。翌年 5 月写了《我的努力与反省》一篇长文,对以前错误思想有所检讨。

1953 年 9 月,在政协常委扩大会议上,梁漱溟以农民代言人自居,指责党和政府进城以后丢了农村,搞大工业城市损害农民,说工人在九天之上,农民在九地之下,农民对共产党依赖甚至还不如资本家对工商联依赖可靠。为此受到过批评,口诛之后又加笔伐,在长达两年的时间里,报刊共发表上百篇批判梁的文章,有的文章不够实事求是,乃至进行人身攻击。1966 年"文革"中他被指为反动学术权威受到冲击、抄家,结果资料书籍损失殆尽。在 1973 年至 1974 年的"批林批孔"运动时，梁漱溟坚持批林而不批孔，他对当时流行的批孔意见多不同意，起初打算写成书面意见送统战部等领导看，后来为感情驱使在学习会上作了长达五小时的发言，全面讲述了自己的看法，遭到严厉批判。他始终不服，当会议召集人征询他的感想时，他答以"三军可夺帅也，匹夫不可夺志"①。"文命"后，梁漱溟继续参加政协活动，更忙于著述，先后完成了《人心与人生》、《东方学术概观》等书稿，1980 年被推举为第五届全国政协常委，后连任第六、七届常委，1988 年 6 月 23 日病逝于北京。

---

① 　梁漱溟:《梁漱溟自述》,漓江出版社 1996 年版,第 386 页。

梁　思　成

黄延复

　　梁思成,祖籍广东新会。1901年4月20日(清光绪二十七年三月初二)生于日本东京。其父梁启超,是清末戊戌维新中的主要人物,变法失败后携家亡命日本,梁思成即出生在日本。

　　梁思成自幼受家学熏陶,国学根底较好。在日本读华侨小学,使他从小接触到近代文明思想。中国当时所处丧权辱国的地位,又使他幼小心灵中,深深埋下反帝爱国的种子。

　　辛亥革命后,梁思成于1912年随父回国,1915年入北京清华学校读书。他学业优秀,课余爱好非常广泛,爱好体育,尤其擅长攀高。他有相当的音乐修养,不但能在校唱歌团里担任男中、男低两个声部的演唱,而且还在校铜管乐队里担任第一小号手和副队长。他尤爱美术,同学们赞扬他"长于传统风格,能在同一时间里绘出数种不同风格的画,以便从中获得新灵感",曾多次被推选为校刊的美术编辑。他被同学们称为"一个有政治头脑的艺术家",在五四运动期间积极参加宣传、游行和抵制日货等活动,是侪辈中很有号召力的学生领袖之一。运动过后,学生要成立自治会,受到校长张煜全的阻挠,梁思成愤起高呼:"我们罢课!"群起响应,获得斗争的胜利,诞生了清华历史上第一个学生自治会。

　　1923年5月,梁思成即将毕业出国留学时,不慎在一次车祸中摔折了腿骨,不得不延至翌年春伤愈后才赴美,入宾夕法尼亚大学习建筑学。还在五四运动期间,梁思成受新文化思想启迪,就"立志要在出国留学期间取得欧美建筑学的知识和研究方法,以应用于中国"。他认为:"在当时中国建筑的技术和它的历史发展的过程,还都是当时学术界所未注意的。"[1]1927年宾大毕业后,他又转入哈佛大学研究院继续深造建筑和美术。他对一些学术研究报告进行阅读和分析后,认为研究工作不能只停留在书本上,必须去实地调查。他与在宾大时的同学林徽因结婚后,一同离开美国,在欧洲游历了半年。他参看了许多博物馆中所藏的中国石刻、壁画和古代文物,并参观了欧洲许多国家的古建筑实物和当时正在开始出现的现代新建筑。他看到希腊、意大利、法国、西班牙等国的古建筑都受到国家妥善保护,并有专门学者进行研究;相比之下,我国不仅有许多珍贵的古建筑荒凉、颓残,无人问津,而且许多珍贵的文物或被偷窃、盗卖,或被外国侵略者破坏、掠夺,摆在人家的陈列馆里作为奇物,我们中国人要研究自己祖先的遗产却要依靠他们编的资料,有的还被"保密"。梁思成深感这是一种民族耻辱,下决心要尽力研究我国古建筑遗产,写出中华民族的建筑史,洗雪民族的耻辱。

1928年秋,梁思成途经欧洲回国,先在东北大学创建了建筑系,自任主任,夫人林徽因则是"唯一可以找到的另一位建筑学教师"。嗣后,陈植、童寯、蔡方荫等相继来校执教,同心协力为我国培养建筑人才。这期间,梁思成开始为将来深入研究中国建筑史做准备,逐步测量当地古典建筑,研究中国木匠的用书,向老木匠学习中国房屋的结构方法,并开始设计一些运用现代结构而保持中国特征的楼房。

1931年"九一八"事变发生,东北大学被迫停顿,梁思成的研究工作也告中断。他入关到北平,加入了刚成立不久的中国营造学社,开始了对我国古建筑的广泛调查、研究、绘制和著述工作。他先以故宫为重点,对照清廷公布的《工部工程作法则例》,选择一些建筑,从整体到局

---

① 《梁思成小传》(1950年自撰)。

部,从构造到装饰,逐个进行观察、测量、记录,许多具体数字都能倒背如流。这期间,他还参加了"故都文物整理委员会"的工作,帮助修缮了许多古文物和古建筑。为了更广泛深入地进行研究,从这年起,他率领一支小分队,每年两次去各地调查古代建筑,包括庙宇、宫殿、住宅、佛塔、陵墓、桥梁、城堡,以及许多早期佛教造像崖,其中有许多建筑物的历史和艺术价值都是初次被认识而介绍于学术界的。如1932年4月,他们对河北省蓟县独乐寺的山门和寺内的观音阁进行了调查,经过测绘、查阅史料、抄录碑记、访问老者等等,他们考证出:由三层木结构组成的观音阁,建于公元984年(北宋雍熙元年),距调查的当时已有九百余年的历史。在实地考察研究的基础上,梁发表了第一篇调查报告《蓟县独乐寺山门考》,对山门和观音阁的外观、平面、台基、柱子、平拱、梁架、椽、瓦、墙、门窗、彩画等结构和装饰的各部分,都作了详细的论述分析;绘制了外形、结构、细部的全套图纸,摄制了大量照片。这是我国第一次用科学方法对自己的古建筑进行详细研究的成果。再如山西五台山佛光寺正殿,是一座木结构的佛殿,建于公元857年,是我国现存最古老的木建筑,殿内还有同时代的塑像、壁画和题字。赵县的大石桥——赵州桥,是一座跨长37米的空券单孔券桥,建于7世纪初叶(隋代),是世界上最古的空券桥。这些宝贵的资料,都经梁思成和小分队摄影、测量、绘造成结构详图,再根据史料写成调查报告。从1931—1937年六年当中,他们的足迹遍及南北十六省二百余县,实地调查了两千余座古建筑;写出调查报告十八篇。他们还曾到山东曲阜对孔庙作了详细的测量,提出了修缮计划。

梁思成的这些工作,大都是在物质条件极端困难的情况下完成的。多次外出实地调查,都是风餐露宿,仆仆风尘,常要随身携带几十斤重的仪器、用品等长途跋涉,有时为给一座古塔的刹顶拍照,须手握铁索、两脚悬空攀援而上;有时在室内测量,常常要盘柱登梁。正如他说的:"蝙蝠见光(指摄影时用镁粉闪光灯)振翼惊飞,秽气难耐,工作至苦,同人等晨昏攀跻,或佝偻入顶内,与蝙蝠壁虱为伍,或登殿中构梁,俯仰细量,探索唯恐不周。"①

　　1937年7月,正当梁思成和林徽因、莫宗江等一行在调查山西五台山佛光寺时,抗日战争爆发,他们辗转返回北平。梁思成在北平教授联名信上签名,要求国民政府起来抗日。9月,他和几位研究人员开始内撤,经天津到青岛,转汉口到长沙,11月到达昆明。1940年底又由昆明迁至四川南溪县的李庄。这期间,物价飞涨,营造学社的经费几遭断绝,常常只发半份工薪。夫人卧病,梁思成本人也因关节炎发作而行动艰难,生活异常艰苦,有时甚至得变卖衣物以贴补生活。美国有好几所大学和博物馆请他去美讲学,有的还允许他带夫人去治病。梁思成的态度是:国难当头,决不离开国土。他和他的同伴们坚持在困境中继续进行研究工作。他们在昆明至大理一带十余个县,在四川嘉陵江、岷江流域和川陕公路沿线的三十多个县又开展了古建筑和民居的调查;并为中央博物馆绘制了大量古建筑模型图。在印刷条件恶劣的情况下,他们出版了两期《营造学社会刊》。1944年,梁思成开始写作《中国建筑史》。这时,脊椎软骨硬化病使他不得不经常穿着铁马甲工作。他在同伴的协助下,抱病著述,终于完成了具有重要价值的《中国建筑史》。

　　抗日战争胜利后,清华大学于1946年迁回北平,在梁思成的建议下,增设建筑学系,梁思成被聘为教授兼系主任。同年,美国耶鲁大学聘他为访问教授,讲授中国艺术史。在美期间,他担任了联合国新厦建筑设计团的中国代表,参加了六个月的设计工作。1947年,普林斯顿大学因他在中国建筑研究上的贡献,授予他文学博士的荣誉学位。他在美国用心研究近代都市计划,参观了许多现代住宅区,也参观了许多大学的建筑学院。1947年9月,他回到北平,在清华大学建筑系内创设了一个专教都市计划的组。在都市计划理论的研究中,他开始认识到,在资本主义制度下,合理的都市计划是难以实现的。

---

　　①　梁思成:《记五台山佛光寺建筑》,《中国营造学社汇刊》第7卷第1期(1944年)。

　　1948 年底,国民党统治濒临崩溃,解放军包围了北平、天津。此时,有一名解放军干部秘密来到他的家里,请他绘制一张北平文化古迹的分布图,以便在迫不得已必须武力攻城时尽可能不使这些宝贵的遗产遭受毁坏。这件事在他思想中引起极大的震动。接着他耳闻目睹清华园解放时,解放军为了使清华这所高等学府避免炮火毁坏,宁可和敌人进行肉搏战,也不轻易发炮。他很快认识到人民革命的性质而积极投入新中国的建设。1949 年 5 月,他被聘为北平市人民政府都市计划委员会委员,并担任中国人民政治协商会议会场的建筑师。8 月,被选为北平市各界代表会议代表,9 月被选为中国人民政治协商会议代表。中华人民共和国成立后,被选为北京市人民政府委员、北京市各界人民代表会议协商委员会副主席。1950 年 1 月被任命为北京市都市计划委员会副主任委员。他连任第一、二、三届全国人民代表大会代表及第三届人大常务委员,于 1959 年加入了中国共产党。

　　梁思成是我国近代建筑工程界的杰出代表。还在 40 年代末,他就提出,建筑工作者的根本目的就是要解决广大人民群众在"住"的方面的需要。这一思想在他创办的清华大学建筑系的"办系宗旨"中有明确的表达:"现在的建筑学的潮流,已不仅仅是谈坚固实用美观,当然更不以造高楼大厦、标新立异为满足。因为任何一座建筑物,皆不能离开其所在的环境而论其实用与价值,现今所要解决的问题的对象,不是少数富有者的享受,而是广大民众的福利。"①在日常的教学和指导研究中,他不断向青年师生传输这种思想。他常说:"建筑是要为大众的福利。踏三轮的人也不应该露宿街头,必须有自己的家。"他认为当时的建筑工作者首要的奋斗目标应该是"住者有其房","一人一床"。当然,这些思想在当时还只能是一些善良的愿望,但仍是值得称颂的。所以当时就有人评论说:"这些话指引了一个方向,给予了那些沉迷于'琼楼大

---

　　①　梅贻琦:《复员后之清华(续)·建筑工程学系》,《清华校友通讯》复员后第 2 期,1947 年 4 月。

厦'的观念而不能自拔的人一个有力的警觉。"①

新时代中国建筑的发展方向问题,也一直是梁思成注意探索的对象。早在 20 世纪 30 年代,他就指出,中国建筑的古老传统形式,鸦片战争以后,已受到严重的冲击,特别是在一些大的海港城市里,洋式建筑的不断出现,有人盲目地移植希腊、罗马的高直样式,形成了建筑界的混乱现象;而在南京、北京等城市,又出现了一批由外国人设计的非中非西的建筑,形同穿了笔挺的西服,却戴上一顶华丽的皇冠。梁思成认为:"这些建筑的通病,全在于对中国建筑权衡结构缺乏基本认识的一点上,其上下结构,划然不同趣旨,除却琉璃瓦本身显然代表中国艺术的特征外,其他可以说是仍为西洋建筑。"②他认为这不是中国新建筑的方向。

中华人民共和国成立以后,梁思成担任了繁重的社会工作和教学工作,但他始终没有放弃对新中国的建筑样式和创作理论的探索。当他学习了毛泽东在《新民主主义论》中对中国文化的论述时,犹如茅塞顿开,兴奋地说:"新中国的建筑也应该是民族的、科学的、大众的。"③他接连写了《中国建筑的特征》(载《建筑学报》1954 年第 1 期)、《中国建筑发展的历史阶段》(载《建筑学报》1954 年第 2 期)、《中国建筑与中国建筑师》(载《文物参考资料》1953 年 10 月)等文章,并多次作报告,抒发自己的心得体会。但有一个时期,他过多地强调古形式在今天的应用,影响所及,当时出现了一些建筑脱离国家经济条件的倾向,因而受到了批评。他诚恳地接受这些批评,并很快检查出自己的问题,是错误地把古代的法式和建筑特征神圣化和固定化了,把它们看做是"世代应遵守的永恒的东西"。他总结说:"继承遗产的整个过程,应该是一个认识——分析——批判——继承——革新——运用的过程,而其中关

---

① 梁思成:《住者有其房的倡导者》,1948 年《清华年刊》。

② 梁思成:《建筑设计参考集·序》,中国营造学社特刊,1935 年 11 月。

③ 梁思成:《建筑创作中的几个重要问题》,《建筑学报》1960 年第 1 期。

键的两环就在于批判和革新。"后来,他十分留意研究新建筑的实践,对于北京民族宫、美术馆这样较多地应用大屋顶和古建筑装饰的建筑,他也不认为是民族形式的理想之作,特别不应看做是建筑的方向。而当他看到农村有些住宅,用普通砖瓦砌出一些具有中国风格的装饰时,他认为这里面有创造民族形式的广阔的途径。

在近代建筑物的设计方面,梁思成自谓"所作不多"。20 世纪 30 年代,他在奔波于古建筑的调查测绘之余,曾设计了北京大学宿舍、地质学馆和南京博物院等。中华人民共和国成立之后,他指导北京的城市规划和校内青年教师的设计工作,在许多重大建筑和清华大学校舍的设计中,都凝聚着他的心血。

梁思成对北京这座古老的文化古都和人民首都的文物保护、修缮以及城市规划等方面,作出了独特的贡献。他担任北京市都市计划委员会副主任后,提出了许多重要的意见和主张。1950 年初,梁思成同也在都市计划委员会任职的陈占祥一起,提出了新北京城的规划方案。他们指出,北京旧城是一座规划严整、保留有众多文化古迹的古城,应把这座世界上少有的历史名城保留下来,在改建中也必须保持它的传统风格。他在《北京——都市计划的无比杰作》等文章中,建议把北京的城墙、城楼、护城河都尽可能地保存下来,它们不仅代表着古都的传统特征,构成了北京特有的形体环境与城市空间轮廓,还可以古为今用:护城河加以疏浚可以调节城市气候,城楼可以改为文化馆、展览馆供群众活动,城墙上面加以绿化布置可以成为群众休息娱乐的大环城公园。为此,他专门画了设计图。他还提出,应限制在旧城区内兴建建筑物的高度,以保证天安门城楼的雄伟壮观。有一个时期,关于北京的建设,流行的口号是"变消费城市为生产城市"。梁思成认为,这样笼统的提法不应该加之于北京。他提出:北京首先应该是社会主义祖国的政治和文化的中心,在发展中应该限制城区工业发展,特别应该防止环境污染。50 年代初,许多政府部门想在北京长安街上兴建办公大楼,梁思成为了保证这条主要干道的质量与风貌,维护北京城固有的民族传统风格，便写信给总理周恩来，要求这条干道的建筑必须在北京都市计划委员会的集中领导下进行，注意民族形式的互相配合。经过梁思成的坚持而基本完整保存下来的北京古迹之一，是北海团城和"金鳌玉带桥"的一组胜景。在扩建北海大桥时，有一些人主张把团城拆掉，桥位北移以取直东西马路，梁思成坚决反对，并设计出改造方案，最后得到了周恩来的支持。

1951年，梁思成为设计天安门广场上的人民英雄纪念碑，除参加设计委员会的领导工作外，还积极组织清华大学建筑系的教师参加设计。他抱病研究各种设计方案，提出不要与天安门城楼相雷同，避免使碑身显得太小，并画出修改参考图样，最后被接受。他还参加设计了中华人民共和国国徽图案。

梁思成于1972年1月9日病逝于北京。

梁思成一生所著之《中国建筑史》、《中国雕塑史》、《清式营造则例》等专著，十八篇古建筑调查报告，在国外讲学时写的文稿，以及关于建筑理论和建筑史的论文等，已编纂成《梁思成文集》四卷于北京出版。

梁　希

汪仁泽

梁希,字叔五,1883 年 11 月(清光绪九年十月)出生在浙江吴兴一商人家庭。幼年就读私塾,少年时科举考试中试,成为清末秀才。鉴于外患频繁,国势危急,他抱着为国效力的志愿,投笔从戎。1906 年毕业于浙江武备学堂后,东渡日本士官学校学习海军。由于品学兼优,被选为学生班长。他认真职守,处分了犯纪的日本同学,竟遭到少数日籍学生的仇视和攻击,遂愤而退学。是年冬,在革命思想的影响下,与陈英士等人同时加入同盟会。次年考入东京帝国大学,变更初衷改学森林专业。1910 年春,奉同盟会派遣辍学回国,在江浙一带联络党人、乡亲,从事革命活动。

民国成立不久,袁世凯继任临时大总统,倒行逆施,国事日非。1913 年,梁希怀着悲愤的心情再次远渡重洋,留学德国,在萨克森州的格廷根森林学院从事森林学研究工作。1918 年学成归国,受聘北京农学院任教,并与林业同道创立中华农学会,任理事长。1920 年改任浙江大学森林学教授。1929 年,该校农学院院长许叔矶因不满校长压制民主辞职,学校当局拟聘梁继任院长,梁深切同情许的严正立场,非但未就院长职,且亦随许离校。不久,梁被南京中央大学聘任为农学院院长,一年后梁辞去院长职务,专任森林系主任。森林学的研究需有一套庞大的科学实验设备,但森林学在我国历来不受重视,中央大学的实验设备也是极为缺少。在梁的多次申请催促下,该校始于 1932 年批准设立森林化学实验室,经过梁的长期努力,逐步汇集资料、图书和仪器设备,并自行设计制造了我国第一部木材防腐机和木材强度测验机,终于使该室成为我国第一个稍具规模的森林学专业实验室。

梁希在长期的教学工作中,培养造就了我国近代早期一批森林业专门人才,分布在全国各处林场工作。在教学之余,他兼任中央林业实验所主任和浙江省建设厅技正。他深入林场,调查我国的森林资源和利用情况,足迹遍及十四个省区;并选择专题,进行大量研究工作,如木素定量的分析、木糖的制造、各种木材的干馏及其所得产品的分析,应用国际先进技术试验松脂的采集和利用,比较分析我国十四省区油桐种子的含油量和性质、樟脑的炼制及应用器具的改进,等等。梁希将研究心得写成论文,发表在中华农学会会刊、中央农学院农学丛刊、中央林业研究所年刊等杂志上,对林产品的制造、木材的应用作出了贡献,也为我国创立木材学和林产化学的科学研究奠定了基础。

1937 年 7 月抗日战争全面爆发,11 月南京中央大学随国民政府内迁重庆。在日机轰炸的扰乱下,梁希将苦心经营的实验室仪器设备一一装箱内运。在重庆期间,他走遍了川西各地,对川西所产的各种木材进行了物理性质的分析,并着重研究了重庆附近重要的商用木材利用价值,对当地盛产的竹材也进行了物理和力学的性能试验。他还同资源委员会、航空委员会合作,研究飞机及枪托用的木材。经过深入调查,获得一种川西出产的与国外性质相近的飞机用木材,经试用后,取得了满意的结果。

抗战初期,在日军大举进攻下,北平、天津、上海、南京先后失守,1938 年 5 月弃守徐州,梁希关心祖国命运,感到抗战前途茫茫,颇为悲观。不久,梁读到《新华日报》刊载的毛泽东《论持久战》一文,深为折服,顿觉黑暗中见到灯塔。接着他几经辗转介绍,又得见中共重庆办事处负责人周恩来。他兴奋地告诉友人说:"中国有希望了,中国的希望在延安。"他向往延安,曾准备了几双草鞋,打算从西安穿上草鞋徒步前往延安,后经友人劝阻。此后,梁经常为《新华日报》科学副刊组稿、撰文。1942 年 11 月梁希六十岁生日,周恩来、董必武等特意在《新华日报》编辑部为他设宴祝寿。丧偶多年的梁希无限感慨地说："我无家无室，有了这样一个大家庭，真使我温暖忘年!"他开始研读马列主义经典著作，曾以"一丁"的笔名，在中国共产党主办的理论刊物《群众》周刊上发表了题为《用唯物辩证法观察森林》的读书笔记，引起广大科技工作者的重视，周恩来誉之为"这是自然科学家理论联系实际的良好开端"，并称赞他是"一位实干家"。

在这时，梁希在森林专业方面除著有《木材学》、译述《木材工艺学》和《木材防腐学》等已出版外，还完成了篇幅巨大的《森林化学》和《森林利用学》等文稿，但他为了不断补充新的研究成果，增订内容，而迄未付印出版。

1944年，梁希在中国共产党的支持下，发起组织"自然科学座谈会"和"社会科学座谈会"，以学习哲学相号召，实际上成为中国共产党广泛团结知识分子的一个团体。潘梓年、章汉夫等经常来会参加辅导。在这基础上，1945年7月，梁希又邀集涂长望、金善宝、潘菽等科技界知名人士，组成"中国科学工作者协会"，次年又联合英国科协等团体，共同组成国际性的进步组织"世界科学工作者协会"。梁也多次参加许德珩等人发起组织的"民主科学座谈会"。

1945年2月，抗战胜利在望，但国民党当局力图恢复它在全国的独裁专制统治，发动内战成为它的既定政策。为此，重庆文化界人士发起了以反内战、反独裁为主旨的《对时局进言》的签名运动。梁希在科学界中带头签名，随之签名的知名人士之多、社会威望之高，使国民党当局极为震惊。陈立夫、朱家骅分别以同乡晚辈身份函劝梁希发表否认声明，梁复信拒绝。接着有人以农林部次长和浙江省参政会议长的官职利诱，梁又峻拒。随后中统特务头子徐恩曾带领武装便衣特务登门恫吓，要他登报否认，梁愤然反诘："名已签了，怎好反悔，设身处地你能这样做吗?"徐顿时语塞，怏怏而去。

抗战胜利后，台湾光复。台湾省的林野面积达228万公顷，占全省总面积的64%，为全国之冠。林业资源丰富，具有热、暖、温、寒四种林带,立木总蓄积量达 2 亿多立方米。仅樟脑一项,年产能力达 5000 吨。但被国民政府接收后,各地山林管理所都划归各县管辖,受到恣意砍伐、盗伐,破坏严重。1946 年 9 月,梁希接受台省当局的邀请,去台视察,发现这种情况后,连夜写成紧急报告,建议速将山林划归林务局统一管理,虽遇到省主席顾问等人的反对,争得面红耳赤,但梁仍力陈利弊,坚持原议,终于梁的建议被采纳,破坏现象得以制止。次年 10 月,梁希应台省林产管理局和林业实验所之邀,偕同朱惠方、周慧明等林业专家再次去台,不辞辛劳,跋涉千里,翻山越岭,深入林区。经过两个月的视察,梁希和朱惠方合写了 3 万多字的《台湾林业视察后之管见》,对台湾全省林业的经营管理、造林护林、采伐利用,提出了周密的建议,深受重视,由林业管理局刊印后发至所属各林场。在台视察途中,梁希对台湾同胞、尤其是高山族同胞的境遇,寄以深切的同情,在《台湾之行》的诗集中记有:"廉吏吁嗟墨吏骄,纷纷搜括到青苗;伤心最是高山族,四壁萧然人未饶。"

梁希积极参加解放战争时期的民主爱国运动。1947 年南京"五二〇"惨案发生后,他为营救被捕学生,日夜奔走。1948 年"五四"之夜,在白色恐怖笼罩下,他毅然参加在中央大学的草坪上举行的营火晚会,站在高台上激励学生:"不要害怕,天色就要破晓,曙光即将到来!"是年秋,梁希在中国共产党地下组织的保护下,绕道香港,于 1949 年春到达刚解放的北平。

1949 年 9 月,梁希出席了中国人民政治协商会议。周恩来在会上提出了中央人民政府的人事安排,提名梁希为林垦部(后改为农林部)部长。梁闻后深感不安,递上纸条称:"年近七十,才力不堪胜任,仍以回南京教书为宜。"周当即回条:"为人民服务,当仁不让。"梁见条后始欣然应命,表示"为人民服务,万死不辞"。此后,梁兼任南京大学校务委员会主任委员、中国科学院生物学部委员,并当选为全国人民代表大会代表、全国政协常务委员、全国科学技术协会副主席以及九三学社副主席等职。

1958 年 12 月 10 日,梁希因肺癌医治无效,在北京病逝,终年七十五岁。

主要参考资料

陈啸原:《梁希》,中国人民政治协商会议全国委员会文史资料研究委员会编《工商经济史料丛刊》第 2 辑,文史资料出版社 1983 年 12月版。

黎集:《中国森林学导师——梁希先生》,《科学时代》第 3 卷第 5 期,1948 年 9 月 20 日版。

廖　磊

莫凤欣

　　廖磊,字燕农,广西陆川人。生于 1890 年 2 月 20 日(清光绪十六年二月初二)①。其父廖章甫,务农,农闲时帮人挑盐。廖磊幼年家贫,仅读过三年私塾。1906年,廖到桂林考入广西陆军小学堂第二期,1911年毕业后即转入湖北陆军第三中学第二期学习。武昌起义爆发后,军校学生响应,廖磊曾参加与清军作战,上臂负伤不退。

　　廖磊 1913 年入清河陆军第一预备学校,1914 年秋升入保定军校步兵科第二期。1916 年 6 月毕业后分配到湖南省湘军第一师(师长赵恒惕)三团三营(营长唐生智)三连任中尉连副。1917 年,廖磊跟随唐生智到湖南醴陵一带参与护法战争,升为连长。1918 年,北洋军王汝贤、范国璋部进犯湖南,湘军反击,廖磊升为营长。1920 年又升任第三团团长,率领全团从衡州(今衡阳)出兵,攻占宝庆、永丰等地,直达岳州,大败北洋军阀张敬尧部两旅之众。

　　1926 年初,湖南人民掀起讨伐吴佩孚、驱逐赵恒惕运动,3月上旬赵通电辞职,以唐生智代理省长。6 月初,唐生智接受广东国民政府任命为国民革命军第八军军长,廖磊升任第八军第四师副师长。是年 7月,北伐开始,国民革命军占领湖南长沙后,廖磊在唐生智指挥下,沿着粤汉铁路北进,与友军配合,在汉阳、武胜诸役击败北洋军。10 月上旬

---

　　① 《廖磊将军事略》,安徽省动员委员会战时文化事业委员会编《廖主席言论集》,中原出版社 1939 年版。

攻占武汉后,第八军扩编为第八、第三十五和第三十六军,廖磊升任刘兴第三十六军的第一师师长。

1927年"四一二"后宁、汉分裂,唐生智于8月间组织东征军,从武汉沿江东进,9月初,廖磊的第一师在刘兴指挥下,进至安徽当涂县。10月中旬,南京方面的西征军向唐部进攻,双方在安徽交战,廖部在兰溪地区被击败,退回湖北。唐生智于11月12日通电下野,所部由李品仙、何键、刘兴率领撤往湖南。1928年初,白崇禧指挥桂军攻占湖南后,刘兴辞去军职,由廖磊继任第三十六军军长。不久,廖磊也归附白崇禧,所部为桂系改编,开赴湖北整训。

1928年4月,南京国民政府继续北伐,廖磊三十六军隶属李宗仁第四集团军,沿京汉铁路北上,5月进入河北。6月与友军配合进占北京,又在滦东一带击败直鲁军张宗昌残部。其后廖磊部驻防唐山。

1929年1月,国民党编遣军队,第三十六军缩编为第五十三师,廖磊改任师长,仍驻唐山。其时,白崇禧与廖磊常相来往,对廖比较信任。

1929年3月,蒋桂战争爆发,蒋介石派人策动廖磊叛离白崇禧。当时,从唐山到天津沿线,均为廖磊所属部队驻守。白崇禧得知情势危急,秘密去唐山找廖磊。随后,廖磊亲自护送白崇禧到塘沽港,乘搭日本轮船经香港潜回广西。廖磊也因同情白崇禧,不满蒋介石所为,辞去军职,到香港居住。

是年冬,俞作柏在广西反蒋失败。李宗仁、黄绍竑、白崇禧重新回到广西,组织护党救国军总司令部。廖磊应白崇禧邀请,从香港回广西,被任命为前敌总指挥部参谋长。1930年2月,廖磊协助白崇禧将进犯平乐的朱绍良部击溃。这时,阎锡山、冯玉祥联合反蒋,李宗仁通电响应。3月,护党救国军改名为中华民国陆军第一方面军,廖磊任第七军副军长兼参谋长。5月,中原大战爆发,第一方面军除留少数驻守南宁外,全部进入湖南。6月,桂军败退广西,在柳州整编,廖磊仍任第七军副军长兼二十一师长。不久滇军侵犯广西,围攻南宁,形势危急。廖磊乃建议先解南宁之围,然后安定全省,白崇禧采纳此议,指挥桂系各军驰援南宁,在长塍岭、高峰一带大败滇军。之后,又把进入广西的粤军驱逐出境,广西全境回到桂系控制之下。1931年1月,廖磊升任第七军军长,驻守柳州,积极训练军队和民团。

1931年4月,廖磊奉白崇禧之命,率军围攻右江革命根据地东兰、凤山等地。根据地军民顽强战斗,迫使廖磊的部队退回柳州。1932年7月,廖磊第二次率领军队围攻东兰,将根据地西山附近纵横三四百里的弄场重重包围,逐山搜索①。红军机智灵活,化整为零,与敌周旋。廖部搜索了两个多月,毫无所得。9月,白崇禧、叶琪亲临东兰与廖磊计议,决定"悬赏东毫一万元缉拿韦拔群"②。因叛徒出卖,韦拔群为敌所获,壮烈牺牲,许多共产党人和革命人民惨遭杀害。

1933年2月19日,兴安、灌阳、全州、龙胜一带爆发了瑶民武装斗争,起义军提出"杀财主佬,杀官兵"的口号③。廖磊奉白崇禧之命,率军镇压,一方面命第十九师师长周祖晃和副师长陈恩元,先后领兵四万之众到兴安、全州、灌阳等地围攻起义军,同时还派桂林民团区参谋长虞世熙率领民团开进龙胜堵防;另一方面,请求派三架飞机散发传单,分化瓦解起义队伍。廖磊则坐镇桂林指挥。3月4日,廖磊亲临兴安督战,终将起义军镇压下去。

1934年秋,红军开始长征,廖磊奉命负责桂北全线的阻击。廖调周祖晃赴恭城龙虎关、灌阳永安关、雷公关一带及兴安、全州布防,并调桂北各县民团协助防守,防堵红军进入广西。9月,萧克率领红六军团从湖南进入广西清水关,击退周祖晃、陈恩元部桂军的阻截,进入灌阳文市,经石塘、界首,向兴安唐家市前进。廖磊急忙派兵到兴安唐家市阻击。红军机智灵活,很快就进入资源。廖磊部队尾追不舍,但红军已

① 《东兰痛史》,1962年广西区档案馆据民国间稿本铅印。

② 沈治:《1932年秋廖磊第二次率部进犯东兰、凤山和谋害韦拔群同志的经过》,中国人民政治协商会议广西壮族自治区委员会文史资料研究委员会编《广西文史资料选辑》第7辑,1978年版。

③ 谢祖萃:《绥靖兴全灌龙瑶变始末》,民国广西省民政厅秘书处印。

到达贵州。这时廖磊又亲自率第二十四师和独立团赶到贵州,企图截击红军,结果也落空了。11月,中央红军迫近湘桂边境,廖磊在贵州闻讯,立即出动十个团兵力,分别在桂林、兴安、灌阳等地防堵,均被红军击溃。红军很快越过广西,经湖南进入贵州,廖磊的堵击以失败而告终。

1937年7月抗日战争开始,廖磊奉命北上抗日,9月16日被任命为第十一集团军副总司令兼第七军军长,率领第七军、四十八军到达第五战区参战。10月19日,廖磊升任第二十一集团军总司令兼四十八军军长,率部开赴淞沪战场,在陈家行、蕴藻浜等地抗击日本侵略军。之后,大场危急,廖磊率部增援,与日军激战一星期,廖部伤亡惨重,奉命退往浙西,收容整顿。1938年春,奉命移师入皖。4月,日军沿津浦铁路南下威逼徐州,廖磊奉命开赴淮北,驻守宿县,挫败南路来犯日军。日军进犯武汉,廖部又开赴湖北麻城一带,从侧面袭击敌人。廖磊奉命留守大别山地区,9月任安徽省主席,10月到职,并兼任豫鄂皖边区游击兵团总司令。廖磊主皖之后,曾致力于本省战时的军政建设。11月,在立煌(今金寨)开办政治军事干部训练班,廖自兼班主任,调省、县政府工作人员分期分批训练,以加强全省各级政权的掌握。还招收知识青年受训,每期两三个月,结业后派充县长、区长、乡长、联保主任等职。

在抗日民族统一战线建立后,廖磊与新四军曾一度合作,邀请新四军参谋长张云逸到干训班讲演,宣传抗日。当国民党当局掀起第一次反共高潮的时候,廖磊受到国民党CC系和新桂系内一些高级将领的责难①。廖磊本已患有高血压症,加上受了各方面的刺激,竟至一病不起,于1939年10月23日因脑溢血去世。

---

① 苏民:《新桂系与CC在安徽的矛盾和斗争》,中国人民政治协商会议广西壮族自治区委员会文史资料研究委员会编《广西文史资料选辑》第5辑,1963年版,第79—80页。

廖　平

汤志钧

　　廖平，字季平，1852年3月29日（清咸丰二年二月初九）生。四川井研人。家贫，其父曾为人牧牛、佣力，后稍自给，在盐井湾设一磨坊，廖平始能读书，勤于学。1873年（清同治十二年），张之洞放四川学政，次年院试，张对廖平很是赏识，拔为第一，补为县学生。1876年（清光绪二年），调尊经书院肄业。不久，王闿运到四川，主讲尊经书院，授《春秋公羊学》，谈今文经说，廖平受其影响，称"高第弟子"，与绵竹杨锐、汉川张祥龄齐名。1879年乡试，廖平考中第二十四名举人。1889年成进士，以知县用。廖平考虑亲老，不愿到远处做官，请求改就教职，选授龙安府学教授。历署射洪训导、绥定府学教授、尊经书院襄校及嘉定九峰书院、资州艺风书院，安岳凤山书院山长等职。

　　廖平早年研求宋学，后来逐渐专门分析经学中的今文与古文。他的学说以善变称，大体说来，从1883年到1902年的二十年间，学凡四变。第一变讲"今古"。初持古文为周公所创、今文为孔子所创之说，认为今文学崇奉的《王制》和古文学尊崇的《周礼》可"同治中国"，分别周公和孔子的异同。这时虽平分今古，但已说《左传》出于今学方盛之时，故虽有简编，无人诵习，仅存秘府而已。至于哀、平之间，今学已盛而将微，古学方兴而未艾，刘子骏（歆）目见此编，遂据以为今学之故，倡言求立。至于东汉，遂古盛而今微，此风气盛衰迭变之所由也"[①]。已

---

① 　廖平：《今古学考》卷下，四川存古书局1923年重印版，第9页。

对古文经学的创始人刘歆表示不满，代表作是《今古学考》。

第二变讲"尊今抑古"。1884 年，廖平以为今文是孔子的真学，古文是刘歆的伪品。自称："当时分教尊经，与同学二三百人朝夕研究，析群言而定一尊，于是考究古文学渊源，则皆出许、郑以后之伪撰，所有古文家师说，则全出刘歆以后据《周礼》、《左氏》之推衍。又考西汉以前言经学者皆主孔子，并无周公。六艺皆为新经，并非旧史。于是以尊今者作为《知圣篇》，辟古者作为《辟刘篇》。"①代表作是《知圣篇》和《辟刘篇》。这一时期，他尊奉孔子之"圣"，攻击刘歆之"篡"，为康有为《新学伪经考》和《孔子改制考》所本。

第三变讲"小大"。1898 年说什么《周礼》是皇帝书，与《王制》大小不同，"一内一外，两得其所"。代表作是《地球新义》、《王制集说》和《皇帝疆域图》。

第四变讲"天人"。1902 年，廖平以《尚书》为"人学"，而《诗》、《易》则"遨游六合以外"，是《天学》。他把过去写的《诗》、《易》旧稿加以改正，专门讲天人之说的演进。代表作是《孔经哲学发微》。

戊戌政变后，因康有为援引今文经说，推演变法维新，受到廖平启发，于是廖平被劾为"离经叛道"、"逞臆说经"，被革职。1909 年，四川提学使赵启霖又以廖平讲左丘明实无其事，《春秋》三传都出于子夏，说是"穿凿附会"，命四川各学堂不得再延廖平讲学。1911 年，辛亥革命起。次年，刘师培任四川国学馆长，聘廖讲经学。1913 年廖出席全国读音统一会，为四川代表，1914 年，任四川国学学校（后改为公立四川国学专门学校）校长，后兼成都高等师范、华西大学教授，至 1922 年辞退。

民国以后，廖平的学说又有改变，先把"小大"融合在"天人"之内，讲"人学、天学"（第五变，1918 年），以六经皆孔子所作，各有领域，《礼》、《春秋》、《尚书》三经为"人学"，以《周礼》、《王制》为之传；《易》、

①　廖平：《经学四变记·二变记》，四川存古书局 1923 年重印版。

《诗》、《乐》三经为"天学",以《灵素》、《山海经》、《庄子》、《列子》、《楚辞》为之传,"各有皇帝、五伯四等"。后来又想再变一下,但越变越离奇,终于没有变出来。

1932 年 6 月 5 日,廖平由四川嘉定返里,途中病逝。廖平著书甚多,除经学著作外,兼及医术、堪舆,撰有《四益馆经学丛书》,后又增益为《六译馆丛书》。

廖　耀　湘

杨　焜

廖耀湘,别号建楚。湖南邵阳北乡酿溪镇(今新邵县县城)人。1906年5月16日(清光绪三十二年四月二十三日)出生于一个富裕农民家庭。父亲务农,祖父廖光宦是名秀才,在乡教私塾。廖耀湘从小随祖父读书,1918年春考入县立高小,1920年冬毕业。1921年春又考入长沙私立岳云中学。由于受到广东革命浪潮的影响,1925年暑假前,与同学数人相约去广东投考黄埔军校,因未筹足旅费,未能成行。他无心再读书,到湖南陆军第三师叶开鑫部第三旅教导总队当学兵,训练期满,在该部任班长。1926年1月,第四师师长唐生智驱逐赵恒惕,拥赵的第三师败走湖北。5月,第三师回长沙,廖耀湘不愿再参与军阀混战,潜回家乡。7月,考入黄埔军校第六期。不久,升为学生队班长,后编入骑兵队。

1928年廖耀湘在军校毕业。次年投考留学生预备班。1930年以上士军衔公费送法国留学。他为了学好法语,要求先进法国小学,与法国学生们在一起学习了三年,然后再入法国军校,学习机械化骑兵。1936年毕业,成绩优良。同年回国,在南京桂永清的教导总队骑兵连任少校连长。1937年,升旅部中校主任参谋。是年12月13日南京沦陷,廖辗转前往武汉。其时南京政府迁至武汉,成立了一个军官训练总队,训练收容失散的中级军官,廖被任命为该军官总队上校大队长。

1938年初,国民政府军事委员会成立了一个机械化师(番号二〇〇师),师长是杜聿明。该师需要一个学过机械化的人员任参谋长,军政部长何应钦遍查留学生学历，只有廖耀相学过机械化骑兵，于是便任命廖为该师的少将参谋长。廖在任参谋长期间，帮助杜聿明教育训练部队，成绩卓著，得到杜的信任。

1941年太平洋战争爆发后，中英酝酿军事同盟，签订了"中英共同防御滇缅路协定"；中国为准备派军队入缅印作战，编组了一些新的部队。杜聿明升任第五军军长，廖耀湘则升任该军新二十二师副师长。全军被派担任赴缅作战任务，由中印缅战区美军司令官兼蒋介石的参谋长史迪威直接指挥。1942年3月，中国军队第五、第六、第六十六三个军组成远征军出发到缅甸，卫立煌为中国远征军第一路司令长官，卫未到任，由杜聿明代理。继由罗卓英任司令长官，杜聿明为副司令长官。

廖耀湘部入缅甸后，先后参加了同古、斯瓦等战斗。同古战斗中，我军二〇〇师遭敌五十五师团猛攻，激战数日，二〇〇师有被围歼的危险。廖受命指挥新二十二师解围，终于协助二〇〇师安全撤出。

斯瓦战斗中，新二十二师的任务是掩护主力集中。"我新二十二师以一师的兵力，自3月26日与敌接触以来，至4月16日，共与敌战斗二十一日之久，我军先攻继守，用逐次抵抗战术与优势之敌（先后五个联队）连续激战达十二日，不但达成掩护主力集中的任务，而且消耗打击敌人，并引敌深入于我有利的决战地区。"①

1942年4月，日军分三路进攻盟军，进逼腊戍，英军撤往印度，中国远征军亦于下旬开始仓促撤退。新二十二师由曼德勒西北转达罗到新背阳，后又奉令改道入印度。7月底，到达印度利多。退却时正逢雨季，部队经过之处，多是崇山峻岭，森林蔽天，人烟稀少，给养困难。加之森林地潮湿，雾气弥漫，蚊叮虫咬，各种疾病蔓延，官兵死亡累累，惨不忍睹。

---

① 　杜聿明：《中国远征军入缅对日作战述略》，中国人民政治协商会议全国委员会文史资料研究委员会编《文史资料选辑》第8辑，中华书局1960年版，第26页。

8月初,新二十二师到达印度的迪布鲁加尔,此时,史迪威在兰姆珈设立训练中心,对撤退到印度的中国军队进行整训。新二十二师参加整训后,并接受美械装备。

1943年10月底,新二十二师奉命参加对缅甸的反攻战。在胡康河谷战斗中,与敌十八师团的五十五和一一四联队接触,廖耀湘师以一个团的兵力,全歼敌一个加强营,揭开打回缅北胜利的开端。新二十二师又与新三十八师配合向敌进攻,自1943年10月底至1944年3月底,南进一百五十余公里,予敌以沉重打击,缴获大炮十五门,步枪七百余支及其他装备弹药等。

在孟拱河谷战斗中,敌以一一四联队的主力和新增援的五十六师团一四六联队的全部布置在孟拱河谷,企图凭藉有利地势逐次抵抗,新二十二师和新三十八师经过15天的激战,陆续攻克敌阵地。杀伤敌军四五千人,俘敌大尉以下官兵八十九名,缴获各种火炮三十门,步枪数百支,汽车二百余辆。

1944年8月,在缅甸战役中,中国驻印军同新从国内空运来的部队编为新一军与新六军两个军。新一军军长为孙立人,辖新三十师、新三十八师、五十师三个师;新六军军长为廖耀湘,辖十四师、新二十二师两个师。

同年11月,桂林、柳州相继沦陷,日本侵略军进窥贵阳,蒋介石急将新六军由缅甸战场空运到云南,不久再运到湖南芷江,作为战略预备队。该部在湖南黔阳地区曾与侵入湘西南的日军进行过几次不大的战斗。日本帝国主义投降后,新六军由湖南芷江空运到上海待命。

1945年9月,蒋介石任熊式辉为东北行辕主任,令其抢占东北。10月,又任杜聿明为东北保安司令长官,梁华盛、郑洞国为副长官,率两个军开进东北,向解放区进犯。1946年1月,新六军等五个军先后被运往东北增援。廖耀湘依仗新六军是美械装备,兵精、火力强,趾高气扬,看不起解放军的力量。2月中旬,先期到东北的新六军新二十二师到达磐石后,在沙岭遭到东北人民解放军(当时称东北民主联军)五个旅的猛攻，激战三日，受到严重打击。该军第十四师与第二师进攻本溪，也为解放军击败。经过这两次较量，他才不敢轻视解放军了。

1946 年 4 月 28 日，蒋军分南北两路向本溪进攻。新六军为南路军，与北路军配合，经过六天的激战，于 5 月 3 日占领本溪。接着又分右、中、左三路进攻四平。廖耀湘军为右翼，于 5 月 17、18 两日先后占领叶赫站、塔子山迂回四平东北，企图封死解放军的退路。解放军依照中共中央"让开大路，占领两厢"的战略方针，在大量歼敌之后，于 5 月 18 日主动撤出四平。廖军得以于 5 月下旬逐次占领公主岭、长春、永吉、小丰满、桦甸等地。

6 月，全面内战爆发。东北人民解放军主动撤离了交通线和一些城市，集中主要力量歼灭可以歼灭的敌人。自是年冬季以后，蒋军处处挨打，不少部队被包围歼灭。新六军是蒋军中的一支王牌部队，为蒋介石的五大主力之一，哪里危急，就往哪里调用，在南北满两个战场疲于奔命，廖耀湘弄得手忙脚乱。

1947 年 8 月初，蒋介石为加强东北的军事力量，将东北保安司令部并入东北行辕，以陈诚任东北行辕主任，罗卓英、郑洞国为副主任。陈诚想打通北宁路，结果进击北宁路的一〇五师被消灭。陈诚感到兵力不足，除请求从各处抽调部队增援外，积极收编地方部队，大肆扩军。他将新三军、新六军编为第九兵团，以廖耀湘为兵团司令。又调来新一军、四十九军和新编的新五军等为机动部队，准备与解放军进行决战。

10 月，解放军发动秋季攻势，接着又发动冬季攻势，前后共歼灭蒋军六七万人。1948 年 1 月，蒋军新五军在公主屯被歼，接着四十九军的七十九师和二十六师亦先后被歼。解放区不断扩大。陈诚在东北焦头烂额，无法再干下去，借病辞职。蒋介石决定成立东北"剿匪"总司令部，以卫立煌为总司令，郑洞国、范汉杰为副总司令。

卫立煌到东北后，解放军冬季攻势尚在继续进行，陆续解放了沈阳外围一些城市。至 1948 年 3 月，东北全境的蒋军被分割在长春、沈阳、锦州三个互不相连的地区，其主力位于沈阳地区，廖耀湘兵团也龟缩在沈阳。蒋介石采纳美国顾问团建议,拟放弃沈阳,将主力撤往锦州。卫与廖坚决不同意,卫怕部队在撤离途中被歼,要求先由关内派出援军到锦州配合打通北宁路,然后再撤出。廖提出四点理由,反对放弃沈阳:一、沈阳有兵工厂,每月可制造装备一个师的武器和弹药,抚顺有煤,本溪有钢铁,可以长期固守。二、沈阳至锦州间,有三条横断的大河流,没有公路桥梁,机械化部队运动困难,容易被阻击。三、将沈阳地区让给解放军,如虎添翼,解放军经整补入关,华北和华中都将不保。四、放弃沈阳,置长春守军于不顾,于心不忍。于是卫派参谋长赵家骧、第六军军长罗又伦及廖耀湘到南京见蒋,陈述意见。蒋仍坚持认为沈阳部队多,光靠空运补给,是自取灭亡;但表示派援军打通北宁路问题,可以考虑。蒋只同意沈阳主力撤退可稍推迟一些时日,指示卫、廖仍要做好将主力部队撤出的准备。蒋又指示将沈阳部队重新编组:以周福成的五十三军及二○七师为防守兵团,担任防守沈阳的任务;其余各军组成机动兵团,由廖耀湘统一指挥,随时准备行动。卫立煌还是坚持要求与关内援军合力打通北宁路后撤出沈阳。廖耀湘则对于如果援军迟迟不来,解放军向沈阳发动攻势时,如何行动,有所考虑。他向卫建议,将沈阳主力秘密集中辽中及其以南地区,伺机袭营口,既可以进攻,又便于从水陆两路撤出;并建议将市区的机关、学校尽量疏散,以免像长春一样,造成被围后粮食极端困难的局面。但卫怕主力一出,沈阳不保,同时自己失去掌握,迟疑不决。

10月初,东北解放军主力开始进攻锦州外围,准备围歼锦州守军,以关门打狗的形势全歼东北蒋军。蒋介石下令新一、新三、新六、四十九、七十一各军共十万人组成辽西兵团,以廖为兵团司令,由沈阳出辽西,与葫芦岛方面的国民党军配合,东西夹击,以解锦州之围;并指示辽西兵团要沿北宁线从沈阳、新民向锦州前进。

关于援锦路线,廖耀湘主张,最好经辽阳、营口、盘山、沟邦子到锦州,以避开右侧据守法库、彰武解放军的威胁;而且如援锦不成,还可经营口从海路撤退。卫立煌支持廖的意见;但蒋介石决心在沈阳主力撤退前与解放军进行一次决战,他单独召见廖耀湘,强迫执行沈阳主力出辽西的命令。

10月8日,辽西兵团开始在新民地区集中。12日开始,分成两个梯队向新立屯、黑山方向前进。新一军在右,七十一军在左,新三军在右侧;新六军、四十九军为第二梯队。行进中,果如廖所料,主力右侧时时受到法库、彰武方面解放军的袭击,他只好分兵向法库和彰武进攻。同时,正面的部队由于需要遇河架桥,行动非常迟缓。葫芦岛方面的国民党军,9日起向塔山猛攻,受到解放军阻击,激战三日,毫无进展。廖耀湘兵团占领彰武后,廖恐锦州不守,有意拖延,不肯贸然前进。尽管蒋介石心急如焚,亲坐沈阳督催,他还是迟迟不进。他私下对部属说:"快了会更麻烦,不如等锦州解放了,我们就可以退回,岂不省事得多。"①后来蒋介石严令迅速西进,廖不得已,只好在14日下令整个兵团渡新开河西进,15日占领新立屯,并到达黑山外围。同日,锦州解放。廖耀湘以为可以撤退了,蒋介石却仍要辽西兵团和葫芦岛国民党军东西对进,夹击锦州。后经卫立煌、杜聿明向蒋介石请示,廖耀湘坚决要求,才决定先进攻黑山,如夹击锦州不成,允许辽西兵团向营口方向撤退。

在等待蒋介石最后决策时,廖耀湘以为无论向锦州前进或向营口撤退,都必须先进攻黑山。因之,黑山的进攻部署早已完成。21日拂晓开始进攻黑山,打了三天,毫无进展。廖判断黑山解放军已得到增援,长春(已于19日解放)方面的解放军,亦可能南下,他怕陷入解放军合围圈内,不等攻下黑山,便征得卫立煌的同意,于24日开始向营口方向撤退。不料,向营口撤退之路已被截断。26日,解放军的穿插部队袭击了廖兵团及各军指挥所,一时各指挥所联络中断。通往沈阳的公路也被截断。廖令各军、各师设法掌握部队,就地抵抗,然后逐渐靠拢,待命行动。此时卫立煌来了电报,令迅速退回沈阳。

---

① 廖和作者的谈话。

　　27日拂晓,兵团指挥所率新二十二师一个团向辽中方向撤退,到处是枪声,各行军纵队被截成数段,各级指挥所无法指挥。廖耀湘等行进至辽中地区开阔地时,混杂的官兵约千余人,已不成队列,拥挤一团,东面枪响,涌向西跑,西面枪响,涌向东跑。廖大声呼喊:"大家不要跑,组织起来,保护我们冲出去,要官升官,要钱奖钱。"然而,兵败如山倒,他再三呼号,也无人理睬,官兵纷纷作鸟兽散。至28日拂晓,廖耀湘兵团五个军、十二个师(旅)及特种兵部队共十万余众,全部被歼灭。

　　廖耀湘化装潜逃,在黑山以西地区,被解放军抓获。被俘后由沈阳转送到哈尔滨解放团,后迁往抚顺,再迁黑龙江省绥化县,1961年被特赦释放,任政协全国委员会文史资料研究委员会专员。1964年任第四届政协全国委员会委员。曾撰写过一些文史资料及对台宣传稿件。

　　1968年12月2日,廖耀湘因心脏病突发,在北京去世。

廖 仲 恺

尚明轩

廖仲恺,原名恩煦,又名夷白,字仲恺,笔名屠富、渊实等。原籍广东归善县(今惠阳县)鸭仔步村。他是我国民主革命中著名的政治活动家,国民党左派领导人。

其父亲廖竹宾是归善客家人,早年赴美国,当华工,后来成为商人,曾任职于美国旧金山汇丰银行。廖仲恺1877年4月23日(清光绪三年三月初十)出生于美国加利福尼亚州的旧金山,少年时在美国读书,至1893年十六岁时,父亲病故,陪同母亲回到祖国。

廖仲恺回国后,原准备应科举考试,入家乡私塾,从梁缉嘏研读经史策论。1895年中日甲午战后,以学习西方为中心的维新运动在国内展开,他受到影响,遂放弃旧学,于1896年转赴香港,攻读英语,作为学习西方以救中国的手段。

1897年10月底,廖仲恺与何香凝在广州结婚。1902年秋,廖东渡日本留学,先后入早稻田大学经济预科、中央大学政治经济科学习。

廖仲恺在东京期间,结识了黎仲实、朱执信、苏曼殊、胡汉民等革命青年,相互激励萌发了反清革命思想。1903年9月,孙中山从越南到达日本东京,廖仲恺偕同何香凝往中山寓所访问,聆听孙中山革命言论,极为钦佩,从此萌生了革命信仰,积极参加孙中山领导的民主革命活动。

1904年,廖仲恺奉孙中山之命,潜回天津联络革命志士,筹设机关,进行秘密活动。1905年9月1日,经何香凝介绍,廖加入中国同盟会,担任同盟会总部外务部干事。为配合宣传孙中山以"平均地权"实现社会革命的学说,在 1905 年 11 月出版的《民报》第一号上,他以"屠富"的笔名,翻译了亨利·乔治(Henry George)所著《进步与贫乏》一书的部分译文。同年,被选为中国留日学生会会长。1908 至 1909 年初,受孙中山指派,先后潜回天津及吉林,从事发展革命势力的活动。

1909 年夏,廖仲恺在日本中央大学毕业后,返回广州。这时,他想借取得清政府功名的办法,"入清廷握其政权以成革命之工作",便于同年偕同友人赴北京参加留学生科举考试,考中法政科举人。之后,被清廷派赴东北,在吉林巡抚陈昭常幕下任翻译,并帮助边务督办大臣办理吉林省延吉地区归回祖国的交涉事宜。

1911 年武昌首义后,廖仲恺脱离清幕僚身份,回到革命阵营。他返回广东,担任广东省军政府总参议,兼理财政。不久,被南方革命政府派为南北议和会议的代表。在1911至1912年间,廖仲恺和他的哥哥廖凤书(恩焘,任清政府的外交官)都参与了南北议和,一个是革命派,一个是袁世凯派。兄弟二人立场不同,双方对峙,谈判中形成鲜明的对照。

1913 年 3 月,袁世凯指使特务在上海车站暗杀宋教仁后,廖仲恺离广东去北京运动议员反袁,险些遭到袁世凯的逮捕。同年,"二次革命"失败,他随孙中山再度亡命日本。1914 年中华革命党在东京组成,廖仲恺被任为党的财政部副部长。1916 年 4 月,随孙中山回国。此后,奔走于上海、广东等地,协助孙中山从事反袁、护法斗争,致力于筹措革命经费和组织革命力量的活动,成为孙中山的得力助手。

1918 年夏,第一次"护法"失败,廖仲恺随孙中山离广州到上海。1919 年 8 月,他和朱执信、胡汉民等在上海创办了《建设》杂志和《星期评论》,阐发和传播孙中山的学说。此后两年内,他除把《进步与贫乏》继续译完外,又译了威尔科克斯(Delos F. Wilcox)的《全民政治》,另外还发表了一些探索解决中国问题的政论文章。

廖仲恺在这时期也和一般国民党人一样,认为孙中山的三民主义,随着辛亥革命的"胜利",民族主义任务已经完成,剩下的是民权与民生了,因此,他这期间的著述中主要是阐述民权、民生两主义。

在传播"民权主义"方面,他介绍了欧美的资产阶级民主和议会制度。在他看来,中华民国成立后出现的混乱现象,根源在于"国家权力失了他原本的位置","人民的主权很不完全";因此解决这一问题的主要途径,是实现"全民政治"——即创制、复决、罢免三大民权。他认为,三大民权是欧美"政治上之防腐剂",而中国"国民有了这三种的民权,民国的主权才算是实在回复到原本国民的身上,中国政治上的毛病,虽不敢说是完全救治好,也就差不多要好了八九分了"①。他翻译《全民政治》一书的目的,也在于此。

在宣传民生主义方面,他探讨了许多问题,特别突出地强调了交通建设、铁路建设的重要意义。他把交通不发达看作"中国民穷财尽最普遍的原因",认为:"要救中国,要建设中国,非从交通上着手不可。"他说:"在一般政治问题,无论横的主张、竖的主张,都可以模模糊糊混得过去。但是这交通改良无论什么政治家,无论那种政论家,要是对于国家人民还有点诚心,替他们打算打算,是断不能抹煞的。"②另外,他还研讨了货币改革、合作化运动等与民生问题的关系。

从上看出廖仲恺在此期间,尽管试图从各方面来探索解决中国问题的途径,但还没有认识到半殖民地半封建社会的中国民主革命问题的症结所在,也就不可能找到新的出路。但是,随着历史的发展,廖仲恺在接受历次革命失败深刻教训的同时,受到俄国十月社会主义革命和中国五四运动的影响,逐渐看出中国问题的根源,"就是政治上的障碍",欧美资本主义经济制度与民主制度,并不那么完美。最后终于对十月社会主义革命表示了极大的希望:"俄国革命以后,私有废除,生产分配之事,掌诸国家机关与人民合作社。空前之举,震慑全球,前途曙

---

① 廖仲恺:《三大民权》,中国科学院广州哲学社会科学研究所编《廖仲恺集》,中华书局 1963 年版,第 8 页。

② 《中国人民和领土在新国家建设上之关系》,《廖仲恺集》,第 28、29 页。

光，必能出人群于黑暗。"①

1921年，孙中山回粤就任中华民国政府非常大总统，廖仲恺担任财政部次长、广东省财政厅长，全力整理财务，筹措军费，支持孙中山出兵北伐。1922年6月，陈炯明叛变，廖仲恺被囚于广州西郊石井兵工厂六十多天。经何香凝等营救，于8月19日脱险，当即乘船赴港转沪，与孙中山会合，重新投入新的革命斗争。

1922年秋至1923年春，在《孙文越飞宣言》签订过程中，廖仲恺受孙中山委托，到日本东京与苏联代表继续会谈。通过这些会谈——特别是最后在日本温泉地伊豆山海岸"热海饭店"进行的会谈，是廖仲恺思想转变的一个重要关键。他和越飞"住在一块，天天讨论，非常契合"，他在每次谈判后，"都是满面笑容，表示出很得意的样子"。正是通过同苏俄代表的相处恳谈，他接触到了不少革命知识，如对俄国之现状，俄国对东方被压迫民族之态度和列宁领导下的苏维埃俄国的各项政策等，都有了进一步的了解。同时也开始明确了中国革命中的一些基本问题，从而竭诚拥护孙中山改组国民党，实行"联俄、容共、扶助农工"，以完成国民革命的主张。

1923年春，陈炯明败退后，孙中山重回广州就任陆海军大元帅，廖仲恺先后担任大元帅大本营财政部长和广东省长。这年10月，他受孙中山委托和李大钊等五人筹划改组国民党事宜，从事改订党章等工作。同月下旬，按照孙中山要求召集国民党特别会议，商讨改组问题。后又和许崇清等九人接受委派担任国民党临时中央执行委员，着手起草宣言、党纲、章程草案及制定召开代表大会议事纲要，分别召开党务会议，讨论筹备改组等问题。11月底，他奉命到上海与各省支部商讨改组问题，组织成立了上海临时执行委员会，负责改组工作。

在孙中山的直接领导以及中国共产党与苏联顾问的帮助下，经廖仲恺的积极筹划，改组的一切准备工作，于1923年年底完成。1924年

---

① 《消费合作社概论》，《廖仲恺集》第258页。

1月,孙中山在广州召开了有共产党人参加的中国国民党第一次全国代表大会,发表了《中国国民党第一次全国代表大会宣言》。廖仲恺在大会上详细阐述了国民党改组的重大意义,指出:"以前本党之一再失败,而国家之乱源不能廓清,其故即在于认识目标之不清。现在我们已有了宣言,目标算是已定。"①"宣言及政纲,是革命的性质,实行打倒一切军阀官僚,铲除一切发展的障碍。""嗣后无论如何,必须以此宣言为奋斗前进之标准,努力前进!"②

国民党原是一个组织松懈、成分复杂的政党。党内右派分子如冯自由、张继等公开反对孙中山改组的主张,抗拒三大政策,并使用一切手法进行阻挠和破坏。廖仲恺站在孙中山一边,同右派势力进行不调和的斗争,毫不妥协和动摇,他宣称:"我为国家,为本党,无论何人反对,我皆不畏。即击我杀我,亦在所不惜。"③他针对以"稳健"自称的国民党右派说"实在他们口中的稳健派就是反革命派"。并指出:"我们不独要革军阀与帝国主义者的命,我们并且要革'反革命派'的命,这才是彻底的革命工作。"④

国民党改组后,廖仲恺被选为中央执行委员、常务委员、政治委员会委员,除继续任广东省长、财政部长外,并先后兼任国民党工人部长、国民党农民部长、黄埔军校党代表、军需总监、大元帅大本营秘书长等要职。在共产党人的帮助下,通过实际斗争的锻炼,他的思想起了重大的变化,迅速地成长为坚定的国民党左派。他对孙中山的新三民主义革命纲领服膺到底,并对此作了具体的阐述。

廖仲恺是孙中山"联俄"政策的忠实执行者。他认为全世界只有俄

---

① 《中国国民党第一次全国代表大会记事录》,广州大会秘书处1924年印本,第16页。

② 《中国国民党第一次全国代表大会记事录》,第44页。

③ 何香凝:《在粤军追悼廖陈二公大会演说词》,《廖仲恺先生纪念册》,1927年版,第17页。

④ 黄埔军校编:《革命军》第8期,1925年9月20日版。

国解决了社会制度的问题,中国"若能够有所树立,除非是建一社会主义的国家"。他歌颂列宁"是打破帝国主义的实行家","他所做的事都是为被压迫民族奋斗,为无产阶级而奋斗"。他亲切地接待苏俄派来帮助中国革命工作的友人,诚恳地和他们共事,使苏俄友人们也都把廖仲恺视为"志同道合"的知己。

　　他又是孙中山"容共"政策的忠实执行者。他排除了右派顽固势力的种种破坏,促成了这一政策的实行。他坚信共产党人加入国民党是国民党起死复生,成为"一个新生命"的重要因素。他明确指出:"要想打倒帝国主义,非与共产党亲善不可。"因此,他一直支持中国共产党人在广州革命政府的党、政、军各单位中公开活动。他在担任国民党中央工人部长期间,凡关于工人运动方面的工作,都虚心听取中国共产党代表的意见,并且本着与共产党热诚合作的精神,把领导工会的事情都交给工人部秘书、中共党员冯菊坡处理。在黄埔军校任党代表时,他很敬佩当时担任政治部主任的周恩来,和周亲密地团结共事,经常在一起研讨问题,保持着真诚的合作关系。

　　他在执行孙中山"扶助农工"的政策上,也是认真的。他认识到"占我国人口最多的是农工阶级,那一派人替农工阶级打消压迫他们的力量,便是革命派。反而言之,凡与军阀帝国主义者妥协,并压抑农工的人们,便是反革命派"①。他以工人部长兼农民部长的身份,深入群众,积极地赞助工人运动和农民运动,维护工农利益。1924年3月,他主持召开了近千人参加的广东工人国民党党员大会,作了鼓励推进工人运动的演说。5月,又主持了广东各界"五一"国际劳动节纪念大会和广州全市工人代表会开幕式。7月,他赞助广州工人团体筹组工团军的工作,于8月下旬开始训练第一期工团军。1925年6月省港大罢工中,香港罢工工人回到广州,他为几十万罢工工人的生活问题四处奔走,封闭烟、赌馆作为工人住所,拨出广州市的一些专款作为工人的生

---

①　《革命派与反革命派》,《廖仲恺集》,第243—244页。

活费用,并担任罢工委员会顾问,支援罢工工人。他也认识到农民是中国革命的主要力量,"故我国国民革命之成功与否,全在乎农民之了解革命与否一问题"。因而主张:"吾人其不欲国民革命成功则已,否则必先去干农民运动!"他曾经到中山、东海等县农村去访问农民,支持各地建立农民协会和农民自卫军,并告诉农民说:"如果农民想获得解放,必须同工人齐心合力奋斗。"

廖仲恺是孙中山新三民主义的忠实信徒,从他的世界观与思想体系上说,与科学的社会主义思想体系,自然是有差别的。但他是真实的革命者,其思想是随着时代的要求而前进的。1925年孙中山逝世后,他坚决地肩负起孙中山未竟事业的责任,忠实地执行其遗言,更积极地为贯彻革命的三大政策而斗争。是年3月,他参加讨伐陈炯明的东征战争,在东江前线上亲自鼓舞将士奋勇杀敌。6月,又参加了镇压杨希闵、刘震寰的叛乱,给了反革命势力以沉重的打击,巩固了广东革命根据地。黄埔军校师生讲述廖仲恺当时的活动情况说:"我们又亲目看见:为了东江战争,每天作十几点钟工作,还要穿着草鞋,领导我们去打仗;杨刘作战的时候,晚上二时以后,单独一个人还要由黄埔回到广州去办事。"①国民党特别顾问鲍罗廷(Mikhail Markovich Borodin)赞扬廖仲恺为革命做了很多实际工作,曾感叹地说,像"这样得力而实干的人,可惜太少了"!

正由于廖仲恺不屈不挠地为贯彻革命的三大政策而战斗,帝国主义分子和国民党右派对其极端仇恨,必欲置之于死地。1925年8月20日,廖仲恺偕同何香凝去参加国民党中央常务会议,就在中央党部大门前,遭到国民党右派所指使的暴徒的暗杀,为民主革命献出了自己的生命。廖仲恺牺牲后,遗体于同年9月1日安葬在广州驷马岗朱执信墓左侧,1935年9月1日移葬于南京紫金山孙中山陵侧。他的著译编为《廖仲恺集》、《双清文集》上卷。

---

① 《悼党代表告我党同志》,黄埔军校编《革命军》1925年第8期。